각성, 꿈 그리고 존재

각성, 꿈 그리고 존재

뇌과학, 명상,
철학에서의 자아와 의식

에반 톰슨 저 | 이성동, 이은영 역

씨아이알

일러두기

1. 각주는 역자 주, 미주는 저자 주이다.
2. 본문의 고딕체는 원서에서 이탤릭체로 강조한 부분이다.
3. 인명, 지명 등 외래어는 국립국어원의 외래어표기법을 따랐지만 현재 더 널리 통용되는 표기는 예외적으로 그대로 사용했다. 단, 외래어표기법이 제시되지 않은 산스끄리뜨어는 통용되는 사례를 참고해 표기했다.
4. 본문 속의 맞줄표(—)는 원칙적으로 괄호( )로 교체하였으나, 부득이한 경우 살려두었다.
5. 단행본·정기간행물에는 겹낫표(『 』)를 논문·단편·시 등에는 낫표(「 」)를 사용했다.

나의 부모님, 게일 고든 톰슨(Gail Gordon Thompson)과

윌리엄 어윈 톰슨(William Irwin Thompson)께

꿈에 술을 마시며 즐거워했던 사람이 아침에는 섭섭해서 운다. 꿈에 울며 슬퍼한 사람은 아침이 되면 즐거운 마음으로 사냥하러 나간다. 우리가 꿈을 꿀 때는 그것이 꿈인 줄 모르지. 심지어 꿈속에서 해몽도 하니까. 깨어나서야 비로소 그것이 꿈이었음을 알게 되지. 드디어 크게 깨어나면 우리의 삶이라는 것도 한바탕의 큰 꿈이라는 것을 알게 될 것이네. 그러나 어리석은 사람들은 자기들이 항상 깨어 있는 줄 알고, 주제넘게도 그러함을 분명히 아는 체하지.*

* 오강남 풀이, 『장자』, 현암사, 1999, 126쪽.

추천의 글

아키텐에서 스티븐 배철러의 추천사

오늘날 '명상(meditation)'이라는 단어를 들었을 때 머리에 떠오르는 것이 무엇이냐고 누군가에게 묻는다면 아마 그 사람은 눈을 감고 가부좌하고 있는 모습이 바로 떠오른다고 말할 것이다. 당신이 누군가에게 "명상하시나요?"라고 묻는다면, 상대방은 그 질문을 동양 전통에서 비롯된 영적인 훈련을 규칙적으로 하고 있는가라는 질문으로 받아들일 것이다. 그러나 서양에서 '명상'이라는 말을 이런 의미로 사용하게 된 것은 비교적 최근의 일이다. 100년 전만 해도 명상이라는 단어는 거의 이런 식으로 사용되지 않았다. '명상한다(meditating)'라는 단어는 '무엇인가 곰곰이 깊이 생각한다'(챔버스 사전에 따르면)라는 뜻이었는데, 지금 생각으로 이런 정의는 다소 기이하고 구태적인 느낌마저 든다. 오늘날 17세기의 시인인 존 밀턴(John Milton)의 시구 '그리고 감사할줄 모르는 뮤즈들을 엄격하게 깊이 생각한들(meditate)'*을 완전히 이해하는 사람은 거의 없을 것이다.

---

* 존 밀턴의 『리시다스(Lycidas)』에 나오는 구절이다.

이것은 비서양적인 관념이 어떻게 우리의 사고와 언어에 서서히 스며들었는지를 보여주는 한 예에 불과하다. 이렇게 언어 사용이 달라지는 것은 복잡한 역사적, 문화적 과정의 일부를 이룬다. 이것은 18세기 말 동양의 고전 문헌이 처음으로 번역되면서 시작되었다. 동양적 관념에 대한 관심은 수십 년 동안 부침을 거듭하였다. 그러나 최근 50년 남짓 동안(대개는 1960년대의 반문화운동에 자극 받아서) 그 관심은 폭발적으로 늘어났다. '명상'이라는 단어가 현재의 용례로 사용되는데 100년 이상의 기간이 필요했던 것과는 달리, '마음챙김(mindfulness)'이라는 단어가 영어권에서 비슷한 흐름을 보이게 된 것은 불과 10년에서 15년 정도밖에 걸리지 않은 것 같다.

내가 1970년대 초 다람살라에 있는 달라이 라마(Dalai Lama)의 티베트 공동체에서 불교 승려로 살던 시절, 만약 누군가 2013년에 영국 국립 보건국 주재하에 마음챙김 명상 수행이 개최되고 미국 의회 의원이 『마음챙김 수행과 국가(A Mindful Nation)』*라는 책을 발간할 것이라고 말했다면, 나는 그 사람을 몽상가로 치부하여버렸을 것이다. 그러나 이런 일이 실제로 일어났다. 조그마한 불교 명상 집단에서 한때 사용되었던 용어가 이제는 대중의 담론 속으로 급속하게 퍼졌다.

마음챙김 기반 치료를 하는 의료 전문가들은 불교를 전파하는 데에는 아무런 관심이 없다(아니 관심이 없어야만 한다). 그들이 마음

* 미국 하원의원 팀 라이언(Tim Ryan)이 쓴 책이다.

챙김 수행을 활용하는 유일한 목적은 그 임상적인 효과 때문이다. 마음챙김 수행은 우울증 재발 등과 같은 정신병리 치료에 효과적이다. 그렇지만 이런 현상은 중요한 의문을 제기한다. 즉, 만약 이런 수행이 비종교적이고 세속적인 상황에서 좋은 효과를 발휘한다면 우리는 불교를 계속해서 종교로 다루어야만 하는가? 불교 초기 경전에 의하면 고타마 싯다르타는 자신의 가르침을 실제적인 효과를 갖는 수행 방법으로 제시하였다. 말하자면 구체적이면서 예측 가능한 결과를 보여준다는 것이다. 붓다의 가르침이 수 세기에 걸쳐서 신앙에 기반을 둔 제도와 교리로 발전하였고 우리는 이것을 아무 망설임 없이 '종교'라고 부르지만, 그런 발전이 불교의 창시자인 붓다의 원래 의도에서 벗어나거나 심지어 그것을 배반한 것은 아닌지 묻지 않을 수 없다.

그러므로 우리는 신앙으로서의 불교와 윤리와 명상의 실용적인 철학으로서의 불교를 구분할 필요가 있다. 그렇지만 그 구분선을 어디에서 그어야 할지를 판단하는 것은 쉬운 일이 아니다. 예를 들어 현대 불교도들 사이에서는 윤회의 문제를 둘러싸고 의견 차이가 있다. 어떤 불교도는 윤회를 언젠가는 과학이 밝혀낼 경험적인 사실로 받아들여야 한다고 주장하고, 또 다른 불교도는 고대 인도 우주론의 유물로 생각하기도 한다. 그리고 어떤 이는 윤회가 없는 불교는 말도 안 된다고 하고, 다른 이는 윤회 이론은 붓다의 원래 관심사를 흐리게 하므로 반드시 없어져야 한다고 주장하기도 한다.

에반 톰슨은 이런 주제들에 대해 어떤 선입관을 갖는 것을 거부한다. 그 대신 전통적인 불교, 힌두교, 도가의 형이상학적 교리에 대해 열린 마음을 견지하고자 한다. 그러나 그와 동시에 과학에 기반을 두고 비판적인 입장을 취하기도 한다. 그러면서도 그는 과학적 방법의 한계를 인정한다. 그 한계는 과학적 방법으로는 일인칭적 경험을 전부 파악할 수 없다는 것이다. 그런 일인칭적 경험에는 의식으로 경험되는 자아감도 포함된다. 그래서 톰슨은 명상 경험의 일인칭 보고와 객관적인 과학적 탐구의 결합을 구상하고 있다. 톰슨은 서양철학을 공부하였지만, 인도철학과 중국철학에도 조예가 있다. 그러므로 그는 서양 학계의 유럽 중심적 문화에 저항하는 사상들과 잘 협조하여 가는 방법을 구축할 수 있을 것이다.

내가 에반 톰슨을 처음 접한 것은 1990년대 초 그가 신경과학자 프란시스코 바렐라, 심리학자 엘리노어 로쉬와 함께 집필한 책인 『몸의 인지과학(The Embodied Mind)』*을 통해서이다. 나는 과학자나 서양철학자, 심리학자가 아니라 불교학자이자 수행자이다. 이런 입장에 서서 이 책을 읽어나갔다. 저자들(과학자, 철학자, 심리학자)이 비서양적 전통에 대해 존경심과 비판의식을 동시에 갖는 열린 마음을 갖고 있다는 것을 알고 한줄기 시원한 바람을 맞는 듯한 기분이 들었다.

* 이 책은 국내에서 『몸의 인지과학』(석봉래 역, 김영사, 2013)으로 번역 출판되었다.

그 책은 "발제적(enactive, 發製的)"* 인지의 개념 형성에 선구적인 역할을 한 것으로 평가받고 있으며, 또한 횡문화적 철학을 진지하게 수행한 최초의 선구적 저작 중 하나로도 평가받고 있다.

『몸의 인지과학』은 다음과 같은 의문과 잠정적인 결론으로 대미를 장식하고 있다.

> 이 두 가지의 지구 전체적 세력, 즉 과학과 불교가 진정으로 함께 협동한다면 무슨 일인들 못하겠는가? 서양 사회로 전파된 불교는 우리가 우리의 문화적, 과학적 전제들을, 근거를 필요로 하거나 원하지 않게 되는 상황에까지 이르도록 일관적으로 도와주며 근거 없는 세계를 건설하고 그 세계에 거주하는 차기 과제를 수행하도록 하는 여러 수단을 제공한다.**

에반 톰슨의 『각성, 꿈 그리고 존재』는 이런 의문에 대해 더 상세하고 잘 짜인 글로 답하고 있다. 『몸의 인지과학』이 출판된 지 22년이 흘렀다. 그 이후 불교와 과학의 대화에 대한 수많은 논의들이 급

* 'enaction'은 우리말로 '발제(發製)', '구성(構成)', '행위화(行爲化)', '행화(행위화의 줄임말)' 등으로 번역된다. 여기서는 가장 일반적으로 쓰이고 있는 번역어인 '발제'에 따라 'enactive'를 '발제적'이라 번역했다. 발제적 인지 이론은 이 책의 저자인 에반 톰슨이 바렐라, 로쉬와 함께 집필했던 『몸의 인지과학』에서 제시한 이론으로, 인지가 유기체와 환경의 상호작용에 의해 일어나는 것이라고 주장하는 이론이다. 'enaction'의 번역어와 발제적 인지를 비롯한 체화된 인지 이론에 대해서는 다음의 두 논문을 참조하기 바란다. 배문정, 「Enactivism을 Enact하기」, 『인지과학』 25-4, 한국인지과학회, 2014; 이영의, 「체화된 인지의 개념 지도: 두뇌의 경계를 넘어서」, 『Trans-Humanities』 8-2, 이화여자대학교 이화인문과학원, 2015.

** 바렐라·톰슨·로쉬, 『몸의 인지과학』, 석봉래 역, 김영사, 2013, 405쪽.

속도로 진행되었다. 이런 발전 과정에 핵심적인 역할을 한 것은 마음과 생명 협회(Mind and Life Institute)의 후원 아래 진행된 논의들에 달라이 라마, 즉 텐진 갸초(Tenzin Gyatso)가 열성적으로 참여한 것이다. 이 프로그램은 1987년 인도의 다람살라에서 달라이 라마, 프란시스코 바렐라, 사업가 아담 앵글(Adam Engle)의 주도하에 '지적 실험'이라는 제목으로 소박하게 시작되었다. 2013년 1월에 26회차가 남인도의 드레펑(Drepung) 사원에서 '마음, 뇌 그리고 물질'이라는 주제로 열렸다. 거기서 달라이 라마와 20명의 뛰어난 과학자와 철학자들은 8,000명의 티베트 승려들 앞에서 연설을 했다.

에반 톰슨은 불교, 자연과학, 철학 간의 대화에서 일어나는 복잡한 문제들을 잘 해결할 수 있는 아주 독특한 이력을 갖고 있는 학자이다. 가정교육이 이미 그의 아버지가 세운 반문화적인 린디스환(Lindisfarne) 협회(작가, 시인, 사회비평가인 윌리엄 어윈 톰슨(William Irwin Thompson)이 1972년 세운 협회)의 주도 아래 이루어졌고, 그 후 앰허스트 대학에서 아시아학을 공부한 후 토론토 대학에서 철학으로 박사학위를 취득하였다. 그는 10대에 바렐라를 처음 만났고, 1980년대 후반 파리의 에콜 폴리테크닉에서 바렐라와 공동연구를 하였다. 흔치 않은 가정환경에서 자란 그는 아동기에 요가와 명상 수행을 했고, 그 수행은 오늘날까지 이어지고 있다.

『각성, 꿈 그리고 존재』는 작가 자신의 경력에서 최고봉에 도달한 작품인 동시에, 자신의 가장 중요한 실존적 질문을 자신의 삶과 잘 연계하여 전개한 저서이다. 그가 던지는 질문은 나는 누구인가, 자아는 무엇인가, 자아는 의식과 어떻게 관련되어 있는가 하는 것이다. 이런 질문에 대해 일인칭 관점과 삼인칭 관점이라는 두 가지 입장에 서서 그는 자신의 개인적 성찰을 최근의 뇌과학 분석 성과와 잘 조화시키고 있으며, 아시아의 고전적 종교 교리와 철학적 개념들을 잘 해석하고 있다. 톰슨은 인간의 경험에 대한 이런 다양한 접근 방법들을 자신의 세계내 존재 방식과 통합하기를 추구하는 흔치 않은 사람들 중 한 명이다. 그는 완전한 인간이 된다는 것의 의미에 대해 구태적인 '동양'과 '서양'의 구분을 없애고 전 지구적으로 이해하려는 역사적, 문화적 운동의 체현자이다.

석봉래, 미국 앨버니아 대학교 철학과 교수의 추천사

20세기 후반에서 21세기에 걸쳐 서양철학과 인지과학에 제기된 문제들 중에 최고의 난제를 꼽으라면 나는 서슴없이 의식(consciousness, 意識)의 문제를 선택할 것이다. 우리와 항상 가깝게 있으면서 우리가 깨어서 느끼고 생각하고 결정하는 순간에 계속 경험할 수 있는 것이 의식 상태인데 이것에 대해 우리가 모르고 있다는 것은 참으로 놀라운 역설이 아닐 수 없다. 그러나 그 일상적인 친근함과 심리적 근접성에도 불구하고 의식의 진정한 정체는 연구하면 할수록 미궁에 빠지고 만다. 이 친근하고 내밀하면서도 주관적으로는 분명하지만 객관적으로는 잘 포착되지 않는 의식이라는 것은 도대체 무엇인가? 의식을 가지고 있는 상태와 그렇지 않은 상태는 어떻게 다른가? 왜 우리 마음은 이런 의식의 상태를 가지고 있는가?

이러한 의식의 근본적 문제를 다룬 에반 톰슨(Evan Thompson)의 최근 저서 『각성, 꿈 그리고 존재』가 한국에서 번역되었다는 소식을 들었을 때 인지과학과 철학을 연구하는 한 사람으로서 매우 반가운 느낌을 받았다. 그 이유는 (에반 톰슨이 이 책에서 아주 잘 보여주듯이) 의식의 문제는 그 복잡성으로 인하여 신경과학, 심리학 그리고 철학을 아우르는 융합적 협업을 통해 밝혀질 문제가 아닌가 하는 생각 때문이다. 특별히 이 책에서는 체화(embodiment, 體化)와 발제(enactment, 發製)를 (즉, 신체의 운동 감각을 통한 인지 주체와 대상의 상호 의존적인 규정 과정을) 가지고 인지와 의식 현상에 접근하는 톰슨의 학제적 접근이 그동안 많은 학자들이 다루지 않은 죽음, 꿈 그리고 유체 이탈의 경험에 대한 분석을 통해서 더욱 두드러지게 나타나고 있다. 이 책의 번역 출간을 계기로 이러한 인문학적 시각을 풍부하게 포함하는 복합 과학적인 접근이 한국에서 활성화되기를 희망한다.

보통 의식이라고 하면 깨어 있는 상태 혹은 투명한 자기 관찰의 상태를 말한다. 반면 의식이 없는 상태는 식물인간이나 공포 영화에서 나오는 좀비(zombie)들의 상태라고 알려져 있다(여기서 좀비라고 함은 공상적 공포 영화에서 등장하는 좀비가 아니라 인간과 비슷한 모양과 행동을 취하지만 의식이 없는 철학적 좀비를 말한다). 이들은 외부 자극에 대해 적절히 반응하지 않고 행동이 정형화되어 있는 존재들이다. 그렇다면 이런 방식으로, 즉 외적인 반응의 차이로서 의식을 정의하고 연구를 진행하면 되지 않을까? 그런데 의식이라는 것은 이런 단순한 방법으로는 제대로 파악되지 않음이 밝혀졌다. 의식이 외부 환경에 대한 적절한 반응이나 내적 상태에 관한 자기 경험의 능력이라고 한다면, 이런 능력들이 실현되었을 때 의식이 존재한다고 말할 수 있어야 한다. 과연 그럴까? 잘 설계된 로봇이나 인공지능 체계에 뛰어난 내부 모니터링 기능이나 외부 환경을 감시하는 기능을 첨가했다고 생각해보자. 그래서 이들은 외부 환경에 적절히 반응하고 내부 조건을 잘 관찰할 수 있다. 즉, 이러한 인공 체계들이 외부 세계에 대한 일정한 감각과 내적 상태에 대한 관찰 능력을 가지게 되었다고 가정할 수 있다. 그러나 이들이 의식을 가지고 있다고 할 수 있을까? 최근 개발되고 있는 자동차의 자동 주행 장치 같은 것들은 감각과 모니터링 기능을 최대한 구현하고 있다. 이 기능은 자동차의 내적인 상태(속도, 가속도, 구동력, 연료 소비 상태 등의 내적 상태)와 외적인 상태(날씨, 기온, 고도, 교통 혼잡성 등의 외적 상태)를 수시로 점검하여 이를 적극적으로 주행 조건과 결합시키고 있다. 또한 이러한 자동 장치는 운전자에게 마치 의식 있는 사람들이 스스로의 상태를 말하고 표현할 수 있듯이 차의 상태를 운전자에게 보고할 수도 있다. 그렇다고 자동 주행 기능이 자동차에 의식을 심어준다고 할 수 있을까? 대부분의 사람들이 아니라고 말할 것이다.

의식에 대한 철학적 문제는 바로 의식이 내적 혹은 외적 인지 기능으로 완벽하게 정의되거나 규정되지 않는다는 점에서 시작된다. 아무리 감각, 반응 그리고 모니터링 기능과 같은 단순한 인지적 기능들을 첨가하더라도 기계가 의식을 가질 수는 없고 좀비가 깨어 의식하는 인간이 될 수는 없는 것 같다. 그러면 기계가 아닌 인간의 경우는 어떤가? 놀랍게도 인간의 경우에도 의식이 단순한 인지 기능과는 다른 측면을 가진다는 점이 드러났다. 맹시(blindsight, 盲視)라는 얼핏 모순적으로 보이는 인지 현상은 두뇌의 시각 피질에 상해를 입어 시각 능력을 상실한 사람들이 근처에 놓인 대상의 모양이나 위치를 일정 수준 내에서 시각적으로 판별해낼 수 있는 능력을 가리키는 말이다. 맹시의 능력을 가진 시각 장애인들은 그들 앞에 놓인 대상을 볼 수 없다고 말한다. 그런데 놀랍게도 이들은 스스로가 자각하지 못하는 시각 능력을 가지고 있다. 맹시 능력을 가진 이들은 시각적으로 주어진 대상들을 어느 정도 판별하고 구분하는 듯한 행동(대상을 회피하거나 구분하는 행동)을 보여준다. 즉 이들은 의식의 수준에서는 시각 능력을 인정하지 않지만 실제적인 인지 능력에서는 일정한 수준의 시각 능력을 지니고 있는 이들이다. 시각 의식은 없지만 시각 인지는 있는 이상한 경우가 맹시 현상의 핵심이다. 이런 이유로 인하여 맹시는 의식과 인지가 서로 분리되어서 나타날 수 있음을 보여주는 사례로 자주 논의된다. 놀라운 점은 의식의 독특성이 좀비나 인공지능과 같은 상상적인 경우뿐만 아니라 맹시와 같은 실제적인 경우를 통해서도 밝혀졌다는 것이다. 의식이 (감각이나 모니터링과 같은) 특정한 인지 기능으로 설명될 수 없다면 과연 의식은 무엇인가?

의식에 대한 또 한 가지 문제점은 의식이 깨어 있는 상태와 잠자거나 마취되어 있는 상태의 차이를 통해 정의될 수 있다는 생각이다. 이 점은 많은 사람들이 상식적으로 받아들이고 있는 의식에 대한 생각이다. 즉 의식은 사람이 깨어 있는 상태이고 잠자고 있는 상태가 아니다. 그래서 다음과 같은 등식을 생각해볼 수 있다는 것이다: 의식=깨어 있는 상태－잠자는(마취된) 상태. 이 등식에 따라서 잠자고 있거나 마취된 상태는 의식이 없는 상태이고 깨어난 상태는 의식이 있는 상태이니 의식은 그 둘의 차이를 통해 밝혀질 수 있다고 생각할 수 있다. 그런데 한 가지 흥미로운 사실은 어떤 사람이 잠자고 있는 상태나 마취된 상태에도 그 사람의 두뇌가 활동을 계속하고 있다는 것이다. 물론 그 정도와 형태는 다르지만 두뇌는 잠자고 있을 때도 계속 활동을 하고 있으며 뇌파를 계속하여 내보내고 있다. 특별히 사람이 꿈을 꾸고 있는 상태는 수면을 취하고 있는 상태이기는 하지만 그 사람의 뇌에서는 활발한 뇌파가 관찰된다. 그렇다면 사람이 잠자거나 꿈을 꾸고 있는 상황에서도 의식의 활동이 가능한가?

이러한 의식에 관한 난제들을 놓고 많은 철학적 논증이 제기되었다. 물리적으로 동일한 두 체계(A와 A′)를 상상해보자. 이 두 체계는 분자나 원자의 수준에서 동일한 체계라고 가정된다. 이들을 꼭 같은 재료와 구조를 가진 두 쌍둥이 인지 체계라고 상정해보자. 이때 그중 하나(A)는 의식을 가지고 있고 다른 하나(A′)는 의식을 가지고 있지 않다고 가정하는 것이 가능한가? 보다 구체적으로 설명해본다면 철수와 물리적으로 똑같은 철수′가 있다고 가정해보자. 이 둘은 물리적으로 똑같기 때문에(즉, 물리적인 쌍둥이이기 때문에) 생물학적으로, 심리적으로, 인지 기능적으로 같은 사람들일 것이다(이런 가정은 비물리적 영혼 같은 것이 없다는 실재에 관한 존재적 원칙을 바탕으로 하는 것이다). 같은 환경적 조건이 주어진다면 철수와 철수′는 같은 경험을 할 것이다. 그런데 철수는 의식이 있고 철수′는 의식이 없을 수 있을까? 많은 철학자들은 이런 가정이 논리적으로 혹은 개념적으로 가능하다고 한다. 즉, 이런 상황을 가정하는 것이 논리적 모순을 야기하지 않는다고 한다. 다시 말한다면 두 체계의 물리적 동일성이 의식의 동일성을 보장하지는 않는다는 것이다. 이것은 호주의 철학자 데이비드 차머스(David Chalmers)가 발전시킨 좀비 논증(zombie argument)이라고 널리 알려진 의식의 비물리적(혹은 비인지적) 본성에 관한 논증이다. 철수와 철수′는 물리적으로 같지만 철수는 의식을 가진 존재이고 철수′는 의식이 없고 단지 물리적 인지적으로만 철수와 동일한 좀비(인간의 형태를 띠고 있지만 의식을 결여한 존재 혹은 인간처럼 생겼으나 넋이 나간 존재)인 것이다. 이러한 결론에 이르게 되는 이유는 우리가 의식이라고 생각하는 것이 갖는 독특한 성격 때문이다. 의식이라는 것은 앞서 설명하였듯이 물리적 속성, 인지적인 기능, 혹은 단순한 깨어 있음(잠자고 있지 않음)과 같은 것을 통해 충분히 설명되지 않는 그 무엇을 가지고 있는 것이기 때문이다. 그렇다면 물리적으로 혹은 인지적으로 잘 포착되지 않는 이 의식의 고유성을 어떻게 파악할 것인가?

의식과 관련된 물리적, 생물학적 또는 인지 기능적 능력과 구분되는 의식의 고유한 속성을 알기 위해서 많은 학자들은 현상학적(phenomenological) 접근법을 쓴다. 현상학적 접근법이란 마음에 일어나는 일을 있는 그대로(마음에서 느껴진 그대로) 아무런 가정이나 설정 없이 기술하고 분석하는 방법을 말한다. 사실 의식의 상태나 과정은 여러 가지 방식으로 연구될 수 있다. 의식 상태를 두뇌 영상술(brain imaging technology)을 통해 두뇌 활동의 측면에서 연구할 수도 있고 신체적 활동의 변화를 통해 생물학적 혹은 생리학적 측면에서 연구할 수도 있다. 혹은 의식의 활동을 양자 역학적 입장에서 물리적으로도 연구할 수 있다(예를 들어, 두뇌의 극소 튜브(microtubule)에서 일어나는 양자역학적 효과를 통해 의식을 설명하는 이론도 있다). 이런 접근법들은 의식을 직접적으로 혹은 개인적으로 느끼는 경험의 측면이 아닌 다른 것, 즉 두뇌의 인지적 기능, 신체의 생리적 활동, 혹은 양자 역학적 효과를 통해 연구하는 방법이다. 다시 말해, 이들은 의식에 대한 '제삼자적(third person viewpoint)' 혹은 '환원적(reductive)' 연구법들이다. 이러한 '외부적' 연구법들은 의식에 관한 '내부적' 연구법이 지니고 있는 주관적이고 개인적인 측면의 비객관적이거나 비과학적인 요소를 극복하려는 노력에서 나타난 연구법들이다. 그러나 앞서 설명하였듯이 이러한 외부적 접근법들은 의식의 고유한 속성, 즉 특정한 물리적 상태나 인지 기능과 독립적으로 나타나는 속성들을 잘 드러내지 못하는 경우가 많다. 그래서 이러한 실증 과학적 그리고 환원적 접근법의 한계가 자주 논의되고 있다. 마치 우리의 색 경험을(예를 들어, 무지개의 다양한 색들이 주는 알록달록한 경험의 느낌을) 단지 빛의 파장을 통해서 연구하고자 하는 것이 이러한 외부적 접근법의 의도이다.

반면 의식에 대한 현상학적 접근법은 의식을 느껴진 그 상태를 통해 연구하는 방법이다. 우리에게 직접적으로 드러나는 의식은 일인칭 경험이고(즉, 나의 개인적 경험이고) 감각적 느낌과 관련이 있으며 또한 주관적 시각을 포함한다. 이에 덧붙여 의식은 그 자체가 투명하게 의식하는 주체에게 드러난다는 특징도 가지고 있다. 나는 현재 책상에서 이 원고를 쓰고 있는데, 이때 나는 이러한 정신적이며 육체적 활동에서 일정한 느낌을 느끼고 있고 그 느낌을 느끼고 있다는 것 또한 느끼고 있다. 즉, 나는 나에게 느껴진 이러저러한 상황을 의식할 뿐 아니라 그런 것들을 의식하고 있다는 점 또한 의식하고 있다. 이러한 의식의 현상은 물론 환각이나 꿈의 경우에서처럼 완전히 외부의 객관적 환경과 무관한 것일 수도 있다. 그러나 객관적이든 꿈이든 간에 어떤 것을 의식한다는 것 그리고 그 의식적 경험을 다시 의식한다는 점 자체는 부정할 수 없는 경험적 사실이 된다. 이런 현상학적 접근을 통해 밝혀진 의식을 그 자체로 연구하면 어떤 의식의 모습이 드러날까?

먼저 이러한 의식에 관한 현상적 접근이 가지고 있는 두 가지 흥미있는 사실을 설명하고 다음에 에반 톰슨이 이 책에서 주장하려고 하는 바를 설명하도록 하자. 의식에 대해 현상적 접근을 취한다는 것은 우선 고전적 물리주의(physicalism, 物理主義)에 대한 도전장으로 이해될 수 있다. 고전적 물리주의는 물리적 인과 폐쇄성(causal closure, 因果 閉鎖性)과 환원론(reductionism, 還元論) 혹은 물리적 기반론(physical foundationalism, 物理的 基盤論)을 주장하고 있다. 간단히 말하면 인과 폐쇄성이란 어떤 사건이든 그 사건의 원인을 설명하기 위해서 물리 세계 밖으로 나갈 필요가 없다는(즉, 비물리적인 사건들을 이용하지 않는다는) 원칙이고, 환원론 혹은 물리적 기반론이란 주어진 사건을 과학적으로 법칙적으로 설명하는 데 있어서 '궁극적으로는' 기본 입자들의 움직임을 설명하는 물리적 단계의 법칙과 개념들을 사용할 수밖에 없다는 주장이다.

의식의 고유성을 설명하기 위해 현상적 접근을 주장하게 되면 이러한 고전적 물리주의의 주장들을 거스르게 되는 경우가 나타나게 된다. 즉, 주어진 의식 상태를 그것이 주관에게 드러난 주관적 심리학적 개인적 사건으로 규정하고 연구하는 것은 그 의식 상태를 두뇌 활동, 신체 변화, 혹은 양자 역학적 효과와 같은 물리적으로 환원 가능하거나 관찰 가능한 제삼자적 사건으로 바꾸어 연구하는 것과는 다른 입장이다. 의식을 물리주의적 시각에서 환원적으로 연구하는 것이 그 자체로 나쁜 것은 아니다. 다만 이런 입장이 의식의 고유한 속성을 잘 드러내는 입장인지 살펴보아야 하고 만일 의식이 이러한 협소한 과학의 입장으로 잘 이해되지 않는다면 객관적 접근법을 비판적으로 검토해보아야 하는 것이다. 모든 학자들이 동의하는 것은 아니지만 많은 철학자들과 심리학자들은 의식이 지니고 있는 고유한 특징이 환원적 방식으로는 밝혀지지 않는다고 주장하고 있다. 의식에 대해 현상학적 접근을 주장하는 학자들은 (비유적으로 말하자면) 인간이 지닌 사랑의 감정을 두뇌의 분자 활동으로 설명하는 것이 적절하지 않은 것처럼 의식을 두뇌의 활동이나 신체의 상태로 물리적 환원을 통해 연구하는 것은 잘못된 것이라 주장한다.

특별히 이러한 현상학적 비환원적 접근은 불교와 관련하여 중요한 의미를 갖는다. 불교는 의식의 극치, 즉 깨달음을 가장 중요한 목표로 삼는 종교이다. 다시 말해 특정한 의식의 상태에 도달하기 위한 노력과 정진이 불교에서는 매우 중요한 종교적인 헌신이다. 욕심과 집착의 순환 고리를 벗어나서 일어나는 사건을 있는 그대로 바라보고 느끼는 의식의 변화 그 자체가 깨달음을 향한 과정이 되는 것이 불교적 수행의 핵심이다. 또한 불교에서는(물론 학파와 전통에 따라 차이가 있을 수 있겠으나) 모든 이가 기본적으로 깨달음을 달성하여 부처가 될 가능성을 지니고 있다고 한다. 즉 불교는 의식의 자기 변형의 가능성과 그 능력에 기반하고 있는 종교인 것이다. 그런데 이러한 의식의 고유한 능력이 단순히 두뇌와 신체를 이루는 물리적 조건의 인과력으로 설명되어 버리면 의식이 물리적 조건 아래에 놓여서 그 조건에서 벗어날 가능성이 없어지게 된다. 간단히 말하면 의식(깨어 있음)의 힘과 가능성이 물리적 인과력으로 환원되어 그에 속하게 되면 깨달음의 과정을 통해 욕망과 집착의 제약을 넘어서는 해탈의 가능성을 설명하기가 곤란해진다(여기서 욕망과 집착이라고 함은 우리가 맹목적 물리적 조건에 스스로 맡기는 상황을 의미하는 것이다). 결과적으로 깨달음에 대한 이러한 불교적 입장에서는 의식과 깨달음 그리고 이들의 자기 변화 능력을 완전히 물리적 과정으로 설명하는 것은 의식의 적절한 이해가 되지 않는다. 과연 단순한 물리주의를 넘어서서 의식의 힘을 잘 설명하는 길이 있을까?

이러한 시각에서 본다면 의식의 난제들을 철학적이며 동시에 과학적 입장에서 다루고 있는 에반 톰슨의 최근 저서가 한국어로 번역된다는 사실은 매우 환영할 일이다. 이 책의 저자인 에반 톰슨은 현재 캐나다의 브리티시 콜롬비아 대학(University of British Columbia)의 철학과 교수로 재직 중에 있으며 인지과학과 철학(심리철학, 현상학, 불교철학)을 두루 섭렵하고 있는 뛰어난 학자이다. 현재 많은 학문의 주된 방향은 학문 연합과 학제적 연구를 향하고 있는데 톰슨은 이러한 복합적인 학문 연합의 최고의 경지를 보여주고 있는 학자로 손꼽히고 있다. 그의 저서는 이 책 이외에도 『생명 속의 마음: 생물학, 현상학 그리고 마음에 관한 과학(Mind in Life: Biology, Phenomenology, and the Sciences of Mind)』(Harvard University Press, 2007), 그리고 『색

지각: 지각에 관한 철학적, 인지과학적 연구(Colour Vision: A Study in Cognitive Science and the Philosophy of Perception)』(Routledge, 1995) 그리고 한국에서도 번역된 바가 있는 『몸의 인지과학: 인지과학과 인간 경험(The Embodied Mind: Cognitive Science and Human Experience)』(MIT Press, 1991)이 있다. 톰슨이 추구하고 있는 학제적 철학을 간단히 요약한다면 불교나 도교와 같은 동양의 정신적 세계를 서양의 인지과학과 현상학을 통해 분석하고 그 고유성을 밝히며, 역으로 이 고유성을 통해 서양의 인지과학과 철학의 난제를 해결하는 것이다. 일반적으로 학제적 연합이라고 하면 여러 전통과 접근법을 연결하여 대략적으로 다양한 시각을 총괄하는 것이라고 생각하기 쉬운데 톰슨의 경우는 그 연합이나 비교철학의 목표가 대략적으로 구성된 다양한 접근법들의 종합이나 총괄이 아니라 몇 가지 주제를 향한 날카로운 집중에 있다. 보통 학제적 접근의 방법을 취하는 학자들은 한 가지 전공 학문 혹은 한 가지 접근법에서 시작하여 다른 학문이나 접근법으로 이동하는 방식을 취하는 경우가 많은데 톰슨은 아예 처음부터 주어진 문제를 중심으로 놓고 다양한 접근을 넘나드는 방식으로 연구를 진행한 것으로 보인다. 한 분야에서 두각을 나타내는 것도 어려운데 인지과학과 동양철학 그리고 서양철학의 여러 분야에서 최고의 이론을 발전시키는 톰슨의 학문적 수준과 그 열정은 가히 당대 최고의 수준이라 할만하다.

이 책에서 톰슨은 의식에 관해 매우 중요한 주장을 하고 있다. 먼저 톰슨은 의식을 객관적 사실 같은 것으로 간주하는 입장을 경계한다. 의식은 책상이나 의자 혹은 바윗돌과 같이 이미 완성된 채로 주어진 대상이나 관찰 가능한 사건으로 이해되어야 하는 것이 아니다. 의식은 나타나고 만들어지고 사라지고 또 되돌아오는 구성적이고 현상적인 존재이지만 동시에 이 세상의 기본적 조건 혹은 가능성으로 존재하는 것이다. 하지만 의식은 복합적 물리적 생물적 조건이 달성되었을 때 나타나는 창발적(emergent, 創發的) 속성이 아니다(예를 들어 딱딱함이 특정한 분자구조에서 나타날 때 딱딱함은 이 분자들의 미세 구조 자체에는 발견되지 않으나 그 미세 구조들의 복합적 상호작용을 통해 창발적으로 나타나는 속성이 된다). 오히려 의식은 자아(自我)와 밀접한 관계를 가지고 나타나는 발제적(發製的, enactive) 속성이다(예를 들어, 꽃들의 특정한 색이나 모양에 반응하도록 특화된 벌들의 시각을 설명하려면 그들이 살아가며 먹이를 얻는 식물들의 모양이나 색을 고려해야 하지만 동시에 이들 식물들의 모양이나 색은 벌들을 유인하기에 적합하게 변화되기도 한다. 즉, 곤충과 식물의 상호 활동을 통해 곤충의 지각과 식물의 구조가 상호 구성적으로, 즉 발제적으로 나타나게 된다). 발제적 과정에서는 주관과 대상의 구체적이며 신체적인(감각 운동적) 상호 작용이 중요한 것이다. 물론 톰슨은 자아가 실체적으로 존재한다고 주장하는 것은 아니다. 자아는 실체적으로나 영속적으로 존재하는 것은 아니지만 그렇다고 해서 아예 존재하지 않는 환상인 것도 아니다. 단지 현상적이며 가변적인 과정으로 존재하는 자아는 의식을 통해 끊임없는 자신의 모습을 투사하는 구성과 발제의 삶을 사는 것이다. 의식은 외부 대상의 표상적 이해를 통해 드러나는 것이 아니라 체화적인 상호 작용을 통해서 발생하는 자아의 모습을 통해 나타난다. 간단히 말한다면 의식은 대상과의 물리적인 관계나 인지 표상적 상태를 통해 나타난 것이 아니라 그 자체를 스스로 연속적으로 느끼고 발생시키고 발제하는 현상적 자아를 통해 드러난다(여기서 자아라고 하는 것은 실체적인 자아를 말하는 것이 아니라 가변적이며 영속성이 없는 나에 관한 현상적인 경험을 말한다). 이 점은 불교적 전통에서 말하는 깨달음이라고 하는 의식의 특성과 관련이 있다. 깨달음은 의식을 통한 자아의 변화 과정이며 실체적 자아를 버리고 현상적 자아의 모습을 있는 그대로 바라보는 과정인 것이다.

톰슨은 의식의 이러한 모습을 구체적인 사례들을 통해 논증하고 있다. 즉 그는 자각몽(lucid dream, 自覺夢), 유체이탈 체험(out of body experience, 幽體離脫體驗), 깊은 수면(deep sleep) 그리고 임사 체험(near death experience, 臨死體驗) 등을 통해 의식이 드러내는 독특한 성격을 논한다. 의식은 많은 이들이 생각하듯이 잠잘 때 사라지고 깨어날 때 나타나는 것이 아니라, 깊은 수면 상태에서도 존재하는 매우 근본적인 현상이다. 또한 의식은 유체이탈의 경험이나 임사 체험에서처럼 육체의 물리적인 조건과 시각과는 별도로 경험될 수 있는 고유의 현상적 사건이다. 특별히 자각몽과 깊은 수면에 대한 톰슨의 해석은 눈

여겨볼 필요가 있는 독특한 것이다. 톰슨은 자각몽이나 깊은 수면은 의식의 혼란 상태나 중단 상태가 아니라 오히려 의식의 독특한 활동을 드러내는 사례가 된다고 주장한다. 의식은 단순한 꿈이나 수면 상태에서 깨어나는 상태가 아니라 꿈이나 깊은 수면 시에도 활동할 수 있는 매우 보편적이며 근본적인 단계에 존재하는 현상이라는 것이다.

의식에 대한 톰슨의 입장은 의식의 문제에 대한 현대 철학과 현대 과학의 입장과 대조되는 면이 많이 있다. 먼저 의식을 물리주의적 방식이나 환원적 방식이 아니라 그 자체로서, 즉 경험된 현상으로 밝혀보려고 하는 시도는 의식을 객관화하려는 과학주의적인 협소한 시각을 극복한다는 점에서 매우 의미 있는 시도로 보인다. 그러나 그렇다고 해서 톰슨이 의식에 관한 인지과학의 경험적 연구를 완전히 무시하는 것은 아니다. 의식은 인간이 경험하는 자연적 현상이므로 경험적 연구도 물론 가능한 것이다. 다만 이러한 경험적 연구가 객관화나 과학화의 협소한 틀에 사로잡혀 있어서는 안 되는 것이다. 또한 톰슨은 의식에 관한 세심한 분석을 발전시킨 불교적 시각과 인도철학의 전통적 분석을 참고하면서 의식에 관한 열린 경험적 자세를 견지한다. 물론 의식이 완전히 객관적이지도 그렇다고 창발적이지도 않은 중간적 성격을 가지는 측면과 의식이 지닌 고유한 현상적 인과성의 성격에 관해서는 앞으로의 논의가 발전되어야 하겠으나 수면, 꿈, 유체이탈 그리고 죽음에 관련된 의식의 속성에 관한 톰슨의 과감하고 날카로운 분석은 많은 경험적 문제와 개념적인 어려움을 겪고 있는 의식 연구에 많은 도움을 줄 것이라 생각된다.

이러한 의식에 관한 가치 있는 저서가 한국어로 그것도 영문으로 출간된 지 얼마 되지 않아 번역된다는 점은 한국의 인문학 발전뿐만 아니라 불교철학, 서양철학, 심리학, 신경과학 그리고 인지과학의 여러 방면에서 연구하시는 학자들과 일반인들에 매우 기쁜 소식이 아닐 수 없다. 이 책을 번역하신 이성동 박사와 이은영 박사의 노고에 감사를 드리며 이 책을 통해서 많은 분들이 의식과 정신의 문제에 대해 더 많은 관심을 가지게 되기를 희망한다. 21세기는 인공지능의 시대일 뿐만 아니라 자연적 마음에 존재하는 의식을 알아가는 시대이다. 내 마음과 경험에서 우러나는 깨달음의 의식은 우리 삶을 의미있고 풍요롭게 하는 정신적 양식이다. 진정한 깨달음은 나의 모습을 있는 그대로 느끼는 의식에 있고 의식은 객관적인 대상으로 고착되지 않고 끊임없이 만들어지는 나의 모습으로 나타난다. 이를 느끼는 것이 깨달음의 의식이다. 이 책은 바로 이 의식을 체화적으로 발제되는 과정에 있는 자아의 모습을 통해 설명하는 책이다.

프롤로그: 마음에 대한 달라이 라마의 견해

내가 8살이었을 때, 아버지는 내게 베티 켈렌(Betty Kelen)이 쓴 『고타마 붓다: 그의 인생과 전설(Gautama Buddha: In Life and Legend)』이라는 책을 주셨다. 나는 지금도 그 책을 가지고 있다. 75센트짜리 보급판이며, 첫 페이지에 내 이름을 써두었다. 책을 받자마자 나는 오래된 푸른 폭스바겐 웨건의 뒷좌석에 앉아서 읽어나갔다. 그 당시 토론토의 요크 대학(아버지가 그 대학에서 인문학을 강의하고 계셨다)에서 40마일 북쪽에 있는 온타리오 브래드포드의 우리 집에 오려면 400번 고속도로를 타고 왔어야 했다.

나는 책을 읽으면서 왜 때때로 붉은 펜으로 줄을 치는지 아버지께 이유를 여쭤보았다. 중요한 부분이라서 다음에 기억하고 찾기 위해서라는 답을 들었다. 그 아버지에 그 아들이었다. 즉 나는 고타마가 깨달음을 열망하고 한 명의 붓다가 되기 위해 분투하는 바로 그 문장에 붉은 줄을 쳐두었다. 붉은 줄은 노란 종이와 좋은 대조를 이루었다.

깨달음을 향한 그 드라마의 무엇인가가 나에게 강렬하게 호소하였다. 1970년대 이미 아버지는 나에게 호흡 만뜨라 요가 명상을 가르쳐주셨고, 파라마한사 요가난다(Paramahansa Yogananda)가 저술한 『한 요기의 자서전(Autobiography of a Yogi)』도 읽어주셨다. 깨달음의 평정함과 확신이 나를 사로잡았다. 대부분의 어린이들처럼 나는 동물을 좋아하였다. 붓다의 사악한 사촌인 데바닷타가 붓다를 밟아 죽이려고 보낸 미친 코끼리가 결국은 붓다가 발하는 자비와 평온함으로 오히려 잠잠해졌다는 것을 설명하는 구절에도 붉은 줄을 표시해놓았다는 것은 놀랄 만한 일이 아니다.

그러나 32년이 지난 후 MIT에서 열린 '마음의 탐구: 마음의 작동방식에 대한 불교와 생명 행동과학 사이의 대화'[1]라는 이틀간의 회의에서 기조연설을 하기로 되어 있는 나 자신은 그리 침착하고 평온하지 않았다. 달라이 라마의 개회 연설 바로 다음이 내 순서였다. 크레지 강당의 연단으로 걸어가면서 현기증을 느꼈다. 정중앙, 즉 내 왼쪽에 달라이 라마와 그의 영어 통역사가 앉아 있었고, 우리들 사이에 일군의 저명한 심리학자들과 뇌과학자들이 앉아 있었다. 달라이 라마의 오른쪽에는 두 명의 뛰어난 불교학자와 명상지도자가 있었다. 그 앞에는 천 명 이상의 청중이 있었다. 연설하는 도중 다리가 후들거렸고, 나는 똑바로 서기 위해 강단을 꽉 잡았다. 그때 달라이 라마가 재채기(강당 전체가 울릴 정도로 큰 재채기)를 하였다. 순박하게 미소 지으면서 그는 웃음을 터뜨렸다. 그 웃음은 모든 사람을 웃게 하는 전염력을 발휘하였다. 처음에는 깜짝 놀랐지만 나는 즉시 마음이 편안해졌고, 무대 공포가 사라지기 시작하였다. 내 연설은 가까운 친구이자 스승인 프란시스코 바렐라를 추도하고 그의 비전인 마음과 뇌에 대한 새로운 과학을 설명하는 것이었다.[2] 인지과학자, 뇌생물학자로 널리 알려진 바렐라는 불교 명상 수행자이자 불교철학자이기도 하였다. 그는 이 회의를 주재하고 있는 마음과 생명 협회를 설립하였다.

바렐라의 마지막 10년 동안, 이 회의가 개최되기 수 년 전에 그는 획기적인 학문적 발견을 이룩하였다. 그것은 친숙한 얼굴처럼 무엇인가를 지각하고 인지할 때 각각의 뇌 영역들이 어떻게 조화를 이루면서 기능을 수행하는지에 대한 연구였다.[3] 이런 연구 작업을 구축하면서 그는 마음에 대한 과학적 연구방법인 '뇌현상학(neurophenomenology)'[4]을 제안하였다. 이 연구방법은 내면적 경험(현상학)을 뇌과학 또는 뇌에 대한 과학적 탐구와 결합하는 방법이었다.

뇌과학자들이 인정하는 것과 같은 뇌활성의 대부분은 외부 세계에 의해 결정된다기보다는 뇌 내부에서 일어난다. 뇌과학자들은 이런 지속적이고 자발적인 뇌활성을 '내적 활성(intrinsic activity)'이라고 부른다. 그러나 이런 뇌활성과 우리의 주관적 경험의 연관성은 아직 명확히 밝혀져 있지 않다. 바렐라는 현상학이 이런 점을 밝혀내줄 것이라고 생각하였다.[5] 그는 주관적 심적 사건의 흐름(윌리엄 제임스(William James)가 의식의 흐름이라고 불렀던 것)이 뇌의 내적 활성을 반영하는 것이지 외부 자극에 의해서 일어나는 것은 아니라고 생각하였다. 순간순간 일어나는 내적 경험을 자세히 살펴보는 것이야말로 뇌활성을 제대로 잘 파악하는 데 상당한 도움이 될 것이다. 그러나 이런 과제를 수행하기 위해 현상학은 마음을 정확하게 파악하는 능력에 기반을 두어야 한다. 이것은 불교수행자들이 명상할 때 발휘되는 마음 파악 능력이다.[6] 명상의 통찰력은 순간순간 일어나는 마음의 사건들을 관찰하는 방법을 제공해준다. 그리고 뇌영상 기법과 전기 생리학은 사고와 감정의 뇌활성을 측정하는 도구이다. 이런 방법들을 결합하여 과학자들은 마음과 뇌를 연결하여 조심스럽게 연구할 수 있다.

나는 뇌현상학적 관점에서 불교와 인지과학의 대화를 지속시켜 나아가야 할 필요성을 역설하면서 연설을 마쳤다. 이런 대화를 시도하는 것은 불교를 새로운 실험용 쥐로 취급하는 것이 아니다. 오히려 마음의 전문가들을 새로운 연구 동료로 받아들여서 과학이라는 범주 내에서 그들에게 직접 탐구자로서의 역할을 부여하는 것이다. 서로 함께 공동 연구를 하면서 우리는 자기인식(self-knowledge)의 새로우면서도 전대미문의 영역을 개척할 수 있을 것이다. 이것은 우리 자신을 알아가는 하나의 방법이며, 인지과학과 명상을 통한 내적 성찰을 결합하는 것이다.

마음에 대한 달라이 라마의 견해

바렐라를 추모하는 내 연설은 아침에 진행되었다. '주의와 인지 조절(attention and cognitive control)'이라는 제목의 회의 첫 세션 바로 전이었다. 그날 오후 나는 청중이 되어서 편하게 다른 패널들의 강의를 듣고 있었다. 패널들은 회의의 두 번째 주제인 심상(mental imagery)에 대해서 논의하고 있었다. 네팔의 세첸(Sechen) 사원에서 온 프랑스인 티베트 승려 마티유 리카르(Matthieu Ricard)는 불교의 시각화 수행과 그것이 마음의 변화(transformation)에서 차지하는 역할에 대해 언급하면서 그 세션을 시작하고 있었다. 뒤이어 하버드 대학의 스티븐 코슬린(Steven Kosslyn)이 심상에 대한 과학적 연구를 개괄하였다. 주로 관심의 초점이 되었던 문제는 심상 경험과 이에 동반된 뇌의 활성화 과정이었다.

논의 도중 달라이 라마가 한 말이 나를 놀라게 했다. 그것은 의식과 뇌에 대해 내가 오랫동안 품어왔던 의문과 관련된 말이었다. 바렐라가 죽기 바로 전까지 우리는 그 의문에 대해서 토론하였다. 맨해튼에 있는 아버지의 거처에서 조용히 주말을 보내면서 우리의 마지막 저서를 무엇으로 할까에 대해서도 대화를 나누었다.[7] 의식은 전적으로 뇌에 의존하는 것인가 또는 의식은 뇌를 넘어서 있는 것인가?

달라이 라마는 과학자 입장에서라기보다 불교도 입장에서 말하였다. 그는 모든 의식 상태—심지어 어떠한 심상도 없는 '빛나는 의식(luminous consciousness)', 즉 '순수 자각(pure awareness)'의 아주 미묘한 상태에서조차—는 무엇인가 물리적 기반 위에서 일어나는 것인가에 대해 궁금해 하였다.[8] 이런 발상은 정말 충격적인 것이다. 왜냐하면 전통적인 인도와 티베트의 불교에서 순수 자각 같은 의식 상태는 그 본질상 물리적인 것이 아니라는(적어도 보통의 의미에서는 아니라는) 입장을 견지하고 있기 때문이다. 심리학자이자 뇌과학자이면서 오랫동안 불교와 과학의 대담에 참여해왔던 리차드 데이비슨(Richard Davidson)이 내 바로 옆에 앉아 있었는데, 그는 "이전에 이런 말을 들어본 적이 없어!"라고 중얼거렸다.

논의는 다시 심상이라는 주제로 돌아왔다. 그러나 나는 여전히 달라이 라마가 말한 것을 생각하고 있었다. 아마 그는 순수 자각의 기반이 뇌라는 것을 의미하는 것은 아니었을 것이다. 전통적인 불교의 입장은 의식이 뇌를 초월해 있다는 것이다. 예를 들면 불교도는 환생을 믿는다. 의식은 한 생에서 다음 생으로 넘어간다. 그러나 뇌는 죽을 때 파괴된다. 그렇다면 달라이 라마가 마음에 둔 것은 정확히 무엇일까? 뇌에 영향을 미치는 물리적인 무엇인가를 의미한 것인가? 아니 어떤 특정한 물질 구조에 한정된 것이 아니지 않을까? 물리적 기반과 그것이 떠받치고 있는 의식 사이에는 어떤 관계가 있는 것일까?

그리고 나는 다음과 같은 것을 생각하지 않을 수 없었다. 뇌가 없는 의식 또는 죽음 후의 의식의 연속성에 대한 믿을만한 증거가 없다면 어떻게 되는 것인가? 순수 자각이 뇌에 의존적일 수 있는가? 달라이 라마는 이런 가능성을 어느 정도까지 고려했던 것일까?

4년 후 나는 달라이 라마에게 이런 질문들을 할 수 있었다. 저명한 뇌과학자, 심리학자, 물리학자들이 인도 다람살라의 달라이 라마 거처에 모였던 작은 모임에서였다. 이 이야기는 책 후반에서 언급할 예정이다.

인도와 티베트의 불교철학에 의하면, 의식의 정의는 빛남(luminous)과 앎(knowing)이다. 빛남이 의미하는 바는 의식의 밝혀내거나 드러내는 능력이다. 앎은 드러나는 것을 지각하거나 파악하는 의식의 능력을 가리킨다. 달라이 라마가 자신의 책 『한 원자 속의 우주: 과학과 영성의 결합(The Universe in a Single Atom: The Convergence of Science and Spirituality)』에서 말한 것과 같이, "빛의 주된 특징이 비추어주는 것이듯이, 의식이 그 대상을 비춘다고 말한다. 빛에 있어서 비춤과 비추는 주체 사이에 명백한 구분이 없는 것처럼, 의식에서도 알거나 인지하는 과정과 알거나 인지하는 주체 사이에 진정한 차이가 없다. 빛의 경우처럼 의식에는 비춤의 속성이 있다."*9

마티유 리카르는 몇몇 불교 명상이 시각적 심상의 형성과 숙고에 의존하고 있다는 것을 설명하면서, 이런 빛나는 의식 또는 순수 자각의 개념을 설명하였다. 마치 거울의 표면처럼, 그것은 그 비추어지는 영상과는 다른 것이다. 마찬가지로 순수 자각은 일시적으로 왔다가는 사고나 심상과는 다른 것이다. 빛남은 거울의 맑은 표면과 같은 것이고, 앎은 대상을 비추는 능력 같은 것이다. 누구나 이런 빛남과 앎의 자각을 직접 경험할 수 있다. 이것은 지나가버리는 사고 또는 심상과는 다르다. 이것을 경험하는 것은 수많은 불교 전통에서 가장

---

* 달라이 라마, 『한 원자 속의 우주』, 삼묵·이해심 역, 하늘북, 2007, 126쪽.

뛰어나고 가장 잘 계발된 몇몇 명상 수행 기법을 통해서 가능하다.

스티븐 코슬린은 자신의 발표 마지막에 순수 자각의 개념에 대해 의문을 표명하였다. 그는 자신의 마음을 들여다보는 내성(introspection)이 심상 없이는 일어날 수 없다고 한다. 왜냐하면 내성을 인식할 때는 항상 어떤 감각적 또는 심적 이미지를 알게 되기 때문이다. 하버드 대학의 역사학 교수인 앤 해링턴(Anne Harrington)은 서양 과학 전통에서는 순수 자각과 같은 개념이 없다고 주장하였고, 뇌과학자들은 불교와 함께 이런 근본적인 문제에 대해 탐구할 수 있는 방법이 있는지조차 의심스럽다는 식으로 논의를 열어나갔다.

이런 논의 중에 달라이 라마가 의식의 물리적 기반에 대해 언급하였던 것이다. 영어 통역자인 툽텐 진파(Thupten Jinpa)를 통해서 달라이 라마는 티베트 불교 전통에서는 이런 미묘한 순수 자각 상태를 체화(embodiment)되지 않은 것, 또는 물질적 토대를 갖지 않는 것으로 생각하는 경향이 있다고 말했다. 그렇지만 달라이 라마는 죽음의 순간에 나타나는 아주 미묘한 '밝은 빛(clear light, 淨光明)의 마음 상태' 조차도 어떤 물리적 기반이 있는 것은 아닌지 하는 생각이 든다고 하였다. 그는 이런 관점은 뇌가 모든 심적 현상의 토대라고 생각하는 과학적 입장과 유사하다고 표명하였다. 그러고서 통역을 통하지 않고 자신이 직접 영어로 뇌가 없으면 일상적 마음이 작동하지 않는다고 말하였다. 마찬가지로 미묘한 물리적 기반이 없으면 미묘한 의식 상태도 있을 수 없다고 했다. "물리적인 것과 독립된 그 무엇이 있는지 없는지 나로서는 알 수 없습니다."

나는 달라이 라마 자신의 숙고하에서 과학과 불교의 만남이 이루어지고 있다는 사실에 놀랐다. 그는 의식의 깊은 차원에 지극한 관심을 나타내었다. 이런 깊은 차원의 의식은 고도의 수행을 닦은 명상적 통찰에서만 드러난다. 그러나 과학은 이런 점을 놓치고 있다. 또한 그는 솔직하게, 이런 차원의 의식이 물리적 기반을 가지고 있을지도 모른다는 것, 그것도 뇌와의 연관 속에서 그 상관물을 찾을 수 있을지도 모른다는 것, 그리하여 이런 상관물을 과학이 파악할 수도 있으리라는 점을 (적어도 이론상으로는) 인정하고 있다. 더욱 놀라운 점은 달라이 라마가 자신의 의견 피력을 종교적 교리나 신앙 표명으로 마무리하지 않았다는 것이다. 그는 장기인 껄껄거리는 웃음과 함께 자신이 잘 모른다는 것을 유쾌하게 인정하면서 마무리했다.

도전에 직면하기

의식은 전적으로 뇌에 의존하고 있는가? 아니면 의식은 뇌를 초월하는가? 서양 뇌과학과 티베트 불교 사이에 놓인 문화적, 철학적 차이를 고려하면 이런 질문에 대한 논의를 어떻게 진척시켜나가는 것이 좋을까?

많은 서양 과학자와 철학자들은 순수 자각의 개념과 뇌를 넘어서는 의식의 존재가 있을 것이라는 가정을 받아들이지 않는다. 인도와 티베트의 많은 불교학자와 명상 수행자들은 의식이 전적으로 뇌에 의존하여 일어나는 생물학적 과정이라는 가정을 역시 받아들이지 않는다. 나는 두 입장 모두 끌리지 않는다. 왜냐하면 나는 아시아의 철학적 전통과 서양 과학 사이의 대화가 얼마나 중요한지를 잘 알고 있는 철학자이기 때문이다.

불교는 수많은 문화적, 역사적 시대 상황을 거치면서 다양한 형태의 철학과 종교적 수행을 발전시켜온 천 년의 전통을 가지고 있다. 서양 과학자와 철학자들은 마음을 닦고 의식을 분석하는 여러 방식을 통해서 쌓아온 이런 전통 지식을 진지하게 받아들일 필요가 있다. 우리는 심적 기능을 분류하는 방식과 자각의 본질에 대한 철학적 설명을 연구해야만 한다. 또한 우리는 이런 지식이 인간의 죽음 공포에 대한 깊은 실존적 이해뿐만 아니라, 인간의 고통 그리고 해방과 관련된 윤리적 관심으로부터 어떻게 발생하였는지를 이해하여야만 한다.

서양의 심리학과 뇌과학은 아직 역사가 짧다. 즉 아직도 100년을 넘지 못한 형편이다. 그렇지만 이런 짧은 기간 동안 마음이 어떻게 작동하는지에 대하여, 특히 뇌와 신체 전체의 진화와 발달과 연관하여 막대한 지식을 축적하였다. 아시아의 명상 전통과 철학 전통은 이런 종류의 지식과 비교할 정도가 아니다. 우리는 이것을 반드시 진지하게 받아들여야만 한다. 여기에는 마음과 그것의 자연에서의 위치를 어떻게 이해해야 할지에 대한 방대한 철학적 함축도 포함되어 있다.

최근 불교와 인지과학의 융합에 대해 수많은 저서가 나왔다. 그러나 불교와 인지과학은 서로에게 강력하게 도전적이기도 하다. 다른 명상 전통과 마찬가지로 불교는 내면의 성찰 없이도 마음을 전부 이해할 수 있다는 가정에 도전한다. 인지과학에 불교적 통찰을 불어넣는 것이야말로 과학의 변화에 심대한 영향을 잠재적으로 줄 수 있는 신호이다. 관찰자의 영향을 받지 않는 완전한 중립적 관점이라는 고전적인 과학의 이상(ideal) — 이런 생각의 핵심은 21세기 물리학에 의해 와해되었다 — 은 우리 자신의 의식을 어떻게 경험하는가에 대한 일인칭적 탐구 없이 마음을 이해할 수 없다는 심각한 한계에 직면하고 있다.

동시에 뇌과학과 진화생물학은 의식의 궁극적 본질이 비물리적, 아니 더 정확하게 말하면 비생물학적이라는 관점에 도전한다. 명상의 통찰을 포괄하는 확장적 인지과학이 인도와 티베트의 명상에 덧붙여져 있는 모든 전통적 형이상학적 믿음과 이론을 받아들일 필요는 없다. 이런 믿음과 이론 대부분은 마음과 물질에 대해 현대 과학의 개념과는 아주 다른 고대 인도의 개념을 포함하고 있다. 인지과학이 마음을 과학적으로 탐구하면서 이런 명상적 경험에 적극적인 역할을 기대할 필요가 있는 반면, 불교와 요가 전통은 마음, 신체, 환생의 고대적 개념을 현대의 과학적 지식에 비추어 다시 점검해볼 필요가 있다.

우리가 과학과 명상 지혜에 기대어 새로운 종류의 자기인식(self-knowledge)을 성취하고자 한다면, 나는 반드시 그렇게 해야 한다고 생각하지만, 불교와 인지과학은 그러한 성취를 위한 노력에 열정적이면서도 열린 자세로 서로에게 도전하는 것도 포함시켜야 한다. 이것이야말로 내가 이 책을 집필하면서 견지하고자 애쓴 정신이다.

질문을 열어놓으면서

바렐라는 죽기 바로 전, 스위스 영화감독인 프란쯔 라이흘(Franz Reichle)과의 인터뷰에서 티베트 불교의 '미묘한 의식(subtle consciousness)' 개념에 대해서 이야기하였다.[10] 미묘한 의식은 개인적 의식이 아니다. 즉 일상적인 '나(I)' 또는 '대상적 나(me)'의 의식이 아니다. 이것은 어떤 감각적이거나 심적인 내용을 넘어선 순전한 빛남과 앎의 자각이다. 이것은 일상적인 마음으로는 좀처럼 볼 수 없다. 이것을 경험할 수 있는 경우는 특별한 꿈, 집중적인 수행, 죽음 바로 그 순간, 즉 일상적인 '나' 또는 '대상적 나'의 의식이 떨어져나가는 순간이다. 이것은 모든 의식의 기반이고 뇌와는 독립적인 것으로 여겨진다. 그러나 뇌과학은 이런 가능성을 받아들이지 않는다. 반면 이런 근본적인 의식의 존재를 알려주는 수많은 축적된 경험들을 거부하는 것은 티베트 불교도들에게는 도저히 생각할 수 없는 일이다.

바렐라의 입장은 판단 유보이다. 불교도의 경험을 무시하지도 않고, 과학에서 배운 것도 버리지 않는다. 무엇을 해결하거나 답을 얻으려고 노력하는 대신, 그 문제들을 가만히 두면서 깊이 숙고한다. 인내와 관용으로 질문을 열어놓는다.

나는 이 책을 쓰면서 이런 바렐라의 정신을 반영하고자 하였다. 철학자로서 질문을 열어놓은 채로 있다는 것은 그것을 여러 각도에서 살펴보고 조사한다는 것을 의미한다. 어떤 특별한 답이나 결론을 강요하지 않는다. 그렇다고 해서 논쟁이 전개되는 것을 두려워해서는 안 된다.

수많은 논쟁을 통해서 나는 수 년 동안 지금도 지속되는 개인적인 지적 여행을 하였다. 아버지는 내가 7살이었을 때 라자 요가 명상을 가르쳐주면서, 내게 철학적이고 영적인 세계관을 불어넣어 주었다. 그 세계관에서 마음과 의식은 근원적 실재이다. 린디스환 협회(1970년대 아버지가 세운 과학자, 예술가, 명상가들의 공동체)에서 청소년기를 보내면서 과학과 명상적 세계관은 서로를 풍부하게 해준다는 것을 먼저 배웠다. 이런 성장배경으로 인해 나는 앰허스트 대학에서 아시아철학과 종교를 공부하였고, 이후 토론토 대학의 대학원 과정에서 서양철학과 인지과학을 공부하였다. 그러나 지난 25년간 심리철학과 인지과학을 나름대로 연구하고 공부해오면서 지속적인 의문으로 삼고 있는 것은 바로 의식(그것이 아주 심오한 명상 경험이라고 하여도)이 신체와 뇌를 넘어설 수 있는가 하는 점이다. 동시에 나는 의식의 본질과 그 체화를 정당하게 평가하기 위해서라도 뇌를 더 깊이 이해할 필요가 있다고 생각한다. 또한 나는 과학적 세계관과 명상의 세계관을 연결하는 공동 연구에 깊이 헌신하고자 하며, 이런 헌신이 우리 시대의 문화와 삶에 중요하다고 생각한다.

열린 마음을 갖고 질문을 추구하고 그 질문을 둘러싼 논쟁이 전개되어 가는 길을 따라가더라도 우리의 방법론은 반드시 경험적이어야 한다. 이것이 의미하는 것은 경험을 고수하고 경험 바깥의 사변적 문제에 대해서는 판단을 유보한다는 것이다. 여기서 말하는 경험은 명상을 통한 마음과 신체의 내적 경험, 그리고 과학적 관찰과 실험을 통해 얻은 외적 경험을 포함한다. 두 경험 모두 진정한 지식이 되려면 공통의 검증과 동의가 있어야 한다. 불교와 과학은 이런 비판적이고 경험적인 입장을 공유한다.

서양 과학은 지금까지 마음의 아주 조그마한 영역을 탐구하여 왔다. 이런 영역은 명상적 통찰이 거의 없는 사람이 접근할 수 있는 영역이고, 이런 연구 결과는 명상 경험이 없는 사람에게 보고되었다. 명상적 전통과의 만남은 이것과는 다른 전망을 보여준다. 즉 높은 경지의 명상 경험이 있는 연구자가 명상 지식에 익숙한 과학자에게 보고하는 것이다. 이런 것의 대표적인 예라고 할 수 있는 바렐라의 희망은 미래의 인지과학자들이 명상과 현상학에 모두 정통하게 되는 것이다. 또한 뇌과학, 심리학, 수학 등에도 풍부한 지식을 가지는 것이다. 이와 마찬가지로 뛰어난 명상 수행자가 서양 인지과학에 대해서도 많이 알기를 기대한다.

이 책이 이러한 독창적인 자기인식을 북돋우는 데 도움이 되기를 바란다.

서 론

이 책의 중심 주제는 자아는 하나의 사물이나 개체가 아니라 과정이라는 것이다. 자아는 경험 외부에 있는 그 무엇이 아니고, 뇌 속 또는 어떤 비물질적인 실재 속에 숨겨져 있는 그 무엇이 아니다. 자아는 지속적인 변화를 겪는 경험적 과정이다. 우리는 자각의 과정 속에서 자아를 발제한다. 그리고 이런 자아는 우리의 자각 방식에 따라 여러 가지 모습을 띠고 나타난다.

우리가 각성 시에 어떤 일을 신체적으로 수행하고 있다면, 그때 우리는 자신을 둘러싸고 있는 환경에 맞춰진 신체적 자아를 발제하고 있는 것이다. 그러나 우리가 심적으로 몰입하는 일을 하게 되면 이런 신체적 자아는 경험의 장에서 물러난다. 우리의 마음이 산만해지면, 심적으로 상상된 과거의 자아나 미래의 자아가 현재의 자아를 장악해버리게 된다.

우리가 잠에 들기 시작하면, 자아감은 느슨해진다. 이미지는 떠다니고 우리의 자각은 급속하게 잠으로 빠져든다. 세계와 명확한 경계선을 가진 존재감은 해체된다. 말하자면 입면 상태(hypnagogic state)에서 자아(self)와 비자아(not-self)의 경계선은 사라진다.

세계 속에 잠겨 있는 분명한 자아감은 꿈속에서 다시 나타난다. 우리는 꿈속의 자아, 즉 꿈속 에고(dream ego)의 관점에서 꿈을 경험한다. 전체 꿈의 내용을 이루는 세계는 결국 단지 우리 자각의 내용물에 불과하지만, 우리는 자신의 자아를 그 꿈의 일부분으로 동일화시킨다. 즉 꿈속 에고는 경험의 중심에 놓이며, 자각 활동의 중심으로 스스로를 드러낸다.

그러나 때로는 다른 일도 일어난다. 우리는 스스로 꿈을 꾸고 있다는 것을 알아차리기도 한다. 잠에서 깨는 대신 계속 꿈을 꾸면서 자신이 꿈꾸고 있다는 것을 안다. 이것이 소위 자각몽(lucid dream)에 들어서는 것이다. 여기서 우리는 색다른 종류의 자각을 경험한다. 말하자면 꿈꾸는 상태를 목격한다. 꿈 에고가 취하는 형태를 포함하여 어떤 꿈 내용이 오고 가든지 간에, 우리는 그것들이 꿈 상태에서 우리 존재에 대해 자각하는 것과 같지는 않다고 말할 수 있다. 우리는 더 이상 꿈속 에고(꿈속의 '나')를 꿈꾸는 자아(꿈꾸는 자로서의 '나')를 포함하는 현재의 자아감과 동일시하지 않는다.

마찬가지로 각성 상태에서 명상하는 동안, 우리는 단순히 스스로 의식적이라는 것을 목격하고 우리의 자각의 장 안에서 일어나고 있는 감각적 또는 심적 사건 그 무엇이라도 잘 들여다보고 있다. 우리는 또한 감각적, 심적 사건들을 어떻게 '대상적 나(Me)'와 동일시하는지, 또한 어떤 것들을 '나의 것(Mine)'이라고 간주하는지를 살펴본다.

우리는 대개 잠들 때 이런 마음의 각성 능력을 상실한다. 그리고 자각몽에서 그것을 다시 생생하게 되살려서 경험한다. 인도와 티베트의 철학과 명상 전통에서는 꿈 없는 깊은 수면에서도 이런 마음챙김 또는 목격 자각(witness awareness)을 회복할 수 있다고 주장한다. 만약 이것이 사실이라면, 거기에는 각성과 꿈 이상의 어떤 의식이 분명히 있어야 할 것이다

넓은 의미에서 불교도 포함하는 인도 요가 전통에 의하면, 의식은 세 가지 측면으로 나눌 수 있다.[1] 첫 번째 측면은 자각이다. 이것은 무엇인가를 밝힐 때 불을 비추는 것과 같다. 두 번째 측면은 불을 비출 때 드러나는 그 무엇이다. 즉 순간순간 우리가 자각하는 것들이다. 세 번째 측면은 우리가 이런 자각의 내용물을 '나(I)' 또는 '대상적 나(Me)' 또는 '나의 것(Mine)'으로 경험하는 방식이다. 그러므로 우리가 어떻게 자아를 발제하는지 알기 위해서는 이 세 가지(감각적, 심적 내용물과는 다른 자각의 본질, 이런 내용물을 생성하는 심신 과정들, 이런 내용물들을 하나의 자아로 경험하는 방식)를 이해하여야 한다.

이후의 장들에서 나는 이 세 가지 틀, 즉 자각, 자각의 내용, 자아 경험(인도 전통에 따라 말하자면 '나-만들기(I-making)'라고 할 수 있다)을 다룰 것이다. 그리고 이것을 인지과학으로도 분석할 것이다. 인도 사상가들은 철학적, 현상학적 용어를 사용하여 의식과 나-만들기를 보여주었지만, 나는 이러한 사상적 통찰들이 의식의 뇌과학을 진전시키는 데 도움이 될 수 있다는 것을 밝힐 것이다. 그러기 위해서

각성, 수면, 꿈, 자각몽, 유체이탈 경험, 꿈 없는 깊은 수면, 다양한 명상들, 죽음을 다루는 탐색 과정에서 뇌과학과 인도 사상을 함께 엮어 논할 것이다.

이 책의 형성 원리는 인도 전통에서 나왔다. 고대 인도 경전인 『우파니샤드』는 의식에 대해 처음으로 기록한 안내서이다.[2] 초기 경전(BCE 6세기에서 7세기까지 거슬러 올라간다)은 자아를 다음의 세 가지 주요한 상태 1) 각성 상태, 2) 꿈꾸는 상태, 3) 꿈 없는 깊은 수면 상태로 구분하였다. 후대의 문헌은 여기에 네 번째 상태인 순수 자각(pure awareness) 상태를 추가한다. 각성 의식에서 우리는 외부 세계와 연관되어 신체를 자아로 받아들인다. 꿈 의식은 기억으로 구성된 심적 이미지로 채워지며 꿈의 신체를 자아로 파악한다. 꿈 없는 깊은 수면은 주관과 객관을 구분할 수 없는 휴지기의 상태이다. 순수 자각은 각성, 꿈, 꿈 없는 깊은 수면의 변화무쌍한 상태를 목격하지만, 그 목격 대상이나 그것을 목격하는 자아와 동일시하지 않는다. 나는 이런 네 가지 상태를 의식탐구의 틀로 사용할 것이다. 그리고 각성, 꿈, 깊은 수면, 고도의 자각과 집중상태인 명상을 관통하는 자아 탐구를 계속해나갈 것이다.

요가 전통에서 명상은 하나의 대상에 주의집중을 지속하는 능력과 마음에 떠오르는 어떤 것이라도 그것을 선택하거나 억압하지 않고 그 경험의 장 모두를 개방적으로 자각하는 능력을 훈련한다. 요가 명상의 두 가지 방법, 초점 주의 명상(focused attention, 또는 일념으로 집중

하는 명상 one-pointed concentration)과 열린 자각 명상(open awareness)*을 통해서 우리는 순간순간 변화하는 주의(attention)와 감정을 지속적으로 관찰하는 것을 배우게 된다. 이것은 산만한 마음에서는 관찰하기 어렵다.[3] 이 책을 이끄는 생각 중 하나는 이런 다양한 자각의 양태와 주의를 유연하고 신뢰할만하게 오갈 수 있으며 순간순간 느끼는 경험을 정확한 용어로 표현할 수 있는 사람들이 뇌과학과 심리철학에 자아와 의식에 대하여 새로운 정보를 제공하는 것이다.[4]

이제 이 책이 담고 있는 주요한 주제들을 간략하게 살펴보자. 각 장마다 이런 주제들을 뇌과학, 철학, 문학, 내 개인 경험을 통해 다룰 것이다.

1장에서는 인도 사상에서 말하는 빛 또는 광명(luminosity)을 의식의 기본적인 본질로 설명한다. 인도 사상가들은 흔히 의식을 빛남(luminous)과 앎(knowing)으로 규정한다. '빛남'은 드러내는 힘을 의미한다. '앎'은 의식의 장에 나타나는 것을 파악하는 기능을 의미한다. 각성 상태에서 의식은 감각기관을 통해서 외부 세계를 밝히고 파악한다. 그리고 꿈 상태에서 의식은 내부 세계의 심상을 드러낸다. 또한 이 장에서는 의식에 대한 고대 인도의 사상을 소개한다. 거기에는 각

* 초점 주의 명상과 열린 자각 명상은 각각 불교의 사마타(산스끄리뜨어 śamatha, 빨리어 samatha, 止)와 위빠사나(산스끄리뜨어 vipaśyanā, 빨리어 vipassanā, 觀)를 연상시키는 명상이다. 그러나 저자가 2장에서 밝히고 있듯이 이 용어는 불교 용어에서 유래하긴 했으나 불교 내외의 다양한 명상들에 보이는 두 가지 명상 형태를 가리키기 위해 과학자들과 명상학자들이 최근에 만든 용어이다. 여기에서는 그러한 취지에 따라 사마타와 위빠사나, 또는 지관(止觀)으로 번역하지 않고, '초점 주의 명상'과 '열린 자각 명상'으로 그대로 번역했다.

성, 꿈, 꿈 없는 깊은 수면, 순수 자각이 포함된다.

2장에서는 각성 상태의 주의(attention)와 지각(perception)에 대해 논의한다. 나는 인지 뇌과학의 이론과 성과물을 불교의 주의와 지각 이론과 비교할 것이다. 의식은 끊임없이 흘러가는 것처럼 보이지만 사실 뇌과학과 불교에서 의식은 분절된 자각 순간들의 조합으로 구성되어 있다고 한다. 그리고 이러한 분절된 순간들은 주의가 하나에서 다른 것으로 변하는 것에 의존한다. 나는 초점 주의 명상과 열린 자각 명상이 의식의 흐름을 자각 순간들로 분절하는 데 상당한 영향을 미치고 있다는 것을 보여주는 뇌과학의 증거를 검토할 것이다. 나는 2장의 결론 부분에서 불교철학과 인지 뇌과학의 성과를 활용하여 이런 분절된 순간들에 대한 논의뿐만 아니라 자아감을 포함하고 각성, 꿈, 꿈 없는 수면 사이를 관통하면서 그 배후에 놓인 보다 더 천천히 변화하는 배경 자각도 존재한다는 것을 살펴보아야 한다고 주장할 것이다.

3장에서는 프롤로그에서 제기했던 의문, 즉 의식의 기본적 본질인 순수 자각이 뇌에 의존하는지, 아니면 뇌를 초월하는지의 의문을 다룰 것이다. 그리고 인도의 다람살라에 묵으면서 달라이 라마와 나누었던 대화를 소개할 것이다. 달라이 라마의 견해는 의식이 뇌를 초월한다는 것이다. 나는 불교철학의 기본이기도 한 이 견해를 설명할 것이다. 그렇지만 현재로서는 달라이 라마의 견해를 뒷받침할 만한 과학적 근거가 없다. 현재까지 우리가 갖고 있는 모든 과학적 근거는 순수 자각을 포함한 의식은 뇌와 밀접한 연관성을 갖고 있다는 것이다. 그렇지만 나는 두 가지 이유에서 유물론자는 아니다. 첫째, 의식은 유물론에서 볼 수 없는 인지적 우선성(primacy)을 갖고 있다. 의식 밖으로 나가 의식을 다른 것과 비교하여 측정할 수 있는 방법은 없다. 과학은 항상 의식의 장 안에서만 작동한다. 과학은 의식의 장을 확장할 수 있고, 새로운 전망을 열어나갈 수는 있지만, 의식의 지평선을 넘어설 수는 없다. 둘째, 의식은 이런 우선성을 갖고 있기 때문에, 근본적 물질 현상처럼 의식을 본질적으로 경험 불가능한 것으로 생각하여 환원적으로 설명하는 것은 사리에 맞지 않다. 오히려 하나의 자연스러운 현상인 의식을 어떻게 이해할 것인지는 자연과 물질적 존재에 대한 과학적 개념을 재고하게 한다.

4장, 5장, 6장에서는 입면, 꿈, 자각몽에 대해 언급할 것이다. 우선 수면이 시작되는 상태, 즉 입면 상태에 대한 논의부터 한다. 입면 상태에서는 눈앞에 기이한 이미지들이 등장하고, 자신의 주위나 내면에서 이런 저런 소리나 주고받는 대화를 듣기도 한다. 정상적인 각성 의식은 에고 구조적(ego-structured) ― 우리는 자신을 외부 세계와 구별되는 존재로 경험한다 ― 이지만, 이런 구조는 입면 상태에서 해체되어간다. 거기에서는 보다 거대한 세계의 한 참여자로서 활동하였던 '나'라는 의미의 자아는 없고, 더 이상 내가 몸담고 있었던 거대한 세계도 존재하지 않는다. 대신 자신의 의식을 빼앗는 이미지와 소리들만 있다. 간단히 말하면 두 가지 핵심적인 모습(자아의 경계가 해체되고 의식이 자발적으로 상상하는 것에 주의를 기울이는 상태)이 입면 상태의 특징이다.

의식의 에고 구조(ego structure)는 꿈 상태에서 다시 돌아온다. 입면 상태에서 우리는 이미지를 보고 그것에 몰입한다. 꿈 상태에서는 꿈 세계의 경험을 한다. 때로는 일인칭 관점에서 경험하고, 또 때로는 외부적 관점이나 삼인칭 관점에서 자신을 보기도 한다. 이런 두 관점은 기억에서도 일어나는데, 흔히 '장(場) 기억(field memory)'과 '관찰자 기억(observer memory)으로 알려져 있다. 그렇지만 관찰자 관점에서의 꿈에서도 우리는 꿈의 세계와 연관된 주체로서 자신을 경험한다. 동시에 입면 상태에서 일어나는 의식을 빼앗긴 주의(spell bound attention)도 꿈의 특징을 이룬다. 이것은 또한 일종의 사로잡힌 의식이기도 하다.

이 모든 것들이 자각몽에서는 변한다. 자각몽의 특징적인 모습은 꿈꾸는 사람이 꿈의 상태에 직접적으로 주의를 기울일 수 있다는 점이다. 따라서 그것이 꿈이라는 것을 생각할 수 있게 된다. 이런 일이 일어나면 자아감은 변한다. 왜냐하면 자신을 꿈꾸는 자 — '나는 꿈꾸고 있다' — 이면서 동시에 꿈속의 자아 — '나는 꿈속에서 날고 있다' — 로 자각하게 되기 때문이다.

이 세 개의 장에서 나는 수면 과학의 성과물을 개략적으로 살펴볼 것이다. 각각의 상태(입면 상태, 꿈꾸는 상태, 자각몽의 상태)는 나름대로 특징적인 뇌활성을 보여주고 있다.

자각몽에 대한 뇌영상 연구는 뇌과학자들이 '의식의 신경 상관물

(neural correlates of consciousness)'이라고 부르는 것을 탐구하는 매력적인 방법을 제공한다. 자각몽을 꾸는 사람은 자각몽에 들어갈 때 안구 운동을 신호로 사용할 수 있다. 그래서 과학자들은 그때 뇌에서 무엇이 일어나고 있는가를 추적할 수 있다. 티베트 불교의 '꿈 요가'에서는 자각몽을 사용하여 꿈에서 명상 수행을 하는 방법을 훈련한다. 이런 명상은 분노를 평정심으로 바꾸는 것과 같이 부정적 감정을 긍정적 감정으로 변화시키는 수련 과정, 의식의 근원적 바탕이 순수 자각이라는 것을 깨닫는 수련 과정에서 특히 강력한 힘을 발휘하는 것으로 알려져 있다. 이런 고대 요가 수행과 수면 과학의 현대적 연구 성과들을 결합하여 우리는 꿈 심리학, 뇌과학, 꿈 요가를 통합하는 새로운 꿈 과학을 그려볼 수 있다.

나는 기존의 표준적인 뇌과학에서 꿈을 단지 하나의 환각 상태로 기술하고 있는 것을 비판하면서 논의를 끝맺을 것이다. 이와는 달리 나는 꿈이 하나의 자발적 상상(spontaneous imagination)이라고 생각한다. 또한 나는 꿈꾸는 마음이 잠자는 뇌의 수동적 부수현상은 아니라고 생각한다. 꿈, 특히 자각몽에서의 의도적인 심적 활동은 잠자는 뇌에 능동적으로 영향을 미치기 때문이다.

7장에서는 유체이탈 경험에 대해서 살펴본다. 유체이탈 경험에서는 마치 자신이 공중의 한 시점에서 자신의 몸을 이탈하여 스스로를 보고 있는 듯한 느낌을 갖게 된다. 자아와 신체의 분리 가능성의 문제와는 달리 유체이탈 경험은 신체와 자아감 사이의 연결을 더 강화시켜준다. 이것은 탈신체화(disembodiment)의 경험이 아니다. 이것은 체화의 한 변형이다. 이 경험에서는 자신의 신체를 한 장소에 놓인 대상으로 보지만, 그것은 보고 듣는 자각의 신체 위치와 일치하지 않는다. 이처럼 지각 대상의 신체와 지각하고 주의를 기울이는 주체로서의 신체 사이에 괴리가 발생한다. 유체이탈 경험은 자아감을 연구하는 데 중요한 정보를 제공해준다. 유체이탈 경험에서는 자신의 주의 시점이 어디에 있다고 느끼든 상관없이 경험하는 주체로서 자신을 위치시킨다. 이것은 경험 주체의 신체가 어떤 공간을 점유하고 있는지에 상관없이 일어난다.

자신의 생물학적 신체 없이 유체이탈 경험을 할 수 있다는 과학적인 증거는 없다. 왜냐하면 신체는 유체이탈 경험 동안 항상 존재하고 있기 때문이다. 더구나 유체이탈 경험의 여러 모습들은 뇌의 일정한 영역을 전기적으로 자극하거나 가상현실 도구를 사용하여 유발시킬 수 있다. 그러므로 유체이탈 경험은 뇌의 일정 영역의 활성화로 인해 발생한다고, 따라서 살아 있는 신체와 연관관계를 맺고 있다고 생각하는 것이 합리적이다.

8장에서는 의식이 꿈 없는 깊은 수면에서도 존재하는지 여부에 대해 논할 것이다. 대부분의 신경과학자들과 심리철학자들은 꿈 없는 수면을 블랙아웃 상태로 생각한다. 블랙아웃 상태에서 의식은 완전히 없어져버리거나 사라져버린다. 이와는 대조적으로 인도와 티베트의 불교뿐만 아니라 요가와 베단따의 인도철학 학파들은 아주 미묘한 형태의 의식이 지속된다고 주장한다. 나는 깊은 수면이 의식의 한 양태라고 주장하는 인도철학의 견해를 제시할 것이다. 또한 꿈 없는 수면 상태에서도 의식의 한 양태가 있다는 것을 배제하기에 충분한 수면 과학의 행태학적, 생리학적 증거는 없다는 것을 보여줄 것이다. 그리하여 꿈 없는 수면에서는 사라지는 것으로 의식을 규정하고 있는 표준적인 뇌과학의 방식은 수정할 필요가 있다. 요가, 베단따, 불교에서는 명상 수행을 통해 꿈 없는 수면에 존재하는 잠재의식(subliminal consciousness)에 인지적으로 접근할 수 있다고 주장한다. 나는 이런 주장을 뒷받침하는 몇 가지 예비적인 수면 과학 연구 결과를 제시할 것이다. 그리고 수면 시에 마음을 수련하는 명상 방법을 포함하도록 수면 과학을 확장할 필요가 있다고 주장하면서 이 장을 끝맺을 것이다. 이런 기획은 수면 과학자, 수면 요가 수행자, 인도 및 티베트 전통의 명상학자들이 협력해서 잠자는 마음의 지도를 그려나가는 연구를 할 것을 요구한다. 요약하자면 우리는 새롭고 명상적인 수면 과학이 필요하다.

9장에서는 죽음에 임박해서 의식과 자아가 어떤 변화를 겪는지 탐구한다. 뇌과학자와 생의학자들은 죽음을 주관적, 개인적인 일이 아니라, 본질적으로 객관적이고 비개인적인 일로 치부한다. 생의학적 관점에서 보면, 분명히 죽음은 의식 소실과 함께 살아 있는 신체 기능이 붕괴하는 것으로 이루어져 있다. 그러나 이런 관점에서는 신체 붕괴에 대한 주관적 경험과 자기 자신의 죽음이라는 불가피한 사실이 갖는 실존적 중요성을 놓치게 된다. 이와는 대조적으로 티베트 불교(요가와 베단따도)에서는 의식의 점진적 붕괴와 죽음 과정에 일어나는 자아감의 소멸에 대해 생생하게 묘사하고 있다. 또한 명상을 통해서 죽음의 과정을 어떻게 맞이할 것인지에 대해서도 서술하고 있다. 티베트 불교에 따르면, 위대한 명상가는 죽어가면서 에고로서의 자아감을 분리시킬 수 있다고 한다. 순수 자각의 경험 속에서 쉬면서 그들은 일상적이었던 '나(I)-대상적 나(Me)-나의 것(Mine)'의 의식이 소멸되는 것을 보지만 평정심을 갖고 죽음의 과정을 알아차린다.

또한 티베트 불교 전통에서는 위대한 요가 명상가들의 몸은 때로 일반적인 방식으로 죽지 않는다고 한다. 그들은 심장 박동이 멈추고 호흡이 끊어지고 난 다음에도 수 일 내지 수 주 동안 부패하지 않는다고 한다. 나는 이런 현상들을 서양의 과학적, 의학적인 관점에서 어떻게 보고 있는지에 대해 최근의 몇몇 논문들을 개괄할 것이다. 이런 탐구가 나름대로 가치가 있는 이유 중 하나는, 과학이 죽음이라는 것을 제대로 이해할 수 있게(비록 생의학적인 관점에서라도) 해주기 때문이다. 죽음을 온전히 이해하려면 마음이 죽음을 어떻게 맞이하는지를 파악하고 죽음의 과정에서 어떤 영향을 미치는지를 아는 것이 필요하다.

심장 정지 때의 임사 체험은 마음이 죽음을 맞이하는 방식과 심신 관계를 탐구하는 데 중요한 사례들을 제공해준다. 임사 체험은 의식이 뇌에 의존하고 있다는 것에 대해 도전적 입장을 취하게 해주지만,

아직 임사 체험을 뒷받침해줄 만한 결정적 증거는 없다. 현재까지의 증거들을 세심하게 검토해보면, 그 증거들은 임사 체험이 뇌에 의존적이라는 것을 지지한다.

동시에 우리는 심장 정지 후 소생술에 의해 깨어난 사람들이 말하는 임사 체험 보고가 말 그대로 사실이거나 거짓이라고 생각하는 함정에 빠져서는 안 된다. 이런 보고들은 모두 삼인칭 관점에서 파악된 것들이다. 죽어감(dying)과 죽음(death)은 또한 반드시 일인칭 시점에서 이해되어야만 한다. 우리는 이런 임사 체험들을 뇌 환원주의자들 또는 영혼 절대론자가 나름대로 이용하는 것을 경계해야만 한다. 그리고 이런 일인칭적인 임사 체험을 있는 그대로 진지하게, 즉 어떤 방식으로든 우리가 직면하게 될 상황에서 일어나는 일인칭적 경험의 서술로 검토해야만 한다.

10장은 자아란 뇌가 창조한 환상일 뿐이라는 견해를 갖는 뇌과학과 '뇌 철학자'들에 대한 논의를 한다. 나는 이런 견해를 '뇌-허무주의(neuro-nihilism)'라고 부른다. 나는 자아가 구성물(또는 오히려 끊임없이 구성되어가는 하나의 과정)이기는 하지만, 환상은 아니라고 주장한다. 자아는 '나'를 계속해서 발제하는 과정이며, 이 과정에서의 '나'는 과정 그 자체와 다른 것이 아니다. 그것은 마치 춤추는 댄서가 춤추고 있는 과정과 다른 것이 아니라는 것과 같다. 나는 이것을 자아에 대한 '발제적' 이론이라고 부른다. 이 장에서는 발제 이론을 체계적으로 제시하고, 여러 가지 다양한 생물학적, 심리학적, 사회적인 차원에서 어떻게 나-만들기가 일어나는지 보여줄 것이다. 이러한 논의 가운데 불교철학(특히 중관학파의 철학), 생물학, 인지과학, 명상의 뇌과학을 결합할 것이다.

이 책의 각 장들은 순서대로 읽어나가도 좋지만, 각 장을 나름대로 읽어도 별로 문제가 없을 것이다. 예를 들면 순수 자각과 뇌의 관계라는 주제를 읽고 싶다면 3장으로 바로 건너뛰어서 읽어도 된다. 또는 현대의 의학적 문화 속에서 죽음을 생각할 때 명상 수행이 얼마나 중요한지를 알기 원한다면 바로 9장으로 가도 된다(이 장은 콜롬비아 대학 출판사에서 짧은 전자책으로 분리해서 출판되기도 하였다). 이 책 전체를 통해서 인지과학, 서양철학, 인도철학의 특정한 지식에 편중되어 서술한 것은 없고, 그때그때 자연스럽게 언급했다.

인지과학과 인도의 요가 철학과 명상이 이 책의 핵심을 이루고 있지만, 나는 또한 여러 광범위한 자료들(시와 문학, 서양철학, 중국의 도가, 개인적인 경험들)을 참고하였다. 이런 다양한 자료들을 모두 함께 엮어서 과학을, 사람들이 소위 영성이라고 부르는 것과 연결하는 새로운 방법을 보여주기를 희망하였다. 서로 적대시하거나 무관심하지 않고, 인지과학과 세계의 위대한 명상 전통들이 함께 공동 작업(인간의 마음을 이해하고 인간의 삶에 의미를 부여하는 일)을 할 수 있다. 두 극단적인 경향(종교적 극단주의와 시대에 뒤떨어진 신념체계들의 부활, 그리고 과학적 유물주의와 환원주의의 구축)이 우리 시대를 관통하고 있다. 두 가지 사고방식 모두 성숙된 인지과학에 꼭 필요한 지혜와 직접 지식(firsthand knowledge)의 원천인 명상과 수행의 가치를 바로 보지 못하고 있다. 이런 성숙된 인지과학이 우리 존재(옛날식으로 말하자면 우리 영혼)의 전체적인 면을 제대로 평가할 수 있게 한다.[5] 이 책에서는 다양한 관점을 인정하고 있다. 과학은 명상 수행의 지식으로 풍부해지고, 명상 수행의 지식은 인지과학으로 풍부해질 것이며, 우리는 이를 활용하여 인간 삶에 대한 새로운 과학적, 영적 이해를 창조하게 될 것이다. 이런 새로운 창조는 종교와 반종교의 틀 속에 더 이상 갇히지 않을 것이다.

목 차

01

봄

의식이란 무엇인가?

01

봄

의식이란 무엇인가?

의식이란 정확히 무엇인가? 이 질문에 대한 가장 오래된 대답은 거의 3,000년 전 인도에서 이루어졌다.

소크라테스가 아테네인들과 논쟁을 하고 플라톤이 이것을 『대화(Dialogues)』에 기록한 것보다 훨씬 전, 지금의 인도 북동쪽에 있는 위데하(Videha) 땅에서 대단한 논쟁이 있었다. 박식하고 위대한 자나까(Janaka)왕의 왕좌 앞에서 뛰어난 현자 야갸발꺄(Yajñavalkya)는 그 왕국의 몇몇 명성 있는 바라문 학자들과 논쟁을 벌이고 있었다. 왕은 뿔마다 금화 열 개가 걸린 소 천 마리를 상으로 내걸고, 가장 학식이 뛰어난 자가 이 소를 차지할 것이라고 선언하였다. 논쟁에 참여한 다른 학자들은 침묵을 지킬 뿐 감히 앞으로 나아가지 않았지만 야갸발꺄는 겸손하긴커녕 기민하게 움직였다. 그는 제자에게 상을 가져가라고 말하였다. 여덟 명의 바라문 학자들이 차례차례 도전했지만 야갸발꺄는 자신의 뛰어난 지식을 입증해보였다. 그리고서 왕에게 호의를 베풀어서 궁금한 점이 있으면 물어보라고 하였다. 그 이후 이어진 대화는 「위대한 숲의 가르침(브리하드아란야까 우파니샤드 Bṛhadāraṇyaka Upaniṣad)」에 언급되어 있다. 이 문헌은 『우파니샤드』라 부르는 인도 고대 문헌 중 가장 오래된 것이다(BCE 7세기). 야갸발꺄는 여기서 의식의 본질과 그 주요 양태들 또는 상태들에 대해서 처음으로 역사에 기록된 설명을 하고 있다.[1*]

빛에 대한 질문

대화를 어떻게 이끌어가야 하는지를 정확히 알고 있던 왕이 먼저 간단한 질문을 했다. "사람은 어떤 빛을 가지고 있는가?" 또는 "사람이 갖는 빛의 원천은 무엇인가?"라고 이해할 수도 있는 질문이었다.

"태양입니다."라고 현자는 대답하였다. "태양빛으로 사람은 앉고 걸어 다니고 일하고 집으로 돌아옵니다."

"그러면 태양이 지면 어떤 빛을 가지게 되는가?"라고 왕이 다시 질문하였다.

---

* 1장에서 인용하는 「브리하드아란야까 우파니샤드」와 「만두끄야 우파니샤드」의 번역은 다음 번역본을 참고하되, 부분적으로 수정했다. 임근동 역, 『우파니샤드』, 을유문화사, 2012.
'뿌루샤(puruṣa)'를 임근동은 인아(人我)로 번역했지만, 여기서는 보다 널리 쓰이는 번역어인 개아(個我)로 번역했다.

현자가 "달의 빛을 가집니다."라고 대답하였다.

"태양도 지고 달도 지면 어떤 빛을 가지게 되는가?"

"불입니다."라고 현자는 대답하였다.

계속해서 왕은 불이 꺼지면 어떻게 되냐고 질문하였고 현자는 "언어입니다."라고 현명하게 대답했다. 야갸발꺄는 이에 대해 "자신의 손이 보이지 않을 정도로 어두워도 말소리가 들리면 사람은 그쪽으로 갑니다."라고 설명했다. 칠흑 같은 어둠 속에서도 사람의 목소리가 길을 밝혀줄 수 있다.

그러나 왕은 이 대답에 만족하지 않고 소리가 없는 침묵에서 빛이 되어주는 것은 무엇이냐고 집요하게 파고들었다. 태양, 달, 불, 언어가 없다면 그 사람이 갖고 있는 빛의 원천은 무엇인가?

야갸발꺄는 "자아(self, ātman)입니다. 앉고 가고 일하고 집으로 돌아오게 하는 것은 다름 아니라 바로 자아의 빛입니다."라고 답했다.

야갸발꺄의 대답은 왕과의 대화가 멀리 떨어진 외부의 눈에 보이는 것에서 출발하여 가까운 내부의 눈에 보이지 않는 쪽으로 다가오고 있다는 것을 명확하게 보여준다. 태양보다 더 빛나는 것은 없다. 아니, 밤에는 달보다 더 밝게 빛나는 것이 없다. 그러나 그것들은 건너갈 수 없을 정도로 멀리 떨어져 있다. 불은 가까이에 있고 보살피고 관리할 수 있다. 그러나 언어는 마음에서 나온다. 어둠은 단어의 힘으로 사물을 밝히고 사람 사이의 거리를 좁히는 언어의 독특한 광명이 빛을 잃게 할 수 없다. 그러나 언어는 물리적 소리라는 점에서 여전히 외적인 것이다. 태양, 달, 불, 언어, 이런 것들은 외부 지각으로 알게 된다. 그러나 자아는 외부 지각을 통해서 알 수 없다. 왜냐하면 자아는 지각의 원천에 있기 때문이다. 자아는 지각되지 않지만, 그 지각의 배후에 놓여 있다. 자아는 근접성이라는 점에서 보면 가장 가까운 곳에 있다. 결코 거기에 있는 것이 아니라 항상 여기에 있다. 자아 없이 어떻게 길을 찾아갈 수 있는가? 자아가 외적인 빛의 원천들을 밝혀주지 않는다면, 그것들이 어떻게 사물을 밝힐 수 있겠는가? 그렇지만 자아는 아주 가까이 밀접해 있기 때문에 자아를 명료하게 보고 그것이 무엇인가를 아는 것은 불가능할지도 모른다.

결국 왕은 자신이 계속 목표로 했던 바로 그 질문, "자아는 무엇인가?"에 도달할 수 있었다.

흥미로운 대답

야갸발꺄는 자아가 내면의 빛이라고 대답하였다. 이 빛이 바로 개아(puruṣa, 個我)이다. 앎(knowledge)으로 이루어져 있는 이 빛은 심장에 내재하고 살아 있는 호흡으로 둘러싸여져 있다. 개아는 각성 상태에서 이 세상을 돌아다니고, 수면 시에는 이 세상을 넘어선다. 개아는 자신의 빛이고 스스로 빛난다.

이 대답이 보여주는 것과 같이, 야갸발꺄가 말하고 있는 '빛'은 우리가 '의식'이라고 부르고 있는 것임이 분명하다. 의식은 빛과 같다.

그것은 사물을 비추고 드러낸다. 이로써 사물이 알려질 수 있다. 각성 상태에서 의식은 외부 세계를 비춘다. 그리고 꿈에서 의식은 꿈의 세계를 비춘다.

여기, 즉 야갸발꺄가 자아에 대해 질문하는 왕에게 답하는 이야기에서 우리는 문헌으로 남아 있는 첫 번째 의식의 지도를 발견할 수 있다.

각성, 꿈, 수면

야갸발꺄는 왕에게 사람에게는 두 곳의 거처(이 세계와 세계 너머)가 있다고 설명하였다. 그 두 세계 사이에 꿈의 지대가 있다. 꿈에서 두 세계는 만난다. 중간 지대인 꿈에 있을 때, 우리는 두 세계를 본다. 꿈은 다른 세계로 들어가는 입구이고, 그곳을 지나가면서 나쁜 것도 보고 즐거운 것도 본다.

각성 상태에서 우리는 태양에 비추어진 외부 세계를 본다. 그렇지만 우리는 꿈에서도 사물들을 본다. 그것은 어디에서 오는 것인가? 그리고 무엇으로 그것을 보게 되는가? 꿈에서 그것들을 비추는 빛의 원천은 무엇인가?

야갸발꺄는 우리가 전체 세계(한 세계와 또 다른 세계)에서 재료를 취하고 꿈에서 그것을 쪼개어 나누고 다시 그것을 모은다고 설명한다. 꿈은 두 세계 사이에 있지만, 우리 스스로 만드는 상태이다. 개아는 꿈에서 스스로 모든 것을 창조하고 자신의 광채로 그것들을 비춘다.

개아는 잠에 들었을 때 온 세계의 재료를 취해서 스스로 그것을 부수고 스스로 그것을 새로 만들어냅니다. 그는 자신의 광채와 그 자신의 빛으로 잠듭니다. 여기서 개아는 스스로의 빛으로 밝혀져 있는 것입니다.

여기에는 수레도, 수레를 끄는 말도, 길도 없습니다. 그러나 그는 수레, 수레를 끄는 말과 길을 만들어냅니다. 거기에는 쾌락도, 즐거움도, 기쁨도 없습니다. 그러나 그는 쾌락, 즐거움, 기쁨을 만들어냅니다. 거기에는 연못도, 연꽃 웅덩이도, 강도 없습니다. 그러나 그는 연못, 연꽃 웅덩이, 강을 만들어냅니다. 그는 만드는 자입니다.[2]

큰 강의 양쪽 둑을 왔다 갔다 하면서 헤엄치는 커다란 물고기처럼, 개아는 각성과 꿈 사이를 왔다 갔다 한다. 그렇지만 자아는 결코 한 상태에 완전히 고착되어 있는 것은 아니다. 마치 물고기가 양 둑을 헤엄치면서 한쪽 둑에 붙어 있지 않는 것과 같다.

또한 제3의 마음 상태, 즉 꿈 없는 깊은 수면 상태가 있다. 거기에서 개아는 아무 욕망 없이 조용히 쉰다.

하늘을 빙빙 날다 지쳐버린 독수리나 매가 날개를 접고 둥지가 있는 곳에 편히 몸을 옮기는 것처럼, 개아도 아무 욕망도 없고 꿈도 없는 상태로 향해갑니다.

사랑스러운 아내의 품에 편히 안긴 사람이 자신의 안과 밖에서

> 무슨 일이 일어나고 있는지 아무것도 모르는 것처럼, 지혜의 자아에 푸근히 안긴 개아는 자신의 안과 밖에서 무엇이 일어나고 있는지 아무것도 모릅니다. 그것은 개아의 욕망이 충족되고, 개아를 욕망할 뿐 다른 욕망이 없는 형태이며 슬픔을 넘어선 것입니다.[3]

이런 표현에서 받는 인상은 꿈 없는 깊은 수면이 우리가 추구해야 할 평화와 환희의 상태로 여겨진다는 점이다. 일상적인 특성과 짐들은 떨어져 나간다. "여기서는 아버지가 아버지가 아니고, 어머니는 어머니가 아니다. … 도둑은 도둑이 아니고, 살인자는 살인자가 아니다. … 승려는 승려가 아니고, 고행자는 고행자가 아니다."[4] 대신 우리는 우주적 또는 보편적 자아(ātman)의 보살핌과 지혜 안에서 쉰다. 욕망에서 자유로워지고 공포에서 벗어나게 된다.

깊은 수면이 평화롭고 환희로운 것이라면, 이것은 우리가 깊은 수면에서도 어쨌든 의식을 유지한다는 뜻인가? 자각(awareness)은 존재하는가, 아니면 깊은 수면은 자각의 망각인가? 다른 말로 하면 깊은 수면은 각성과 꿈처럼 일종의 의식 상태인가? 아니면 오늘날 대부분의 뇌과학자들이 생각하는 것처럼 의식이 없는 상태인가?

야갸발꺄가 묘사한 꿈 없는 깊은 수면을 생각해보면 — 그리고 야갸발꺄가 말한 것에 대한 후대 인도 사상가들의 주석을 보면 — 의식은 깊은 수면에도 스며들어 있다. 풍부하지만 수수께끼 같은 다음 문장을 살펴보자. "그는 보지 않지만, 보지 않는 것을 봅니다. 보는 자의 봄을 끊어내는 것은 없습니다. 왜냐하면 그것은 사라지지 않기 때문입니다. 그러나 그 자신에게서 분리된, 그가 볼 수 있는 제2의 또 다른 무엇이 있는 것은 아닙니다."[5]

이 문장이 의미하는 바는 보이는 꿈의 이미지가 아무것도 없어도('그는 보지 않는다') 꿈 없는 수면에는 일종의 자각이 존재한다('그렇지만 보지 않는 것을 본다')는 것이다. 태양이 빛을 발하는 것을 멈출 수 없는 것처럼 자아는 모든 의식을 잃을 수 없다. 특히, 자각의 근본 광명을 잃을 수 없다('보는 자의 봄을 끊어내는 것은 없다'). 그러나 깊은 수면에서 이런 자각은 자신과 분리된 어떤 대상을 목격하지는 않는다. 즉 지각할 수 있는 것들로 이루어진 각성의 세계도 없고, 이미지들로 이루어진 꿈의 세계도 없다('그 자신에게서 분리된, 그가 볼 수 있는 제2의 또 다른 무엇이 있는 것은 아니다'). 그러므로 여기에서 말하는 자각은 미묘하고 잠재의식적(subliminal)인 것이어야만 한다. 그런 자각은 이미지와 욕망이 없는 반면, 평화스럽고 편안하다.

인도의 다른 철학 문헌에서뿐만 아니라 『우파니샤드』의 후기 경전은 꿈 없는 수면에서는 각성과 꿈꾸는 상태에서 보이는 분명하고 거친 주체·객체의 이원성이 사라진다고 기술하고 있다. 각성 상태에서 주체는 신체로 나타나고, 객체는 우리가 지각하는 것으로 나타난다. 꿈에서 주체는 꿈속 에고(ego) 또는 꿈속 자아로 나타나고 객체는 꿈의 세계로 나타난다. 깊은 수면에서 의식은 주체와 객체 사이의 이런 구별을 하지 않는다. 알려진 것과 아는 자의 구분도 없다. 대신 의식은 하나의 적막한 '덩어리(mass)'로 나타난다. 의식은 자신 속으로 철수하고, 외부 대상을 향하는 기능은 표면 아래로 내려가 버린다. 그렇지만 이렇게 표면 아래로 내려가는 잠재성은 자각의 전면적 상실이나 망각이 아니다. 그것은 평화로운 몰입이다. 이런 몰입은 환상에서 해방된 자아실현 의식에 속하는 각성의 환희(lucid bliss)를 미리 맛보는 것이다.

또한 요가와 베단따학파에 속하는 후대의 철학자들은 의식이 깊은 수면에서도 지속된다는 관념을 지지하기 위해 다음과 같이 논증하였다. 만약 꿈 없는 깊은 수면에서 자각이 전혀 없다고 하면, 당신은 잠에서 바로 깨어난 그 순간, "아, 잘 잤다."라는 기억을 갖지 못할 것이다. 기억은 과거 경험에 대한 회상이다. 당신이 무엇인가를 기억한다면, 이전의 경험을 상기하는 것이고 그것을 당신 자신의 것으로 상기하는 것이다. 평화롭게 잤다는 것을 기억하는 것이라면, 깊은 수면에서 무엇인가를 상기하는 것이니 그 수면 상태는 미묘한 의식의 상태였어야만 할 것이다. 우리는 8장에서 의식의 뇌과학이라는 관점에서 이런 논증을 다시 자세히 살펴볼 것이다.

각성 상태에서 꿈의 상태를 거쳐 깊은 수면의 상태로 나아가는 야갸발꺄의 논의 전개 과정은 태양, 달, 불, 언어에서 자아로 나아가던 그의 이전의 논의 전개 과정을 반복한다. 이런 두 가지 논의 전개 과정은 외부적이고 분명한 것에서부터 내부적이고 미묘한 상태로 점점 나아가는 것이다. 둘 다 모두 각성 상태와 꿈 상태에서 보이는 가시성(visibility)을 추적해서 의식의 근원적 광명(luminosity)이라는 원천을 밝혀내고 있다.

미묘한 의식(Subtle Consciousness)

우리는 지금까지 서양 인지과학과 인도 요가철학의 중요한 차이점을 살펴보았다. 인지과학이 의식의 존재와 부재 사이의 차이에 초점을 맞춘다면, 인도 요가 전통은 조야하거나 거친 의식과 미묘한 의식 사이의 차이에 초점을 맞춘다. 예를 들면 인지과학은 각성과 마취 상태의 차이, 얼굴 이미지 등과 같은 자극에 반응하여 보고할 수 있는 상태와 자극의 존재를 행동과 뇌반응이 보여줌에도 불구하고 그 자극을 보고할 수 없는 상태의 차이에, 요가철학은 각성 시의 외부 물질 대상에 대한 지각과 깊은 수면에서의 잠재적인 자각의 차이에 초점을 맞춘다.

명상의 관점에서 의식은 거친 것에서 미묘한 것에 이르기까지 자각의 여러 연속적인 단계를 포함한다. 거친 의식은 각성 감각 지각이다. 이것은 당신이 지금 읽고 있는 단어처럼 외부에 있는 사물이 무엇인지를 말해주고, 당신에게 신체 내부의 느낌을 주는 의식이다. 꿈꾸는 것은 이보다 더 미묘하다. 왜냐하면 외부 세계에서 철수하여 기억과 상상을 토대로 보고 느끼는 것을 만들어내기 때문이다. 깊은 수면은 더 미묘하다. 왜냐하면 심적 이미지들이 없는 의식이기 때문이다. 또한 의식의 미묘한 측면은 깊은 명상 상태에서 나타난다고 말해진다. 그때는 발현된 모든 사고와 지각이 멈춘다. 죽음이 닥쳤을 때도 비슷한 상황이 일어난다. 의식의 이런 미묘하거나 깊은 측면은 수행하지 않은 보통 사람들에게는 분명하지 않다. 그러나 깊은 명상적 자각에 익숙한 사람은 이런 미묘한 의식을 식별할 수 있다.

서양의 심리철학에서는 흔히 '의식적(conscious)'이라는 단어가 갖는 두 가지 의미를 구분한다. 우선 첫 번째 의미를 살펴보자. 무엇인가 어떻게 해서든 경험에 나타날 때 무엇인가에 대해 의식적이라고 말할 수 있다. 통증을 느낀다든지 붉은 색깔을 경험하는 경우가 철학자들이 의식적 경험의 예로 드는 대표적인 두 경우이다. 철학자들이 말하는 것처럼, 색깔을 보거나 통증을 느끼는 '그 무엇과 같은 어떤 것'이 있다는 것이다. 이런 의미에서 경험 주체에게 그 무엇과 같은 어떤 것이 있을 때, 그런 상태의 심적, 또는 신체적 상태는 의식적이다. 철학자들은 이런 의식을 개념화시켜서 '현상적 의식(phenomenal consciousness)'이라고 부른다(여기에서 '현상적'이라는 말은 어떤 사건이 경험에 나타나는 방식을 말한다). 두 번째 의미를 살펴보자. 어떤 것을 보고하거나 기술할 수 있을 때, 또는 그것을 사유하거나 자신의 행동 지침으로 사용할 때도 그 무엇에 대해 의식적이라고 말할 수 있다. 철학자는 이런 의식을 개념화하여 '접근 의식(access consciousness)'

이라고 부른다(여기서 '접근'이라는 말은 사고와 행동에서 사용할 수 있다는 것을 의미한다). 간단히 말해서 '의식'은 **주관적 경험**이라는 의미의 자각과 **인지적 접근**이라는 의미의 자각을 의미할 수 있다.

철학자들이 이런 구분을 하는 이유는 인지적 접근의 의미에서 의식을 설명하는 것이 반드시 주관적 경험의 의미로 의식을 설명하는 것은 아님을 지적하기 위해서이다. 철학자 데이비드 차머스(David Chalmers)가 말한 것과 같이, "우리가 경험 주변의 모든 인지와 행동 기능의 수행(지각적 구별, 범주화, 내적 접근, 언어적 보고)을 설명한다 하더라도, **이런 기능의 수행에 왜 경험이 동반되어야 하는가**라는 풀리지 않은 의문이 남아 있다. 즉 그 기능을 잘 설명했다고 해도 이런 의문은 여전히 풀리지 않고 남아 있다."[6]

현상적 의식과 접근 의식을 구별하는 또 다른 이유는 자신의 경험을 적어도 완전히 또는 명백하게 말로 보고하거나 서술하지 못하여도 무엇인가를 묵시적, 또는 잠재적 차원에서 의식할 가능성을 열어놓기 위함이다. 달리 말하면, 현상적으로는 무엇인가를 자각할 수 있어도 그러한 자각에 인지적 접근을 완전하게 하지는 못할 수도 있다. 아마도 스크린상의 이미지를 경험하여도 이미지가 아주 빨리 지나가 버려서 정확히 그것이 무엇인지 언어로 보고할 정도의 기억을 형성하지 못하는 경우가 있을 것이다. 이것은 현상적 의식이 그 경험에 접근할 인지적 능력이나 자원을 앞질러 가는 한 방식일 수 있다.

미묘한 의식에 대한 인도 요가의 개념을 생각하는 한 가지 방법은,

미묘한 의식을 현상적 의식의 보다 깊은 차원으로 바라보는 것이다. 이런 깊은 의식은 보통의 인지적 접근으로는 도달할 수 없다. 특히 마음이 안정되지 못하고 명상을 수행하지 못한 경우에는 더 그렇다. 이 책 전체에서 표명하고 있는 것과 같이 이런 생각에 의하면 서양 과학과 철학이 무의식적이라고 언급하고 있는 대부분을 사실상 의식적인 것으로 인정할 수 있다. 명상적 마음 훈련을 통해서 현상적 자각의 미묘한 차원들에 접근할 수 있다는 의미에서이다.

인도 요가와 현대 서양의 견해 사이에는 또 다른 중요한 차이점이 있다. 표준적인 인지과학의 견해에서 각성 감각 경험은 모든 의식의 기반을 이룬다. 그러나 많은 인도(그리고 티베트)의 견해에 의하면, 거친 의식, 즉 감각적인 의식은 미묘한 의식에 의존한다. 우리는 이런 대조적인 견해를 순수 자각(3장)과 꿈 없는 수면(8장)을 검토할 때 더 자세히 살펴볼 것이다.

네 번째 의식

야갸발꺄와 자나까왕의 대화에서 우리는 자아에 대한 두 가지 사고방식 — 하나는 이전의 사고방식으로 고대 인도(BCE 약 1500년)의 베다 전통에 근거한 것이고, 또 다른 하나는 『우파니샤드』(BCE 약 700-400년)에 맞는 새롭게 등장하는 사고방식 — 을 볼 수 있다. 오래된 베다 전통에서 각성, 꿈, 깊은 수면은 '내면의 개아(inner person, puruṣa)'가 움직이는 장소(places or locations)이다. 잠이 들면 당신은 꿈의 장소로 간다. 그곳은 이 세계와 세계 너머 사이에 있다. 꿈꾸는 것에 지치면 꿈이 없는 환희의 장소로 간다. 인도의 사유가 발달하면서 이런 장소들은 점차로 의식의 상태들 또는 양태들로 변화되어 간다. 이런 개념적 변화는 「만두끄야 우파니샤드(Māṇḍūkya Upaniṣad)」에서 절정을 이룬다. 이 경전은 다소 후기의 경전(약 BCE 1세기에서 CE 2–3세기에 걸쳐 있다)이다. 그 경전에서는 의식의 네 가지 상태(각성, 꿈, 꿈 없는 깊은 수면, '네 번째'인 순수 자각)에 대한 유명한 교리가 짧은 시구로 표현되어 있다.[7]

「만두끄야 우파니샤드」는 이런 네 가지 상태를 자아(ātman)의 네 개의 '발(feet)' 또는 '사분 영역(quarters)'으로 기술하였다. 첫 번째 사분 영역은 각성 상태이다. 여기서 의식은 외부를 향하고 자아를 신체로 경험한다. 각성 의식은 감각 지각의 '거친' 대상에서 즐거움을 느끼지만, 그 대상에 오래 흥미를 두지 않는다. 왜냐하면 욕망에 추동된 주의(attention)는 끊임없이 여기저기로 흔들리기 때문이다. 각성 상태의 의식은 불안하고 불만족스럽고 끊임없이 유동하는 의식이다.

자아의 두 번째 사분 영역은 꿈의 상태이다. 여기서 의식은 안으로 향하고 꿈속 에고를 자아로 경험한다. 꿈꾸는 의식은 꿈 이미지에서 즐거움을 느낀다. 이런 이미지는 과거 경험과 기억에 떠오른 '미묘한' 심적 인상을 재료로 하여 가공된 것이다. 각성 상태와 마찬가지로 꿈은 욕망과 주의가 끊임없이 여기저기로 뛰어다니는 불안한 상태이다.

자아의 세 번째 사분 영역은 꿈 없는 깊은 수면이다. 여기에서는 욕망이 사라지고 마음의 '소용돌이'는 진정되고 의식은 잠잠해진다. 자아는 몰입되어 평화로운 의식의 '단일 덩어리(single mass)' 안에서 쉰다.

자아의 네 번째 사분 영역은 각성, 꿈, 깊은 수면의 아래나 배후에 있는 순수 자각(pure awareness)이다. 순수 자각은 이런 변화하는 상태에 영향 받지 않는다. 「만두끄야 우파니샤드」는 이 순수 자각을 처음에는 부정어법으로, 그다음에는 긍정어법으로 묘사한다.

> 의식이 안으로 향하지도[꿈] 않고, 의식이 바깥으로 향하지도[각성] 않고, 양쪽으로 향하지도 않고, 의식의 덩어리도[깊은 수면] 아니고, 의식도 아니고, 무의식도 아니다. 즉, 대개 이 네 번째는 보이지도 않고 침범할 수도 없고 파악할 수도 없고 표시도 없고 생각할 수도 없고 이름 지을 수도 없고 그 본질상 자신 위에 거처하고 번식도 없고 평화롭고 상서로운 것이며(śiva) 이원성도 없다(advaita). 그것이 자아이다. 그렇게 알아야 한다.[8]

'네 번째(turiya)'라고 간명하게 부른 이 의식 양태는 순수한 비이원적 자각이다.[9] 각성, 꿈, 깊은 수면과는 달리 순수 자각은 일시적이고 개별적인 상태가 아니다. 그러므로 다른 나머지 셋처럼 단순히 사분 영역들 중의 하나가 아니다. 이것은 그러한 변화하는 상태들의 기반을 이루는 지속적인 원천이고 명상의 실현이 이루어지는 무대이다. 각성, 꿈, 깊은 수면의 기반을 이루는 원천으로서의 '네 번째'는 순전한 자각이고, 질적으로 광명을 그 특성으로 한다. 그리고 명상의 실현 무대로서 이것은 그러한 변화하는 세 상태를 자아로 오인하지 않고 목격할 수 있는, 보다 더 깊은 배경 자각(background awareness)이다. 인도 종교를 연구하는 미국의 학자 앤드류 포르트(Andrew Fort)에게서 그 비유적 이미지를 차용해보면, 순수 자각은 편재하는 라디오파와 같다. 이런 편재하는 라디오파는 지속적인 심적 활동의 잡음(사고, 심적 이미지, 정서, 기억)에 의해 흐려진다.[10] 우리는 이런 잡음을 실재라고 믿고 우리가 정말로 그러하다고 생각하지만, 사실은 라디오파 위에 겹쳐져 있는 것에 불과하다. 이런 겹쳐져 있는 것을 제거하거나 꿰뚫어보게 되면 그 파의 진정한 본질이 드러난다. 또는 다른 비유를 들어보면 겹쳐져 있는 것을 제거하는 것은 꿈에서 깨어나는 것과 같고, 그것을 꿰뚫어보는 것은 꿈이라는 것을 깨닫는 것과 같다. '네 번째'는 각성, 꿈, 깊은 수면의 배후에서 목격하는 자각으로서 진정한 자아를 드러내는 최고의 깨어남이다. 이 드높은 깨어남이 진정한 자유, 평온, 환희를 가져다준다고 한다.

우리는 각성, 꿈, 깊은 수면을 개별적인 상태로 간주하면서 언급했지만, 이와는 달리 생각하는 방식도 있다. 이것은 이 책에서 특히 중요하게 다룰 부분이다. 이런 상태들은 개별적이라기보다는 서로가 서로를 포섭하고 관통한다. 예를 들면 당신이 꿈꾸고 있을 때 꿈꾸고 있는 것을 안다면, 꿈 상태 속에서 깨어 있는 것이다. 다시 말하면 소위 자각몽(lucid dream)을 꾸고 있는 것이다. 그리고 당신이 백일몽 상태에 있다면 각성 상태에서 꿈꾸고 있는 셈이다.

인도 철학자 샹까라(Śaṅkara, CE 788-820년)는 「만두끄야 우파니샤드」에 주석을 달면서 이런 핵심적인 사항에 주의를 기울였다.[11] 그는 우리가 각성 상태에서 각성, 꿈, 깊은 수면의 세 가지 상태 모두를 경험한다고 말했다. 각성은 지각, 꿈은 기억, 깊은 수면은 전적인 자아몰입이다. 지각에서 우리는 '거친' 물질 대상을 경험한다. 꿈에서처럼 기억에서 우리는 '미묘한' 심적 이미지들과 인상들을 경험한다. 깊은 수면에서처럼 전적인 자아몰입에서는 활동적인 지각과 기억이 멈춘다. 자각몽 같은 상태에서는 이런 여러 마음 상태들이 서로 대립하지 않고 넘나든다.

나는 이제 「만두끄야 우파니샤드」에서 가장 주목할 만한 모습이라 할 수 있는 신성한 베다 음절 또는 만뜨라 옴(OM 또는 AUM)과 자아의 사분 영역들과의 연결을 언급하려 한다. 그 경전은 옴을 과거, 현재, 미래의 모든 것과 시간을 넘어선 모든 것과 동일시하는 것에서 시작한다. 옴은 브라흐만(brahman)의 소리이다. 브라흐만은 현상적 우주의 비이원적 원천이자 기반이고 초월적 자아인 아뜨만(ātman)과 동일하다. 한 음절로서 옴(OM)은 자아이다. 음절의 구성 음소는 거친 의식에서 미묘한 의식에 이르기까지 모든 의식 상태를 반영한다. 'A'는 각성 상태를 표현하며, 입을 벌리고 내는 거친 소리이다. 'U'는 꿈꾸는 상태이고 입술의 도움을 받아서 나는 미묘한 소리이다. 'M'은 깊은 수면 상태를 표현하고 입술을 닫을 때 나는 소리로서 더욱 더 정교하다. 목구멍에서 떨리면서 나는 소리인 '으으으음(Mmm)'은 깊은 수면에서 맛보는 환희에 가득 찬 꿈 없는 의식을 드러낸다. 그러나 '네 번째'는 독특해서 다른 것과 비교할 수 없으며 거기에 대응하는 음소가 없다. 우리는 그것을 침묵으로 생각할 수 있다. 그 침묵에서 모든 소리가 나온다. 또는 그것은 한 음절인 옴에서 세 음소가 연합해서 내는 소리로서, 하나의 비이원적 자각에서 세 상태가 연합한 것을 표현한 것으로 생각할 수도 있다.

죽음

현자 야갸발꺄와 자나까왕의 대화로 다시 돌아가 보자. 왕은 자신이 들은 것에 대해 기뻐하였지만, 야갸발꺄가 말해줄게 더 남아 있다는 것을 알았다. 왕은 천 마리의 소를 상으로 주면서 계속 가르쳐주기를 청하였다. 현자는 이제 자신의 비밀스러운 지식을 왕이 가져가고 싶어 한다는 것을 알고 죽음과 해탈의 본질에 대해 설명하였다.

꿈에서 각성 상태로 돌아가는 것처럼 죽을 때 우리는 이 삶에서 저 삶으로 넘어간다. 신체가 질병이나 노령으로 쇠약해지면, 자아가 떠나고 신체는 생명 없이 남는다. "그가 가면 호흡이 따릅니다. 그리고 호흡이 가면 감각(senses, prāṇa)이 따릅니다. 그는 의식체(a being of consciousness)가 되어 의식을 따르고, 지식과 행동은 그를 꽉 붙잡습니다. 이와 마찬가지로 이전 경험도 그를 꽉 붙잡습니다."[12]

죽어가면서 의식은 감각에서 철수하고, 안으로 향하여 신체를 떠난다. 그러나 의식은 소멸하지 않는다. 새로운 몸을 입고 새로운 삶을 시작한다. 그 새로운 삶은 과거의 삶에서 축적한 지식과 행동 또는 습관과 성향의 영향을 받는다. 죽음은 애벌레가 새로운 도약 준비를 하는 것과 같다. 죽음과 환생은 애벌레가 한 풀잎에서 다른 풀잎으로 도약하는 것과 같다. "마치 애벌레가 풀잎의 한쪽 끝에 도달하여 다음 단계로 나아가려고 몸을 움츠리듯이, 그렇게 몸에서 떨어져 나온 자아는 무지를 버리고 다음 단계로 나아가려고 자신을 움츠립니다."[13]

새로운 삶이 어떻게 나타날지는 이전의 삶에서 했던 행동에 달려 있다. 선한 일을 한 사람은 행복하고 좋은 환경에 태어나고 악한 일을 한 사람은 힘들고 어려운 환경에 태어난다. 각각의 삶은 선한 행동 또는 악한 행동을 할 새로운 기회를 주고 좋거나 좋지 않은 환경에 다시 태어나게 한다. 신의 판단이 이런 결과를 명령하는 것은 아니다. 이것은 욕망과 그 결과 간의 인과관계에 따라 일어난다. "그들은 말합니다. '욕망하면 욕망하는 대로 된다. 왜냐하면 사람은 욕망으로 이루어져 있기 때문이다.' 그가 욕망하면 의지는 그 욕망을 따릅니다. 의지가 일어나면 행동이 뒤이어 일어납니다. 행동이 일어나면 그 과보가 일어납니다."[14]

욕망으로 이루어진 사람에게 죽음은 해방을 야기하지 못한다. 왜냐하면 욕망은 삶과 죽음, 환생과 다시 죽음[再死]이라는 윤회에 매이게 하기 때문이다. 이러한 윤회는 끊임없이 일어난다. 마치 각성, 꿈, 깊은 수면, 또 각성이 순환하는 것과 같다.

그러나 욕망에서 자유로워진 사람은 환생을 겪지 않는다. 진정한 자아(ātman)를 완전히 깨달은 사람은 더 이상 각성과 꿈 상태에서의 자신의 몸과 일반적인 마음에 동질감을 갖지 않는다. 욕망(생사를 반복하는 바퀴를 돌리는 힘)은 모두 소진된다. 이런 사람은 죽을 때 뱀이 허물을 벗듯이 자신의 몸을 벗어버리고 모든 존재의 무한한 바탕인 브라흐만(brahman)과 하나가 된다.

야갸발꺄는 『우파니샤드』의 유명한 선언으로 자신의 가르침을 마친다. "자아는 '이것이 아니다, 이것이 아니다.'"[15] 마침내 우주적인 순수 자각으로 이해된 자아는 더 이상 긍정어법으로 기술될 수 없다. 단지 일련의 부정어법으로 지시된다. 즉, 포착할 수 없고, 부숴질 수 없고, 매어 있지 않고, 자신이 한 것이든 아니든 간에 아무런 영향을 받지 않는 존재이다. 이런 진리를 깨달은 사람은 누구든지 조용하고 균형 잡히고 참을성 있고 평화롭다. 그는 자신에게서 자아를 보고 그 자아를 만물로 본다.

"이것이 브라흐만의 세계입니다. 그리고 나는 거기에 당신을 데려갑니다."라고 야갸발꺄는 자나까왕에게 말한다.

왕은 "나는 당신에게 나의 왕국을 주겠소. 그리고 나는 당신의 하인이 되겠소."라고 답한다.

야갸발꺄는 왕의 제안을 거절한다. 대신 세상을 버리고 유랑하는 고행자가 된다. 그렇게 함으로써 야갸발꺄는 진정으로 욕망을 버렸다는 것을 보여준다.

의식이란 무엇인가?

이제 우리를 이끌었던 질문으로 되돌아가자. 각성, 꿈, 깊은 수면, 순수 자각이라는 네 가지 구조를 생각해보면, 이것들 각각을 의식의 한 형태로 만들어주는 것이 정확히 무엇이라고 말할 수 있겠는가?

인도철학의 요가 전통에 따르면 의식은 빛남(luminous)과 앎(knowing)의 기능이 있다고 한다. 여기에는 많은 내용들이 내포되어 있다. 이제는 천천히 가보기로 하자.

'빛남'은 빛처럼 무엇인가를 드러내는 힘을 갖고 있다는 의미이다. 태양이 없으면 세상은 어둠에 휩싸인다. 그러나 의식이 없으면 아무것도 나타날 수 없다. 의식은 근본적으로 무엇인가를 드러내거나 나타나게 한다. 왜냐하면 의식은 나타남(appearance)의 핵심적인 전제 조건이기 때문이다. 엄격하게 말하자면, 의식에 나타나지 않는 것은 아무것도 나타나지 않는다. 의식이 없으면 세상은 지각에 나타나지 않고 과거는 기억에 나타나지 않고 미래는 희망이나 기대에 나타날 수 없다. 과학으로 확장해보자. 의식이 없으면 전자 현미경 속에 미시 세계는 나타나지 않고 망원경을 통해 멀리 있는 별도 나타나지 않고 자기

공명장치(MRI)를 통해서 뇌도 나타나지 않는다. 간단히 말하면 의식 없이는 관찰도 없고, 관찰이 없으면 아무런 정보도 있을 수 없다.

'앎'은 나타난 것을 파악하는 능력을 의미한다. 무엇인가를 의식하는 것은 어떤 방식에서 그것을 포착하거나 파악하는 것이다. 어떤 빛과 색깔 형태가 당신에게 나타나고 당신은 그것을 석양으로 포착하거나 파악한다. 서양철학자들은 마음의 이런 능력을 '지향성(intentionality)'이라고 부른다. 우리가 이 단어를 사용할 때, 이것은 무엇인가를 의도적으로 할 수 있음을 의미하는 것은 아니다. 이 단어의 특별한 의미는 '~에 대한 것임(aboutness)' 또는 지각, 사고의 그 무엇을 향해 심적으로 향하고 있다는 것이다. 석양을 볼 때, 당신의 시각적 지각은 석양에 대한 것이다. 이것이 보는 대상이다. 석양을 기억할 때 당신은 과거의 일에 대해 생각한다. 이것이 기억의 대상이다. 이런 경우 무엇인가 의식에 나타나는 것뿐만 아니라, 감각과 인지 능력에 의존해서 그것을 특정 방식으로 파악하는 것이다.

의식에 대한 이런 사고방식을 이제는 각성, 꿈, 깊은 수면에 적용하여 보자.

각성 상태에서 세계는 감각과 인지 능력에 따라 이런 저런 방식으로 지각을 통해 우리에게 드러난다. 예를 들어 우리는 세계를 어떤 색깔을 갖는 것으로 본다. 그러나 몇몇 동물들은 거의 색깔이라는 관점에서 사물을 보지 않는다. 또는 새와 같은 다른 동물들은 우리가 볼 수 없는 색깔을 본다.[16] 세계가 이런 식으로 드러나거나 나타난다고 말하는 것은 우리의 의식이 세계를 이런 식으로 드러내고 파악한다고 말하는 것과 같다. 의식이 이런 기능을 수행하기 위해 사용하는 일차적인 수단 또는 도구는 감각 지각과 개념화이다(석양을 개념화할 수 없다면, 우리는 석양을 보았다고 파악할 수 없다). 그래서 각성 상태는 의식이 감각적 지각과 개념화를 통해 외부 세계를 파악하는 상태이다.

꿈 상태에서 드러나거나 나타나는 것은 심적 이미지들이다. 일반적인 꿈에서 우리는 그런 이미지를 꿈의 이미지로 알거나 파악하지 않고 외부에 있는 진정한 사물로 여긴다. 이때의 파악은 잘못된 파악이고, 이때의 앎은 잘못된 앎이다. 자각몽(꿈을 꾸고 있다는 것을 아는 꿈)에서도 이미지는 나타나지만, 우리는 그것을 꿈의 이미지로 파악한다. 그리고 우리 상태를 꿈 상태로 개념화하거나 생각할 수 있다. 두 가지 꿈 상태 모두에서 의식은 기억, 개념, 이미지에 의존한다. 그러므로 꿈 상태는 의식이 내부의 심적 이미지 세계를 파악하는 상태이다.

깊은 수면은 어떠한가? 깊은 수면이 의식의 한 상태라면, 이 상태에서 나타나고 파악되는 것은 무엇인가?

현대 서양의 심리철학은 깊은 수면에 대해서는 거의 논의하지 않는다. 깊은 수면을 완전히 의식이 없는 상태로 확신하고 그냥 슬쩍 지나가는 정도로만 언급한다. 그러나 인도철학은 이런 상태에 대한 풍부한 고찰 내용을 갖고 있고, 이런 상태가 정말 의식의 한 상태인지, 어떤 의미를 갖고 있는지에 대한 많은 논의들이 있다.[17] 이런 논의 중 일부는 특정 명상 수행, 특히 오늘날 요가 니드라(yoga nidrā)로 알려진 수면 요가와 관련되어 있다. 이에 대해서는 8장에서 더 자세히 살펴보고 여기에서는 샹까라의 영향력 있는 견해만을 언급할 것이다. 샹까라의 견해는 천 년 전의 야갸발꺄의 전통을 이어받은 것이다. 즉 깊은 수면에서 의식은 미지의, 그러나 환희가 가득한 상태로 들어간다. 그곳에는 이미지, 욕망, 활동이 존재하지 않는다. 간단히 말해 요가에서 마음의 '소용돌이'라고 말하는 것이 없기 때문이다.[18] 이처럼 깊은 수면은 순수 자각의 빛남과 앎의 환희를 미리 맛보는 계기를 제공한다.

요약하면 나는 이 책에서 '의식'이라는 단어를 각성, 꿈, 깊은 수면, 자각의 명상적 상태 모두를 포괄하는 경험을 지칭하는 것으로 사용한다. 이런 모든 의식 양태에서 의식은 어떤 방식으로 무엇인가를 나타나게 하고 파악하게 만든다. 의식이 현상을 드러나게 하고 파악하게 하는 기능을 어떻게 발휘하는가를 서술하기 위해 나는 세 가지 측면 — 자각, 자각 내용(순간순간 자각하는 것), 자아 또는 자아에 속하는 것으로 자각 내용을 경험하는 방식(자아감, 또는 '나-대상적 나-나의 것(I-Me-Mine)' — 을 구분할 것이다.

자기 비춤(Self-illumination)과 타자 비춤(Other-illumination)

다른 의문이 더 남아 있다. 의식이 빛나고 앎의 능력을 지니고 있다면, 즉 의식이 드러내고 파악하는 것이라면, 무엇이 의식을 드러내는가? 다르게 질문해보면, 당신의 의식 경험을 드러내주는 것은 무엇인가?

인도철학은 이 문제에 대해 복잡한 논의들을 많이 전개하고 있다.[19] 대체로 서로 반대되는 두 진영이 있다. '자기 비춤' 이론은 모든 의식적 경험은 그 자체로 드러난다고 말한다. '타자 비춤' 이론은 의식 경험이 드러나기 위해서는 그 경험에 대한 이차적인 상위 차원 인지가 필요하다고 말한다.

서양의 심리철학도 인도의 이런 두 가지 이론과 유사한 논쟁을 하고 있다.[20] 이와 관련해서 인도와 서양의 많은 철학적 이론들을 상세히 다루지는 않겠다. 나는 자기 비춤 관점이 더 낫다는 내 생각을 설명하고자 한다.

타자 비춤 관점에 의하면, 석양을 봄이 의식적인 봄이 되기 위해서는 당신의 봄을 당신에게 드러나게 해주는 것이 필요하다. 그러기 위해서는 당신의 봄에 대한 다른 종류의 상위 차원의 내적 인지가 필요하다. 다시 말하면 '내가 석양을 보고 있다' 또는 '이러한 봄은 나의 경험이다'는 궤적을 따라서 봄에 대한 일종의 내적인 심적 지각 또는 사고가 필요하다. 그리고 당신의 봄은 이런 상위 차원의 내적인 인지를 일으킬 필요가 있다.

의문은 상위 차원의 인지가 그 자체로 의식적인지 아닌지 하는 것이다. 만약 그것이 의식적이라면 그것을 당신의 인지로 드러내주는 것이 필요하다. 이것은 두 번째 차원의 인지를 위해서는 세 번째 차원의 인지가 필요하다는 의미이다. 그리고 만약 세 번째 차원의 인지가 또한 의식적이라고 하면, 이 세 번째 차원에 대해서도 네 번째 차원의 인지가 필요하다. 그렇게 되면 무한소급의 악순환이 이어지게 된다.

그러니 만약 상위 차원의 인지가 의식적이 아니어서 당신에게 당신의 인지로 드러나지 않는다고 해보자. 대신에 그것은 비의식적으로(nonconsciously) 일어난다. 그러나 비의식적인 인지가 어떻게 봄을 의식적 봄으로 만들어주는가? 어떻게 봄이 당신의 봄으로 당신에게 드러나게 해주는가? 상위 차원의 인지가 비의식적이기 때문에, 거기에는 '빛남'이 없는데, 어떻게 '빛을 밝혀서' 어둠 속에서 당신의 봄이 의식이 되는가? 더 일반적으로 말하면 어떻게 그 자체로 비의식적인 두 상태(두 번째 차원의 인지와 첫 번째 차원의 지각)가 함께 합해서 그 둘 중 하나를 의식적인 상태로 만드는가? 의식적이지 않은 두 상태의 상호작용에서 왜 둘 중 하나만 의식적이 되어야 하는가?

'타자 비춤' 관점이 갖는 기본적인 문제는 일반적인 지각의 주체-객체 구조를 의식 자체에 투영시킨다는 점이다. 그러나 가장 기본적인 차원에서 당신의 의식은 하나의 대상으로 드러나지 않는다. 석양을 볼 때, 봄은 석양처럼 자각의 또 다른 대상으로 나타나지 않는다. 그렇다고 해서 당신에게 봄이 그냥 없는 것도 아니다. 오히려 봄은 시각적으로 나타나는 석양의 모습 속에서 스스로를 드러낸다. 문법적인 은유를 들어보자면 석양에 대한 당신의 자각은 타동사적 또는 대상지향적 자각이지만, 봄이라는 당신의 경험은 자동사적이고 반영적(reflexive)이다. 말하자면 당신의 봄은 자기 자각적(self-aware)이다.

이런 종류의 자기 자각은 상위 차원의, 내성적이거나 반성적인(reflective) 자기 자각이 아니다. 그것은 첫 번째 차원의 자각을 대상으로 하는 두 번째 차원의 자각이 아니다. 그보다는 첫 번째 차원의 자각 내에 들어가 있고 그것에 속하는 것이다. 서양 현상학자들은 이것을 '전(前)반성적 자기 자각(prereflective self-awareness)'이라고 부른다. 왜냐하면 어떤 반성(reflection) 또는 내성(introspection)이 일어나기 전에 이미 첫 번째 차원의 자각에 속하기 때문이다.

자기 비춤의 관점에 의하면 의식은 스스로 빛나고 스스로 드러난다. 전통적으로 비유하면, 빛으로 비유할 수 있다. 빛은 주변의 다른 사물을 비추면서 스스로를 드러낸다. 다른 사물을 비추는 빛은 보이기 위해 또 다른 빛이 필요하지 않다. 그래서 다른 사물을 드러내는 의식은 자신을 드러낼 또 다른 의식이 필요하지 않다. 달리 말하면, 지각의 외부 대상과 내부의 심적 이미지와 사고를 목격하면서 의식은 스스로를 목격한다. 그러나 이런 자기 목격(self-witnessing)은 거울에서 자신의 이미지를 보는 것과 같지 않다. 거울에서 보는 것은 일종의 복사(doubling) 또는 주체-객체 구조가 필요하지만, 자기 목격은 그렇지 않다. 빛의 비유가 의미하고자 하는 것은 의식의 광명은 또한 본질적으로 자기 광명(self-luminosity)이라는 것이다. 의식은 그 본질상 자기 현현(self-manifesting)이고, 자기 드러남(self-revealing)이다. 서양철학자들은 의식의 이런 모습을 '반영성(reflexivity)'이라고 부른다.

그래서 우리의 질문, 즉 의식이란 무엇인가에 대한 더 완전한 답은 무엇인가? 의식은 빛남이고 앎이고, 반영적인 것이다. 의식은 현상을 드러나게 하고 그 현상을 이런 저런 식으로 파악하게 해준다. 그리고 그렇게 하는 것이 스스로를 나타내는 것이고, 전반성적으로 자기를 자각하는 것이다.

명상 경험을 근거로 한 의식의 지도

『우파니샤드』의 가장 오래된 경전은 가장 처음의 그리스 철학자들보다 적어도 100년 정도 앞선다. 『우파니샤드』에 나오는 고대 인도 대화에서 우리는 글로 쓰인 가장 초기의 철학적 사유를 볼 수 있다. 내 생각으로 『우파니샤드』는 인류 역사상 최초의 철학적 작업이다. 『우파니샤드』의 현자들은 『리그 베다』(인도의 가장 오래된 경전)에 명문화된 제의와 사제 예식에 맹목적으로 집착하는 것을 비난한다. 대신 깨달음과 해탈로 향하는 길로 명상을 통한 직접 경험을 강조한다. 『우파니샤드』의 시구, 이야기, 대화로 엮여진 것들 속에서 우리는 철학적 사유의 형태를 명백하게 볼 수 있다. 의식은 모든 앎에 필요한 전제조건이다. 의식이 드러내주지 않는 한 아무것도 알려질 수 없다. 의식이 없다고 생각하거나 의식의 부재를 상상하는 것은 불가능하다. 의식은 가장 근본적인 의미에서 보이는 대상도 아니고, 봄의 행위도 아니고 보는 사람도 아니다. 의식은 가장 근본적인 의미에서 빛나고 목격하는 자각이다. 이처럼 『우파니샤드』는 모든 것 가운데 의식에 최고의 특권을 부여한다.

그러나 『우파니샤드』의 철학은 단지 사변 철학이 아니라 명상 경험(극도의 주의, 집중력, 자각을 사용하여 내부적으로 의식을 탐험하는 것)이 깊게 배어 있는 철학이다. 명상에 바탕을 두고 『우파니샤드』의 현자들은 인간 역사에서 가장 오래된 의식의 지도를 작성하였다. 수천 년에 걸쳐서 이 지도는 힌두 사상, 특히 요가와 베단따의 철학을 인도하였을 뿐만 아니라 불교에도 깊은 영향을 미쳤지만, 불교는 『우파니샤드』의 권위를 거부하고 인도를 넘어서 아시아로 퍼져나갔다. 나의 아버지 윌리엄 어윈 톰슨(William Irwin Thompson)의 말을 인용해보자.

> 『우파니샤드』는 의식 진화의 분기점이다. 세계의 역사를 기원전(BC)과 기원후(AD)로 구분하는 종족 중심적인 구분 대신에, 우리는 『우파니샤드』 전후(BU와 AU)로 나누어야 한다. 왜냐하면 『우파니샤드』의 정교한 심리철학은 인간 진화에서 비약적 발전

> 을 이루었기 때문이다. 『리그 베다』에는 이미 경지에 도달한 사람들의 경험을 간결하게 언급한 복잡하면서도 애매모호한 상징적 구절들이 있다. 그러나 『우파니샤드』에는 브라흐만 사제가 되어 오랫동안 불공양을 드린 사람이라도 여전히 진실로 깨닫지는 못할 수 있다고 주장하는 급진적인 요가 심리학자들이 있다.[21]

이런 급진적인 요가 수행자들의 의식 지도가 이 책을 이끌어갈 것이다. 이어지는 장들에서는 각성, 꿈, 자각몽, 깊은 수면, 죽어감과 죽음, 순수 자각, 자아의 본성을 『우파니샤드』와 요가, 베단따의 철학 체계에서뿐만 아니라 인도와 티베트의 불교 관점에서 탐색할 것이다.

그러나 이런 탐색은 의식을 내부에서 보는 명상적 견해에 국한되지 않는다. 왜냐하면 우리는 이런 의식 양태들이 뇌를 포함한 살아 있는 신체 전체와 어떠한 연관을 맺는지도 알고 싶기 때문이다. 오늘날 우리는 각성, 꿈, 자각몽, 깊은 수면에서 보이는 뇌활성의 전기화학적 소견과 대사 패턴(metabolic pattern)을 명확하게 알고 있다. 또한 우리는 뇌의 다양한 영역들이 자아 소유감, 자아 정체감과 다양한 방식으로 연결되어 있다는 것을 알고 있다. 이런 지식을 고려하면 '순수 자각'의 명상 경험이 뇌 또는 살아 있는 신체 전체와 어떠한 연관을 맺는지 질문하는 것은 자연스러운 일이다. 그리고 우리는 죽음의 과정에서 의식에 어떤 일이 일어나는지에 대해서, 죽을 때 의식이 잔존하는지 여부나 환생에 대해 어떠한 증거가 있는지 여부에 대해서도 질문할 필요가 있다.

우리의 탐색은 다음 장에서 각성 상태의 주의와 지각을 살펴보는 것으로 시작할 것이다.

02

각 성

우리는 어떻게 지각하는가?

02 각성

우리는 어떻게 지각하는가?

나는 파리의 살페트리에르 병원의 인지 뇌과학 및 뇌영상 연구실에 앉아 있다. 이곳에서 프란시스코 바렐라의 마지막 박사학위 제자 중 한 명인 디에고 코스멜리(Diego Cosmelli)가 나와 동료 철학자인 알바 노에(Alva Noë)에게 서로 다른 이미지를 동시에 두 눈에 보여주면 어떤 일이 벌어지는지를 연구하고 있었다. 내가 보고 있는 두 이미지는 여성의 얼굴 사진과 체크보드 모양의 확장 고리였다.* 여성 얼굴 사진은 내 오른쪽 눈에, 확장 체크보드 고리는 내 왼쪽 눈에 자극을 주도록 두 이미지를 분리하여 유지하게 만드는 특별한 장치가 되어

* Cosmelli, Diego, and Evan Thompson, "Mountains and valleys: binocular rivalry and the flow of experience." *Consciousness and cognition* 16–3, 2007, 623–641. 630쪽 그림 참조.

있었다. 내가 스크린을 쳐다보았을 때, 체크보드 고리는 사라지기 시작하고 여자 얼굴로 변해간다. 얼굴은 서로 떨어진 조각들로 나타나지만, 점차로 합해져서 전체 스크린을 차지한다. 몇 초 후 얼굴은 흩어지고 확장 체크보드 고리가 다시 돌아오면서 얼굴은 완전히 사라져버린다. 그러나 이것 역시 단지 몇 초만 지속되고 결국 얼굴이 다시 나타난다. 이 두 이미지가 서로 경쟁하는 것을 쳐다보면서, 나는 내 안에서 이런 변환이 어떻게 일어나는지를 감지할 수 있었다. 잠시 후 이 두 이미지의 움직임에 내가 의도적으로 영향을 미칠 수 있다는 것을 알게 되었다. 스크린 중심의 고정된 초점에 조심스럽게 주의를 기울임으로써 나는 한 이미지를 좀 더 길게 유지할 수 있었다. 나는 한 이미지가 사라지기 시작할 때 그것을 심적으로 붙잡아두고 때로는 그것이 돌아오게 할 수도 있었다. 그러나 확신하기는 어려웠다. 왜냐하면 변화하는 이미지에는 일정한 패턴이 없었고, 단지 자발적이고 예측할 수 없는 변환인 것처럼 보였기 때문이다.

심리학자들과 시각과학자들은 내가 경험한 현상을 '양안 경쟁

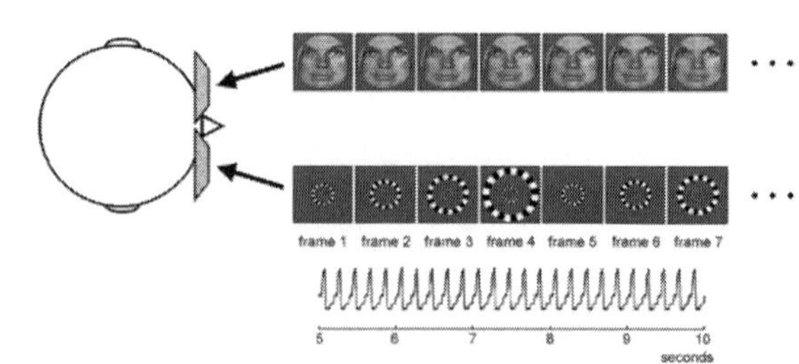

(binocular rivalry)'이라고 부른다. 양안 경쟁은 두 이미지가 한 눈에 한 이미지씩 동시에 제시될 때 일어난다. 두 이미지가 서로 합해져서 제3의 안정적인 이미지를 형성하는 대신, 예측할 수 없이 두 이미지가 번갈아 나타난다. 그래서 전체적인 지각은 '쌍안정(bistable)'이 된다.

양안 경쟁을 경험하기 위해 값비싼 실험실이 필요한 것은 아니다. 마분지통 또는 둥글게 말은 종이를 사용해서, 한쪽 눈으로는 그것을 통해서 보고 다른 눈으로는 10인치 정도 앞에 놓인 손을 본다. 마분지통의 각도를 틀어서 다른 눈이 보고 있는 손 뒤에 초점이 맞춰지도록 한다. 이제 마분지통의 끝에서 손에 구멍이 뚫린 것처럼 보일 것이다. 그 구멍은 각 눈이 다른 장면을 보기 때문에 나타난 것이다. 그 두 장면은 서로 지각적 우세를 차지하기 위해 경합을 벌인다. 구멍이 보인다면 마분지통을 통해 보는 것이 우세를 점하고, 다른 눈이 손을 보는 것은 억제된 것이다. 계속 보고 있으면 그 구멍은 마침내 사라지고, 이제는 다른 눈이 손을 보는 것이 우세를 점한다. 시간이 지나면서 그 구멍은 다시 나타났다가 사라지고 한다. 그것은 각각의 눈이 우세를 점하는 것에 따라 나타난다.*

과학자들은 의식적 지각과 일정하게 연관된 뇌의 활성을 추적 연

---

* 유튜브(Youtube)에서 양안 경쟁 관련 실험을 확인할 수 있다. 한쪽 눈에는 둥글게 만 마분지나 종이를 대고, 다른 쪽 눈앞에는 손바닥을 펼친다. 두 눈을 모두 뜬 채로 둥글게 만 마분지와 손바닥의 각도와 위치를 조절하면서 보면 어느 순간 손바닥에 구멍이 뚫린 것처럼 보인다(동영상에서 40초 이후). Brain Craft, 「One Weird Visual Illusion Explained」, 2016.2.25, 〈www.youtube.com/watch?v=jCbgWNOZzYo〉(2016년 12월 30일 검색).

구하기 위해서 양안 경쟁이라는 현상을 이용하였다. 자극 그 자체가 변하는 것은 아니지만 시각 자각은 변한다. 따라서 그 변화는 자신에 의해서 일어나는 것이지 대상에 의해 일어나는 것이 아니다. 먼저 체크보드 고리를 보고, 그 다음에는 얼굴을 보는 식이다. 그러므로 우리는 다음과 같이 질문할 수 있다. 바로 그 한 이미지를 보고 있다고 말할 때의 상황과, 그 이미지를 더 이상 보고 있지 않다고 말할 때의 상황(여전히 그 이미지는 거기 있고, 눈과 시각 체계에 영향을 미치고 있음에도), 이런 두 상황에서 뇌에 일어나는 변화 차이는 무엇인가? 과연 뇌에 어떤 변화가 일어난 것인가? 나중에 보게 되겠지만, 의식의 뇌과학에서 야기되는 이런 질문에 대답하기 위해서 지각의 본질에 대한 고전적인 인도 불교 사상을 살펴보지 않을 수 없다.

패러다임 전환

시각 자각과 뇌의 연관성에 대한 질문이 1장에서 언급한 고대 인도 『우파니샤드』의 의식에 대한 견해와 동떨어져 보일 것이다. 그 이유 중 하나는 『우파니샤드』의 철학자-현자들은 뇌에 대해 그리 많이 알지는 못했을 것이라는 점이다. 또 다른 이유는 그들은 의식을 기본적 실재로 파악하였다는 점이다. 그들이 주장하는 바에 따르면 의식은 모든 존재의 무한한 근거(brahman)이자 진정한 자아(ātman)이다. 의식의 절대적 우선성(primacy)은 『우파니샤드』 창조 이론에서 명백하다. 『우파니샤드』 창조 이론에 의하면 아뜨만/브라흐만의 비분리적, 원질적 일체가 '이름과 형태(nāma-rūpa, 名色)'로 분화되었다고 한다. 즉, 사고와 개념의 기반으로 파악되는 것(이름, 名)과 감각을 통해 파악되는 것(형태, 色)으로 분화되었다.[1]

그러나 인도의 초기 불교 경전에 의하면, 붓다는 다른 관점을 제시한다.[2] 경전(Suttas), 즉 붓다의 말씀을 기록한 것에서, 이를테면 빨리어 경전(Pāli Canon)에서 붓다는 의식은 조건에 의존해서 일어난다[緣起]고 반복해서 언급하면서 『우파니샤드』의 견해를 강하게 거부한다. 『우파니샤드』의 견해에 의하면 한 개인을 형성하는, 변화하는 심신 상태 배후에 하나의 동일한 의식이 존재한다고 한다. 붓다와 『우파니샤드』 견해 간의 차이는 사띠(Sāti) 비구와의 대화에서 명확하게 드러난다. 사띠 비구는 붓다의 관점을 잘못 이해하고 있다.

사띠 제게 이와 같이 '내가 세존께서 설하신 가르침을 알고 있기로는, 바로 이 의식이 유전하고 윤회하는 것이지 다른 것이 아니다'는 견해가 생겨났습니다.

붓다 사띠여, 어떠한 것이 그 의식인가?

사띠 세존이시여, 그것은 말하고 느끼고 여기저기에서 선행과 악행의 결과를 경험하는 것입니다.

붓다 이 어리석은 자여, 누구에게 내가 그런 가르침을 설했다는 것인가? 어리석은 자여, 조건에서 의식이 생겨난다는 것, 즉 조건 없이는 의식도 일어나지 않는다는 것을 여러 차례 법문으로 설하지 않았던가? …

의식은 어떠한 것도 그 조건에 의존하여 일어나며, 그것이 일어나는 조건에 따라 이름 지어진다. 눈[眼]과 형상[色]에 의존하여 의식이 일어나는데 그것을 시각의식[眼識]이라고 한다. 귀[耳]와 소리[聲]에 의존하여 의식이 일어나는데 그것을 청각의식[耳識]이라고 한다. 코[鼻]와 냄새[香]에 의존하여 의식이 일어나는데 그것을 후각의식[鼻識]이라고 한다. 혀[舌]와 맛[味]에 의존하여 의식이 일어나는데 그것을 미각의식[舌識]이라고 한다. 몸[身]과 감촉되는 것[觸]에 의존하여 의식이 일어나는데 그것을 촉각의식[身識]이라고 한다. 마음[意]과 마음의 대상[法]에 의존하여 의식이 일어나는데 그것을 마음의식[意識]이라고 한다. 불이란 그 연료에 따라서 이름 지어지는 것과 같다. … 장작불 … 섶불 … 쇠똥불이라고 불리는 것과 같다. 이와 같이 의식은 어떠한 것도 그 조건에 의존하여 일어나며, 그것이 일어나는 조건에 따라 이름 지어진다.[3*]

불의 비유가 보여주고 있는 것처럼, 의식은 조건에 의존해서 일어난다. 그러나 의식은 또한 사물에 인과적인 영향을 미친다. 사실 붓다는 종종 의식은 '명색(名色)'을 조건으로 하고, 의식은 다시 '명색'에

* 전재성 역, 『맛지마니까야』 2권, 한국빠알리성전협회, 2002, 152–155쪽을 참고하되, 번역을 약간 수정하였다.

영향을 미친다고 하였다.

> 그때 수행승들이여, 내게 이와 같은 생각이 떠올랐다. … '무엇을 조건으로 명색이 생겨나는가?' 그때 수행승들이여, 나는 철저히 사유한 뒤에 지혜로써 깨달았다. '의식이 있어야 비로소 명색이 생겨나며, 의식을 조건으로 명색이 생겨난다.'
>
> 그때 수행승들이여, 내게 이와 같은 생각이 떠올랐다. '무엇이 있어야 비로소 의식이 생겨나는가? 무엇을 조건으로 의식이 생겨나는가?' 그때 수행승들이여, 나는 철저히 사유한 뒤에 지혜로써 깨달았다. '명색이 있어야 비로소 의식이 생겨나며, 명색을 조건으로 의식이 생겨난다.'[4*]

초기 인도 불교의 단어 용례에 의하면 '명색'은 의식이 이용할 수 있는 모든 범위의 것을 포괄한다. '색(rūpa, 色)'은 땅[地], 물[水], 불[火], 바람[風]의 '네 가지 요소들[四大種]'로 이루어져 있다. 이것들은 순서대로 견고성(solidity, 堅), 응집성(cohesion, 濕), 온난성(temperature, 煖), 운동성(motion, 動)이라는 기본 물질성을 말한다. 이 요소들은 오감(五感)에 영향을 미친다. 그리고 그것들은 물질에 대한 우리의 경험을 이룬다. '명(nāma, 名)'은 개념을 통한 파악을 기반으로 어떤 것을

* 전재성 역, 『쌍윳따니까야』 2권, 한국빠알리성전협회, 1999, 296쪽을 참고하되, 번역을 약간 수정하였다.

식별하거나 인지하도록 하는 다섯 가지 기본적인 심적 과정을 의미한다. 이 다섯 가지 심적 과정은 감각기관[根]과 그 대상[境](예를 들면 눈[眼]과 시각 대상[色])의 '접촉(contact, 觸)', 이 접촉으로 일어나는 감각적 '느낌(feeling, 受)'과 '지각(perception, 想)', 느낌과 지각과 함께 일어나는 '주의(attention, 作意)'와 '의도(intention, 思, 또는 의지)'이다. 불교 학승인 아날라요(Anālayo)의 말에 의하면, "접촉과 주의는 이전에 몰랐던 대상이 처음으로 입력되도록 하는 과정이다. 그렇게 해서 대상은 느껴지고 지각되며, 마침내 무엇이라고 알려진다. 이런 식으로 일어나는 모든 심적 과정의 복합체는 '명(名)' 아래에서 결합한다. 이렇게 해서 이제까지 알려지지 않았던 대상이 기억되고 개념화될 것이다."[5] 인지과학적인 말로 하자면, '색(色)'은 물질성으로 경험되는 것의 입력을 제공하고, '명(名)'은 대상을 인지하고 이에 맞춰 행동하는 데 필요한 감각적 등록, 느낌, 주의, 지각적 확인과 의도를 제공한다.

명색이 의식에 의존한다는 것은 대상(그것의 '색'과 '명')이 물리적, 심적으로 나타나기 위해서는 의식이 필요하다는 의미이다. 그 반면 의식이 명색에 의존한다는 것은 여섯 가지 의식(안식, 이식, 비식, 설식, 신식, 의식)이 경험하는 내용의 제공에 명색이 필요하다는 것이다.[6]

붓다는 유명한 비유에서 명색과 의식이 서로 의지한다는 것을 두 개의 갈대 묶음이 서로를 지탱하는 것에 비유한다. "벗이여, 그렇다면 비유를 들겠다. … 예를 들어 두 갈대 묶음이 서로 의존하여 서 있는 것처럼, 그와 마찬가지로 명색을 의존하여 의식이 생겨나고, 의식을 의존하여 명색이 생겨난다."[7]* 다른 말로 하면 의식과 개인의 구성물(한 개인의 전체 구성물인 살아 있는 신체, 환경, 지각과 인지 체계)은 서로 의지하고 있다는 것이다. 하나 없이 다른 것이 있을 수는 없다. 아날라요의 말을 빌리면, "이런 두 측면(한 편은 의식, 다른 한 편은 명색)의 상호작용으로 경험의 '세계'가 이루어진다."[8]

시각 자각의 순간에 대한 뇌의 기반을 모색하던 우리의 질문, 즉 두 이미지 중 한 이미지만을 보는 양안 경쟁의 예로 돌아가 보자. 초기 인도 불교의 용어를 사용하면, 우리는 안식(眼識)의 명색(名色) 의존성에 대해 묻고 있는 것이다. 구체적으로 말하면, 안식의 순간이 지각자의 물리적, 심리적 상황에 어떻게 의존하는가 하는 점이다. 우리가 볼 것처럼 양안 경쟁에 대한 연구는 이런 질문을 다루는 데 특히 유용할 것이다.

지금 그것을 보고 있고, 지금 그것을 보고 있지 않다

의식의 뇌과학이 주요 목표로 삼는 것 중 하나는 소위 '의식의 신경 상관물(neural correlates of consciousness)' — 보통 약자로 NCC라고 표기하며, 의식 경험과 직접 연관되어 있는 뇌의 신경구조물 — 을 발견하는 것이다.[9] 뇌과학자들은 두 가지 종류의 NCC를 구분한다. 하나

* 전재성 역, 『쌍윳따니까야』 2권, 한국빠알리성전협회, 1999, 315쪽.

는 의식 차원(각성, 수면, 꿈, 과잉 각성, 몽롱함 등)과 직접 연관되어 있는 뇌활성이다. 또 다른 하나는 특정한 의식 경험, 예를 들면 붉은색의 시각 경험 같은 것과 직접적으로 연관되어 있는 뇌활성이다. 양안 경쟁은 두 번째 의미의 NCC를 파악하고자 노력하는 뇌과학자의 주요 실험 패러다임 중 하나이다. 이런 경우의 특정한 시각 경험에 해당하는 신경 상관물을 찾고자 하는 것이다.

양안 경쟁은 이런 탐구에 답하는 이상적인 경우로 보인다. 왜냐하면 이것이 뇌 차원에서 의식적인 시각 내용물과 무의식적 시각 내용물 사이의 차이(지금 그것을 보고 있고, 지금 그것을 보고 있지 않다)를 구별하는 방법이기 때문이다. 다른 말로 하면 양안 경쟁은 일정한 자극에 대해 의식적 시각 경험과 직접 연관되어 있는 뇌활성과 무의식적 과정과 연관되어 있는 뇌활성 사이의 분열을 보여준다. 자극은 일정하지만 의식적 지각은 수초마다 극적으로 변화한다. 뇌과학자들이 알아내려는 것은 지각적으로 우세한 하나의 이미지(지금 그것을 보고 있다)와 직접 연관되어 있는 뉴런 활성 과정과, 억압된 동일한 이미지(지금 그것을 보고 있지 않다)에 반응하는 뉴런 활성 과정이다.

독일 튀빙겐의 막스 플랑크 연구소 생물 사이버네틱스에서 근무하고 있는 뇌과학자 니코스 로고테티스(Nikos Logothetis)는 1990년대 일련의 마카크 원숭이 연구를 통해서 이런 연구의 선구자적 입장에 섰다.[10] 이 원숭이는 우리와 아주 유사한 시각 체계를 가지고 있다. 원숭이 또한 양안 경쟁 경험을 할 수 있으며, 한 이미지 또는 다른 이미지를 볼 때 레버를 당기도록 훈련시킬 수 있다. 로고테티스와 그의 동료들은 원숭이가 양안 경쟁을 보이는 동안 여러 시각 뇌 영역의 개별 뉴런 활성을 기록하였다. 이 영역들은 일차 시각 피질(V1) — 여기 있는 뉴런들은 한쪽 눈 또는 다른 쪽 눈에 반응하고, 대조색, 정향성(orientation), 운동성, 방향성, 속도 등의 시각 세계의 기본 특성에 반응한다 — 과 얼굴이나 집 같은 대상 범주에 반응하는 고위 시각 영역들이다. 이들이 발견한 것은 다음과 같다. 즉, 망막과 가까운 초기 시각 경로에서 볼 수 있는 뉴런 활성은 자극과 연관되어 더 잘 일어났고 이것은 원숭이가 무엇을 지각하고 있는 것과는 아무런 상관이 없었다. 그 반면 원숭이의 지각과 연관되어 일어나는 뉴런 활성의 양은 후기 시각 경로에서 증가하였다. 일차 시각 피질(V1)의 뉴런 활성은 지각과는 상관없이 전적으로 자극과 거의 연관되어 있었다. 그 반면 하측두엽(inferotemporal cortex, IT) — 복측(腹側) 시각 경로와 대상 인지를 위한 중요한 영역 — 에서 기록된 거의 모든 뉴런은 우세한 지각 이미지에만 반응하였다. 예를 들면 나비 이미지에만 반응하고, 구름 사이로 햇빛이 비치는 이미지에 반응하지 않는 IT 뉴런들은 다른 눈으로 햇빛 이미지가 아니라 나비 이미지를 보았다고 레버를 당겼을 때만 반응하였다.

인간을 대상으로 한 다른 연구에서도 복측 시각 경로의 후기 대상-인지(object-recognition) 영역의 활성화가 양안 경쟁의 보고된 지각을 반영한다는 것을 보여주고 있다.[11] 그러나 이런 인간 연구는 보고된 지각과 V1과 LGN(외측슬상체, lateral geniculate nucleus, 시상의 일부분으로 망막의 신호를 받아 V1과 연결을 이루고 피질에서 강한 피드백 연결을 갖는 부위)을 포함한 초기 시각 영역들의 활성 사이의 강한 연관성도 보여주고 있다.

원숭이와 인간 연구는 보고 가능한 의식적 시지각과 연관된 뇌 영역이 하나만은 아니라는 점을 보여준다. 다른 말로 하면, 대상에 대한 특정한 시각 경험의 NCC는 여러 영역에 걸친 뉴런들의 활성화로 구성되어 있는 듯이 보인다는 것이다. 이런 여러 영역들에 포함되는 곳은 기본 감각 자극에 민감한 초기 시각 영역들, 대상 범주에 민감한 고위 시각 영역들, 의도적인 주의와 연관된 전두엽과 두정엽이다. 로고테티스는 1999년 자신의 연구 결과를 정리하며 다음과 같이 언급하였다. "지금까지의 연구 결과가 강하게 시사하는 바는, 시각 자각은 정보 처리 단계의 위계적 과정에서 최종 결과물로만 생각될 수 없다는 것이다. 오히려 시각 자각은 고위 인지 과정과 연관된 전두 두정 영역뿐만 아니라, 시각 경로 전체 영역들과 연관되어 있다고 할 수 있다. 의미 있지만 소수인 뉴런들의 활성화는 심지어 하위 단계의 시각에서조차 의식적으로 보는 것에 영향을 미친다. 즉, V1, V2 영역이다. 이 영역은 고위 시각 경로로 가면서 함께 활성화되는 장소이다."[12]

이런 사실을 고려해서 우리는 다음과 같이 질문할 수 있다. 의식적인 지각과 연관된 뇌활성의 고유한 영역이 없다면, 의식적 지각의 순간에 넓게 분포된 뉴런 활성들을 연결하거나 통합하는 그 무엇은 없는가? '지금 그것을 보고 있다', '지금 그것을 보고 있지 않다'라는 식으로 왔다 갔다 하는 것은 많은 뇌 영역의 변환과 연관되어 있는가? '지금 그것을 보고 있다'고 할 때 관여하는 뇌 영역들을 어떻게 추적할 수 있는가?

의식의 파동들

디에고 코스멜리가 파리에서 내게 보여준 양안 경쟁은 이런 의문을 해소하기 위해서 고안된 실험들 중의 일부이었다.[13] 변환하는 이미지의 흐름 속에서 뇌에 어떤 일이 일어나는가를 알아보기 위해 코스멜리는 프란시스코 바렐라가 '뇌현상학(neurophenomenology)'이라 부른 접근법을 사용하였다. 뇌현상학은 세밀한 내적 경험 탐구와 외적인 뇌현상과 행동 연구를 결합한 학문이다. 의식과 연관된 뇌 연구의 길잡이로서 직접 경험에 대한 기술(description)을 활용한다.

코스멜리는 피험자에게 양안 경쟁 자극이 있는 동안 자신의 경험을 들여다보고 기술하도록 한다. 그들은 마치 바다의 파도가 들어가고 나가는 것처럼 내재적인 흐름이 들어오고 나가는 것 같다고 기술한다. 각 이미지가 일정 시간 동안 우세를 점하는 것이 반복되지만, 이미지들 사이의 변환은 다양하고 예측할 수 없다. 때로는 한 이미지에서 다른 이미지로 변하는 것이 시각장의 중심에서 일어나서 외곽으로 나가기도 하고, 때로는 측면에서 또는 위나 아래에서 시작하여 점차로 다른 이미지를 대체해버리기도 한다. 대부분의 피험자들은 이런 변환이 일어나는 방식을 일정하게 기술하는 것이 어렵다고 한다. 왜냐하면 변환이 일어날 때마다 그 양상이 다르기 때문이다. 그렇지만 모두가 언급하는 것은 하나의 이미지가 일정 기간 보이다가 그 다음 다른 이미지로 넘어간다는 것이다. 이것은 무엇을 보았었고, 보지 않으려고 얼마나 애쓰는지와 상관없이 일어났다.

코스멜리의 의문은 우리가 뇌에서 의식의 이런 파동들을 따라갈 수 있는가 하는 점이었다. 지각 경쟁이 일어나는 동안 뇌활성은 반복해서 일어나는 해당 패턴과 그 패턴들 사이의 다양한 변환을 반영하고 있는가?

시간에 따른 경험의 흐름을 받아들인다는 것은 우리에게 뇌과학자들이 종종 사용하는 것보다 더 정교한 뇌활성 분석방법이 필요하다는 것을 의미한다. 과학자들은 종종 실험적 목적 때문에 양안 경쟁 경험을 두 대립적인 시각 상태의 명확한 변환(한 이미지의 지각, 그 다음 다른 이미지의 지각)으로 단순화시켜서 다루곤 한다. 실험주관자는 피험자에게 지각적 변환이 일어나는 순간 단추를 누르라고 지시한다. 이런 식으로 하게 되면 피험자의 보고는 자신이 한 이미지를 보게 될 때의 평균 뇌 상태와 그 이미지를 더 이상 보지 않게 될 때의 평균적 뇌 상태를 정의하는 고정된 준거점을 제공해준다. 이때 실험주관자가 대조적으로 파악하게 되는 것은 이미지가 갖는 의식적 지각의 특성을 보여주는 평균적 측정이다. 이런 접근법은 양안 경쟁의 기본 성질과 이와 연관된 뇌의 영역을 알아보는 데 아주 중요한 사실들을 풍부하게 보여준다.

만약 우리가 양안 경쟁 경험을 이런 식으로 단순화시키지 않고, 그 대신 여러 반복되는 시각적 변환을 구성하는 경험의 흐름으로 파악한다면, 이런 흐름을 한 이미지에서 다른 이미지로 가는 '평균적 변환(average transition)'으로 생각할 수 없다. 평균적 측정은 현상이 갖는 다양한 측면을 무시하게 된다. 그러므로 양안 경쟁에서 평균적 변환이 있다고 가정하면, 시간에 따라 전체 경험에 전개되는 다양한 방식과 이런 다양성이 뇌활성에 반영되는 것을 고려할 수 없게 된다.

그리하여 바렐라의 실험실에서 근무하는 코스멜리와 동료들은 새로운 통계 기법을 고안하였다. 이 기법은 언제 일어나는지와 상관없이 시간에 따라 반복해서 일어나는 어떠한 뉴런 활성도 의미 있는 것으로 파악할 수 있는 것이었다. 그렇게 하여 그들은 양안 경쟁이 일어나는 동안 뉴런 활성의 자발적인 흐름을 따라갈 수 있게 되었다. 그리고 동시에 반복해서 일어나지만 정확하게 동일하지는 않은 뉴런 패턴들을 추적하게 되었다.

또한 이들은 확장 체크보드 고리(1초에 5회의 속도로 중앙에서 밖으로 이동해나간다)와 같은 자극이 뇌에서 동일한 진동수로 해당 뉴런 반응을 일으키게 된다는 사실을 이용하게 되었다. 뉴런 신호는 최고점과 최저점을 갖는 오르내리는 주기로 나타나게 되었다. 그것은 마치 물리학에서 말하는 파동이 있는, 앞뒤로 흔들리는 진자 같았다.

그리하여 소위 뉴런 진동(neural oscillation)의 주기는 체크보드 고리의 확장과 일치된다. 이런 뉴런 진동의 반응이 어떻게 전개되어 가는지를 관찰함으로써 체크보드 이미지를 의식적으로 지각하는 동안 어떤 특징적인 모습이 있는지를 억압되는 이미지와 비교하여 파악할 수 있다. 이런 뇌 반응을 추적하기 위해 코스멜리와 동료들은 자기뇌파(magnetoencephalography, MEG)라고 불리는 뇌영상 기법을 사용하였다. 자기뇌파는 뇌의 전기적 활성이 생성한 자기장을 측정하는 기법이다.

이들은 체크보드 고리와 동일한 진동수를 갖는 뉴런 반응은 스크린을 보는 전 과정 동안 뇌의 몇몇 특정 영역에서 일어난다는 점을 발견했다. 그러나 체크보드 이미지를 의식적으로 지각하는 동안만 정확하게 동기화(synchronization)되었다. '동기화된 뉴런 진동(synchronous neural oscillation)'이라는 것을 쉽게 머리에 그려보려면, 운동경기에서 일정수의 관중들이 연속적으로 일어나 손을 들었다가 앉는 행동을 할 때의 '응원의 파도물결'을 떠올리면 된다. 하나의 완결된 상하 사이클이 진동하는 것과 같다. 이런 진동의 위상(phase) — 어떤 사람들은 일어서고 또 다른 사람들은 앉고 하는 사이클의 지점들 — 은 정확하게 일치해야만 한다. 마찬가지로 코스멜리와 동료들은 의식적인 지각을 하는 동안 서로 다른 뇌 영역에 위치하는 뉴런 반응들이 동기화되어 진동한다는 것을 발견하였다. 더 정확하게 말하면, 각 뉴런 반응의 위상(정확하게 진동 주기에 있는 그 지점)이 다른 뉴런 반응의 위상과 동기화되었다. 뇌과학자들은 이런 현상을 '뉴런 위상 동기화

(neural phase synchrony)'라고 부른다. 그러므로 확장 체크보드 고리의 지각을 담당하는 NCC는 뇌의 여러 영역들과 그 영역들 사이에서 일어나는 뉴런 위상 동기화의 광범위한 패턴으로 구성되어 있다.

바렐라와 동료들이 행한 또 다른 실험은 보고 가능한 의식적 지각의 순간은 뇌의 광범위한 진동의 동기화와 연관되어 있다는 이런 개념을 지지한다. 코스멜리의 실험 이전에, 바렐라의 실험실에서 유제니오 로드리게즈(Eugenio Rodriguez)는 광범위한 뉴런 동기화가 '지금 그것을 본다' 또는 의미 없는 조각들에서 어떤 얼굴을 급히 알아챘을 때 나오는 "아하!" 반응과 일치한다는 것을 보여주었다.[14] 로드리게즈는 뇌파(electroencephalogram, EEG) 기계를 사용하여 두뇌 여러 부위의 전기적 활성을 측정하였다. 그때 측정된 뇌파는 피질 활성을 반영하였고 여러 다른 진동수를 갖는 복잡한 패턴을 보여주었다. 게다가 의식의 차원에 따라 주요 진동수도 변화하였다. 예를 들면 각성 상태에서는 소위 알파 리듬(8-12헤르츠)이 뇌파의 주요 양상이었지만, 베타(12-30헤르츠)와 감마(30-80헤르츠)와 같은 빠른 리듬들도 역시 강하게 존재하였다. 반면에 깊은 수면에서는 느린 진동수를 갖는 델타파(0.5-4헤르츠)가 우세하였다. 로드리게즈와 바렐라는 지각적 자각, 주의와 연관된 것으로 알려진 감마 진동은 의미 없는 애매한 자극 형태로 보이든지, 얼굴로 보이든지에 상관없이 일어나는 것을 발견하였다. 그러나 자극이 얼굴로 보이는 "아하!" 반응이 일어나는 순간은 감마 진동이 두정 후두와 전두 측두 영역에서 동기화가 일어났다. 다른 말로 하면 "아하!" 반응 순간의 NCC는 지속되는 감마 진동의 위상 동기화가 일어난 것이다. 이런 연구 작업에 기초하여 루시아 멜로니(Lucia Melloni)와 로드리게즈는 이후 의식적인 지각을 보고할 수 있는 순간이 (동일한 자극의 무의식적인 처리과정과 비교하여) 감마 밴드의 광범위한 패턴의 동기화 진동과 연관되어 있다는 것을 보여주었다.[15] 다른 연구들도 의식적 지각의 신경 상관물은 뉴런 동기화의 광범위한 패턴으로 구성되어 있다는 것을 확인해주었다.[16]

그러나 의식적 지각의 그런 순간의 흐름 또는 연속에 대해서는 어떤가? 코스멜리의 연구가 참신한 점은 바로 이 질문과 관련되어 있다.

코스멜리는 '지금 그것을 보고 있다'에서 '지금 그것을 보고 있지 않다'로 왔다 갔다 하는 리듬은 광범위한 뉴런 동기화의 형성과 해체와 연관되어 있다는 것을 알았다. 얼굴에서 체크보드 고리(ring)로 지각적 변환이 일어나기 시작하는 순간마다, 새로운 동기화의 뉴런망이 마치 하키 게임에서 '응원 파도 물결'이 일어나는 것처럼 형성되었다. 운동 팬들의 작은 그룹이 일어나 팔을 흔들기 시작할 때, 즉 지각적 변환이 시작될 때는 몇몇 소수의 피질 반응만이 동기화되었다. 체크보드 고리의 지각 우세성이 이루어지자 동기화 진동은 그 크기가 늘어나고, 후두 시각 영역 사이에서, 그리고 이곳과 전두 인지 영역 사이에서 증가되었다. 이런 광범위한 동기화 패턴은 수 초 동안 지속되고, 체크보드 고리의 완전한 지각적 우세성과 일치하였다. 그 이미지의 억압이 시작되자 광범위한 동기화 활성이 떨어져 나가고 뇌의 진동은 사라졌다. 후두 시각 영역의 부분적 동기화가 몇몇 고립되어 잔존할 뿐이었다. 완전히 억압이 이루어지면 동기화의 영역은 거의 없고 뇌의 패턴은 변환 이전 상태로 돌아온다. 그리고서 동기화 형성의 전 패턴이 다시 시작하지만, 이전과는 약간 다른 방식으로 뇌라는 운동장에 새로운 파동이 형성된다.

이 연구 결과를 요약하면 양안 경쟁에서 두 이미지 사이의 변환은 뇌의 동기화된 진동파와 일치한다는 것이다. 의식적 지각이 시간에 따라서 변화하는 방식은 뉴런 동기화가 시간에 따라 변화하는 방식과 일치한다. 새로운 지각 순간의 발생은 새로운 뉴런 동기화의 형성과 일치하고, 이런 지각 순간이 사라지고 다른 지각으로 대체되는 것은 동기화된 패턴이 해체되고 다른 패턴으로 대체되는 것과 일치한다. 지각 경험과 뇌활성에서 특징적인 순간의 리듬이 있고 이것은 반복해서 변환하지만, 결코 동일한 방식은 아니다. 의식적 지각의 파동은 뇌의 동기화된 진동파와 일치한다.

브리티시 콜롬비아 대학의 샘 도스버그(Sam Doesburg)와 로렌스 워드(Lawrence Ward)의 또 다른 연구는 위의 연구 결과에 다른 차원을 부가하고 있다.[17] 이 과학자들은 코스멜리의 연구에 영감을 받아 양안 경쟁에서 일어나는 전기적 뇌 리듬을 EEG를 이용하여 조사하였다. 그들은 나비 이미지와 단풍잎 묶음의 이미지를 사용하였다.* 도

* Sam M. Doesburg et al., "Rhythms of Consciousness: Binocular Rivalry Reveals Large-Scale

스버그와 워드는 하나의 이미지에서 또 다른 이미지로 지각적으로 전환하는 피질 영역 사이에서 일어나는 감마 동기화의 새로운 패턴 형성과 일치한다는 것을 발견하였다. 그러나 이런 빠른 동기화된 진동(38-42헤르츠)은 세타 범위(5-7헤르츠)의 느린 진동과 연결되어 있다는 것 또한 알았다. 대체적으로 말하자면 빠른 감마 파동이 느린 세타 파동에 포개져 있는 셈이다. 마치 느린 파동이 많은 빠른 파동을 데려가고 있는 것 같은 모습이다. 느린 파동은 또한 진폭 변화, 동기화 방식으로 빠른 파동에 영향을 미치고 있었다. 이런 식으로 보다 느린 세타 리듬은 보다 빠른 감마 동기화 패턴을 형태 짓는 역할을 하였다.

도스버그와 워드는 이런 빠른 전기적 뇌 리듬과 느린 리듬 사이의 커플링(coupling)이 지각 경험의 분절된 순간들과 연속적인 순간들을 보장한다는 주장을 하였다. 한편으로는 빠른 감마 동기화는 서로 다른 뇌 영역들 사이에 일어나는 뉴런 활성을 통합하고, 감각 양상들

Oscillatory Network Dynamics Mediating Visual Perception," *PLoS ONE* 4 (7) (2009) 3쪽 그림 참고.

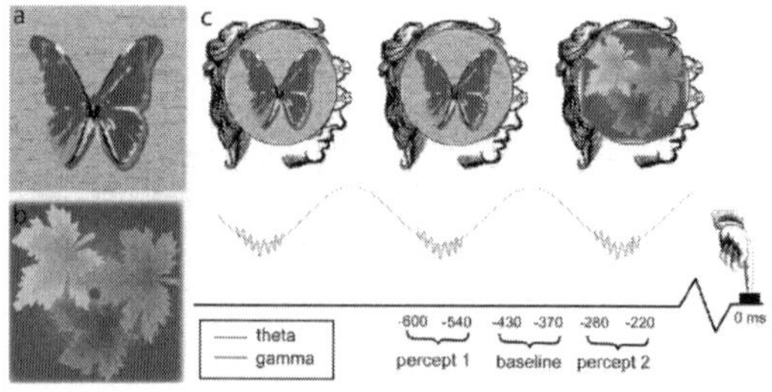

(예를 들면 검은 모양과 하얀 모양)을 통합하여 하나의 정합적인 지각(예를 들면 옆모습 얼굴)으로 만들어 낸다. 다른 한편 느린 세타 리듬은 지각의 분절되고 연속적인 '프레임(frames)' 또는 순간을 만들어 낸다. 이 견해에 따르면 이런 빠르고 느린 전기적 뇌 리듬들은 의식적인 지각의 흐름을 구축하여 분절되고 연속적인 순간을 구성하게 되는데, 이때의 시각 내용물은 동일(계속해서 나비를 본다)하거나 수백 밀리초마다 변화(나비를 보다가 단풍잎을 본다)하기도 한다. 간단히 말해서 느린 리듬들은 감각 흐름들을 분절된 시간적 단위 또는 지각의 순간들로 분할한다. 그 반면 빠른 리듬들은 주어진 순간에 판별된 모습들을 하나의 정합적인 지각으로 결합시킨다. 이런 식으로 느린 리듬들은 지각의 시간적 맥락을 정의하고('지금' 일어난 것으로 지각하는 것), 반면에 빠른 리듬들은 그 내용을 확정한다(이제 당신은 나비를 보고 있다, 이제 당신은 단풍잎 묶음을 보고 있다는 식으로).

그러나 의식적 지각의 흐름은 하나의 영화 프레임이나 일련의 스냅 샷처럼 정말로 분절되어 있는가? 아마도 지각에 대한 이런 사고방식은 양안 경쟁이라는 평범하지 않은 상황에 너무 비중을 두어 나온 것이라고 생각할지도 모른다. 일상적인 지각은 연속적인 흐름 같지 않은가? 지각이 정말로 불연속적이라면, 이런 연속적 나타남은 어떻게 일어나는 것인가? 우리가 앞으로 살펴볼 것처럼 이런 의문은 오래 전에 인도 불교철학에서 제기된 것이다. 인도 불교철학을 함께 살펴봄으로써 현대 과학도 새롭게 조명할 수 있을 것이다.

마음의 순간들

"따라서 의식은 의식 자체에게는 조각으로 쪼개진 것으로 나타나지 않는다. '연쇄'니, '대열'이니 하는 단어들은 의식이 처음 그 모습을 드러내는 것을 적절히 기술하지 못한다. 의식은 끊어진 마디를 접합한 것이 아니고 흐르는 것이다. '강물'이나 '흐름'이라는 말이 가장 자연스럽게 의식을 기술하는 은유적인 말이다. 앞으로는 의식을 언급하는 경우, 사고의 흐름(stream of thought) 또는 의식의 흐름(stream of consciousness), 주관적 삶(subjective life)의 흐름이라 부르기로 한다."[18*]

1890년 윌리엄 제임스는 이렇게 기술하였다. 서양 심리학에 '의식의 흐름'이라는 은유를 도입한 것이다. 거의 천 년 전 동일한 이미지가 아비달마(Abhidharma, 빨리어로는 아비담마 Abhidhamma)라는 불교철학에서 언급되었다. 거기에서 붓다는 이렇게 말한 것으로 묘사된다. "강물은 멈추지 않는다. 강물이 멈추는 순간(moment)도 없고, 분(minute)도 없고 시간(hour)도 없다. 사고의 흐름도 이와 마찬가지이다."[19]

제임스와 아비달마 모두 심적 상태는 서로 따로 떨어져서 일어나지 않는다고 하였다. 즉, 각각의 상태는 선행하는 상태에 의존해서 일어나고, 이 현재의 상태는 뒤이은 상태를 일으킨다. 그리하여 마음의 흐름이나 연속성을 형성한다. 그러나 제임스와 아비달마는 마음의

* 윌리엄 제임스, 『심리학의 원리』 1권, 정양은 역, 아카넷, 2005, 435쪽을 참고하되, 번역을 약간 수정했다.

흐름의 본질에 대해서는 서로 다른 견해를 유지하였다.

제임스에 의하면 마음의 흐름은 항상 변하지만, 우리는 이런 변화를 매끄럽고 연속적인 것으로 경험한다. 설사 간극이나 단절이 있다고 하여도 이런 식으로 경험한다. 질적으로 그 간극이나 변화를 우리가 느끼거나 눈치채더라도(예를 들면 깊은 잠에서 깨어나는 경우처럼) 이것이 우리가 의식을 연속적이고 전체적인 것으로 느끼는 것을 방해하지는 않는다. 그리고 우리가 파악하지 못하는 질적인 간극과 변화는 우리가 그것을 자각하지 못하기 때문에 중단된 것으로 느껴지지 않는다.

아비달마 철학자들은 마음의 흐름이 항상 변화하고 있다는 것에 동의하지만, 수행하지 못한 사람에게만 마음이 연속적으로 흘러가는 것처럼 보인다고 주장한다. 더 깊이 살펴보면 의식의 흐름은 불연속적이고 분절된 자각의 순간들로 이루어져 있다는 것을 알 수 있다. 아비달마 철학자들이 이런 결론에 도달한 과정이 내적 관찰을 통한 것인지, 아니면 마음에 대한 원자적 견해에 따른 논리적 결과인지, 아니면 두 가지 모두에 의한 것이든지 간에 이것은 학문적 토론의 주제이었다. 어떤 경우이든 자각의 분절된 순간 또는 '마음의 순간들'이 확인되고 기술되고 범주화될 수 있다고 믿었다. 우리가 볼 것처럼 어떤 아비달마 논서에 기술된 이런 순간의 길이는 현대 과학에서 측정한 지각 순간의 길이와 비교된다.

우선 우리는 마음의 작동방식에 대한 아비달마의 견해에 조금은 익숙해질 필요가 있다.[20] 아비달마는 다음과 같은 기본적인 불교 통찰에 기초를 두고 있다. 즉, 자각의 매 순간은 다수의 물리적, 심적 과정들을 조건으로 하여 일어나고, 다시 다음 순간의 자각 발생을 조건 지운다는 것이다. 우리가 '마음'이라고 부르는 것은 순간적인 심적 사건들의 흐름이고 그 매 순간은 여러 가지 기본적인 구성 요소로 나누어 분석될 수 있다. 모든 심적 사건은 '기본 자각(primary awareness, 心)'과 함께 여러 구성 요소인 '심적 요소(mental factors, 心所)'가 어우러져서 구성된다. 기본 자각[心]은 위에서 붓다가 언급한 여섯 가지 자각 — 안식, 이식, 비식, 설식, 신식, 의식(생각, 감정, 기억, 심적 이미지 등의 자각 등) — 중 하나에 속하게 된다. 4세기경 『아비달마구사론』의 저자인 와수반두(Vasubandhu, 世親)는 자각을 무엇에 대한 인상(impression) 또는 맨 파악(bare apprehension)이라고 정의하였다.[21*] 우리는 결코 그러한 맨 파악을 경험할 수 없다. 의식의 매 순간은 항상 수많은 심적 요소[心所]들과 결합하여 일어나기 때문이다. 이런 요소들은 자각을 즐겁거나 즐겁지 않은 것, 집중되거나 집중되지 않은 것, 평온하거나 동요하는 것, 윤리적으로 선하거나 선하지 않은 것 등으로 특징짓는다.

핵심적인 통찰은 매 순간의 의식이 특정 감각이나 심적 나타남이

* 권오민 역, 『아비달마구사론』 1권, 동국역경원, 2002, 30쪽. "각기 그들의 경계를 요별하는 것으로서 경계의 상을 전체적으로 취[總取]하기 때문에 식온(識蘊)이라 이름한다."

라는 의미에서 특정 대상을 파악할 뿐만 아니라, 그 대상을 여러 가지 방식으로 특징짓는다는 점이다. 더 정확하게 말하자면 의식이 대상(의식에 나타나는 그 무엇)을 파악하려면 그 대상이나 현상은 어떤 식으로든지 의식에 의해 특징지어져야 한다는 것이다. 예를 들면 설식(舌識)의 순간은 단순히 특정한 맛과 식감의 자각만이 아니다. 주의를 기울이거나 산만한 자각, 즐겁거나 불쾌한 맛을 경험하는 자각, 망고 맛으로 범주화하는 자각, 망고가 익었는지 아닌지를 판별하는 등의 자각이기도 하다. 이런 저런 방식으로 매 순간의 의식은 경험 대상에 '대한' 또는 경험 대상을 '향한' 의식이다.

그러므로 아비달마 철학자들은 서양 현상학자들, 특히 에드문트 후설(Edmund Husserl, 1859–1938)에 동의한다. 즉 모든 의식은 이런 저런 방식으로 그 무엇에 대한 의식이다. 현상학자들은 이런 의식 현상을 '지향성(intentionality)'이라고 부른다. 서양 현상학과 아비달마는 대상을 향해 있다는 의미의 지향성이 의식의 본질이나 존재에 속한다는 점에 동의한다. 즉 그것은 외부에서 의식에 추가된 그 무엇이 아니다.

그러나 아비달마의 독특성은 의식의 지향(directedness)을 기본 자각[心]과 구성 심적 요소[心所]의 기본 구조로 분석하는 방법에 있다. 심적 요소 없이 의식은 대상을 포착하지 못한다. 20세기 티베트 스승인 게쉐 랍텐(Geshe Rabten)의 말을 빌리면 "기본 자각[心]은 손과 같고, 심적 요소[心所]는 개별적인 손가락, 손바닥 등과 같다. 그러므로 기본 자각의 성질은 그 구성 요소인 심적 요소에 의해 결정된다."[22] 이런 생각에 따르면 의식 순간의 발생은 심적 요소가 특정 자각 대상을 포착하는 것으로 이루어진다. 그리고 의식의 흐름은 일련의 심적 요소가 잇따르는 대상을 집어 올렸다 내렸다 하는 것으로 이루어진다.

아비달마의 마음 지도에 의하면 심적 요소[心所]는 50가지 이상으로 구별되며, 각각의 기능을 명시할 수 있고 여러 범주로 모을 수 있다. 이런 지도들은 중요한 현상학적 통찰을 정교한 이론 체계로 형식화하려는 아비달마의 경향을 보여준다. 핵심 통찰은 다음과 같은 것이다. 즉, 자각 방법이 자각 내용을 깊게 조건 지운다는 것, 그리고 자각 방법이 윤리적으로 선하거나 선하지 않을 수 있다는 것이다. 전체적인 틀은 윤리적이고, 불교 수행을 뒷받침하도록 짜인다. 이런 목적으로, 자각을 조건 지우는 심적 요소들은 그것들이 긍정적(고통을 줄이고 행복을 증가시키는 것, 善)인지, 부정적(고통을 증가시키는 것, 不善)인지, 중립적(그 자체로 긍정적인 것도 아니고 부정적인 것도 아닌 것, 無記)인지에 따라 범주화된다. 아비달마학파들에 따라 심적 요소의 목록과 범주는 다르지만 학파들은 일반적으로 적어도 다섯 가지 윤리적으로 중립적이며 '항상 존재하는' 심적 요소[遍行心所]들이 있다고 인정하였다. 그것은 모든 의식 순간에 항상 작용하는 것으로서 '접촉(contact, 觸)', '느낌(feelling, 受)', '지각(perception, 想)', '의도(intention, 思)', '주의(attention, 作意)'이다. 이것들은 가장 기본적이고 필수적인 인지 기능을 수행한다. 이것들 없이 대상의 의식은 불가능하다.

첫 번째 심적 요소인 '접촉[觸]'은 세 가지 관계 속에서 구성된다.

즉, 감각적이거나 심적인 대상[境], 이에 연관된 감각적이거나 심적인 기능[根], 그리고 앞의 두 가지 요소에 의존하는 의식[識]이다. 예를 들면 시각 의식[眼識]의 순간은 시각 기능[眼根]과 무엇인가 보이는 것[色境]에 의존하여 일어난다. 접촉은 이런 세 가지 요소가 만나는 것이다. 현대의 불교학자인 비구 보디(Bhikkhu Bodhi)는 "[접촉]이라는 심적 요소에 의해 의식은 나타난 대상에 심적으로 '닿는다(touch).' 그리하여 전체 인지 사건이 시작된다."라고 말한다.[23]

그러나 의식의 순간 아무 느낌 없이 그냥 대상에 '닿는' 것은 아니다. 이와는 반대로 대상을 즐겁거나[樂] 불쾌하거나[苦] 중립적[不苦不樂]('중립적'이라는 것은 느낌이 없는 것을 말하지 않는다. 그것은 즐겁지도 불쾌하지도 않은 것을 말한다)인 것으로 느낀다. '느낌[受]'은 이런 정서적인 기능을 하는 심적 요소이다. 감각적 또는 심적 접촉으로 기본적인 정서적 질감 또는 느낌의 톤이 일어난다. 의식은 그런 느낌의 바탕 위에서 대상을 평가한다.

대상의 느낌에 더하여 의식은 그것을 식별한다. '지각[想]'은 이런 역할을 수행하는 심적 요소이다. 그것은 다른 것과 구별해서 대상을 판별, 식별하거나 무엇인지 확인하게 한다. 식별은 재인(recognition)의 기반이다. 그것으로 시간이 흐른 후 그 대상을 다시 확인할 수 있기 때문이다.

아비달마에 의하면 의식의 모든 순간은 항상 목표 지향적이다. 이것은 의식이 항상 의도나 동기를 갖고 대상에 접근한다는 뜻이다.

'의도(intention, 思, 또는 의지 volition라고 번역된다)'는 목표지향적인 기능을 담당하는 심적 요소이다. 보통 우리는 아주 빠르고 습관적으로 생각하고 느끼기 때문에 이런 의도가 작동하는 것을 알지 못한다. 그러나 아비달마는 의도가 항상 거기 있고, 의식의 매 순간 잠재의식적으로 작동한다고 말한다. 이 요소는 또한 의식의 윤리적 특성을 결정한다. 즉, 의식이 선한지(고통을 줄인다, 善) 또는 선하지 않은지(고통을 증가시킨다, 不善)를 결정한다.

마지막으로 '주의(attention, 作意)'는 의식이 대상을 향하고 목표로 삼고 대상에 주목하게 만드는 심적 요소이다. 주의는 모든 심적 요소들을 기본 자각[心]의 대상으로 방향 짓거나 그 대상에 연결되게 하는 것이다. 비구 보디의 말에 의하면 "주의는 대상에 마음이 기울게 하는 역할을 하는 심적 요소이다. 그렇게 하여 대상은 의식 앞에 놓이게 된다. 그 특성은 연관된 심적 상태들[요소들]을 대상으로 향하게 … 지휘하는 것이다. 그 기능은 연관된 심적 상태들[요소들]을 대상에 묶는 것이다."[24] 그리하여 아비달마에 의하면 주의가 제공하는 심적 정향성과 준거점이 없으면 감각적, 심적 대상에 대한 의식은 있을 수 없다.

아비달마는 대상에 의식이 집중하도록 하는 다른 심적 요소[心所]들과 주의를 구분한다. 다른 심적 요소들은 모든 심적 상태에 존재하는 것은 아니다. 티베트 아비달마에서 두 가지 그런 요소는 '집중(concentration, 三昧, 定)'과 '마음챙김(mindfulness, 念)'이다. 집중은 대상에 전적으로 초점을 맞추거나 한 지점에 마음을 두는 능력이다. 마음챙김은 대상에 초점을 유지하여 망각하거나 떠내려 보내지 않게 하는 능력이다. 집중은 주의와 다르다. 집중은 대상에 주의를 기울이는 것뿐만 아니라 그 주의를 일정시간 유지하는 것이다. 마찬가지로 마음챙김은 주의 이상을 포함한다. 마음챙김은 대상을 순간순간 알아차리고 반복해서 마음에 되돌리게 하고 망각 속으로 빠져나가지 않게 해주는 능력이다. 집중과 마음챙김은 소위 '특정 대상에 일어나는(object-ascertaining)' 심적 요소[別境心所]의 범주에 속하는 것이다. 이런 요소들은 대상에 대한 기본적 주의 정향성(attentional orientation)을 형성하는 것이 아니라 주의 정향성을 이미 전제하고 있다. 그리고 주의가 하나의 대상을 표적으로 삼으면 집중과 마음챙김은 그 대상을 더욱 의식에 확정적인 것으로 만든다. 집중과 마음챙김이라는 특정 대상에 일어나는 심적 요소[別境心所]는 불교 명상에 필수적인 것이며, 대상이 어느 정도의 명료성과 지속된 초점으로 파악될 때에만 존재한다.

우리는 이제 의식의 분절된 각 순간이 구조화된 인지적 사건임을 알게 되었다. 이런 사건은 적어도 최소한의 느낌, 식별, 주의, 의도를 포함하고 있다. 아비달마에 따르면 이런 순간적인 인지 사건들 각각은 아주 빨리 연속적으로 일어났다 사라진다. 그러므로 세계에 대한 우리의 각성 인지는 끊김 없는 흐름이 아니라 분절된 것이다. 현대의 시각 과학은 이와 유사한 생각을 제공한다. 즉, 우리의 눈은 한번에 여러 사물을 보고 있는 것처럼 여겨지지만, 실제로는 하나의 사물에서 또 다른 사물로 재빨리 이동하면서 왔다 갔다 한다. 끊김 없는 시각 세계라고 여기는 우리의 인상은 한꺼번에 또는 부드러운 흐름에서 모든 것을 파악하는 데서 오는 것이 아니라 우리의 눈이 시각 장면을 추출하는 재빠른 방식에서, 그리고 더 많은 정보를 얻기 위해서 필요로 하는 장소를 볼 수 있는 우리의 앎에서 오는 것이다.[25] 이와 유사하게, 아비달마의 관점에서 보면 의식의 흐름이 연속적인 것처럼 여겨져도, 이러한 겉모습은 영화를 보는 동안 연속성에 대한 인상을 갖게 되는 것과 같다. 실제로는 각 인지 사건의 발생과 소멸이 아주 빠르게 일어나는 것이다. 마치 영화의 고속 프레임이 빠르게 지나가는 것과 같다.

이런 관점을 고려해보면, 의식의 순간이 발생하고 소멸하는 데 걸리는 시간이 얼마인지 궁금해진다. 마음의 순간들을 측정할 수 있을까?

아비달마 논서들도 바로 이런 의문을 제기하지만 그 대답은 바로 직접 관찰할 수 있는 것은 아니다. 왜냐하면 아비달마 학자들은 경험적 관찰처럼 보이는 것들과 형이상학적 고찰을 결합하여 답하기 때문이다.[26] 몇몇 논서들은 관찰적인 것으로 보이는 방식으로 의식의 순간 길이를 추산하였다. 예를 들면 『아비달마구사론』에서는 "이를테면 어떤 장사가 손가락을 빠르게 한 번 튀길 경우 65찰나가 소요된다."라고 말한다.* 이에 따르면 마음의 한 순간은 대략 65분의 1초 또는 15밀리초로 환산된다.[27] 우리는 또한 직접 경험과는 아주 동떨어진 듯이 보이는 마음에 대한 견해를 보여주는 구절도 볼 수 있다. 예를 들면, 다음과 같은 구절을 빨리 상좌부(Theravada) 아비담마에서 볼 수 있다. "번개가 치는 시간 동안 또는 눈이 깜빡이는 시간 동안, 수십 억 개의 마음 순간들이 지나간다."[28] 더구나 아무리 짧은 심적 사건들일지라도 어떤 종류의 지속성은 있다고 가정하는 데서 오는 형이상학적 문제들이 불교철학에서 일어난다. 만약 무엇인가 1밀리초 동안이라도 변하지 않고 지속한다면, 이것은 불교의 핵심 교리인 무상론(無常論) — 모든 것은 끊임없이 변화하므로, 아무리 짧은 순간이라도 일정하게 멈추어 있는 순간은 없다는 교리 — 을 위배하는 것으로 보인다. 고전적인 인도 불교철학에서 이러한 사상은 다음과 같은 개념들에 의해 이끌어졌다. 즉, 처음에는 일어나고[生] 그 다음에는 잠깐 자신의 기능을 하고[住] 그런 후에 마지막으로 소멸한다[滅]는 마음의 순간들 개념(설일체유부 Sarvāstivāda 입장)부터 더 나아가서는 어떠한 시간적 길이도 없이 한 순간에 즉각적으로 나타났다가 소멸한다[刹那滅]는 마음의 순간들 개념(경량부 Sautrāntika 입장)이다.

전통적인 아비달마 철학자들이 오늘날 살아 있다면, 실험심리학과 뇌과학이 이런 의문에 대해서 무엇인가를 말해줄 수 있을지 궁금해할 것이다. 우리가 시간의 본질에 대한 추상적이고 형이상학적인 문제들(시간은 분절되어 있으며 순간적인가 아니면 연속적인 것인가)

---

* 권오민 역, 『아비달마구사론』 2권, 동국역경원, 2002, 549쪽.

을 제쳐놓는다면, 의식의 흐름속에서 경험의 분절된 순간이 측정 가능하다고 하는 과학적 근거는 정말 있는 것인가?

마음의 간극

1979년 16살이었을 때 나는 프란시스코 바렐라의 실험에 참여하였다. 당시 바렐라는 지각이 분절되어 있는지, 연속적인지를 탐구하고 있었다. 나는 뇌과학 실험실에 가 본 적이 없었기 때문에 자신의 뇌파를 본다는 것은 정말로 매혹적이었다. 프란시스코와 나는 6번 애비뉴 20번가 — 여기에 린디스환(Lindisfarne) 협회가 있었고 우리는 거기 살고 있었다 — 에서 1번 애비뉴 550의 뉴욕 대학 뇌 연구 실험실까지 같이 다녔다. 나는 두피에 전극을 붙이고 두 개의 불빛이 점멸하는 것을 보면서 어두운 실험실에 앉아 있었다. 내가 해야 할 실험적 임무는 불빛들이 동시에 나타나는지 아니면 연속해서 계기적으로 나타나는지, 혹은 왼쪽에서 오른쪽으로 움직이는 불빛이 있는지를 보고 하는 것이었다.

두 개의 연속적인 사건이 동시에 일어나는 것으로 지각되는 최소한의 간극 창(window)이 존재한다는 것은 실험심리학에서 널리 알려져 있다. 예를 들면 100밀리초 이내의 연속적인 두 개 불빛은 동시에 일어나는 것으로 보인다. 그 간격이 조금 늘어나면 한 불빛이 빠르게 움직이는 것으로 보인다. 그 간격이 더 늘어나면 불빛들이 연속적으로 보인다. '가현동시성(apparent simultaneity)'과 '가현 운동(apparent motion)'이라는 이런 현상들은 때로는 분절된 '지각 프레임'이라는 개념을 지지하는 것으로 해석된다. 다시 말하면 어떤 자극들이 약 100밀리초 이내에 주어지면 하나의 사건으로 경험되는 것을 말한다.

지각이 분절적인 것이라면(지각이 한 프레임과 다음 프레임 사이에 간격이 있는 지각 프레임의 연속으로 나타나는 것이라면) 우리는 다음과 같이 예측할 수 있다. 두 개의 개별적 사건들이 동시에 일어나는 것으로 판단되거나 계기적인 것으로 판단되는 것은 그 사건들 사이의 시간적 간격뿐만 아니라 각 사건의 발생 순간과 지각이 분절되거나 잇따르는 프레임을 나누는 방식, 즉 지각 프레임의 연속적인 과정 사이의 관계에 달려 있을 것이다. 특히 동일한 시간 간격을 가진 두 사건은 때로는 동시적인 것으로 지각되고, 또 다른 경우는 계기적인 것으로 지각될 수 있다. 그것은 지각 프레임과 시간 관계에 달려 있다. 즉, 동일한 지각 프레임에 해당되면 동시적으로 경험되지만, 다른 지각 프레임에 해당되면 계기적으로 경험된다. 간단히 말해서 한 사건으로 '지금' 지각된다는 것은 객관적인 시간뿐만 아니라 지각 프레임의 방식에 의존한다는 것이다.

바로 이것이 프란시스코가 검증하고자 한 생각이었다. 프란시스코는 젊은 과학자였던 시절부터 뇌를 자신의 복잡한 내적 리듬을 갖는 자기-조직적인 체계로 간주하는 개념에 강하게 매력을 느끼고 있었다(오늘날에는 보편적인 생각이 되었지만, 이런 생각은 1970년대 당시에는 드문 관점이었다. 대부분의 과학자들은 뇌를 계기적 처리 방식의 컴퓨터로 생각하였다). 바렐라는 이런 내적 리듬이 주기적으로 변동하면서 의미 있는 지각 순간들을 발생시킨다고 믿었다. 또한 그가 강한 흥미를 보인 것은 마음의 순간에 대한 아비달마적 개념과 뇌의 자기 생성적 리듬에 의해 만들어진 분절된 지각 프레임에 대한 뇌과학적 견해 사이의 유사성이었다. 내가 뉴욕 대학 뇌 실험실을 방문하기 약 한 달 전에 프란시스코와 나는 동쪽 38번가의 오래된 파라곤 서점을 걸어가면서 마음의 순간들에 대한 불교적 사유와 마음 순간 사이들의 간극에 대해 대화를 나누었다. 파라곤 서점에서 프란시스코는 와수반두(Vasubandhu)의 『아비달마구사론』 프랑스 번역판을 구입하였다. 그 책은 루이 드 라 발레 푸생(Louis de la Vallée Poussin)의 고전적인 번역본으로서 구입하기 어려운 것이었다. 실험이 끝난 다음 프란시스코는 내게 자기가 정말로 하고 싶은 것은 마음의 순간을 측정하는 것이라고 말하였다.

실험에서 프란시스코는 뇌파(EEG)의 지속되는 알파 리듬을 기록하였고 그것을 두 불빛의 점멸 시기를 자극하는 데 이용하였다. 실험 가설은 불빛들을 동시현상으로 보는가 아니면 가현 운동으로 보는가는 지속되는 알파 리듬의 위상과 관련하여 일어나는 것에 달려 있다는 것이었다. 파도를 타는 서퍼(surfer)처럼 불빛이 반복되는 알파 사이클의 어떤 지점에 도달하면 동시에 일어나는 것으로 보일 것이다. 그러나 그 파도를 놓치면 가현 운동으로 보일 것이다. 다른 말로 하면 동일한 시간 간격 내에 두 불빛을 항상 제시하여도 알파 리듬의 위상에서 차이가 나면 서로 다른 지각으로 파악하게 되리라는 것이었다.

실험 결과는 가설을 지지하였다. 즉 불빛이 알파 리듬의 양성 극점에 주어지면 거의 항상 가현 운동으로 보이지만, 음성 극점(반대 위상)에 주어지면 동시적인 것으로 보였다.[29] 발표된 논문에서 나의 시각 수행은 다른 두 피험자의 것과 함께 그림으로 표시되었다(원 논문의 그림 4에서 'ET'라고 표시된 막대를 보라).* 불빛 사이의 47밀리초의 간격에서 내가 불빛을 동시성으로 보거나 가현 운동으로 보는 차이는 우연의 확률(chance level)이었지만, 나의 지속적인 알파 리듬의 양성 극점 또는 음성 극점에 불빛이 제시될 때 동시성으로 내가 느끼

* 저자가 말하는 논문은 다음과 같다. Francisco J. Varela et al., "Perceptual Framing and Cortical Alpha Rhythm," *Neuropsychologia* 19 (1981): 675–686. 본문에서 지칭하는 그림은 279쪽에 나온다.

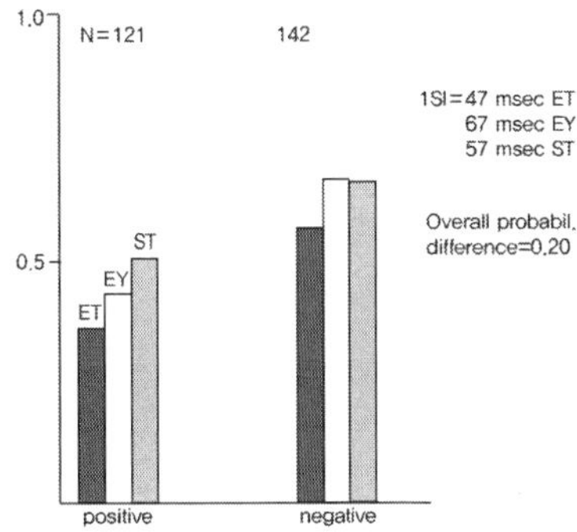

는 확률에는 변화가 있었다.

프란시스코와 나는 이 연구 결과의 의미를 1991년 발간된 우리의 책, 『몸의 인지과학(The Embodied Mind)』에서 다음과 같이 언급하였다.

> 이런 종류의 실험들은 시각 프레임(visual frame)에는 지각된 사건들을 분석하는 자연적인 방식이 존재하며 이런 단위는 최소한 0.1~0.2초가량의 지속의 범위를 지니는 우리 두뇌의 리듬에 적어도 부분적으로 또는 국부적으로 의존적이라는 점을 보여준다. 대략적으로 말해서 불빛들을 동시적으로 볼 확률은 불빛들이 프레임의 시작 무렵에 주어지는 경우가 불빛들이 프레임의 끝 무렵에 주어질 경우보다 훨씬 크다. 불빛들이 프레임의 끝 무렵에 주어지면 두 번째 불빛은, 말하자면 다음 프레임에 놓이게 되는 것이다. 한 프레임 내에 놓여 있는 모든 것들은 주관에 의해 하나의 시간 간격으로, 즉 하나의 '지금'에 놓여 있는 것처럼 간주되는 것이다.[30*]

불행하게도 이런 예상 결과는 다시 반복하는 것이 어려운 것으로 판명되었다. 이것은 프란시스코의 후속 연구에서 그리고 오늘날 다른 과학자들의 연구에서도 마찬가지이었다.[31] 그렇지만 이 실험은 광

---

* 바렐라·톰슨·로쉬, 『몸의 인지과학』, 석봉래 역, 김영사, 2013, 137쪽을 참고하되, 번역을 약간 수정하였다.

범위하게 인용되었다. 지각이 갖는 분절적 속성을 명확하게 보여주는 실험이라고 간주되었다. 더구나 새롭고 더 정교한 연구가 지각 연구의 영역을 확장시키고 심화시켰다. 말하자면 뇌의 전기적 리듬과 지각적 자각의 분절적 특성의 연관에 대한 연구이다.[32] 예를 들면 최근 연구를 보면 시각 자극을 의식적으로 알아차릴 수 있는가 여부는 뇌의 지속되는 알파(8-12헤르츠)와 세타(5-7헤르츠) 리듬의 위상과 관련하여 자극이 언제 도착하는지에 달려 있다는 것을 알 수 있다.[33] 자극이 알파파의 골에서 발생하면 그 자극을 놓칠 가능성이 높지만, 그 자극이 알파파가 마루일 때 발생하면 알아차릴 가능성이 높다.

이런 연구 결과는 지각이 하나의 연속된 과정으로 이루어진다기보다는 이어지는 주기적 사이클을 통해서 일어난다는 생각을 지지해주고 있다. 마치 각성-수면 사이클의 소규모 버전처럼 신경 체계는 순간순간 변동을 일으킨다. 그 변동은 '각성'되어 있어 들어오는 자극에 잘 반응할 때의 적절한 흥분성의 위상과 '수면' 상태에 있어 덜 반응하는 강한 억제의 위상 사이에서 일어난다. 지각의 순간은 흥분성 또는 '상승' 위상에 대응하고, 지각이 일어나지 않는 순간은 억제성 또는 '하강' 위상에 대응한다. 그리하여 '상승' 또는 '각성'의 지각 순간과 그 다음의 지각 순간 사이에는 간극이 발생한다. 따라서 의식의 연속적 흐름으로 보이는 것도 사실은 자각의 분절적, 삽화적 펄스(episodic pulse)로 구성되어 있을지도 모른다.

의식의 펄스적, 간극적 흐름은 무엇인가에 지속적인 집중을 하고 있을 때에도 일어난다. 주의의 다른 여러 측면들, 예를 들면 '경계(alerting, 경계상황의 지속)', '정향성(orienting, 목표물을 향한 주의의 전환)', '실행조절(executive control, 경쟁적인 목표물이 있을 때 갈등을 파악하고 해소하는 것)'은 모두 다 서로 다른 전기적 뇌 리듬과 연관되어 있다.[34] 그리고 '지속된 주의(어떤 영역에 주의를 기울여 지속적으로 초점을 맞추는 것)'가 그 영역에 제시된 목표물을 알아차릴 능력을 향상시킨다고 알려져 있다. 과학자들은 종종 주의력이 시각영역을 훑어 다니다가 어떤 영역에 선택적으로 초점을 맞추는 것을 기술하기 위해 '스포트라이트'의 은유를 든다. 스포트라이트에 놓인 것을 더 효과적으로 알아챈다는 것이다. 이런 비유는 어떤 장소에 대한 지속된 주의력이 그곳에 빛을 지속적으로 비추는 것처럼 여겨지게 하지만, 최근의 연구 결과를 보면 지속된 주의력이 지각을 향상시키는 방식은 분절적이고 주기적이다. 그것은 마치 스포트라이트가 마치 스트로브(strobe) 광선처럼 100~150밀리초마다 점멸하는 것과 같다.[35]

어떤 한 연구에서 피험자에게 실험대상이 되는 목표물을 주었는데, 그때 빛의 강도를 50% 수준에 맞추어서 제시하였다(이런 수준을 소위 '개별 휘도 역치(individual luminance threshold)'라고 부른다).[36] 목표물을 주의를 기울이고 있는 장소 및 주의를 기울이지 않는 장소에 각각 제시하였을 때(즉, 주의의 '스포트라이트' 안에 제시하였는지의 여부) 알아차림의 정도는 자극이 주어지기 바로 전의 지속되는 EEG 세타 진동의 위상에 따라서 변화를 보였다. 다른 말로 하면, 지속되는 세타 리듬의 어떤 위상에 도달하면, 그 뒤에 바로 자극이 주어졌을 때 파동을 따라잡고 더 잘 알아채게 될 가능성이 높다는 의미이다.

이런 연구들이 제시하는 것처럼 주의가 주기적으로 정보를 추출한다면, 그리고 이 장의 후반부에서 논의할 명상에 대한 과학적 연구들이 지적하는 것처럼 주의가 훈련 가능하다고 하면, 우리는 장기간의 명상 수행이 특정 뇌파 리듬, 특히 주의와 연관된 세타 진동을 조율함으로써 주의의 정보 추출률을 증가시킬 수 있다는 가설을 세울 수 있다. 이 문제는 나중에 다시 논할 것이다.

내가 언급한 주의와 지각에 대한 최근 연구들은 프란시스코가 강조하고 싶었던 또 다른 점(어떤 자극 이전의 뇌파 활동이 주의와 행동과 연관된 그 자극의 의미를 결정하는 데 중요하다는 점)을 강화시켜 주고 있다. 우리는 자극이 도착하고 난 다음 뉴런의 반응을 보는 것으로는 뇌활성을 이해할 수 없다. 자극 이전에 지속되는 뇌활성을 파악해야 한다. 그래야 그 자극이 어떻게 받아들여질 것인지를 알 수 있다. 다른 말로 하면, 뇌는 자신의 고유 방식으로 자극을 만난다. 어떤 뉴런 반응을 이해하기 위해서는 뇌의 지속적 활성의 맥락 안에서 일어나는 것으로 그것을 바라보아야 한다.

이런 통찰은 프란시스코가 마지막으로 출판한 연구 중의 하나를 자극하였다. 프란시스코는 자신의 박사과정 제자인 앙투안 루츠(Antoine Lutz)와 함께 뇌현상학을 이용하여 의식적 지각과 연관된 뇌의 지속적인 활성을 조사하였다.[37] 그들은 지각이 일어나는 순간 이전의 주의 상태를 안정된 준비(steady readiness), 안정되지 못한 준비(fragmented readiness), 준비 없음(unreadiness)의 세 가지 종류로 나누었다. 그들은 이런 세 가지 이전 상황이 분명한 감마 위상 동기 패턴들과 연관되어 있다는 것과 이런 뇌파 패턴들은 지각이 일어나는 동안의 뇌파 활성과 지각의 주관적인 안정성과 명료함을 예견할 수 있다는 것을 발견하였다.

여기서 제시하고 있는 실험 결과들은 아비달마의 견해, 즉 의식의 흐름은 자각의 분절되고 연속적인 순간들로 구성되어 있다는 것과 일치한다. 또한 뇌과학의 연구 결과들은 의식 흐름의 바로 전 순간들이 뒤따르는 순간의 특성에 강하게 영향을 미친다는 것을 보여주고 있다.

그러나 이런 자각 순간의 지속 시간은 어떠한가? 아비달마의 찰나 측정치와 이에 대응되는 과학적 결과는 어떻게 비교할 수 있는가?

자각의 측정

앞에서 언급한 것처럼 아비달마의 관찰경험에 의거한 자각 순간의 최소치, 즉 찰나는 10~20밀리초 정도이다. 이런 수치는 인지과학의 관점에서 보면 놀라운 것이다. 이것은 일반적으로 보고 가능한 지각 자각의 순간인 100~250밀리초보다 현저하게 적다. 그리고 이런 아비달마의 수치가 의미하는 것은 의식의 흐름에서 10~20밀리초 정도의 빠르기로 일어나는 의식의 사건들을 알아차릴 수 있다는 점이다. 이런 것을 주장하는 과학적 증거가 있는가?

가장 짧은 대답은 그렇다는 것이다. 최근의 연구는 어떤 사람들은 단지 17밀리초 동안만 주어지고 즉시 다른 자극으로 차폐(mask)한 목표 자극을 자각할 수 있다는 것을 보여준다.[38] 이런 사람들은 그렇게 빠르게 제시된 자극을 자각할 수 없었던 사람들에 비하여 '고도 성취자(high achievers)'라 할 수 있다. 게다가 최근의 과학적 연구들은 명상이 밀리초 단위로 주의력을 향상해주어서 명상 전에는 '보통 성취자(average achiever)'였던 사람이 명상 수행의 결과 '고도 성취자'가 되었다는 것도 보고하고 있다. 이런 연구 결과들을 모두 종합하여 보면 10–20밀리초의 빠르기로 자각을 구별하고 기술하는 능력이 결코 인간의 마음을 벗어나 있는 것은 아니라는 점이다. 특히 수행으로 훈련받은 마음의 경우 더욱 더 그렇다. 그러므로 아비달마의 철학자들이 내적으로 관찰할 수 있는 마음 순간을 대체로 15밀리초로 측정한 것은 그리 비합리적인 것으로 보이지 않는다.

그러나 언급할 만한 가치가 있는 긴 대답도 있다. 우리는 지각적 자각에 대한 최근의 과학적 연구에서 발견한 두 가지 핵심적인 문제를 고려해야 한다. 첫째, 어떤 사람이 자극을 자각하는지 여부를 결정하는 것은 어려운 문제이다. 자각을 정의하고 평가하는 유일하고 확정적인 방법은 없다. 그보다는 우리가 사용할 수 있는 다양한 기준과 방법들이 있다. 둘째, 자각은 모든 사람에게 동일한 것이 아니다. 목표 자극을 자각하는 것은 사람마다 다르다.

어떤 것을 자각하고 있는지 어떤지를 알아보는 한 가지 명확한 방법은 스스로에게 물어보는 것이다. 이런 방법에 따르면 당신이 목표 자극을 보지 못했다고 성실하게 보고하면, 당신은 그것을 자각하지 못하는 것이 된다. 여기서 결정적인 요소는 각 개인이 자신의 자각에 대해 보고한다는 것이다. 그러므로 자각의 기준은 '주관적인 기준'이다. 이런 접근법은 당신의 일인칭 관점과 그 경험에 접근하는 당신의 고유성을 존중한다. 그러나 만약 마음의 흐름 가운데 당신이 보고할 수 없는 잠재의식적인 자각의 순간이 있다면, 주관적 기준은 이것을 놓치게 된다.

무엇인가를 자각하였다는 것을 확인하는 또 다른 방법은 선택 과제를 강제로 주는 것이다. 즉, 그 자극이 존재하는지 여부에 대해 질문 받았을 때마다 '예' 또는 '아니오'라고 말하도록 하는 것이다. 이런 자각의 '객관적인 기준'에 따르면 당신이 우연의 확률보다 더 낫게 수행하면 심지어 그것을 보았다는 것을 부정하여도 그 자극을 자각한 것이 된다. 이 방법은 의식적으로 보고할 수 없는 자각의 순간을 드러낼 수 있지만, 무엇을 경험하였는지에 대한 정보는 거의 없고, 있다고 하여도 아주 적은 정도이다.

자각의 다양한 주관적, 객관적 기준을 사용한 최근의 실험연구들은 사람에 따라서 목표 자극을 자각하는 것이 다르다는 것을 보여주고 있다.[39] 예를 들면, 내가 방금 언급한 연구에서 뇌과학자 루이즈 페소아(Luiz Pessoa)와 박사후 연구자인 레미기쯔 즈체파노브스키(Remigiusz Szczepanowski)는 객관적, 주관적 기준을 모두 사용하여 빠르게 주어지는 감정 자극의 시각적 자각을 조사하였다.[40] 목표 자극은 공포스러운 얼굴 표정의 사진이었다. 그 사진은 17, 25, 33, 41밀리초에 주어졌고, 그 바로 직후 목표 자극을 '차폐'하기 위한 또 다른 자극을 주었다(이 기법은 '역방향 차폐(backward masking)'라고 불린다). 목표 자극과 차폐 자극은 100밀리초 동안 지속되었다. 피험자들은 '공포' 또는 '공포스럽지 않음'이라고 답해야만 한다. 피험자들의 수행 능력(몇 차례 맞추고, 몇 차례 틀렸는지를 본다)은 객관적 기준에 따라서 목표 자극을 알아채는 능력을 측정하는 것이다. 피험자들은 또한 자신들이 답한 확신율을 1–6척도로 평가해야 한다. 이런 확신도와 정확성의 상관관계는 주관적 기준에 따라서 자각의 또 다른 수치를 제공해준다. 이 실험의 추론은 다음과 같은 것이다. 즉 피험자가 우연의 확률보다 목표물을 더 잘 알아차릴 뿐만 아니라 이런 능력을 활용하거나 의존하고 있으면, 보다 높은 확신율이 부정확한 것보다 정확한 반응과 더 자주 연관되어 있어야 할 것이다. 마찬가지로 보다 낮은 확신율은 정확한 것보다 부정확한 반응과 더 자주 연관되어 있어야 할 것이다. 그들은 모든 피험자들이 41밀리초 목표물과 33밀리초 목표물에 정확한 반응을 보였을 때 확실하게 말할 수 있었지만, 어떤 피험자들은 25밀리초 목표물에 정확한 반응을 보일 때도 확실하게 말할 수 있다는 것을 발견하였다. 게다가 거의 모든 피험자들이 17밀리초 목표물을 정확하게 알아차릴 수 있었지만, 단지 몇몇 피험자들('고도 성취자')만 이런 목표물에 정확한 반응을 보일 때 확실하게 말할 수 있다는 것을 발견하였다. 다른 말로 하면, '고도 성취자'가 아닌 대부분의 피험자는 빠른 목표물에 대한 자각의 주관적인 측정과 객관적인 측정 사이에 '불일치(dissociation)'가 있다는 것이다. 이것이 시사하는 것은 이 피험자들이 목표물을 알아차리기는 했지만, 자신들의 감각(sensitivity)에 내적으로 접근하지 못하거나 그 감각에 대한 지식을 갖지는 못했다는 것이다.

아비달마 사상가들은 이런 실험 결과를 다음과 같이 기술할 것이다. 피험자가 17밀리초의 목표물을 알아차릴 때, 거기에는 목표물에 대한 기본 시각 자각, 즉 안식(眼識)이 있고 그것과 함께 '항상 존재하는' 심적 요소[遍行心所], 즉 목표물과의 '접촉[觸]', 공포스러운 얼굴에 반응하는 '느낌[受]', 공포스러운(대조 상태로서 중립적인 또는 행복한 것에 대한) 얼굴의 '식별[想]', 목표물에 대한 '주의[作意]' 정향성, 목표물을 알아차리고자 하는 '의도[思]' 또는 동기가 있다. 이에 더하여 17밀리초 목표물에 대한 정확한 반응을 보이고 확실하게 말할 수 있는 '고도 성취자'에게는 '특정 대상에 일어나는' 심적 요소[別境心所]들이 존재한다. 이것들이 시각적 감각(visual sensitivity)에 대한 인지적 접근을 설명해준다. 그런 요소들은 초점 맞추기(focus)의 안정성을 성취하는 '확정된 주의(determined attention, 勝解)'와 충분한 정도의 작업 기억을 확보하고 그 반응의 정확성을 평가할 수 있는 '마음챙김(mindfulness, 念)'

도 포함될 수 있다.

이 지점에서 우리는 1장에서 언급한 '현상적 의식'과 '접근 의식'의 구별을 상기할 필요가 있다. 즉, 직접 경험이라는 의미의 의식과, 생각과 행동 지침, 언어에 의해 접근 가능하다는 의미의 의식 사이의 구별이다. '고도 성취자'를 기술하는 한 가지 방법은 그들이 17밀리초 목표물의 시각적 감각에 어느 정도의 인지적 접근을 유지하고 있다고 말하는 것이다. 반면에 다른 피험자들은 그렇지 않다.

그러나 여기서 어려운 문제가 나온다. 우리는 17밀리초 목표물에 대한 시각 감각을 비의식적(nonconscious) 과정으로 생각해야 하는가? 그 비의식적 과정은 인지적으로 접근 가능할 때에만 현상적 의식이 되는가? 아니면 시각적 감각 자체를 '고도 성취자' 외에는 인지적으로 접근 불가능한 현상적 의식 과정으로서 생각해야 하는가?

첫 번째 사고방식에 의하면 '고도 성취자'만이 빠른 목표물에 대해 현상적으로 의식하는 것이다. 두 번째 사고방식에 의하면 거의 모든 사람이 빠른 목표물에 대해 현상적 의식을 가질 수 있지만, 단지 '고도 성취자'만이 사유, 행동 지침, 언어적 보고라는 점에서 그것에 접근 가능하고 그것을 신뢰한다는 것이다.

아비달마 사상가라면 어떻게 말하겠는가? 한편으로는 '현상적 의식'과 '접근 의식' 사이의 구별은 최근의 서양 심리철학에서 나온 것이니, 그것으로 불교철학을 비추어볼 수는 없을 것이다. 다른 한편으로 아비달마에 의하면 우리는 자각의 기본 순간을 그 자각과 자각의 질을 식별하는 능력 — 이 능력으로 자신의 생각, 언어, 행동을 그에 따라 조절하게 된다 — 과 구분해야 한다. 그러므로 아비달마 관점에서는 17밀리초 목표물을 자각하는 피험자들은 적어도 목표물에 대한 낮은 단계의 현상적 자각은 있지만, 단지 몇몇 피험자(고도 성취자)만이 이 자각에 대해 인지적으로 접근한다고 말할 것이다.

이제 심적 사건들에 대한 아비달마와 인지과학의 측정을 비교하려는 우리의 질문에 대한 긴 대답의 핵심에 도달하였다. 명상이 주의와 자각 그리고 이와 연관된 뇌의 전기적 리듬에 주목할 만한 효과가 있다면, 우리는 자각의 객관적 측정과 주관적 측정 사이의 '불일치 영역(dissociation zone)'이 명상의 결과로 변할 수도 있다는 것을 믿어도 좋을 이유가 있다. 다른 말로 하면 명상이 사건의 순간순간 흐름에 대한 감각(자각의 객관적인 기준에 따라서 측정한다)과 그 감각에 대한 내적 인지적 접근, 이것을 보고하고 기술하는 능력(자각의 주관적 기준에 따라 증가된 감각도 보여준다)을 증가시킨다고 믿을 만한 충분한 이유가 있다. 간단히 말해서 여기서의 가정은 다음과 같은 것이다. 즉, 명상이 주관적인 기준과 객관적인 기준에 의해 측정된 자각을 더욱 정교하게 한다는 것과, 아비달마 문헌에서 언급하는 의식의 빠른 순간순간 흐름에 대한 구절들은 이런 종류의 정교한 자각에 기반을 두고 있다는 것이다.

그렇다면 이런 영향을 미치는 명상의 과학적 증거는 무엇인가? 그리고 이런 과학적 근거는 각성 상태의 주의와 지각적 자각에 대해서 무엇을 말해주고 있는가?

무시하지 마라

"외부에서 셀 수 없을 정도로 많은 정보들이 내 감각에 주어진다. 그러나 그것들이 모두 내 경험이 되는 것은 아니다. 왜? 나는 그것들에 아무런 흥미가 없기 때문이다. 내 경험은 내가 거기에 주의를 기울이기로 동의한 것이다. 내가 주목하는 것만이 내 마음을 형성한다 — 그런 선택적 흥미가 없다면 경험은 말 그대로 혼란상태가 될 것이다."[41] 이렇게 기술한 윌리엄 제임스는 뒤의 주석에서 "바로 이 순간 우리가 주의를 기울이는 그것이 현실이다."[42]라고 덧붙였다.

외부의 자극들이 여러 가지 방법으로 우리에게 영향을 미친다고 하여도, 경험한 것은 주의를 기울인 것이고, 주의를 기울인 것이 현실이라면, 무시하거나 알아차리지 못한 것은 현실이 되지 않는다.

이에 대한 좋은 예가 실험심리학에서 말하는 '주의 무시(attentional blink)'이다. 실험에서 피험자는 두 개의 시각 목표물이 각각 500밀리초 이내에 주어질 때 두 시각 목표물을 확인하는 임무를 맡는다. 이때 이 시각 목표물들은 연속적으로 아주 빠르게 지나간다. 이때는 보통 첫 번째 목표물을 주목해도 두 번째 목표물은 놓친다. 첫 번째 목표물을 주목하고 난 다음 마치 주의를 무시한 것처럼, 두 번째 목표물은 그 순간 지나가버린다. 그 순간 피험자가 주의를 기울이는 것

(첫 번째 목표물)은 피험자에게 현실이 되지만, 바로 그 직후에 주목하는데 실패한 두 번째 목표물은 피험자에게 현실이 되지 못한다. 그것이 설사 거기에 있고 시각체계에 일정한 영향을 미치고 있다고 하여도 현실이 되지 못한다.

명상으로 주의력과 자각력을 훈련하게 되면 주의 무시를 줄일 수 있을까? 주의와 자각에 명상 수행이 미치는 영향을 평가하기 위한 방법으로 주의 무시 과제를 사용할 수 있을까?

위의 두 가지 질문에 대한 답은 모두 그렇다는 것이다. 위스콘신 메디슨 대학의 리차드 데이비슨 연구실에서 박사후 과정을 밟고 있던 뇌과학자 헬린 슬랙터(Heleen Slagter)는 일련의 실험을 보여주었다. 헬린 슬랙터와 동료 연구진들은 3개월 동안 상좌부 불교의 위빠사나 수행 또는 '통찰 명상(insight meditation)'을 한 후 명상 수행자들이 주의 무시 과제를 하는데 향상된 결과를 보여주는지 조사하였다. 이 수행은 침묵 속에서 이루어졌고 참여한 개인들은 하루에 10-12시간 명상을 하였다. 슬랙터와 데이비슨은 수행 전과 후의 주의 무시 과제 결과를 비교하였고, 또한 명상 수행자와 대조군을 비교하였다. 대조군은 명상에 관심이 있고, 한 시간짜리 위빠사나 명상 교실에 참여하고, 실험에 참여하기 전 일주일 동안 하루에 20분씩 명상을 한 사람으로 하였다. 3개월 동안의 명상 수행 이후 수행자들의 주의 무시는 현저하게 줄어들었다. 즉, 명상 수행자들은 두 번째 목표물을 알아차리는데 의미 있는 향상을 보여주었다(대조군인 초보자와 비교한 결과이다. 초보자도 일정한 정도의 향상은 있었다). 그 향상은 또한 수행 참여자(초보자의 경우는 그렇지 않았다)의 뇌파 소견과 일정한 연관성을 보였다. 뇌파 소견은 첫 번째 목표물에 보다 더 효율적으로 반응한다는 것을 보여준다.[43]

이런 연구 결과를 평가하기 위해 우리는 상좌부 위빠사나(Vipassanā) 명상에 대해 좀 더 알 필요가 있다. 이 명상법은 '초점 주의 명상(focused attention, 止)'과 '열린 관조 명상(open monitoring, 觀)'*을 이용한다. 이런 용어들은 전통적인 불교 명상 전문 용어에서 유래한 것이지만, 위빠사나부터 요가와 참선에 이르는 여러 다양한 불교 및 비불교 명상 수행에 보이는 특유의 심적 과정을 표현하기 위해 과학자들과 명상 학자들이 최근에 만든 이름이다.[44]

초점 주의 명상 또는 집중 명상에서 당신은 주의를 선택된 대상으로 향한다. 예를 들면 콧구멍을 통해서 들고나는 호흡의 감각에 초점을 맞춘다. 그리고 순간순간 그 대상에 초점을 맞추어 주의를 유지한다. 당신의 마음은 생각과 감정이 여러 가지 산만하게 일어나면서 방황할 것이다. 어떤 순간에는 주의력이 흐트러져서 대상에 더 이상 초점을 맞추어 주목하고 있지 않다는 것을 알게 될 것이다. 당신은 마음이 방황하는 것을 그대로 알아차리고, 산만해진 것을 다시 거두어들이고, 대상에 다시 주의를 돌리라고 지도를 받는다.

---

* 상좌부 불교에서는 각각을 사마타(samatha)와 위빠사나(vipassanā)로 지칭한다.

초점 주의 명상을 반복해서 수행하게 되면 많은 주의력 기술이 향상된다고 한다. 첫 번째는 일종의 깨어 있음(watchfulness) 또는 각성(vigilance)인데, 이것은 산만해진 생각과 느낌에서도 주의하여 초점을 맞추는 것을 잃지 않고 깨어 있을 수 있게 하는 것을 말한다. 두 번째는 산만한 것에 사로잡히지 않고 거기서 떨어져 나오는 능력이다. 세 번째는 주의력을 선택된 초점에 다시 되돌릴 수 있는 기술이다. 이런 기술들을 발달시키게 되면 유연한 주의력을 획득하고 방황하는 마음을 붙잡을 수 있는 예민한 능력을 키울 수 있다. 결국 초점 주의 수행은 '일념으로 집중하는(one-pointed concentration, 心一境性)' 것 — 아주 오랜 시간 동안 별로 힘을 들이지 않고 대상에 주의력을 계속 유지하는 것 — 으로 이끈다.

열린 관조 명상 — 나는 '열린 자각(open awareness)'이라고 부르는 것을 더 선호한다 — 에서는 '대상 없는' 자각을 함양한다. 그것은 어떤 명확한 대상에 초점을 맞추는 것이 아니라, 순간순간 떠오르는 것이 무엇이든지 간에 열려 있는 마음으로 주의를 기울이는 것이다. 이렇게 하는 한 가지 방법은 우선 초점 주의 명상에서 명확한 대상에 초점을 맞추는 것을 이완시키면서, 그 대신 순간순간 떠오르는 생각과 감정을 주목하는 깨어 있는 자각에 강조점을 두는 것이다. 결국은 주의를 기울이는 대상을 놓아버리고 어떤 명확한 주의적 선택을 하지 않고 열린 자각에 단순히 머무르는 것을 배우게 된다.

열린 자각 명상은 자각의 자각, 또는 심리학자들이 메타 자각(meta-awareness)이라고 부르는 것을 훈련한다. 열린 자각 명상에서는 메타 자각이 사고, 감정, 감각을 목격하는 형태를 보여준다. 그 사고, 감정, 감각들은 순간순간 일어나는데, 그 성질들을 관찰한다. 이런 수행 스타일은 경험의 묵시적 측면, 즉 순간순간 자각의 생생함 정도라든가 일시적인 생각과 감정이 전형적으로 주의를 사로잡고 여러 생각과 습관적인 감정 반응을 자극하는 방식을 아주 예리하게 느끼게 해준다. 이렇게 해서 수행자는 감각, 사고, 감정, 기억(즉 자각의 특정 내용물)을 동일시하는 습관이 어떻게 자아감을 형성하게 되는지를 배우게 된다.

상좌부 위빠사나 명상 훈련은 대개 호흡 감각에 초점을 맞추고 주의를 기울이는 것으로 시작한다. 그리고 수행은 일정 정도의 주의력이 안정권에 도달하면 열린 자각으로 이동한다. 일반적인 용어로 말하면 위빠사나 명상은 순간순간의 자각과 그 경험의 영역에서 무엇이 일어나는지를 명료하게 이해하는 것을 함양한다. 그러한 '마음챙김'은 인지적, 정서적 반응에 사로잡히지 않고 감각적, 심적 사건들이 오고가는 것을 단순히 관찰하거나 목격한다는 점에서 '비반응적(non-reactive)'이다. 다른 말로 하면 위빠사나는 '붙잡지 않는' 또는 '집착하지 않는' 자각을 함양하는 것이다. 왜냐하면 마음속에서 일어나는 그 어떤 것이라도 그것에 매달리지 않고 있는 그대로 식별하기 때문이다.

우리는 이런 위빠사나 명상의 진면목이 주의 무시 연구 결과에 잘 반영되어 있는 것을 볼 수 있다. 집중적인 명상 수행을 3개월 한 후,

첫 목표물에 대해 심적으로 '집착하거나', '사로잡히는' 것이 적어지고, 그리하여 주의는 두 번째 목표물에 대해 열리고 준비된다. 그래서 두 번째 목표물을 알아차리는 것이 더 용이해진다. 이렇게 심적인 집착이나 사로잡힘이 줄어든 것은 뇌파 소견에 잘 나타나 있다. 뇌파 소견을 보면 집중적인 명상 훈련 이후 첫 번째 목표물에 부여된 주의적 과정은 적고, 두 번째 목표물을 알아차리기 위해 동원되는 주의는 더 커졌다는 것을 알 수 있다. 더구나 첫 번째 목표물을 알아차리는데 필요한 뉴런 활성의 양이 시간이 지남에 따라 가장 많이 감소된 사람들은 두 번째 목표물을 알아차리는 데 가장 큰 향상을 보여주었다. 그리하여 첫 번째 목표물에 보다 더 효율적인 뉴런 반응을 보여주는 것이 결국 두 번째 목표물의 알아차림을 더 활성화시켜 주었다.

아비달마의 비유, 즉 자각[心]을 손이라 하고, 손가락은 심적 요소[心所]라 하는 비유를 다시 상기해보자. 그러면 의식의 흐름은 연속적인 한 세트의 심적 요소들로 연속적인 대상을 집었다가 내려놓는 것이라 할 수 있다. 주의 무시 연구는 위빠사나 명상이 감각적 대상을 더 빨리 잘 잡고, 그것을 더 빨리 흘려보내는 것이라는 점을 시사한다. 그리하여 그 다음의 자극에 더 잘 준비하게 된다.

그러나 그 이상의 의미가 있다. 앞서 나는 이 장에서 세타파(5-7헤르츠)가 지각의 분절되고 연속적인 순간들과 주의 추출(attentional sampling)을 어떻게 규정하는지 기술하였다. 슬랙터와 데이비슨은 집중적인 위빠사나 명상 수행이 이런 세타파 리듬에 영향을 미치고, 이

것들이 주의 무시 과제의 향상과 어떻게 연결되는가를 보여주었다.[45]

첫째, 수행자와 초보자 모두에게서 세타파의 뉴런 진동은 목표물이 의식적으로 지각되었을 때 '위상 잠김(phase-locked)'이 일어났다. 계속적으로 들어오는 자극과 계속 이에 반응하는 뇌파를 춤의 상호 동반자로 비유하면, 뇌는 외부 유입 자극에 발맞추어 이에 상응하는 일정한 주파수와 위상으로 반응하게 된다. 슬랙터와 데이비슨은 목표물이 의식적으로 보일 때마다, 뇌는 그 목표물의 발생에 따라 세타 진동의 위상이 같이 맞추어진다는 것을 발견하였다.

둘째, 슬랙터와 데이비슨은 초보자를 제외한 모든 수행자에게서 두 번째 목표물에 대한 세타 위상 잠김이 집중 명상에 뒤이어서 증가한다는 것을 발견하였다. 뇌는 두 번째 목표물에 보조를 맞추는 데 더 능숙해졌다. 더 정확하게 말하면 시행이 거듭될수록 세타 위상 잠김의 변이성은 감소되었다. 다시 말하자면 두 번째 목표물에 대한 세타파의 뇌 반응은 더 정확하고 일정해졌다. 더구나 첫 번째 목표물을 알아차리는 데 필요한 뉴런 과정이 가장 큰 감소를 보인 사람들은 두 번째 목표물에 대해서 세타 위상 잠김이 가장 크게 증가했다. 이런 식으로, 첫 번째 목표물에 대한 더 효율적인 뉴런 반응은 두 번째 목표물에 대한 더 큰 뉴런 조정과 연관되어 있었다. 즉, 첫 목표물에 더 적은 자원을 소비하는 사람들이 두 번째 목표물을 알아차리는 데 더 나은 결과를 보여준다.

이런 실험에서 피험자들에게 주의 무시 과제를 하는 동안에는 명상을 하지 말도록 지시하였다. 따라서 실험 결과는 명상을 필요로 하지 않는 주의 요구 과제의 해결 능력이 명상으로 향상되었다는 것을 보여주었다. 만약 주의 요구 과제를 할 때 명상을 하라고 하면 어떤 결과가 생길까? 명상 수행은 과제 해결 능력에 어떤 영향을 미칠까?

또 다른 연구에서, 슬랙터, 데이비슨, 앙투안 루츠는 주의 무시 연구에 참여한 동일한 명상 수행자들에게 초점 주의 명상을 사용하여 주의 요구 과제를 해결할 것을 주문하였다.[46] 이 실험은 '양분 청취 과제(dichotic listening task)'라고 불리는 표준 선택 주의 청각 과제이다. 서로 다른 두 청각 자극을 동시에 양쪽 귀에 각각 들려준다. 피험자들에게 한 귀에 일정한 톤의 소리를 들려주면서 중간 중간에 간헐적인 톤의 소리를 넣고 이것을 들을 때마다 단추를 누르게 한다. 다른 귀에 들리는 소리는 무시하게 한다. 초점 주의 명상으로 이런 과제를 하는 것은 목표물을 식별하기 위해서 순간순간 주의를 유지한다는 것을 의미하고, 동시에 또한 끊임없이 이 주의의 질적 성질을 모니터하기 위함이다.

이 연구 결과는 집중적인 3개월의 위빠사나 명상이 선택된 대상에 대한 순간순간의 주의 유지 능력을 향상시킨다는 것을 보여준다. 세 가지 측면을 살펴보면 이런 주의 안정성의 향상을 알 수 있다. 첫째, 목표 자극에 대한 세타 진동의 위상 잠김의 증가가 있다. 다시 한번 뇌는 목표물과 보조를 더 잘 맞추어 나갔고, 시행을 거듭하면서 그 반응의 일관성이 증가했다. 둘째, 비정상적인 소리 톤을 식별하여 단추를 누르는 데 걸리는 시간의 감소가 있었다. 또한 반응시간의 변이성이 줄어들었다. 이것이 의미하는 것은 시행이 거듭되면서 단추를 누르는 시간이 더 일정해졌다는 것이다. 셋째, 목표물에 대해서 세타 위상 잠김의 증가가 가장 큰 사람들이 또한 반응시간 변이성이 가장 많이 감소했다.

주의 무시 과제와 양분 청취 과제를 이용한 이런 연구는 집중적인 위빠사나 명상이 주의를 향상시키고 주의와 연관된 뇌의 작용에 영향을 미친다는 것을 보여주고 있다. 과거 5년 동안 다른 과제와 다양한 범위의 명상 기법들을 활용한 다른 많은 연구들은 명상이 지각적 감수성을 향상시키고, 선택된 대상에 순간순간 주의를 유지하는 능력을 강화시킨다는 것을 보여주었다.[47]

한 가지 놀랄 만한 사례는 초점 주의 명상을 조사하기 위해 양안 경쟁을 이용한 연구이다. 올리버 카터(Oliver Carter)와 잭 페티그루(Jack Pettigrew)는 티베트 불교 승려가 초점 주의 명상을 할 때 두 개의 경쟁적인 이미지의 지각적 변환 속도를 변하게 할 수 있음을 보여주었다.[48] 23명의 티베트 불교 승려 중 절반이 한 이미지가 우세를 차지하는 시간의 길이가 초점 주의 명상을 하는 동안, 그리고 그 명상을 한 바로 직후 놀랄 만큼 증가한 것을 보고하였다. 3명은 초점 주의 명상을 하는 5분 동안 내내 한 이미지에서 한번도 변환하지 않고 완전히 그대로 안정적인 상태를 유지하였다고 보고하였다. 어떤 경우는, 두 이미지 중 한 이미지가 완전히 우세를 점하였고, 또 다른 경우는 비우세 이미지가 우세 이미지의 뒤에서 흐리게 또는 부분적으로 보이기도 하였다. 그리하여 의식적인 지각은 두 개의 겹친 이미지가 되었다. 카터와 페티그루가 관찰한 것과 같이, "이 결과는 앞서 측정한 1,000명 이상의 명상 초보 참여자의 보고와는 극명한 대조를 이룬다."[49]

카터와 페티그루는 다음과 같이 결론을 내리고 있다. 즉 "의식을 이해하고자 하는 공통 목표를 갖고 명상 수행자와 뇌과학이 서로 의견 교환을 하면서 잠재적인 시너지 효과에 초점을 맞추어야 한다."[50] 내가 논했던 모든 연구들도 이런 관점에서 살펴보아야 한다. 많은 명상 연구들이 마음의 훈련과 뇌에 미치는 효과를 강조하고 있지만, 특히 의식에 대한 뇌과학의 진전에 기여하고 있다.

이런 관점에서 보면 양안 경쟁을 변화시킬 정도의 숙련된 수행자의 명상이 시사하는 바는 의도적인 주의가 기본 시각 과정에 영향을 미치고, 그리하여 우리가 보는 것을 결정하는 데에 대단한 힘을 발휘한다는 것이다. 앞에서 우리는 양안 경쟁에서 의식적 지각의 뉴런 상관물은 빠른 감마 진동과 짝을 이룬 느린 세타 진동을 포함한다는 것을 보았다. 카터와 페티그루의 연구 결과를 고려해보면 초점 주의 명상이 이런 뉴런 리듬에 강하게 영향을 미친다고 추측하는 것은 합리적이다.

마찬가지로 데이비슨의 연구실에서 얻은 결과는 집중적인 위빠사나 명상이 의식적 지각과 일정하게 연결된 지속적인 뇌활성에 영향을 미친다는 것을 시사한다. 주의 무시 과제와 양분 청취 과제 모두에서, 위빠사나 명상은 주의의 추출률을 높였다. 이것은 감각적 사건의 흐름을 형태 짓는 세타 진동을 의식적 지각의 분절적 순간과 잘 결합함으로써 가능했던 것이다.

이 연구 결과를 활용하여 우리는 마음의 순간에 대한 아비달마 견해에 반대하는 목소리에 잘 대응할 수 있다. 아비달마 철학자들의 견해에 의하면, 수행을 하지 못한 사람에게는 의식이 한결같은 흐름으로 보이지만 사실 자각은 분절된 순간들의 연속 과정이다. 그러나 위빠사나 명상이 경험과 뇌의 작동 방식을 변화시킨다면, 우리는 일상적인 명상 전 의식이 한결같은 것이 아니라 분절적이라고 주장할 권리는 없다고 반대할지도 모른다. 아마도 명상 전의 의식은 일정하게 흘러가지만 위빠사나 명상이 이를 분절적으로 만들 수도 있을 것이다. 이런 가능성을 고려하면 명상 훈련 후의 경험으로 명상 전의 경험을 비추어보는 것은 정당하지 않다.

이런 반대는 중요하다. 일반적인 원칙으로서 나중에 훈련된 경험으로 이전의 훈련되지 않은 경험을 비추어보는 오류를 범해서는 안 된다. 그러나 적어도 현재로서는 일상적인 지각과 주의가 아마도 분절적일지 모른다는, 적어도 특정 측면과 특정 환경에서는 분절적일 수 있다는 객관적인 연구 결과를 심리학과 뇌과학에서 얻을 수 있다. 또한 이런 분절적 기능과 연관된 전기적 뇌 리듬에 대해서도 연구 자료를 갖고 있다. 이런 연구 결과들과 어떻게 명상이 동일한 인지기능과 전기적 뇌 리듬에 영향을 미치는지에 대한 위빠사나 명상 연구를 고려하면, 명상이 일상적으로 간과한 자각의 분절적, 간극적 양상에 예리하게 반응하게 해준다고 결론을 내려도 무방해 보인다.

요약하면 이런 뇌과학적 연구 결과는 아비달마의 견해를 보완해준다. 집중적인 위빠사나 명상은 뇌가 감각적 유입을 지각의 분절적 순간으로 조화롭게 조직화하고, 한 순간의 지각에 사로잡히는 경향을 줄여주면서 뇌가 그 다음에 일어나는 순간에 잘 반응할 수 있게 해준다.

간극을 넘어서

의식이 자각 순간의 간극적 연속이라고 한다면, 그 간극에서는 무슨 일이 일어나는가? 의식은 그 간극의 순간 멈추고 어떻게든 다음 순간 다시 시작하는가? 그 간극을 가로지르는 연속성을 어떻게 설명하는가? 그리고 보다 천천히 변화하는 의식의 배경적 측면은 어떠한가? 예를 들면 각성과 깨어 있음에 비하여 백일몽, 잠이 드는 것, 꿈꾸는 것, 또는 깊은 수면은 어떻게 설명할 수 있는가? 이런 의식의 전반적인 차원과 지각적 자각 순간의 보다 빠른 연속은 어떻게 연관되어 있는가?

불교철학의 관점 또는 뇌과학의 관점에서 이런 질문을 다루기 위해서는 우리가 현재 갖고 있는 의식의 개념을 더 확대하고 풍부하게 할 필요가 있다. 이 장에서 우리가 마지막으로 해야 할 임무는 이런 확장을 추적해보는 것이다. 그렇게 하여 다음 장을 위한 길을 닦는 것이다.

첫째로, 질문을 명확히 할 필요가 있다. 우리는 왜 자각 순간 사이의 간극을 알아차리지 못하는지를 묻고 있는 것은 아니다. 철학자 대니얼 데닛(Daniel Dennett)이 말한 것처럼, “의식의 분명한 연속성 때문에 의식의 불연속은 놀랍다. … 의식은 일반적으로 간극적 현상일 수 있고, 간극의 시간적 끝이 명확하게 지각되지 않는 한 의식 ‘흐름’의 간극은 느껴지지 않을 것이다.”[51] 아비달마 철학자들은 동의하면서도 아마 다음과 같이 첨언할 것이다. 즉 명상으로 마음을 훈련하면, 우리는 그 간극의 시간적 끝을 알아차리게 될 수 있고, 그렇게 하여 의식 흐름의 간극을 감지할 수 있다.

위에서 던진 질문은 또 한 가지 다른 문제를 제기할 수 있다. 즉 의식에 간극이 있다고 한다면, 의식은 어떻게 정합적으로 기능하는 것인가? 간극 동안에는 아무런 의식이 없다는 의미에서 의식이 엄격하게 순간적이라고 한다면, 순간순간뿐만 아니라 더 긴 시간을 가로질러 의식이 어떻게 정합적으로 기능하는 것인가? 예를 들면 명상 수행에서의 안정된 주의력 같이 의식이 보다 오래 지속되는 것은 어떻게 설명할 수 있는가? 왜 자각 순간들 사이의 간극이 이런 연속성을 방해하지 못하는가?

이런 질문들은 인도 불교철학의 역사에서 이미 초기에 제기되었고, 결국 아비달마 철학자에게 곤혹스러운 문제가 되었다. 아비달마

이론은 경험을 분절적이고 순간적인 구성 성분으로 분해한다. 예를 들면 기본 자각의 여섯 가지 종류[六識]*와 여러 다양한 연관되는 심적 요소[心所]들로 분해한다. 이렇게 분해하는 실질적 목적은 자각의 순간에 어떠한 선하지 않은 심적 요소들이 있는지를 알기 위한 것이고, 그리하여 그 다음 순간에 적절한 해독제가 되는 선한 심적 요소들을 함양하여 선하지 않은 요소들을 물리치기 위함이다. 예를 들면 관대함은 탐욕[貪]의 해독제이고, 자비는 증오[瞋]의 해독제이고, 지혜는 망상[癡]의 해독제이다. 그러나 이런 목적을 잘 이루기 위해서는 마음의 연속성이 어느 정도 담보되어야만 한다. 그래야만 잠재적인 선하지 않은 경향이나 성향과 그것들을 선한 경향이나 성향으로 변화시키는 것에 대해 말하는 것이 타당해진다. 그러므로 의식의 흐름을 분절된 자각 순간의 간극적 연속성으로 분석하는 것은 아비달마 전체 틀의 존재론적 목적을 훼손하는 셈이 된다. 불교철학자인 윌리엄 월드론(William Waldron)은 이런 딜레마를 '아비달마 문제(Abhidharma Problematic)'라고 불렀다.[52]

인도 불교철학이 이런 문제를 다루는 한 가지 방법은 기본 자각[心]의 여섯 양태[六識]를 넘어서서 아비달마의 의식 개념을 확장시키고 풍부하게 하는 것이다. 예를 들면 상좌부 불교에서는 각성 시의 지각과 같은 의식의 능동적 인지 형태를, 꿈 없는 깊은 수면과 활동

---

* 안식, 이식, 비식, 설식, 신식, 의식을 말한다.

적인 의식의 순간에 존재하는 간극에서 일어나는 의식의 수동적 또는 비능동적 형태와 구분하여 설명한다. 이런 수동적 의식은 태어날 때부터 죽을 때까지 지속된다고 한다. 그리하여 개인 연속성의 기반을 이룬다. 상좌부 불교는 이것을 '생명 연속체(life-continuum)' 또는 '존재의 요소(factor of existence, bhavaṅga, 有分)'라고 부른다. 비구 보디는 그것이 어떻게 기능하는가를 다음과 같이 설명한다.

> 대상이 감각의 문에 닿으면 바왕가는 억지되고, 활발한 인지 과정이 대상을 인지할 목적으로 뒤이어 일어난다. 인지 과정이 완성된 직후, 다시 바왕가는 제자리로 돌아가서 다음 인지 과정이 일어날 때까지 지속한다. 이런 수동적인 의식 단계에서 매 순간 일어나고 사라지면서, 바왕가는 마치 하나의 흐름처럼 유동적이다. 바왕가는 두 연속적인 순간들 사이에 정지된 것(static)을 남겨두지 않는다.[53]

이런 의식의 능동적 양태와 수동적인 양태의 역동적인 변화에 대한 전통적인 이미지는 거미줄의 거미이다. 거미는 조용히 거미줄 중앙에 있지만 먹이가 일단 걸려들면 재빨리 움직인다. 불교학자 루퍼트 게틴(Rupert Gethin)은 다음과 같이 설명한다.

> 거미줄은 사방으로 뻗어 있고 그 거미줄 중 하나에 벌레가 걸리면 거미줄의 거미는 흔들린다. 그러면 거미는 그 거미줄 쪽으

로 달려가서 벌레를 물어 즙으로 만들어 먹는다. 마찬가지로 감각 중의 하나가 자극을 받으면 거미처럼 마음은 깨어나서 그 해당 감각의 '문(door)'에 주의를 기울인다. 거미줄을 따라서 달려드는 거미처럼 마음은 그 대상을 지각하고 받아들이고 조사하고 그 대상의 성질이 무엇인가를 확립하기 위해 순서대로 움직이게 된다. 마침내 거미처럼 마음은 대상을 즐기고 그 대상을 맛보게 된다.[54]

이런 이미지는 수동적 생명 의식이 의식의 능동적이고 인지적인 양태들을 '소화하여' 과거 경험의 경향을 축적하거나 요소들을 저장할 수 있다는 것을 시사한다. 그렇지만 상좌부 이론에 의하면 생명 의식은 인지적 자각과 정확하게 동일한 시간에 존재하지 않고, 단지 능동적인 순간들 사이의 간극, 말하자면 자각의 능동적인 모습이 휴식할 때에만 존재한다. 능동적 인지 자각과 수동적 생명 의식은 서로 교대를 하고 순간순간 사라졌다 나타났다 한다. 또한 수동적 생명 의식은 인지적 자각이 완전히 부재한 상태(예를 들면 깊은 수면처럼)에 순간에서 순간으로 존재한다. 이런 식으로 능동적 의식과 수동적 의식은 일종의 **병치적** 관계를 이루지만, 동시에 두 상태가 공존하지는 않는다. 이런 이유로 해서 수동적 생명 의식은 일종의 '간극 메우개(stopgap)'인 듯이 보인다. 이것은 자각의 감각적, 심적 상태를 지탱하거나, 더 깊고 더 오래 지속되는 연속성을 제공하는 잠재의식이나 기

저의식은 아니다.[55]

그러나 또 다른 인도 불교학파인 유식학파(Yogācāra)는 기반을 이루는 연속적인 기저의식이 있다고 주장한다.[56] 유식학파 철학자들은 이것을 '아뢰야식(store consciousness, ālaya vijñāna, 藏識)'이라고 부른다. 아뢰야식 또한 순간적이지만(불교 형이상학에서 시간은 순간적이다) 마음이 인지적으로 활동할 때뿐만 아니라 항상 존재한다. 기저의식으로서 아뢰야식은 항상 잠재의식적으로 작동한다. 그것은 각성 시의 인지적 자각의 능동적인 모습을 지탱하는 역할을 하고, 또한 꿈과 깊은 수면 시의 보다 수동적인 모습의 자각과 결합시켜준다. 아뢰야식의 물질적 기반은 어떤 특정한 감각기관이 아니라 에너지를 담고 있는 신체이다. '저장고(store)'로서 아뢰야식은 '종자들(seeds, 種子)', 즉 잠재적 성향들을 보유하고 있다. 그 종자들은 결국은 '성숙되어서' 능동적인 각성 의식의 흐름에서 그리고 꿈에서 현현된다[現行].* 이런 식으로 아뢰야식은 전 인생을 통해(그리고 불교적 관점에서는 한 생에서 다음 생에 이르기까지) 구축되거나 쌓여진 모든 기본 습관들을 보유하게 된다.

유식학파 철학자들은 또한 자신들의 마음 분석 틀에 또 하나의 마음 의식 — 전(前)주의적 '마음'(preattentive 'mind') 또는 '고통받는 의식

---

* 유식학파 표현으로 아뢰야식 내의 종자가 각성 의식이나 꿈으로 현현하는 것을 '종자생현행(種子生現行)'이라 한다. 그리고 이렇게 현현한 것이 다시 아뢰야식 내의 종자로 담기는 것을 '현행훈종자(現行熏種子)'라 한다.

(afflicted-mind consciousness, 染汚識)'으로 묘사된다 — 을 추가한다. 그것은 '에고 의식(ego consciousness, 末那識)'으로 생각될 수도 있는 것이다. 왜냐하면 '나(I)' 또는 '대상적 나(Me)'에 대한 전(前)주의적 감각을 제공하기 때문이다. 에고 의식, 즉 말나식(末那識)을 고통스럽게 하는 것은 이 의식이 습관적으로 아뢰야식에 '나'라는 느낌을 투사하고, 그리하여 아뢰야식을 하나의 분리되고 독립된 에고로 잘못 간주하기 때문이다. 그러나 사실 아뢰야식은 각 경험에 존재하고 경험의 소유자로 기능하는 하나의 분리되고 독립된 자아가 아니다. 그것은 매 순간 존재하지만 끊임없이 변화한다. 마치 흐르는 강물과 같다. 그 안에 한 순간에서 다음 순간으로 온전하게 존재하는 것은 아무것도 없고, 그러므로 그 안에 자각의 소유자로서 기능하는 것은 아무것도 없다. 그러므로 가장 깊은 차원에서 '나' 또는 '나의 것(mine)'이라는 느낌은 심각한 환상에 기반을 둔 것이다. 이런 환상이 괴로움을 주기 때문에 습관적인 말나식은 고통 받는 의식[染汚識]이다.

우리의 말나식이 근본적으로 왜곡되어 있다는 유식학파의 견해를 예로 들어 설명해보자. 청명한 가을날 푸른 하늘을 보는 시각 자각[眼識]에 대해 잠시 생각해보자. 말나식은 이런 시각 자각을 마치 '나의' 자각인 것처럼 만들고, 푸른 하늘이 '나의' 자각의 분리되고 독립적인 대상인 것처럼 만든다. 이런 식으로 말나식은 주체-객체 구조를 자각에 투사한다. 그러나 유식학파에 의하면 푸른 하늘은 실제로는 개별적이고 독립적인 주체에 의해 인지되는 개별적이고 독립적인 대상이 아니다. 그보다는 하나의 '인상(impression)' 또는 '현현(manifestation)'에는 두 가지 측면 — 푸른 하늘이라는 외부처럼 보이는 측면[相分]과 시각 자각이라는 내면처럼 보이는 측면[見分] — 이 있다.[57] 말나식은 이런 두 개의 상호 의존적인 측면을 분리된 주체[實我]와 분리된 대상[實法]으로 구체화한다. 그러나 이것은 인지의 왜곡이다. 그 왜곡은 현상적 사건으로서 나타나는 인상 또는 현현의 본질적 성격을 속이는 것이다.

이제 수 개월이 지난 후 흐린 겨울날, 푸른 하늘을 기억해보자. 말나식은 기억을 '내 것'으로 나타나게 해서 현재의 기억과 과거의 지각을 그 지각의 소유자로서의 단일하며 동일한 '나'에 속하는 것으로 만든다. 그러나 유식학파의 견해에 의하면, 이런 경험을 소유한 분리된 '나'라는 것은 없다. 단지 마음 순간들의 흐름만이 있을 뿐이다. 이전의 지각 순간이 나중의 기억 순간을 야기한 것이다(능동적인 마음 순간이 끼어드는 것과 아뢰야식의 보다 깊은 수동적 연속성에 의해서). 더구나 '나'라는 느낌은 지각 시간과 기억 시간 사이에 모든 종류의 변화를 겪게 된다. 그리하여 변함없이 동일한 '나'가 한 경험에서 다음 경험에 걸쳐 전적으로 항상 존재한다는 인상은 하나의 환상이다.[58]

우리가 볼 수 있는 것처럼 의식이라는 개념은 다양한 측면과 의미를 가지고 있어 이것을 명확하게 할 필요가 있다.

한편으로 '의식'은 지각적 또는 인지적 자각을 의미할 수 있다. 즉,

먹이를 목표물로 삼는 한 마리의 거미처럼 지각, 사고, 감정의 일정한 대상을 목표로 하는 자각의 일종이다. 이런 종류의 자각은 타동사적이다(마치 우리가 '푸른 하늘을 본다', '코코넛을 맛본다', '꿈을 기억한다', '뱀을 무서워한다'를 말할 때와 같이 대상을 취한다는 뜻이다).

서양의 심리철학자들은 이것을 '상태 의식(state consciousness)'이라고 부른다. 누군가가 체크보드 고리가 아니라 얼굴을 의식한다고 할 때, 또는 누군가가 두 번째 시각 목표물이 아니라 첫 번째 시각 목표물을 의식한다고 할 때 우리가 언급하고 있는 것은 타동사적 또는 대상 지향적인 의식의 특정 상태를 말하고 있는 것이고, 우리는 현상적 내용물(의식 상태에 있는 주체에게 사물들이 나타나는 방식)이라는 측면에서 그 의식을 특정한다.

다른 한편으로는 '의식'은 생명 의식(life consciousness) 또는 감수능력(sentience, 有情性)을 의미하기도 한다. 이런 종류의 의식은 자동사적이다. 이것은 의식적 대 무의식적이라고 말하거나 감수능력이 있음 대 감수능력이 없음이라고 말하는 경우에 해당된다.

서양 심리철학자들은 이것을 '생명체 의식(creature consciousness)'이라고 부른다.[59] 생명체 의식은 경험의 전체 주체와 연관되어 있는 것이지 그 주체의 개체적 상태와 연관되어 있는 것은 아니다. 우리가 각성 의식 대 꿈꾸는 의식, 또는 깨어 있고 의식적인 상태 대 의식불명의 무의식 상태를 말할 때는 경험 주체로서 전체적인 생명체 또는 감수능력이 있는 존재[有情物]와 연관된 자각의 전체적 상황이나 차원에 대해 말하고 있는 것이다.

게다가 '의식'은 자의식(self-consciousness)을 의미할 수도 있다. 자의식은 다양한 형태가 있지만, 지금 가장 중요한 것은 우리들이 최소 자의식(minimal self-consciousness)이라고 부르는 것이다. 즉 의식이 스스로에게 속해져 있다는 느낌, 스스로 자각의 주체라는 느낌이다.

그러나 의식의 이런 측면은 자아감(sense of self) — 여기 이 자각은 당신의 것이라는 느낌 — 과 연관되어 있다. 우리는 자각의 소유자로서 개별적으로 존재하는 자아가 정말로 있다고 추정할 수는 없다. 자아의 존재 유무는 자아가 있다는 느낌만으로 단순히 결정할 수 없는 깊이 파고들어야 하는 질문이다. 결국 유식학파의 이론에서 우리가 본 것처럼 이 느낌은 깊이 뿌리박힌 인지적, 감정적 왜곡이다. 이 왜곡은 말나식(혹은 염오식)에 의해 형성된 것이다. 우리는 이 책의 후반부에서 이 주제를 다시 다룰 것이다.

이 장에서 우리는 대상에 대한 지각적 자각이라는 점에 초점을 맞추어 의식을 살펴보았다. 우리가 든 예들은 양안 경쟁, 두 개의 빠른 불빛, 주의 무시 과제의 빠르게 주어지는 시각 목표물, 양분 청취 과제의 표준적 및 비정상적인 소리 톤이었다. 그러나 이제 우리가 제대로 보아야 하는 것은 이런 종류의 의식을 설명하는 것과 함께 자각의 전반적 상태(각성, 꿈 등), 생명 의식 또는 감수능력, 자아감을 설명할 필요가 있다는 점이다.

내 생각으로 유식학파의 견해는 인도 불교 사상사에서 중요한 혁신이다. 왜냐하면 유식학파로 인해 전반적이지만 보다 천천히 변화하는 배경 의식과 보다 빨리 변화하는 감각적, 인지적 자각을 구별해서 생각하게끔 되었기 때문이다. 또한 유식학파는 자아감이 어떻게 일어나며, 그것이 감각과 자각의 전 영역을 어떻게 조건 지우는지를 설명해야 할 필요성을 깨닫게 했다. 이렇게 유식학파의 견해(뒤에서 언급하게 될 다른 인도의 요가 이론들도)는 다음과 같이 의식의 측면들을 보다 구체적으로 파악하게 해준다. 즉 각성, 꿈, 깊은 수면을 가로지르는 자각과 그 변형들, 자각의 순간적인 특정 내용들(우리가 순간순간 자각하는 것) 또한 '나-대상적 나-나의 것(I-Me-Mine)'으로 특정 자각 내용을 경험하는 방식 등이다.

흥미롭게도 우리는 의식의 뇌과학에서 유사한 사고 흐름을 추적할 수 있다. 양안 경쟁은 의식적으로 보는 것에 직접적으로 연관된 뉴런 활성과, 동일 자극의 무의식적 처리과정에 연관된 뉴런 활성을 분리할 수 있는 방법을 제시해주었다. 의식의 뇌과학에서 설정된 작업가설 중 하나는 얼굴에 대한 시각적 지각과 같은 특정 감각 경험의 신경 상관물을 찾을 수 있다면, 이것을 일반화하여 다른 종류의 의식적 경험에도 확대 적용할 수 있다는 것이다. 다른 말로 하면 무의식적 시각 내용이 의식적인 것으로 변화할 때 뇌가 무엇을 하는지 확정할 수 있다면(양안 경쟁에서처럼) 무엇이 어떤 감각 양식(modality)의 내용을 의식적으로 만드는지를 확정할 수 있게 될 것이다.

그러나 이런 생각에는 한계가 있다. 양안 경쟁은 늘 하나의 동일한 시각적 내용이 의식적으로 보이거나 보이지 않는 것의 변환으로 구성되어 있지만, 이런 변환은 항상 주체의 의식적 자각 전체의 장 안에서 일어난다. 즉, 양안 경쟁은 의식의 존재와 부재 사이의 극명한 대조를 보여주는 것이 아니다. 양안 경쟁은 단지 의식 내에 특정 시각적 내용의 존재와 부재 사이의 대조적 측면만을 보여줄 뿐이다. 만약 우리가 양안 경쟁 실험실에 있다면, 우리는 자각의 정합적인 장(field)에서 각성되어 있고, 그래서 우리는 그런 장에서 특정한 내용이 왔다 갔다 하는 것을 보고하는 것이다. 그러나 그렇게 하고 있는 우리의 의식은 결코 사라지지 않는다. 이와는 반대로 실험 결과는 전체 시간을 의식하는 것과 변환하는 자각 내용을 보고하는 능력에 정확하게 달려 있다.

아마도 특정시간에 작용하는 전체 의식 내용의 신경 상관물을 모두 결합하여 자각 전체의 장을 뇌과학이 설명할 수 있으리라고 생각할지 모른다. 이런 사고방식은 보는 것에 대한 시각 신경 상관물, 듣는 것에 대한 신경 상관물, 냄새 맡는 것에 대한 신경 상관물, 몸의 감촉에 대한 신경 상관물 등이 있다는 것이다. 그리고 이런 것을 모두 제대로 모으면 자각의 전체 장이 구성될 것이라는 사고방식이다. 철학자 존 설(John Searle)은 이것을 의식의 '빌딩블록 모델(building block model)'이라고 불렀다.[60] 이런 가정에 의하면 의식은 개별 경험의 다발로 전체적으로 구성되어 있고, 이것들이 순간순간 어떤 식으로든지 결합한다고 한다. 설은 다음과 같이 문제점을 지적하였다. "어떤 한 주체가 의식적이라는 것을 고려해볼 때, 그 주체의 의식은 시각 경험에 의해 변화될 것이다. 그러나 그렇다고 해서 이 의식이 다양한 빌딩블록으로 구성되어 있으며, 그중 시각 경험은 단지 하나의 블록일 뿐이라는 결론이 따라 나오는 것은 아니다."[61]

설은 이런 빌딩블록 모델과 자신이 '통합장 모델(unified field model)'이라고 부른 것을 대조하였다. 이 모델에 의하면 개별 의식 상태의 신경 상관물은 이런 상태의 충분조건은 아니다. 왜냐하면 이런 상태는 그 주체가 이미 자각의 장을 의식한다는 것을 전제하기 때문이다. 양안 경쟁에서 두 이미지 중 한 이미지를 보는 것이나 주의 무시 과제에서 첫 번째 목표물과 두 번째 목표물을 식별하는 것 등의 어떤 주어진 의식 경험은 이미 존재하는 자각의 장의 변화이다. 설의 말을 들어보자. "의식적 경험은 통합장에서 온다. 시각 경험을 하기 위해서 그 주체는 이미 의식적이지 않으면 안 된다. 그리고 경험은 그 장의 변형이다."[62] 그러므로 개별 의식 경험의 신경 상관물을 찾으려고 노력하는 대신, 통합장 모델에서는 전체 자각의 뇌 기반을 탐구한다. 이것은 각성, 꿈, 깊은 수면과 같은 전반적 상태에서, 그리고 이런 전반적 상태들을 포괄하는 그런 장이 변화할 때 뇌와 신체에 무슨 일이 일어나고 있는가를 탐구하는 것이다.

그리하여 비록 다른 경로를 통해서이지만 우리는 앞에서 언급한 것과 본질적으로 동일한 구분에 도달하게 된다. 말하자면 의식은 두 가지로 구분된다. 즉, 하나의 의식은 일정한 목표물인 대상을 지향하여 자각하는 그 순간 형성되는 의식이고, 또 다른 의식은 지속적인 자각의 장을 유지하는 의식적 생명체라는 포괄적인 의미에서의 의식이다. 후자의 의식은 각성과 잠을 가로지르면서 변화하고 우리가 일상적으로 자아감이라고 말할 때 스며들어 있는 의식이다.

이후의 장들에서 우리는 주로 자각의 전체 장으로서의 의식에 초점을 맞출 것이다. 그리고 자각의 장과 자아감이 각성에서 꿈, 그리고 다시 깊은 수면으로 갈 때 어떻게 변화하는가를 조사할 것이다. 그러나 우리의 다음 과제는 순수 자각, 그리고 그것과 뇌의 관계를 다루는 것이다.

03

존재

순수자각이란 무엇인가?

03
존재
순수 자각이란 무엇인가?

나는 MIT에서 열린 '마음의 탐구(Investigating the Mind)' 회의에 청중으로 앉아 있었다. 마음에 대해서 논의하고 있는 달라이 라마, 뇌과학자들, 심리학자들, 불교학자들의 강연을 듣는 중이었다. 프랑스인이며 티베트 불교 학승인 마티유 리카르(Matthieu Ricard)는 순수 자각 경험에 대해 말하고 있었다. 순수 자각은 심적 이미지들이 떠오르는 원천이다. 달라이 라마가 그 논의에 뛰어들어 다음과 같은 코멘트를 하였다.

> 순수 자각에 대한 논의를 듣다가 나는 이런 생각이 떠올랐습니다. 아마 불교도들 사이에서 논의하는 것이 더 적당할지도 모르는 생각입니다. 그러나 나는 이 문제를 오랫동안 생각해왔습니

다. 불교에서는 순수 자각과 같은 현상에 대해 많이 언급하고 있습니다. 불교에서 순수 자각은 때로 '밝은 빛의 마음 상태(clear-light state of mind, 淨光明)' 또는 '아주 미묘한 마음 상태(most subtle state of mind)'로 묘사됩니다. 그것은 죽음의 바로 그 순간에 나타나서, 그 다음 생을 기다리는 중간상태로 이동한다고 합니다. 나는 그런 아주 미묘한 의식 상태에서조차 심적 상태는 아마도 미묘한 것일지라도 약간의 물리적 기반을 가져야 하는 것이 아닌가 하는 느낌을 받습니다. 때로 불교도들 사이에서는 이런 아주 미묘한 의식이 아무런 신체적 또는 물질적 기반을 갖지 않는 것으로 생각하는 경향이 있습니다.

나의 이런 생각은 과학의 기본 입장과 아주 유사합니다. 말하자면 뇌는 모든 인지적 사건의 기반이라는 것입니다. 뇌 없이는 어떠한 마음의 기능도 없습니다. 그래서 나는 미묘한 의식이라는 것이 물리적 기반 없이도 독립적으로 존재할 수 있는지 알 수 없습니다. 나는 모릅니다. (웃음)[1]

대담은 계속 진행되었지만, 나는 달라이 라마가 말한 것 중에서 더 알고 싶은 것이 있었다. 순수 자각이 무엇인가 물리적 기반을 가져야만 한다고 말했을 때 정확히 그가 의미하고자 했던 것은 무엇인가? '물리적'이라는 단어로 그가 뜻하고자 한 것은 무엇인가? 심적 현상과 물리적 현상이 상호 연관되는 방식에 대한 그의 생각은 무엇인가? 서양철학에서 심신문제라고 부르는 것에 대한 그의 입장은 무엇인가?

3년 후 나는 달라이 라마에게 이런 질문들을 했다. 달라이 라마의 망명처인 인도의 다람살라에서 열린 과학자와 불교도의 또 다른 모임에서였다. 그러나 이런 이야기를 하기 전에, 달라이 라마가 어떻게 해서 MIT에서 천 명 이상의 청중을 앞에 놓고 뇌과학자들, 심리학자들과 함께 순수 자각에 대해 논의하게 되었는지에 대해 설명할 필요가 있다. 또한 '명상 뇌과학'이라는 새로운 분야를 창설하는 데 핵심적인 도움을 준 달라이 라마의 역할과 나를 포함한 한 그룹의 학자들이 달라이 라마의 과학과 불교에 대한 책, 『한 원자 속의 우주: 과학과 영성의 결합(The Universe in a Single Atom: The Convergence of Science and Spirituality)』[2]에 대해 대화를 나누기 위해 다람살라로 가게 된 이유를 설명해야만 한다.

'마음과 생명' 대화(Mind and Life Dialogues)

1983년 아버지는 나를 의식에 대한 국제 심포지엄이 열리고 있는 오스트리아의 알프바흐(Alpbach)에 데리고 갔다. 아버지는 그 심포지엄의 발표자로 초청받았다. 나는 앰허스트 대학을 졸업한 직후이었다. 대학에서 아시아학을 전공하였고 로버트 서먼(Robert Thurman)과 함께 불교철학을 공부하였다. 그 모임에 모습을 드러낸 달라이 라마, 양자 물리학자 데이비드 봄(David Bohm), 뇌과학자 프란시스코 바렐라는 내게 최고의 졸업선물이었다. 바렐라와 달라이 라마가 처음 만난 장소가 바로 그 모임이었고, 그 후 둘 사이에 싹튼 우정은 불교와 마음 과학 사이에 새로운 협동적 대화를 창출하는 데 커다란 기여를 하였다.

달라이 라마는 이미 과학에 큰 관심을 가지고 있어, 1979년부터 만나고 있었던 데이비드 봄에게서 물리학을 배우고 있었다.[3] 그러나 그는 인지과학과 뇌과학에 대해서는 배울 기회가 없었다. 그러나 당시에 티베트 불교를 배우고 있었던 뇌과학자 바렐라를 만난 후 상황이 바뀌었다. 결국은 바렐라, 법률가이자 사업가인 아담 앵글(Adam Engle), 인류학자 조안 핼리팩스(Joan Halifax)의 공동 노력에 의해 1987년 10월 다람살라에서 달라이 라마와 여섯 명의 과학자들이 모인 일주일간의 대화가 시작되었다.[4] 모임이 끝난 후 앵글은 달라이 라마에게 불교와 마음 및 생명의 과학에 대한 모임을 계속 가질 것인지를 물었고, 달라이 라마는 그렇다고 대답하였다. 이렇게 하여 '마음과 생명' 대화 시리즈가 탄생하였다.

1990년 '마음과 생명' 대화 세 번째 모임이 있은 후, 마음과 생명 협회(Mind and Life Institute)가 만들어졌다. 1998년 협회는 과학자, 불교 명상가들, 명상학자들이 함께 마음을 탐구하는 협동 연구 프로그램을 만들고자 노력하였다. 파리의 프란시스코 바렐라와 위스콘신 메디슨 대학의 리차드 데이비슨이라는 두 뇌과학자는 장기 명상 수행자들과 함께 자신들의 연구실에서 예비 연구를 시작하는 데 합의하였다. 그리고 향후 '마음과 생명' 대화의 주제는 마음 탐구에 협동 연구 프로그램을 활성화시킬 수 있는 것으로 하기로 결정하였다.

이 새로운 대화의 첫 모임은 2000년 4월 다람살라에서 열렸다. 그 모임의 주제는 '파괴적 감정들(Destructive Emotions)'이었다.[5] 이 모임에서 바렐라는 획기적인 자신의 연구, 즉 시지각의 뇌파 연구 결과를 달라이 라마 앞에서 발표하였다. 바렐라는 이 연구를 기초로 해서 장기 명상가들의 숙련된 일인칭 목격 경험(first-person witness)을 활용하여, 순간순간(moment-to-moment) 의식 경험의 본질에 대한 연구를 확장할 계획이었다.[6] 명상 수행 훈련이 뇌와 행동에 영향을 미칠 수 있다는 것에 대한 과학자들의 관심에 고무된 달라이 라마는 주의, 자각, 정서적 균형을 훈련하는 데 명상 수행이 서양 과학의 기준에서 어떻게 도움이 되는지를 밝혀달라고 과학자들에게 주문하였다. 그리고 명상 수행이 도움이 된다면 종교적이지 않은 세속적인 사람들에게도 도움이 될 수 있는 방법을 모색하기를 원하였다.

그러나 바렐라는 이 연구에 오랫동안 참여할 수 없었다. 일 년 후인 2001년 5월 28일 간암으로 파리의 자택에서 사망하였기 때문이다. 사망하기 며칠 전인 5월 21-22일 리차드 데이비슨은 위스콘신 메디슨 대학에서 열린 9차 '마음과 생명' 대화를 주재하였다. 회의의 주제는 '마음, 뇌 및 감정의 변화'였다. 바렐라는 명상의 뇌파(EEG) 및 뇌자도(MEG)에 대해 발표하기로 되어 있었지만, 바렐라의 박사 과정 제자인 앙투안 루츠가 그를 대신하여 발표하였다. 웹캠이 설치되었고, 그것을 통해서 바렐라는 집에서 그 회의를 볼 수 있었다. 회의 마지막 날, 달라이 라마는 그 비디오카메라를 보면서 말했다. "안녕, 나의 절친한 친구, 나는 당신을 내 영혼의 형제로 생각합니다. 내가 얼마나 당신을 그리워하는지를 미처 몰랐습니다. 당신이 어제부터 이 회의를 보고 있다고 들었습니다. 오늘도 보고 있겠지요. 그래서 나는 인간적인 형제로서 당신에게 그리고 당신의 업적에 대해서 깊은 경의를 표하고자 합니다. 과학, 특히 신경학에 당신은 대단한 공헌을 하였습니다. 그리고 마음의 과학과 불교 사상 간의 대화에서 이룬 당신의 업적에 대해서도 높이 평가합니다. 우리는 결코 그것을 잊지 못할 것입니다. 죽을 때까지 나는 당신을 기억할 것입니다."

바렐라는 다른 프로젝트에서도 여러 과학자들과 함께 연구—공개된 '마음과 생명' 회의에서 달라이 라마와 불교 명상학자들은 뇌과학자, 심리학자와 함께 모여 연구하였다—하였다. 2003년 MIT에서 열린 회의의 주제는 '마음의 탐구: 마음의 작동방식에 대한 불교와 생명 행동과학 사이의 대화'였다. 이틀 동안 회의에서 논의한 주제는 주의, 인지 조절, 심상(mental imagery), 감정이었다. 달라이 라마와 함께 연단에 올라가서 연설한 과학자들뿐만 아니라 세계적으로 저명한 많은 과학자들과 임상 연구자들이 청중석에 있었다. 이 회의가 하나의 전환점이 되어 뇌와 행동에 미치는 명상 수행의 영향에 대한 협동 연구(지금은 '명상 뇌과학(contemplative neuroscience)'이라 불리는 분야)의 새로운 장이 열리게 되었던 역사적인 순간이었다.

명상 뇌과학

'마음 탐구' 회의 첫째 날 오후, 주요 세션이 끝난 다음 일군의 과학자들, 불교학자들, 명상 스승들이 회의가 열리는 호텔에서 다시 만났다. 리차드 데이비슨과, 바렐라의 제자이자 현재는 데이비슨 연구실의 박사후 연구자로 근무하는 앙투안 루츠가 티베트 불교 고승들의 명상 뇌파 연구와 뇌영상 연구의 첫 결과들 중 몇 가지를 발표하기로 되어 있었다. 바로 여기에서 비로소 처음으로 우리는 명상 뇌과학이 태동하는 것을 보게 된다.

1년 후인 2004년 11월 「미국 국립과학원 회보(Proceedigns of the National Academy of Sciences, PNAS)」는 그들 연구 중 일부를 출판하였다.[7] 내가 출판 전에 온라인 판으로 먼저 그 논문을 읽었을 때 놀랐던 첫 번째 사실은 저자들의 소속 목록(미국의 저명한 대학 연구소와 네팔의 티베트 불교 사원)이 통상적이지 않다는 것이었다. 연구 책임자인 데이비슨은 위스콘신 메디슨 대학의 감정 뇌과학 연구소의 주임교수이고(지금은 2009년 설립된 건강마음연구소도 관장하고 있다), 파스퇴르 연구소 생물학박사 출신인 프랑스인 마티유 리카르는 티베트 승려로서 네팔 쉐첸(Shechen) 사원에 거주하며 연구 중이었다. 제1저자이면서 연구를 주도했던 루츠는 위스콘신 메디슨 대학의 와이스만 연구실에서 10년 동안 뇌영상 및 행동 연구를 하였고, 지금은 프랑스의 리옹 대학의 뇌과학 연구 센터에서 정교수로 근무하고 있다.

PNAS 논문의 제목은 "장기 명상자의 명상 수행 동안 유도된 고진폭 전위(高振幅 電位) 감마 동조화"였다. 이 제목이 바로 그 논문 내용의 기본적인 연구 결과를 잘 말해주고 있다. 여덟 명의 티베트 불교 장기 명상자들이 특별한 종류의 명상 수행을 하자 놀랄 만한 뇌파 소견이 발생하였다. 이런 동일한 감마 진동수 패턴은 보고 가능한 의식적 경험과 밀접한 연관성을 보여주었지만, 실험 대조군인 초보 명상자들에게서는 이런 뇌파 소견을 볼 수 없었다. 더 놀라운 점은 티베트 승려의 감마 진동수 패턴이 특히 강하고 잘 구조화되어 있다는 점이었다. 구체적으로 말하면, 감마 뇌파의 크기(진동의 진폭)는 이전에 건강한 사람들에게서 볼 수 있었던 어떤 것보다 훨씬 컸다. 그리고 이런 빠른 진동수의 위상은 정확하게 동기화되어 있었다. 간단히 말해서 초보자가 아닌 티베트 승려들의 명상 수행은 특출날 정도로 강하고 광범위한 감마 진동수 위상 동기화(gamma frequency phase synchrony)를 보여주었다. 이것은 성성(惺惺)하고 명료한 자각과 밀접하게 연관되어 있었다.

티베트 불교도들은 연구에서 보여준 이런 종류의 명상을 '순수 자비(pure compassion)' 명상이라고 부른다. 자비는 사람들이 고통에서 해방되기를 바라는 소망이다. 대개 우리는 이런 소망을 특정한 사람이나 집단을 향해 갖지만, 순수 자비는 조건이 없는 자비심이 마음을 전부 채우고 있는 상태를 말한다. 순수 자비 명상은 심리학자들이 자비의 '정서(affect, 누군가의 고통을 덜어주려고 하는 이기심 없는 강한 감정적 느낌)'라고 부르는 것으로 마음을 채우는 것을 목표로 한다. 티베트 불교도는 이 자비 명상이 에고에 집착하는 것을 줄여주고 증오와 질투 같은 마음의 괴로운 상태를 치유해준다고 믿는다. 그리고 마음을 편안하게 해주고 다른 사람을 기꺼이 제한 없이 도와주려는 마음 상태로 만들어주고 명상 수행 중의 심적 둔함을 방지해준다고 믿는다.

순수 자비 명상은 과학자들과 명상학자들이 '열린 관조' 명상이라고 부르는 수행 스타일에 속하지만, 나는 이 명상을 열린 자각 명상(2장을 참조)이라고 부르는 것을 선호한다. 이 명상은 '대상 없는' 자각을 함양하는 것인데, 이런 자각 양태는 어떤 특별한 것을 선택하거나 선호하지 않고 의식의 장에서 일어나는 어떤 것에 대해서도 열려 있고 주의를 기울이는 것이다. 이런 스타일의 명상 수행은 의식의 묵시적 측면에 더 예리하고 민감해지도록 한다. 즉, 순간순간 자각이 얼마나 생생한지, 일시적인 사고와 감정이 어떻게 우리의 주의를 끄는지, 그러한 사고와 감정이 어떻게 해서 다른 생각과 습관적 감정 반응을 불러일으키는지를 민감하게 알아차리도록 한다. 이런 수행을 통해 수행자는 자각 그 자체(마음의 빛나거나 열려 있고 방해받지 않는 성질)와 자각의 변화 내용(순간순간 오고가는 특정 사고, 감정, 감각들)을 구별할 수 있게 된다. 순수 자비 명상을 하면서 수행자는 열려 있는 자각 상태에서 자비의 정서를 발생시키게 된다.

루츠와 데이비슨의 연구에서 티베트 승려들은 60초 동안의 순수 자비 명상과 30초 동안의 휴식을 번갈아 했다. 짧은 시간이지만 명료한 명상 상태에 들고나는 능력은 그들이 최상의 명상 수준에 도달해 있음을 보여준다. 명상을 하는 동안에는 강한 감마 동기성이 일어났지만, 휴식 시간에는 이런 소견이 보이지 않았다. 이런 뇌파 소견은 티베트 승려의 뇌가 순수 자비 명상 동안에 고도의 정합적 활성 모드에 들어갔다는 것을 가리킨다. 고진폭 감마 진동(뇌파의 큰 크기)은 이런 진동에서 발화하는 뉴런 집단의 크기와 수를 반영한다는 것은 분명한 사실로 보이며, 그뿐만 아니라 그 뉴런 집단의 개별 뉴런들도 리듬에 맞추어 발화한다는 것을 의미한다. 진동의 동기화(뇌파가 일정한 영역을 넘어서서 다른 뇌파들과 조화를 이루는 현상)는 뉴런 집단의 대규모 조화가 일시적이지만 보다 큰 기능적 네트워크로 통합된다는 것을 의미한다(마치 축구 경기에서 많은 사람들이 '응원 물결'을 만드는 것과 같다). 더 단순하게 말하면 명상 수행을 하는 동안, 수많은 '뉴런 앙상블(함께 발화하는 뉴런의 집단)'들은 재빨리 서로 소통하여 거대한 상호 연결 네트워크를 형성하게 된다.

바렐라는 '브레인웹(brainweb)'이라는 단어를 사용해서 이러한 거대한 뉴런망의 변화를 설명하기를 좋아했다.[8] 월드 와이드 웹 또는 인터넷에서는 지리적으로 멀리 떨어져 있는 컴퓨터들이 하드웨어화된 배선으로 연결된 좀 더 영구적인 시스템에 의해 유지되는 변화하는 네트워크를 통하여 서로 정보를 전달한다. 브레인웹에서는 서로 떨어져 있는 뇌의 영역들이 그 영역의 뉴런 집단을 일정하게 조화된 발화 리듬으로 변화시켜서 신호들을 상호 교환하는 일시적인 네트워크를 형성한다. 뇌파의 위상 동기화는 피질의 거대한 네트워크 형성을 반영하는 것이라고 생각된다.

장기 명상 수행은 새로운 브레인웹 영역과 연결을 형성할 수 있는가? 명상 수행은 브레인웹의 구조에 영향을 줄 수 있는가? 2004년 PNAS 연구는 다음의 세 가지 점을 시사한다.

첫째로, 실험실에서 명상을 시작하기 이전의 상태에서도 티베트 승려는 명상 초보자보다 기저 뇌파 소견에서 느린 알파 및 세타 진동에 대한 빠른 감마 진동의 비율이 훨씬 높다. 그러므로 이 두 그룹은 명상 기간 전에 이미 서로 다른 뇌파 소견을 보이고 있다고 할 수 있다.

둘째로, 티베트 승려의 경우 명상 초보자들과는 달리, 명상을 하고 있는 동안 느린 리듬에 대한 빠른 리듬의 비율이 급격하게 상승되고, 명상을 하고 난 다음에도 그 비율이 높게 유지된다. 하나의 비유로서 당신이 콘서트의 피아니스트이고 60초 동안 피아노를 집중적인 흐름으로 연주하고 30초 동안 휴식 취하기를 반복한다고 상상해보자. 세 번째 휴식 때의 당신의 몸과 마음은 첫 번째 휴식 때의 느낌과는 다를 것이다. 왜냐하면 매번의 연속적인 휴식기를 통해서 당신의 피아노 연주는 집중의 흐름이 축적될 것이기 때문이다. 이와 비슷하게 티베트 승려의 뇌는 초보자의 뇌와는 달리 휴식 시간에도 수행 초기의 상태로 돌아오는 것이 아니다. 그 대신 새롭고 질적으로 다른 휴식 상태로 돌입하여, 바로 전의 명상 상태와 명상에 소요된 축적 시간이 반영된 상승된 감마 활동을 보이게 된다. 간단히 말해서 초보 명상가는 기저적인 휴식 상태를 동일하게 유지하지만, 티베트 승려의 경우는 그 기저가 명상 수행 기능의 하나로 작동하여 유연하고 변화 가능한 특징을 띈다.

마지막으로, 명상 전 감마 활동의 양과 일생에 걸친 명상 수련 시간 사이에는 양의 상관관계가 있다. 좌선 명상 수행의 시간을 많이 가진 승려가 수행 시간이 적은 승려보다 휴지기 상태의 뇌파 소견에서 명상 전 감마 활성의 양이 훨씬 높았다.

이런 모든 연구 결과들이 의미하는 바는 명상이 특별한 종류의 심적 기법이고, 장기간 명상 수행이 뇌에 오래 지속되는 변화를 초래한다는 것이다.

물론 이런 연구 결과가 명상이 반드시 뇌에 이러한 변화를 발생시킨다고 하는 것은 아니다. 왜냐하면 뇌파 패턴에는 개인적인 차이가 있기 때문이다. 말하자면 명상을 배우기 이전에 차이가 있었는지 알 수 없다(뇌파의 개인적인 차이로 진지한 명상가가 되었던 것일 수도 있다). 명상이 뇌와 행동에 오래 지속되는 변화를 초래하는지 여부를 알기 위해서는 명상 수행의 영향을 직접 검사하는 연구가 필요하다. 예를 들면 2장에서 언급한 상좌부 위빠사나 명상 연구 같은 것이다. 그 연구에서 알 수 있었던 것은 초점 주의 명상과 열린 자각 명상은 뇌의 주의처리 과정을 증진시키고, 주의 요구 지각 과제의 수행력을 향상시킨다. 이런 연구 결과들은 명상이 뇌에 영향을 미친다는 직접적인 증거를 제공해준다.

의식의 명료성

앞장에서 우리는 보고 가능한 의식적 자각이 뇌파에서 대규모 감마 위상 동기화와 상관관계가 있는 것을 보았다. 나는 시지각의 연구에서 두 가지 예를 들었다(지각 재인(recognition)에서 “아하!” 순간, 그리고 양안 경쟁에서 다른 이미지에 대해 한 이미지가 지각적 우세를 가지는 것). 루츠와 데이비슨의 연구 이외의 또 다른 몇몇 뇌파 연구들은 상당한 감마 진동 활성이 숙련된 명상가에게서는 보이지만, 초보자의 경우는 그렇지 않다는 것을 보여주었다. 이것은 라자(Rāja) 요가와 상좌부 위빠사나 명상 등을 포함한 다른 다양한 명상 수행에서도 마찬가지였다.[9] 그러므로 명상 기술(마음대로 의식의 내적 상태를 발생시키고 일정 시간 동안 유지시킬 수 있는 능력)과 뇌의 감마 진동 활성의 대규모 패턴 사이에는 어느 정도 연관성이 있는 듯이 보인다.

이런 연관성을 고려하면, 고도의 명상 경험을 가진 명상가와 협력하여 의식적 경험과 감마 활성 사이의 연관성을 더욱 세밀하게 연구하는 것이 가능할 것이다. 예를 들면 감마 위상 동기화가 의식의 신경 상관물이라면, 감마 활성의 순간순간 변화는 자각의 질적 측면의 순간순간 변화와 대응하는 것인가?

이런 질문에 답하려면 순간순간 자신의 자각을 관찰하거나 목격하면서 그 변화의 질적 측면을 보고할 수 있는 사람과 함께 연구하는 것이 필요하다. 초점 주의 명상과 열린 자각 명상은 이런 메타 자각을 훈련시켜주기 때문에, 이 방면의 명상 전문가들은 그러한 연구에 아주 적합한 사람이라고 보아도 될 것이다.

루츠와 데이비슨은 후속 연구에서 정확히 이런 접근법을 시행하였다.[10] 그들은 2004년 PNAS 연구에 참여했던 승려들이 휴식 상태에서 명상 상태로 이동하는 데 5-15초 정도가 소요된다고 보고하였다. 이것은 감마 활성이 증가하기 시작하는 시간 경과표와 일치한다. 후속 연구에서 루츠와 데이비슨은 승려들에게 명상 상태에서 그들 자각의 주관적인 '명료성(clarity)'에 주목할 만한 변화가 있을 때마다 보고해 달라고 하였다. 밝혀진 것과 같이 명료성의 증가와 감소는 감마 뇌파의 크기 또는 진폭의 증가 및 감소와 상관관계를 보였다. 다른 말로 하면 자각의 보다 더 큰 명료성은 뇌파 소견에서 감마 진동 활성의 보다 강한 것을 반영하였다.

이 연구 결과를 제대로 파악하기 위해서는 '명료성'이라는 단어가 서양 심리학에서 온 것이 아니라는 점을 아는 것이 중요하다. 그것은 의식, 특히 명상적인 면에서의 의식에 대해 말할 때 사용하는 티베트 불교 용어에 속한다. 티베트 불교에서는 자각의 '명료성(clarity)'과 '안정성(stability)'이라는 관점에서 의식 상태를 서술한다. '명료성'은 자각의 주관적 강렬함이나 생생함을 가리키는 말이다. 초점 주의 명상에서 '명료성'은 호흡 또는 심적 이미지 등과 같은 선택된 대상의 생생함을 말한다. 반면에 '대상 없는' 명상에서는 자각의 전체 장에 떠오르는 것이 무엇이든 자각의 전체 장이 생생함을 의미한다. '안정성'은 자각의 평온함과 한결같음(steadiness)을 의미한다. 명료성과 안정성과 대조되는 개념은 둔함(dullness, 惛沈)과 들뜸(excitation, 掉擧)이다. 둔한 자각 상태는 명료성을 결여하고, 들뜬 자각 상태는 안정성을 결여한다. 예를 들면 호흡에 초점을 맞추는 명상에서 불안정(반복해서 산만해지고 초점을 잃을 것이다) 할지도 모른다. 그렇더라도 그 호흡을 따라가면 명료해지고 생생해진다. 또는 자각이 안정되어 있지만 둔할지도 모른다. 즉 호흡을 따라가지만, 꿈속 상태 같거나 졸음이 오는 상태이다. 미숙한 명상가에게서는 명료성과 안정성이 서로 반대로 작용하는 경향이 있다. 안정성이 커질수록 자각은 더 둔해질지도 모른다. 그러다가 둔함이 극단으로 가면 잠이 들어버린다. 더 명료하고 생생해질수록, 더 들뜨거나 산만해질지도 모른다. 초점 주의 명상과 열린 자각 명상은 자각의 질적인 측면을 다양한 방식으로 계속 관조하고, 그것들 사이에서 균형을 잡는 것을 배우는 것이다. 그리하여 둔함과 들뜸이 마음을 방해하지 못하도록 한다.

루츠와 데이비슨은 승려들에게 명상할 때의 명료성 정도를 1에서 9까지 그 정도에 따라 보고해달라고 했다. 연구 결과 파악할 수 있었던 것은 수 초간의 간격을 두고 점증하는 명료성에 대한 보고와 고진폭 감마 진동의 출현 사이에는 강한 상호 연관성이 보인다는 것이다. 다른 말로 하면 명상하는 동안 감마 활성의 변화는 순간순간의 자각의 질적인 느낌 변화를 반영한다.

우리는 이런 상관관계를 두 가지 점에서 볼 수 있다. 하나는 뇌파 소견은 경험에 대한 주관적 보고의 객관적 검증을 제공한다는 점이다. 또 다른 하나는 주관적 보고는 뇌파 소견의 의미를 파악하는 데 도움을 주는 아주 귀중한 정보를 제공해준다는 점이다. 고도의 명상 경험을 가진 명상가의 일인칭적 보고 없이는 자각의 기초적인 질적 측면이 순간순간 어떻게 변동하는지를 알 수 없다. 그리고 의식 경험에 대한 이런 정보가 없다면, 순간순간 감마 진동 신호의 진폭 변화는 의미 없는 소음으로 간주될 수 있다.

의식의 질적 측면에서 뇌파 소견의 변동성은 의심할 여지없이 감마 뇌파의 크기 변화 이상의 의미를 내포하고 있지만, 그럼에도 불구하고 이런 상관관계는 다음과 같은 사실을 잘 보여준다. 즉, 우리는 의식에 대한 주관적 보고와 뇌활성의 객관적 측정 간의 강한 연관성을 기대할 수 있다. 이것은 이런 종류의 심적 훈련이 없는 사람보다도 고도의 명상 경험을 한 수행자의 경우 더욱 더 그렇다. 명상에 대한 이런 전문 지식이 없는 사람들은 순간순간 변화하는 자각의 질적 측면을 보고하지 못할 것이다. 그리하여 연구자에게 미세한 시간대별로 의식 경험의 일인칭적 정보를 제공하지 못할 것이다. 이런 보고들은 연구자들이 의식의 질적 측면과 뇌파상의 밀리초 변화의 상관관계를 파악하는 데 필수적인 것이다. 정말로 필요한 것은 이런 종류의 세밀한 현상학적 정보이다. 그래야만 의식과 브레인웹의 역동적인 네트워크의 관계, 특히 시간대별로 순간순간의 관계를 잘 파악할 수 있다.

명상 뇌과학의 비전

과학자, 철학자, 명상 연구 학자, 명상 수행자를 막론하고 명상 뇌과학 분야에 종사하는 사람들에게 영감을 주는 것은, 현대 과학과 고대의 명상 지혜(contemplative wisdom)에 튼튼히 뿌리 내리고 있는 마음의 과학에 대한 비전이다.

'명상 지혜'는 정의하기 어렵다. 나는 이 용어를 인생을 조화롭고 자비롭게 만들겠다는 비전 아래 인간의 변화를 일으키기 위해서 심신을 평온하게 하고 심신에 집중하는 수행을 사용하는 전통에 속하는 지식과 경험의 의미로 사용한다. 다양한 문화적, 역사적 배경을 가진 많은 명상 운동들은 이런 일반적인 정의 기준에 부합할 것이다. 이 책에서는 주로 요가 전통과 티베트 불교를 다룬다. 그것들이 마음의 탐구와 의식의 본질을 이해하는 것에 대해 특히 깊은 관심을 보이고 있기 때문이다. 불교에서는 이런 관심을 '통찰(insight, 산스끄리뜨어로는 vipaśyanā, 빨리어로는 vipassanā, 觀)'이라는 용어로 표현한다.

명상 뇌과학(contemplative neuroscience)은 인간의 심적 향상을 탐구하고, 명상을 훈련하지 않은 마음에는 분명하게 보이지 않는 의식의 측면을 연구하기 위해, 그 바탕을 명상적 통찰에 두고 있다. 과학의 내부에 명상적 통찰을 위한 자리를 만들기 위해, 명상에 대한 뇌과학(the brain science of meditation) 이상이 되려고 노력하고 있다. 명상을 단순히 과학적 연구의 또 다른 대상이라고 간주하는 대신, 명상 뇌과학은 새로운 종류의 마음 과학을 창조하는 것을 목표로 한다. 거기에서 명상의 전문 기법은 실험적 관찰과 수학적 분석과 마찬가지로, 그 조사하는 역할 면에서 중심적이고 필수불가결한 것이다.

이런 협동적인 노력과 새로운 종류의 자기 지식(self-knowledge)이 갖는 전망에도 불구하고 아직도 의식에 대한 인도, 티베트의 견해와 서양의 과학적 견해 사이에는 깊고 근본적인 차이가 존재한다. 서양 과학에서, 특히 뇌과학과 인지과학에서 의식은 뇌에 전적으로 의존하는 생물학적 현상이다. 불교, 특히 인도와 티베트의 불교철학에서는 의식의 근본 본질은 생물학적인 것이 아니며 의식은 뇌와 독립적으로 존재한다.

이런 차이를 어떻게 설명하고 서로 이 차이점을 어떻게 평가해야 하는가? 이런 차이는 불교와 과학의 협동 그리고 의식에 대한 명상 과학의 가능성에 어떤 의미를 갖는가? 지금은 이런 질문을 정면으로 다루어야 할 때이다.

의식에 대한 질문

2007년 4월, 나는 14차 '마음과 생명' 대화에 참가하기 위해 다람살라에 도착하였다. 이번 모임은 1987년 대화가 시작된 이후의 다른 모임들과는 성격이 달랐다. 이번에 우리가 다람살라에 온 목적은 감정이나 뇌의 가소성 등과 같은 과학적 연구의 특별한 주제에 대한 논의가 아니라 달라이 라마가 최근에 출판한 책, 『한 원자 속의 우주: 과학과 영성의 결합』에 대해서 논의하기 위해서였다. 달라이 라마의 과학적 여정(그가 어떻게 해서 과학의 세계와 점차 상호 관계를 맺게 되었는가에 대한 이야기)뿐만 아니라, 불교지도자와 스승으로서, 특히 불교철학자로서 대화의 한 축을 담당하고 있는 달라이 라마의 과학에 대한 개인적 성찰도 다루고 있다. 그러니 우리의 대화는 과학적일 뿐만 아니라 철학적인 것이 될 예정이었다. 그리고 우리는 불교와 과학이 어디서 만나고 어디서 서로 다르게 나아가는지를 규명하게 될 것이었다.

'마음과 생명' 대화는 항상 서양철학자들이 과학자와 마찬가지로 대화의 한 축으로 참여하였다. 나는 이 모임에 철학자로서 참여하였다. 내 역할은 세계에 대한 서양 과학적 이론과 인도와 티베트의 불교적 세계관을 구분 짓는 주요한 '분기점(fracture points)'을 고려하면서 대화의 문을 여는 것이었다. 우리는 의식의 본질 그리고 그것과 뇌의 관계에 초점을 두기로 결정하였다.

서양철학사를 공부한 사람이라면, 옥스퍼드 대학 또는 파리의 소르본느 대학 등과 같은 위대한 학교의 중요성을 잘 알 것이다. 이런 유럽 대학들은 중세 시대에 설립되었다. 그러나 당시에 이미 인도의 위대한 학교인 나란다(Nālandā) 대학은 500년 이상이나 지속되었다가 막 파괴되던 참이었다. 서기 5세기에 설립된 나란다 대학은 천문학에서 의학, 논리학에 이르기까지 학문의 전 영역 연구에서 그 당시 명성을 떨치고 있었다. 최고의 영향력을 발휘할 당시에는 천 명 이상의 학생들이 거주하였고, 저 멀리 중국의 학자들까지도 유학오게 했다.* 그 도서관에는 수십만 권의 책들이 있었다고 한다. 나란다 대학의 커리큘럼은 주로 논리학, 인식론, 형이상학의 체계적 연구에 초점이 맞추어져 있었다. 티베트 불교, 특히 달라이 라마가 속한 종파인 겔룩파(Gelugpa)는 이런 인도 불교 전통의 계승자라고 자부하고 있다. 이런 이유 때문에 달라이 라마는 종종 티베트 불교가 '나란다 전통'의 수호자라고 말하곤 한다.

내가 달라이 라마의 옆자리에 앉아서 발표를 시작하였을 때, 나는 앰허스트 대학에 있을 때 로버트 서먼의 인도철학 강좌에서 처음으로 나란다 대학에 대해 배웠다는 것을 상기하였다. 서먼은 지금 여기 청중석에 앉아 있었다. 내가 달라이 라마, 그 옆의 다른 게쉐들(geshes), 즉 위대한 나란다 전통의 대표자들 앞에서 서양철학의 개념들에 대해 발표하는 것은 일종의 특별한 혜택이었다.

공통 기반을 만들기 위해서 나는 불교철학과 서양 과학은 관찰과 비판적 탐구의 중요성에 대해 동의한다는 점을 지적했다. 그리고 양쪽 진영 모두 마음을 포함하여 실재가 여러 다양한 원인과 조건에 따라서 생성, 소멸하는 상호 의존적인 사건이나 과정들로 구성되어 있

* 인도의 나란다 대학은 5-12세기 번성했던 불교 대학이다. 7세기에는 중국의 현장, 의정도 나란다 대학으로 유학을 왔다. 현장의 보고에 의하면, 당시 나란다 대학에 머무는 승려 및 학자는 삼천 명에 이르렀다고 한다. 12세기 말 이슬람군에 의해 파괴되었다가, 1915년 발굴되었다.

다는 관점을 가지고 있다는 것을 말하며 발표를 시작하였다. 그러나 이런 공통점에도 불구하고 불교철학과 서양 과학은 달라이 라마가 자신의 책에서 '의식 역할에 대한 핵심적 주제'라고 명명한 것에서는 서로 의견을 달리한다.[11]

한편으로, 달라이 라마가 자신의 책에서 설명한 것처럼 티베트 불교도들은 의식의 근본 본질[순수 자각의 광명(luminosity)]은 뇌와 신체의 물리적 상태가 아니라고 믿는다. 다른 말로 하면 인도와 티베트의 불교철학에 따르면 순수 자각은 그 본질상 물리적인 것이 아니다.

다른 한편으로, 뇌과학의 작업 가설은 여러 의식적인 경험을 포함하여 모든 심적 현상은 물리적 현상이라는 것이다. 다른 말로 하면 대부분의 뇌과학자들은 모든 심적 상태가 인간 및 다른 동물의 뇌 또는 신체의 물리적 상태와 일치한다(동일하다)고 믿는다. 어떤 철학자들은 모든 심적 상태가 물리적 상태와 정확하게 동일하다고 말하는 것 대신에, 모든 심적 상태는 뇌 또는 신체의 물리적 상태에 의해 예화(instantiate)되며, 뇌 또는 신체의 물리적 상태에 의해 직접적으로 결정된다고 말하는 것을 더 좋아한다. 그러나 어느 경우이든지 이것은 불교적 견해에 도전장을 던지고 있다.

동시에 나는 대부분의 뇌과학자들은 의식과 뇌 사이에 '설명의 간극(explanatory gap)'이 있다는 것을 알고 있다고 지적했다. 이것은 각 의식 상태가 뇌 상태와 어떻게 상호 연관되어 있는지 정확히 모른다는 그런 단순한 문제가 아니다. 보다 깊은 차원에서 설명의 간극은 물리적 과정이 의식 경험을 도대체 어떻게 야기하는지, 또는 어떤 복잡성의 차원에서는 물리적 과정이 의식 경험과 전적으로 동일할 수도 있는지를 우리가 이해하지 못하는 데 있다. 다른 말로 하면 그 간극은 어떤 주관적이거나 경험적인 것이 어떻게 근본적으로 주관적이고 경험적인 성질을 결여한 그 무엇(가장 기초적인 차원에서 기본 가정은 물리적 실재는 어떤 주관적이거나 경험적인 것을 결여한다는 것이다)에서 발생하는지를 우리가 이해하지 못하는 데 있다.

나는 달라이 라마에게 서양철학자들은 설명의 간극이 갖는 이런 의미에 대해 의견이 다르다고 말했다. 어떤 철학자들은 그것이 뇌에 대한 우리의 지식이 갖는 간극이라고 믿을 것이고, 또 어떤 철학자들은 우리가 사용하는 개념의 차이, 즉 주관적 경험에 대해 생각할 때 사용하는 개념과 물리적 실재에 대해 생각할 때 사용하는 개념의 차이에서 오는 것이라고 생각하기도 한다. 또 다른 철학자들은 의식적 마음의 본질과 물리적 실재의 본질에서 비롯되는 기본적 차이를 반영하는 것이라고 믿기도 한다.

발표를 마무리하면서 나는 달라이 라마에게 MIT에서 말한 것(순수 자각의 아주 미묘한 상태에서조차 어떤 물리적 기반을 가져야만 한다는 발언)은 어떤 의미인지를 물었다. 그러나 이 문제를 다루기 위해서는 약간의 배경 지식이 필요하다.

당신은 아마도 티베트 불교에서 의식은 본질상 물리적인 것이 아니라고 믿는 이유가 궁금할 것이다. 달라이 라마는 2003년 「뉴사이언티스트(New Scientist)」에 기고한 짧은 글에서 다음과 같이 언급하였다.

> 내적인 마음, 자각의 가장 필수적인 빛나는 본질이 신경 상관물을 가진다고 믿어야 할 이유는 없다. 왜냐하면 그것은 물리적인 것이 아니고, 뇌에 의존하는 것이 아니기 때문이다. 그러므로 나는 대체적으로 거친 심적 사건들이 뇌활성과 연관성을 갖는다는 점에서는 뇌과학에 동의하지만, 의식의 보다 미묘한 차원에서는 뇌와 마음은 서로 다른 두 개의 존재라고 느낀다.[12]

의식은 물리적인 것이 아니라는 믿음은 초기 인도 불교 사유 방식에까지 거슬러 올라가지만, 다르마끼르띠(Dharmakīrti, 法稱, BCE 약 600~660년)에 의해 가장 강하게 언급되었다. 다르마끼르띠는 나란다 전통에서 가장 유명한 논리학자이자 철학자로서 그의 이론은 여전히 티베트 불교 사원 커리큘럼의 핵심적인 부분을 차지하고 있다.[13] 다르마끼르띠의 추론은 다음과 같다. 물질과 의식은 완전히 서로 다른 본질을 지니고 있다. 결과는 그 원인과 동일한 본질을 지녀야 한다. 그러므로 의식은 결코 물질에서 발생할 수도 없고, 물질에 의해 생성될 수도 없다(물질적인 것이 의식을 조건 짓거나 영향을 줄 수는 있다 하더라도).[14]

이 논증은 물질과 의식의 본질에 대한 특정 개념에 의존한다. 물질적인 것은 공간적 차원을 점하고 있어 다른 물질적 대상을 차단한다.

의식(또는 더 정확하게 말하면 순수 자각의 빛나는 본질)은 마치 열려 있는 공간처럼 형태가 없고 차단되지 않는다. 더구나 의식은 사물을 인지할 수 있는 능력을 갖는다. 마치 공간 자체와 공간 속에 존재하는 것들을 비추는 빛과 같다. 그리고 마치 빛이 자기 스스로를 비추면서 주변에 있는 다른 사물을 비추듯이 의식은 스스로를 드러낸다.

이런 이유로 다르마끼르띠는 물리적인 능력은 제한적인 반면, 자비 등과 같은 심적인 자질은 무한한 정도로 계발될 수 있다고 한다. 물리적인 신체는 그 능력에서 자연적인 한계를 지니고 있지만, 마음의 자질은 무한한 계발 가능성이 있다.[15]

또한 다르마끼르띠의 주장은 특정 인과론을 따르고 있다. 인도와 티베트의 불교철학은 사건의 '실질적 원인(substantial cause, 因)'과 '기여 조건들(contributory conditions, 緣)'을 구별한다. 예를 들어, 흙항아리가 생겨날 때 실질적 원인은 항아리를 구성하거나 만드는 것, 즉 흙이다. 반면에 기여 조건들은 그 항아리를 만드는 데 들어가는 다른 요소들(도공, 도공의 물레, 가마 등)이다.

다르마끼르띠는 의식과 물질은 서로 완전히 다른 본질을 지니고 있기 때문에 서로에게 실질적 원인이 될 수 없다고 주장한다. 그것들은 서로에게 단지 기여 조건이 되거나 영향을 미칠 수 있을 뿐이다. 예를 들어, 빛과 눈[眼根]이라는 물리적 기관은 보는 데 기여하지만, 시각 의식[眼識]의 순간에는 실질적 원인으로서 의식의 선행 순간이 있어야만 한다. 물질적인 존재인 빛과 눈은 의식을 일으키는 데 불충분하기 때문이다.

또한 다르마끼르띠는 '윤회(rebirth)'에 대해서도 이런 추론을 사용했다. 불교적 관점에서 '윤회'라는 용어의 의미는 한 생에서 다음 생으로 완전히 동일한 자아가 환생(reincarnation)한다는 뜻은 아니다. 불교도들은 이런 종류의 자아가 존재한다는 것을 거부한다. 대신 윤회는 심적 사건의 인과적 연결이 물리적 신체의 죽음 이후에도 계속되고, 결국은 새로운 신체와 연관된다는 것을 의미한다. 다른 말로 하면 물리적 신체의 죽음이 개체의 의식 흐름이나 심적 연속체에 속하는 심적 의식 순간들이 인과적으로 이어지는 것을 방해하지는 않는다. 그러나 감각적 의식을 방해하는 것은 사실이다. 그리고 이런 심적 연속체는 결국 내생의 또 다른 신체와의 관계에서 기여 조건으로 작동한다. 이런 추론에 의하면 물질은 의식을 생성할 수 없기 때문에 신생아의 의식은 이전 의식에서 와야만 한다.

다르마끼르띠의 이런 개념과 논증이 달라이 라마가 '마음의 내적 본질' 또는 '자각의 가장 본질적인 빛나는 성질'이 물리적인 것이 아니며 뇌에 의존하지 않는다고 말한 것의 배후에 놓여 있는 것이다.[16] 그러나 그의 또 다른 말, "그런 극히 미묘한 의식 상태에서조차 심적 상태는 아마도 미묘한 것일지라도 약간의 물리적 기반을 가져야만 한다."는 것은 도대체 어떻게 된 것인가?

『한 원자 속의 우주』에서 달라이 라마는 다르마끼르띠의 철학적 주장과 미묘한 의식은 물리적 기반을 가져야 한다는 주장을 함께 제시한다. 그러나 이런 견해는 다르마끼르띠의 철학에서 온 것이 아니라 금강승(Vajrayana) 또는 탄트라 불교(Tantric Buddhism)라고 알려진 사상과 명상 수행 체계에서 온 것이다. 달라이 라마는 금강승의 견해를 다음과 같이 설명한다.

> 가장 근본적인 차원에서 마음과 물질 사이의 절대적인 구분은 있을 수 없다. 가장 미묘한 형태의 물질이 쁘라나(prana, 호흡)이다. 쁘라나는 의식과 떨어질 수 없는 생명 에너지이다. 이 둘은 나누어질 수 없는 하나의 실재의 다른 측면이다. 쁘라나는 유동성, 역동성, 응집성의 측면이고 의식은 인지와 반성적 사유 능력의 측면이다.[17]

나는 발표의 끝머리에서 이 문제를 집중적으로 다루었다. 나는 달라이 라마에게 물질과 마음의 두 미묘한 측면이 어떻게 연관되는지 질문하였다. 이런 관점은 과학적 탐구에도 열려 있는가?

미묘한 의식

달라이 라마의 답변은 오전 세션의 대부분을 차지하였고, 나머지 5일의 대화를 위한 틀을 제시한 셈이 되었다. 그는 불교 내부에서 세 가지 점을 구별할 필요가 있다고 설명하였다. 첫째로 실재의 탐구이다. 우리가 '불교 과학'이라고 부를 수 있는 것이다. 둘째는 불교 개념이다. 그것은 실재를 탐구하는 기반이라고 할 수 있다. 셋째로 명상을 포함한 불교 수행이다. 불교와 과학의 대화는 첫 번째에 해당하는 것이고, 나머지 두 가지는 불교의 사적 영역에 해당한다고 그는 껄껄 웃으면서 말했다.

불교 과학은 외부의 물리적 현상과 내부의 심적 현상의 탐구를 모두 포함한다. 그러나 현대 과학은 외부에만 초점을 맞춘다. 달라이 라마가 우리에게 말했다. 이런 현상들에 대한 당신들의 지식은 대단히 앞서 있다. 그래서 불교가 현대 과학에서 배우는 것은 유용하다. 그러나 불교에서 실재를 탐구하는 주요한 이유는 단순히 지식을 얻는 데에 있지 않다. 그 이유는 마음의 평화를 획득하는 것이다. 마음의 평화를 얻는 데 주된 방해물은 내적인 데서 일어나고 그것은 우리의 마음에 속하기 때문에, 치료도 반드시 마음속에서 나와야 한다. 우리는 어떤 심적 현상이 방해물이고 어떤 것이 이런 방해물을 제거할 수 있는 것인지를 이해해야만 한다. 그래서 불교에서는 다양한 심적 상태들에 대한 세밀한 용어들이 많이 있다. 그리고 불교는 물리적인 실재의 탐구보다 마음의 탐구에 더 강조점을 둔다.

그렇지만 다양한 불교학파들은 실재에 대해 서로 다른 설명을 내놓는다고 달라이 라마가 말을 이었다. 그는 이런 학파들이 서로 반박할 때 우리는 가장 포괄적인 탐구방법들을 사용하고 가장 믿을 만한 최상의 관점에 의지해야 한다고 했다. 그리고 달라이 라마는 금강승이 최상의 관점을 갖고 있으며 마음에 대한 탐구에 있어서 가장 정확하고 믿을 만하다고 생각하며, 특히 마음과 물질이 서로 어떻게 연관되어 있는가라는 어려운 문제는 금강승의 답변이 가장 적절하다고 생각한다고 했다.

여기에서 한 가지 문제가 되는 것은 거친 것부터 미묘한 것에 이르는 의식의 서로 다른 차원에 대한 것이라고 달라이 라마가 말하였다. 의식에 여러 다양한 차원이 있는 것과 마찬가지로 에너지에도 여러 다양한 차원들이 있다. 대략적으로 말하면 금강승의 관점에서 한 사건이나 현상이 의식적인 것인 한, 그것은 반드시 물리적 사건이나 물리적 현상에 의존한다. 일반적으로 그렇게 대략적으로 말할 수 있고, 이것은 아마 과학자들에게 큰 위안이 될 것이다. 그러나 달라이 라마는 다음에 즉시 '하지만'이라는 말을 붙였다. '하지만' 또는 단서 조건은 미묘한 의식의 물리적 기반(에너지)도 아주 미묘한 종류라는 것이다. 그것은 모든 움직임 또는 자극을 동반한다. 심지어 뇌세포의 차원에서도 그렇게 작동한다. 심적 움직임도 그 에너지에 의한다. 그래서 물질에 대한 과학적 개념은 이런 미묘한 에너지를 적절하게 평가하기 위해서 수정되어야만 한다.

그러고 나서 달라이 라마는 그 방에 있는 티베트 학자와 승려들을 향해 말했다. 우리 불교도들은 실재에 대한 분류 체계를 그 뜻을 충분히 알지도 못하는 어린 나이 때부터 배웠다. 우리는 영원한 현상[無爲法]과 무상한 현상[有爲法]을 구분하고, 무상한 현상을 다시 물질적 현상[色法], 심적 현상[心/心所法], 추상적 존재나 관념들[不相應行法]로 구분한다. 우리는 아주 어렸을 때 이런 분류 체계를 배웠기 때문에, 물질과 마음이 두 개의 독립되고 구분된 실재라고 가정하는 경향이 있다. 그러나 우리는 이런 경향을 주의해서 살펴보아야만 한다. 금강승의 관점에서 보면 모든 심적 사건은 물리적인 면을 갖게 된다. 그리고 금강승 수행을 하지 않더라도 우리는 매일 매일의 삶에서 각성 상태에서보다 미묘한 의식을 경험한다. 꿈이나 깊은 수면과 같은 상태에서가 그렇다. 이것들은 뇌를 조건으로 한다. 그래서 우리 불교도들은 이런 종류의 의식이 뇌의 처리과정에 의존적이라고 과학자들이 말할 때 놀랄 필요가 없다. 왜냐하면 우리는 이런 의식 상태에는 뇌가 필요하다는 것을 알고 있기 때문이다.

달라이 라마는 계속해서 이번에는 과학자들을 향해서 이런 의식 상태들은 불교에서는 거친 차원의 마음에 속하는 것들이라고 말했다. 금강승 관점에서 보면 의식은 여러 미묘한 차원들이 있고, 각각의 차원에는 다양한 단계들이 있다. 이런 단계들은 죽음의 과정에서 식별될 수 있다. 사람이 죽을 때 감각 의식의 다섯 가지 양태가 더 이상 기능을 하지 않게 되자마자 80가지 종류의 생각의 상태 또는 '개념들(conceptions)'도 점차로 해체되어간다고 전통적으로 말해진다. 이 생각의 상태를 '심적 과정을 나타내는 80가지 개념들'이라고 부른다. 달라이 라마는 80가지 개념이 사라지면 호흡이 멈춘다고 말했다. 80가지 개념이 모두 완전히 해체되면 아마도 뇌 기능도 멈출 것이다. 그 지점까지 모든 심적 과정들, 모든 종류의 다양한 감각적, 심적 의식 경험들은 뇌를 조건으로 한다. 그러나 80가지 심적 상태가 모두 사라지면, 소위 '현전(appearance)'의 단계에 이르게 된다. 이 단계와 뒤따르는 단계들은 뇌를 초월한다.

나는 달라이 라마가 죽음의 과정에 대해 풍부하고 정교한 티베트 불교 현상학을 인용하고 있다는 것을 알았다. 이런 이해에 의하면 내적 마음이 떨어져 나가면 '현전' 단계, 즉 자각의 보다 미묘하고 깊은 차원이 나타나기 시작한다고 한다. 이런 의식 단계의 경험은 전통적으로 극도의 명료성과 공성(vacuity)의 서광, 마치 달빛이 청정무구한 가을 하늘을 비추고 있는 밤하늘과 같은 하얀 빛의 서광으로 기술된다.[18]

달라이 라마는 이제 이런 종류의 의식이 과학적으로 탐구될 수 있는가 하는 의문으로 되돌아갔다. 그는 한 가지 가능한 길은 티베트 전통 불교가 '밝은 빛의 상태(clear light state, 淨光明)'라고 부르는 상태에 들어가 있는 명상가를 대상으로 실험하는 것이라고 말했다.

나는 바렐라가 조직한 초기의 '마음과 생명' 대화가 떠올랐다. 거기에서 달라이 라마는 과학자들에게 티베트 불교의 개념인 밝은 빛의 마음(clear light mind)에 대해 처음으로 설명하였다.[19] 그의 설명에 의하면 금강승 체계에는 세 가지 차원의 마음(거친 마음, 미묘한 마음, 아주 미묘한 마음)이 있다고 한다. 거친 차원은 감각적 경험이다. 미묘한 차원은 개념적, 감정적인 심적 상태로서 죽음의 과정에서 감각기관이 더 이상 기능을 하지 않게 된 후에 해체된다. 그리고 아주 미묘한 차원이 이러한 해체의 끝에 현현하는 밝은 빛의 마음이다. 이것은 "밝은 빛의 경험, '동틀 무렵의 밝고 구름 한 점 없는 가을 하늘'과 같다고 말해지는 것으로서 가장 미묘한 마음을 가리키며, **본연의 밝은 빛**(natural clear light)으로 불리는 자각이다. 수행자가 그것에 대한 인식을 계속 유지하면, 마음 자체의 근원적인 본질을 알게 된다. 그런 밝은 빛이 다른 모든 심적 내용의 미묘한 기반이라는 것을 알게 된다."[20]

나는 종종 호흡이 그친 후에도 밝은 빛을 깨닫고 그러한 자각에 머물 수 있다고 말하는 뛰어난 티베트 명상가들이 서양의 임상적 기준에 비추어보면 죽은 것인지 산 것인지 궁금했었다. 이런 생각을 미리 짐작한 듯이 달라이 라마는 수년 전 인도의 한 병원에서 뛰어난 명상가의 죽음을 모니터하기 위해서 기계를 동원했던 일을 이야기했다. 그러나 그 기계가 있는 동안 아무도 죽은 사람이 없었다. 그러고 나서 나중에 수 주 동안 누군가 밝은 빛 상태에 있었을 때에는 그 기계가 없었다.

이때 앰허스트 대학의 물리학자이자 이 대화의 공동 창립자의 한 사람인 아서 자이언스(Arthur Zajonc)가 대화에 끼어들었다. 그런 밝은 빛 상태는 죽음의 순간에만 일어나는가? 아니면 깊은 명상 상태에서도 일어나는가?

나는 다시 초기의 '마음과 생명' 대화가 생각났다. 그때 바렐라와 달라이 라마는 의식에 대해 대화를 나누었다. 1987년의 첫 대화에서 달라이 라마는 이렇게 말하였다. "탄트라 설명에서 붓다에 의하면 모든 살아 있는 존재는 죽음의 순간에 밝은 빛 경험을 자연스럽게 합니다. 그러나 이런 경험은 명상 기법을 통해서도 일어날 수 있습니다."[21] 수년 후 그는 명상 기법이 어떻게 작동하는지에 대해 더 자세히 설명하였다.[22] 첫 단계에서는 죽음의 과정을 통과해가는 것을 상상력을 활용해 마음속으로 떠올려본다. 처음에는 각성된 의식 상태에서 시작하여, 그 다음에는 보다 미묘한 치원의 마음의 점진적인 해체로 이어지고, 그 후 밝은 빛의 상태에서 절정을 이룬다. 결국 이런 수행의 덕분으로 잠이 들 때의 심적 해체와 유사한 과정을 의식적으로 경험할 수 있다. 이것이 깊은 수면 상태를 받아들이는 것을 배우는 가장 좋은 방법이다. 이런 상태는 꿈 없는 깊은 수면에서 일어난다. 두 번째 단계에서는 실제로 심적 해체의 과정이 일어나게 된다. 모든 인지적 활동이 물러가고, 대신 단순히 그것을 이미지화한다. 이 단계의 어떤 수준에서 밝은 빛 자체가 현현할 것이다.

아서의 질문에 대한 대답으로 달라이 라마는 오랫동안 그가 생각한 것을 우리에게 말하였다. 즉, 의식에 대한 불교의 설명은 마치 지폐와 같은 것이다. 지폐가 가치가 있는가의 여부는 그 지폐에 상응하는 금 보유고에 달려 있는 것과 마찬가지로, 불교적 설명은 수행자들의 명상 기법과 그 기법들이 낳는 경험에 달려 있다. 이런 이유로 오랫동안 달라이 라마는 깊은 산속에서 생활하며 수행에 헌신하는 일부 승려들과 요기들을 격려하였다. 어떤 승려는 아주 기이한 경험을 하기도 한다. 여기가 명상을 통한 경험들을 재생산하는 티베트 불교의 실험실이라고 달라이 라마는 말했다. 이것을 하기 위해서는 일념으로 모으는 정신력과 집중이 적어도 4시간 동안 약간의 흔들림도 없이 주어진 대상에 완전히 깨어 있고 안정된 상태로 있을 수 있어야 한다. 그러면 외부의 대상이 아니라 신체 내부의 에너지 채널과 부위를 명상하는 데 일념으로 모으는 정신력을 이용할 수 있고, 이것이 마침내는 에너지를 움직이게 만들어 몸에 실제적인 영향을 미칠 수 있게 된다. 우리가 이런 경험을 한 명상 수행자 수준에 도달하면, 과학자들에게 새로운 현상과 새로운 이해를 줄 것이다.

이런 논의들은 대화의 공동 설립자인 리차드 데이비슨을 논의에 끌어들였다. 데이비슨이 이번에 다람살라를 방문한 목적 중 하나는 아주 민감한 열 카메라로 멀리서나마 체온을 재는 것이라고 했다. 그는 달라이 라마가 지금 격려해주고 이전에 제안했던 것과 같은 일을 할 수 있게 되기를 희망했다. 그가 바라는 것은 위대한 명상 수행자들이 죽을 때 그들을 모니터하여 밝은 빛 상태에 대한 탐구를 시작할 수 있는지를 아는 것이다. 그리고 카메라를 다룰 수 있도록 티베트 승려들을 훈련시켜서 자신들이 떠나고 난 뒤에도 그것을 사용할 수 있도록 하겠다고 했다. 이것이 엄격한 과학적 방식으로 죽을 때의 밝은 빛 상태를 연구할 수 있는 최첨단의 방법일 것이다.

달라이 라마가 아주 좋다고 대답하였다. 달라이 라마는 최상의 후보자는 그 사람이 죽을 때까지 기다려야 되는 수행자보다는 살아 있는 동안 밝은 빛 경험을 할 수 있는 수행자일 것이라고 말했다. 죽음 이후에 무엇이 일어나는가 하는 것은 정말로 미스터리다. 그러나 만약 명상 수행의 결과 심적 해체 과정을 의도적으로 야기할 수 있는 요기가 있다면, 이것은 정말 최고일 것이다. 그러한 사람은 '심적 과정을 나타내는 80가지 개념들'을 넘어서서 '현전'의 단계에 도달할 수 있는 사람이다. 달라이 라마는 그런 요기는 죽어가고 있는 사람과 같은 물리적 표현(마치 죽음에 도달할 때의 경험과 꼭 같이 호흡이 멈추고 뇌 활동도 중지된다)을 반드시 보여야만 한다고 했다.

나는 달라이 라마가 묘사한 그런 명상 상태가 죽음과 정확하게 일치할 수 있을지 의문이다. 왜냐하면 산소가 부족하면 재빨리 뇌의 파괴가 일어난다는 것을 알고 있기 때문이다. 아마도 그 상태는 동면과 더 유사한 것으로, 대사 활동이 급작스럽게 저하하는 상태일 것이다. 그러나 이 상태는 동면과 달리 깊은 명상을 통해서 성취된 것이다. 그러나 우리의 아침 세션은 거의 끝에 도달하여 더 이상 질문할 시간이 없었다.

달라이 라마는 껄껄 웃으면서 과거에 이런 경험을 한 위대한 수행자들이 모두 거짓말을 하지는 않았을 것이라 믿는다고 말하며 대화를 마쳤다. 그들 중 일부는 거짓말을 했을지도 모르지만, 모든 사람이 거짓말하지는 않았을 것이다. 그들이 그렇게 말한 데는 분명히 어떤 근거가 있었을 것이다. 달라이 라마는 30세 때 이런 명상 기법의 수행을 간절히 바랬다고 한다. 그러나 시간이 허락되지 않았고, 이제는 너무 늦어버렸다. 그는 웃으면서 이제 자신은 보통 사람으로서의 죽음을 선호한다고 말하였다.

순수 자각은 뇌에 의존하는가?

나는 달라이 라마와 대화를 나눈 후 두 가지 생각에 빠져 있었다.

첫째, 나는 의식의 보다 미묘한 차원과 순수 자각의 빛나는 성질에 대한 설명은 의식의 근본 현상을 경험한 위대한 명상 수행자들의 진지한 보고에 기반을 두고 있다고 확신한다. 이런 설명은 내가 '고전적 현상학'이라기보다는 일종의 '양자 현상학'으로 생각하고 싶은 것을 뒷받침해준다고 볼 수 있다. 그것은 고도의 정제된 관찰에 기반을 두고 있으며 미묘하거나 세밀한 현상을 기술하고 있다. 이런 현상은 거칠거나 거시적 차원과 같은 덜 정제된 관찰에서는 분명하게 나타나지 않는다.

둘째, 나는 또한 이런 설명들이 그것들을 낳은 사유와 수행 체계들에 의해 형태가 지워지며, 그래서 이 수행 체계들 내에서 직접 경험에서 나온 것과 그 경험의 해석에서 나온 것을 구별하는 것이 중요하다고 믿는다. '해석'이란 단어로 내가 의미하는 것은 특별한 문화적 전통과 공동체에 속하는 사유와 수행의 체계를 통해서 경험이 개념화되고, 서술되고, 가르쳐지는 방식을 말한다. 더구나 명상의 개인적인 경험이 어떻게, 어느 정도까지 이런 넓은 의미에서의 해석으로 직접적으로 형태가 지워지는지, 또한 어느 정도의 명상 경험이 해석의 틀을 넘어서 의식의 보편성을 드러내는지에 대해 열린 마음으로 질문을 던져봐야 한다.[23]

내가 이런 점을 지적하는 이유는 밝은 빛 상태가 뇌에 의존하고 있지 않다는 관점은 경험에 대한 형이상학적 해석이라고 생각하기 때문이다. 나는 직접 경험 그 자체만으로 순수 자각이 뇌와 독립적이라는 것을 보여주거나 확립할 수 있다고 생각하지 않는다. 결국 견해는 추론에 의지할 수밖에 없다. 즉 우리가 사실로 결론내리는 것은 사실로 보이는 것에 근거해서 추론하는 것이다.

특히 달라이 라마가 언급했던 것처럼 순수 자각은 뇌에 의존하지 않는다는 견해는 불교가 현대성과 복잡한 조우를 하면서 형성된 해석이다.[24] 전통적 티베트 불교는 뇌에 관한 어떠한 실질적인 것도 몰랐다. 그리고 우리에게 친숙한 인지 기관으로서의 뇌라는 개념은 그들의 지적 체계에서는 전혀 설 자리가 없었다. 그래서 순수 자각과 뇌의 관계에 대한 설명은 전통적 불교 개념들과 그 개념들로 묘사한 경험의 현대적 해석을 표현하고 있다. 물론 우리가 본 것처럼 인도와 티베트 불교철학의 근본적 차원에서 의식은 뇌에 의존하지 않는다고 하는 이유(의식은 비물질적인 것이고, 뇌는 물질적인 기관이기 때문)를 발견할 수 있다. 그렇지만 이런 견해에 대한 오늘날의 표현들은 전통적 불교 신념의 현대적 해석을 드러내고 있다는 점을 간과하지 않는 것이 중요하다.

19세기 이후 불교가 현대성과 만나는 가장 놀라운 모습은 아시아 불교인과 서양 불교 개종자들 사이에서 불교는 다른 종교와는 달리 현대 과학과 양립 가능할 뿐만 아니라, 불교 자체가 '과학적'이거나 일종의 ‘마음 과학’이라는 점을 주장하는 방식이었다.[25] 그러나 이런 전략은 장점과 단점 모두를 가지고 있고, 불교가 과학적 측면에서 비판적인 시험에 개방적이어야 함을 의미하였다. 순수 자각이 뇌와 독립적이라는 견해를 평가하려면, 불교도들이 이런 견해를 지지하기 위해 제시하는 추론과 증거를 검토할 필요가 있다.

이제 나는 뇌과학의 관점에서 순수 자각에 대한 의문점을 직시하고자 한다. 그러나 결국 우리는 논의의 전체 틀을 전복시키고 직접 경험의 관점으로 다시 돌아가야 할 필요가 있음을 알게 될 것이다.

뇌과학의 관점에서 순수 자각이 뇌에 의존하지 않는다는 견해를 지지하는 데 사용되는 추론에 대해 기본적으로 던져야 하는 개념적 질문이 있다. 이런 추론은 내적 경험을 통해서만 의식의 신경학적 근거에 대한 결론을 이끌어낼 수 있다고 가정한다. 그러나 이런 가정은 정당하지 않다. 왜냐하면 주관적 경험은 뇌와 의식을 근거 짓는 뇌의 역할에 대해 어떤 것도 직접적으로 드러내지 못하기 때문이다. 각성 의식, 꿈꾸는 의식, 꿈 없는 깊은 수면은 모두 뇌에 의존한다는 것(달라이 라마가 인정한 부분)을 생각해보라. 그렇지만 이런 상태들에 대한 주관적인 경험은 그 상태들이 뇌에 의존한다는 것을 드러내지 못한다. 뇌에 의존한다는 것을 밝히기 위해서는 뇌과학이 필요하다. 순수 자각에 왜 이런 동일한 논리가 적용될 수 없는가? 어떻게 경험 그 자체로 간단하게 순수 자각이 뇌와 연관되어 있는지를 말할 수 있겠는가? 더 중요한 문제는 이것이다. 어떻게 순수 자각의 경험만으로 순수 자각이 뇌와 독립적으로 일어날 수 있다는 것을 합당하게 추론할 수 있겠는가?

때로 달라이 라마는 앞에서 말한 것과는 반대되게도, 순수 자각 또는 밝은 빛 상태가 신경 상관물을 가질 가능성에 대해 개방적인 듯 보인다. 달라이 라마는 『족첸(Dzogchen, 위대한 완성)』이라고 불리는 티베트 명상과 철학 체계를 다루는 자신의 책에서 다음과 같이 말한다.

> 밝은 빛의 궁극적 경험이 일어날 때, 다른 형태의 모든 의식, 거친 차원의 마음(감각적 기능들, 감각적 의식, 거친 차원의 심적 의식)은 모두 해체되고 호흡은 멈춘다. 그러나 아직 확실하지 않고 확정되지 않은 하나의 의문은 그런 상태에서 뇌의 아주 미묘한 기능이 여전히 존재하는가 하는 점이다. 이것은 우리가 앞으로 밝혀내야 할 문제이고 나는 수많은 뇌과학자들과 이에 대해 논하였다. 뇌과학의 전제를 고려하면 의식, 자각, 심리 상태는 뇌의 상태이고, 밝은 빛의 상태에서 뇌가 여전히 어떤 기능을 유지하고 있는지 밝혀내야만 한다.[26]

뇌과학적 관점에서 뇌가 기능하고 있는 상태로 고도의 명상가들이 순수 자각을 직접 경험할 수 있다면, 이때의 작업가설은 순수 자각이 뇌에 의존한다는 것이다. 물론 순수 자각을 경험할 때 어떤 뉴런 시스템과 기능들이 작동하는지 아직 우리는 모른다는 것을 덧붙이지 않으면 안 된다. 그렇지만 이런 경험의 신경학적 근거가 원리상으로 발견 가능하다고 생각한다.

뇌과학은 마음과 몸에 대한 금강승의 견해에 대해서도 동일한 주장을 할 수 있다. 금강승에 의하면 모든 의식적 순간은 물리적 기반에 의존하고, 이때 '물리적'이라는 것은 거친 의식이나 감각적 의식의 물질적 기반과 순수 자각의 미묘한 에너지 기반을 의미하는 것으로 이해된다. 그러나 명상 수행자가 이런 미묘한 에너지 기반을 자신이 느끼는 방식으로 확인, 즉 주관적으로 경험하는 것이라면 동일한 질문이 제기된다. 그렇다면 우리는 어떻게 경험 그 자체로 이 느껴진 에너지가 뇌를 포함한 살아 있는 신체와 연관되어 있는지를 말할 수 있겠는가? 우리는 어떻게 경험만으로 이런 미묘한 에너지가 생물학적 근거 없이 독립적으로 발생할 수 있다고 합당하게 추론할 수 있겠는가?

뇌과학적 관점에서 고도의 명상 수행자들이 직접적으로 순수 자각의 미묘한 에너지 기반을 경험한다면, 이때의 작업가설은 미묘한 에너지가 살아 있는 신체에 의존한다는 것이다. 살아 있는 신체에 대한 현재의 과학적 이해와 연관시켜 이런 미묘한 에너지를 어떻게 해석할 것인가 하는 것은 여전히 열려 있는 의문이다. 아마 그 에너지는 현재의 생리학적 모델의 그 무엇에 대응할 것이다. 대응하는 것이 없다면 그 생리학적 모델을 재구성하거나 풍부하게 할 필요가 있을 것이다. 어느 경우이든지 이런 에너지의 생리학적 근거는 원칙적으로 특정하여 구별될 수 있어야 한다.

달라이 라마는 종종 과학을 부정하기보다는 포용하고 싶어 하는 종교지도자의 다소 기이한 예로서 인용된다. 『한 원자 속의 우주』라는 책의 첫 부분에 나오는 말을 살펴보자. "과학에 뛰어든 확신은 나의 기본 신념에 따른 것이다. 즉 과학에서와 마찬가지로 불교에서도 실재의 본질에 대한 이해는 비판적 탐구로 추구된다. 과학적 분석으로 불교의 어떤 주장들이 잘못된 것으로 판명난다면 우리는 과학의 발견을 받아들이고 불교의 주장을 버려야만 한다."[27] 동시에 달라이 라마는 항상 툽텐 진파(Thupten Jinpa) — 그의 수석 영어 통역자이자 중요한 불교 학자 — 가 '단서 조건'이라고 부르는 것을 조심스럽게 덧붙인다. 진파의 말을 들어보자.

> 달라이 라마는 … 과학적 방법의 범위와 그 적용을 이해하는 데 비판적인 입장을 견지하였다. 중요한 방법론적 원리(쫑카파(Tsong Khapa)에 의해 처음으로 핵심적인 원리로 완전히 발전되었다)를 적용함으로써 달라이 라마는 과학적 방법을 통해서 부정된 것과 과학적 방법을 통해서 관찰되지 않은 것 사이를 구분하는 것의 중요성을 강조하였다. 다른 말로 하면 그는 무엇을 발견하지 못한 것과 그것의 비존재를 발견하는 것 두 과정을 뒤섞지 말라고 우리에게 주지시켰다. 예를 들면 현재의 과학적 분석으로는 지금까지 윤회의 증거가 발견되지 않은 것 같지만, 그것이 과학이 윤회의 존재를 부정한다는 것을 의미하지는 않는다.[28]

그런 단서 조건으로 티베트 불교도들은 과학이 뇌와 독립된 의식 형태에 대한 증거를 발견하지 못한 것 같지만, 그렇다고 해서 과학이 그런 형태의 의식을 부정하는 것은 아니라고 주장한다. 이런 주장을 하는 또 다른 방법은 실험 과학의 논리에서의 구분을 사용하는 것이다. 즉 '증거의 부재'는 '부재의 증거'와 동일하지 않다는 것이다. 그러므로 뇌에 의존하지 않는 의식 형태에 대한 증거의 부재가 그러한 의식의 부재 또는 비존재의 증거와 같지는 않다.

그러나 뇌과학적 관점에서 보면 이런 논증은 논리적으로 건전하게 보이지만, 뇌과학이 티베트 불교의 견해에 제기하는 주요한 도전에 제대로 대처하는 것은 아니다. 즉, 뇌과학은 뇌에 의존하지 않는 의식에 대해 확실한 증거를 제시하라고 불교에 도전하고 있는 것이다. 일인칭적 보고만으로는 그런 증거를 제공할 수 없다. 그리고 삼인칭적 관찰에서 오는 믿을 만한 증거도 없다.

한편, 순수 자각에 대한 일인칭적 보고, 특히 순수 자각의 빛나는 본질은 살아 있는 신체에 의존하지 않는 듯이 느껴지므로 (추론을 유의해라) 뇌에 의존하지 않는다는 것은, 사실 순수 자각이 뇌에 의존하지 않는다는 것에 대한 증거가 되지 못한다. 설사 순수 자각 경험이 어떠한지에 대해 중요한 정보를 제공한다고 하여도 마찬가지이다. 철학적 용어를 사용하면 이 보고들은 경험의 '현상적 특징'에 대해 정보를 제공하지만, 경험이 어떻게 물리적으로 체화되어 있는지를 말해줄 수 없다. 왜냐하면 경험의 현상적 특징은 물리적 체화에 비해서 '투명하지' 않기 때문이다. 아무도 내면적 경험을 '관통해서 볼' 수 없고, 그 물리적 기체 또는 근거의 본질을 완전하게 꿰뚫어 볼 수 없다.

이런 사고방식은 물질과 의식이 서로 완전히 다른 본질을 지니고 있다는 다르마끼르띠의 견해에 의문을 제기한다. 경험의 현상적 특성이 갖는 물리적인 체화 방식이 투명하지 않다면, 의식은 심적 자각을 통해 내부에서 경험되고 물질(matter)은 감각을 통해 외부에서 경험되기 때문에 그것들은 전적으로 다른 본질을 지니고 있다고 결론 내릴 수 없다. 보다 중요한 것은 의식과 물리적 실재(physical reality)는 전적으로 다른 본질을 지니고 있다고 결론 내릴 수 없다는 것이다. 물리적(physical)인 모든 것이 물질적인(material) 것은 아니다(장(field)과 힘(force)은 물리적인 것이지만 물질적인 것은 아니다). 그래서 내면의 의식이 물질적인 것이 아닐 수 있지만(열려 있고 차단되지 않고 빛나는 것이기 때문에) 그럼에도 불구하고 그것은 물리적일 수 있다(이런 현상적 성질들은 그럼에도 불구하고 물리적인 것일 수 있다).

더구나 엄격하게 말해서, 달라이 라마에 의하면 순수 자각에 대한 일인칭적 보고는 필연적으로 항상 사후(事後)의 일이다. 말하자면 순수 자각 경험의 사후 보고인 셈이다. 왜냐하면 순수 자각 또는 밝은 빛 상태는 비개념적이고 모든 사고와 자아감에서 벗어나 있기 때문이다. 심지어 달라이 라마는 그런 일인칭적 보고들은 어떤 의미에서는 삼인칭적 보고와 유사하다고 한다. 왜냐하면 그것들은 경험의 외부 관점에서 형성된 것이기 때문이다.

> 아주 미묘한 에너지-마음이 현현할 때, 그것은 그 대상으로 밝은 빛을 가지지 않는다. 그것은 하나의 대상으로 어떤 것을 파악하지 않는다. 그것 자체가 밝은 빛이다. 마찬가지로 당신이 명상의 적정(equipoise, 寂靜)에 거하면서 궁극적 실재를 경험할 때 스스로는 명상적 적정에 있는 것을 인식하지 못한다. 그러나 그런 깊은 명상적 통찰에 아주 잘 훈련되어 있다면, 그런 경험을 한 이후에 그것을 되돌아보면서 생각할 것이다. "그때 나는 밝은 빛을 경험하고 있었다." 이것은 이제 어떤 의미에서는 삼인칭적 관점이다. 이것은 그때 당시의 명상적 적정에 대한 자신의 경험을 되돌아보는 외부자의 시각이다. 그러나 당신은 틀림없이 그 상태 자체에 있는 동안에는 어떤 것도 생각하지 않을 것이다. 당신은 존재, 비존재, 또는 어떤 다른 개념적 범주에서 생각하고 있지 않다.[29]

이렇게 하여 우리는 순수 자각이 어떻게 살아 있는 신체에 의존하지 않는 듯이 느껴지거나 여겨지는지에 대한 일인칭적 보고가 기능적 뇌를 가진 체화된 개인이 개념적 마음의 관점에서 과거 경험을 회상적으로 판단하는 것임을 알 수 있다. 그런 판단은 경험에 대한 해석을 나타내는 것이고, 그 자체로 순수 자각 또는 밝은 빛 상태가 뇌를 포함한 살아 있는 신체에 전반적으로 의존하지 않는다는 것을 보여주지는 않는다.

다른 한편, 외부적으로 판단했을 때 신체 기능이 정지되거나(죽음),

일종의 정체 상태(특정 명상 상태)인 순수 자각에 '머무르고 있는' 사람에 대한 삼인칭적 관찰은 현대의 정신생리학적 실험으로 보강될 필요가 있다. 그렇게 하면 순수 자각의 정확한 생리학적 상관물을 파악할 수 있다.

달라이 라마의 단서 조건을 뇌에 의존하지 않는 의식의 가능성에 적용해볼 때, 우리는 무엇을 '부정하는 것'이 어떤 의미인지, 또는 '비존재를 발견하는 것'이 어떤 의미인지를 물을 필요도 있다.

한편으로, 만약 어떤 것을 '부정하는 것'이 그것의 부재에 대한 증거에 기반을 두어 그것의 존재를 부인하는 것을 의미한다면, 그때에는 다음과 같이 주장할 수 있을 것이다. 즉, 우리가 뇌의 부재 상태에서 어떠한 의식의 흔적도 발견할 수 없다면, 우리는 그러한 의식의 부재에 대한 증거를 갖는 것이 사실이다.

우리가 사용하는 원리는 다음과 같이 말할 수 있다. 즉, 믿을 만한 발견 방법을 사용하였지만 아무것도 발견되지 않는다면, 그때에는 아무것도 없다고 결론을 내리는 것이 합당하다는 것이다. 예를 들면 가이거 계수기에서 배경 복사(additional radiation)가 없다고 하면, 우리는 다른 배경 복사는 없다고 결론 내린다.

그러나 이것을 의식에 적용하면 이런 논증은 심각한 문제를 야기한다. 왜냐하면 이것은 우리가 의식의 존재를 발견할 수 있는 믿을 만한 과학적 발견 방법을 갖고 있어서 어떤 경우라도 의식의 존재 여부를 상당한 확실성을 갖고 말할 수 있다는 것을 전제로 하기 때문이다. 사실 우리는 이런 방법을 갖고 있지 못하다. 다음 절에서 나는 중요한 포인트를 다시 한번 언급할 것이다.

다른 한편, 무엇을 '부정하는 것'이 비존재를 연역적으로 증명하는 것을 의미한다면, 과학은 이런 식으로는 거의 진전을 하지 못할 것이라고 주장할 수 있다. 진전을 보이는 것은 연역적 증명이 가능한 수학에 대한 의존도가 높은 추상적, 이론적 영역일 것이다. 그래서 다시 한번 문제는 뇌에 의존하지 않는 의식 형태의 비존재성을 증명할 수 있는가 여부가 아니다. 문제는 그런 의식의 존재를 믿을 수 있게 해주는 강력한 실증적 증거의 유무이다.

지금까지 나는 순수 자각은 뇌에 의존하지 않는다는 티베트 불교의 견해와 이런 견해를 지지하는 달라이 라마의 단서 조건에 대해 회의적인 목소리를 높였다. 간단히 말해서 뇌과학의 관점에서는 뇌를 포함한 살아 있는 신체에 의존하지 않는 의식에 대한 강력한 증거(믿을 만한 실증적인 증거)가 현재로서는 없다.

(어떤 사람들은 이런 증거를 찾기에 좋은 것이 '유체이탈 경험', '임사 체험', 전생의 기억이라고 한다. 이것은 7장과 9장에서 다룰 것이다.)

그러나 달라이 라마의 단서 조건에는 보다 깊은 메시지가 있다. 그것은 의식 연구에 관련된 과학적 방법의 범위와 한계에 대한 것이다. 달라이 라마의 깊은 메시지는 우리 논의의 전체 틀을 전복시키고, 내가 직접 경험의 우선성(primacy)이라고 부르는 것을 깨닫게 해준다.

직접 경험의 우선성

툽텐 진파가 단서를 언급하는 지점으로 다시 되돌아가 보자. "달라이 라마는 **과학적 방법을 통해서** 부정된 것과 그러한 **과학적 방법을 통해서** 관찰되지 않은 것 사이를 구분하는 것의 중요성을 강조하였다(고딕체는 내 강조)." 여기에 보다 깊은 핵심적인 메시지가 있다. 즉 **의식 자체는 과학적 방법을 통해서 관찰된 적도 없었고, 관찰될 수도 없다. 왜냐하면 과학적 방법을 통해서는 의식 자체에 직접적으로 접근하거나 독립적으로 접근하지 못하기 때문이다. 그래서 과학적 방법은 의식에 관련된 문제에 대해 최종적으로 말할 수 있는 것이 없다.**

이것이 무엇을 의미하는지 파헤쳐 보기 위해서, 나는 첫째로 우리가 왜 과학적 방법을 통해서 의식에 **직접적**으로 접근할 수 없는지 설명하고자 한다. 그리고 둘째로 과학적 방법을 통해서 의식에 **독립적**으로 접근하지 못하는 이유를 설명하고자 한다.

과학적 방법을 통해서는 의식 자체를 측정은커녕 발견할 수도 없다. 철학자 데이비드 차머스는 "우리에게는 의식 측정 기구가 없다." 라고 말한다.[30] 주된 이유는 의식은 그런 식으로 측정할 수 있는 종류의 현상이 아니라는 것이다. 측정 기구는 공개적으로 관찰 가능한 성질을 기록한다. 예를 들면 온도와 같은 것이다. 화씨, 섭씨, 켈빈 등과 같은 측정 기구 기준점을 갖고서 그 양이나 정도가 어떤지를 파악한다. 그러나 의식 경험은 공개적으로 측정 가능하거나 양적으로 표시할 수 없다. 그것은 주관적이고 질적이다. 우리가 무엇인가를 측정하는 측정 기구를 만들 때는 이와 연관된 주관적이고 질적인 측면을 도외시해야만 한다. 마치 온도를 측정할 때 주관적인 따뜻함을 도외시해야 하는 것과 같다. 우리가 도외시해야 하는 것을 측정 기구로 사용하여 측정할 수 있다고 가정하는 것은 사리에 맞지 않다.

과학자들은 때때로 '의식 측정 기구'를 고안하는 것을 언급하기도 한다. 그러나 실제로 그들이 의미하는 것은 공개적으로 관찰 가능한 표시 또는 의식 현존의 표시자라고 여겨지는 그 무엇을 측정하는 것이다. 말하자면 뇌의 활성과 연관된 측정 가능한 요소이다. 예를 들면 이중 분광 계수(Bispectral Index, BIS)는 전신 마취를 한 환자의 의식 수준과 마취의 깊이를 파악하는 뇌파 측정 계수이다. 그리고 새로운 뇌파 기구와 기능성 자기 공명 영상은 진단 기준에 의해 '식물상태'라고 판명된 환자의 인지 기능을 평가하기 위해 고안된 것이다. 이런 식물 상태의 환자는 죽은 것은 아니고 살아 있지만, 자신과 자신을 둘러싼 환경을 전혀 알지 못한다.[31] 이런 환자 중 몇몇은 다른 것에는 반응하지 않으면서 언어적 명령에 반응하여 일정한 뇌파 또는 기능성 자기 공명 영상에 반응을 보이는 경우도 있다. 그러므로 이러한 뇌 반응 기준에 따라서 '최소한의 의식 상태(minimally conscious state)'로 재분류하기도 한다. 분명히 그런 연구는 의학적, 과학적으로 대단한 중요성을 갖고 있다. 그러나 의식 자체를 측정할 수 있다고 기대할 수는 없고(우리가 본 것과 같이 이것은 사리에 맞지 않다) 단지 의식의 신경 상관물을 더욱 정교하게 측정할 수 있다고 기대할 뿐이다.

우리는 또한 의식의 존재를 나타내는 신경생리학적 기준은 결국 언어적 보고 및 행동(지시에 따라서 단추를 누른다든지 하는 것)에 의존한다는 것을 기억해야만 한다. 왜냐하면 이런 언어적 보고와 행동이 자신의 의식에 인지적 접근을 하여 그 의식 수준과 내용을 보여주는 주요한 기준이기 때문이다. 의식 내용에 인지적으로 접근하여 보고할 수 있기 때문에 의식적으로 여겨지는 상태가 특정 뇌활성 패턴과 연관성이 있다고 하면, 우리는 이런 뇌활성 패턴이 의식의 믿을 만한 신경 상관물이라고 추정할 수 있다. 그래서 엄격하게 말하면 우리는 의식 자체와 뇌활성을 연관 지을 수는 없다. 오히려 의식의 믿을 만한 지표 혹은 표시자로 간주된 언어적 보고 또는 다른 인지적 수행과 뇌활성을 연관시켜야 한다.

이런 접근방법은 피할 수 없다. 그러나 의식의 실험적 탐구 또는 임상적 탐구가 야기하는 어려운 질문에 눈을 감아서는 안 된다. 언어적 보고나 인지적 수행을 못한다고 해서 그 사람이 아무것도 경험하고 있지 못하다고 어떻게 확신할 수 있는가? 언어적 보고에 필요한 뇌의 영역, 더 일반적으로 말해서 경험에 대한 인지적 접근에 필요한 뇌의 영역이 차단되거나 손상되었다고 해도 그 사람이 어떤 식으로든지 자각을 하고 무엇인가를 느낀다고 하는(여전히 일종의 주관적인 그리고 정서적인 상태로서 살아 있는) 말하자면 여전히 의식하고 있는 그런 경우들이 없다고 할 수는 없지 않은가?

더구나 이런 의문에 답하려고 하면 철학자 네드 블록(Ned Block)이

의식의 과학에서 '방법론적 퍼즐(methodological puzzle)'이라고 부른 심각한 수수께끼에 봉착하게 된다. 블록의 말을 들어보자. "의식 경험을 보고하는 데 필요한 인지적 접근 없이 의식 경험을 할 수 있는지의 여부를 우리가 어떻게 알 수 있겠는가? 왜냐하면 어떤 증거라는 것은 그것 자체가 인지적 접근에서 나온 보고이기 때문이다."[32] 과학자와 철학자들은 이런 문제를 다루는 다양한 방법들을 논했다. 그러나 여기서 내가 강조하고 싶은 핵심은 언어적 보고나 인지적 접근을 우회하여 바로 의식 경험 그 자체 또는 그 신경 상관물로 들어가는 방법은 없다는 것이다. 오히려 우리가 할 수 있는 최선은 이런 모든 기준들(언어적 보고와 신체 운동, 뇌활성의 특정 측정치의 유무)에 균형을 잡는 것이고 우리가 관찰한 것을 가장 적절하게 설명할 수 있는 것을 추론하도록 노력하는 것이다.

물론 일상생활에서 실제로 우리는 이런 방식으로 하지 않는다. 즉 외적 기준에 따라서 의식의 내적 존재를 추론하지 않는다. 대신 우리는 성찰 또는 숙고에 앞서서 이미 묵시적으로 다른 사람 모두가 의식적이라는 것을 안다. 그것은 공감을 바탕으로 이루어진다. 현상학적 전통의 철학자들이 보여주는 것과 같이 공감은 다른 존재의 행동과 제스처를 의식의 표현적 체화로 직접 지각하는 것이다.[33] 예를 들어 우리는 얼굴표정을 내적인 의식의 외부 표시로 보지만, 뇌파 소견은 그렇게 보지 않는다. 우리는 웃음 띤 얼굴에서 바로 즐거움을 보고, 눈물 어린 얼굴에서 바로 슬픔을 느낀다. 더구나 외부적인 기준을 고려해야만 하는 어렵고 까다로운 경우에서조차 의식의 지시자로서 그것이 갖는 의미는 결국은 의식의 사전 공감에 의존하고 그것을 전제한다.

이로써 나는 과학적 방법의 두 번째 주요 포인트에 도달하게 된다. 과학적 방법은 의식과 무관하게 의식 그 자체에 접근하지는 못한다. 의식 탐구를 위해 과학적 방법을 사용할 때, 우리는 필연적으로 의식 그 자체를 이용하고 의식에 항상 의존한다. 필연적으로 일인칭적인 지각적 관찰, 공감을 전제하는 지각 경험의 상호 주관적 확인, 또한 다른 사람들도 나와 같은 경험을 할 것이라는 전제는 실험과학의 기반이다. 게다가 과학적 방법은 질문을 하고, 가설을 만들고, 배경 조사를 하고, 자료를 분석하고, 결과를 상호 소통하는 것을 포함한다. 이런 모든 것이 의식 없이는 인간적 활동으로 가능하지도 않고 이해할 수도 없다.

요점은 의식이 실재와 어떻게 합치되는지를 보기 위해 의식 외부에서 의식을 쳐다볼 방법이 없다는 것이다. 과학은 항상 의식이 보여주는 장 안에서 움직인다. 과학은 이 장을 확대하고 새로운 전망을 열지만, 결코 의식이 제공한 지평선을 넘어설 수는 없다. 이런 식으로 직접 경험은 일차적이고 과학은 이차적이다.

하나도 아니고 둘도 아니다

직접 경험의 우선성으로 우리는 의식과 뇌의 관련성 연구 프로젝트에 대한 사유방식을 재평가해야 한다. 우리는 결코 의식을 벗어나서 의식이 무엇인가를 알 수 없고, 의식은 결코 체화의 맥락을 떠나서 나타나거나 드러나지 않는다. 우리가 해야 할 일은 의식과 뇌 어느 것에도 특권을 주지 않고 두 가지 포인트를 함께 고려하는 것이다.

우리는 결코 의식을 벗어날 수 없다고 말하는 것은 의식은 일종의 환원할 수 없는 우선성을 갖는다는 것을 의미한다.[34] 이런 우선성은 무엇보다도 실존적이다. 의식은 우리가 가진 그 무엇이 아니라 우리가 살고 있는 그 무엇이다. 의식은 우리가 존재하는 한 잃을 수 없는 것이다. 의식은 우리의 존재 방식이고, 의식은 대상화될 수 없다. 즉, 세상의 외부에 존재하는 그 어떤 대상처럼 다룰 수 없다. 왜냐하면 어떤 대상이라도 의식에 의해 우리에게 드러나기 때문이다.

의식은 또한 모든 과학적 탐구에서 인식론적 또는 방법론적 우선성을 가진다. 우리가 과학을 통해서 객관적인 지식을 어떻게 얻는지 살펴보자. 우리는 자신의 경험을 통해서 관찰자로서 일종의 합의에 도달할 수 있는 것들을 추출하고, 논리와 수학 등과 같은 도구들을 사용하여 모델을 만든다. 예를 들면 온도라는 물질의 순수한 구조적인 성질을 추출하기 위해서 차갑고 뜨거움의 개인적, 질적인 감각 경험은 제쳐둔다. 이런 객관적인 서술은 문맥상으로 물의 따뜻함 또는 차가움의 개별적인 차이와 같은 여러 다양하고 특이한 경험의 측면들을 논외로 하지만, 그 배후에 전체적으로 놓여 있는 의식을 결코 떠나지 못한다. 그것은 관찰의 다양한 시공적 척도에서 우리에게 세계가 어떻게 나타나는지에 대한 추상적이고 변치 않는 구조적 모습을 항상 그려준다. 그리고 의식 없이는 어떤 양태 또는 관찰이 있을 수 없다. 과학철학자 미셸 빗볼(Michel Bitbol)의 말을 빌리면 이런 객관적인 서술은 의식의 '구조적 잔재물(structural residue)'에서 구성된다고 한다. 즉, 우리의 구체적이고 질적인 세계 경험을 도외시하고, 경험을 표상하는 수학을 사용하여 얻은 것에서 구성되는 것이다.[35]

과학은 이런 식으로 항상 진행되어가야만 한다는 것을 고려하면, 의식 자체의 구조적 잔재물이라는 면에서 의식을 철저하게 아무 남김없이 설명할 수 있다고 생각하는 것은 사리에 맞지 않다. 다른 말로 하면 세계에 대한 과학적 모델은 항상 관찰자로서의 의식 경험의 추출물이라는 것을 고려하면, 의식을 뇌활성의 모델도 포함하여 한두 가지의 과학적 모델로 환원시키는 것은 사리에 맞지 않다.

이 지점에서 어떤 뇌과학자와 철학자들은 뇌과학은 의식이라는 것이 뇌의 처리과정 이외의 다른 것은 아니라는 것을 보여주거나 적어도 시사한다고 주장하고 싶을 것이다. 이런 '뇌물리주의자'의 이론에 의하면, 모든 의식 경험이 뇌활성의 일정한 패턴과 동일하다는 것을 증명하는 수많은 증거를 뇌과학이 제공해줄 것이다.[36]

그러나 뇌과학 자체는 이런 동일성을 증명해주지 못한다. 오히려 이런 동일성은 뇌과학이 보여주는 것, 즉 특정한 심적 사건은 특정 뉴런 활동을 조건으로 하거나 그것에 의존하고 있다는 것에 대한 형이상학적 해석일 뿐이다. 의식에 대한 모든 뇌과학적 실험에서 증거는 항상 심적 사건과 뉴런 사건의 동시 발생이다. 그리고 이것은 동일성을 확립하는 데 충분하지 않다. 엄격하게 말해서 인과적인 방법을 이용한 과학적 실험도 양방향, 즉 뉴런 사건에서 심적 사건으로 그리고 심적 사건에서 뉴런 사건으로 간다. 우리는 뇌에 영향을 가해서(직접 뇌를 자극함, 약물, 수술 등) 그 사람의 심적 상태를 변화시킬 수 있다. 그리고 그 사람의 심적 상태에 영향을 가해서(무엇을 상상하라고 해서, 어떤 방식으로 주의하라고 요구해서) 그 사람의 뇌활성을 변화시킬 수 있다.

더구나 뇌는 항상 체화되어 있고, 의식과 관계 맺고 있는 그 기능은 뇌가 놓인 신체와 환경을 포함하는 관계 체계와 동떨어져서 이해할 수 없다. 마음의 물리적 토대는 이런 체화된, 내포된(embedded), 관계적 네트워크이다. 뇌는 고립된 체계가 아니다.[37]

동시에 의식의 존재론적 우선성이 의식의 실존적, 또는 인식론적 우선성에서 나온다고 우리는 추론할 수 없다. 존재론적 우선성이라는 것은 모든 것이 그것으로 이루어져 있고, 모든 것이 발생하는 근거로서 작용하는 기본적 실재(primary reality)라는 의미이다. 이런 결론에 뛰어들 수 없는 한 이유는 그것이 논리적으로 따라 나오지 않기 때문이다. 우리가 아는 세계가 항상 의식에 나타난 세계라고 해서 그 세계가 의식으로 이루어져 있음을 논리적으로 함축하는 것은 아니다. 또 다른 이유는 의식이 존재론적인 우선성을 갖는다는 생각은 직접 경험의 증언과 일치하지 않기 때문이다. 이 직접 경험의 증언은 의식이 세계, 특히 살아 있는 몸과 환경에 의존하고 있다는 것을 말한다.

의식이 기본적인 실재이고 거기서 모든 것이 나온다는 견해는 『우파니샤드』에서 볼 수 있다. 이와는 대조적으로 초기 불교의 관점은 2장에서 본 것과 같이 의식은 '이름과 형태(名色)' — 전체적인 몸-마음-환경 복합체 또는 한 사람의 구성체 — 에 의존하는 반면, 역으로 '명색'은 다시 의식에 의존한다고 본다. 붓다의 말을 빌리면, "벗이여, 그렇다면 비유를 들겠다. … 예를 들어 두 갈대 묶음이 서로 의존하여 서 있는 것처럼, 그와 마찬가지로 명색을 의존하여 의식이 생겨나고, 의식을 의존하여 명색이 생겨난다."[38] 내 생각으로는 이런 견해가 의식의 실존적인 우선성에서 존재론적인 우선성으로 뛰어 넘어가는 견해보다 우리의 경험을 더 잘 설명해주는 듯이 보인다. 우리는 의식을 벗어날 수 없고, 의식은 항상 체화에 의존해서 나타나고, 우리는 체화를 벗어날 수 없지만, 우리의 체화는 항상 의식에 의존하여 나타난다. 서로 의지해서 서 있는 두 묶음의 갈대와 같이 의식과 체화는 하나도 아니고 둘도 아니다.

철학적 독자들은 이 지점에서 불만스러울 것이다. 내가 제시하고 있는 관점이 '창발론(emergentism)'의 한 버전은 아닌지? 창발론에 의하면 의식은 살아 있는 존재들의 고위 수준 속성이다. 이것은 하위 수준의 생물학적 및 신체적 과정에서 창발된다고 한다.[39] 만약 그렇다면 나는 의식은 과학적으로 설명 가능하다고 제안하고 있거나, '신비주의(mysterianism)'의 한 버전, 즉 인간의 마음은 의식과 자연계의 관계를 이해할 수 없다고 보는 주장을 제시하고 있는 것인가?[40]

내 견해는 다음과 같은 의미에서는 한 명의 창발주의자의 것으로 서술될 수도 있다. 나는 의식은 자연적 현상이고, 의식의 인지적 복잡성은 생명 존재의 복잡성이 점증함에 따라서 같이 증가한다는 견해를 견지한다. 의식은 물리적, 생물적 과정에 의존하지만, 또한 그것이 의존하는 물리적, 생물적 과정에 영향을 미친다. 또한 나는 인간의 마음은 의식이 자연적 현상으로 발생하는 방식을 이해할 수 있다고 생각한다. 그러니 나는 신비주의자가 아니다.

그렇지만 내 견해는 표준적인 창발론과는 다르다. 창발론의 표준적 형태에 의하면 물리적 본성은 그 자체 근본적으로 비정신적이고, 신체가 제대로 잘 조직화되었을 때 의식이 창발된다고 한다. 이런 견해는 심적 또는 경험적 존재를 본질적으로 배제하는 물리적 존재의 개념과 맥을 같이 한다. 그리하여 의식이 물리적 존재의 고도 수준 속성에 따라서 어떻게 발생하는지를 보여주려고 애쓴다. 그러나 나의 견해로는 심적 또는 경험적 존재를 의도적으로 배제하는 자연 또는 물리적 존재의 개념은 그 어떤 것도 의식과 자연에서의 의식의 위치를 제대로 설명하지 못할 것이다.

나는 이 결론을 앞서 논의한 의식의 우선성에서 도출되는 것으로 받아들인다. 의식은 그 본질상 경험적이고 기본적이고 제거할 수 있는 것이 아니기 때문에, 의식은 근본적 또는 본질적으로 비경험적인 것으로 환원해서 설명할 수 없다. 그렇지만 현대 과학의 대부분(전부는 아니라고 하여도)과 고전 과학은 물리적 현상을 근본적이거나 본질적으로 그 자체로, 경험적인 어떤 것과도 연관이 없는 것으로 간주한다. 그렇게 생각된 자연과 의식을 잇는 다리를 놓는 것은 불가능한 과제이다. 왜냐하면 이 두 개념은 상호 배제적이기 때문이다. 그러므로 의식이 어떻게 자연적 현상인가를 이해하기 위해서는 자연 또는 물리적 존재의 과학적 개념에 대한 혁명적인 전복이 필요하다.

이런 생각과 함께 우리는 달라이 라마가 다람살라의 '마음과 생명' 모임에서 말한 것들 중 하나 — 물질의 과학적 개념은 의식과 물질의 궁극적으로 비이원적인 관계를 설명하기 위해서 변화되어야만 한다. 즉 '미묘한 의식'과 '미묘한 에너지'가 서로에게 의존하고 있는 식으로 개념이 변화되어야만 한다 — 로 다시 돌아가자. 내 생각에 달라이 라마의 제안은 19세기의 '생기론(vitalism, 生氣論)'으로 돌아가자는 것이 아니라는 것을 이해하는 것이 중요하다. 생기론은 살아 있는 것들은 특수한 비물리적 요소 또는 실체를 가지고 있다는 이론이다. '물리적(physical)'이라고 말할 때 우리가 무엇을 의미하는지를 다시 생각해볼 필요가 있다. 물리적 존재는 가장 근본적인 수준에서 의식 또는 경험적 존재의 가능성을 자연스럽게 포괄하는 것으로 이해된다.

이런 생각을 따라가다 보면 우리는 다시 다르마끼르띠로 돌아가 유물론에 대항하는 그의 주장에서 중요한 통찰을 되찾아올 수 있게 된다. 다르마끼르띠가 다음과 같이 추론하였음을 상기하자. 물질과 의식은 완전히 서로 다른 본질을 지니고 있다. 결과는 반드시 원인과 동일한 본질을 가져야 한다. 그러므로 의식은 물질에서 발생할 수도 없고 물질에서 산출되는 것도 아니다. 이런 주장은 표준적인 창발론을 거부한다. 왜냐하면 근본적으로 또는 본질적으로 비정신적인 것으로 이해된 물리적 본질은 의식을 산출하거나 발생하는 데 충분하다는 것을 부정하기 때문이다. 다르마끼르띠의 이런 주장은 구식이라고 할 수 없다. 왜냐하면 표준적인 창발론을 거부하고 다르마끼르띠의 주장과 유사한 아주 강력한 주장을 최근 철학자 갤런 스트로슨(Galen Strawson)이 주장하고 있기 때문이다.[41] 두 경우 모두 핵심적인 통찰은 물리적 존재로부터 경험적 존재의 창발은 이해할 수 없다는 것이다. 물리적 현상의 개념이 근본적으로 또는 본질적으로 심적이거나 경험적인 것을 배제하기 때문이다.

다르마끼르띠가 심신이원론의 한 버전을 지지하는 주장을 하는 반면, 스트로슨은 '범심론(panpsychism)'을 지지하는 주장을 편다. 이원론은 물질과 의식은 완전히 서로 다른 별개의 성질을 지니고 있다고 말한다. 범심론에서는 모든 물리적 현상은 자신의 내적 본질의 일부로 약간의 경험을 지니고 있다고 말한다. 어떤 입장도 내게는 매력적이지 않다. 의식은 뇌에 의존하고 있지 않다는 다르마끼르띠의 이원론은 위에서 본 것과 같이 과학적인 증거와 부합하지 않는다. 스트로슨의 범심론도 마찬가지이다. 스트로슨의 입장에서는 '극소 경험(micro-experience)'을 극소 물리현상에 돌린다. 그렇지만 양성자나 전자가 그 나름의 경험을 하고 있다는 증거는 없다. '극소 경험'을 물리적 입자에 귀속시키는 것은 임시변통일 뿐만 아니라, 인간 또는 동물에서 '극소 경험'이 어떻게 정합적으로 공존하거나 결합할 수 있는지, 소위 '결합문제'를 야기한다.

나는 의식의 우선성과 표준 창발론의 실패에서 다른 메시지를 취하고자 한다. 우리는 물리적이라는 것이 무엇을 의미하는가에 대한 새로운 이해로 나아갈 필요가 있다. '물리적'이라는 것은 더 이상 본질적으로 비정신적 또는 비경험적이라는 것을 의미하지 않는다. 이것은 사변적이고 임시변통적으로 물리적인 모든 것(우리가 현재 물리적으로 생각하고 있는 것)은 자신의 내적 성질의 일부로서 부가적인 경험적 성분을 갖고 있다고 하는 가정과는 다르다. 대신 내가 제시한 이런 견해는 의식과 물리적 존재에 대한 현재의 이원론적 개념을 대신할 것이다. 이원론적인 이론은 처음부터 상호 배제적이지만, 비이원론적 틀에서는 물리적 존재와 경험적 존재는 서로를 내포하거나 또는 그 둘 사이의 중립적인 그 무엇에서 기인한다.[42]

의식과 뇌, 더 포괄적으로 말해서 의식과 신체를 연관시키는 이런 프로젝트는 우리를 어디로 향하게 하는가? 우리는 의식 또는 체화를 벗어날 수 없기 때문에, 의식의 범위 안에서 조심스럽고 정확하게 작업해야 한다. 의식이 밖으로 드러난 것인 행동 및 생리적 표현에 주로 초점을 맞추는 것 대신에, 의식의 내적 경험을 함양하는 데 동일하게 주의를 기울일 필요가 있다. 구체적으로 이것이 의미하는 것은 마음 훈련인 명상의 여러 종류들도 함께 연구할 필요가 있고, 이것을 마음과 생명의 실험적 과학을 모두 포함하는 보다 큰 틀 안에 안착시켜야 한다는 것이다. 명상 수행, 과학적 관찰, 측정을 직접 경험에 근거해서 파악하는 그런 틀이 프란시스코 바렐라가 마음에 둔 것이다. 그는 이런 연구 프로그램을 '뇌현상학'이라고 하였다.[43]

뇌현상학은 이 책의 나머지를 서술하는 하나의 거대한 틀이다. 이어지는 장에서 나는 인간 의식 양태의 넓은 스펙트럼과 자아감을 탐색하는 데 그 틀을 사용할 것이다. 우리는 잠에 들고 꿈을 꿀 때 의식과 자아감에 어떤 일이 일어나는지를 살펴보는 데서 시작할 것이다.

04
꿈
나는 누구인가?

04

꿈

나는 누구인가?

인도 다람살라에서 새벽 3시이다. 마을의 개들은 내 방 밖의 원숭이들이 마지막 찢어지는 소리를 내지 못하게 하고 있다. 나는 시차와 소동 때문에 잠에서 깨었다. 잠시 동안 소란스러운 다툼 소리를 듣다가 귀마개를 하고 다시 잠자리로 돌아간다. 귀마개는 소란스러운 소리를 막아주지만 내 숨소리를 증폭시킨다. 그래서 나는 잠들기 위해 내면의 리듬에 주의를 기울였다. 나는 명상을 위한 장소 — 내 방 건너편에 달라이 라마가 사는 곳인 남걀 사원(Namgyal Monastery)이 있고, 호텔 뒤에 히말라야 산이 있다. 그 산에 있는 동굴에서 요기들은 여전히 명상하고 있다 — 라고 알려진 곳에서 묵고 있기 때문에, 요가 니드라, 즉 수면 명상을 하기로 작정하고, 내 마음이 각성에서 수면으로 옮겨가는 것을 응시한다. 나는 어렸을 때부터 항상 잠이 시작되는 바로 그 순간을 포착하고, 꿈이 시작되는 것을 알아차리기를 원했다. 호흡이 오르락내리락 하면서 색색의 모양들이 눈꺼풀 안에서 부유하기 시작한다. 그것들은 내 시선 바로 너머에 맴돌면서 소, 판잣집, 노새 모습으로 변하였다. 이런 모습들은 내가 오늘 아침 산으로 올라오는 버스를 타면서 본 것이었다. 나는 이런 이미지를 보지만 그것들을 어떻게 달리 보이게 하려고 하지 않았다. 따라서 그 모습들은 나에게서 떠나지 않았다. 그러면서 나는 장 폴 사르트르가 자신의 책 『상상계(The Imaginary)』에서 설명한, 잠들기 이전의 상태를 생각하였다. 나는 이 책을 인도에 오기 일주일 전 내 철학 수업에서 읽었다.[1] 사르트르는 우리가 잠이 들려고 하는 것을 의식할 때, 우리는 잠이 드는 과정을 느리게 하고 의식에 매력적인 독특한 상태를 창조한다고 말한다. 춤추는 빛들은 흐릿한 의식을 사로잡고, 그것들에서 우리는 이미지를 만들어간다. 그러나 이런 이미지들은 개별 안구 운동과 함께 이동하고 꿈으로 정착되지 못한다.

그 다음에 나는 나무로 가득 찬 거대한 계곡 위를 날아가고 있었다. 나는 꿈을 꾸고 있는 것이 틀림없다고 자신에게 중얼거렸다. 스스로 잠에 드는 것을 응시하고자 하는 기억(여전히 꿈속에서 생생하다), 그리고 그 다음에 무엇이 나타났는지를 기억 못하고서, 나는 희미한 의식의 몽상 속에서 아무것도 자각하지 못하였음이 틀림없었고, 그리고 꿈속에서 다시 깨어났다. 나는 자각몽(스스로가 꿈을 꾸고 있다는 것을 아는 꿈)을 꾸고 있었다. 인도와 티베트 전통에서는 자각몽 상태에서 명상하면 각성과 꿈 아래에 있는 의식을 더 쉽게 볼 수 있다고 말한다. 그래서 나는 가부좌를 하고 명상하려고 애썼다. 그러나 이렇게 앉으려는 내 의도는 행동으로 변환되지 못하였고 그 대신 나는 무릎을 꿇었다. 그리고 나는 완전히 의도를 상실하고, 다시 날고 있었다. 여전히 스스로 꿈을 꾸고 있다는 것을 알면서….

그 후 잠에서 깨어나 공책에 그 꿈을 기록하였다. 공책은 내 첫 인도 여행을 위해 여동생 힐러리가 선물로 준 것이었다. 다람살라에서의 체류를 시작하는 내게 자각몽은 상서로운 것으로 보였다. 나는 마음과 생명 협회 회의에 참석하기 위해 거기에 있었다. 그 회의는 달라이 라마와 서양 뇌과학자들과 함께 경험이 어떻게 뇌를 변화시키는가에 대해 논의하기로 되어 있었다.[2] 나는 몇 달 동안 연설을 준비하였고, 우리는 발표를 서로 검토하기 위해 회의가 열리기 하루 전에 도착하였다.

우리는 '뇌가소성(neuroplacitiсity)', 즉 평생에 걸친 뇌의 변화 능력에 대해 논의하기로 되어 있었다.[3] 뇌의 변화는 우리가 무엇을 어떻게 경험하는가에 영향을 미친다. 그리고 무엇을 어떻게 경험하는가는 다시 뇌에 영향을 미친다. 내 자각몽은 그런 가소성의 한 종류를 적절하게 잘 보여주는 것 같았다. 상호 영향(뇌와 마음 그리고 마음과 뇌)이 자각몽에서 일어난 듯하다. 잠자는 나의 뇌에서 일어난 어떤 사건들이 내가 꿈꾸고 있다는 것을 알게 방아쇠 역할을 하였을 것이다. 그렇지만 꿈상태에 대한 내 자각과 그 꿈을 안내하는 부분적인 나의 능력이 꿈이 진행되는 동안 내 뇌가 하고 있는 것에 영향을 미치고 있었음이 틀림없다. 의도와 의지를 통해서 뇌에 영향을 미친다는 이런 생각(일부 과학자들과 철학자들이 '하향식 인과관계(downward causation)'라고 부르는 것)이 바로 내가 이번 회의에서 발표하고자 하는 것이었다.[4]

그러나 자각몽을 꾼다는 것은 더 심오한 의문을 제기한다. 내가 '나의' 자각에 대해 말할 때, 정확하게 누가 이 자아인가? 내가 "나는 꿈꾸고 있다는 것을 내가 안다."라고 말할 때, 누가 '나'인가? 내가 '나의' 부분적 꿈 조절을 서술할 때, 누가 행위자(agent) 또는 조절자인가? 이런 모든 것(자각, 자아감 그리고 행위자의 느낌)은 나의 꿈꾸는 뇌와 몸에 어떻게 연관되어 있는가? 이런 의문을 일반적인 용어로 기술해보자. 즉, 자각몽의 경험적 주체는 누구이며 무엇인가? 그리고 이런 주체는 뇌와 신체에 어떻게 연관되어 있는가?

내 대답은 이 장 모두를 채울 것이며, 그 다음 두 장은 그 대답이 진전된 내용들이다. 그러나 여기에서 대체적인 윤곽을 제공하고자 한다.

우리는 꿈꾸는 자로서의 자아(self-as-dreamer)를 말하는 꿈꾸는 자아(dreaming self)와 꿈속의 자아(self-within-the-dream)를 말하는 꿈속 에고(dream ego)를 구분할 필요가 있다. 자각몽이 아닌 경우에 우리는 꿈속 에고를 동일시하여 꿈속에서 '나는 날고 있다'라고 생각한다. 그러나 자각몽에서는 '나는 꿈을 꾸고 있다'라고 생각하고, 꿈꾸는 자아는 꿈속 에고와 동일하지 않다는 것, 또는 꿈속에서 자신이 어떻게 나타나는지를 알고 있다. 꿈속 에고는 가상 세계의 아바타와 같다. 꿈꾸는 자아는 그 사용자이다. 아바타가 있는 가상 세계를 발생시키기 위해서 우리는 컴퓨터가 필요하지만, 꿈의 세계에서 꿈속 에고들을 형성하기 위해서 우리는 단지 상상력(imagination, 심적 이미지를 형성하고, 다른 세계를 창출해내는 능력)만이 필요하다. 꿈의 원천이 상상력 가운데 있다는 것을 충분히 알게 될 때, 우리는 오늘날 뇌과학의 지배적인 꿈 이론(꿈은 뇌에서 멋대로 일어난 망상적 환각이라는 견해)이 옳지 않다는 것을 알 수 있다. 우리는 꿈을 꿀 때 멋대로 환각을 만들어내는 것이 아니다. 우리는 자발적으로 사물을 상상하지만, 우리가 그러고 있다는 것을 모를 뿐이다. 상상력은 각성의 삶에서도 우리를 추동한다. 즉, 백일몽을 꿀 때, 말하거나 행동할 것을 심적으로 리허설해볼 때, 과거의 일을 떠올리고 미래의 일을 예상하면서 우리 자신을 투사할 때, 개인적인 의미가 있는 것으로 지각을 형성할 때 이런 상상력을 발휘한다. 종종 이런 종류의 자발적인 상상은 우리를 완전히 사로잡는다. 특히 잠이 들 때와 꿈을 꿀 때 그러하다. 비자각몽에서 우리는 우리가 사물을 상상하고 꿈속 에고를 자신과 동일시하고 있다는 것을 알지 못한다. 우리는 게임을 하고 있다는 것을 모르고 아바타를 완전히 자신과 동일시하는 게이머들과 같다.[5] 자각몽에서는 자신의 상상하고 있는 의식(imagining consciousness)을 다시 자각한다. 비자각몽에서는 꿈속 에고의 상상된 관점(imagined perspective)에서 경험을 구조화한다. 그러나 자각몽에서는 상상하고 꿈꾸는 자아의 관점에서 경험을 재구조화한다. 자각성(lucidity)은 꿈꾸는 자아가 꿈속 에고라는 페르소나(persona)를 통해서 꿈 상태에서 의도적으로, 의식적으로 행동하게끔 해준다. 꿈속 에고는 롤플레잉 게임의 아바타와 같다. 그리고 이런 의도적인 꿈 행동은 잠자는 뇌와 신체에 주목할 만한 영향을 미친다. 이런 이유 때문에 자각몽은 '하향식 인과관계'의 모델을 제공한다. 이것은 꿈 상태에서 뇌와 신체에 마음이 인과적으로 영향을 미친다는 것을 보여주고 있다. 그래서 뇌과학자들이 꿈꾸는 마음은 잠자는 뇌를 반영하고 있다고 말할 때 그들이 틀린 것은 아니지만, 이야기의 반 정도만 언급하고 있는 셈이다. 그 반대도(잠자는 뇌는 꿈꾸는 마음을 반영하고 있다) 또한 마찬가지이다. 꿈 요가 또는 자각몽의 명상 수행을 포함하는 새로운 꿈 과학은 이런 상보적인 관계에 대한 이해를 심화시켜줄 수 있다.

이런 생각을 살펴보기 위해서는 꿈 의식을 각성 의식과 비교하여 그 특수한 특징들을 탐구해보아야만 한다. 그러나 꿈은 단일한 것이 아니다. 거기에는 자아를 경험하는 다양한 방식과 관련된 여러 가지 종류의 꿈 경험이 있다. 잠으로 인도하는 입면 상태(hypnagogic state)에 대한 논의부터 시작하는 것이 좋겠다.

꿈의 지점에 대해서

매일의 일상생활에서 우리는 각성과 꿈을 엄격하게 나누어진 두 개의 명확한 상태로 생각하곤 한다. 꿈꾸고 있으면 깨어 있는 상태가 아니고, 깨어 있으면 꿈꾸는 상태가 아니다. 그러나 『우파니샤드』에서 본 고대 인도의 생각은 그렇지 않았다. 넓은 강둑 사이를 헤엄쳐서 왔다 갔다 하고 있는 거대한 물고기처럼, 우리는 각성과 꿈 사이를 여행한다. 이런 이미지는 표면 아래에 있는 보다 깊은 흐름을 암시한다. 그 깊은 흐름은 중간 영역과 소용돌이를 허용해서 각성과 꿈이 서로 흘러들어가게 한다. 이런 합류가 일어나는 곳이 입면 상태이다.

'입면(hypnagogic)'은 '잠으로 인도하는(그리스어로 hypnos는 잠을 의미하고, agogos는 인도한다는 뜻이다)'이라는 의미이다. 이것은 꿈에 대한 체계적 연구의 선구자인 19세기 프랑스 학자 알프레드 모리(Alfred Maury, 1817-1892)가 잠이 들 때 나타나는 감각적 이미지를 묘사하기 위해 붙인 용어이다.[6] 수년 후인 1903년 영국 작가인 프레데릭 마이어스(Frederick Myers, 영국 정신연구학회의 창립자로서 '텔레파시'라는 용어를 만든 사람)는 그의 사후에 출판된 한 책에서 '출면(hypnopompic, 出眠, 그리스어로 pompe는 멀어진다는 의미)'이라는 용어를 도입하였다. 이것은 수면의 또 다른 측면인 잠에서 깨어나는 순간, 특히 초기 각성 상태에서 꿈의 이미지가 지속되는 것을 말한다.[7]

문제를 더욱 복잡하게 만드는 것은 입면 시의 사고와 심상(imagery)이 반드시 수면 유도의 효과가 있는 것은 아니라는 점이다. 왜냐하면 그것은 눈을 뜬 상태에서, 그리고 잠으로 이어지지 않는 특정 상황(특히 명상)에서도 일어날 수 있기 때문이다.

내 꿈 노트에 적힌 입면 심상의 간단한 예를 들어보겠다. "침대에서 잠들려고 한다. 갑자기 하나의 이미지—늙은 여인의 얼굴, 자주색 눈, 옆모습, 내 왼쪽을 본다—가 나타난다. 그녀의 눈이 매력적으로 보였다. 나는 눈 맞춤을 하려고 애썼다. 그러나 그녀는 여러 뒤섞인 형태로 변화되었다. 그리고 나는 잠에서 깨어났다."

종종 이런 이미지들은 낮에 보거나 느낀 것들에서 기인하기도 한다. 내가 다람살라에서 다시 잠들었을 때 보았던 이상한 동물들, 또는 배나 카누를 타고 난 다음 내면의 풍경이 이리 저리 흔들리는 것 등과 같다. 로버트 프로스트(Robert Frost)는 1914년 「사과를 따고나서」라는 시에서 잠에 들었을 때 입면의 심상 형식으로 낮 동안의 활동이 되살아나는 경험을 서술하고 있다.

그리고 나는 내 꿈이 어떤 형태의 꿈이 될지
알 수 있었다.
확대된 사과들이 나타났다 사라진다.
줄기 끝 그리고 꽃 끝,
그리고 적갈색 반점이 모두 뚜렷이 보인다.

나의 발등은 아직도 아플 뿐만 아니라,
사다리 발걸이의 압력마저 간직하고 있다.
나는 가지가 휠 때 사다리가 흔들리는 것을 느낀다.
그리고 지하실 창고에서는
무수한 사과들이 쿵쿵 소리 내며
계속 들어오는 소리가 들린다.[8]

공감각(共感覺, 소리를 들으면 색깔로 경험되거나 철자와 숫자가 색깔과 성격과 연관되는 현상)은 입면 상태에서 흔히 보는 또 다른 현상이다. 모양이 말을 할 수 있고, 지형학적 패턴이 성격을 갖고 있고, 사고는 색깔을 띤다. 앤드류 마블(Andrew Marvell, 1621-1678)은 그의 시 「정원」에서 꿈속에서 잔디 위에 누워서 하는 색채 있는 생각에 대해 읊고 있다.

그러는 동안 마음은 저급한 쾌락에서 물러나
자신의 행복 속으로 들어간다.
마음은 각각의 것들이
자기 닮은 대상을 곧바로 찾을 수 있는 바다 같은 곳.
허나 마음은 이 세계의 것들을 초월하여
전혀 다른 세계와 다른 바다를 만들어낸다.
기존의 모든 것들을 소멸시켜
초록빛 그늘 안의 초록빛 생각으로 창조해낸다.[9]

우리가 희미한 이미지를 보거나 잠이 들락 말락 하며 생각을 할 때 우리는 꿈의 지점을 맴돌고 있는 셈이다. 우리는 완전히 깨어 있는 것도 아니고 완전히 잠든 것도 아닌 경계 지대에 들어온 것이다. 우리는 꿈의 요소를 경험하지만, 그 요소가 뭉쳐져서 완전히 갖춰진 꿈 이야기로 발전된 것은 아니다. 때로 우리는 여전히 주변 상황과 자신의 심적 상태를 자각하고 있다. 또 다른 경우에는 완전히 심상의 사고에 빨려 들어가서 자기 자신과 자신이 상상하는 이미지 사이의 경계가 사라진 듯이 보이기도 한다.[10]

마르셀 프루스트(Marcel proust)는 일곱 권으로 된 자신의 책『잃어버린 시간을 찾아서(À la recherche du temps perdu)』의 1권에서 이런 경계 지대의 경험에 대해 설명한다. 그것은 무명의 일인칭 화자 입장에서 책을 읽다가 잠이 든 상황을 언급하고 있는 것이다.

> 오래 전부터 나는 일찍 잠자리에 들어 왔다. 때로는 촛불을 끄자마자 즉시 눈이 감겨서 '잠드는구나' 하고 생각할 틈조차 없던 적도 있었다. 그러면서도 반시간 후, 잠이 들었어야 할 시각이라는 생각에 깨어난다. 아직 손에 들고 있으려니 여기는 책을 놓으려고 하며, 촛불을 불어 끄려고 한다. 조금 전까지 읽고 있던 책에 대한 회상은 깜박한 사이에 단절된 것이 아니라, 다만 그 회상은 야릇한 모양으로 변한 것이다. 곧 책에 나온 성당, 사중주(四重奏), 프랑수아 1세와 카를 5세와의 대결 등이 흡사 나 자신의 일처럼 생각되는 것이다.[11*]

* 프루스트,『잃어버린 시간을 찾아서』1권, 김창석 역, 국일미디어, 1998, 7쪽.

프루스트는 자아(나 자신)와 자아가 아닌 것(책에 나온 것) 사이의 경계가 허물어지면서 잠에 빠지는 것을 묘사하고 있다. 그 후 우리가 보게 되는 것은 '에고 경계의 이완'이고, 이것은 입면 상태의 핵심적인 양상이다. 각성은 이런 경계를 다시 회복한다.

> 이러한 생각은 깨어난 후에도 얼마 동안 계속되는데, 그것은 나의 이성에 별로 어긋나지 않지만, 단지 비늘처럼 눈을 덮어버려, 촛불이 이미 꺼져 있다는 사실을 알아채는 것을 방해한다. 다음, 그러한 여겨짐도 종잡을 수 없는 것으로 되어버리기 시작한다. 마치 윤회전생(輪回轉生)하고 나서의 전생의 사념들처럼 서적의 주제와 나는 서로 분리되어, 그 주제에 골몰하거나 말거나 나의 마음대로다. 나는 곧 시력을 회복하여 나의 주위가 캄캄한 데에 놀라지만, 그 어둠이 나의 눈에는 쾌적하고도 아늑하다. 아니, 나의 정신에 어둠은 까닭 없는, 불가해한, 참으로 아련한 것처럼 되어서 아마 더욱 쾌적하며 더욱 아늑한지도 모르는 일.[12*]

각성은 매혹적이고 몽롱한 사고를 그 사고의 내용에서 떼어낸다. 기억은 몽롱한 사고의 느낌이 주는 의미를 상실한다. 그리고 외부의 지각은 또다시 의식을 점령한다.

---

* 프루스트, 『잃어버린 시간을 찾아서』 1권, 김창석 역, 국일미디어, 1998, 7-8쪽.

프루스트의 이야기는 수면과 각성의 중간지대에서 일어난 사고, 기억, 의미의 성질들이 변화하고 있다는 것에 초점을 맞추고 있다. 그러나 입면 상태에 대한 가장 과학적인 연구는 모리에서 시작되었다. 그의 연구는 초기 수면 순간에서 일어나는 독특한 감각적 심상에 초점을 맞추고 있다. 모리보다 20년 전에 독일 생리학자이자 현대 신경생리학의 아버지 중 한 사람인 요하네스 뮐러(Johannes Müller, 1801-1858)는 이런 입면 상태의 감각적인 성질을 주의 깊게 관찰하였다.

> 나는 눈을 감고 잠이 들기 전에 대개 어두운 시각 장에서 몇몇 빛나는 이미지들을 본다. 내가 그런 것들을 보지 않는 경우는 아주 드물다. 아주 젊은 시절부터 이런 현상이 있었던 것을 기억한다. 나는 항상 그것들을 진정한 꿈의 이미지와 구분할 수 있다. 왜냐하면 나는 잠에 완전히 빠지기 전에 종종 오랫동안 그것들을 숙고할 수 있기 때문이다….
>
> 밤에 뿐만 아니라 언제라도 나는 그런 현상을 [지각할 수] 있다. 정말로 나는 나의 눈을 감은 채, 잠들지 않고 아주 조용하게 그것들을 관찰하면서 몇 시간이나 보내었다. 종종 나는 기대고 앉아서 눈을 감고 모든 것에서 추상적인 것을 추출하기만 하면 되었다. 그리고 내가 젊었을 때부터 너무나 친숙하게 알려진 이런 이미지들은 자발적으로 나타났다.[13]

뮐러는 아무 노력도 들이지 않은 것처럼 입면 상태의 경험을 기술하고 있지만, 그런 상태를 경험하는 사람은 누구나 그런 이미지들이 왔다 갔다 하는 것을 관찰할 수 있다는 것은 일종의 균형 잡기 행동(balancing act)이라는 것을 알게 된다. 입면 상태에 머무르기 위해서는 졸린 상태와 각성 상태 사이에 걸쳐 있어야 한다. 너무 졸리면 잠에 빠져버리고, 너무 정신이 말짱하면 이미지가 차단된다. 그 이미지에 완전히 몰입하는 것과 단지 이미지라는 것을 자각하는 것 사이에 균형을 유지하여야 한다. 너무 몰입하면 자각의 관찰하거나 주시하는 측면이 줄어들어서 바로 잠들어버린다. 너무 예리한 눈으로 자각하면 그 이미지의 생생함과 활력이 손상된다. 또한 주의와 수동적 수용 사이에 위치해야만 한다. 이미지가 떠오르도록 하려면 개방성과 수용성이 필요하고, 이미지를 보는 것에는 일종의 흐릿한 주의력이 필요하다. 이미지를 너무 자세히 들여다보게 되면 떨어져나가 버린다. 마지막으로 그 이미지는 재빨리 기록해야만 한다. 왜냐하면 그것들은 금방 잊혀버리는 속성을 갖고 있기 때문이다.

수면 과학자들은 이런 어려움에 대처하는 다양한 방법을 제시해왔다. 표준적인 실험 방법은 잠들기의 여러 단계에서 피험자들을 깨워서 바로 그 직전에 무엇을 경험하고 있었는지 물어보고 보고하게 하는 것이다.

이런 방법을 사용하여 과학자들은 입면 이미지가 어디에서 오는지를 파악하려고 노력하였다. 하버드 의과대학의 정신과 교수인 로버트 스틱골드(Robert Stickgold)는 획기적인 연구를 하였다. 그는 27명에게 3일 동안 하루에 7시간씩 테트리스 게임을 시켰다.[14] 이들 중 10명은 게임 전문가였다. 12명은 이전에 그 게임을 해본 적이 없었고, 5명은 뇌의 일정 부분(중앙 측두엽)—이 부분은 '서술적 기억(declarative memory, 자서전적인 사건들을 포함하여, 의식적으로 보고 가능한 사실에 대한 기억)'에 핵심적인 장소이다—손상으로 단기 기억 장애가 있는 환자였다. 스틱골드는 잠이 들기 시작할 때 그들을 깨워서 무엇을 보았느냐고 질문하였다. 27명 중 17명(63%)은 테트리스 조각이 떨어지는 것을 보았다고 하였다. 그 이미지들은 게임을 처음한 날 밤이 아니라 두 번째 날 밤에 가장 흔하였다. 2명의 게임 전문가는 그 심상들이 1-5년 전의 테트리스 경험 기억과 혼합되어 나타났다고 보고하였다. 이런 연구 결과는 최근 사건의 기억과 오래된 관련 기억들이 입면 심상을 형성할 수 있다는 것을 보여준다.[15] 그러나 가장 놀라운 결과는 5명의 기억상실 환자 중 3명—그들은 테트리스 게임 자체 또는 게임에 관여한 실험자를 기억할 수 없었다—이 테트리스 비슷한 입면 심상을 보고하였다는 것이다. 이런 연구 결과는 입면 심상이 의식적으로 접근할 수 없는 기억에서 나올 수도 있다는 것을 보여준다. 즉, 심리학자들이 '암묵적 기억(implicit memory)'이라고 부르는 것에서도 나올 수 있는 것이다. 스틱골드는 대부분의 입면 심상들은 '절차적 기억(procedural memory)'에서 온다고 믿고 있다. 절차적 기억이란 우리가 (사과 따기와 같은) 기술을 배우거나 익힐 때 이용하는 암묵적 기억의 일종으로서 반성적 의식의 차원에서는 접근할 수 없는 기억이다.

입면 상태를 연구하는 또 다른 방법은 자신이 잠에 빠져들 때 스스로의 경험을 관찰하도록 훈련시키는 것이다. 서양 과학에서 이 방법은 19세기의 모리로 거슬러 올라간다. 그는 입면 심상과 꿈 연구를 위해 체계적으로 자기 관찰을 이용한 첫 번째 과학자일 것이다. 이 방법은 오늘날 초점 주의 명상, 열린 자각 명상과 유사한 방법이다. 왜냐하면 이 방법은 명상 훈련에 사용하는 심적 기능과 동일한 것, 즉 의도, 주의, 메타 자각, 기억에 의존하기 때문이다. 자기 관찰 방법을 훈련시킴으로써 수면 과학자들은 더 풍부하고 더 신뢰할 만한 입면 상태 보고를 얻을 수 있다. 그 보고들을 잘 활용하여 각성에서 잠으로 들어갈 때 뇌에서 무슨 일이 일어나고 있는지를 밝히기 위해 뇌의 활성을 측정하는 것과 연관지어 생각할 수 있다. 경험 관찰이라는 일인칭적 방법과 뇌활성의 측정이라는 삼인칭적 방법을 결합하는 것은 뇌현상학에서 핵심적인 요소이다.

수면 과학자 토르 닐슨(Tore Nielsen)은 몬트리올의 사크에 퀘르 병원의 꿈과 악몽 연구소를 관장하고 있다. 그는 입면 상태를 실험하면서 이런 뇌현상학적 접근을 하였다.[16] 그는 체계적인 자기 관찰 방법을 개발하여 이것을 입면 심상과 연관된 전기적 뇌활성을 측정하는 실험에 도입하였다. 뒤에서 보게 되겠지만, 그의 연구 결과는 우리가 잠에 들 때 입면 심상의 형성에 규칙적인 연속성이 있을 수도 있다는 것을 시사한다.

닐슨의 자기 관찰 방법을 따라 머리를 똑바로 해서 앉고 어디에도 머리를 기대지 않는다. 그리고 눈을 감는다. '관찰 의도'를 수립한다. 그것은 일반적인 것일 수도 있고(예를 들면, 나는 마음에 떠오르는 것은 무엇이든지 관찰한다), 아니면 보다 구체적인 것일 수도 있다(예를 들면, 나는 부유하는 이미지의 색채만 관찰한다). 주의를 내면으로 돌리고 나른하고 졸린 상태로 가면서 마음에 떠오르는 것은 무엇이든지 관찰한다. 주의가 흔들리면 어떤 변화가 주의를 흔드는지 주목해서 관찰한다. 그 변화가 관찰 의도와 관련이 있는 것이면, 즉시 자세하게 살펴본다. 그러나 관련이 없다면 다시 주의를 당신의 경험으로 돌린다. 마침내 당신은 졸린 상태가 되어 고개가 앞으로 떨어지고 갑자기 잠에서 깨어날 것이다. 바로 그 직전에 일어난 심적 활동을 회상해내고 그것을 점검한다. 연습을 거듭할수록 더 자세하게 기억할 것이고, 그것을 기록할 정도로 기억을 간직하게 될 것이다. 기억 연상에 관심이 있다면, 바로 직전의 수 초, 수 분, 수 시간, 수 일 전의 기억을 쭉 훑어가면서 당신이 관찰한 것을 다시 살펴볼 수 있을 것이다.

심리학자 찰스 타르트(Charles Tart)는 변화된 의식 상태에 대한 연구 분야에서 선구적인 과학자이다. 그는 약간 다른 방법을 사용하였다.[17] 바닥에 등을 대고 눕고 팔꿈치를 바닥에 둔 채 팔을 수직으로 올린 후 입면 상태로 들어간다. 그 후 근육의 힘이 부족해서 팔이 떨어지면 깨어나게 된다. 입면 상태를 기억하도록 훈련하고 그 기억을 회상하는 것을 강화해간다.

당신이 이런 방법이나 '각성 수면 발현 관찰(lucid sleep onset, 마음과 몸을 이완시키고 잠이 들 때 무슨 일이 일어나는지를 관찰하는 것)'[18]을 하게 되면, 바로 침대에 가서 잠들어버릴 때는 이런 모든 것들이 쉽게 사라지거나 없어진다는 것을 알아차리게 될 것이다.

대개 졸린 느낌(눈 안이 꽉 차고 머리가 먹먹해지는 느낌)이 먼저 오고, 그 다음 '수면 시작 시의 경련(sleep start)' 또는 떨어지는 느낌과 함께 갑작스러운 근육 수축이 온다.

그 다음 운동 감각(kinesthetic sensations) 또는 움직이는 느낌, 부유하는 시각 이미지, 소리, 뚜렷한 얼굴 이미지와 장면, 프루스트가 묘사한 일종의 생각의 흐름들이 나타난다.

때로는 이런 생각의 흐름들이, 생각과 느낌이 상징으로 표현되는 사고 이미지의 혼합물 형태를 띠기도 한다. 프로이트와 함께 비엔나 정신분석에 참여한 헤르베르트 질베러(Herbert Silberer)가 언급한 두 가지 예를 살펴보자. 그는 다음과 같은 경험을 기술하기 위해 '자동 상징 현상(autosymbolic phenomenon)'이라는 용어를 만들어냈다. 즉, "내 생각: 나는 앞뒤가 맞지 않는 문장을 다듬고 있었다. **상징**: 나는 자신이 나무 한 조각을 대패질하고 있는 것을 본다." 내 생각: "나는 깊은 숨을 쉬고, 내 가슴은 부풀어 오른다. **상징**: 누군가의 도움으로 나는 책상을 높이 들어올린다."[19]

마지막으로 당신은 작은 꿈 삽화 또는 꿈 단편들을 경험할 수도 있다. 어떤 연구자들은 이것을 '작은 꿈 조각(dreamlets)'[20]이라고 부르기도 한다. 때로 당신은 완전한 형태가 갖춰진 꿈을 꾸기도 할 것이다.

입면 뇌

각성에서 잠으로 들어가는 이런 입면 여행 동안 뇌에서는 무슨 일이 일어나는가?

1950년대부터 수면 과학자들은 잠을 자는 동안 뇌가 반복적으로 다섯 가지 주요한 단계를 거친다는 것을 알고 있었다.[21] 우리가 뇌파기계(electroencephalograph, EEG)를 이용하여 측정하면 각 단계는 구별된 특징적인 뇌파 패턴을 보여준다는 것을 알 수 있다. 1-4단계는 논렘(non-rapid-eye-movement, non-REM) 수면 또는 비렘(NREM) 수면으로 알려져 있다. 그리고 5단계는 렘(REM)수면이고, 비렘-렘(NREM- REM) 수면 주기의 끝에 있다. 렘수면은 많은 경우 밤새도록 일어난다. 뇌가 비렘수면의 1-4단계를 거쳐 가면서 뇌파는 점차로 느려지고(더 낮은 진동수) 커진다(고위 전압). 뇌과학자들은 뇌파를 헤르츠(Hz, hertz) 또는 1초 동안의 사건 횟수(예를 들어 1헤르츠는 1초 동안 한 번의 진동이고, 2헤르츠는 1초 동안 두 번의 진동이다)에 따라 측정된 다양한 진동수로 구분한다. 각성 상태에서는 베타(12-30헤르츠)와 감마(30-80헤르츠)와 같은 빠른 리듬이 주를 이룬다.

각성에서 수면으로 이동하는 것은 1단계에서 일어난다. 당신이 이완되어 눈을 감으면 느린 알파파(8-12헤르츠)가 주를 이룬다. 당신이 깜빡 졸면 알파파는 사라지고, 안구는 서서히 움직임을 보인다. 그리고 보다 느린 세타파(4-8헤르츠)가 등장한다. 알파파와 세타파의 혼합이 1단계 수면의 특징이다. 여기서 다양한 입면 현상을 경험하는 듯이 보인다. 그리고 이때는 쉽게 각성된다. 예를 들면 점심을 잔뜩 먹고 따뜻한 교실에서 졸고 있더라도 누군가 당신 이름을 부르면 들을 수 있다.

2단계에서는 잠이 정말로 깊어진다. 이제는 큰 움직임도 없고 깨우는 것도 힘들어진다. '수면 방추(sleep spindles)'와 'K 복합체들(K-complexes)' 이라는 극적인 현상들이 보인다. 이런 것들이 나타나면 2단계에 도달한 것을 알 수 있다. 수면 방추는 1.5초 정도 지속하는 빠른 12-14헤르츠이다. 종종 K 복합체(높고 날카로운 꼭대기가 있어 철자 K와 유사한 짧은 고전압파)가 선행하는 경우도 있다.

1단계, 2단계는 얕은 수면이다. 깊은 수면은 3단계, 4단계에서 일어난다. 3단계는 방추와 고진폭, 느린 주파수의 델타파(0.5-4헤르츠)의 혼합체이다. 4단계에서는 델타파가 50% 이상을 점한다. 이런 느린 델타파가 주를 이루기 때문에 3단계, 4단계는 '서파 수면(slow wave sleep)' 이라고 부르기도 한다.

밤의 첫 한 시간 동안 우리는 비렘수면의 네 단계로 급속하게 내려간다. 약 30분 후에 4단계에 도달한다. 그리고 반대의 순서로 올라간다. 그러나 2단계에서 1단계로 가지 않고 전적으로 다른 단계인 렘수면으로 간다. 여기에서 뇌파는 각성 뇌파와 유사한 모양을 보인다.

즉, 빠른 진동/낮은 진폭이, 느린 진동/높은 진폭을 대치한다. 눈은 감겨져 있지만 그 눈꺼풀 밑에서 아주 빨리 움직인다. 우리의 사지 근육은 완전히 마비되어 있다. 렘수면에서 깨우면 우리는 서파 수면에서 깨우는 것보다 이미지 꿈을 보고할 가능성이 높다. 그렇지만 이미지 꿈뿐만 아니라 의식적인 경험도 수면의 모든 단계에서 보고될 수 있다. 그래서 사실 꿈꾸는 것과 렘수면과의 관계는 아직 미해결의 상태이고 여전히 수면 과학에서 논쟁거리이다.[22]

이런 단계들이 수면 과학의 기본이기는 하지만, 최근의 연구 결과를 보면 이런 고정된 단계에서 멀어지고 있는 듯이 보인다.[23] 전통적인 수면 단계론은 시간과 공간이 일정하다는 가정하에 뇌활성을 측정하였다. 그러나 이제는 그렇지 않다는 것을 우리는 알고 있다. 이전 과학자들은 두피에 단지 몇 개의 측정 전극판을 일정간격으로 붙여놓았을 뿐이다. 그리고 30초 간격으로 전기적 활성을 분석하였다. 그러나 서로 다른 뇌 영역은 동일한 시간이라도 서로 다른 상태에 있다는 것과 뇌활성은 밀리초 동안에도 여러 면에서 미묘한 변화를 보인다는 것을 우리는 알고 있다. 그래서 많은 전극을 사용하는 새로운 방법(소위 고밀도 뇌파, high-density EEG)과 정밀 분광 분석(refined spectral analysis, 여러 주파수와 시간 간격 동안 전기적 활동의 진폭과 단계를 측정하는 방법)과 여러 뇌영상 기법이 수면 뇌의 미묘한 역동성을 이해하는 새로운 개념적 틀을 제공하고 있다.

입면 상태 연구가 바로 그런 경우에 해당된다. 전통적인 수면 단계,

특히 '각성 상태'와 '1단계 수면'은, 각성-수면 전환에서 관찰할 수 있는 입면 사건들의 세밀한 전개보다 거칠다고 생각되었다. 여기에 대한 상세한 연구는 심리학자 안드레아스 마브로마티스(Andreas Mavromatis)의 1987년 저서 『입면: 각성과 수면의 독특한 의식(Hypnagogia: The Unique State of Consciousness Between Wakefulness and Sleep)』에서 이루어졌다.[24] 그는 입면 경험을 네 단계로 나누었다. 빛과 색깔의 번쩍임, 부유하거나 흔들리는 얼굴들과 자연스러운 장면들, 자동 상징 현상들(사고-이미지 혼합체) 그리고 입면 꿈이다. 이 단계들은 현상학적이지만 알려진 뇌파 소견으로 구분되지 않는다. 그렇지만 수면 과학자들은 입면 상태의 경험적 전개와 각성-수면 전환 동안의 뇌 변화를 연결시키려고 노력하였다.

1990년대 일본 과학자 타다오 호리(Tadao Hori, 堀忠雄)와 그의 동료들은 입면 시기 동안에 일어나는 전기적 뇌의 전개 양상을 9개의 뇌파 단계로 구분하였다.[25] 이것들은 1단계 수면 이전부터 시작하여 2단계 수면 후 수 분까지 이어진다. 호리의 연구팀은 잠자는 사람들을 깨워서 각 단계마다 무엇을 경험하는지에 대해서도 물어보았다. 이 보고에 기반을 두어 과학자들은 운동 이미지의 빈도는, 첫 번째 수면-시작 단계에서 절정을 이루고, 이후의 단계에서 점차로 감소한다고 제시했다. 반면 시각 이미지는 그와 반대였다. 꿈같은 경험 현상은, 수면-시작 1-3단계의 알파파가 4단계에서 사라지고 느린 세타파 물결이 5단계에 도달할 때 가장 많이 나타났다.

토르 닐슨의 뇌현상학적 접근은 이런 소견에서 시작한다. 안느 게르메인(Anne Germain, 현재 피츠버그 의과대학 정신과 교수로 재직 중이다)과의 공동연구에서 닐슨은 자신의 자기 관찰 방법을 피험자에게 훈련시켜서, 자발적인 입면 심상의 발생을 알리고 보고하고 기술하도록 하였다.[26] 닐슨과 게르메인은 운동 이미지는 머리의 앞쪽에서 느린 진동수 델타파의 증가와 연관되어 있고, 반면 시각 이미지는 왼쪽 머리 뒷부분의 증가된 델타파 활동과 연관되어 있다는 것을 발견하였다.

이런 연구 결과는 입면 심상이 우연이라기보다는 규칙적으로 일어난다는 것을 시사하고 있다. 예를 들면 잠에 빠져들 때 팔이나 다리가 갑자기 경직 또는 수축되는 것을 경험한 적이 있는가? 이런 '수면 시작 시의 경련'은 종종 공간으로 떨어지거나 발을 디디는 강한 운동 이미지를 동반하고 있다. 이런 이미지에 대응하는 뇌파는 운동 수행 능력과 연관성이 있다고 알려진 뇌의 일정한 전두엽 부위(전전두엽)의 델타파 활동의 급작스러운 증가이다. 시각 이미지는 델타파가 후두엽으로 퍼져나갈 때 생긴다고 여겨진다. 이 후두 부위는 시각에 핵심적인 영역(시각 연합 영역)이다. 이런 이미지-발생 시퀀스(sequence)는 입면 경험이 뇌활성의 변이 패턴을 반영하는 것으로 해석할 수 있다.

닐슨의 연구는 의식을 연구하는 데 있어서 조심스러운 자기 관찰 방법과 뇌과학의 결합이 갖는 가치를 잘 보여주고 있다. 훈련된 자기 관찰에 기반을 둔 경험 보고가 없다면 운동과 시각의 입면 심상과 연관된 뇌활성 패턴이 뇌파 기록 속에 그냥 묻혀 있을 것이다. 이렇게 패턴들을 연구하게 됨으로써 내면적 경험의 주의 깊은 연구, 즉 현상학이 뇌 작동에 대한 연구에 한 줄기 빛을 던져주는 것이다.

명상

과학자들이 취해야 할 다음 단계는 입면 상태를 연구하기 위해 명상을 이용하는 것이다.

명상, 특히 오랜 기간의 명상에서는 입면 현상이 종종 몽롱한 상태에 들어갔다 나갔다 하는 것으로 나타난다.[27] 대개 나는 조용한 명상 수행의 첫 날에 입면 이미지와 생각들을 경험하였지만, 잠이 들지는 않았다. 두 번째 날에는 그것들이 그렇게 자주 일어나지는 않지만, 어떤 지점에서는 종종 일어나기도 한다. 그러나 점차로 그것들을 예리하게 알아차리게 된다.

매사추세츠의 바(Barre)에 있는 통찰 명상 협회에서 과학자들을 위한 위빠사나 명상 수련 모임이 있었다. 나는 그 모임에서 수행 중 한 번은 들숨과 날숨을 미세하게 느끼고 있었는데, 그럴 때마다 내 몸 전체가 확장되거나 축소되는 느낌이 들었다. 그때 한동안 낯선 얼굴들이 보였다. 그 얼굴들은 상상물(내 마음이 만든 창조물)이었지만, 또한 지각적인 것(그것들은 내 반쯤 뜬, 집중된 눈앞의 공간에 나타났다)이기도 했다.

나는 이런 현상이 나타난 것은 통찰 명상의 여러 요소들이 결합된 결과라고 생각한다. 그러한 요소들은 전체적인 이완 상태, 꼿꼿하게 가부좌로 앉은 자세를 유지하기 위한 고도의 각성, 주의(집중과 분산)와 몰입과 메타 자각의 복합적인 상호작용, 티베트 명상 문헌에서 '들뜸과 이완(부산함과 나태함)'과 '명료성과 둔함'이라고 부르는 것 사이의 변화하는 관계 — 이상적인 상태는 안정됨(부산하지도 않고 나태하지도 않음)과 생생함 또는 명료함(둔하지 않음)이 동시에 존재하는 상태 — 이다.[28]

명상의 이런 경험을 고려하면 뇌과학자들은 입면 상태를 탐구하는 한 가지 방법으로서 명상을 활용해야 한다. 신경학자이자 오랜 선 명상 수행자인 제임스 오스틴(James Austin)은 자신의 대단한 책인『선과 뇌(Zen and the Brain)』에서 이렇게 말한다. "어떤 연구도 입면 환각의 전체적인 면모를 현대 과학적인 뇌연구[뇌파와 같은]와 결합하여 자세하게 그려내는 것은 없다. 향후 미래에 명상가들을 이런 식으로 두 가지 방법을 다 사용하여 연구하면, 각성에서 '내려가는' (입면) 동안에 보이는 환각, 수면에서 각성으로 올라가는 때 발생하는 환각을 특정해서 연구하는 것이 가능할 것이다."[29]

이런 종류의 연구에서는 의식의 특정한 상태에서 뇌가 어떤 양상을 보이는가에 대해 명상을 활용할 것이다. 그렇지만 뇌현상학에서는 의식 상태와 뇌의 관계를 단순히 잘 연관시키는 것 이상이 필요하다. 또한 우리는 인간 경험에 대해 이런 의식 상태가 갖는 의미를 이해하고 싶다. 입면 상태가 자아와 의식에 대해 우리에게 말해주는 것은 무엇인가? 뇌과학 홀로 이런 질문에 답할 수는 없다. 뇌현상학이 필요하다.

매혹(Spellbound)

입면 상태에는 두 가지 핵심적인 양상(자아감의 느슨함과 자발적으로 이미지화되어 떠오르는 의식의 매혹적인 일체화)이 있다. 두 가지 모두 자아감이 고정되어 있지 않다는 것과 의식은 각성 에고를 넘어서 있다는 것을 보여준다.

블라디미르 나보코프(Vladimir Navokov)가 자신의 자서전『말하라, 기억이여(Speak, Memory)』에서 보고하고 있는 입면 경험은 이런 두 가지 특징(각성 자아의 통합감의 변화 및 의식이 만들어낸 이상한 이미지에 대한 몰입된 관심)을 보여준다.

> 잠에 빠지기 바로 직전, 나는 종종 일종의 일방적인 대화를 자각하게 된다. 그것은 나의 마음 한편에서 일어나고 실제 내 생각과는 아주 독립적으로 움직인다. 그것은 중립적이고, 떨어져 있고, 익명의 목소리이다. 그것이 무엇이든 나에게는 하나도 중요하지 않은 말들이다. 영어든 러시아어든 나에게는 전혀 전달되지도 않는다. 너무나 사소하여 그 예를 들기도 어렵다. 아마도 내가 전달하기를 원하는 진부함이 그 하찮은 의미에 의해 손상 받을

까봐 전달하기 어렵다면 말이다. 이런 바보 같은 현상은 어떤 수면 이전(praedormitary)* 시각의 청각적 대응물로 보이기도 하는데, 그것은 또한 내가 잘 아는 것이다. … 그것들은 왔다 갔다 한다. 몽롱한 관찰자의 참여 없이 그렇게 한다. 그러나 본질적으로는 자신이 감각의 주인인 꿈의 영상과는 다르다. 그것들은 종종 기이하다. 나는 무례한 모습에 부풀어 오른 콧구멍 또는 귀를 가진 조악하게 치장한 난쟁이의 모습에 성가시기도 하다. 그러나 때로는 나의 환시가 오히려 위로가 되는 희미한(flou) 성질을 띠기도 한다. 그리고 그때 나는 벌통 사이에 회색의 모습들이 걸어가는 것을 보거나(눈꺼풀의 안쪽으로 투사된 듯이) 작고 검은 앵무새가 점차로 산의 눈 속으로 사라져 가는 것, 또는 연보라 빛의 멀어짐이 움직이는 깃대 너머로 녹아드는 것을 본다.[30]

나보코프는 이런 '바보스러운' 현상들과 '밝은 심적 이미지(예를 들면, 오래전에 죽은 사랑하는 부모의 얼굴)가 한번의 의지 작동으로 되살려지는 것'을 대조시키고 있다. 그는 "그것은 인간 영혼이 만들 수 있는 가장 용감한 순간들 중 하나이다."라고 말한다. 그렇지만 우리는 초기 수면의 자발적인 이미지를 그렇게 빨리 포기해서는 안 된다. 왜냐하면 그것들은 상상이 각성 자아와 의지를 넘어서 있고, 그래서 의식의 보다 깊은 원천에서 나올 수 있다는 것을 보여주기 때문이다.

* praedormitary는 사전에 나오지 않는 단어이다. 블라디미르 나보코프가 만든 단어로 보이며, 대략 '수면 이전 상태'를 의미한다.

일상적인 각성 의식은 오스틴이 자신의 저서 『선과 뇌』에서 말한 것, 즉 '나-대상적 나-나의 것(I-Me-Mine)'에 지배받는다.[31] '나(I)'는 생각하는 자, 느끼는 자, 행동하는 자로서의 자아이다. '대상적 나(Me)'는 영향 받는 자아, 수동태로서의 자아이다. '나의 것(Mine)'은 소유자로서의 자아, 사고, 감정, 신체 특징, 인격 특성, 물질적 소유의 전유자(專有者)로서의 자아이다. 이렇게 서로 얽혀있고 상호 강화하는 삼각 구도는 에고(ego)로서의 자아감을 구성한다. 이 자아감이란 자신이 세계와 대립적인 입장에 서 있는 분절되고 경계 지어진 것이라고 느끼는 뿌리 깊은 인상이다.

그렇지만 이런 인상은 왜곡되어 있다. 우리가 자아를 규정하기 위해 정해둔 경계들은 고정된 것이 아니라 유동적이고 항상 변하기 쉽다. '나-대상적 나-나의 것'이라는 삼각 동맹은 독립적인 것으로 보이지만, 실제로는 무상하게 변하는 구성물이다(10장에서 더 자세히 논할 예정이다).

이런 변화를 더 가까이서 볼 수 있는 한 가지 방법은 각성과 수면의 전환 지대에 있는 자아에게 무슨 일이 일어나고 있는가를 보는 것이다. 전환 지대에서 각성 자아는 의식의 장악권을 잃기 시작한다. 즉, 사고는 색깔로 변하고, 내면에서 들리는 대화를 우연히 듣기도 하고, 눈앞에 이상한 이미지가 나타나기도 한다. 이런 의식의 일탈은 입면 상태의 핵심적인 특징 중 하나이다.

정상적인 각성 의식은 자아 구조적이고, 경계를 가진 자아와 외부 세계 사이의 명확한 구분이라는 겉모습에 의해 조건 지어져 있다. 꿈은 전형적으로 이런 구조를 재창출한다. 왜냐하면 꿈의 세계에는 종종 그 꿈의 세계에 참여하는 꿈의 신체가 있기 때문이다. 자신이 관찰점의 위치에서 스스로를 경험하는 경우라고 할지라도, 여전히 자신의 꿈 공간과 연관된 장소에 자리 잡은 주체로서 자신을 경험하기 때문이다.[32]

그러나 입면 상태는 이런 구조에 맞지 않다. 입면의 세계는 존재하지 않는다. 이미지들은 제멋대로 나타나고, 하나가 또 하나를 뒤따른다. 서로 간에 아무런 연결도 없다. 소는 한 무리의 흩어지는 새떼로 변화하고, 그것은 다시 여성의 얼굴로 변한다. 그러나 이런 이미지들 중 어떤 것도 보다 큰 세계에 속하는 것이 아니다. 동시에 상상 속에 하나의 참여자로서 작동하는 그런 입면 자아는 존재하지 않는다. 나는 그것을 보는 동안 그 이미지들에게 영향을 미칠 수는 있지만, 나 자신을 그 장면 속에 담겨 있는 것으로 경험하지는 않는다. 만약 담겨 있는 것으로 경험한다면 나는 완전히 꿈속으로 들어온 셈이 될 것이다.

입면 상태는 안과 밖, 자아와 세계의 경계를 허문다. 반짝이는 불빛과 색깔들은 내 주위의 공간을 점하고 있는 듯이 보이지만, 이 공간은 내 눈 안에서 나타나고, 안구 하나하나가 움직일 때마다 새로운 모습을 띤다. 이상한 얼굴과 왜곡된 장면은 나에게는 다르게 보인다. 그렇지만 나의 흔들리는 눈길이 그것들을 창출한다. 나는 이런 이미지들을 포착하지만, 그것들이 나를 사로잡는다. 이런 식으로 나와 그것들 사이의 거리는 좁혀지고 심지어는 사라지는 듯이 보인다. 마치 프루스트의 화자가 "책에 나온 성당, 사중주, 프랑수아 1세와 카를 5세와의 대결 등이 흡사 나 자신의 일처럼 생각되는 것이다."라고 말한 것과 같다.

때로는 이런 중간 상태에서 기묘한 이중 의식이 나온다. 우리는 내면의 심적 풍경이 그 자리를 차지하는 것을 보면서, 외부 세계를 자각한다. 스웨덴의 시인 토마스 트란스트뢰머(Tomas Tranströmer)는 그의 시「꿈 세미나(Dream Seminar)」에서 이 순간을 포착한다. 그가 극장에서 졸고 있을 때, 그 앞의 무대는 '꿈에 의해 정복당하고', 그러는 동안에 또 다른 극장과 '과로한 감독'은 내면에서 자기 할일을 한다.[33]

과학자들도 이런 중간 지대에서 통찰의 원천을 발견하였다. 고전적인 예가 독일 화학자인 프리드리히 아우구스트 케쿨레(Friedrich August Kekulé, 1829-1896)의 경우이다. 그는 입면 몽상에서 벤젠 분자의 고리를 발견하였다.

> 나는 앉아서 교재를 쓰고 있었다. 그러나 작업은 순조롭게 진행되지 않았다. 생각은 여기저기 흩어졌다. 나는 불 가까이 의자를 가져가 거기서 졸았다. 다시 원자들이 내 눈앞에서 뛰어다니고 있었다. 이때 가장 작은 그룹들이 온순하게 배경을 이루고 있었다. 나의 심적 눈들은 그런 모습을 반복적으로 보아서 좀 더

예민해져 있었다. 이 눈들이 이제는 보다 더 큰 구조물의 다양한 형태들을 구분할 수 있었다. 긴 열들, 때로는 아주 밀접하게 함께 짜여진 모습들, 모두 휘감기고 꼬여진 뱀처럼 생긴 동작들. 그리고 보라! 저것이 무엇인가? 그 뱀 중의 한 마리가 자신의 꼬리를 물고 있었다. 그 모습이 나의 눈앞에서 조롱하듯이 빙그레 돌고 있었다. 마치 번갯불이 번쩍이라도 한 것처럼 나는 깨어났다. 그리고 이제 그 밤의 나머지 시간 내내 실험 가정의 결과들과 씨름하면서 보내었다.[34]

입면 상태는 이완, 몰입, 산만하고 수용적인 주의, 자아의 해체, 최근과 이전의 기억 재생, 공감각, 과잉 연관 사고와 상징적 사고의 독특한 혼합물을 제공한다. 각성 상태의 '나-대상적 나-나의 것'을 넘어서서 이런 의식 양태는 창조적 사고와 직관적 문제 해결의 보다 깊은 원천을 건드릴 수 있다.

프로이트의 렌즈를 통해서 의식의 이런 변화를 보는 어떤 심리학자들은 이것을 어린 시절로의 후퇴나 '퇴행'으로 보기도 한다.[35] 프로이트에 의하면 우리는 어린 시절에서 성인으로 자라면서, '현실성 검증(환각, 상상, 지각을 구별하는 것)'이 가능한 자아를 구축한다. 그리고 '현실 원칙(세상의 요구에 맞추어서 즉각적인 만족을 연기한다)'에 복종한다. 이런 능력은 입면 상태에서 약화되거나 사라진다. 내면의 사건에 따라서 우리는 결국 외부 세계의 자각과 사유의 의지적 조절을 상실한다. 또한 우리가 보는 것이 심상이라는 것을 반성적으로 자각하지 못한다. 이미지들은 기이하고 왜곡되고 비현실적이기 때문에 프로이트 학자들은 그것들을 내용상의 측면에서 '퇴행적'이라고 부른다. 초기 어린 시절의 기억들 또한 표면에 부상한다. 그러므로 프로이트의 시각에서 보면 입면 상태는 퇴행 경향에 의한 변화된 자아 기능의 상태로 간주된다.

심리학자 안드레아스 마브로마티스는 자신의 저서 『입면』에서 프로이트의 노선을 따르지만, 그것을 초개인심리학(transpersonal psychology)으로 비튼다.[36] 그는 책에서 "입면 경험의 전반적인 양상에서 볼 수 있는 핵심적인 심리적 현상은 주체가 갖는 에고 경계의 이완이다."라고 썼다.[37] 그렇지만 이런 에고 이완은 퇴행적일 필요가 없다고 그는 주장한다. 그것은 의식의 새롭고, 보다 더 통합된 양태 — '이중 의식(double consciousness)'으로서 당신은 깨어 있으면서 꿈을 보고 주변 상황을 자각할 수 있다 — 로 나아가는 하나의 진전된 단계일 수도 있다.

명상은 종종 이런 이중 의식을 야기하기도 한다. 특히 일정한 정도의 이완된 집중을 오랜 시간 동안 유지하는 경우에 그렇다. 앞에서 나는 내가 경험했던 이런 명상 경험을 서술하였다. 그렇지만 초점 주의 명상과 열린 자각 명상은 이런 의식의 발생을 목표로 하지 않고, 그것에 별로 가치를 두지 않는다. 그것은 점증하는 이완과 집중의 자연스러운 결과물이고 창조력의 원천이기도 하다. 그러나 마음챙김을 계발하기 어렵게 만드는 것이기도 하다. 그러므로 상좌부 위빠사나 명상은 '잠긴 마음(sinking mind, 마음챙김의 명료함이 없는 즐겁고 꿈 같은 상태)'[38]에 집착하지 말라고 충고한다. 그리고 선사들은 마경(魔境, 자발적으로 일어나는 이미지들)[39]을 환상으로 여기고 무시해버려야 한다고 조언한다. 호흡의 마음챙김 수행을 하는 동안 내가 본 것은 입면 상태의 얼굴들이었고, 이것들은 잠긴 마음에서 일어나는 전형적인 마경이었다.

마음챙김 또는 통찰 명상은 각성과 꿈 사이의 전환 지대는 이완된 에고 경계와 창조성에도 불구하고 '나-대상적 나-나의 것'의 동일시하고 전유하는 기능에서 벗어나기 어렵다는 것을 분명히 한다. 이와는 반대로 명상하는 동안 이런 이미지들이 왔다 갔다 하는 것을 관찰하게 되면 입면 상태의 핵심적인 특징이 더 뚜렷하게 보인다. 즉, 의식과 그 이미지와 생각이 매혹적으로 일체화된다.

이런 매혹적인 의식을 살펴보는 과정에서 가장 좋았던 내용은 명상 관련 책에서가 아니라 장 폴 사르트르가 1940년에 출판한 저서 『상상계』에서 찾았다. 사르트르는 "입면 현상은 '의식에 의해서 성찰되는 것'이 아니다. 그것은 바로 의식이다."라고 한다.[40] 이 표현에서 그가 의미하고자 하는 것은 심적 이미지를 머릿속에 있는 그림들로 생각해서는 안 되고, 상상하는 활동 중에 있는 의식 자체로 생각해야 한다는 것이다. 당신이 에펠탑을 상상하면, 그때 당신은 머릿속에 있는 에펠탑의 그림을 보는 것이 아니다. 당신은 어떤 지점에서 에펠탑을 보는 것을 심적으로 시뮬레이션 하고 있는 것이다. 그러니 "나는 그 이미지를 내 머릿속에서 지울 수가 없어."라는 말이 진정으로 의미하는 것은 "나는 그것을 마음속으로 떠올리지 않을 수 없어."이다.[41] 입면 상태에서 의식은 자발적으로 마음속으로 떠올리면서 주의를 사로잡는다. 그러므로 그 상태를 뒷받침하고 유지하는 것은 주의 기능의 변화와 함께 결합된 자발적인 상상력이다. 산만해지는 대신 주의는 매혹된다. 이미지 속에서(상상하는 것 속에서) 자신을 잃어버리고 그것에 사로잡힌다. 입면 상태는 '사로잡힌 의식(captive consciousness)' 상태이다. 그러나 물론 사르트르는 말한다. "이 의식은 대상에 사로잡힌 것이 아니라, 스스로에게 사로잡혀 있다."[42]

우리는 이제 입면 상태의 두 가지 핵심적인 특징(에고 경계의 이완, 의식이 그것이 상상하는 것과 매혹적으로 일체화되는 것)이 어떻게 진정으로 하나인지를 볼 수 있게 되었다. 그것은 각성과 수면의 경계 지대에서 주의가 상상과 관련하여 함께 통합된 결과이다.

꿈속의 몰두

입면 상태와 꿈의 차이는 무엇인가? 입면 상태에서 에고 경계가 약화된다고 하면, 꿈속의 자아에는 어떤 일이 일어나는가?

깊이 빠진 꿈의 핵심 특징은 꿈 세계에 몰두하는 경험이다.

꿈들

여기 우리는 모든 것이다, 낮에도 밤에도, 우리는 내던져 있다
꿈에 의해서, 각각의 것들이 여러 세계로.

– 로버트 헤릭(Robert Herrick, 1591–1674)[43]

입면 상태에서 우리는 시각적 패턴을 보고 그 패턴들은 우리를 사로잡는다. 꿈을 꿀 때 우리는 꿈속에 있음을 경험한다. 더 정확하게 말하면 우리는 꿈의 세계에 있음을 경험한다. 세계 내의 자아임을 경험하는 것은 각성 상태일 때 나타나다가 입면 상태에서는 약화된다. 그리고 그러한 경험은 꿈에서 다시 나타난다.[44]

우리는 발달심리학을 통해 자아감이 유아기에서 초기 아동기를 거쳐 청소년기로 그리고 성인기에 걸쳐서 발생한다는 것을 안다. 마찬가지로 어린이의 꿈에 대한 연구를 보면 꿈에서 자신을 능동적인 참여자로 생각하는 것은 발달상 시간이 걸린다는 것을 알 수 있다. 심리학자이자 꿈 연구가인 데이비드 포크스(David Foulkes)는 미취학 아동들은 대개 꿈 심상은 보고하지만, 자기 참여 꿈은 보고하지 않는다고 한다. 반면 7-8살의 아이들은 이런 종류의 꿈 보고를 한다고 한다.[45]

나는 내가 꾸었던 가장 초기의 꿈이 어떤 내용이었는지 알고 있긴 하지만, 스스로 기억하지는 못한다. 2살 때 아일랜드에서 살고 있을 때 일어난 일을 부모님은 내게 이야기 해주셨다. 나는 아버지가 마크

샤갈(Marc Chagall)의 그림과 스테인드글라스에 대한 기사를 읽고 있는 것을 보았다. 나는 그 그림을 보면서 말했다. “그것은 제가 자고 있는 것이에요.” 나는 그 색깔 이미지가 내가 잠이 들 때 보았던 것과 비슷해보였으리라고 추측한다.

내가 기억하는 가장 초기의 꿈에서 나는 능동적인 참여자였다. 매사추세츠의 워터타운에 살고 있을 때의 꿈이었다. 아마 4-5살 때였을 것이다. 꿈에서 나는 뒷마당에 있었다. 해가 지고 무엇인가 파티가 열리고 있었다. 엄마가 거기에 있었는데, 나이트가운을 입고 원을 그리면서 춤추고 있었다. 하늘에는 밝은 보름달이 걸려 있었다. 달은 점점 내려와서 내 바로 옆에까지 와서 떠 있었다. 나는 손을 뻗었고 손가락으로 달을 만졌다. 달은 뭔가 기계 괴물로 변하였고, 나는 너무 놀라서 잠에서 깨었다. 악몽으로 변한 이 꿈에서 나는 꿈의 세계에 완전히 몰두해 있었다. 나 자신을 꿈의 신체로 경험하고 꿈속 신체의 눈으로 꿈의 세계를 보고 있었다.

그러나 어린아이였을 때 꿈에서 나 자신을 다른 방식으로 경험한 적도 있었다. 오후 낮잠을 자야 할 정도로 아직 어리긴 했지만 지루해할 줄 아는 정도의 나이가 되었을 때 나는 입면 이미지들이 이야기로 바뀌는 것을 보았다. 때로는 그 등장인물 중 한 명이 나였다. 내가 조금 더 나이가 들어서 아버지가 침대 맡에서 『호빗』이나 『나니아 연대기』를 읽어주었을 때, 나는 꿈 모험에서 스스로를 꿈 등장인물의 한 사람으로 외부에서 관찰하는 꿈을 꾸었다.

그 당시 나는 내부에서 사물들을 경험하는 꿈과 외부에서 나 자신을 보는 꿈을 구분할 수 있었다. 꿈에서 외부의 시각으로 스스로를 보는 것은 마치 스크린에서 연기(그 연기는 바로 당신이 하는 것이다)하는 연기자를 보는 것과 같다. 아마도 꿈속의 사람은 당신과 같거나(마치 당신의 거울 이미지처럼) 전혀 닮지 않을 수도 있다. 그 사람은 당신이 한번도 본 적이 없는 사람일지도 모른다. 그렇지만 구경꾼인 당신은 그 사람이 바로 당신이라는 것을 알거나, 그런 느낌을 받는다.

사르트르는 저서 『상상계』의 「꿈」이라는 장에서 이런 경험에 대해 다음과 같이 묘사하고 있다, "꿈(예를 들면, 내 꿈)은 처음에는 내가 읽거나 들은 이야기로 진행되어 가다가, 갑자기 그 이야기에 등장하는 사람들 중의 한 사람과 내가 동일화된다. 그리고 내 이야기가 되어 버린다."[46]

당신이 온라인 롤플레잉 게임(마치 워크래프트 같이)이나 가상세계(세컨드 라이프와 같이)에 참여하고 있다면, 아마도 이런 두 가지 관점에 익숙할 것이다. 외부에서 스스로를 보는 것은 삼인칭의 관점에서 아바타를 보는 것과 같다. 내부에서 사물을 보는 것은 가상세계에 완전히 들어가 버려서 아바타의 눈으로 바라보는 것과 같다.

서양 문학에서 가장 오래된 꿈에 대한 저서가 이런 서로 다른 꿈의 관점을 드러내는 데 도움이 될 것이다. 호머의 『일리어드』 제22권에서 트로이의 영웅 헥토르는 그리스 전사 아킬레스에 대적하지만 결국은 공포에 떨면서 도망가지 않을 수 없었다.

> 마치 꿈속 경주에서 한 사람이 다른 사람을 쫓지만
> 한 사람은 잡을 듯 잡지를 못하고
> 다른 한 사람은 추적자로부터 달아나지도 못하는 것처럼
> 이렇게 아킬레스는 헥토르를 쫓지만 잡지 못하고
> 헥토르는 벗어나지 못한다.[47]

쫓기면서 도망가는 것은 꿈의 흔한 주제이다. 등 뒤에서 당신을 추적하는 사람을 보고, 어깨너머로 그 사람이 다가오는 것을 보는 것은 일인칭 관점에서 무슨 일이 일어나고 있는지 경험하는 것이다. 위에서 그 추격을 보면서 또 도망가고 있는 당신 자신을 보는 것은 삼인칭의 관점에서 추적을 경험하는 것이다. 이런 관점들은 꿈이 진행되어가면서 왔다 갔다 변하기도 한다.

삼인칭 관점의 꿈은 입면 심상에서 보는 것과는 다르게 느껴진다. 당신은 여전히 꿈에 몰두하고 있으면서도 구경꾼으로서 꿈 안에서 일정한 공간을 점유하거나 시공(時空)적 관점을 갖고 있다. 그러나 그 관점은 당신이 보고 있는 꿈속의 신체와 분리되거나 해리되어서 당신과 동일화되어 있다. 일인칭 관점의 꿈에는 이런 해리가 없다. 왜냐하면 당신은 꿈의 신체를 점유하고 있고, 그 꿈 신체의 눈을 통해서 꿈을 꾸고 있기 때문이다.

기억과 꿈

이 두 가지 관점(일인칭 관점과 삼인칭 관점)은 기억에서도 나타난다. 잠시 당신의 마지막 생일이나 다른 기념일을 기억해보라. 외부의 관점에서 스스로를 보는가(누군가가 당신을 보는 식으로), 아니면 당신 자신의 눈으로 보는 그런 관점에서 그것들을 보는가(지금 이 단어들을 읽는 것처럼)?

심리학자들은 회상의 서로 다른 방식을 구분하여 서술하기 위해 '관찰자 기억(observer memory)'과 '장 기억(field memory)'이라는 용어를 사용한다.[48] 관찰자 모드에서는 자신에 대해 외부 관찰자가 된다. 장 모드에서는 내부에서 일어난 일을 회상한다. 의도와 상관없이 일인칭 관점의 경험에서 삼인칭 관점 기억으로 이동하는 것을 보면 우리는 기억할 때 과거를 그대로 베껴서 재생하는 것이 아니라, 현재의 관점에서 과거와 연관된 것을 능동적으로 재형성하고 강화한다는 것을 알 수 있다. 나의 아버지는 「시카고」(1943-1945)라는 시에서 이렇게 썼다.

> 기억은 왜 우리를 속일까?
> 나중에 심상을 덧붙여가며.
> 왜 우리는 오래된 기억을 바꾸는가?
> 내부의 우리 눈으로가 아니라
> 외부에서 촬영했던 영화를 몇 번이나 돌리면서

본적도 없던 이미지를 집어넣고
관점과 마음을 바꿔가며.[49]

하나의 답은 이런 관점의 변화로 우리가 남에게 어떻게 보이는가를 상상할 수 있게 된다는 것이다. 그리고 다른 사람의 관점에서 보는 심적 능력으로 공감과 사회적 인지가 형성된다. 만약 내 행동이 당신에게 어떻게 영향을 미치는지 이해하고 싶다면, 내가 당신에게 어떻게 보이는가를 상상할 수 있어야 하고, 나에 대한 당신의 외부적 관점을 마음에 그릴 필요가 있다.

현상학자들은 이런 종류의 경험을 '자기 타자화(self-othering)'라고 부른다.[50] 꿈, 상상, 환상, 기대 또는 예측뿐만 아니라 기억에서도 당신은 외부의 관점에서 스스로를 마음속으로 상상함으로써 스스로에게 다른 사람이 되게끔 시뮬레이션할 수 있다.[51] 당신이 자신을 부모와 함께 여행을 떠나는 어린아이로 외부에서 기억할 때, 또는 청중에게 당신이 어떻게 보일까를 상상하며 다가올 연설을 준비할 때, 당신은 의식의 흐름 안에서 스스로가 타인이 되어보는 것을 시뮬레이션하고 있다. 우리는 이런 '자기 타자화'가 필요하다. 왜냐하면 개인적 과거와 미래로 스스로를 심적으로 상상해볼 수 있고(심리학자들이 자서전적 자아감이라고 부르는 것을 갖는 것) 다른 사람과의 관계 속에서 자신을 경험(이것은 사회적 자아감을 갖는 것)할 수 있기 때문이다.

아버지의 질문에 대한 또 다른 종류의 대답은 우리가 기억에서 경험하는 것(과거가 우리에게 어떻게 나타나는가)은 우리가 그것을 어떻게 상기하는가에 달려 있다는 것이다. 연구에 의하면 느낌에 초점을 맞추어 질문하면(부모님과 여행할 때 느낌이 어떠하였나요?) 장 기억을 산출하는 경향을 보이고, 객관적인 상황에 초점을 두고 질문을 하면(페리의 어디에 앉았나요?) 보다 더 관찰자 기억을 산출해내는 경향을 보인다고 한다.[52] 장 기억은 감정적 반응, 물리적 감각, 심리적 상황에 대한 정보를 더 많이 포함하고, 관찰자 기억은 어떻게 보고, 무엇을 하고, 어디에 무엇이 있었는지에 대한 정보를 더 많이 포함한다.

이런 차이는 뇌에도 반영된다.[53] 관찰자 기억에서 외부적 관점을 취하면 (동일한 사건에 대해 장 기억에 관여하는 내적 관점과 비교하여) 내적 신체 자각과 연관된 뇌 영역(섬엽과 일차 및 이차 체성감각 피질)의 활동이 현저하게 감소한다. 더구나 편도체(감정적 사건의 기억에 중요한 역할을 하는 뇌의 구조물)는 관찰자 기억에 비해 장 기억에서 더 큰 활성을 보인다. 그러므로 신경생리학적 수준에서 장 기억은 보다 감정적이고 신체적인 반면, 관찰자 기억은 보다 거리를 두는 지각적인 기억이다.

기억에 대한 이런 고찰은 우리가 (비자각몽) 꿈을 직접 목격할 수 없다는 사실을 고려하면 더욱 그 중요성이 배가된다. 우리는 깨어났을 때만 꿈을 기억하고 목격할 수 있을 뿐이다. 호르헤 루이스 보르헤스(Jorge Luis Borges)는 자신의 에세이 『악몽(Nightmares)』에서 이렇게 관찰하고 있다.

> 꿈을 연구한다는 것은 매우 어렵습니다. 우리가 꿈을 직접 조사할 수 없기 때문입니다. 우리는 단지 꿈의 기억에 대해서만 말할 수 있을 뿐입니다. 그리고 아마도 그런 꿈의 기억은 꿈 자체와 정확하게 일치하지 않을 수도 있습니다. 18세기의 위대한 작가 토머스 브라운 경은 꿈에 대한 우리의 기억은 꿈이라는 화려한 현실보다 훨씬 빈곤하다고 믿었습니다. 반면에 다른 사람들은 우리가 꿈을 보다 낫게 만든다고 믿습니다. 만일 꿈이 허구의 작품이라고 생각한다면(나는 그렇게 믿습니다), 아마도 우리는 우리가 잠에서 깨어나는 순간에도 계속 이야기를 만들어내고, 만들어낸 그 이야기를 말하고 있는 것인지도 모릅니다. … 아주 보잘 것 없는 꿈이지만, 내가 어떤 사람, 즉 단순히 어떤 사람의 모습을 꿈꾸고, 그런 다음에 즉시 나무의 모습을 꿈꾼다고 가정해봅시다. 잠에서 깨어나면서 나는 이토록 단순한 꿈에 어울리지 않는 복잡성을 부여할 수 있습니다. 그러니까 나는 한 사람을 꿈꾸었고, 그 사람은 나무가 되었으며, 그가 나무였다고 생각할 수 있습니다. 사실을 변형하면서 나는 이미 이야기를 만들어내고 있는 것입니다.[55*]

* 보르헤스, 『칠일 밤』, 송병선 역, 현대문학, 2004, 54-58쪽.

우리가 꿈에 그럴 듯하게 이야기나 서사 구조를 부여(여러 잡다한 것들에서 무엇인가 연속적인 것을 만들어낸다)하기 이전에 이미 꿈의 많은 요소들은 어떤 식으로든지 기억이라는 형태로 우리 앞에 등장하고, 그것은 우리가 어떻게 말하거나 기록하면서 이야기를 만들어나가는가에 일정한 영향을 미친다.

최근의 꿈을 생각해내고 자신에게 질문해보아라. 당신 앞에 나타난 꿈은 어떤 모드(장 또는 관찰자)의 기억인가? 만약 당신 뒤에 있는 추적자를 느끼고 뒤를 돌아다보면 당신의 기억은 장 모드이고, 꿈 신체의 눈을 통해서 스스로의 꿈을 회상할 것이다. 만약 스스로 도망치는 것을 본다면 당신의 기억은 관찰자 모드이고, 외부의 시선으로 자신을 보는 꿈을 회상할 것이다.

그러나 시간이 흐르면서 모든 기억이 그렇듯이 꿈 기억도 변화한다. 일어났을 때 장 기억 모드에서 회상한 꿈이 나중에 관찰자 모드에서 회상될 수도 있다. 어렸을 때의 꿈을 회상해보면, 그 꿈들은 내게 종종 처음에는 관찰자 모드(나는 꿈에서 다른 누군가로 나를 본다)로 나타났다. 내가 그것들을 장 모드로 촉발시키려면 내면에서 느끼기 위해 특별한 노력이 필요하였다. 그렇지만 나는 원래의 꿈에서는 충분히 꿈에 몰두해 있었다고 믿을 만한 이유도 있다. 많은 악몽들이 내면에서 경험하거나 회상하는 게 아니라면 그렇게까지 끔찍하지는 않았을 것이라는 점을 생각해보면, 나는 깨어났을 때 처음에는 장 모드에서 꿈을 회상했을 것이다.

자아감

우리가 살펴본 꿈과 기억의 특징들은 자아에 대하여 중요한 것을 표현한다. 우리는 자아를 자각의 대상이자 주체로 경험한다. 윌리엄 제임스는 이런 두 가지 형태를 '대상적 나(Me)'와 '나(I)'로 부르고 있다. 즉 대상으로서 알려진 자아와 주체로서 아는 자아이다. 현상학자들은 이것을 '대상으로서의 자아(self-as-object)'와 '주체로서의 자아(self-as-subject)'라고 부른다.[56] 이 용어들은 두 가지 서로 다른 독립체를 지칭하는 것이 아니라, 우리 자신을 경험하는 두 가지 방식(자아 경험의 두 양태)을 지칭하는 것이다.

거울로 나 자신을 보면, 주체로서의 내가 대상으로서의 나를 보는 셈이다. 나는 이런 지각의 주체(다른 누구의 봄이 아니라 바로 나의 봄)로서 그리고 내가 보고 있는 대상(나는 거울 이미지를 나 자신으로 재인한다)으로서 스스로를 경험한다. 그러나 이런 구분을 하기 위해 거울이 필요한 것은 아니다. 내가 손을 바라보면, 손은 시각적 주의의 대상이 되고, 즉각 그 손이 내 것이라는 것을 안다. 이런 경험에서 대상으로서의 자아 또는 '대상적 나(Me)'는 내가 보고 있는 손을 내 것으로 포함시킨다. 주체로서의 자아 또는 '나(I)'는 내 경험으로서 시각적 지각의 암묵적 자각을 포함한다.

이제 기억으로 되돌아가보자. 내가 11살 때 스코틀랜드의 멀(Mull) 섬에서 이오나 섬까지 가는 페리를 타고 있는 모습에 대해 외부의 시선에서 나 자신을 기억할 때, 삼인칭 관점에서 보고 있는 기억된 자아는 대상으로서의 자아의 예이다. 그런 반면 주체로서의 자아는 이 일을 지금 기억하고 있는 자신을 자각하고 있는 것으로 구성된 것이다. 이런 식으로 내 관찰자 기억은 외부에서 기억된 대상적 자아와 그 회상을 하고 있는 자아를 모두 포함한다.

내가 동일한 여행을 장 모드로 내면에서 회상할 때, 나는 자신을 과거 상황에 투사시켜서 내면에서 그것을 다시 경험하는 것이다. 페리에 있는 나 자신을 보는 대신, 나는 내가 앉은 곳에서 파도와 해안선을 보고, 폭풍 속을 지나가면서 느낀 두려움을 다시 경험하는 것이다. 이런 식으로 나는 이전의 주체로서의 자아 또는 일인칭 관점으로 나 자신을 투사한다. 나는 내면에서 과거 경험을 회상하기 때문에 그 경험은 나의 과거 경험으로, 내가 행했던 경험으로 자동적으로 기억 속에서 나에게 떠오르게 된다. 아무리 내가 그것을 변화시키거나 기억을 재구성하고 개조하여도 그렇다.

주체로서의 자아와 대상으로서의 자아[나(I)와 대상적 나(Me)]는 꿈에서도 이어진다. 그러나 서로 관계 맺는 방식은 꿈의 종류에 따라 다르게 나타난다.

당신이 꿈에서 추적자에게서 도망가는 자신을 외부적으로 보고 있다면, 당신이 동일시하는 인물이 꿈에서의 대상적 나(Me) 또는 대상으로서의 자아가 된다. 꿈에서 구경꾼으로서의 시공적 관점은, 꿈꾸는 나(I), 또는 주체로서의 자아를 형성한다. 꿈에서의 대상적 나(Me)

와 나(I)는 꿈속 에고, 즉 꿈속에 보이는 자아의 양 측면이다(자각몽에서 나타나는 꿈꾸는 자로서의 자아와는 대조적이다). 그러므로 대상적 나(Me)와 나(I)의 분리는 이런 삼인칭 관점의 꿈에서 볼 수 있다. 왜냐하면 당신은 꿈에서 당신의 관찰적 시점(I)에서 다른 장소에 위치한 당신 자신(Me)을 보기 때문이다(이런 분열의 특수한 형태는 유체이탈 경험에서 일어난다. 이것은 7장에서 다룰 예정이다).

그러나 내면에서 꿈속 신체를 경험할 때, 당신의 자각은 꿈속 신체의 장소에 위치하고 꿈속 신체의 눈을 통하여 추적자를 보게 된다. 나(I, 주체로서의 자아)와 대상적 나(Me, 대상으로서의 자아)는 그 느낌의 장소에서 일치한다.

이런 관점은 꿈이 진행돼가면서 변화하거나 교대로 일어날 수도 있다. 처음에는 외부에서 자신을 보다가, 갑자기 내부에서 자신을 경험하기도 한다. 당신은 다른 사람 또는 존재(아마도 동물)를 보기도 하고, 급작스럽게 자신이 그 존재가 된 것처럼 느끼고 꿈의 세계에서 활동하기도 한다.

꿈의 두드러진 특징 중 하나(돌이켜 생각해서 두드러진)는 이런 놀라운 시점 변화를 알아차리지 못한다는 것이다. 만약 알아차린다면 우리는 바로 그것들을 놓칠 것이다. 이것이 이 장의 마지막 문제를 제기하게끔 한다. 꿈에서 나(I) 또는 주체로서의 자아의 뚜렷한 심리적 특징은 무엇인가? 그리고 이 특징들은 뇌와 어떻게 연관되어 있는가?

꿈속의 주체

입면 상태가 하나의 세계에 거의 또는 전혀 몰두되어 있지 않으면서 사로잡힌 의식(captivated consciousness)이라면, 꿈 상태는 꿈의 세계에 사로잡혀서 몰두된 의식의 상태이다. 왜냐하면 우리가 외부에서 자신을 관찰하고 있다고 해도 꿈 안에서 형성된 시점을 통해 관찰하고 있는 것이기 때문이다. 이제 우리는 의식의 주의를 끄는 매력적인 주의가 어떻게 자신의 이미지에 사로잡혀서 꿈 상태 안의 다른 인지적, 정서적 과정과 연결되어 기능하는가를 살펴보아야 한다. 여기에 뇌과학의 견해까지 더하게 되면 이 장을 시작하면서 제기했던 자각몽에 대한 의문으로 돌아가게 된다.

각성 시의 주의가 어떤 특징을 갖는지를 알기 위해 간단한 동작을 해보자. 이런 각성 시의 주의는 비자각몽에서는 거의 대부분 사라진다. 앞을 정면으로 응시하고, 일정한 점에 시선을 고정하고, 눈을 움직이지 않고, 시야의 왼쪽 중앙 주변에 있는 무엇인가에 주의를 기울인다. 그리고 약 15초간 그 주의를 유지한다.

우리가 당연하게 여기는 많은 것들이 이런 조그마한 동작에 다 들어가 있다. 우리는 지시를 따르고 의도적인 계획을 수립하고 의도적으로 정면에 시각적 주의를 기울이면서, 동시에 우리의 심적 주의를 옆쪽으로 기울이면서 유지하려고 애쓴다. 우리는 주어진 시간에 해야 하는 일을 기억하고, 주의산만을 무시하고, 주의가 흐트러진 것을 알면 주의를 원래대로 다시 기울인다. 메타 인지(우리의 심적 활동을 생각하고 계속해서 그것을 알고 있게 되는 능력)에 의존하여 우리는 자신의 주의를 모니터하고 조절한다. 더구나 우리는 이런 전체적인 주의 노력의 일정한 성질을 관찰할 수 있다. 예를 들면 우리의 주의가 두 가지 요구 사이에서 얼마나 출렁거리고 경쟁하는가 또는 그 과업을 수행하는 데 얼마나 노력을 해야 하는가 등을 관찰한다.

이런 심적 능력과 비자각몽에서 주의가 기능하는 방식을 비교해보도록 하자. 여기 내가 이전에 꾼 꿈을 예로 들어본다.

> 나는 토론토의 지하철역에 있다. 기차는 거리의 높이보다 더 높은 곳에 있다. 그리고 나는 창문을 통해서 파리의 거리를 보고 있다. 나는 수년 전부터 예전 여자 친구와 함께하고 있다. 나는 다음 역을 기다리면서 불안해하고 있다. 다음 역에서 나는 내려야만 한다는 것을 알고 있다. 그런데 그 역은 지나갔고, 그녀는 거리 밖에 있다. 나는 더 불안해져서 여행 가방을 찾는다. 하나가 없어졌다. 아마도 그녀가 가지고 간 듯하다. 그러나 기차는 움직이고, 그녀는 가버렸다. 나는 불안을 느끼면서 잠에서 깨어났고, 내 여행 가방을 찾아야겠다고 생각한다.

이 꿈은 주의와 감정이 대개 비자각몽에서 어떻게 작동하는지를 보여준다. 첫째로, 나는 수많은 놀랄 만한 불일치와 불연속을 알아차리거나 주의를 기울이는 데 실패하였다. 나는 지하철에 있다고 생각하지만, 거리보다 더 높은 곳에서 볼 수 있다. 나는 지금 토론토에 있다고 생각하지만, 파리에 있는 거리를 보고 있다. 나는 친구와 함께 여행을 하지만 수년 동안 그녀를 보거나 대화한 적이 없다. 나는 다음 역을 기다리고 있지만, 이미 지나쳤다. 내 친구는 거리에 있지만, 나는 그녀가 기차에서 내리는 것을 보지 못했다. 나는 가방을 가지고 있었다는 것을 기억하지만, 이전에는 그것들에 대한 생각이 없었다. 나는 잃어버린 여행 가방을 찾고 있지만, 열차가 움직이는 것을 알아차리지 못했다. 둘째로, 어떤 느낌과 행동 경향 또는 행태(이 경우에는 불안의 감정과 무엇을 찾거나 탐색하는 것이다)가 그 꿈의 각 에피소드에 스며들어 있고 지배하고 있다.

이런 주의와 감정의 특징 때문에 비자각몽 상태는 각성 상태에 존재하는 인지적 조절을 상실한다. 작업 기억은 약하고, 무엇이 일어나고 있는지 알기가 어렵다. 주의산만이 지속적으로 일어나고 주의는 의지적으로 지속될 수 없다. 메타 인지는 불안정하고, 그래서 우리는 생각과 감정을 모니터하는 것이 어렵다. 동시에 감정적 강도(때로는 공포, 불안이나 분노, 때로는 즐거움과 기분 앙양)가 있고, 무엇을 찾고 도망가는 것과 같은 기본 행동이 종종 우리가 하는 것을 지배하고 있다.

이런 이유 때문에 — 철학자 제니퍼 윈트(Jennifer Windt)와 토마스 메칭거(Thomas Metzinger)가 꿈 상태에 대한 획기적인 논문[57]에서 논의하고 있는 것처럼 — 꿈꾸는 주체는 경험의 효과적인 메타 인지 주체는 아니다. 꿈에서는 자신을, 행동을 결정하는 주체(의지 주체)로서, 주의행동의 주체(주의 주체)로서, 사고 행동의 주체(인지 주체)로서, 또는 감정 파악의 주체(정서 주체)로서 개념화하고 경험하는 것이 어렵다. 현재 일어나고 있는 의식 상태의 본질에 대한 통찰력의 결여로 스스로를 꿈꾸는 주체로서 경험할 수 없다.

최근의 인지 뇌과학은 렘수면—이미지 꿈과 가장 관련성이 높은(전적인 것은 아니지만) 수면 단계—동안 뇌파의 형태로 꿈꾸는 주체의 이런 심리적 프로파일을 새롭게 보게 해준다.[58] 구체적인 꿈 내용의 다양한 변화를 보이는 특정 형태의 꿈들은 뇌의 특정 영역과 연관성이 있다. 이 영역은 각성 상태와 비교하여 렘수면 동안 선택적으로 활성화되거나 비활성화된다.

예를 들면 자신의 내면에서 경험하는 것(누군가 당신을 쫓는 것을 당신 자신의 눈으로 보는 것)과 외부에서 당신을 보는 것(위에서 누군가가 꿈의 인물을 쫓고 있는 것을 보는데 그 인물이 당신으로 판명나는 것) 사이에서 볼 수 있는 불안정은 렘수면에서 측두두정 접합(temporoparietal junction, 측두엽과 두정엽이 만나는 곳)이라고 불리는 영역의 감소된 활성과 연관되어 있는 듯이 보인다. 이 영역은 어떤 상황에 대해 일인칭 관점과 삼인칭 관점 사이의 변동 능력과 연관되어 있다. 측두두정 접합은 유체이탈 경험에도 관여하고 있는데, 이 경우 당신은 스스로의 몸 밖으로 빠져나와 그 지점에서 당신 자신을 관찰한다.

꿈의 심리학과 뇌과학 사이의 다른 연결점들은 이제 확립되어 가기 시작하고 있다. 한편 꿈들은 강한 시각 이미지, 공포와 기분 앙양과 같은 강한 감정, 그리고 과거에 경험한 사건들의 편린과 변형된 기억(삽화 기억)들을 담고 있다. 시각 영역(시각 연합 피질), 감정 관련 영역(편도체, 안와 전두 피질 그리고 전(前)대상 피질), 기억 체계(해마, 내후각 피질, 다른 해마 주위 영역)의 활성이 이런 꿈의 흔한 모습들을 반영한다. 다른 한편으로는 배외측 전전두 피질이라고 알려진 뇌의 앞쪽 영역은 렘수면에서 그 활성이 대단히 줄어든다.[59] 이 영역은 작업 기억, 반성적 자기 자각, 의지, 목표지향적인 생각에 중요한 곳이다. 그러므로 이 영역의 활성 감소는 꿈에서 이런 심적 능력의 감소를 반영한다.

하지만 이 장의 첫 부분에서 언급한 것과 같은 어떤 꿈에서는 이런 심적인 능력, 특히 메타 인지와 의도적으로 주의를 기울이는 능력이 그래도 남아 있거나 다시 살아난다. 그 결과 우리는 꿈을 꾸고 있지만 꿈을 꾸고 있다는 것을 알 수 있다. 우리는 자신을 꿈꾸는 자로 생각하고 보는 것, 듣는 것, 느끼는 것을 꿈 이미지로서 경험한다. 간단히 말해서 꿈을 꾸는 동안 자신을 꿈속 주체로서 경험할 수 있다. 이런 종류의 자아 경험은 자각몽의 상태를 규정한다.

그러나 우리는 이제 새로운 의문에 부딪쳤다. 만약 우리가 꿈꿀 때 그 꿈에 매혹되어 있다면 자각몽은 그 매혹에서 풀려나는 것인가? 만약 꿈이 일종의 사로잡힌 의식이라고 한다면, 자각몽은 일종의 자유인가? 만약 우리가 꿈꿀 때 자신의 꿈속 자아를 자신과 동일시한다면, 자각몽을 꿀 때 우리는 누구인가? 그리고 자각몽을 꿀 때 뇌에서는 무슨 일이 일어나는가? 작업 기억과 반성적 자아 자각에 핵심적인 영역인 전두엽이 꿈꾸는 동안 그 활성이 줄어든다면, 자각몽일 때는 그 영역의 활성이 증가하는가?

우리는 출발한 지점으로 다시 돌아간다. 나는 이 장을 앞으로 직면해야 할 문제인 자각몽에 대한 질문으로 시작하였다. 누가 자각몽의 주체인가? 그리고 뇌, 신체는 이러한 주체와 어떻게 연관되는가?

05

목격

이것은 꿈인가?

05

목격

이것은 꿈인가?

나는 쉐라톤 벤쿠버 월 센터 호텔의 복도를 걸어 내려가고 있었다. 그런데 갑자기 내가 호텔 방 침대에 누워 있었다는 것이 기억났다. 나는 자러 갔었고 지금 꿈을 꾸는 중이다. 약간 상기되어 내 상태를 테스트해보기로 결심한다. 붉은 출구 표시가 벽에 걸려 있다. 나는 멀리 내다보고, 그리고 다시 돌아온다. 이제는 글자들이 무질서하게 흩어지고 있다. 그렇다! 나는 꿈을 꾸고 있다! 나는 벽과 천장이 만나는 곳으로 뛰어올라 마치 스파이더맨처럼 몸을 웅크린다. 천장에서 복도로 날아서 내려가 다른 쪽 벽까지 직진한다. 내가 벽을 통과하자 방은 사라지고 전체 장면은 회색으로 되고 화려한 불빛들이 있다. 마치 내가 잠에 빠질 때 눈꺼풀 안쪽에 나타난 불빛들 같다. 나는 안정적인 시각 세계로 다시 돌아갈 수 없어 폐쇄공포증을 느끼기 시작한다. 내 꿈속 신체가 아니라, 나의 실제 신체가 마비감에 사로잡혀 의식에서는 내 실제 신체가 꿈속 신체를 대치하는 듯이 여겨진다. 잠시 나는 몸이 두 개인 것처럼 느낀다. 하나의 몸은 침대에 누워 있고, 다른 하나의 몸은 꿈 공간에 떠 있다. 그러나 마비된 상태와 싸우는 것을 멈출 수가 없었고, 그럭저럭 내 실제 신체를 움직인다. 그리고 그런 노력 때문에 잠에서 깨어났다.

꿈꾸는 자를 깨우다

이런 종류의 꿈(자각몽)은 앞 장 끝에서 제기하였던 의문을 다루기 위해서 구분해야만 하는 중요한 점들을 보여준다. 꿈꾸는 자아(dreaming self)와 꿈속 에고(dream ego), 즉 '꿈꾸는 자로서의 나(I as dreamer)'와 '꿈속의 나(I as dreamed)'의 구분이다. 이것들은 서로 다른 두 개체가 아니다. 자기 자각(self-awareness)의 두 종류이고, 자기 경험의 두 양태이다. 강한 자각몽에서 당신의 자아감은 꿈꾸는 나(내가 꿈을 꾸고 있다)와 꿈속의 나(나는 날고 있다)의 자각 사이를 왔다 갔다 한다. 이와는 대조적으로 비자각몽에서 자아감은 종종 꿈속 신체의 형태로 나타나는 꿈속 에고로서의 관점을 갖는다. 자각몽은 꿈 상태라는 것을 알아차릴 수 있는 꿈꾸는 자의 관점에서 경험을 재구성하고, 꿈속 에고에 영향을 미치거나 인도하고 각성 시의 삶을 기억한다.[1]

또 다른 자각몽을 예로 들어 이런 점들을 살펴보자. 이것은 작가

도리언 세이건(Dorion Sagan)이 뉴멕시코의 산타페에 있는 우파야 선센터에서 강연을 하고 나서 며칠 후 내게 말해준 것이다. 우리는 나의 아버지 윌리엄 톰슨이 설립한 린디스환 협회의 2010년 '동료 컨퍼런스'에 있었다. 거기에는 과학자, 예술가, 생태학자, 명상가들이 참석하였다. 강연에서 나는 자각몽에 대한 내 생각을 제시하였고, 이 책의 일부를 읽었다. 그 내용은 내가 다람살라의 첫 날 밤에 꾸었던 자각몽에 대한 것이었다. 이틀 후 도리언은 자각몽을 꾸었고, 다음 날 아침 그 꿈을 기록하였다. 산타페 위의 산 속 만파(萬波) 스파에서 일본식 온욕을 같이 하는 중이었다. 다음에 도리언의 꿈 내용이 있다. 도리언은 휴대용 지도 뒤에 꿈 내용을 기록해두었다.

> 나는 돼지 멜라토닌(돼지 송과선에서 추출한 것)을 먹었다. 물론 잠들기 전이다. 그리고 새벽 3시 40분에 깨어나서 또다시 약간의 멜라토닌을 먹었다. 나는 강연할 내용을 기억하려고 하면서, 특히 내 개막 연설을 한 마디 한 마디씩 기억하려고 하면서 자리에 누웠다. … 꿈에서 나는 계속 여행을 하고 있었고, 다 허물어져 가는 버스 정류장에 있었다. 버스 정류장은 먼지투성이였고 내가 타야 할 버스가 있었다. 하지만 버스에 타기 전, 보안 문제 때문에 숨겨야 할 마리화나가 조금 있다는 것을 알았다. 서둘러 청바지에 숨긴 후 손가락 사이에 대마초를 감아 마른 줄기 한두 개는 비포장 바닥에 떨어뜨렸다. 잔돈 주머니 구석에 나머지를 밀어 넣고 가볍게 두드렸다. 나는 그 주머니 근처의 조그만

펜촉, 장식용 단추의 감촉을 느꼈다. 이제 여행할 돈을 확보해야만 했다. 나는 ATM기에 신용카드를 밀어 넣었지만 난관에 봉착하였다. 결국 나는 신용카드가 기계에 걸려서 현금을 뽑을 수 없다는 것을 알았다. 어느 순간 궁핍한 사람(일종의 젊은 여자 노숙자)이 밀치고 들어와서 급하게 자신의 물건들을 팔고 있었다. 나는 버스요금을 지불할 수 있다는 것을 알고, 정류장으로 뛰어갔다(나는 어머니와 내가 알고 있는 사람들이 버스에 있다고 믿고 있었다). 그러나 버스는 가버렸다. 이 지점에서 상실감이 들었고 꿈을 꾸고 있다는 것을 알았다. 나는 꿈을 꾸고 있다는 것을 아는 것과 꿈속에서 행동을 조절할 수 있다는 것을 말해주었던 에반의 이야기를 떠올렸다. 나는 팔을 벌리고 땅에서 40도 각도로 날기 시작하였다. 나의 송과선 또는 '제3의 눈'을 의식하였고, 그것을 통해 보았고, 하늘을 향해 보았다. (나는 2주 전에 요가 교실에서 송과선을 마음속으로 상상하는 훈련이 포함된 쿤달리니 요가를 하였다.) 꿈에서 자각적으로 조절한 것은 하늘을 날고자 한 것이었다. 그러나 가장 대단한 부분은 이제 내가 보고 있는 것이었다. 나는 아주 깊은 공간을 배경으로 수없이 하얗게 반짝이는 별들을 보고 있었다. 그 광경은 매우 아름다웠다. 여전히 이것은 꿈이라는 것을 의식하면서 밤하늘의 생생함에 경탄하였다. 이제 나는 (동시에) 놀라운 생생함으로 또다시 푸른 하늘을 가로질러 흘러가는 아름다운 흰 구름을 보았다. 확실히 이것 때문에 꿈은 아주 독특하였다. 별들이 있는 밤하늘과 동시에 감지된 푸른 낮 하늘이 결합해 있었다. 그것은 마치 밤과 낮의 양자적 포개짐을 경험하고 있는 듯하였다. 그리고서 깨어났다.

이 꿈은 스스로 꿈을 꾸고 있다는 것을 알게 될 때 일어나는 놀라운 관점 전환을 잘 보여준다. 도리언의 꿈속 에고, 즉 꿈속 자아는 버스를 타려고 애쓰고 있다. 그러나 버스를 놓친 상실감은 어쨌든 일어나고 있는 것이 꿈이라는 것을 알게 해주었다. 꿈은 스스로를 재구성하여 이제는 꿈꾸는 자가 자신이 꿈을 꾸고 있다는 것을 알고 있다.

나는 강연에서 자각몽 상태를 정의하는 것은 그 꿈을 조절하거나 능동적으로 인도할 수 있다는 것(이것은 종종 당신이 꿈을 꾸고 있다는 것을 충분하게 알지 못하는 상태에서도 일어날 수 있다)에 있는 것이 아니라, 꿈이라는 것을 알면서 꿈에 직접 주의를 기울일 수 있다는 데에 있다고 말했다. 꿈 상태라는 것을 알아차리는 것과 꿈 내용을 인도하는 것을 구분한 내 강연 내용을 도리언이 기억하고 있다는 사실은 각성 상태의 기억이 어떻게 자각몽에 접근할 수 있는지를 보여준다.

도리언이 날겠다고 작정하고 자신의 꿈속 에고를 인도하였지만, 그의 꿈에서 '가장 대단한 부분'은 자신이 의도적으로 조절하거나 만들지는 않았지만, 자신이 무엇인가 꿈(생생한 낮과 밤의 하늘)을 꾸고 있다는 것을 아는 것이었다. 반대되는 것의 '포개짐'은 또 다른 종류의 기이한 꿈 결합(예전 여자 친구의 얼굴이면서 모르는 여인의 얼굴이기도 한 것, 뉴욕이면서 파리인 도시, 지하이면서 다락인 방)과 유사해 보인다. 그러나 '놀라운 생생함'과 '아름다움'의 광경은 나중에 뒤에서 보게 될 강한 자각몽의 전형적인 특징이다.

일화적인 보고들에 의하면, 여러 가지 요인들이 자각몽을 더 쉽게 야기하는 듯하다. 그러나 이런 사실이 신뢰성을 얻기 위해서는 더욱 많은 연구가 필요하다.[2] 내가 알고 있고 많은 사람들이 이야기 해준 것들 중에서 찾아보면 수면 주기의 변화(시차 적응 시), 멜라토닌 복용, 수면 전 기억훈련을 하는 것(도리언의 경우 자신의 강연 내용을 연습하는 것), 입면 시의 여러 심상을 유심히 관찰하는 것, 새벽 3시에 깨어서 반시간 정도 꿈들을 유심히 읽고 다시 잠드는 경우 등이다.

자각몽은 또한 여러 기법을 통해서 유도될 수도 있다. 기본적인 방법 중 하나는 꿈을 꾸고 있다는 것을 알아야겠다고 마음속으로 분명하게 결심하는 것과 매일 밤 자신에게 꿈을 꾸고 있다는 것을 알게 해주는 흔치 않은 것들을 지켜보는 파수꾼이 되겠다고 스스로 다짐하는 것이다. 이런 방법은 심리학자들이 말하는 '전향성 기억(prospective memory, 기억하겠다는 기억)' 및 '자기 암시(auto-suggestion)'에 달려 있다. 매일 밤 꿈꾸는 것을 알고 기억하겠다고 작정하는 것은 자기 암시가 있는 일종의 전향성 기억이다. 이런 것은 자각몽을 야기하는 데 도움이 된다.

인도와 티베트의 전통에서는 수천 년 동안 명상적 자각몽 수행을 하였지만, 서양 과학은 이제야 막 이런 독특한 상태에 대한 탐구를 시작했다. 과학적 입장에서 보면, 의식의 흐름에서 자각몽은 대체로

미지의 영역이나 마찬가지이다. 그 영역을 탐구하기 위해, 우리는 의식 가운데 자각의 목격하는 측면, 자각의 변화 가능한 내용들, 특별한 내용을 자아로 자각하는 경험 방식을 구별해야 한다.

꿈을 꿀 때 우리는 꿈속 에고의 관점에서 꿈을 조망한다. 꿈 전체 세계는 오직 우리의 자각 내용으로 존재하지만, 우리는 그 내용의 단지 한 부분을 자신의 자아로 동일시한다. 즉 꿈속 에고는 꿈 세계 경험의 중심에 놓이며, 그것 자체가 자각의 중심지(locus)로 나타난다.

그러나 자각몽에서 우리는 이와는 다른 중심지로 또 다른 종류의 자각을 경험한다. 이 자각은 꿈 상태를 목격하지만, 꿈속 에고가 머무는 꿈의 세계에 몰두하지는 않는다. 꿈속 에고가 갖는 꿈 내용이 이러저러하게 왔다 갔다 하여도 우리는 그것들이 꿈 상태를 목격하는 자각과 동일하지는 않다고 말할 수 있다. 이런 관점에서 우리는 꿈 이미지를 꿈 이미지로, 마음(꿈속 에고의 마음이 아니라 꿈속 에고를 상상하는 꿈꾸는 자의 마음)의 발현(manifestation)으로 정확하게 관찰할 수 있다. 이렇게 우리는 더 이상 단지 꿈속 에고만을 자신과 동일시하지는 않는다. 우리의 자아감은 이제 전체 꿈 상태에 대한 목격 자각을 아우른다.

프로이트는 자각몽을 어떻게 놓쳤는가

서양 심리학에서 자각몽이 그에 걸맞게 주목받지 못한 이유 중 하나는 지그문트 프로이트의 막강한 영향력과 1899년 발표된 그의 저작 『꿈의 해석(The Interpretation of Dreams)』[3] 때문이다. 그 책에서 프로이트는 자각몽에 대해서 단 두 문장을 제외하고는 아무것도 언급하지 않았다. 하나는 1909년에 추가되었고, 또 하나는 1914년에 추가된 것이다.[4] 심지어 프로이트는 '자각몽'이라는 이름을 처음으로 붙인 프레데릭 반 에덴(Frederik van Eeden, 1860–1932)을 만났고 그와 서신 교환을 했음에도 책에서 자각몽이라는 이름을 언급하고 있지 않다. 네덜란드의 정신과 의사인 에덴은 자신의 1913년 주요 논문 「꿈의 연구(A Study of Dreams)」[5]에서 자각몽이라는 단어를 처음으로 사용하였다. 프로이트는 자신의 꿈을 많이 분석하였지만, 스스로 자각몽을 경험했던 것 같지는 않다(그는 어떤 자각몽도 보고하고 있지 않다). 더구나 자신의 정신분석적 꿈 심리학 이론 체계로 자각몽의 중요성을 알지 못하였다.

프로이트의 관심을 사로잡은 것(『꿈의 해석』 1판에서가 아니라, 그가 이후에 추가한 내용에서)은 꿈을 꾸는 동안 '이것은 단지 꿈이다'라고 내리는 판단과 '"꿈속의 꿈'의 수수께끼'이었다.[6] 프로이트에게 판단은 기본적으로 방어적이다. 당신이 '이것은 단지 꿈일 뿐이야.'라고 생각하는 것은 꿈속에서 무엇인가 위협적인 것을 느끼고, 그 중요성을 축소하고 싶을 때이다. 당신을 추적하는 그 누군가에게서 도망가기 위해 노력하면서 당신은 '그것은 단지 꿈일 뿐이야'라고 소리친다. 그러면 추적에 대한 두려움은 줄어든다. 마찬가지로 꿈속의 꿈은

'꿈에서 '꿈꾼 것'의 중요성에서 벗어나기 위해서, 그리고 그 현실성을 박탈하기 위해서'이고, 반면 꿈속의 꿈에서 깨어난 다음 당신이 꿈꾸는 것은 '꿈―소망이 잊혀진 현실의 자리를 차지하고자 하는 것'이다. 그리하여 도리언의 자각몽의 경우 프로이트는 그가 꿈꾸고 있다고 생각한 것은 버스(그리고 버스에 타고 있는 그의 어머니)를 놓친 상실감을 줄이고 날아올라 하늘의 아름다움을 보고자 하는 다른 소망을 충족시키기 위해서라고 말할 것이다. 이런 식으로 '그것은 단지 꿈일 뿐이야'라는 생각은 당신의 잠을 방해해서 깨울 수 있는 그 무엇인가의 중요성을 부정하고 당신을 계속 잠들게 하기 위한 것이다.

프로이트는 "꿈은 소망 충족이다."라는 자신의 견해를 지속시키기 위해서 이런 관점을 취하였다. 짠 음식을 먹고 잠에 들어서 찬물을 먹는 꿈을 꾸었다고 해보자. 갈증은 소망을 야기하고 꿈은 그 소망이 충족되는 것을 보여준다. 프로이트는 이런 종류의 꿈을 '편리성의 꿈(dreams of convenience)'이라고 불렀다. 종종 그 소망은 프루스트의 소설『스완네 집 쪽으로(The Way by Swann's)』에 나오는 꿈처럼 왜곡된 모습으로 나타난다. "수면 중에 생긴 치통이, 물에 빠진 소녀를 계속해서 200번이나 건져 내려고 하는 노력이나, 몰리에르의 시구를 끊임없이 되뇌거나 하는 상태로밖엔 지각되지 않을 적에 눈이 떠지고, 이지(理智)가 그러한 비장한 구조나 끊임없는 시구의 반복의 착각을 없애 주고, 치통의 의식을 환기시켜 주었을 때, 실로 커다란 위안을 느끼는 법이다."[7*]

특히 무의식적이고 금지된 소망인 경우에 꿈은 그것을 왜곡시키지 않고서는 소망을 드러낼 수 없다. 왜냐하면 그렇게 하지 않으면 소망은 당신을 혼란스럽게 해서 꿈에서 깨어나게 할 것이기 때문이다. 그러므로 당신이 꿈이라고 부르고 묘사하는 꿈은 왜곡된 소망 충족으로 이루어져 있다. 그것은 꿈의 '발현적 내용(manifest content)'이다. 반면 '잠재적 내용(latent content)' 또는 숨겨진 꿈 사고는 꿈의 기저적인 심리적 의미를 담고 있다.

이렇게 잠재적 내용이 발현적 내용으로 변환하는 과정을 프로이트는 '꿈 작업(dream work)'이라고 부른다. 잠재적 꿈 사고가 왜곡되지 않으면 꿈에서 깨어나기 때문에, 꿈 작업은 꿈을 만들어서 계속 잠들게 한다. 그러므로 꿈꾸는 것은 자고자 하는 소망을 충족시켜주는 마음의 방식이다. 이런 이유 때문에 프로이트는 "모든 꿈은 어떤 의미에서는 편리성의 꿈이다. 깨지 않고 잠을 계속 유지하기 위한 목적에 봉사하는 것이다. **꿈은 잠의 수호자이지 방해꾼이 아니다.**"라고 한다.[8]

그렇지만 꿈의 일차적 목적이 현실과 거리를 두고 잠을 지속하는 것이라고 한다면, 어떤 의미에서는 꿈꾸고 있는 동안 우리가 경험하는 것이 현실이 아니라 단지 꿈이라는 것을 알고 있어야만 한다. 프로이트는 이런 함축적인 의미를 인정하고 있다. "**우리는 수면 전체 동안 잠을 자고 있다는 것을 알고 있는 것만큼이나 꿈을 꾸고 있다는 것을 분명**

---

* 프루스트, 『잃어버린 시간을 찾아서』 1권, 김창석 역, 국일미디어, 1998, 42쪽.

히 안다고 결론 내려야만 한다."[9] 물론 이것은 암시적이고 전(前)의식적인 앎이지, 명시적이고 의식적인 것은 아니다. (그렇지 않다면 모든 꿈이 자각몽이 될 것이다.)

이 점에서 프리드리히 니체(Friedrich Nietzsche, 1844-1900)는 이미 프로이트를 앞지르고 있었다. 프로이트의 『꿈의 해석』보다 27년 전에 출판된 『비극의 탄생(The Birth of Tragedy)』에서 니체는 꿈을 꿀 때 우리는 우리가 보고 있는 것을 '가상(semblance, Schein, 假象)'으로 느낀다고 썼다.

> 모든 인간 존재는 꿈의 세계를 창조한다는 점에서 완전히 예술가이다. 그리고 꿈이 갖는 사랑스러운 가상(假象)은 모든 이미지 형성 예술의 전제조건이다. … 우리는 꿈에서 즐거움을 갖는다. 그리고 아무런 중재 없이 그 모습을 이해한다. 모든 형태는 우리에게 말한다. 무관심하거나 필요 없는 것은 아무것도 없다. **그러나 이런 꿈-현실이 아주 살아 있음에도 불구하고, 우리는 그것이 가상이라는 것을 느낀다**(내가 강조한 것). 적어도 이것이 내 경험이고, 이런 경험이 빈번하게 일어나고 정상적이라는 점을 입증하기 위해서 많은 증거와 시인들의 시구들을 제시할 수 있다.[10]

니체에 따르면 우리는 꿈을 꿀 때 자신이 보고 있는 것이 현실이 아니라 겉보기 또는 유사함(하나의 이미지)이라는 느낌을 갖고 있다. 또한 니체는 때로 자신이 꿈을 꾸고 있다는 것을 명백하게 알고 있다고 생각하였다. 달리 말하면 우리는 때로는 자각몽을 꾼다는 것이다.

예술적 감수성이 예민한 사람이 꿈의 현실(reality of dream)을 대할 때의 태도는 철학자가 존재의 현실(reality of existence)을 대할 때의 태도와 흡사하다. 예술적 인간은 면밀하고 즐겁게 꿈의 현실을 바라본다. 왜냐하면 그는 이 꿈에서 본 형상에서 인생이 무엇인가를 해석하고 이러한 과정을 통해서 이 세상을 살아나가는 힘을 쌓아가기 때문이다. 꿈속에서 그가 몸소 선명하게 경험하는 것은 결코 즐겁고 다정스러운 형상만은 아니다. 엄숙한 것, 암담한 것, 비통한 것, 음울한 것, 뜻하지 않은 장애, 우연한 놀림, 불안한 예감 등 요컨대 인생의 『신곡(Divine Comedy)』 전체가 지옥 편과 함께 그의 곁을 지나간다. 그러나 그것은 그림자놀이처럼 그냥 지나가는 것은 아니다. 왜냐하면 그는 이들 장면들 속에서 함께 살고 함께 괴로워하기 때문이다. **그러나 이것 역시 가상이라는 어렴풋한 느낌은 남아 있다. 그리고 아마 많은 사람들은 나와 마찬가지로 꿈속에서 위험과 공포에 직면했을 때 가끔 용기 내는 말로 "이것은 꿈이야. 꿈이라면, 끝까지 꾸어 보자! 나는 계속 꿈을 꿀 것이야."라고 자신에게 호소하여 성공을 거둔 일을 회상할 것이다**(내가 강조한 것). 나는 같은 꿈을 계속해서 사흘 밤 이상 꿀 수 있었다는 사람의 이야기를 들은 적이 있다. 이러한 사실이야말로, 우리가 가장 깊은데 있는 본질, 우리 모두의 공통된 기저가 꿈을 경험할 때 필연적으로 깊은 쾌감과 기쁨을 느낀다는 것에 대한 분명한 증거이다.[11]

우리는 꿈을 꿀 때 마음이 만들어낸 이미지에 사로잡히지만, 꿈이 가상이라는 것을 느끼고, 꿈이 제공하는 것은 겉보기라는 것을 안다. 때로는 우리가 꿈을 꾸고 있다는 것을 명백하게 안다. 꿈이라는 것을 알면서 꿈이 진행되게 할 수 있고, 꿈이 전개되는 것을 보면서 우리 자신을 풀어놓는다. 이런 사실을 보면 꿈은 우리의 본질에 속하고 인간의 삶에 필요하면서도 아주 즐거운 부분이라는 것을 알 수 있다.

그러나 프로이트에게 '이것은 꿈이야! 나는 계속 꿈을 꿀 것이야!'라는 생각은 액면 그대로 받아들여지지 않는다. 그것은 꿈의 발현된 내용에 속하고, 꿈 작업의 핵심일 뿐이다. 특히 꿈의 작업으로 변형되고 잠재적 꿈 사고가 왜곡된 결과일 뿐이다. 잠재적인 꿈 사고에서 무엇인가 힘든 것이 의식 속으로(꿈의 발현 내용 속으로) 침입할 때, 이렇게 해서 '감시'를 피한다. 즉 꿈 작업은 '이것은 단지 꿈일 뿐이야'라는 생각을 불어넣고, 그리하여 잠을 자는 사람은 이런 것을 참을 수 있게 된다. 이렇게 프로이트는 그런 생각을 '경멸적인 비판적 판단' 또는 '꿈에 대한 비판'으로 해석하였다.[12]

그러나 사태를 이런 식으로 보는 것은 한 면만을 보는 것이다. '이것은 단지 꿈일 뿐이야', '나는 꿈꾸고 있어', '이것은 꿈이야'라는 생각이 꿈에 대한 비판(현실적이지 않은 그 무엇을 드러내기 위해서)을 드러내는 것일 필요가 없을 뿐만 아니라 경멸적일 필요도 없다. 이와는 반대로 니체가 본 것처럼, 그런 생각들은 깊은 즐거움과 의미 있는 경험 그 자체로서 꿈 상태를 평가하거나 숭배하는 것을 표현하고 있다고 볼 수도 있다. “꿈속으로 꿈꾸는 사람이 불려 나와서 ‘이것은 꿈이야, 계속 꿈을 꾸겠어’ …라고 우리가 생각한다면, 꿈을 꾸는 사람이 꿈을 보면서 내적으로 강한 즐거움을 끌어내고 있다고 결론내릴 수 있다.”[13] 더구나 자각몽에 대한 심리학적 연구가 보여주는 것처럼, ‘이것은 꿈이야’라는 생각은 종종 자신이 꿈을 꾸고 있다는 것을 자각하는 데서 일어나는 꿈에 대한 즐거운 긍정을 표현하는 것이다.

프로이트는 이런 종류의 꿈 자각을 인정하였지만, 그것은 단지 나중의 일이었다. 그는 이에 관한 흥미로운 것은 아무것도 말하지 않았다. 그는 “자신이 자면서 꿈꾸는 것을 명확하게 자각하고, 자신의 꿈을 의식적으로 조절하는 능력을 가진 사람들이 종종 있다.”라고 언급했다.[14] 프로이트는 선구적인 프랑스인 꿈 연구자이면서 중국 관련 학자인 후작 데르베 드 생 드니(Marquis d’Hervey de Saint-Denys, 1823-1892)를 언급하기도 하였다. 생 드니는 자신의 책 『꿈과 그 안내 방법(Dreams and How to Guide Them)』에 자각몽을 많이 기록하였고, 꿈 상태를 어떻게 의식하는지에 대해서도 지도하고 있다.[15] 그러나 이에 대해 프로이트가 말하고 있는 것은 다음과 같을 뿐이다. “그의 경우 잠자고자 하는 소망이 다른 전의식적 소망, 즉 자신의 꿈을 관찰하고 즐기는 소망으로 대치된 듯이 보인다. 잠이 이런 종류의 소망과 양립할 수 있는 것은 마치 잠이 특별한 조건이 충족될 때 깨어나는 심적 유보와 양립하는 것과 같다.”[16] 간단히 말하자면 프로이트는 자각몽을 소망의 충족 방식 중 하나로 본 것이다.

그러나 프로이트의 견해가 갖는 문제점은 자각몽이 꿈은 소망 충족이라는 그의 주장과 모순되는 데 있는 것이 아니다. 이와는 반대로 꿈을 관찰하거나 의식적으로 인도하고자 하는 소망 때문에 자각몽은 다른 평범한 꿈들보다도 더욱 분명한 소망 충족의 경우로 생각된다. 오히려 문제는 소망이 감추어져 있거나 왜곡되어 있는 것이 아니다. 즉 그것은 꿈꾸는 사람에게 의식적으로 이용될 수 있고, 발현몽의 수준에서 더욱 쉽게 접근할 수 있다. 이런 이유 때문에 자각몽을 왜곡과 감시의 메커니즘을 통해 구성된 것으로 보거나 더욱 일반적으로 자각몽을 프로이트의 구분인 발현 내용과 잠재 내용으로 나누어보고자 하는 것에는 근거가 없다.

동시에 프로이트는 꿈의 발현 내용을 무시하면서 또 다른 문제를 야기한다. 프로이트에게 중요한 것은 당신이 어떻게 발현몽을 경험하는가(특히 당신이 그것을 꿈으로 경험하는지 여부)가 아니라, 발현몽의 내용이 잠재몽의 사고와 관련하여 어떤 것을 상징하고 의미하는가라는 점이다. 이런 식으로 프로이트는 발현몽 경험을 폄하하였다. (이 때문에 프로이트와 융은 결별하였다. 융은 발현몽을 무시하는 것을 거부하였으며, 발현몽이 무의식적인 꿈 사고의 왜곡과 변형이라는 프로이트의 견해를 받아들이지 않았다.)

이렇게 꿈 경험을 평가절하함에 따라 프로이트는 자각몽이 비자각몽과는 달리 질적으로 다른 특성을 갖고 있다는 점을 주의 깊게 살피기보다는 무시하였다. 우리가 본 것처럼 이런 특성들은 아주 대단히 명료하거나 생생한 꿈 경험, 감정적 앙양 및 자유로움, 자각몽을 규정하는 특징들(자신의 상태의 꿈과 같은 속성에 대해 생각하고 주의를 기울이는 것)을 포함한다. 프로이트는 이런 특징들(후작 생 드니와 에덴이 이미 자세하게 서술한 것)을 등한시함으로써 독특한 상태인 자각몽을 탐구할 기회를 상실하였다. 이런 상실은 자각몽 그 자체 측면에서도 그렇고 정신분석적인 측면에서도 그러하다. 이렇게 정신분석 전체에 자각몽을 등한시하는 것이 펴져 나갔고 오늘날까지도 자각몽에 거의 신경 쓰지 않고 있다.

꿈꾸는 것을 아는가? 또는 꿈꾸는 것을 꿈꾸는가?

왜 자각몽은 단순히 꿈속의 꿈이 아닌가? 결국 내가 날고 있거나 '나는 꿈을 꾸고 있다'라고 생각할 때, 나는 꿈의 상태에 있다. 그런데 왜 이것은 단순히 꿈꾸고 있는 것을 꿈꾸는 것이 아닌가? 도리언이 버스가 지나가버린 것을 꿈꾸고, 그리고 자신이 꿈을 꾸고 있다는 것을 알았을 때, 왜 그는 자신이 꿈을 꾸고 있다는 것을 꿈꾸는 것은 아닌가? 꿈을 꾸고 있다는 것을 아는 것과 꿈을 꾸고 있는 것을 꿈꾸는 것 사이에 차이가 있다면, 정확히 그것은 무엇인가?

30년 전 철학자 대니얼 데닛은 다음과 같이 이의를 제기하였다.

> 누군가 다양한 자각몽을 꾸고 나서 깨어난 상태에서 그런 꿈을 꾸었다고 보고를 한다면, 그 보고와 일치하는 두 가지 가정을

할 수 있다. 하나는 자신이 자각몽을 꾸었다고 믿고 있는 것처럼, 그 사람이 자각몽을 꾼 경우이다. 또 다른 하나는 통상적인 꿈을 꾸었는데, **그 꿈속에서** 자신이 꿈을 꾸고 있고, 날아가기로 작정하는 것 등을 자각하는 경우이다. 물론 자신이 꿈꾸고 있다는 것을 **정말로** 자각하는 것은 아니다. 단지 자신이 꿈꾸고 있다는 것을 자각하는 꿈을 꾼 것이다. 그래서 주관적인 보고는 … 자각몽이 통상적인 꿈 이상이라는 것, 말하자면 자각몽을 꿨다는 꿈 이상이라는 것을 보증해주지는 못한다.[17]

이런 이의 제기에 대해 오늘날 두 가지를 말할 수 있을 것이다. 첫째로 당신이 꿈꾸고 있다는 것을 아는 것과 꿈꾸는 것을 꿈꾸는 것 두 경우는 동일하게 느껴지지 않고, 깨어났을 때의 기억에서도 다르게 여겨진다는 점이다. 우리가 앞으로 살펴볼 것처럼 그 이유는 꿈을 꾸고 있는 것을 안다는 것은 일종의 주의를 내포하고 있기 때문이다. 이런 주의는 꿈을 꾸고 있는 것을 꿈꾸는 경우에는 결여되어 있다. 둘째로, 현재 우리는 깨어났을 때 보고하는 것 이상의 자각몽 증거들을 확보하고 있다. 또한 자각몽 상태에서 보이는 생리적인 증거와 뇌 영상 증거도 보유하고 있다.

자각몽이 꿈꾸는 것을 꿈꾸는 것과 다르게 느껴진다는 것을 확인하기 위해 입면 상태로 다시 돌아가자. 위대한 자각몽 연구가 생 드니는 입면 심상 상태에서 완전한 꿈 상태로 끊이지 않고 의식이 전환되어 가는 방식을 어떻게 관찰할 수 있는지에 대해서 언급하였다. 다음은 생 드니의 꿈 보고 중 하나이다.

나는 잠을 자려고 눈을 감고서 오늘 저녁 리볼리 거리의 상점에서 본 몇몇 물건들을 생각하고 있다. 나는 그 거리의 아케이드를 기억하고, 멀리 반복적으로 보이는 반짝이는 아케이드 같은 그 무엇을 얼핏 본다. 곧 발광 비늘을 가진 뱀 한 마리가 마음의 눈앞에 나타난다. 그 둘레에는 셀 수 없을 정도로 많은 흐릿한 이미지가 있다. 나는 여전히 사물들이 불분명한 시간에 있다. 이미지들은 아주 빨리 사라지고 다시 형성되곤 한다. 길고 무서운 뱀은 여름 태양 아래 불타는 길고 먼지 나는 길로 바뀐다. 나는 자신이 그 길을 따라서 여행하고 있는 것을 즉각 본다. 그리고 스페인의 기억이 되살아난다. 나는 어깨에 망토를 메고 있는 노새몰이꾼에게 말을 건다. 나는 노새의 방울소리를 듣는다. 나는 그가 내게 이야기하는 것을 듣는다. 시골 지역은 등장인물들과 어울린다. 이때 각성에서 잠으로의 전환은 완전하게 이루어졌다. 나는 완전히 명확한 꿈의 이미지에 사로잡혔다. 나는 노새몰이꾼에게 칼을 주고 있었다. 그는 그 칼을 좋아하는 듯이 보였다. 대신 그가 나에게 보여준 정교하고 오래된 메달과 교환하였다. 그때 갑자기 외부 자극에 의해 잠에서 깨어났다. 나를 깨운 사람은 내가 약 10분 정도 잠든 것 같았다고 말했다.[18]

여기서 우리는 입면 심상을 쳐다보고 있는 상태에서 꿈의 세계로 몰두해가는 상태로 변환하는 것을 볼 수 있다. 이 과정에서는 입면과 꿈의 중간 상태에서 꿈속 에고의 삼인칭 관점 또는 외부의 관점으로 보고 있다.

자각몽을 초래하는 입면-심상 기법은 각성 자각이 당분간 입면 상태에서 지속된다는 점을 이용해서 이런 변환과 함께 작업한다. 이 기법은 자신의 의식을 목격하는 자각을 잃지 않으면서 입면 상태에서 꿈의 상태로 유도하는 것을 목적으로 한다. 거리를 둔 목격자의 관점을 취하여 이미지를 조절하거나 붙잡으려고 하지 않으면서 이미지가 일어나고 변형되고 물러나는 것을 보는 것이다. 자각몽 연구자인 스티븐 라버지(Stephen Laberge)의 말을 들어보자.

> 심상이 움직이고 생생한 시나리오가 될 때, 당신은 자신이 수동적으로 꿈 세계로 들어가도록 해야 한다. 능동적으로 꿈의 장면으로 들어가려고 애쓰지 마라. 대신 그 심상에 거리를 둔 관심을 지속해서 갖도록 해라. 꿈속에서 일어나고 있는 것에 관여해라. 그러나 너무 깊게 관여하지도 말고 너무 적게 주의를 기울이지도 말라. 당신은 지금 꿈을 꾸고 있다는 것을 잊지 마라![19]

잠이 드는 경험은 인간 천부의 권리이다. 그래서 다양한 시대와 문화의 많은 사람들이 꿈 상태를 자각하게 되는 이런 방법에 끌리는 것은 결코 놀라운 일이 아니다. 생 드니와 라버지뿐만 아니라 러시아 철학자 우스펜스키(Ouspensky, 1848-1947) 박사, 미국 정신과 의사 나탄 라포르트(Nathan Rapport), 독일 자각몽 연구가인 폴 토레이(Paul

Tholey)는 이런 자각몽 유도 기법을 사용하였다.[20] 그러나 더 오래되고 발달된 수행 기법은 티베트 불교 꿈 요가에 이미 그 모습을 드러내고 있다. 17세기 티베트 경전은 다음과 같이 언급하고 있다.

> 깊은 수면에 들어가기 전에 잠드는 것과 꿈꾸는 것 사이에는 소위 생각이라는 것이 있다. 실제로 잠이 들기 전, 여전히 잠이 드는 과정에 있을 때 생각이 떠오르고 소리가 희미하게 들린다. 신체 감각은 아주 둔해지고 어둠 속으로 밀려들어가는 느낌을 받을 것이다. 또한 이완되기 시작할 때 깊은 숨을 쉬는 것을 경험할 것이다. 그 후 바로 양 눈 사이의 중간 지점에 저리고 둔한 감각이 있을 것이다. 그때 사람, 동물, 환경 또는 최근의 심적 인상에 대해 모호한 인상을 느끼기 시작할 것이다. 이런 모호한 심적 인상들은 꿈의 원인이 된다. 실제로 꾸는 꿈은 이런 인상들의 결과로 생긴 것이다. 이것을 알면 마치 눈으로 직접 보면서 바늘에 실을 꿰듯이 꿈을 알 기회가 될 것이다. 그리고 즉시 꿈에 들어가 그것을 파악하게 될 것이다.[21]

이런 기법이 어려운 이유는 입면 상태에서 볼 수 있는 주의의 매혹적인 성질 때문이다. 너무 많이 몰입하면 꿈같은 이미지에 더 이상 주의를 기울이지 못하게 된다. 그러면 의식은 사로잡혀서 꿈꾸는 것을 꿈꾸는 상태에 빠져버리기 쉽다.

여기에 핵심적인 포인트가 있다. **당신이 꿈꾸고 있는 것을 꿈꾸는 이런**

상태는 당신이 꿈꾸고 있는 것을 관찰하고 그것에 주의를 돌리는 심적인 명료한 능력이 결여되어 있다는 것이다. 안드레아스 마브로마티스가 자신의 책『입면』에서 지적한 것과 같이 "꿈에서 의식하고 있다는 경험은 꿈속에서 의식하고 있다는 꿈을 꾸는 것과는 아주 다른 상태이다."[22] 이런 차이는 주의와 메타 자각과 연관되어 있다. 당신의 꿈을 의식하고 있다는 것은 그 상태의 꿈과 같은 성질이 바로 당신의 주의에 직접 들어오는 것이다. 이런 식으로 꿈 상태를 관찰하거나 목격할 수 있을 때만이 당신은 꿈꾸고 있다는 것을 명확하게 알 수 있다.

필명이 휴 캘러웨이(Hugh Calloway)인 20세기 초반 영국의 꿈과 유체이탈 경험 연구자인 올리버 폭스(Oliver Fox)가 보고한 전형적인 자각몽을 살펴보자.

> 나는 내 런던 집 밖에 있는 보도(步道)에 서 있었다. … 나는 집으로 들어가려고 하던 때 이 [보도의] 돌들을 우연히 언뜻 보면서 휙 하고 지나가는 이상한 현상에 시선이 고정되어버렸다. 그것은 아주 기이해서 내 눈을 믿을 수 없었다. 즉 밤에는 그것들이 모두 자신들의 위치를 변화시키는 듯이 보였고, 보도블록의 기다란 옆 측면이 경계석과 평행되어 있었다!
>
> 그런데 해결책이 머리에 퍼뜩 떠올랐다. 해가 쨍쨍 내리쬐는 여름 아침이 실제처럼 현실적이었지만 나는 꿈을 꾸고 있는 것이다! 이런 사실을 알자, 꿈의 성질은 이런 경험을 하지 못한 사람에게는 전달하기 어려운 방식으로 변화하였다. 즉시 이 삶의

생생함이 백배로 증가되었다. 한번도 바다와 하늘과 나무들이 이렇게 휘황찬란하게 아름다웠던 적이 없다. 심지어 흔해빠진 집조차도 살아서 움직이고 신비할 정도로 아름다웠다. 그렇게 기분 좋게 느껴본 적이 없었고, 그렇게 머리가 맑아져 본 적이 없어서 말할 수 없는 '자유로움'을 느꼈다! 감각은 말로 표현할 수 있는 차원을 넘어선 엄청난 것이었다. 그러나 그것은 단지 수 분 동안만 지속되었고, 나는 잠에서 깨어났다.[23]

이런 보고는 강한 자각몽의 특별한 특징을 보여준다(도리언의 꿈에서도 본 것처럼). 꿈꾸는 자는 보도블록의 돌들은 경계석에 평행한 것이 아니라 수직이라는 것과 같은 각성 상태의 무엇인가를 기억한다. 이런 불협화음을 알게 되면서 자신이 꿈을 꾸고 있다는 것을 정확하게 깨닫는다. 그 깨달음은 즉각적이지 추상적인 것은 아니다. 꿈꾸는 자는 단지 '나는 꿈을 꾸고 있다'라고 생각하는 것이 아니라, 직접적으로 이런 상태를 꿈으로 경험한다. 자각몽의 자각성(lucidity)이 시작됨에 따라서 자각의 명료함이 줄어들지 않고 그 상태의 감각적 생생함은 증가한다(꿈의 상태에 있다는 것에 대한 명료한 이해). 결국 꿈꾸는 자는 비자각몽의 전형적인 특성인 인지 결핍(정향성 상실, 작업 기억의 부족, 직접적인 주의와 주의력 유지의 결핍)을 겪지는 않는다. 그러나 현재 진행되고 있는 의식 상태의 본질에 대해 통찰하고 있다. 이런 식으로 꿈꾸는 자는 이제 자신을 꿈꾸는 주체로 경험한다.

앞에서 언급한 것과 같이, 그리고 도리언의 자각몽에서처럼 자신을 꿈꾸는 주체로 경험하는 것이 반드시 능동적, 의도적으로 꿈 내용을 인도한다는 의미에서 꿈을 조절할 수 있다는 것을 뜻하지는 않는다. 그런 조절은 정도가 각기 다르고 어떤 자각몽에서도 다소 존재한다. 물론 그런 상태의 꿈과 같은 성질에 주의를 기울일 수 있다는 것은 일종의 인지적 조절이며 꿈 내용에 영향을 미친다. 왜냐하면 당신이 꿈꾸는 것은 꿈에서 어떻게 주의를 기울이는가에 달려 있기 때문이다. 그러나 자각몽을 흥미롭게 만드는 것 중 하나는 꿈의 많은 모습들을 꿈꾸고 있다는 것을 알면서도 그 모습들을 조절할 수 없다는 데 있다. 이런 식으로 당신의 상상력이 자아의 의도적인 조절을 넘어선다는 것을 볼 수 있다. 즉, 생생한 백일몽을 꾸는 사람이 아니라면 자각몽은 각성 시보다 더 생생하다.

보르헤스는 자각몽의 이런 성질을 자신의 우화집 『꿈 호랑이(Dreamtigers)』에 언급하였다.[24] 어린아이였을 때, 그는 호랑이에 매료되어 있었다. 호랑이에 대한 매료는 성장하여 그가 결국 장님이 되었을 때 사라졌지만, 여전히 꿈속에서 그는 호랑이를 볼 수 있었다. 때로는 그가 꿈꾸는 것을 알았을 때, 자신의 의지가 갖는 무한한 힘을 연습하기 위해 '호랑이를 꿈에 불러내는 것'을 시도하기도 하였다. 호랑이는 나타났지만, 결코 그가 원했던 모습은 아니었다. 대신 '허약한 호랑이', '박제된 호랑이' 또는 '개 아니면 새와 비슷한 모습을 한' 호랑이였다.

『꿈 호랑이』는 하나의 꿈으로서 꿈에 주의를 기울일 수는 있지만, 종종 정확하게 꿈 내용을 조절할 수는 없다는 것을 보여준다. 꿈에 주의를 기울이는 능력은 자각몽의 핵심적인 특징이다. 철학자 제니퍼 윈트와 토마스 메칭거가 설명한 것처럼 당신이 꿈을 꾸고 있다는 사실은 인지적으로 가능(당신은 현재 꿈을 꾸고 있다는 사실을 생각할 수 있다)할 뿐만 아니라, 주의집중(당신은 꿈과 같은 경험의 성질에 직접 주의를 기울일 수 있다)도 가능하다.[25] 또한 강한 자각몽의 경우 당신은 자신이 침대에 누워 있다는 것을 알고 각성 상태에서 일어난 사건들을 상기할 수 있고, 때로는 이전의 꿈들을 상기할 수 있다. 이런 모습들은 꿈꾸는 것을 꿈꾸고 있는 것과는 아주 다르게 자각몽이 느껴지게끔 한다.

비판적인 독자는 이런 관찰들이 데닛의 이의제기를 물리치기에 충분하지 않다는 것을 바로 지적할지 모른다. 그 이유 중 하나는 관찰이 단지 주관적인 증언에 기반을 두고 있다는 것이다. 또 하나는 각성 시의 상기에 바탕을 두고 있다는 것이다. 엄격하게 말하면 자각몽에 대한 각성 기억의 보고에 바탕을 두고 있다는 것이다.

그러나 자각몽을 꾸는 자가 스스로가 자각몽을 꾸고 있다고 외부에 신호를 보낼 수 있다면 어떻게 되겠는가? 자각몽을 꾸면서 자각몽의 어떤 특징 또는 성질의 존재를 알릴 수 있다면 어떻게 되겠는가? 그리고 이런 신호들을 수면 실험실의 행동적, 생리적 수치와 관련지을 수 있다면 어떻게 되겠는가?

꿈 세계에서 오는 신호들

렘수면에 관한 놀라운 과학적 발견 중 하나(자각몽의 생리적 입증을 가능하게 하는 발견)는 꿈속 에고의 안구 운동이 꿈꾸는 자의 생리적 안구 운동과 종종 일치한다는 사실이다.[26] 꿈꿀 때 보이는 안구 방향은 종종 렘수면 동안의 안구 움직임의 방향과 부합한다. 꿈속 에고가 왼쪽을 보면 신체적 눈은 왼쪽으로 움직이고, 꿈속 에고가 오른쪽을 보면 신체적 눈은 오른쪽으로 움직인다. 이것을 보면 꿈속 에고와 살아 있는 신체 및 뇌 사이에는 밀접한 관계가 있다는 것을 알 수 있다.

1970년대 말과 1980년대 초, 두 명의 꿈 연구자인 영국의 키스 히언(Keith Hearne)과 미국의 스티븐 라버지는 수면 연구실에서 자각몽을 검증하기 위하여 서로 독립적으로 이런 상호관계를 활용하였다.[27] 연구자들은 자각몽을 꾸는 사람이 꿈 상태에서 자의적으로 행동할 수 있다면, 그 사람은 자각몽을 꾸는 동안에 사전에 약속했던 안구 운동을 함으로써 자신이 자각몽에 들어갔다는 것을 알려줄 수 있을 것이고, 그러면 이런 안구 운동을 실험실에서 외부적인 현상으로 기록할 수 있을 것이라고 추론했다. 자각몽을 꾸는 사람에게 일정한 횟수로 오른쪽과 왼쪽을 보도록 지시하고 그들의 안구 운동을 기록하였다. 피험자들은 깨어난 후 의도적인 안구 운동을 몇 회나 하였는지를 보고하였는데, 그 숫자가 그래프에 기록된 안구 운동의 횟수와 부합하였다.

이런 기발한 실험은 중요한 것이었다. 그들은 자각몽을 꾸는 사람들이 자신의 자각몽 상태를 신호로서 알릴 때 정말로 수면 상태라는 것을 보여주었다. 연구자들은 자각몽을 꾸는 사람들이 꿈을 꾸고 있는 동안 자신들이 꿈을 보고할 수 있게 하였다. 그것은 후행적인 것이 아니었다. 즉, 사적인 꿈의 세계에서 공적인 각성 세계로 신호를 보내는 일종의 상호 세계 소통(transworld communication)이라는 결과를 보여주었다. 그들은 이전에는 시도하지 못하였던 관점에서 의식을 탐구하는 새로운 길을 열어주었다.

이런 실험이 있기 이전에 많은 과학자들은 자각몽은 잠깐의 각성 상태에서 일어난 경험일 가능성이 많고, 그것을 잠자는 동안에 일어난 것이라 잘못 기억하는 것이라고 믿었다. 그러나 자각몽을 꾸는 피험자가 자각몽의 시작이라고 신호를 보낼 때, 뇌파는 렘수면이라는 것을 보여주었다. 그래서 표준적인 수면 과학의 기준에 따르면 피험자는 명확하게 수면 중이었다. 수면 실험실에서 관찰한 이런 종류의 자각몽은 이제는 '신호 검증 자각몽(signal-verified lucid dream)'이라고 알려져 있다.

라버지와 동료들은 분석을 더 진행하였다. 그 결과 자각몽은 전형적으로 렘수면의 가장 활동적인 기간인 '위상(phasic)' 렘수면[28]이라고 알려진 시기에 일어난다는 것을 알았다. 각성과 렘수면 동안 뉴런들은 뇌의 여러 영역에서 높은 속도로 발화한다. 렘수면에서 이런 높은 활성 수준은 '긴장성(tonic)' 활성(지속적인 배경 활성)과 '위상' 활성

(일시적 활성) 두 부분으로 나눌 수 있다. 위상 활성은 짧고 주기적인 발화로서 급속 안구 운동, 근육 수축, 중이 근육의 활성 상승(중이 근육 활성, 즉 렘에 해당하는 귀의 반응)에 일치한다. 간단히 말해서 자각성은 렘수면에서 이미 형성된 높은 수준의 피질 활동의 짧고 빠른 증가가 있을 때 일어난다.

수면 과학 관점에서 자각몽을 검증한 연구자들은 한 단계 더 나아가 자각몽을 꾼 사람들에게 자신의 자각몽 내용을 보고하라고 주문하였다. 이런 식으로 수면 과학은 깨어난 후에 꿈을 보고하는 수준 이상으로 나아가게 되었다.

정확히 이런 접근방법을 취하면서 라버지는 자각몽을 꾸는 시간을 탐구하였다.[29] 꿈 행동은 각성 행동과 동일한 만큼의 시간을 소요하는가, 또는 더 시간이 길어지는가 아니면 짧아지는가?(영화 「인셉션(Inception)」에서처럼) 자각몽을 꾸는 사람은 '1001', '1002'를 세면서 10초 간격으로 측정하였다. 그러고서 안구 운동 신호와 함께 그 간격의 처음과 끝을 측정하였다. 모든 경우에서 자각몽 동안에 1에서 10까지 세는 데 걸리는 시간은 각성 시에 걸리는 시간과 거의 일치하였다. 최근 독일의 다니엘 에르라헤(Daniel Erlacher)와 미하엘 쉬레들(Michael Schredl)의 연구에서도 이런 결과가 반복해서 나왔다.[30] 그러나 그들은 또한 굴슬운동(squats, 屈膝運動)은 각성 상태보다 자각몽 상태에서 40% 이상 더 시간이 걸린다는 것을 알았다. 에르라헤와 쉬레들은 오래 소요되는 과제 또는 운동 과제(수를 세는 것과 비교해서 굴슬운동과 같은)는 자각몽에서 불균형적으로 더 시간이 소요된다는 것을 알았다. 그러나 이런 결과를 설명할 수 있는 방법은 분명하지 않다.

뮌헨의 막스 플랑크 정신의학 연구소의 마틴 드레슬러(Martin Dresler)와 동료들이 행한 최근의 또 다른 연구에서 두 명의 노련한 자각몽 경험자는 자신들이 자각몽 상태에 있다는 신호로 안구 운동을 한 다음, 꿈속의 손을 꽉 쥐는 미리 정해진 운동 과제를 수행할 수 있었다.[31] 이 과학자들은 자각몽에서 이런 과제를 수행할 때의 뇌활성과 각성 상태의 과제 수행 시의 뇌활성을 비교하였다. 자각몽 상태와 각성 상태 모두 뇌활성이 동일한 감각운동 영역에서 일어났다. 물론 자각몽에서 그 활성의 강도가 덜했다. 이런 연구 결과는 우리가 운동을 수행할 때 활성화되는 영역은 그 행동을 한다고 상상할 때의 영역과 동일한 곳이라는 이론을 뒷받침한다.

이런 연구들이 의존하고 있는 것은 내가 생각하기 좋아하는 일종의 상호 세계 소통이다. 사적인 꿈의 세계와 공적인 각성의 세계 사이에 연결이 생기는 것이다. 송신자는 꿈속 에고 안구 운동의 현상적 매개체에서 메시지를 보낸다. 수신자는 그 메시지를 잠자는 자의 안구 운동의 신체적 매개체에서 읽는다. 심지어 더 놀라운 방법은 모스 부호를 사용한다. 자각몽을 꾸는 자가 자신의 왼쪽과 오른쪽 꿈속 에고 주먹을 쥐면, 기록계는 왼쪽과 오른쪽 팔에 해당되는 수축 상태를 연속적으로 포착한다. 라버지(자신이 자각몽을 꾸는 사람이다)는 자신의 이름 이니셜 철자를 모스 부호 신호로 보냈는데, 왼쪽 꿈 주먹

쥐기는 점을 나타내고, 오른쪽 꿈 주먹 쥐기는 선을 나타냈다.[32]

꿈의 과학자가 꿈을 꾸는 사람에게로 접근하는 또 다른 방법의 소통이 있는가? 각성 세계와 꿈의 세계 사이를 이어주는 쌍방향의 소통이 가능한가?

그 답은 예라고 할 수 있을 것 같다. 또 다른 연구에서 자각몽을 꾸는 사람에게 반복적으로 낮은 톤의 자극을 주면서 중간 중간에 높은 톤의 자극을 주었다.[33] 높은 톤의 소리를 들으라고 하고, 왼쪽과 오른쪽 안구 운동을 한 번씩 해서 그것을 들었다는 신호를 하라고 말하였다. 3명의 참가자들은 이런 과제를 수행할 수 있었다. 그리고 뇌파는 이런 종류의 목표 자극을 파악했다는 소견을 보여주었다. 최근의 논문에서 발표된 문장을 빌리면, "이것은 단지 '진정한 세계 상황'(수면 실험실의 연구)과 꿈 세계 속에서 자각몽을 꾸는 자 사이에 존재하는 소통의 간단한 방식 한 예를 보여주는 것이다. 꿈의 세계와 각성 세계의 쌍방향 소통에 대한 심도 있는 탐구는 틀림없이 기대되는 연구 기회를 제공할 것이다."[34]

자각몽 뇌

자각몽을 꾸는 동안 뇌에서는 어떤 일이 일어날까? 자각몽을 꾸는 사람은 자신이 자각몽의 상태에 있다는 것을 알리는 신호를 보낼 수 있고, 과학자는 동시에 그 신호에 따라서 뇌에서 무슨 일이 일어나는지를 모니터할 수 있기 때문에 이제 이런 질문은 검증 가능하다.

최근의 뇌파 연구에서 독일의 수면 과학자인 우르줄라 보스(Ursula Voss)와 하버드 대학 정신과 의사이자 꿈 과학자인 앨런 홉슨(Allan Hobson)은 각성 상태, 렘수면에서의 신호 검증 자각몽 상태, 비자각몽 렘수면 상태의 뇌활성을 비교하였다.[35] 연구 결과 자각몽 상태는 전두엽과 전두외측 영역에서 감마 진동 범위(36~45헤르츠)의 증가된 활성을 보였는데 이는 각성 상태와 유사하였다. 이와 비교해서 비자각몽 렘수면에서는 감소된 활성을 보였다. 그들은 또한 뇌파 '정합성(coherence, 여러 다양한 진동수의 뇌파가 여러 영역에 걸쳐서 동기화를 보이는 정도)'이 비자각몽 렘수면에 비해 자각몽 수면에서 더 높다는 것을 발견했다. 우리가 2장과 3장에서 본 것처럼 이런 종류의 '뉴런 동기화'는 뇌의 여러 영역에서 조화를 이루거나 통합을 이루는 한 방식으로 생각된다. 간단히 말해서 이 연구에서 우리가 알 수 있는 것은 자각몽의 경우 뇌가 새롭고 정합적인 활성 패턴을 보여주는데, 여전히 렘수면 상태이면서도 각성된 의식의 특징을 보여준다는 점이다.

이런 전기적 패턴이 전두엽과 전두외측 영역에서 우세하게 나타난다는 것이 갖는 중요한 의미는 무엇인가? 앞 장의 마지막에서 언급한 것과 같이, 배외측 전전두 피질이라고 불리는 뇌의 영역은 작업 기억, 의지, 성찰적 자기 자각에 중요한 장소이고, 렘수면에서는 현저하게 그 활성이 줄어든다. 그러므로 우리는 자각몽이 일어나기 위해서는 배외측 전전두 피질의 활성이 반드시 증가해야만 한다고 가정할 수 있다. 홉슨은 오랫동안 이런 가정을 주장하였다.[36] 그러나 자각몽에서 전두 영역의 증가된 감마 활성과 정합성이 이런 가정과 일치한다고 하여도, 두피에서 뇌의 전기적 활성을 측정한 뇌파의 결과를 가지고 배외측 전전두 피질 영역이 이런 뇌파 패턴의 기저 원천 영역인지를 명확하게 말할 수는 없다.

더 직접적인 연구 결과가 최근 fMRI(functional magnetic resonance imaging, 기능성 자기 공명 장치)를 사용하여 발표되었다. 이 장치는 뇌 안의 활성이 어디에서 일어나는지를 파악할 수 있는 또 다른 종류의 뇌영상 기법이다. 뮌헨의 막스 플랑크 정신의학 연구소의 마틴 드레슬러와 미하엘 치쉬(Michael Czisch)가 행한 연구에서는 네 명의 자각몽 대상자를 실험하였다. 그들을 MRI 장치 안에서 자게 하고, 빠른 왼쪽-오른쪽-왼쪽-오른쪽 안구 운동을 이용하여 자각몽 상태에 대해 지속적으로 신호를 보내도록 하였다.[37] 과학자들이 한 명의 피험자에게서 자각몽과 비자각몽 렘수면을 비교하였을 때, 자각몽의 경우 배외측 전전두 피질을 포함한 신피질(전적으로 포유류의 피질에 속하는 영역)의 다양한 영역에서 활성이 증가되는 것을 볼 수 있었다. 이런 활성화된 영역은 다른 유인원에 비해서 인간의 경우 더 넓게 발달된 영역들이다. 이 영역들은 인지와 의사결정을 위해 의도적인 조절 체계를 형성하는 데 관여한다고 생각되는 장소들이다. 이런 '전두두정 조절 체계(frontoparietal control system)'는 외부 세계에 주의를 집중

하는 네트워크와 장기 기억과 자신에 대한 생각(자신의 개인적 과거를 기억하고, 자신을 미래에 투사시키는 것)을 할 수 있는 네트워크를 연결하는 역할을 한다.[38] 그러므로 자각몽은 배외측 전전두 피질뿐만 아니라 주의, 인간의 자아감, 개인적 자아정체성에 중요한 포괄적 네트워크를 재활성화시킨다.

이런 연구 결과는 두 가지 측면에서 의미를 지닌다. 첫째, 자각몽이 꿈속 에고보다 꿈 자아의 관점에서 경험을 재구성한다는 내 주장을 지지해준다는 점이다. 즉, 자각몽은 각성 상태를 기억하고 그것을 생각하고 꿈과 유사한 경험에 주의를 기울이는 꿈꾸는 자의 관점에서 재구성하는 것이다. 둘째, 뇌에 특정한 '자각몽 영역(lucid dream spot)', 즉 자각몽을 야기하는 특정한 뇌 영역이 존재하지는 않는다는 것이다. 오히려 자각몽은 다른 모든 의식 양태와 마찬가지로 넓은 영역에 분포된 포괄적인 뇌활성을 반영한다.

분열 또는 통합?

자각몽은 '분열된' 상태인가? 다른 말로 하면 정상적으로 통합되어 있는 심적 과정들이 분리되어서 서로 다른 기능을 하거나 통상적이지 않은 결합을 하는 것인가? 또는 자각몽은 '통합된' 상태인가? 자각몽은 어떤 종류의 통합 또는 심적 기능의 재통합에 영향을 주는가?

프레데릭 반 에덴이 1913년 '자각몽'이라는 용어를 도입한 이래, 이런 질문은 여러 논쟁을 야기하였다. 반 에덴과 동시대 사람으로 영국의 내과 의사이자 심리학자로서 성(性)의 과학적 연구에서 선구적 역할을 한 해블록 엘리스(Havelock Ellis, 1859-1939)는 자신의 1911년 저서 『꿈의 세계(The World of Dreams)』에서 꿈은 분열이라고 주장하였다. 왜냐하면 꿈 상태에서는 각성 시의 정합적인 심적 요소들(기억, 사고, 지각, 정서 등)이 분리되고 꿈속에서 다시 재구성되기 때문이다. 반 에덴은 '잠을 자는 동안 정신기능들은 **분열**의 상황으로 들어간다는 점'에서 엘리스에 동의하였지만, "그것은 분열이 아니라, 그와는 반대로 잠의 분열 다음에 오는 **재통합**이다. 그것이 꿈의 본질적인 특징이다."라고 주장하였다. 강한 자각몽에 대해 그는 다음과 같이 기술하였다. "정신 기능의 재통합이 아주 완전하여서 잠을 자는 사람은 낮 생활과 자신의 상황을 기억하고, 완벽한 자각의 상태에 도달한다. 그리고 주의를 기울일 수 있고, 자유 의지로 다른 행동을 시도할 수 있다. 그러나 내가 확신을 가지고 말할 수 있는 것은 잠은 방해받지 않고, 깊고, 재활력을 준다는 것이다."[39]

홉슨과 우르줄라 보스는 자각몽이 '분열된 상태'라고 주장(반 에덴의 견해를 고려하지 않고)하여 이 논쟁에 다시 불을 붙였다.[40] 홉슨은 자각몽은 '심지어 주관적인 차원에서도 각성과 꿈의 의식 요소들을 결합하고 있다는 점에서 역설적'이라고 생각하였다. 역설을 다루는 그의 방식은 자각몽을 '하나의 분열 사례'로 간주하는 것이다. 거기에서는 각성 의식의 어떤 요소들이 각성 상태에서 떨어져 나와 꿈과 결합한다. 홉슨은 뇌파 결과가 자각몽 동안에 뇌가 각성의 전두엽 활성과 꿈의 후두엽 활성이 결합되어 있는 일종의 '혼합 상태(hybrid state)'로 들어가 있는 상태를 보여준다고 믿었다. 또한 그와 보스는 자각몽은 렘수면 현상이 아니라고 한다. 그 대신 "자각몽은 렘수면과 각성의 모습을 함께 가진 상태에서 일어난다. 비자각몽 렘수면에서 자각몽의 렘수면으로 이동하기 위해서는 뇌활성이 각성의 방향으로 이동하는 것이 반드시 필요하다."라고 한다.

나는 자각몽에 대한 이런 견해는 자각몽 경험을 오해하고 뇌파 소견을 과도하게 해석하고 분열의 개념을 제한적으로 파악하고 있다는 점에서 길을 잃은 것이라고 생각한다.

꿈꾸는 것과 꿈꾸는 것에 대한 자각이 일반적으로 서로 양립할 수 없다고 생각하고 우리가 자각할 수 있는 유일한 상태는 각성 상태뿐이라고 생각할 때에만 자각몽은 역설적이다. 그러나 이런 두 가지 가정은 틀린 듯이 보인다.

한편, 아리스토텔레스는 수면이라는 개념 내에 수면을 자각하고 꿈을 꾸고 있는 것 모두가 포함될 수 있다는 것을 이미 알고 있었다. 그는 "종종 잠들어 있을 때, 나타나는 것이 꿈에 지나지 않는다고 선언하는 무엇인가가 의식에 있다."라고 했다.[41] 더구나 니체와 프로이트는 우리가 본 것처럼 우리는 항상 꿈을 꿀 때 꿈을 꾼다는 느낌이 있다고 생각하였다. 결국 자발적인 자각몽과 훈련을 해서 자각몽을 야기할 수 있다는 사실은 꿈꾸는 것과 꿈꾸는 것을 자각하는 것이 완벽하게 양립할 수 있다는 것을 보여준다.

다른 한편, 우리는 깨어 있을 때 자신이 깨어 있다는 것을 얼마나 분명히 자각하고 있는가? 매일의 생활에서 우리는 얼마나 자주 자신의 각성 의식에 주의를 기울이고 있는가? 나는 그렇게 많지 않다고 생각한다. 우리가 자각할 때는 단지 무엇인가가 우리에게 깨어 있다는 것을 알라고 강요할 때나 마음챙김 수행을 하면서 주의 깊게 순간순간을 관찰할 때뿐이다.

간단히 말해서 꿈꾸는 것과 꿈꾸는 것에 대한 자각은 일반적으로 양립 불가능한 것이 아니다. 그리고 우리는 보통 각성 상태 그 자체에 그렇게 많은 주의를 기울이지 않는 것 같다.

각성 의식과 꿈 의식이라는 측면에서 자각몽을 분석하려고 노력하는 대신 우리는 다음의 세 가지 틀로 돌아갈 필요가 있다. 그 틀은 자각의 목격적 측면, 자각의 변화 가능한 내용들, 특별한 내용을 자아로 자각하는 경험 방식들이다. 강한 자각몽을 이루는 것은 꿈을 정확히 하나의 꿈으로서 관찰하거나 목격할 수 있다는 목격 자각의 존재를 느끼는 것이다. 그것의 존재는 꿈을 특징짓는 꿈속 에고와 자동적으로 동일화하는 것을 차단한다. 같은 목격 자각이 고양된 마음챙김의 순간 각성된 상태에서 느껴질 수 있다. 이런 자각의 존재는 각성 상태를 특징짓는 '나-대상적 나-나의 것(I-Me-Mine)'과 자동적으로 동일화되는 것을 차단할 수 있다. 이런 관점에서 우리가 각성과 꿈 의식을 바라볼 때 자각몽은 역설적이지 않다. 특히 경험의 차원에서 보면 더욱 그렇다.

홉슨과 보스는 자각몽은 렘수면 상태가 아니라 일종의 혼합 상태라고 한다. 그러나 스티븐 라버지가 지적한 것과 같이 신호 검증 자각몽은 항상 렘수면 동안 일어난다(조작적 정의는 빠른 안구 운동과 빠른 진동/낮은 진폭의 뇌파를 의미한다).[42] 그래서 보스의 연구에서 볼 수 있는 뇌파 소견은 '렘수면' 대 '자각몽'으로 범주화되어서는 안 되고, 대신 '비자각몽 렘수면' 대 '자각몽 렘수면'으로 범주화되어야만 한다. 따라서 자각몽의 뇌파 소견을 각성과 꿈의 혼합 또는 분열적 결합이라는 식으로 빈약하게 해석해서는 안 되고, 적절한 상황에서는 렘수면이 꿈에 대한 목격 자각의 기반이 될 수 있다고 간주하는 것이 제대로 된 뇌파 소견 해석이다.

마지막으로 이런 논의에서 분열의 개념은 너무 제한적이다. '분열'이라고 하면 부정적으로 들린다. 왜냐하면 그 단어는 대개 정상적인 심적 기능의 병리적 이상 소견을 의미하기 때문이다. 이런 의미에서 '분열'은 '통합되고' '정합적인' 것과는 반대된다. 그러나 어떤 종류의 분열은 긍정적이고 정상적이며, 부정적이지 않고 병리적인 것도 아니다. 그러므로 분열과 통합은 반대되는 것으로 고정되어 있다기보다, 역동적으로 상호 연관되어 있다.

기억을 예로 들어보자. 내가 어릴 때 스코틀랜드의 페리선을 타고 있는 자신의 모습을 외부적인 관점에서 기억한다면 나는 나 자신을 삼인칭 관점에서 다른 대상으로 보고, 그리하여 나의 과거 경험에서 나 자신을 분리해서 보는 것이다. (나는 작은 배가 뒤집어지지 않을까 무서웠다.) 동시에 나는 그 과거의 나를 나로서 표상하고 그 경험을 내 삶의 이야기, 내 개인적 과거사로 전유하고 있다. 또한 나는 내면에서 그 과거의 경험을 되살리려고 노력할 수 있다. 물론 그 되살림은 항상 현재의 관점에서 새롭게 재구성하는 기억이다. 이런 식으로 개인적으로 경험한 과거의 사건 기억들은 그것이 무엇이든 분열과 재통합을 포함한다. 뉴욕 대학 심리학자이자 정신분석가인 필립 M. 브롬버그(Philip M. Bromberg)는 다음과 같이 쓰고 있다.

> 자아 상태[자아 경험의 상태]는 마음이 형성하는 것이다. 분열은 마음이 작동하는 것이다. 자아 상태와 분열의 관계가 마음의 내용을 이룬다. 그 관계가 안정이 되어야만 '나'로서의 연속성을 경험할 수 있다. 정상적인 분열을 사용하여 자아 상태 사이의 유연한 관계를 형성하는 것이 바로 한 인간이 복잡한 삶의 환경 속에서 다양한 여러 요구 사항에 대해 창조적이고 자발적으로 대처하여 삶을 꾸려나갈 수 있게 한다.[43]

자각몽과 관련해서 브롬버그는 계속해서 다음과 같이 언급한다. "우리의 '꿈' 현실은 단순히 의식의 또 다른 상태이다. 그리고 … 그 꿈이 자는 동안 일어난다고 해서 각성의 현실과 서로 연결될 수 없는 것은 아니다. 이것은 자아 상태의 어떤 두 분열된 상태가 서로 연결되어 있는 것과 마찬가지이다. 말하자면 각성과 꿈이 동시에 있는 것이 가능하다는 것이다."[44] 깨어 있음과 꿈이 동시에 있는 것이 바로 자각몽 동안에 일어난다. 그리고 각성과 꿈을 연결하는 것이 목격 자각이고, 그 목격 자각은 각성과 자각몽 두 상태에서 느낄 수 있다.

이런 관점에서 보면 자각몽은 분열적이면서도 통합적이다. 즉 분열과 통합이 역동적으로 자아 경험의 두 측면으로 연관되어 있는 상태이다. 우리는 다시 에덴의 초기 자각몽에서 마음은 잠의 정상적인 분열을 통해서 재통합한다는 관점과 유사한 그 무엇으로 되돌아오게 되었다.

꿈에 대한 의문

과학적 관점에서 자각몽은 일종의 정제된 의식을 제공한다. 말하자면 현재의 감각 자극에 오염되어 있지 않은 상태의 의식을 살펴보는 길이다. 이런 순수하거나 집중된 의식의 형태는 특별한 특징을 지니고 있어서 새로운 질문을 야기한다.

무엇이 강한 자각몽을 그렇게 생생하게 만드는가 하는 풀리지 않은 질문이 있다. 위상 렘수면에서 자각몽이 대부분을 차지할 때 주의는 감각에서 멀어지고, 꿈 심상은 기억과 상상에서 나온다. 그렇지만 자각몽을 꾸는 사람은 종종 꿈이 너무나 생생하고 명료하다고 보고한다. 때로는 각성 때의 생생함과 명료함을 능가한다고 한다. 도리언 세이건의 자각몽을 상기해보자. "나는 아주 깊은 공간을 배경으로 수 없이 하얗게 반짝이는 별들을 보고 있었다. 그 광경은 매우 아름다웠다. 여전히 이것은 꿈이라는 것을 의식하면서 밤하늘의 생생함에 경탄하였다. 이제 나는 (동시에) 놀라운 생생함으로 또다시 푸른 하늘을 가로질러 흘러가는 아름다운 흰 구름을 보았다. 확실히 이것 때문에 꿈은 아주 독특하였다." 또는 올리버 폭스의 꿈을 보자. "즉시 삶의 생생함이 백배로 증가되었다. 한번도 바다와 하늘과 나무들이 이렇게 휘황찬란하게 아름다웠던 적이 없다. 심지어 흔해빠진 집조차도 살아서 움직이고 신비할 정도로 아름다웠다." 여기에 또 하나의 예로 스티븐 라버지가 수집한 꿈을 보자.

> 나는 탁 트인 넓은 벌판에 서 있었다. 그때 아내가 석양이 지는 방향을 가리키고 있었다. 나는 그것을 보고 "대단하다. 나는 이전에 이런 색을 본 적이 없어."라고 생각했다. 그리고 이런 생각이 밀려들었다. "나는 꿈을 꾸고 있음이 틀림없어!" 나는 이전에 그렇게 명료한 지각을 경험한 적이 없었다. 색은 너무나 아름답고, 자유로움은 너무나 기분이 좋아서 이 아름다운 금색의 보리밭을 손을 흔들면서 뛰어다니기 시작하였고 "나는 꿈꾸고 있어! 나는 꿈꾸고 있어!"라고 목소리를 높여 외치고 다녔다. 갑자기 나는 꿈을 상실하기 시작하였다. 흥분하였음이 틀림없다. 나는 갑자기 꿈에서 깨어났다.[45]

이 생생함은 얼마나 감각적(이미지의 선명함)이며 얼마나 인지적

(그 심상을 꿈의 심상으로 온전히 이해함)인가?

이런 질문을 풀어나가는 한 가지 방법은 자각몽을 꾸는 사람의 안구 신호 방법을 이용하는 것이다. 그렇게 해서 자신들의 주관적 생생함의 정도를 소통하는 것이다. 이런 종류의 정보를 통해서 우리는 다음과 같은 연구 주제들을 과학적으로 탐구할 수 있다. 즉 대부분의 자각몽은 특별히 생생한가? 자발적으로 자각몽을 경험하는 사람은 자각몽을 배워서 꾸는 사람들보다 더 생생하고 명료한 자각몽을 꾸는가? 이런 자각몽의 특성은 자각몽을 유도하는 훈련 방법에 따라서 시간이 가면서 더욱 증가되는가? 우리는 꿈의 생생함과 명료함의 변화에 따라서 뇌파의 소견도 역동적으로 변화한다는 것을 보여줄 수 있는가? 자각몽의 생생함과 명료함이 갖는 심리적, 신경생리학적인 원천은 무엇인가?

또한 우리는 비자각몽으로는 연구하기 불가능한 '꿈에 대한 각성 기억과 꿈 경험 사이의 관계'를 탐구할 수도 있을 것이다. 예를 들면 어떤 자각몽 경험자는 꿈을 꾸고 있을 때 그 꿈 상태를 각성 시의 지각만큼이나 생생하게 여긴다. 그러나 일단 잠에서 깨어나면 마음이 바뀐다. 즉 자각몽 경험자들은 꿈 상태는 현실같이 보이지만 사실은 그런 것이 아니라고 판단한다.[46] 그러나 양쪽의 판단은 모두 각성 상태에서 후행적으로 이루어진 것이다. 자각몽을 꾸고 있는 그때의 주관적 평가는 꿈 경험에 대한 실시간적 정보를 제공하고, 각성 기억과의 관계에 대해 이해의 실마리를 던져줄 것이다.

이런 모든 질문들을 탐구하고 자각몽 의식의 깊이를 파헤치기 위해서 명상 자각몽 수행을 한 경험자는 아주 귀중하다. 명상 자각몽 또는 '꿈 요가'는 꿈 상태에 명상적 통찰을 준다. 수 세기 동안 티베트 불교도들은 심적 변화의 수행으로서 꿈 요가를 계발하였다.[47] 고대의 수행과 자각몽 소통의 현대적 방법을 결합하여 우리는 꿈 과학의 새로운 전망을 열어갈 수 있다. 이것은 꿈 심리학, 뇌과학, 꿈 요가를 통합할 것이다.[48]

그러나 꿈 요가는 꿈 과학을 위한 새로운 도구를 제공하는 것만이 아니다. 그것은 현실이라는 것이 우리의 마음과 동떨어져 존재하는 것이라는 믿음에 강력히 도전한다. 꿈 요가는 각성 경험을 하나의 꿈으로 간주하라고 요청한다. 또한 꿈 상태에서 어떻게 깨어 있을 수 있는지를 가르쳐준다. 우리가 다음 장에서 보게 되겠지만, 이런 식으로 꿈 요가는 각성의 세계가 우리 마음 바깥에 분리되어 존재하지 않는다는 것을 보여주려고 한다. 즉, 각성의 세계는 그것을 파악하는 우리의 상상적 지각을 통해서 드러나고 발제되는 것이다.

06

상 상

우리는 실재하는가?

06

상상

우리는 실재하는가?

내가 4살 때 부모님은 나를 디즈니랜드에 데리고 갔다. 나는 캡틴 니모의 잠수함에서 창밖을 바라보았다. 깊은 물속 여기저기에는 괴물들이 있었다. 상어들이 창문에 부딪쳤고 나는 공포에 사로잡혔다. 엄마는 나를 안심시키려고 말했다. "에반, 걱정마라. 그건 진짜가 아니야." 커다란 문어가 나를 공격하였다. 아버지는 그것도 진짜가 아니라고 말하였다. 나는 부모님을 올려다보면서 물었다. "우리는 진짜인가요?" 아버지는 웃으면서 "글쎄, '진짜가 아니다'라고 말하는 신비한 사람들도 있단다."라고 답했다.

내가 이 대답을 어떻게 생각하였는지 기억나지는 않는다. 그러나 삶이 꿈일지도 모른다는 생각에 매력을 느낀 어린아이였다는 것은 기억한다.

깨어 있는 경험이 일종의 꿈이라고 하면 어떻게 되는 것일까? 당신이 깨어나면 당신은 누구일까? 정확히 꿈은 무엇인가? 일종의 환각인가? 또는 일종의 상상인가? 삶이 꿈이라고 하면 우리는 깨어 있는 세계에 대해 환각 경험을 하고 있는 것인가, 아니면 상상으로 그것을 지각하고 있는 것인가?

꿈 요가

> 심적 인상과 동떨어져 (현상은) 존재하지 않는다.
> 부정적인 것과 긍정적인 것, 나타난 모든 것은
> 그것들이 외적 현상으로 보여도 꿈과 같은 것이다.
> 흔들리지 않고 성실하게 끊임없이 (이런 진리에) 마음챙김과 주의를 기울여라.
>
> －로첸 다르마 쉬리(Lochen Dharma Shri, 1654-1718)[1]

이 글귀는 널리 알려진 티베트 불교 꿈 요가 안내서의 첫 부분에 나오는 것이다. 이것은 '낮 동안의 경험 동안 흔들리지 말고 마음챙김을 유지하라'는 수행에 대해 언급하고 있다. 이것이 자각몽 수행 훈련의 첫 단계이다. 수행의 핵심은 자신이 겪는 각성 경험도 일종의 꿈이라는 것을 반복해서 계속 일깨우는 것이다. 이런 식으로 당신은 꿈 상태로까지 이어지는 습관을 형성하게 된다.

이것은 '현실성 검증(reality testing)'[2]이라고 불리는 서양식의 자각몽 유도 기법과는 대조적이다. 서양식 기법에서 당신은 당신이 꿈을 꾸고 있는지 또는 현실에 있는지를 파악하는 검증력을 형성한다. 「깨어난 삶(Waking Life)」이라고 하는 2001년 리차드 링클레이터(Richard Linklater)의 영화에 널리 알려진 검증이 잘 묘사되어 있다. 검증 방법은 전등 스위치를 켜고 끄는 것이다. 꿈속에서는 스위치를 조작하여도 실제로 전등을 변화시키지는 못한다.[3] 또 다른 검증은 어떤 문장을 읽고 현장을 떠났다가 다시 와서 그 문장을 읽을 때 동일한 것인가를 보는 것이다. 만약 꿈이라면 그 문장은 아마도 변해 있을 가능성이 높다.

서양적 접근의 전제는 각성 현실은 안정적이고 마음-독립적이지만, 꿈은 불안정하고 암시적이라는 점이다. 깨어 있을 때 '상태 점검(state checks)'하는 습관을 들임에 따라 결국은 꿈을 꿀 때 상태 점검을 하도록 기억해낸다. 이런 식으로 당신은 자신이 꿈꾸고 있고, 경험하고 있는 것이 현실이 아니라는 것을 확인하게 된다.

꿈 요가는 이것과 반대되는 전제에 바탕을 두고 있다. 즉, 각성 상태는 결국 꿈보다 더 현실적인 것도 아니고 덜 현실적인 것도 아니라는 것이다.[4] 꿈 요가의 기저를 이루는 불교철학학파[중관학파(Madhyamaka)와 유식학파(Yogācāra)]에 따르면 각성과 꿈 사이의 구별은 일상적이거나 통상적인 수준에서는 명확하지만, 궁극적인 진리 추구 분석의 관점에서 보면 각성 현상도 실체성과 독립적인 존재성을 결여하고 있다. 이런 식으로 생각하면 각성 현상도 꿈과 같은 것이다. 그러므로 현실성 검증과 상태 점검 대신에 꿈 요가는 모든 각성의 사건을 꿈과 같은 것으로 보도록 권유한다.

뇌가소성에 대한 마음과 생명 협회 모임을 위해 다람살라에 있을 때, 나는 앨런 월리스와 꿈 요가에 대해 이야기를 나눌 기회가 있었다. 불교학자이면서 명상 지도자인 앨런 월리스는 로첸 다르마 쉬리의 꿈 요가 안내서를 번역하기도 했다. 그는 꿈 요가를 가르치고 스티븐 라버지와 함께 자각몽 수련회를 인도하고 있었다. 앨런은 마음과 생명 모임에서 불교를 대표하는 토론자로서 다른 과학자들과 함께 참석하여 달라이 라마를 위한 통역자 역할도 겸하고 있었다.

모임 마지막 날 나는 앨런에게 다람살라에 도착한 날 밤에 내가 꾼 자각몽에 대해 말하였고 꿈 상태에서 어떻게 명상해야 하는지 물어보았다. 우리는 남걀 사원이 내려다보이는 쵸노 하우스(Chonor House)의 테라스에 앉아 있었다. 우리 뒤에는 히말라야가 있었고, 나무 위에서는 원숭이가 뛰어놀고 있었다. 앨런은 내게 티베트 불교 꿈 요가와 현대 자각몽 기법을 결합한 특강을 해주었다.[5]

앨런은 첫 번째 단계는 꿈 상태를 깨닫는 것이라고 말했다. 즉 다른 말로 하면 자각몽을 꾸는 것을 배우는 것이다. 이 점에서 적어도 현대의 서양인에게는 전통적인 티베트 기법보다(복잡한 시각화 및 수면 자세 포함) 라버지와 같은 자각몽 연구자가 개발한 기법이 더 도움이 될 것이다.

일단 스스로 꿈꾸고 있다는 것을 확인하면 깨어남 없이 그 명료함을 유지할 필요가 있다. 현대의 연구에서는 이렇게 하는 가장 좋은 방법은 꿈 풍경(dreamscape)에 진짜로 들어가는 것이라고 한다. 꿈 내용에 완전히 젖어들어 꿈을 자각하면서 계속 유지하라. 날거나 빙빙 돌아다녀라. 내가 했던 식으로 호흡에 마음을 챙기며 그렇게 명상하려고 애쓰지 마라. 그렇게 하면 꿈 내용이 줄어들고 달아나버린다. 그리고 가만히 앉아 있으려고 하지 마라. 왜냐하면 가만히 있으면 꿈이 사라져버리기 때문이다. 끊임없이 움직여라.

한동안 명료함을 유지한 다음 두 번째 단계는 꿈 상태를 변형시키는 것이다. 상상력을 이용하여 꿈을 조종하고 즐겁게 놀아라. 사람을 동물로 동물을 사람으로, 낮을 밤으로 밤을 낮으로 바꾸고, 날고, 벽을 뚫고 가는 등 그것들을 변화시키고 바꾸며 꿈의 유연성을 탐색하여라. 이런 식으로 마음의 탄력적인 성질이 나타나게 되고, 마음의 구성물, 상상력의 산물로서 꿈 풍경을 보다 깊이 이해하게 될 것이다.

악몽이 나타나면 꿈을 변화시킬 더 좋은 기회로 삼아라. 위협적이고 무서운 그 무엇인가(예를 들면 누군가가 당신을 뒤쫓고 있다)를 평화롭고 위로되는 그 무엇(든든한 친구)으로 변화시켜라. 더 좋은 것은 악몽이 자연스럽게 펼쳐지게 하고 그 악몽 속으로 들어가 받아들이는 것이다. 당신은 당신의 꿈 신체가 아니므로 꿈이 자신을 해칠 수 없다는 것을 기억하라. 이런 식으로 꿈을 그 본질상 환상으로 보는 것을 배울 것이다. 그리고 꿈 상태를 통해서 그 바탕에 있는 것을 보게 될 것이다.

자각성이 안정되고 꿈을 변화시키는 데 익숙해졌다면, 세 번째 단계는 **그 꿈 상태를 꿰뚫어보는** 것이다. 꿈을 변형시키는 것은 꿈을 꿰뚫어보는 것의 준비 단계이다. 이것은 꿈의 객관화(일상적인 꿈 의식을 지배하는 것으로 꿈을 마음에서 독립된 것으로 다루고자 하는 충동)를 분쇄하는 것이다.

꿈을 변화시킴으로써 때로는 어떤 꿈 내용의 배후에 있는 자각을 얼핏 볼 수 있다. 이것은 일종의 의식의 기반 상태이고, 인도 유식학파와 티베트 족첸학파에서 '토대 의식(substrate consciousness)' 또는 '창고 의식(store consciousness, 아뢰야식)'[6]이라고 부르는 것이다. 그러나 진정으로 꿈을 꿰뚫어보기 위해서는 꿈 풍경을 변화시키는 대신에 그것을 완전히 분해시켜야 한다. 이것은 꿈을 흘려보내면서 단순히 자각함을 알아차리는 것이다. 아무런 꿈의 심상 없이 이런 식으로 자각하는 것은 깊고 꿈 없는 수면의 상태를 명징하게 경험하는 것이다. 그리고 여기 그 기반 상태에서 의식의 광채가 더 잘 드러난다.

일별 기록

다람살라에서의 마지막 날 밤, 앨런과의 대화가 있던 그날 밤에 나는 또 다른 자각몽을 꾸었다.

나는 실내에서 긴 복도를 따라 날고 있었다. 위치는 바닥과 천장의 중간 지점이었다. 나는 꿈을 꾸고 있다는 것을 자각하고 계속 움직이라는 앨런의 충고가 기억났다. 그래서 평영을 하고 다리를 가위처럼 움직이며 공중에서 헤엄치듯이 날기 시작했다. 앨런은 꿈속에서 벽을 통과하는 식으로 꿈을 가지고 놀라고 했다. 대부분의 사람들은 틀림없이 얼굴을 앞쪽으로 밀고 나가는 것을 어려워할 것이지만, 대신 등 쪽으로 밀고 나갈 수는 있을 것이다. 벽을 따라 거울이 죽 늘어서 있었다. 나는 거울 속에서 내가 움직이는 것을 반사해서 볼 수 있었다. 왼쪽에 있는 벽을 향하여 돌아섰다. 그리고 뒤에서 웃는 내 얼굴을 보았다. 나는 얼굴을 앞으로 하고 벽을 뚫고 지나가기로 결정하였다. 아무런 어려움을 겪지 않고 거울에 비치는 내 모습을 통과해서 나아갔다. 그러나 일단 통과하자 아무런 시각적 꿈속 신체가 없이 완전히 텅 빈 어둠의 공간 속에 있는 나 자신을 발견하였다. 나는 불편해졌고 깨어나지 않을 수 없었다.

꿈을 이해하다

꿈 요가와 이런 종류의 자각몽 경험은 현대 뇌과학의 꿈 개념에서 어떤 의미를 갖고 있는가?

꿈 요가는 꿈을 단순히 수면 중 뇌활성의 한 방식으로 생각하는 것은 일방적이라는 것을 보여주고 있다. 이런 개념은 꿈꾸는 것에 대하여 뇌의 측면에 우선권을 부여하는 것이지만, 마음의 측면은 무시하거나 평가절하하는 것이다. 내가 꿈에서 계속 움직이며 놀라고 하던 앨런의 충고를 기억하고, 등 쪽이 아니라 얼굴을 앞으로 해서 벽을 통과하려고 결정하였을 때, 내 의식 흐름의 이런 심적 사건들은 꿈의 진행 과정에 영향을 미쳤다. 뇌과학자들이 꿈꾸는 뇌에 대해 충분히 알고 있고 더 정밀한 뇌영상 도구를 갖고 있다면 이러한 종류의 의도적인 꿈 진행 인도와 같은 뇌의 사건을 찾아낼 수 있다는 것은 의심할 여지가 없다. 그러나 뇌과학자들이 "꿈꾸는 마음은 단지 잠자는 뇌를 반영하는 것이다."라고 말한다면, 그들은 진실의 절반만을 말하는 것이다. 잠자는 뇌는 꿈꾸는 마음을 반영한다는 그 반대도 진실이다. 자각몽은 이미 이런 점을 잘 말해주고 있고, 꿈 요가는 그것을 잘 보여주고 있다. 즉, 꿈꾸는 마음은 뇌의 활성에 영향을 미친다.

마음이 뇌에 영향을 미친다는 이런 개념을 종종 '하향식 인과관계(downward causation)'라고 부른다.[7] '하향식'이라는 것은 '보다 위의' 수준에 있는 것이 '보다 아래' 수준에 있는 것에 영향을 미친다는 것으로 예를 들면, 심리학적인 것이 생물학적인 것에, 생물학적인 것이 화학적인 것에 영향을 미친다는 것을 의미한다. 철학자들은 종종 이 용어를 '하향식 심적 인과관계(downward mental causation)' — 이 개념은 당신이 어떤 의도를 갖거나 결정을 할 때, 당신 마음이 뇌와 신체에 영향을 미친다는 것이다 — 의 축약된 형태로 사용하기도 한다. 그러나 내 생각에 '하향식 인과관계'라는 용어는 오해를 야기한다. 왜냐하면 마음과 신체를 위계질서적 관계로 생각하게끔 만들고, 애매모호하게 마음이 신체보다 '위에' 있거나 '높이' 있다는 느낌을 주기 때문이다. 그렇지만 난해한 심신 문제를 제쳐둔다면, 우리는 하향식 인과관계라는 개념을 다음과 같이 부정할 수 없는 사실을 나름대로 이해하려는 시도로 생각해볼 수 있다. 즉 우리가 심리학적 용어로 이해하고자 하는 현상들(의지, 의도, 기억, 상상 등)이 생리학적인 현상(뉴런 발화, 뇌활성, 유전 발현, 면역 반응 등)에 영향을 미치고 변화시킨다는 것이다.

여기서 뇌과학의 고전적인 예를 들어보자. 하나의 자극에 주의를 기울이게 되면 그 자극에 민감한 시각 뉴런들의 발화율이 증가한다('주의'는 심리학적 개념이고, '발화율'은 신경생리학적 개념이다).[8] 또 다른 예는 인간의 뇌영상에서 볼 수 있다. 만성 통증을 겪는 사람들에게 그 통증과 연관된 뇌 영역의 활성(전前 대상 피질, anterior cingulate cortex)을 자의적으로 조절할 수 있게끔 훈련시킬 수 있다. 말하자면 그 환자들이 MRI 스캐너 속에 있는 동안 실시간으로 통증 영역을 보여준다.[9] 그렇게 하면 의도적으로 뇌 영역의 활성을 변화시킴으로써 자신들의 통증 지각을 조절할 수 있게 된다. 여기에는 느껴진 통증의 크기를 줄이는 것도 포함된다.

자각몽은 또 다른 예를 제공해준다. 강한 자각몽에서 꿈꾸는 자는 꿈속 에고를 통하여 의도적으로 행동해서 잠자는 뇌와 신체에 일어나는 사건들에 영향을 미칠 수 있다. 꿈속 에고의 안구가 왼쪽과 오른쪽을 바라보는 것은 신체적 안구가 왼쪽과 오른쪽으로 움직이는 것과 일치한다. 자신이 자각몽을 꾸고 있다는 것을 안구 운동을 사용하여 외부 세계에 알리는 신호 검증 자각몽은 수면 실험실에서 마음이 신체에 영향을 미치는 하나의 구체적인 사례를 보여주는 것이다. 자각몽에서 스스로를 깨우는 기법들 중 하나는 꿈에서 무엇인가를 응시하는 것인데, 그렇게 해서 당신은 꿈속 에고가 안구 운동을 하는 것을 멈추게 할 수 있다.[10] 꿈속 시선을 고정시키는 것은 렘수면의 신체적 안구 운동을 억제하여 당신을 깨어나게 한다. 만약 깨어나고 싶지 않다면, 꿈속 신체를 돌려서 운동 감각을 느껴 꿈 상태를 지속시킬 수 있다.[11]

이런 기법은 꿈 활동의 작동뿐만 아니라 꿈속 신체를 움직이고자 하는 의도와 결정이 각성 시 당신이 계획하고 활동하게 하는 뇌 영역과 밀접하게 연관되어 있다는 점을 알려준다. 이런 뇌 영역을 활성화시킴으로써 깨어날 필요가 없이 움직이게 된다. 꿈 상태에서 활성을 촉발할 수 있다.

주의 깊은 독자들은 아마 "우리가 진정으로 말할 수 있는 것은 꿈 자아를 통해서 수행하는 모든 의도적 행동들이 뇌와 신체의 측정 가능한 변화와 상관성을 갖고 있다는 점이지만, 상관성이 곧 인과관계는 아니다."라고 주장할 것이다. 그러나 자각몽 의도의 심리학적 수준과 뇌활성의 생리학적 수준의 정확한 관련성을 모른다고 하여도 우리는 여전히 다음과 같은 주장을 계속할 수 있을 것이다. 즉 당신의 꿈 신체를 행동하게 해서 실제 신체에 영향을 미칠 수 있다는 점이다. 예를 들면 자각몽에서 꿈속 신체의 운동 기능을 훈련하게 되면 각성 시의 수행 능력이 향상된다는 것을 보여주는 과학적 증거들이 많이 있다.[12] 꿈속 신체를 훈련하면 물리적 신체도 변화한다.

자각몽 자체는 배울 수 있는 기술이며, 마음의 훈련으로 뇌를 변화시킬 수 있는 방법이다. 라버지가 관찰한 것은 다음과 같은 것이다.

> 이런 관점에서 자각몽은 성인이 정상적인 능력으로 반드시 지녀야 하는 것이다. 이것이 옳다면 자각몽은 왜 그렇게 드문가? 특히 악몽에서는 자각성이 아주 유용하고 가치 있을 텐데 말이다. 나는 또 다른 학습 가능한 인지적 기술인 언어를 자각몽과 비교함으로써 이에 대해 부분적인 답을 할 수 있으리라고 생각한다. 정상적인 모든 성인은 적어도 하나의 언어를 말하고 이해한다. 그러나 만약 배운 적이 없다면 그렇게 할 수 있겠는가? 불행하게도 우리의 문화에서는 몇몇 예외를 제외하고는 꿈꾸는 것을 배우지 않는다.[13]

꿈 요가는 꿈꾸는 방법을 가르치는 전통에 속하는 것이다. 그러나 이런 가르침은 단순히 꿈꾸는 것을 가르치는 것뿐만 아니라 각성 시의 마음을 변화시키는 것도 목표로 한다. 이것은 이런 전통의 가르침이 자각몽에 대한 서양의 심리학적 문헌에서 흔히 볼 수 있는 그 무엇보다 더 깊은 차원에 있음을 의미한다.

티베트 불교는 현실을 기본적으로 망상이나 착각으로 보고, 부정적인 마음 상태도 그러한 망상에서 생기는 것으로 본다. 꿈 요가가 목표로 하는 것도 이러한 통찰이다. 일상적인 꿈에서 우리는 꿈속 에고를 자신과 동일시하며, 우리가 경험하는 것을 현실이라고 여긴다. (니체가 말한 것처럼, 우리가 때로는 어떤 깊은 차원에서 그것이 현실이 아니고 겉보기라는 것을 감지한다고 하여도) 우리가 보거나 느끼는 것은 무엇이든, 그것은 그 자체로 존재하는 것처럼, 자신만의 내재적 본질을 갖고 우리와 별개로 존재하는 것처럼 보인다. 마음의 이런 혼란스러운 상태는 실재의 본질에 대한 각성 시의 무지를 이해하는 데 도움이 된다. 우리는 각성 시의 자아가 자신만의 분리되고 필수적인 본질을 지니고 있다고 여기지만, 이런 믿음은 망상이다. 왜냐하면 우리의 각성 자아는 꿈속 에고와 마찬가지로 상상적인 구성물이기 때문이다. 그것은 기억 속의 과거와 예상 속의 미래에 자신을 상상적으로 투사해서 형성한 것에 불과하다. 하나의 분리된 것이나 개체로서 세계와 대립해서 존재하는 '나-대상적 나-나의 것(I-Me-Mine)'은 꿈에서 뿐만 아니라 각성 상태에서도 왜곡된 심적 구성물로서 기능할 수 있다. 꿈의 세계와 각성의 세계는 모두 현실적이고 견고한 것처럼 보인다. 그러나 우리가 현실적이고 견고하다고 여기는 것은 항상 겉보기의 양상(어떤 식으로든 현실로 나타나는 것)이며, 그런 겉보기의 양상은 그 본질상 우리의 마음과 결코 분리될 수 없다는 것을 우리는 꿈과 자각의 경우 모두에서 깨닫지 못하고 있다.

이와는 대조적으로 전면적이고 완전한 자각성(lucidity) — 우리가 꿈 상태에서 깨어나서 그것을 빛나는 겉보기로서, 실체가 공한 것으로서 직접 경험하는 것—은 해탈과 깨달음('붓다'는 완전히 깨달은 자를 의미한다)에 대한 전통적인 은유를 제공한다. 이런 은유가 각성 세계의 통상적인 현실성을 부정하는 것을 의미하지는 않는다. 오히려 그것이 목표로 하는 것은 현실이라는 것이 무엇을 뜻하는 것인지에 대한 우리 이해의 근본적 변혁을 요청한다. '현실'이라는 것은 우리가 테스트했을 때 사물이 나타나고 지속해서 나타나는 안정된 방식을 가리키는 말이지, 겉으로 나타나는 모습의 뒤 또는 그 안에 내재하면서 감춰진 그 본질적인 무엇을 가리키는 말이 아니다.

이런 생각이 추상적이거나 이론적으로 보일지 모르지만 명상적 전통은 공포나 분노와 같은 부정적인 감정을 실체적인 실재로 보는 것보다는 겉보기의 양상으로 보는 경우 긍정적인 감정으로 변화시키는 것이 더 쉽다고 말한다. 꿈 상태는 이런 기술을 함양할 수 있는 독특한 상황을 제공해준다. 왜냐하면 꿈은 강력하고 격렬한 감정을 내포하고 있기 때문이다. 또한 그런 마음의 혼돈을 넘어서 보다 깊은 장소에 도달할 수 있는 의식을 제공해주기 때문이다.

아직 마음과 몸에 대해 꿈 요가가 갖는 변화의 힘을 탐구하기 위한 과학적 연구들이 활발하지는 않다. 그렇지만 우리는 꿈꾸는 마음과 뇌에 대한 뇌과학적 모델을 비판적으로 고찰할 수 있는 하나의 방법으로 꿈 요가의 관점을 사용할 수 있다.

꿈꾸는 뇌

꿈 연구에서 가장 영향력 있는 뇌과학적 모델 중 하나는 하버드 대학의 정신과 의사인 앨런 홉슨이 제시한 모델이다.[14] 그는 진화론적으로 오래된 뇌간이 렘수면 동안 보다 새로운 전뇌(forebrain)를 활성화시킬 때 나타나는 '뇌 마음(brain-mind)'의 한 상태를 꿈이라고 간주하였다.

1977년 로버트 맥칼리(Robert McCarley)가 처음으로 제시했던 홉슨의 '활성-종합(activation-synthesis)' 모델에 따르면, 뇌교라고 부르는 뇌간의 일정 부분 안에 있는 어떤 핵들이 아세틸콜린(acetylcholine, 뉴런이 발화할 때 뇌 전체에 영향을 미치는 신경전달물질의 일종)의 분비와 일련의 발화를 통해서 전뇌를 활성화시켜서 렘수면의 꿈을 야기한다. 아래에 위치한 뇌간에서 온 여러 뒤섞인 전기화학적 자극이 위쪽에 위치한 전뇌의 시각, 운동, 감정, 기억 영역을 활성화시킨다. 그러나 전전두엽 피질은 활성화시키지 않는다. 홉슨은 이 전뇌 영역이 렘수면에서 직접 억제된다고 주장했다. 렘수면에서 전뇌는 되는 대로 유발된 이미지, 기억, 정서, 사고들은 종합하지만, 통상적인 감각적, 운동적인 외부 세계 연결과 전전두엽 인지 능력은 상실해야만 한다. 그리고 깨어 있는 상태를 유지하는 데 필수적인 어떤 분자들(노에피네프린과 세로토닌)도 충분한 양이 결여되어 있어야 한다. 그 결과 어중간한 정도의 정합성을 가진 심적 표상이나 시나리오가 생기는데, 이것이 꿈이다. 홉슨과 맥칼리의 입장에서 전뇌는 뇌간의 혼란스럽고 집중적인 자극으로부터 꿈을 생산하는 '나쁜 일을 수행하는데 최상인 곳'이다.

이 모델에 의하면 자각몽은 아세틸콜린의 세례가 물러나기 시작하고 배외측 전전두 피질이 재활성화되지만 거기에 도달하는 뇌간의 신호를 억제할 정도로 충분히 강력하지는 못할 때 일어난다. 그때 꿈꾸는 것이 갖는 매혹적인 성질이 약화되면서, 꿈의 이미지를 있는 그대로 볼 수 있게 된다.

홉슨은 프로이트의 이론을 뒤집기 위해 오랫동안 이 활성-종합모델을 사용하여 왔다.[15] 홉슨의 입장에서 보면 소망이 꿈을 촉발하는 것은 아니다. 꿈은 렘수면을 켜는 뇌간의 작동 방식의 결과이다. 꿈이 기이하게 보이는 것은 무의식적 소망의 왜곡 때문이 아니라, 전뇌(여러 다양한 기능을 가진 전전두엽 피질은 제외한다)가 뇌간 자극에 반응하여 자신의 작업을 수행하는 '과잉연관 종합(hyperassociative synthesis)' 때문이다.

이론 형성의 근본적인 측면에서 활성-종합 모델의 핵심적인 생각 중 하나(이것 역시 홉슨이 여전히 주장하는 것이다)는 꿈이 렘수면의 부수 현상이라는 것이다. 말하자면 그것은 파도의 거품이지만 그 흐름에 전혀 영향을 미치지 않는다.[16] 렘수면을 야기하는 뇌간 메커니즘은 부산물로 꿈을 생산하고, 꿈 자체는 수면 동안의 뇌활성에 의미 있는 영향을 미치지 않는다. 홉슨의 말을 빌려보자. "뇌가 자는 동안 스스로 활성화될 때 뇌는 자신의 화학적 자기-지침(self-instruction)을 변화시키는 것을 볼 수 있다. 마음은 그 프로그램된 대로 따라가지 않을 수 없다."[17]

홉슨의 견해는 영향력이 있지만 여전히 논쟁적이다. 수많은 꿈 과학자들은 다양한 이유로 그의 접근법에 이의를 제기한다.[18] 나의 접근법도 잠자는 뇌와 꿈꾸는 마음의 상관관계에 대한 또 다른 사고방식을 함축하고 있다.

자각몽은 꿈이 렘수면의 부수 현상이라는 견해에 대한 명백한 반례를 제공한다. 모든 렘수면 안구 운동이 뇌간에서 제멋대로 일어나는 것은 아니다. 자각몽을 꾸는 사람은 자의적으로 안구운동을 일으킬 수 있다. 이것은 전두 피질의 일부 영역에 의존한다(특히 전두 안구 영역이라고 불리는 장소이다). 자각몽을 꾸는 사람은 의지적으로 꿈에 영향을 미칠 수 있다. 첫째, 단순히 꿈의 상태에 주의를 기울이는 것은 일종의 의지적인 인지 조절이고, 그것은 직접적으로 꿈 내용에 영향을 미친다. 왜냐하면 꿈꾸는 것은 그 꿈에 얼마나 주의를 기울이는가에 달려 있기 때문이다. 둘째, 여러 가지 다양한 정도로 꿈 내용을 명백하게 인도할 수 있다. 꿈에 개입할 수도 있고, 자발적으로 그 꿈이 전개되게 할 수도 있다. 꿈 상태에서의 이런 인지적 능력은 전두 두정 네트워크에 달려 있다. 이 영역은 피질의 여러 영역을 상호 연결하여 준다. 그러므로 피질은 렘수면의 진행 방식에 영향을 미칠 수 있다. 꿈을 인도하고 관찰하는 것은 꿈 상태에 영향을 미치고,

그리하여 렘수면의 과정을 변형시킬 수 있다. 마음은 단지 프로그램되어 있는 대로 움직이는 것만은 아니다. 앞장서서 선도해가는 손을 갖고 있다.

꿈 요가는 꿈에 대한 이런 견해를 가지고, 혁신적인 변화라는 목적에 이바지한다. 그리하여 이런 혁신적인 변화는 잠자는 뇌와 신체에 영향력을 발휘한다. 현재 우리는 이런 것에 대해 잘 알지 못한다. 그러나 이런 영향은 꿈 상태를 인식하고 변화시키는 대단한 기술을 포함하고 있을 뿐만 아니라 우리가 꾸는 비자각몽도 변화시키는 듯이 보인다. 많은 명상 전통들은 최근의 기억들을 반복하는 일상적인 꿈과, 마음의 보다 깊은 원천에서 일어나는 특별한 종류의 꿈들을 구별한다. 예를 들면 티베트 불교의 꿈 요가에서는 일상적인 비자각몽과 '명료한 비자각몽'을 구별한다. 후자는 특히 생생하다. 그것은 명상에서 함양된 심적 명료함을 그 특질로 한다. 그리고 자각의 기본 특성인 광명을 드러낸다. 티베트 스승 최걀 남카이 노르부(Chögyal Namkhai Norbu)의 말을 들어보자. "해는 계속 비추지만, 때로는 구름에 가려서 해를 볼 수 없다. 그러나 때로는 잠깐이라도 구름 사이에서 해를 볼 수 있다. 마찬가지로 때로는 개인의 명료성이 자발적으로 드러난다. 이런 결과 중 하나가 명료한 꿈의 나타남이다."[19]

종합해서 말하자면, 자각몽과 꿈 요가의 관점에서 꿈은 유연하고 다양한 방법으로 훈련이 가능하다. 그리고 이런 사실은 마음이 인도하여 뇌와 신체가 꿈꾸는 방식을 변화시켜줄 수 있다는 것을 함축하고 있다.

홉슨은 이런 생각을 인정하는 것처럼 보이기도 한다. 철학자 토마스 메칭거와의 최근 인터뷰에서 그는 자각몽에 대해서 다음과 같이 말하였다.

> 사실 자신이 꿈을 꾸고 있다는 것을 가끔 자각하는 것은 현대의 꿈 과학에 아주 자세한 정보를 제공하는 역할을 한다. 그러한 통찰이 함양될 수 있다는 사실은 논의를 꽤 풍부하게 해준다. 모든 것을 고려해보면, 수면 중에 뇌활성을 동반하는 의식 상태는 유연할 뿐만 아니라 인과적이라는 것을 과학적 자료들이 시사하고 있다. 유연하다는 것은 자기 반성적 자각이 때로는 자발적으로 일어날 뿐만 아니라, 훈련을 하면 그 빈도와 힘이 증가될 수 있다는 점에서 그러하다. 인과적이라고 하는 이유는 꿈에서 장면 변화를 명령하거나, 심지어 각성을 명령할 때 명료함이 증폭될 수 있고, 그렇게 해서 가끔은 꿈 플롯(dream-plot) 조절을 더 잘 기억하고 더 잘 즐길 수 있기 때문이다. 자각몽에 대한 나의 입장은 그것은 진짜이고, 강력한 것이고, 유익하다는 것이다.[20]

홉슨은 추론을 하고 있지는 않지만, 이런 언급이 함축하는 바는 잠자는 뇌가 꿈꾸는 마음을 반영하는 만큼 꿈꾸는 마음이 잠자는 뇌를 반영하고 있다는 점이다. 만약 수면 중에 뇌활성을 동반하는 의식 상태가 유연하고 인과적이라고 하면, 꿈은 렘수면파의 거품일 수는 없다. 그것은 흐름의 역동적, 자기-조직적 패턴임이 틀림없다. 꿈꾸는 것은 뇌활성을 일정한 방향으로 흘러가게 한다. 자각몽에서는 잠자는 뇌를 심지어 인도할 수도 있다. 마치 지각이 각성 시에 우리의 뇌를 인도하는 것과 같다.

꿈을 만드는 재료들

이제 우리는 어려운 질문에 답할 준비가 되었다. 꿈이라는 것은 정확하게 무엇인가? 일종의 잘못된 지각인가, 아니면 일종의 상상인가? 각성 상태의 삶도 일종의 꿈인가? 지금 당신이 꿈꾸고 있는 것이 아니라는 것을 어떻게 아는가?

앨런 홉슨과 마크 솜즈(Mark Solms)는 꿈을 연구하는 과학자들 중 가장 대조적인 사람들이다. 홉슨은 위에서 언급한 생물정신의학자로서 프로이트에 매우 비판적이다. 솜즈는 남아프리카 케이프타운 대학의 신경심리학자이며, 프로이트학파의 정신분석가이다. 홉슨은 뇌간이 렘수면 꿈을 발생시킨다고 주장하는 반면, 솜즈는 이에 반대한다. 렘수면을 발생시킨다고 여겨지는 뇌간 영역에 손상을 받은 환자들도 여전히 꿈을 보고하지만, 전뇌의 일정한 영역에 손상을 받은 또 다른 환자들은 렘수면을 겪으면서도 자신들은 꿈을 꾸지 않는다고 보고하기 때문이다.[21] 꿈과 렘수면은 별개로 일어날 수 있기에, 렘수면이 반드시 꿈의 원인일 수는 없다. 대신 솜즈에 의하면 꿈은 각성,

감정, 심상 형성과 연관된 전뇌 메커니즘에서 생긴다. 더구나 홉슨이 주장하는 것처럼 이것은 동기적인 측면에서 중립적인 것이 아니다. 왜냐하면 꿈을 추동하는 전뇌의 신경화학적 체계는 욕구적 흥미와 추구 행동의 기반을 이루기 때문이다. 이것은 소망 충족이라는 프로이트의 개념과 유사하다.

그렇지만 이런 불일치에도 불구하고 솜즈는 우리가 꿈을 꿀 때 그것을 알지 못하고 환각 경험을 하고 있다는 것과 경험하는 것이 현실이라고 잘못 믿고 있다는 점에서는 홉슨에 동의한다. 두 과학자에게 꿈은 망상적 환각이다. 솜즈의 말을 들어보자. "우리의 연구 목적을 위해서 꿈은 수면 중 복합적인 환각 에피소드의 주관적인 경험으로 정의될 수 있다."[22] 홉슨과 하버드 대학 동료인 에드워드 F. 페이스 숏트(Edward F. Pace-Schott)와 로버트 스틱골드(Robert Stickgold)는 꿈을 같은 방식으로 서술하고 있다. "꿈은 환각적 지각을 통해서 형성되는 것이다. … 꿈은 망상적이다. 꿈이라는 것을 자각하지 않는 한, 우리는 자신이 깨어 있다고 믿으면서 계속해서 속고 있는 것이다."[23]

나는 꿈을 이런 식으로 간주하는 것은 잘못된 것이라고 생각한다. 꿈을 꾸는 것은 잘못된 지각을 갖는 것이 아니라 상상하는 것이다. 우리는 꿈을 꿀 때 잘못된 믿음의 기반을 이루는 거짓 지각을 갖는 것이 아니다. 우리는 꿈의 세계를 상상하고 꿈속 에고를 자신과 동일시하는 것이다. 비자각몽에서 우리는 우리가 사물들을 상상하고 있다는 메타 자각을 결여하고 있다. 그러나 자각몽에서는 이런 자각을 재획득한다. 꿈 요가는 각성-꿈 연속을 가로지르는 상상을 훈련하는 방법이다. 우리가 꿈의 재료가 되어 꿈의 대상이 된다면, 우리는 거짓 지각의 재료가 아니라, 상상의 재료인 것이다.[24]

꿈에 대한 이 두 개념이 어떻게 다른지를 명확히 하기 위해, 우리는 환각과 상상의 차이를 분명히 할 필요가 있다.

환각 경험을 할 때, 당신은 거기에 존재하지 않는 어떤 것을 지각하는 것이다. 셰익스피어의 맥베스가 손잡이가 자신의 손을 향해 있는 단검을 보았다고 했을 때, 사실 거기에 단검은 없었다. 그는 환각 경험을 한 것이다.

상상할 때, 당신은 존재하지 않는 그 무엇인가를 불러일으켜서(그 순간에 직접적으로 당신을 자극하지 않는 어떤 것), 그것을 주의의 장 앞에 심적으로 존재하게 한다. 당신은 이런 상상을 감각적으로, 지각과 비슷한 방식으로, 인지적으로, 추측하는 것과 비슷한 방식으로 할 수 있다. 당신은 심적 이미지를 형성함으로써 무엇인가를 상상할 수 있다. 마치 눈앞에 호랑이를 그려보거나, 그것을 어떤 식으로든지 생각하거나 호랑이가 말을 할 수 있다고 상상하는 식으로다. 호랑이에 대한 심적 이미지를 형성하는 것은 호랑이에 대한 지각을 상상하는 것이다. 호랑이는 마치 당신이 그것을 보고 있는 것처럼 어떤 각도 또는 관점에서 나타난다. 호랑이가 말을 할 수 있다고 상상하는 것은 그러한 세상, 즉 말하는 호랑이들이 있는 세상을 마음속으로 그려보는 것이다.

어떤 철학자들과 심리학자들은 감각적 상상을 지각의 심적 시뮬레이션으로 간주한다. 한 마리의 호랑이를 마음속에 그려보는 것은 호랑이를 보는 것을 시뮬레이션하는 것이다. 호랑이를 보는 것을 심적으로 시뮬레이션할 때, 당신은 호랑이를 환각 경험하는 것은 아니다. 당신은 그것을 상상하고 있는 것이다. 이것은 그 시뮬레이션되는 호랑이가 특히 생생하고 마음의 눈에 너무나 분명하게 나타난다고 해도 여전히 진실이다.

아마 뇌과학을 이용하여 꿈이 환각 경험인지 상상인지 구별할 수 있는지 궁금할 것이다. 꿈의 뇌과학 분야에 있는 두 전문가가 그토록 많은 부분에서 불일치하면서도 꿈이 환각이라는 점에는 동의한다면, 거기에는 그럴 만한 증거가 있기 때문일 것이다.

그러나 꿈이 환각이라는 것을 입증할 수 있는 증거는 없다. 꿈이 환각적 지각이라는 개념은 과학적으로 발견된 사실이 아니다. 그것은 과학적 발견을 설명하는 하나의 개념적 모델이다. 우리가 다루는 주제는 개념적이고 현상학적인 것이므로 뇌과학 자체만으로는 결정을 내릴 수 없다. 뇌영상 연구들은 "환각에서 활성화될 것이라고 예상했던 뇌의 다중 모드 영역(두정엽의 일부 영역)의 활성화가 증가하는 것을 보여준다."[25]라고 홉슨이 말할 때, 그는 의심할 여지없이 뇌영상 자료를 해석하기 위해 이런 모델에 의존하였던 것이다. 그러나 영상 자료 자체가 꿈은 환각 경험이고 상상하는 것이 아니라고 말해주고 있는 것은 아니다. 왜냐하면 우리는 감각적 상상에서도 그런 영역의 활성화가 증가되리라고 예상할 수 있기 때문이다.

그러므로 우리가 먼저 알아야 하는 것은 이런 현상학적 의문에 대한 답이다. 주관적인 꿈의 경험은 환각적 지각과 더 유사한 것인가, 아니면 상상하는 것과 더 유사한 것인가?

꿈이 환각적 지각에 더 가까운 것이라면, 당신은 날아다니는 꿈을 꿀 때 각성 시에 날아다니면 느낄 만한 그런 것과 동일한 종류의 감각적 경험을 할 것이다. 당신은 주관적으로 지각과 유사하게 느껴지는 그런 감각적 경험을 할 것이다. 그러나 실제로는 날아다니는 것이 아니라 침대에 누워서 자고 있기 때문에, 당신의 감각 경험은 실제로는 없는 것을 있는 것처럼 느끼게 잘못 인도하고 있는 것이다. 그래서 당신의 감각 경험은 가짜 지각, 즉 환각이다.

꿈이 상상하는 것에 더 가까운 것이라면, 당신은 날아다니는 꿈을 꿀 때 날고 있는 자신에 대한 심적 이미지를 형성하고 자신이 날고 있다고 상상하는 것이다. 다른 말로 하면 당신은 시각적, 운동적 이미지를 형성하여 날아다니는 감각적 경험을 시뮬레이션하고 있는 것이고, 당신이 날 수 있다고 추측하고 있는 것이다. 당신의 경험은 환각적 지각이 아니다. 그것은 상상이다.

과학자들을 포함해서 많은 사람들은 생생함으로 지각과 상상을 구별할 수 있다고 생각한다. 그래서 어떤 것을 지각할 때(동쪽에서 뜨는 보름달처럼) 그것을 상상할 때보다 생생하게 나타난다고 생각한다. 그러니 꿈에서 보는 것이 실제로 보는 것처럼 생생하다면, 그 꿈은 상상보다는 지각과 유사한 것으로 간주되어야만 한다.

그러나 이런 식의 생각은 잘못된 개념에 바탕을 두고 있다. 어떤 사람들은 기억과 각성시의 상상에서 아무런 환각도 없이 고도로 생생한 심상을 갖고 있다. 그리고 어떤 사람들은 희미하고 어렴풋한 꿈을 보고하기도 한다. 지각에 비해 생생함이 결여된 것이 상상에 필수적인 것은 아니다. 왜냐하면 상상된 대상(마음속으로 그려본 상상의 보름달)이 지각된 대상만큼이나 생생하게 나타날 수 있기 때문이다. 오히려 상상을 특징짓는 것은 얼마나 희미한지 생생한지에 상관없이 그 대상을 야기하거나 불러내는 것이다. 달에 대한 심적 이미지를 형성하기 위해 당신은 달을 마음속으로 가져와야 한다. 그리고 상상의 힘에 따라서 그 달의 이미지는 마음의 눈에 생생하기도 하고 희미하기도 할 것이다.

우리가 보게 될 것처럼, 상상의 이런 특징은 지각과는 달리 주의 및 의지와 관련성을 갖는다. 상상과 마찬가지로 꿈은 주의 및 의지와 거의 동일하게 연관성을 갖는 듯이 보인다. 그리고 이런 공통성만으로도 꿈이 환각적 지각보다는 상상과 유사하다는 것을 보여주는 데 충분할 것이다.[26]

꿈의 심상이 직접적으로 주의에 의존하는 듯이 보인다는 점을 고찰하라. 지각은 주의에 의존하지 않지만, 감각적 상상은 주의에 의존한다. 우리는 선택적 주의를 기울이지 않고 어떤 것을 의식적으로 지각한다. 즉, 더운 여름날의 선풍기 소리나 밤에 우는 귀뚜라미 소리를 배경음처럼 듣는다. 그러나 우리가 꿈을 꾸거나 상상을 할 때, 꿈꾸거나 상상하는 것은 우리의 주의 집중에 의해 직접적으로 결정되는 듯이 보인다.[27]

우선 감각적 상상을 살펴보자. 내가 시각적으로 한가위 보름달을 상상하면, 나는 내가 상상한 대상으로서의 달에 주의를 기울일 필요가 있다. 내 주의가 흔들리는 순간, 나는 더 이상 달을 상상할 수 없고, 심적 이미지는 떨어져 나간다. 내가 달에 대한 상상 속에서 지평선을 주목하지 못했다면, 그 이유는 내가 지평선을 상상은 했지만 내 심적 이미지 안에서 그것에 주목하지 못했기 때문이 아니다. 그 이유는 내가 아예 그 지평선을 마음속으로 그려보지 않았기 때문이다. 지평선은 내 심적 이미지의 일부가 아닌 것이다. 내 심적 이미지 안에서 어떤 것에 주목하지 못하는 것은 그것이 그 이미지에 속하지 않는 것이나 다름없다. 그것은 상상하지 못하는 것과 같다.

물론 나는 마음속으로 그린 한가위 보름달이 해질 무렵 동쪽 지평선 바로 위에 있다고 추측할 수 있다. 인지적 상상력을 이용하여 나는 지평선을 상상하지 않으면서 이런 추측을 할 수 있다. 이런 식으로 인지적 상상은 의미 있게 내가 마음속으로 그려보는 것의 틀을 짜기도 하고 그것에 스며들기도 한다.

이제 꿈을 살펴보자. 만약 내가 날아가는 꿈에서 나무를 주목하지 못하였다면, 그 이유는 그것의 존재를 주목하지 못하였기 때문인가, 아니면 내가 나무에 대한 감각적 이미지를 생성하지 못했기 때문인가? 그 나무들을 주목하지 못한 이유는 내가 그 순간에 그것들을 시각적으로 상상하지 못하였기 때문이라고 말하는 것이 현상학적으로 더 정확하다는 생각이 든다. 만약 내가 아래를 내려다보고 나무 꼭대기를 주목한다면, 이제 나는 나무 꿈을 꾸고 있는 것이다. 나무의 존재를 마음속으로 그려보고 있기 때문이다. 다른 말로 하면 꿈에서 어떤 것을 주목하지 못하는 것은 그것이 꿈 심상의 한 부분으로 존재하지 못하는 것이나 다름없다. 즉 이것은 그것을 꿈꾸지 않은 것, 꿈 상태에서 그것을 상상하지 않은 것과 같아 보인다.

물론 내가 그것을 보기 전까지는 나무들에 대한 꿈 심상이 존재하지 않는다고 하여도, 나는 여전히 그 나무들이 항상 그곳에 있었지만 내가 처음에는 그것에 주목하지 못한 것으로 꿈을 꿀 수 있다. 다른 말로 하면 나의 꿈에서 나는 그것들을 이미지화하지 않았을 때라도 그 나무들(그리고 많은 다른 것들)을 포함하는 꿈 세계를 추측할 수 있다. 인지적 상상을 사용하여 나는 이런 추측을 할 수 있고, 그러한 식으로 존재하며 의미 있게 내 꿈 심상의 틀을 짜고 그것에 스며드는 것으로 꿈 세계를 구성할 수 있다.

또한 꿈과 상상은 자의적으로 인도할 수 있다. 그러나 지각은 그렇게 할 수 없다. 당신은 어디를 바라보아야 할지를 선택할 수 있지만, 당신이 보는 그곳에 무엇이 있는지를 선택할 수는 없다. 당신은 자신이 본 것을 어떤 식으로 해석할지를 선택할 수 있지만(이런 종류의 봄이 상상적 지각이다) 그곳에서 보이게 되는 대상을 창조할 수는 없다. 그러나 당신은 무엇을 상상할 것인지를 선택할 수 있고 때로는 자각몽과 입면 이미지가 보여주는 것처럼 무엇을 꿈꿀 것인지를 선택할 수 있다.

대부분의 꿈들은 비자의적이지만, 대부분의 일상적인 상상도 역시 그러하다. 즉, 백일몽을 생각해보면, 그것은 의도적으로 그것을 추구할 수 있더라도 대개 자발적으로 일어난다. 더구나 대부분의 꿈들이 비자의적이라는 사실이 자의적으로 인도될 수 있다는 것을 반박하는 것은 아니다. 만약 어떤 꿈들이 자의적으로 인도될 수 있다면, 꿈은 의지적인 영향에 직접적으로 지배받는 내용을 지닌 경험의 종류여야만 한다. 그래서 꿈과 상상은 지각과는 달리 비슷한 방식으로 의지에 지배받는다.

또한 내가 여기서 언급하고 있는, 꿈이 상상이라는 개념은 뇌과학과 심리학에서 얻는 여러 증거와도 일치한다.[28] 첫째로 뇌과학의 증거들이 있다. 시각의 상실이 반드시 시각적인 꿈 이미지의 상실로 직결되지는 않는다. 그러나 심상의 상실과 꿈의 상실은 함께한다. 태어날 때부터 완전히 맹인인 사람은 각성 시의 감각적 상상 또는 꿈에서 아무런 시각적 이미지를 가질 수 없다. 그러나 나이가 들어서 망막과 직접적으로 연결되어 있는 일차 시각 피질에 손상을 입은 환자는 시각은 상실되지만 꿈에서 시각적 이미지를 형성하는 데는 아무런 문제가 없다. 시각 체계의 보다 고위 영역 — 후두, 두정, 측두엽이 만나는 영역(후두-측두두정 접합 영역) — 에 손상을 입은 환자들은 여전히 볼 수 있는 상태여도 꿈의 완전한 상실을 보고한다. 이 영역에 손상을 입게 되면 심상 능력도 손상되고, 일인칭 관점 대 삼인칭 관점(장 기억 관점 대 관찰자 기억 관점, 그리고 꿈속 에고의 내적 관점 대 외적 관점에 해당하는 관점)을 마음속으로 그려보는 능력도 손상된다. 그래서 꿈과 상상은 동일한 뇌 영역에 직접적으로 의존하는 것으로 보인다.

이제 심리학적 증거가 있다. 어린이의 경우 꿈의 발달은 시각적 상상의 발달과 함께한다.[29] 예를 들면 꿈 회상은 언어적 유창함보다 심상 능력과 더 잘 연관되어 있다. 마찬가지로 어른에게서도 시각-공간 상상은 꿈 회상과 최고로 연관된 인지적 기술이다.

또한 상상 개념은 자각몽에 대한 연구에서 얻은 증거와도 일치한다.[30] 신체 동작(점핑과 같은 것)을 수행하는 것과 그러한 동작을 수행한다고 상상하는 것은 공통된 뇌 체계를 사용한다는 것이 잘 알려져 있다. 자각몽에서 이행한 꿈꾸는 신체의 동작도 이와 동일한 뇌 체계를 사용한다.[31] 운동 동작 시뮬레이션 이론에 따르면, 동작을 수행한다고 상상하는 것은 상상된 신체로 동작을 수행하는 것을 심적으로 시뮬레이션하는 것이다. 이 이론은 꿈 동작을 수행하는 것은 상상된 꿈속 신체로 그 행동을 수행하는 것을 시뮬레이션하는 것으로 이루어진다고 제시한다.

그렇다면 정확히 꿈은 무엇인가? 꿈은 무작위적인 잘못된 지각이 아니다. 그것은 자발적인 심적 시뮬레이션이며, 하나의 세계를 우리 자신이 상상하는 방식이다. 이렇게 해서 얻은 꿈의 개념을 갖고 나는 앞의 두 장에서 얻은 몇몇 생각들을 간단히 다시 언급하고자 한다.

사물을 상상하기

입면 상태와 꿈 상태 사이의 차이로 돌아가 다시 시작하여 보자. 입면 상태에서는 하나의 세계에 대한 자아 몰두를 전혀, 혹은 거의 느끼지 않는다(우리는 이미지를 보고 있다). 꿈 상태에서는 하나의 세계의 존재를 상상하고 그 세계에 몰두된 꿈속 에고를 자신과 동일시한다(우리는 꿈의 세계에 있다).

감각적, 인지적 상상을 통해서 우리는 꿈속 에고를 자신과 동일시한다. 때로 꿈속 에고는 우리가 내면에서 경험할 수 있거나 외부에서 볼 수 있는 상상된 꿈속 신체(감각적 상상)의 형태로 나타나기도 한다. 때로 우리는 꿈속 에고를 전혀 상상하지 못하기도 한다. 그 대신 신체 없는 관찰자적 관점에서 상상된 꿈 세계를 본다. 어느 경우이든 지간에 우리는 이것이 우리 자신이라고 추측(인지적 상상)함으로써 자신의 꿈속 에고를 자신과 동일시한다.

또한 상상은 기억에서 일정한 역할을 함으로써 각성 시의 자아감에 기여한다. 우리가 경험한 것을 회상하기 위해서는 일인칭 관점(장 기억)에서든 외부 관찰자적 관점(관찰자 기억)에서든 그것을 상상하는 것이 필요하다. 어떤 일을 미리 예상할 때도 이런 식으로 그것을 상상하는 것이 필요하다. 두 가지 종류의 상상(회상적 상상 또는 전향적 상상)은 서로 얽혀 있는 뇌의 영역과 네트워크들에 의존한다.[32] 우리는 과거의 사물에 대한 회상 및 미래의 사물에 대한 예상을 전유하고 동일시함으로써 상상적으로 자아를 구성한다. 상상은 '나－대상적 나－나의 것(I－Me－Mine)'의 핵심에 놓여 있다.

우리가 사물들을 회상하고 예상할 때, 우리 자신은 행위자로서의 감각을 가진다. 즉, 우리가 멈출 수 있거나 적어도 멈추려고 시도해볼 수 있다는 어떤 생각의 흐름을 의도적으로 따라가거나 휩쓸리는 그런 느낌을 갖는다. 그러나 꿈을 꿀 때 우리는 종종 이런 종류의 행위자를 상실한다. 우리는 상상하는 자로서의 자신의 역할과 끊어진다. 우리는 상상하는 것에 완전히 몰두되어 자신이 그 사물들을 상상하고 있다는 것을 인식하지 못한다. 그리고 그것들을 자의적으로 인도하거나 그것들에 영향을 미치지 못한다.

이런 모든 것이 강한 자각몽에서는 변한다. 자각몽에서 우리는 상상하는 자로서의 자신으로, 우리 마음이 상상으로 창조해낸 꿈 상태에서 깨어난다.

꿈을 상상으로 보는 개념을 사용하여 우리는 자각몽에 대한 앞서의 의문 중 하나에 대해서도 대답할 수 있다. 즉 당신은 꿈꾸고 있는 자신을 꿈꾸는 것과 꿈꾸고 있는 것을 아는 것 사이의 차이를 말할 수 있는가?

꿈을 꿀 때 당신은 자신이 꿈속에 있다는 것을 추측하기 위해서 인지적 상상력을 사용한다. 더 정확하게 말하면 자신의 꿈속 에고가 꿈을 꾸고 있다는 것, 그 꿈 경험이 하나의 꿈이라는 것을 상상적으로 추측한다. 그러는 동안에 당신은 이 자아를 비자각적으로 자신과 동일시한다.

꿈꾸고 있는 것을 알 때, 당신은 자는 동안 상상하고 있다는 것을 자각하고 정확하게 그것을 꿈 이미지로 다룬다. 또한 감각적 상상뿐만 아니라 인지적 상상도 자의적으로 유도할 수 있다. 이런 심적 능력은 완전한 자각몽과 당신이 꿈꾸고 있다는 것을 꿈꾸는 것 사이의 차이를 분명히 해준다.

꿈 요가는 직접적으로 이런 능력을 훈련함으로써 창조적인 상상력을 발휘한다. **꿈 상태를 깨닫는다는** 것은 꿈 상태를 상상적 창조로 자각하고, 그 자각을 안정적이고 생생하게 유지하는 것을 의미한다. **꿈 상태를 변형시킨다는** 것은 꿈속 에고를 포함한 꿈의 모습이 감각적, 인지적 상상을 통해서 어떻게 변할 수 있는가를 탐색하는 것을 의미한다. 그리고 **꿈 상태를 꿰뚫어본다는** 것은 상상을 억제하거나 풀어놓으며 잠에서 깨어나지 않고 이미지 없는 자각에 머무른다는 것을 의미한다.

각성은 꿈과 유사한 상태인가?

꿈을 상상으로 보는 개념은 뉴욕 의과대학 뇌과학자인 로돌포 이나스(Rodolfo Llinás)가 제안한 이론을 생각해보는 데 도움이 된다. 이나스는 각성 상태가 하나의 꿈과 같은 상태라고 말한다. 즉, 그의 공식적인 표현으로 말하자면 각성 상태는 외부 감각적 유입으로 구성된 꿈같은 상태에 불과하다고 주장한다.[33]

렘수면에서 뇌파 패턴은 각성 상태의 패턴과 유사하다. 그러나 서파(비렘 NREM)수면에서 누군가를 깨우는 것보다 렘수면에서 깨우는 것이 종종 힘들다. 이런 이유 때문에 프랑스 수면 과학의 선구자인 미셸 주베(Michel Jouvet)는 렘수면을 기술하기 위해 '역설적 수면(paradoxical sleep)'이라는 용어를 도입하였다. 여기에는 하나의 의문이 있다. 뇌가 아주 고도로 렘수면에서 활동적이라고 하면, 어떻게 강한 외부 자극을 무시하고 깨어나지 않을 수 있는가?

이나스는 그것은 주의가 렘수면에서 어떻게 기능하는가에 달려 있다고 답한다. 의식은 정말로 여전히 존재하지만(렘수면과 각성 상태에서 뇌파 패턴은 유사하다) 주의는 외부의 감각적 사건에서 내면의 기억으로 향한다. 그래서 외부의 자극은 주목받지 못한다. 렘수면에서 뇌는 자신의 내면적 상태에 아주 극도로 예민해져 있다. 감각적 처리과정은 주변에서 계속되지만, 그것은 의식을 능동적으로 유지하는 핵심 체계에 침입하지 못한다.

이나스는 뇌가 렘수면과 각성 상태 동안 의식의 동일한 핵심 상태를 유지하지만 우리가 지각하고 행동하는 데 이용하는 감각, 운동 체계는 렘수면에서 꿈을 꾸는 동안 정상적인 방식으로 이 의식에 영향을 미치지 못한다고 주장하였다. 의식 자체는 감각적 유입에서 일어나지 않는다. 그것은 피질과 시상(감각과 운동 신호를 대뇌 피질과 연결하고 의식과 수면의 수준을 조절하는 중심적인 구조물) 사이의 지속적인 대화에 의해 뇌 속에서 발생한다. 각성과 렘수면의 차이는 감각, 운동 정보가 이런 시상 피질 대화에 영향을 미치는 정도에 달려 있다. 렘수면 동안 감각적 유입은 대화에 들어오지 못한다. 그리고 운동 체계는 차단되고(안구 운동 이외에는 마비 상태이다), 주의는 기억으로 급하게 달려간다. 간단히 말해서 감각적 유입이 의식을 발생시키는 시상 피질 대화에 참여할 때 우리는 경험을 하고 각성 시의 지각을 갖는다. 감각적 유입이 수면 중 이런 대화에 참여하지 못하면, 우리는 꿈을 꾼다. 이런 생각을 뇌의 관점에서 표현하자면(의식을 유지하는 시상 피질 체계의 관점에서 보면) 각성은 감각운동을 지닌 꿈이고, 꿈은 감각운동이 없는 지각이다.[34]

각성 상태가 감각의 영향을 받는 꿈같은 상태라는 생각, 그리고 꿈은 감각이 차단되고 기억에 의해 작동하는 의식 상태라는 생각은 각성과 꿈에 대한 『우파니샤드』의 고대 인도적 견해를 상기시킨다. 이런 견해에 따르면, 우리는 꿈을 꿀 때 기억에 저장된 재료로 생성된 내적 세계를 보는 것이다. 우리는 각성 상태에서 감각 인상을 취해서, 그것을 분해한 후 다시 그것을 심적 이미지로 만들어낸다. 그러나 외부 감각 인상도, 내적 이미지도 의식을 생산하지는 못한다. 오히려 동일한 의식이 각성 시의 감각 세계와 수면 중의 꿈 세계를 비추는 것이다.

이런 고대 인도와 현대 뇌과학의 견해는 깊은 통찰을 공유한다. 감각 인상이 의식을 낳는 것은 아니다. 그것은 각성 상태에서 의식을 조율한다. 감각 인상은 의식의 톤, 높낮이, 또는 양을 변화시킨다. 이것은 마치 각성과 꿈 상태에서 기억과 감정이 하는 역할과 같다. 그러나 그것들은 의식 자체의 진동을 창조할 수는 없다. 우리는 자신의 감각과 운동 능력 덕에 세계를 지각한다. 그러나 감각하는 것과 움직이는 것이 우리가 깨어날 그때그때마다 의식을 새롭게 재단하지는 않는다. 이미 존재하는 의식, 꿈을 꿀 때도 존재하는 의식에 영향을 미칠 뿐이다.

그러나 이런 고대와 현대의 이론을 제대로 이해하기 위해 우리는 꿈이 잘못된 지각이 아니라 상상이라는 것을 이해할 필요가 있다. 각성은 감각 유입에 의해 형성된 환각적 상태가 아니다. 그것은 감각 지각이 제공한 상상의 상태이다. 꿈은 감각적 유입이 차단된 환각적 상태가 아니다. 그것은 기억과 감정이 제공한 상상의 상태이다. 우리가 본 것처럼 상상은 각성과 꿈 의식에 스며들어 있다. 두 상태 모두에서 상상은 자아 또는 '나-대상적 나-나의 것(I-Me-Mine)'을 경험하는 방식의 바탕을 이루고 있다.

여기서 나는 철학자 토마스 메칭거뿐만 아니라 이나스와도 결별을 고한다. 이나스는 "싫든 좋든 간에 우리는 기본적으로 꿈꾸는 기계이다. 그 기계는 세계의 가상적 모델을 구축한다."라고 한다.[35] 메칭거는 상세하게 언급한다. "뇌를 바라보는 가장 알찬 방식은 그것을 하나의 체계로 보는 것이다. 그 체계는 심지어 일상적인 각성 상태에서도 세계에 대해 끊임없이 환각적 경험을 한다. 그 체계는 끊임없이 내적인 자동 시뮬레이션의 역동적인 운영을 통해 유입되는 지속적인 감각 유입의 흐름과 충돌하고, 격렬하게 세계에서 꿈을 꾸고 그렇게 해서 현상적 경험의 내용물을 생성해간다."[36]

나는 뇌를 자기-조직적인 체계로 보는 이나스와 메칭거의 개념에 동감한다. 이런 자기-조직적인 체계를 통해서 우리가 경험한 것이 현실로 드러난다. 그러나 나는 사물을 보는 그들의 방식이 두 가지 점에서 잘못되었다고 생각한다. 그들은 각성 상태와 꿈 상태가 내적인 경험이라는 점에서는 정확히 유사하지만, 단지 외부 환경과 조응하는 방식에서 다르다고 생각한다. 그리고 경험이 그 외부 환경과 조응하는 방식은 그 경험의 종류와는 아무런 관련이 없다고 주장한다.

우리가 본 것과 같이 첫째로, 각성 시의 지각 상태와 꿈 상태는 주의 및 의지와 연관을 맺는 근본적인 방식에서 경험적으로 차이가 있다. 이런 차이는 꿈이 잘못된 지각이 아니라 상상이라는 것을 말해준다. 그리고 각성 지각과 꿈 이미지는 내면적으로 정확하게 유사하지만, 단지 그것들이 외부의 것과 관계하는가 여부에서만 다르다는 것은 사리에 맞지 않다. 오히려 그것들은 내면적인 면에서 경험이 서로 다르다.

둘째로, 세계를 지각하는 것은 환각 경험을 하는 것도 아니고, 사물을 제대로 이해하는 것도 아니다. 지각하는 것은 당신의 감각과 움직이는 신체를 가지고 세계를 탐색하는 것이다. 지각은 감각운동 탐색을 통해서 의미를 창출하는 것이다. 당신은 환각 경험을 하는 뇌를 가지고 감각 유입과 운동 생성 유출로 자아감을 획득하는 존재가 아니다. 당신은 상상 능력을 가진 뇌로 과거와 미래를 상상하며 그것을 감각하고 움직이는 신체 안에 심어 넣으면서 자아감을 갖는 것이다.

그러므로 지각은 접속된 환각이 아니다. 지각은 세계로의 감각운동적 개입이다. 꿈은 접속이 끊어진 환각이 아니다. 꿈은 잠자는 동안 일어나는 자발적인 상상이다. 우리는 꿈꾸는 기계가 아니라 상상하는 존재이다. 우리는 세계를 환각적으로 경험하는 것이 아니다. 우리는 상상적으로 그것을 지각한다.

현실성 점검

당신은 지금 꿈꾸고 있는가 아니면 깨어 있는가? 당신이 꿈꾸고 있지 않다고 어떻게 아는가? 당신이 읽고 있는 단어들이 그대로 똑같이 머물고 있는가? 당신이 눈길을 돌린 후 다시 그것을 보았을 때 어떤 일이 일어나는가?

때로 나는 꿈을 꿀 때 어떤 문장을 읽고 마음속으로 그 의미를 파악한다는 인상을 갖지만, 그러는 동안 글자들과 단어들이 계속 바뀌기도 한다. 나는 깨어나서 중요한 무엇인가를 읽었다는 느낌이 들긴 하지만 그것이 무엇인가를 말하는 데는 혼란을 느낀다.

심리학자들은 "내가 꿈을 꾸고 있는 것인가 아니면 깨어 있는 것인가"라는 질문에 답하려고 노력한다. 이런 것을 상태 검증 또는 현실성 검증이라고 부른다. 꿈꾸고 있는 것을 자각하는 한 가지 방법은 이런 질문을 던져보면서 상태 점검을 위해 몇 가지 검증을 적용해보는 것이다. 이렇게 하는 것을 기억하기 위해서 깨어 있는 동안 질문하고 검증을 적용하는 습관을 들일 필요가 있다. 어떤 종류의 검증을 사용해야 하는가? 꿈들은 각성 시의 경험과 마찬가지로 생생하게 보일 수도 있고, 때로는 각성 시보다 더 생생한 경우도 있다. 그러나 각성 시와 달리 대개는 불안정한 상태를 보인다. 꿈에서는 무엇인가를 읽으려고 노력하여도, 끝까지 문장을 다 읽기 전에 그것들이 그대로 계속 있지 않고 변하기 시작할 것이다.

현실성 검증은 각성과 꿈의 차이에 초점을 맞춘다. 꿈 요가는 유사성에 초점을 맞춘다. 꿈 요가는 모든 각성 사건들을 꿈과 같이 보라고 한다. 즉, 각성 시의 사건을 마음과 관련해서 일어나는 현상들로 보라고 한다. 세계가 우리에게 어떻게 나타나는지는 우리가 사물들을 어떻게 상상적으로 지각하고 개념화하는지에 달려 있다. 우리가 무엇을 경험하는가는 어떻게 경험하는가와 분리할 수 없다. 우리가 조우하는 모든 것에 동반되는 사고, 이미지, 감정 그리고 우리가 심적으로 부여하는 의미들은 '현실성'이 우리에게 어떤 것을 의미하는지를 조건 짓는다. 이런 식으로 각성 세계는 마음과 연관되어 있고, 마음에 의존적이다. 이렇게 각성 시 우리의 세계를 창출하는 데 자신이 참여한다는 사실을 깨닫는 것은 꿈속에서 자각하게 되는 것과 유사하다. 꿈 요가는 각성의 삶 속에서 이런 비판적인 마음챙김을 함양하여서 그것을 꿈에서 시도하도록 격려한다.

꿈 상태를 깨닫는 것을 배우는 한 가지 방법으로 꿈 요가는 현실성 검증보다 몇 가지 장점이 있다. 결국 현실성 검증을 하는 것은 당신이 항상 옳은 대답에 도달한다는 것을 의미하는 것은 아니다.

> 나는 카페에서 점심을 먹으려 하고 있었다. 나는 대학시절 마음에 두었던 여자를 발견하였다. 나는 그녀를 보고 놀라 "여기서 무엇을 하고 있니?"라고 물었다. 그녀는 아주 매력적으로 차려입었고, 나는 그녀와 동석하고 싶었다. 나는 나이가 더 들었고 예전보다 더 확신에 차 있었다. 그리고 그녀에게 좋은 인상을 남기고 싶었다. 나는 카운터로 다시 돌아갔다. 그러나 빵과 치즈가 어디론가 사라져버렸다. 나는 그녀가 계산대에 있는 것을 보았다. 그녀를 따라잡아야만 했지만, 내가 원하는 음식을 찾을 수 없었다. 갑자기 내가 꿈을 꾸고 있을지 모른다는 생각이 들었다. 꿈이기 때문에 빵과 치즈가 사라졌을 것이다. 나는 잠깐 멈춰서 꿈일 가능성에 대해 생각해보았다. 모든 것이 너무나 진짜 같아서 그럴 리가 없다고 판단했다. 나는 분명히 깨어 있는 것이지 꿈꾸고 있는 것이 아니라고 결론을 내렸다. 나는 식당을 떠나려 하는 그녀를 뒤쫓아 달려갔다.

이 꿈에서 내가 흥미롭다고 여긴 것은 어떤 결정적인 부조화(예상치 못한 여인의 존재, 빵과 치즈가 있다 사라진 것)에 내가 주목했다는 점이다. 그리고 나는 자신의 상태를 의심스럽게 생각하긴 했지만, 내가 주로 사로잡혔던 생각 때문에 완전히 틀린 결론에 도달한 것이다. 그러고서 나는 점심에 대해서는 까맣게 잊어버리고, 그녀를 따라 달리기 시작하는데, 이때도 이런 불연속에 대해 전혀 주목하지 못한다.

만약 내가 깨어 있을 때 스스로에게 "나는 꿈을 꾸고 있어."라고 말하는 습관을 들였다면, 꿈을 꾸고 있었을 때 이런 습관을 기억해냈을까? 그리고 만약 내가 기억해냈다면 그 상태가 갖는 꿈같은 성질에 주의를 기울이거나, 내가 꿈을 꾸고 있다고 판단할 수 있었을까? 이런 꿈을 조절하고자 하는 소망을 가지고 있다면 두 번째 질문은 그럴 가능성이 있다고 여겨진다.

각성의 삶을 꿈같은 것으로 간주하는 것과 현실성 검증, 이런 두 가지 관점이 둘 다 진실일 수 있는가? 각성의 현실이 꿈과 같다면 현실성 검증이 어떻게 가능한가?

서양철학자들은 오랫동안 각성 상태와 꿈 상태 사이의 차이를 어떻게 파악할 수 있는지에 대한 문제와 씨름하였다. 플라톤의 『테아이테토스(Theaetetus)』에서 소크라테스는 젊은 수학자 테아이테토스에게 지금 대화하고 있는 것이 깨어나 있는 상태인지 꿈속 상태인지 증명할 수 있는 증거가 있는지 묻는다. 테아이테토스는 꿈인지 깨어 있는지 증명할 방법을 모른다는 것에 동의한다. 왜냐하면 두 상태가 비슷하기 때문이다. 당신이 누군가에게 꿈에 대해서 이야기하는 꿈은 누군가에게 실제로 꿈에 대해서 이야기하는 것과 이상할 정도로 유사하게 보인다. 소크라테스는 "자, 보게. 우리가 깨어 있는지 잠들어 있는지를 정말로 구별하는 것은 어려운 일이야."라고 결론을 내린다.

2천 년 후 르네 데카르트(René Descartes, 1596–1650)는 동일한 질문을 던진다.[37] 그는 깨어 있는 감각 경험과 꿈의 경험을 완벽하게 구별하는 '확실한 증거들'은 없다고 하였다. 그렇지만 둘 사이를 구분할 수 있는 믿을 만한 몇 가지 특징들을 우리는 지적할 수 있다. 꿈을 꾸는 동안의 기억은 삶의 나머지 부분에 꿈 경험을 연결시키지 못하지만, 깨어 있는 동안의 기억은 그렇지 않다.

몇몇 철학자들은 다음과 같은 류의 생각으로 이 문제에 반응하였다.[38] 우리는 깨어 있을 때 자신이 깨어 있는 것을 안다. 문제는 우리가 꿈을 꾸고 있을 때 꿈꾸고 있다는 것을 모른다는 것이다. 달리 말하면 문제는 우리가 깨어 있지 않은 상태에서 꿈꾸고 있다는 것을 모르는 것과 동일한 방식으로 우리가 깨어 있으면서 꿈꾸고 있지 않다는 것을 모른다는 데에 있지 않다. 이와는 반대로 우리는 각성 상태를 성찰할 수 있기 때문에 우리가 깨어 있는 것을 알지만, 꿈을 꾸고 있는 상태에서는 이런 식으로 성찰하지 못한다. 우리는 단지 나중에 각성 시의 기억 덕분에 꿈을 꾸었다는 것을 알게 된다.

사르트르는 이런 류의 생각에서 한 걸음 더 나아갔다. 그는 우리가 항상 각성 의식을 성찰할 수 있지만, 꿈 의식을 성찰할 수는 없다고 주장한다. 성찰은 꿈 상태에서는 불가능하다. 왜냐하면 진정한 성찰(심상 또는 꿈꾼 것과는 대조적으로)은 순간적인 각성, 그로 인한 꿈 상태와의 결별을 포함하기 때문이다. 성찰은 각성 의식을 확인하고 강화한다. 그러나 "꿈을 파괴하면서, 나는 꿈을 꾸고 있다."라고 주장할 수 없다. 우리는 단지 각성 상태에서 후행적으로 "나는 금방 꿈을 꾸었어."라고 말할 수 있을 뿐이다.

나는 이제 이런 생각이 맞지 않다는 것(정말로 이런 생각은 퇴행적이라는 것)을 독자들이 알 수 있으리라 기대한다. 한편으로 우리는 꿈꾸고 있는 동안 자신이 꿈꾸고 있다는 것을 알 수 있다. 즉 우리는 자는 동안 자신이 상상하는 것을 자각할 수 있고, 꿈 상상으로 그것을 다룰 수 있다. 사르트르와는 달리 이런 종류의 메타 자각은 꿈을 파괴하지 않고, "나는 꿈을 꾸고 있어."라고 단언하게 만든다. 그래서 꿈에 대한 메타 자각은 우리가 꿈을 꾸고 있다는 사실을 밝혀줄 수 있다. 이것이 바로 강한 자각몽에서 일어나는 일이다.

또 다른 한편, 우리가 본 것처럼 우리는 단지 자신의 상태를 성찰하여 깨어 있다고 결론을 내린다고 해서 자신이 깨어 있다는 것을 알 수는 없다. 여기 그 이유를 설명해주는 또 다른 꿈이 있다.

> 나는 일곱 살 된 아들 맥스를 잃어버렸다. 나는 복잡한 복도와 통로에 있고, 어디서도 그를 찾을 수 없다. 나는 겁에 질려 있었다. 나는 코너를 돌았는데, 거기는 막다른 곳이다. 그러나 그 공

간 끝에 있는 의자에 누군가 앉아 있었다. 가서 아들을 보았는지 묻기로 하였다. 가까이 가서 그가 반짝이는 녹색 눈과 불타는 붉은 수염을 기른 사람이라는 것을 보았다. 그는 파이프 담배를 피우면서 다리를 꼬고 앉아 있었다. 그는 키가 큰 요정이었다. 그가 내 눈을 똑바로 쳐다보면서 말한다. "바보야, 모르겠어? … 이것…은 … 하나의 … 꿈!" 파도처럼 깨달음이 왔다. 나는 바닥의 흐름에 밀려들어간 느낌을 받았다. 나를 둘러싼 모든 것은 이제 유동적이었고 견고함을 상실하였다. 나는 앉아서 제대로 정신을 차리고 스스로를 안정시키려고 애를 썼다. 몇 초 동안 성공하였고, 내가 꿈을 꾸고 있다는 것을 알고서 더 이상 두려워하거나 흥분하지 않았다. 그리고서 깨어났다. 아침이었고 일어나서 욕실로 갔다. 아래층으로 내려가서 맥스와 가레스가 방에서 여전히 자고 있는 것을 확인하였다. 그리고서 차를 끓이고 아침마다 태극권을 하는 베란다로 나갔다. 나는 다시 깨어났다. 새벽 4시이다. 나는 거기에 누워 있다. 내가 깨어난 것인지 아니면 여전히 꿈을 꾸고 있는지 확신할 수 없다. 나중에 아침에 늦게 일어났을 때 또다시 나는 내가 깨어난 것인지 아니면 꿈을 꾸고 있는지 의문스러웠다. 또한 나는 한밤중에 내가 정말로 깨었던 것인지 아니면 그것도 역시 꿈의 일부였는지 확신이 들지 않았다.

이 꿈이 보여주는 것처럼 꿈꾸고 있는 동안, 즉 꿈 상태를 떠나지 않고 자신이 깨어난 듯이 여기고, 깨어 있음에 대해 성찰하고, 방금 전에 꾼 꿈을 기억할 수 있는 것으로 보인다. 이런 종류의 꿈 경험은 '거짓 각성(false awakening)'이라고 부른다. 이런 경험은 우리가 스스로를 잘 성찰한다는 것만으로는 깨어 있다고 확신할 수 없다는 것을 보여준다.

어떤 철학자들은 이 지점에서 꿈을 상상이라고 보는 개념에 호소하려 할 것이다. 거짓 각성에서 우리는 깨어 있는 듯한 상태를 정말로 성찰하지는 않는다고 그들은 주장한다. 우리는 단지 이런 식으로 우리가 성찰하고 있다고 상상할 뿐이다. 상상적 성찰의 존재는 우리가 깨어 있다는 것을 보여줄 수는 없지만, 진정한 성찰의 존재는 그럴 수 있다.

그러나 이런 사유 방식은 문제를 단지 되돌릴 뿐이다. 우리는 자신이 진정으로 성찰하고 있으며, 성찰하는 것을 꿈꾸고 있는 것은 아니라는 것을 어떻게 확실히 아는가?

철학자 제니퍼 윈트와 토마스 메칭거가 논의한 것처럼 거짓 각성은 우리가 꿈 상태에 있을 때 가질 수 있는 메타인지적 통찰의 연속선상에 위치한다.[39] 한편 비자각몽에 뒤따르는 거짓 각성은 인지 획득(cognitive gain)에 해당한다. 왜냐하면 우리가 깨어 있다고 잘못 생각해도 우리는 금방 꿈을 꾸었다고 알기 때문이다. 다른 한편 자각몽에 뒤따르는 거짓 각성(앞에서 예를 든 나의 꿈처럼)은 인지 상실(cognitive loss)에 해당한다. 왜냐하면 실제 여전히 꿈을 꾸고 있어도 자신은 깨어 있다고 생각하기 때문이다.

프레데릭 반 에덴은 1913년의 논문에서, 자각몽에서 거짓 각성으로 깨어나고 마침내 실제 세계에서 깨어나는 것(아마도 많은 거짓 각성 이후에)으로 이어지면 자각몽은 그 깊이가 최대에 도달하는 듯하다고 말하였다. 그의 말을 들어보자. "그 인상은 다른 깊이의 차원에서 일어난 것처럼 느껴지고, 그 상태에서 자각몽은 최대의 깊이에 도달한다."[40] 프란시스코 바렐라는 이 꿈 보고에서 언급한 것과 유사한 느낌에 대해 기술하였다. 나는 그의 사후에 발견한 몇몇 노트에서 다음과 같은 것을 보았다(제목은 그가 붙인 것이다).

한 마리의 고양이에 대한 여러 차원들

이 꿈은 어제 저녁에 일어난 것이다. 나는 교외에 있었다. 혼자서, 아니 나의 호랑이색 고양이와 함께 있었다. 나는 늦게 잠자리에 들었다. 그러면서 고양이가 집에 자러 돌아오지 않은 것을 은근히 걱정하였다. 이것은 고양이의 변치 않는 습관이었다. 나는 깊게 잠들었고 별일 없이 잘 자고 있었다. 그런데 갑자기 꿈이 시작되었다. 내 침실을 많은 사람들이 꽉 채우고 있었다. 특히 오랫동안 알고 지내던 친구도 있었는데, 그 친구는 그 방에 있던 약자에게 아주 무례하고 공격적으로 대하고 있었다. 그것을 보고 있자니 마음이 불편하였다. 그 어린아이를 보호하고자 내 옆에 있는 그 아이를 꼭 껴안았다. 그때 나는 고양이가 돌아왔다는 느낌 또는 직관이 들었다. 나는 몇 차례의 잠과 꿈을 거쳐서 몸을 일으켰다. 그리고서 나의 의식은 아주 말짱해졌다. 거의 같은 몸짓으로 이불을 걷어내고 침실 유리창을 통해 들어오는 달빛을 보았다. 거기에 고양이가 정말로 있었다. 고양이는 뒷발을 들고서 있었다. 평소 습관대로 들여보내달라고 문을 긁고 있었다. 나는 반쯤은 꿈속에서, 반쯤은 내 몸으로 안도의 숨을 내쉬면서 일어나 문을 열었다. 밖의 밤공기는 신선하고 봄 내음으로 가득 차 있었다. 그러고 나서 잠깐 후 정신을 더 차려보니 그곳에는 고양이가 없었다. 고양이의 모습은 얇은 밤공기 속으로 사라져버렸다. 나는 다시 침대로 돌아와서 얕은 잠에 빠졌다. 수 분 후 문을 긁는 소리가 나서 그 신기루와 똑같은 장면을 정확히 보았다. 거기에 고양이가 문 앞에 있었다. 이때 나는 실제로 일어나서 그 고양이를 문 안으로 들어오게 하였다. 나는 침대로 돌아와서 소위 현실이라고 하는 것이 여러 차원으로 접힐 수 있다는 강한 느낌을 받았다.

1999년 부활절 연휴
프랑스 프로방스 메네르브
프란시스코 바렐라

거짓 각성은 종종 비자각몽에서 일어나지만, 자각몽에서도 거짓 각성이 일어날 수 있다. 이것은 바로 그 거짓 각성이 일어날 때 인식할 수도 있고, 그 후에 바로 정신을 차리면서 아는 경우도 있다. 윈트와 메칭거가 설명한 것처럼, “거짓 각성 동안 자각성을 얻으면, 특히 자각몽이 있은 다음에 그런 일이 있게 되면 그 당사자는 현재 진행되는 꿈의 상태와 바로 이전에 경험한 꿈 모두를 자각하게 된다. 이런 의미에서 자각몽의 거짓 각성은 일상적인 자각몽보다 더 높은 수준의 자각성을 보이게 된다고 말할 수 있다. 왜냐하면 이것은 꿈 상태에 대한 현재적인 통찰과 후행적인 통찰이 결합된 것이기 때문이다.”[41]

인도의 문헌에서는 자각몽과 거짓 각성으로 부를 만한 것들에 대한 여러 언급들이 있다. 학자 웬디 도니거(Wendy Doniger)는 자신의 저서 『꿈, 착각 그리고 다른 현실들(Dreams, Illusions and Other Realities)』[42]에서 이런 언급들을 다음과 같이 정리하였다. 우리는 깨어남에 의해—꿈에서 깨어나거나(정상적인 깨어남) 꿈속에서 깨어나거나(자각몽)—자신이 **꿈을 꾸고** 있다는 가정을 **입증**(verify)할 수 있다. 그리고 (똑같은 정도로) 우리는 깨어남에 의해(꿈에서 실제로 깨어나거나 꿈속에서 깨어나거나) 우리가 **깨어** 있다는 가정을 **반증**(falsify)할 수 있다. 그러나 우리는 자신이 **꿈꾸고** 있다는 가정을 **반증**할 수 없고, (똑같은 정도로) 우리가 **깨어** 있다는 가정을 **입증**할 수 없다. 그 이유는 우리가 선택한 어떤 경험이라도(특히 깨어 있는 것으로 여기는 어떤 경험이라도) 그 경험에서의 깨어남을 생각할 수 있기 때문이다.

도니거는 이런 사유에 기초하여 인도의 신화를 ‘퇴행 프레임의 신화(myths of the receding frame)’라고 불렀다. 인도의 신화는 꿈꾸는 사람이 결코 깨어 있음을 확신할 수 없다는 것을 보여주고 있다. 꿈속에서 또는 거짓 각성에서 일련의 마지막 꿈에서 깨어난다고 하여도 마찬가지이다. 꿈속의 꿈 그리고 또 그 꿈속의 꿈이라는 식으로 인도의 꿈 이야기는 여러 페이지에 걸쳐 진행된다. 인도네시아의 시인 수카사 시아단(Sukasah Syadan)이 쓴 다음의 현대시에서는 간단히 몇 구절로 이런 내용의 이미지를 잘 포착하고 있다.

꿈

어젯밤
나는 꿈속에서 꿈을 꾸었네.
거기에서
나는 어젯밤 꿈꾼 것을
기록하는
잠 못 이루는 사람으로 깨어 있는
꿈을 꾸었네.[43]

인도의 철학자들은 만약 삶이라는 것이 하나의 꿈이라고 한다면, 깨어 있는 것과 꿈꾸는 것을 어떻게 구별할 수 있는가라는 의문도 다루었다. 내가 좋아하는 답변 가운데 하나는 아드와이따 베단따(Advaita Vedānta, '아드와이따'는 비이원론(非二元論)이라는 의미, '베단따(Vedānta)'는 베다의 끝, 즉 『우파니샤드』 문헌의 끝이라는 의미)학파의 위대한 힌두 철학자 샹까라(CE 788-820년)[44]가 제시한 것이다. 그는 각성 시의 삶은 꿈 상태에 대한 인식을 포함하지만 꿈 상태는 각성의 삶에 대한 인식을 포함하지 못한다고 대답하였다.

샹까라의 스승의 스승인 가우다빠다(Gauḍapāda, 약 8세기경)는 진정한 자아(아뜨만)에 대한 지식과 궁극적인 비이원적 실재(브라흐만)와의 합일이라는 관점에서는 각성 시의 경험 전부가 실체가 없고 착각적인 꿈과 다를 바 없다고 주장하였다. 샹까라는 각성과 꿈을 연결시키는 심오한 유사성을 받아들였지만, 이런 식으로 둘 사이의 차이를 흐리게 하지는 않았다. 각성과 꿈은 둘 다 대상이 실재하는 것이 아님에도 실재하는 것처럼 취하지만, 각성 경험이 꿈 경험보다 좀 더 '현실성'을 갖는다.[45]

'현실성'이라고 해서 샹까라가 사물이 경험과 동떨어져서 그 자체로 존재한다고 생각한 것은 아니다. 경험과 동떨어져 있는 그런 개념은 별로 유용하지 않다. 왜냐하면 우리는 그 경험이 실재에 들어맞는 것인지 아닌지의 여부를 그 경험 외부에서 살펴볼 수 없기 때문이다. 그보다는 '현실성'이라는 개념으로 그가 의미하고자 한 것은 다른 경험에 의해 폐기되거나 취소되거나 부정되지 않고 그 경험이 그대로 드러난다는 것이다. 그러나 단순한 겉보기는 이런 식으로 폐기되거나 취소되거나 부정될 수 있다.

예를 들어보자. 땅거미가 지는 어스름한 해질녘에 집밖에 나와 발밑에 뱀이 있는 것을 보았다고 하면 당신은 본능적으로 뒤로 물러설 것이다. 그런데 자세히 살펴보고 그것은 뱀이 아니라 낡은 동아줄이었다는 것을 알게 되었다. 동아줄이었다는 것을 아는 현재의 지각은 뱀으로 알았던 이전의 지각을 폐기하고, 그 '동아줄'을 현실로, '뱀'은 단지 겉보기로 받아들인다.

이런 기준에 따르면 각성 경험은 꿈 경험보다 더 큰 현실성을 갖는다. 왜냐하면 이런 폐기에 덜 취약하기 때문이다. 다른 꿈 경험과 각성 경험으로 끊임없이 취소되거나 부정되는 것이 꿈 경험이 갖는 뚜렷한 특징이다.

> 내가 꿈속에서 읽고 있는 단어들은 영어가 아니다. 왜냐하면 지금 나는 정말로 중국어를 보고 있기 때문이다. 그러나 아니, 그것들은 다시 영어로 변한다.
>
> 나는 자신이 깨어 있다고 여기지만, 단어들은 영어와 중국어 사이를 왔다 갔다 한다. 그래서 나는 틀림없이 꿈을 꾸고 있다는 것을 안다.
>
> 나는 내가 읽고 있었던 이상한 책을 찾으려고 애쓰다가 자각성(lucidity)을 잃어버렸음이 틀림없다. 그러나 이제 나는 깨어나서 내가 단지 꿈을 꾸었다는 것을 알 수 있다.

각성 경험은 이런 식으로 다른 각성 경험이나 꿈 경험에 의해서 계속해서 취소되거나 부정되지 않는다. 각성 경험은 꿈 경험보다는 훨씬 안정적이고 자신의 상태에 대해 더 많은 자각과 더 많은 인지적 조절을 허용한다. 자각몽은 이런 각성 상태의 특징을 꿈 상태 속으로 들여온다.

또한 각성 상태는 꿈 상태에 대한 이해를 포함한다. 우리는 각성 상태의 관점에서 이 둘의 차이점과 유사성을 평가한다. 각성 상태에서는 자신의 꿈을 제대로 알지만, 꿈 상태에서는 자신의 각성 상태를 제대로 알 수가 없다. 자각몽의 경우는 예외인데, 그 경우는 꿈속에서 깨어나서 자신이 각성 시의 삶을 회상한다.

샹까라가 각성 경험이 꿈 경험보다 더 현실성이 있다고 말하였을 때, 그가 의미한 것은 각성 경험은 꿈의 경험을 이해할 수 있지만, 꿈은 각성 시의 경험을 이해할 수 없다는 것이다. 전문적인 철학 용어(영어로 번역된 것 중 하나이다)를 사용하여 각성 상태는 꿈의 상태를 "(변증법적으로) 지양한다(sublate)"라고 말할 수 있다. 즉, 각성 경험은 꿈 상태의 잘못된 개념을 폐기하고 보다 포괄적인 관점에서 꿈의 상태를 재평가한다.

자각몽은 이런 점과 충돌하지 않고 강화한다. 자각몽에서 우리는 꿈속에서 깨어난다. 그러므로 각성과 꿈은 서로 상반적인 상태일 수 없다. 각성의 삶은 자각몽을 포함한다. 그것은 후행적으로가 아니라 꿈속에서 꿈의 상태를 인식하는 것을 포함한다. 그러나 꿈 상태는 그것이 자각몽(꿈속에서 깨어 있는 꿈)이지 않는 한은 각성 삶의 인식을 포함하지 않는다. 그러므로 '깨어 있음'은 통상적인 각성과 자각몽을 포함하는 보다 더 높은 차원의 개념이다.

간단히 말해서 이런 의미에서의 '깨어 있음'은 꿈과 상반되는 상태가 아니다. 그것은 자각의 성질을 갖는 상태이고 어떤 의식 상태에서도 존재할 수 있다. 물론 꿈의 경우도 포함해서이다.

도가 후기: 나비의 꿈

자각몽은 비자각몽보다 나은가? 꿈 상태를 인식하거나 꿈속에서 깨어 있는 것이 깨달음, 즉 사물을 있는 그대로 보는 것에 대한 은유이고, 꿈은 깨달음에 이르지 못한 망상에 젖은 마음에 대한 은유라면, 꿈꿀 때 그것을 자각하고(lucid) 있는 것이 더 좋지 않은가?

2010년 3월 나는 뉴멕시코의 산타페에 있는 우파야 선 센터에서 앨런 월리스와 함께 4일간의 꿈 요가 명상 수행에 들어갔다. 앨런은 다음과 같이 말하였다. "각성 시에는 마음챙김을 하는 것이 그렇지 않은 것보다 언제나 더 낫다. 꿈을 꿀 때는 자각몽이 비자각몽보다 언제나 더 낫다. 자각하고 있지 못함은 무지(꿈꾸고 있는 것을 모른다)한 것, 망상(깨어 있는 것으로 믿는다)에 젖은 것을 뜻한다. 자각몽에서 자신이 꿈 상태에 있다는 것을 인식하게 되면, 무지를 지혜로 대체하고 망상을 진정한 이해로 대체할 수 있다."

이런 식으로 비자각몽 위에 자각몽을 위치시키는 교육적 혹은 규범적인 태도는 나를 혼란스럽게 만들었다. 의문을 품고 있는 동안 내내 나는 그 이유를 설명해보려고 노력하였다.

나는 비자각몽도 그 나름대로의 가치를 갖고 있으므로 자각몽보다 열등하다고 생각해서는 안 된다고 말했다. 다양한 종류의 꿈이 있는 듯하다. 즉 최근의 기억을 다시 재생하는 꿈(프로이트가 '낮의 잔재물'이라고 부른 꿈)도 있고, 명료함과 강렬함과 창조적인 상상이라는 면에서 근본적으로 다른 성질을 갖는 꿈도 있다. 첫 번째 경우의 비자각몽은 학습과 기억 강화(기술을 습득하고 중요한 정보를 회상하는 능력을 강화)에 핵심적이다. 두 번째 경우의 비자각몽은 꿈이 갖는 힘과 즉각성에 필수적이고, 상상력과 창조적인 면에서 가치 있다. 심지어 꿈을 조절하지는 않고 단순히 내가 꿈을 꾸고 있다는 것을 아는 정도의 단순한 자각성은 이런 능력함양에 방해되거나 장애가 될 수 있다. 그러므로 자각몽이 반드시 비자각몽보다 절대적인 우위를 점한다고 할 수는 없다.

앨런은 동의하지 않았다. 그는 이런 종류의 꿈에서도 메타 자각을 갖고, 그런 꿈들의 성질을 방해받지 않고 그 성질에 주의를 기울이는 것이 가능하다고 생각하였다. 또한 아무리 이런 종류의 꿈들이 가치를 갖고 있다고 하여도 자각성(lucidity)이 없다는 점에서 여전히 본질적으로 무지하고 망상에 가득 찬 것이라고 생각하였다.

내 생각으로 꿈의 다른 중요한 기능들을 손상시키지 않으면서 꿈을 자각하고(lucid) 있을 수 있는가 하는 점은 여전히 열려 있는 질문이다. 이와 관련된 꿈 요가와 꿈 과학 사이의 접점에 대해서 우리가 아는 것은 너무나 적다. 어떻든 이 문제는 꿈 요가와 꿈 과학이 풀어가야 하는 실증적인 문제인 듯이 보인다.

그러나 자각몽이 비자각몽보다 낫다는 생각은 실증적인 것이 아니라 가치평가적이거나 규범적인 것이다. 이는 인간의 다양한 경험에서로 다른 가치를 부여하는 것이다. 나는 이런 견해를 받아들일 수 없다. 이것은 우리 경험의 자연스러운 그 무엇이 갖는 가치를 축소시키는 듯이 보인다. 이것은 자연스러운 것에 어긋난다.

고대 중국의 도가 철학자인 장주(莊周, BCE 약 369~286년)는 그의 유명한 우화인 「나비의 꿈(호접몽)」에서 다른 관점을 밝힌다.

> 어느 날 장주가 나비가 된 꿈을 꾸었다. 훨훨 날아다니는 나비가 되어 유유자적 재미있게 지내면서도 자신이 장주임을 알지 못했다. 문득 깨어보니 다시 장주가 되었다. 장주가 나비가 되는 꿈을 꾸었는지 나비가 장주가 되는 꿈을 꾸었는지 알 수가 없다. 장주와 나비 사이에 무슨 구별이 있기는 있을 것이다. 이런 것을 일러 '사물의 변화[物化]'라 한다.[46*]

이 우화에서 자각성(꿈 상태라는 것을 인식함)은 없다. 장주는 꿈을 꾸면서 나비가 된 것에 완전히 몰두되어 있다. 그리고는 행복하게 날아다니면서 나비들이 자연스럽게 하는 행동들을 하고 있다. 자신

* 오강남 풀이, 『장자』, 현암사, 1999, 134쪽.

이 장주라는 앎도 기억도 없다. 그런데 이 꿈 상태가 끝나고 더 이상 나비도 없다. 그 꿈을 기억하지 못하는 장주만 있을 뿐이다. 장주의 주석자 중 중요한 인물인 곽상(郭象, 232-312년)은 이렇게 서로가 두 상태에 대해 완전히 잊어버리고 모르는 것을 다음과 같이 분명히 지적한다. "이제 장주는 나비를 모른다. 꿈꾸는 동안 나비가 장주를 몰랐던 것처럼"[47] 자각성과 기억 대신에 비자각성과 망각이 있는 것이다.

그러나 비자각성과 망각은 여기서 마음챙김과 반대되는 것인 마음놓침(mindlessness)과 동일하지는 않다. 오히려 그것은 일종의 자아 없음[selflessness, 忘我], 근본적 수용, 지금 여기의 완전한 현존이라는 상태의 표현이다.

이 이야기에서 어떤 자아 또는 '나(I)'의 부재는 자아 없음을 드러내고 있다. 처음에는 깨어 있다가, 그 다음에 꿈을 꾸고, 그 다음 다시 깨어나는 그런 하나의 자아는 없다. 대신 이야기는 세 가지 연속적인 단계를 통해 전개된다. 한 상태에서 다른 상태로 변화하는데, 그 상태(깨어 있는 상태의 장주, 나비가 되어 있는 꿈, 그리고는 깨어 있는 상태의 또 다른 장주)를 이어주는 기억의 다리는 없다. 두 번째 장주는 첫 번째 장주와 동일하지 않다. 장주는 장주로서 연속되지 않는다. 그러나 위에서 흐르는 물이 아래로 흘러간 물과 연속되어 있지만, 동일하지는 않은 그런 연속성은 있다.

기저에 있는 하나의 자아가 존재하지 않는다는 점을 고려하면, 이런 변환의 한 단계(인간 또는 나비)가 다른 단계보다 더 현실이거나 더 진짜라고 할 수 없다. 각 단계는 그 자체로 인간으로서 나비로서 충만하고 완전한 경험이며, 다른 단계에 대해서는 아무것도 모른다. 그러므로 우화에서는 "장주가 나비가 되는 꿈을 꾸었는지 나비가 장주가 되는 꿈을 꾸었는지 알 수가 없다."라고 한다. 주석가인 왕선겸(王先謙, 1842-1917)은 "장주가 나비가 되었다고 할 수도 있고, 나비가 장주가 되었다고 할 수도 있다. 어느 것이든 상관없다. 바로 이것이 그들이 하나이며 서로 변환될 수 있음을 보여준다."라고 한다.[48] 또 다른 주석가인 이탁오(1527-1602)는 "이것은 깨어 있고, 저것은 꿈꾸고 있다고 할 수 없다. 우리는 장주가 옳고 나비가 틀렸다고 … 말할 수도 없다."라고 한다.[49] 한 단계는 현실이 아니고 다른 단계는 단순히 하나의 꿈이라고, 그리고 하나는 옳지 않고 다른 것은 틀렸다고 말할 수 없다. 각 단계는 그 나름대로 진짜이고 그것 자체로 완전히 받아들여진다. 그러므로 자아 없음 또는 자아의 부재는 각 단계를 동등하게 근본적으로 수용하는 것으로 이어진다.

이런 도가의 관점, 즉 각 단계가 동등하게 현실이라는 것을 받아들이고, 각성과 꿈 사이에 존재하는 자연스러운 차이를 수용하는 것은 우리가 지금 여기에 완전히 충실하게 존재하게끔 이끌어준다. 나비 꿈을 단지 하나의 꿈으로 자각하면, 완전하고 충만하게 한 마리의 나비로서 '자기 충족적이고 그 의도와 일치하게 살아가는' 경험이 방해된다. 꿈을 기억하는 것, 즉 다시 되돌이켜 그것을 생각하는 것은 각성 상태에서 인간의 삶을 완전하고 충만하게 경험하는 것을 방해한다. 각각의 경험이 충만하기 위해서는 꿈과 각성 사이에 존재하는 자연스러운 경계를 침범하지 않아야 하며, 기억이 망각을 대체해서는 안 된다. 이런 경계를 넘어선다는 것은 변화(사물의 변화[物化])에 저항하는 것이다. 더 높은 현실을 얻는 것이 아니라 현실의 가치를 떨어뜨리는 패배하는 전투이다. 현실의 가치를 떨어뜨리는 것은 결국 행복이 아니라 고통으로 이끈다. 그러므로 도가는 근본적 수용의 자세를 취함으로써 꿈과 망각을 모두 포용하는 것이다. 여기에는 판단이나 가치평가가 없다.

이런 생각들이 혹시 자각몽과 꿈 요가의 거부로 이어지는 것은 아닌가 하고 우려할지도 모르겠다. 그러나 우리가 이 우화에서 취해야 하는 것은 도덕이 아니다. 자각몽은 인간의 경험에 속한다. 그러므로 도가에서도 그것은 우리가 포용해야 하는 그 어떤 것이다. 대신 도덕은 기억과 망각, 통상적인 꿈과 자각몽 이런 것들의 모든 경험들을 평가하여 어느 것보다 또 다른 어느 것이 더 낫다고 생각하는 것이다. 이것은 우리의 경험을 평가절하하는 것이고, 우리의 본질을 왜곡하는 것이다.

자각몽을 함양할 때의 위험은 자각몽을 비자각몽보다 더 가치가 있는 그 어떤 것으로 생각하여 그것에 집착하는 것이다. 우리는 자각성을 그대로 흘러가게 두고 우리 자신이 꿈에서 충만하게 존재하도록 할 필요가 있다. 우리가 그렇게 할 수 없다면, 그때는 자연스럽고 가치 있는 우리의 경험도 박탈될 것이다. 중요한 점은 어떤 강제된 기준에 따라 자각하는 것과 자각하지 못하는 것을 선택하도록 강요해서는 안 된다는 것이다. 아무것에도 집착하지 않고 그 둘 사이에서 유연하게 움직일 수 있는 것이 중요하다.

도가의 성인(聖人)은 이런 유연함을 체화하고 있다. 성인은 자연스러움에 거슬리지 않고 높고 낮음의 구별을 하지 않는다. 그는 상황에 따라서 적절하게 물 흐르듯이 유연하게 애쓰지 않고 대응하였다.

나비의 우화를 언급한 이가 바로 그러한 성인이다. 그가 우리에게 이야기를 해주는 바로 그 사람이다. 우화의 작자이자 서술자로 추정되는 장주(莊周, Zhuang Zhou)는 성인을 대표한다. 그는 단순히 장주가 아니라 '장자(莊子)'이다('자(子)'는 '대스승'의 예우적 표현이다. '주'는 단순히 이름이다).* 장자는 자신의 과거에 대해 일인칭으로 이야기를 전개하고 있는 것이 아니다. 거기에는 사건들을 말해주는 '나'가 없다. 거기에는 장주, 나비, 장주의 기저에 있는, 단일하고 지속적인 자아가 없다. 그는 과거 한때 꿈꾸는 장주, 그리고 나비꿈, 그리고 잠에서 깨어난 장주가 있었다는 것을 말해주고 있을 뿐이다. 그가 우리에게 말하고 있는 것은, 꿈에서 나비가 된 사람이 있었는지, 꿈에서 사람이 된 나비가 있었는지 우리는 모른다는 점이다. 도가의 스승들을 대표하는 장자는 나비와 사람을 모두 포용하고 그것들을 동등하게 긍정하지만, 어떤 것과도 자신을 동일시하지 않는다.

---

* 저자는 '주'를 성(姓, family name)이라고 잘못 썼는데, '주'를 이름으로 바로잡아 번역했다.

장주와 나비는 서로를 모르지만 어떻게 장주는 그 둘에 대해 알고 있는가? 우화는 이 질문에 대해 어떤 답도 내놓지 않는다.[50] 그러나 우화의 구조(이야기의 프레임)에서 함축하고 있는 것은 성인은 이 세 가지 모든 단계들을 목격하고, 그것들 중 어떤 것도 동일시하지 않고 동등하게 수용하면서 그것들을 포용한다는 점이다. 모든 것을 포용하고 목격하는 이런 종류의 자각 안에서 우리는 꿈 요가가 함양하고자 하는 공평무사한 메타 자각에 다시 합류하게 된다.

곽상은 자신의 주석에서 이 우화를 삶과 죽음의 알레고리로 읽었다. 그는 "꿈과 각성 사이의 구별은 삶과 죽음 사이의 구별, 논쟁과 다르지 않다."라고 한다.[51] 꿈은 각성보다 덜 현실적인 것이 아니다. 죽음은 삶보다 덜 현실적인 것이 아니다. '사물의 변화'는 각성과 꿈을 다 아우르고, 삶과 죽음도 모두 아우른다. 살아 있을 때 우리는 장주가 나비에 대해 아무것도 모르는 것처럼 살아가고, 죽었을 때 우리는 나비가 장주에 대해 아무것도 모르는 것처럼 존재한다. 성인은 죽음을 두려워하지 않고, 삶과 죽음을 동등하게 수용하지만 그 어느 것과도 동일화하지 않는다.

07

부 유

나는 어디에 있는가?

07
부유
나는 어디에 있는가?

> 내가 열 살 때였다. 나는 2층 침대 위에서 잠을 자고 있었다. 아래로 내려다보면서 침대에 누워 있는 나를 바라보고 있었다. 그래서 내가 잠들어 있다는 사실을 알았다. 나는 침대 위, 천장 바로 밑에 떠 있었다.

다음 날 아침 이 기이한 꿈을 엄마에게 말하였다. 나는 가벼웠고 거의 무게감을 느끼지 않았다. 노란 불빛이 내 주위의 공간을 밝히고 있었지만 방은 캄캄하였다. 한순간은 나의 침대 위치에서 나를 내려다보고 있는 나를 볼 수 있었다. 그것은 마치 두 장소에서 동시에 자신을 볼 수 있는 것 같았다. 또는 그런 두 시점이 금세 왔다 갔다 하는 것 같았다. 확실하지는 않다. 그리고는 다시 천장으로 올라갔고, 아래 침대에 누워 있는 자신을 명료하게 볼 수 있었다. 모든 것이 진짜와도 같았다. 내가 이전에 꾼 꿈처럼 느껴지지 않았다.

엄마는 내 꿈 이야기를 듣고 꿈에서 어떤 느낌이 들었는지 물었다. 나는 약간 두려웠지만 악몽 같지는 않았다고 말했다. 특별히 나를 전율에 떨게 한 것도 없었다. 단지 기이한 느낌을 받았다. 엄마에게 꿈을 말하고 나서는 마음이 좀 편안해졌다.

그날 저녁을 먹은 후 아빠는 나를 서재로 불렀다. 낡은 온타리오 농장집의 이층 방은 집에서 독립되어 있는 공간이었다. 부엌과는 떨어져 현관에서 바로 계단으로 이어져 있었다. 가끔 아빠는 자기 전에 명상을 하고 싶으면 같이 명상하자고 부르곤 하였다. 나는 등을 곧게 세우고 눈을 감고 눈썹 사이의 한 지점에 집중을 하면서 가부좌 자세로 앉으려고 애를 썼다. 숨을 들이쉴 때는 마음속으로 '홍(Hong, song의 운율)'하고 되뇌고 숨을 내쉴 때는 '소(Sau, saw로 발음)'라고 마음속으로 되뇌었다. 나는 5분 이상 앉아 있는 것이 힘들었지만 어쨌든 명상하는 것을 좋아하였다.

아빠는 내가 어젯밤 기이한 꿈을 꾼 것을 들었다고 말했다. 내가 꿈에 대해 말하자 자신의 장서에서 책 한 권을 가져왔다. 푸른 표지의 양장본이었는데, 아빠는 책을 펼쳐 두 신체가 그려진 그림을 보여주었다. 하나의 신체는 침대에 누워 있고, 다른 하나는 그 위에 떠 있었는데 두 신체를 이어주는 실 같은 무엇인가가 보였다.

아빠는 우리가 하나 이상의 신체를 가지고 있다고 설명해주었다. 우리는 물리적 신체뿐만 아니라, 여러 종류의 신체를 가지고 있다. 이것들 중 하나가 아스트랄체(astral body)라고 불리는 것이다. 이것은 아스트랄계(astral plane)에 속한다. 아스트랄계는 물리계(physical plane)보다 더 미묘한 차원이다. 잠들면 우리의 아스트랄체는 물리적 신체에서 분리되어, 스스로 여행을 하고 중요한 교훈을 배울 수 있다. 많은 꿈들은 이런 경험에 대한 왜곡된 기억들이다. 때로는 꿈 상태에서 깨어날 수 있고, 자신의 아스트랄체를 자각하기도 한다. 아빠는 내가 경험한 것이 바로 이것이라고 했다. 뛰어난 요기들은 자는 동안 의식적으로 이런 아스트랄체들을 투사할 수 있다. 그리고는 정확하게 자신의 아스트랄 여행을 기억할 수 있다. 아버지는 내 꿈이 일상적인 꿈이 아니라고 했다. 그것은 아스트랄 투사(astral projection)라고 불리는 유체이탈 경험(out-of-body experience)이다. 그것을 기억하는 것은 좋은 일이고 아무것도 두려워할 필요가 없다.

내가 나이가 좀 더 들었을 때, 아빠는 완전하고 종합적인 요가-신지학 우주론(Yoga-Theosophy cosmology)에 대해 말해주었다. 요가에서 물리적 신체는 '음식 껍질(food sheath, annamayakośa)'이라고 불린다. 그것은 우리의 모든 존재 중에서 제일 바깥에 있는 '껍질(sheath)' 또는 '덮개(vesture, kośa)'이다. '생명-에너지 껍질(life-energy sheath, prāṇamayakośa)'은 우리의 생명 존재를 형성한다(신지학에서는 '생명-에너지 껍질'을 '에테르체(etheric body)'라고 부름). 그리고 '심적 껍질

(mental sheath, manomayakośa)', '고위 지성 껍질(higher intelligence sheath, vijñānamayakośa)'은 우리의 아스트랄체 또는 심적 존재를 형성한다. 아스트랄체보다 더 미묘한 것을 요가에서는 '환희의 껍질'(bliss sheath, anandamayakośa)로, 신지학에서는 '원인체(causal body)'로 부른다. 물리적 신체는 일상적인 각성의 삶의 신체이고, 아스트랄체는 꿈의 신체이고, 원인체는 깊고 꿈 없는 잠의 신체이다.

오랫동안 신체에 대한 이런 우주론은 내 유체이탈 경험과 다른 경험들을 이해하는 데 안내자 역할을 하였다. 그러나 나는 뇌에 대해서 배우고 심리철학을 공부하면서, 이것저것 궁금해하기 시작하였다. 유체이탈 경험은 정말로 한 사람의 의식이 신체로부터 분리될 수 있다는 것을 보여주는 것인가? 이런 경험들은 정말로 탈신체화된 의식의 한 형태인가 아니면 착각이나 환각의 일종인가?

내가 현재 생각하고 있는 것은 유체이탈 경험은 뇌와 신체에 의존하는 일종의 변형된 의식의 특별한 한 종류라는 것이다. 그것은 탈신체화의 경험이라기보다는 변형된 체화(altered embodiment)의 경험이다. 유체이탈 경험은 신체와 자아의 분리 가능성을 보여준다기보다는 신체와 자아감 사이의 밀접한 연결을 강화하는 것이다. 그러한 경험은 우리가 상상하고 꿈꿀 때 일인칭과 삼인칭 사이를 왔다 갔다 하게 하는 신경 상관물과 겹치는 그런 특별한 신경 상관물을 갖는다. 꿈처럼 유체이탈 경험은 심적인 시뮬레이션 또는 상상의 창조물이다. 그러나 그것은 자각몽처럼 자의적인 조절하에 놓여 있고, 그것을 겪고 있다는 것을 알 수 있다.

자신을 이중화하는 것

당신은 지금 어디에 있는가? 아마도 집에서 의자에 앉아서 또는 카페나 책방에서 이 책을 읽고 있을 것이다. 그러나 그런 대답은 부분적이다. 그곳들은 그냥 당신이 있는 장소일 뿐이며, 그런 장소들은 변할 수 있기 때문이다. 이런 식으로 변하지 않는, 당신이 항상 자리 잡고 있는 그런 장소(또는 적어도 당신이 항상 있다고 여기는 장소)가 있는가?

우리 대부분은 아마 신체가 위치하고 있는 장소에 자신이 위치하고 있다고 대답할 것이다. 또는 더 정확하게 말하자면 우리를 둘러싸고 있는 환경과는 무관하게 자신의 신체가 위치하고 있다고 느끼는 그 장소에 자신이 있다고 느낄 것이다. 우리는 우리가 신체라고, 또는 신체를 소유한다고 느끼고, 그 눈을 통해 세상을 본다고 느낀다. 이런 식으로 우리가 지금 여기 있다는 감각(현 순간의 자아감)은 체화된 자아감 또는 신체적인 자아감이다.

철학자는 이런 자아감을 '신체적 자아 자각(bodily self-awareness)'이라고 부른다. 신체적 자아 자각이 포괄하는 것은 소유감(이 신체는 나의 것이다), 행위자(나는 이런 동작을 하는 사람이다), 자아 위치(나는 내 신체 안에 있다), 자아중심적 지각(나는 내 눈을 통해서 세계를 보고 있다)이다. 신체적 자아 자각의 이런 측면들이 서로 정상적으로 일치를 이루거나 일종의 통합을 이룬다. 즉 나는 내 눈을 통해 세계를 보며(자아중심적 지각), 그 눈이 달려 있는 신체는 내 신체이고(소유), 거기가 내가 위치하고 있는 곳이며(자아 위치), 나는 내면에서 내 행동을 조종하고 있다(행위자).

소위 '자기상시(autoscopic, 自己像視)' 현상은 이런 신체적 자아 자각을 변형시키고 혼란에 빠뜨린다.[1] '자기상시'는 외부적 관점에서 자신의 몸을 바라보는 것을 의미한다. 자기상시 현상은 잠에 들거나 깨어날 때, 심한 사고를 겪은 후, 수술 받다가 의식이 간헐적으로 돌아오는 경우, 뇌의 특정 영역이 손상 받은 후 자발적으로 일어날 수도 있다.[2]

'자기상시 환각'에서는 자신의 개인적 공간 안에서 자신의 복제물(double) 또는 사본(duplicate)을 본다. 다른 말로 하면 자신과 닮은 또 하나의 신체를 보는 것이다. 그러나 복제 신체를 소유하거나 조절할 수 있는 경험을 하는 것은 아니다. 뿐만 아니라 그 복제 신체 안에 자신을 위치지울 수 없다. 말하자면 그것은 복제물의 신체이지 자신의 신체가 아니다.

'자기환시(heautoscopy)'에서 자아중심적인 시각적 관점은 정상적인 신체와 환상적인 복제 신체 사이에서 왔다 갔다 한다. 때로는 시각적 관점이 동시에 두 지점에 있을 수도 있다. 두 신체 모두에 대한 소유감을 가질 수 있고 동시에 두 위치에 다 있을 수도 있다. 이중체의 느낌 또는 두 자아를 모두 지니고 있다는 느낌을 받는다.

유체이탈 경험(out-of-body experiences, OBE)에서는 자신의 물리적 신체 외부 시점에서 자신을 보고 거기에 자신이 위치해 있는 것으로 여긴다. 따라서 그때의 경험은 자기상시이지만(스스로 외부에서 자신의 몸을 본다) 자기상시 환각과는 달리 이 신체를 당신 자신의 것으로 여기며 복제물에 속한다고 여기지 않는다. 이런 식으로 당신의 경험은 자기환시와 같은 것이다. 단 당신 스스로를 완전히 외부의 시점에 위치시키는 것은 아니다.

내가 위에서 서술한 어릴 적의 경험은 유체이탈 경험의 모든 특징을 다 갖고 있다. 그러나 또한 자기환시의 순간도 포함한다. 나는 마치 내 물리적 신체 외부에 있으면서, 자신을 바라보는 자각의 중심점은 부상되어 있고 그 지점에서 아래 침대에 누워 있는 나의 신체를 바라보는 것처럼 느꼈다. 그러나 어떤 경우에는 자고 있는 내 몸을 내려다보고 있는 시점과 나를 내려다보고 있는 것을 침대에서 보고 있는 시점 사이를 왔다 갔다 하는 경험도 하였다.

유체이탈, 그러나 탈신체화된 것은 아닌

사람들은 종종 유체이탈 경험을 탈신체화된 경험으로 생각한다. 어떤 사람들은 말 그대로 자신의 물리적 신체를 떠나서 신체 없이 의식으로만 존재하는 것이라고 믿는다. 그러나 이런 믿음은 경험 그 자체에 기인하는 것은 아니다. 심리학자이자 작가인 수잔 블랙모어(Susan Blackmore)는 자신이 처음으로 경험한 유체이탈을 다음과 같이 언급하고 있다. "나는 물리적 신체 없이 기능하고 있는 것은 아니다. 그 신체에서 다른 장소에 위치하는 듯이 여겨졌다. 그러나 거기에서 아주 잘 기능하고 있는 것은 의심의 여지가 없다. 지쳐 있을 수는 있지만, 죽은 것은 아니다. 그것은 앉고 움직이고 말하고 있다. 그러므로 기능적인 신체 없이 그런 경험이 일어나고 있다고 결론내리는 것은 정당하지 못하다."[3]

사실 한 사람의 신체 상태와 위치는 유체이탈 경험에서 중요한 요소이다. 유체이탈 경험은 대부분 물리적 신체가 긴장을 푼 상태에서 움직이고 있지 않을 때 일어난다. 블랙모어의 첫 유체이탈 경험은 대마초를 약간 피우면서 친구들과 함께 음악을 듣다 졸음이 올 때 일어났다. 이것은 그녀의 책 『신체를 넘어서: 유체이탈 경험의 탐구(Beyond the Body: An Investigation of Out-of-the-Body Experiences)』에 언급되어 있다.[4] 블랙모어는 앉아 있을 때 유체이탈 경험을 했지만, 대부분은 누운 자세에서 경험한다. 유체이탈을 유도하는 기법도 대개 등을 대고 누워서 긴장을 풀고 졸린 상태로 들어가는 것이다.[5] 기질적 신경질환자들의 경우는 앉아 있거나 서 있을 때 자기상시 환각과 자기환시를 경험하지만, 유체이탈 경험을 할 때는 누워서 하늘을 바라보는 자세를 취한 상태에서이다. 그러므로 "유체이탈과 자기상시 환각은 경험 직전의 환자의 자세에 따라 다르게 나타난다. 이것이 시사하는 바는 자기 수용 기전(proprioceptive mechanism)과 촉각 기전(tactile mechanism)이 두 현상에 영향을 미친다는 것이다."[6]

유체이탈 경험을 하는 동안 물리적 신체를 넘어서는 의식이 있는가의 문제에 대해서는 나중에 다시 다룰 것이다. 내가 지금 지적하고 싶은 것은 경험 그 자체, 즉 유체이탈 경험은 어떤 것이냐는 점이다. 물리적인 신체를 떠나서 존재하는 또 다른 아스트랄체 또는 영적인 신체를 갖는다는 생각을 거부하는 과학자와 철학자는 종종 이런 경험을 탈신체화된 것으로 기술하고 있다. 그러나 이런 기술은 정확하지 않다.

유체이탈 경험은 신체적 공간에서 일어나는 것처럼 느껴진다. 신체적 공간이란 신체적 방식으로 지각되고 느껴지는 공간이다. 당신은 도처에서 시각-공간적(visual-spatial) 관점을 갖고(자아중심적 지각), 그 관점의 근원지에 위치하고 있고(자아 위치), 의도적으로 공간 속에서 움직일 수 있는(행위자) 존재로서 자신을 경험한다. 유체이탈 경험자들 중에서는 자신을 신체를 갖지 않은 하나의 전구 또는 발광체로 여기는 이들도 있지만, 앞서 말한 이런 특징들은 항상 존재한다.[7] 어떤 형태를 취하든지, 시각-공간적 관점을 갖고 그 공간 속에서 움직일 수 있다는 것은 자신을 공간을 점유한 자로 경험한다는 것을 의미한다. 그리고 이런 식으로 공간에서 존재한다는 자아감은 아무리 미세하다고 하여도 신체적이라는 것을 의미한다. 철학자 토마스 메칭거는 다음과 같이 서술하고 있다. "현상학적으로 유체이탈 경험이 탈신체화된 것이 아니라는 방식을 취하는 것은 흥미로운 일이다. 항상 공간적으로 위치한 현상적 자아가 존재하는 듯이 보인다. 비록 그 신체화가 시각-주의적인 행위자의 순수한 공간적 점으로 축소되어 나타난다고 하여도 이것은 마찬가지이다.'[8] 다른 말로 하면 당신은 자신을 수동적이고 관찰자적인 시점에서 경험한다고 하여도, 여전히 자신을 이런 저런 방향에서 볼 수 있는 것으로 경험한다. 이것은 자신을 모든 공간적 속성이 결여된 탈신체화된 자아(르네 데카르트의 탈신체화된 사유 주체의 개념)로서가 아니라 공간적으로 위치하는 존재로서 자신을 경험한다는 것을 의미한다.

지금까지 우리는 유체이탈 경험에서 공간적 관점 또는 준거틀을 자아중심적인 시각적 관점으로 간주하였다. 그러나 또한 수직적인 '위'와 '아래' 방향과 함께 중력 중심적 또는 지구중심적(geocentric)인 공간적 준거틀도 있다. 일반적으로 일상적인 경험과 유체이탈 경험에서 우리는 수직적인 방향, 위쪽 방향에 대한 앎을 계속 가지고 있다. 내이(內耳)의 감각 수용체, 즉 이석 전정 수용체(otolith vestibular receptors)는 중력, 직선 가속도(한 방향으로 움직일 때 생기는 속도의 변화율), 수평적 운동에 대단히 민감하다. 유체이탈 경험자들은 대개 자신의 물리적 신체보다 위에 있는 듯한 느낌, 급속하게 확 올라가고 떠다니고 옆으로 날아가는 느낌을 전형적으로 말하고 있는 것으로 보인다. 그런 감각들은 모두 내이의 전정계(vestibular system of inner ear, 회전 운동의 세반고리관 및 직선 가속도의 이석)와 관계가 있다.

간단히 말해서 유체이탈 경험의 자아감은 시각적인 자아중심적 관점뿐만 아니라, 균형, 운동, 상하 방향의 신체감각을 조절하는 전정계의 지구중심적 관점도 포함하고 있다.

이런 이유 때문에 우리는 유체이탈 경험을 탈신체화된 경험으로 서술하는 대신에 변형된 신체화의 경험으로 기술해야만 한다. 자신의 신체를 외부에서 보지만, 그 외부 위치는 자각의 위치로 느껴진 것과 일치하지 않는다. 달리 말하자면 자신의 신체를 하나의 대상으로 볼 때 그 대상으로서의 신체가 놓여 있는 위치는 자신의 시각적, 전정적 자각으로 느껴진 주체로서의 위치와 일치되지 않는다.

이런 식으로 유체이탈 경험을 살펴봄으로써 우리는 기억과 꿈을 다룬 앞의 장들에서 보았던 핵심적인 구분(주체로서의 자아감과 대상으로서의 자아감의 구분)으로 다시 돌아가게 된다. 우리는 이제 유체이탈 경험이라는 맥락에서 이런 구분을 자세하게 살펴볼 필요가 있다.

주체로서의 신체, 대상으로서의 신체

우리가 앞에서 본 것처럼, 무엇인가를 의식한다는 것은 어떤 식으로든지 그것을 포착하거나 파악하는 것이다. 즉, 빛과 색채의 패턴을 석양으로 지각하고, 꿈의 이미지를 진짜로 누군가 자신을 쫓아오는 것으로 생각하고, 그 꿈을 하나의 꿈으로 주의를 기울이고 하는 식

등등이다. 이런 저런 식으로 의식은 경험 대상의 그 무엇에 '대한' 것이거나 그 대상을 '향하는' 것이다. 그런데 그 대상이 우리 자신일 때는 어떤 일이 일어나는가?

우리 자신을 경험하는 한 가지 방식은 자신의 자각을 직접적인 대상으로 하는 것이다. 우리가 자신의 손을 내려다 볼 때, 거울에서 자신의 얼굴을 볼 때, 또는 내면에서 자신을 어떻게 느끼는지에 대해 주의를 직접 기울일 때, 우리는 즉각적으로 자신의 손을, 거울 이미지를, 내적인 감각을 나 또는 나의 것으로 인식한다. 이런 경우 자각은 타동사적(그것은 대상을 갖는다)이다. 그리고 우리는 자신 또는 자신의 것을 즉각적으로 대상으로 경험한다.

현상학자들은 이런 식으로 자신을 경험하는 것을 '대상으로서의 자아(self-as-object)'라고 부른다. 우리가 외적, 내적 지각의 대상으로 자신을 경험할 때, 우리는 '대상으로서의 신체(body-as-object)' 경험을 갖는다고 말함으로써 앞에서 논했던 신체적 자아 자각을 이런 식으로 그려볼 수 있다.

앞의 장에서 살펴본 것처럼, 우리는 또한 자신을 하나의 주체로서 경험한다. 자신의 손을 내려다보고 그것을 우리 자신의 것으로 인식할 때, 우리는 자신의 독특한 관점에서 이런 경험을 하는 사람이 자신이라는 것을 알고 느낀다. 우리가 느끼는 자각은 자신의 손뿐만 아니라 자신이 그것을 보고 있다는 것까지도 포함한다. 이런 식으로 우리는 이런 시각적 지각을 자신의 경험으로 알고 자각한다.

현상학자들은 이런 식으로 자신을 경험하는 것을 '주체로서의 자아(self-as-subject)'라고 부른다. 우리는 자신이 세계를 지각할 때마다 우리의 '주체로서의 신체(body-as-subject)'를 경험한다고 말함으로써 이런 종류의 자아 경험을 신체적 자아 자각으로서 그려볼 수 있다. 특히 우리가 자신의 신체를 세계에 놓인 하나의 대상으로서 지각할 때마다 이런 지각을 수행하는 자신으로서의 신체도 경험하는 것이다.

종합해서 말하면 신체적 자아 자각은 지각과 느낌의 대상인 신체의 타동사적 자각과 지각하고 느끼는 주체로서의 자동사적 신체적 자아 자각을 모두 포함한다.

유체이탈 경험은 주체로서의 신체와 대상으로서의 신체를 구분하는 것의 중요성을 분명히 보여준다.[9] 대상으로서의 신체는 우리가 침대에 누워 있는 것을 외부에서 우리가 보는 신체이다. 반면 주체로서의 신체는 지각자 자신이다. 다른 식으로 요점을 말해보면, 대상으로서의 신체는 자신의 신체로서 동일시하는 외적 신체 이미지이다. 반면 주체로서의 신체는 시각적(자아중심적), 전정계적(지구중심적) 관점에서 그런 동일시를 하고 있다고 느껴지는 원천이다.

우리는 이제 보다 더 정확한 용어를 사용하여 다음과 같이 말할 수 있다. 즉, 유체이탈 경험을 야기하는 것은 탈신체화라기보다는 변형된 신체화의 경험이다. 말하자면 대상으로서의 신체와 주체로서의 신체 사이의 해리 현상이다. 정상적으로는 이 두 가지가 동일한 장소에 있다고 경험한다. 그러나 유체이탈 경험에서는 이런 통합성이 분리되고, 대상으로서의 신체와 주체로서의 신체가 서로 다른 위치를 갖는다. 예를 들면 대상으로서의 신체는 아래 침대에 있는 반면 주체로서의 신체는 천장 근처 위에 떠 있다.

유체이탈 경험은 자아감에 대해 핵심적인 점을 드러내고 있다. 즉 내가 주의를 기울인다고 느끼는 위치가 경험적 주체가 있는 장소라는 것이다. 그리하여 메칭거는 다음과 같이 말한다. "주의를 기울이는 행위자 …는 스스로를 자아라고 느끼는 의식적 경험을 지탱하는 핵심적이고 본질적인 속성 중 하나이다."[10] 주의를 기울이는 행위자와 대상으로서의 신체는 정상적으로는 통합되어 있지만, 유체이탈 경험은 그것들이 분리될 수 있다는 것을 보여준다. 이런 유체이탈 경험을 보면, 우리의 자아감이라는 것은 주의를 기울이는 행위자와 결합되어 있고 우리의 자아위치감은 시각-공간적 관점과 결합되어 있다는 것을 알 수 있다. 달리 말하면, 우리가 누구이고, 어디에 위치하고 있는가라는 감각은 주체로서의 자아와 함께 있는 것이지 대상으로서의 신체와 함께 있는 것은 아니다.

뇌와 유체이탈

유체이탈 경험을 하는 동안 뇌에는 어떤 일이 일어나는가? 우리는 여전히 이런 질문에 명확한 답변을 할 수 없지만, 뇌과학의 연구 결과들을 살펴보면 유체이탈 경험은 뇌의 특정한 영역에 의존하고 있다는 것을 알 수 있다. 이 영역들은 측두엽과 두정엽이 만나는 곳, 즉 측두두정 접합(temporoparietal junction)[11]이라고 불리는 곳이다. 이 영역은 다중 감각 통합(시각, 청각, 촉각, 운동의 여러 감각 양식에서 온 신호들을 통합하는 것)에서, 그리고 심상 형성에서 일인칭 관점과 삼인칭 관점 사이의 변화를 가능하게 하는 데 핵심적인 장소이다.

2002년 제네바(Geneva)와 로잔(Lausanne)의 올라프 블랑케(Olaf Blanke)와 그의 동료들은 「네이처」에 약물에 잘 반응하지 않는 간질 환자를 치료하기 위해 전기적으로 뇌를 자극하여 유체이탈 경험을 반복적으로 유도하였다고 발표하였다.[12] 의사들은 뇌영상 기법을 사용하여 간질의 원인이 되는 뇌 손상 영역을 발견하는 데 실패하였다. 그래서 간질 유발 영역을 확정하기 위해서 뇌 피질 표면에 전극을 붙였다. 의사들은 또한 특정 뇌 영역과 기능의 관련성을 맵핑하기 위해서 국소적 전기 자극을 이용하였다. 예를 들면 운동 피질의 개별 영역을 자극하면 거기에 해당되는 개별 운동이 일어나게 된다. 우측 각 피질(right angular gyrus, 측두두정 접합 영역에 속하는 능력)을 자극하면 환자는 유체이탈 경험과 비슷한 경험을 보고하였다. 첫 번째 자극은 전정기관과 연관된 느낌을 야기하였는데, 환자는 이런 느낌을 "침대 속으로 가라앉는다." 또는 "높은 곳에서 떨어진다."라는 식으로 표현하였다. 의사들이 전류의 진폭을 올렸을 때 환자는 "내가 침대에 누워 있는 것을 위에서 보고 있다. 그러나 나는 단지 다리와 아래 몸통만 보고 있다."라고 말하였다. 추가된 두 개의 자극은 동일한 경험을 야기하였다. 거기에는 '가벼움'과 '부유(浮遊)하는 느낌'을 즉각적으로 느끼는 것도 포함되었는데, 침대에서 2미터 정도 떠 있는 천장에 가까이 있는 그런 느낌이었다.

이후 추가적인 연구에서 블랑케와 그의 동료들은 이 환자와 다섯 명의 다른 신경학적 환자들의 자발적인 유체이탈 경험에 대한 자세하고 현상학적인 정보를 기록하였다. 수술하기 바로 전에 유체이탈 경험을 했던 또 다른 환자에 대한 기술을 살펴보자.

> 환자는 침대에 누워 있었고, 잠에서 깨어났다. 그리고 그녀가 기억한 첫 번째 것은 "방의 천장에 있는 느낌이었다." 그녀는 "… 내가 방에서 [천장 바로 밑]에 떠 있는 듯한 꿈을 꾸는 인상을 받았다.…" 환자는 또한 자신이 (바로 앞에서) 침대에 누워 있는 것을 보았다. 그리고 "위에서 침대를 보았다. 거기에 한 남자가 있어서 그녀는 아주 놀랐다."고 언급하였다. 그 장면은 총천연색으로 보였고, 시각적으로 명료하고 아주 현실적이었다.[13]

블랑케와 그의 동료들은 이런 환자들 중 다섯 명은 우측 반구의 측두두정 접합 영역에 뇌 손상을 입고 있다는 것을 발견하였다. 후속 연구에서 건강한 사람에게 유체이탈의 관점에서 사물을 보는 것을 상상하라고 하면 동일한 뇌 영역이 0.5초 동안 활성화된다는 것을 알게 되었다. 더구나 자기적으로 자극하여서 이 영역을 차단하면 신체

위치의 변환을 상상하는 능력이 훼손되었다.[14]

다른 연구 결과와 함께 이런 결과는 뇌과학자들이 신체 자아감과 연관된 정보의 통합에 핵심적인 위치로서 측두두정 접합 영역을 생각하는 데 도움을 주었다. 여기에는 우리가 타인의 신체를 기반으로 해서 타인을 어떻게 인식하는가 하는 문제와 타인에게 우리의 신체가 외부적으로 어떻게 보이는가에 대한 감각의 문제도 포함된다.[15] 우측 측두두정 접합 영역은 전정 피질의 핵심적인 장소이다. 전정 피질은 균형과 공간 정향성(spatial orientation)에 필수적이다. 측두두정 접합 영역에 속하는 다른 부위들은 신체의 자기 수용 감각, 촉각, 시각적 정보를 조율한다. 또한 측두두정 접합 영역은 신체의 지각, 자신의 신체를 상상하는 것, 일인칭 관점과 삼인칭 관점 사이의 전환, 자신과 타인을 구별하는 능력에도 관여한다.

유체이탈 경험에서 시각, 자기 수용 감각, 전정계적 자각은 분리된다. 우리는 자신의 자아중심적 관점의 원천과 전정계적 자각의 원천이 일치하지 않는 위치에 있는 존재로 스스로를 본다. 측두두정 접합은 이런 다양한 감각 정보를 통합하는 데 관여하기 때문에, 유체이탈 경험이 일종의 다중 감각 통합 붕괴에 의한 경험이라고 가정하는 것은 사리에 맞다.

블랑케는 유체이탈 경험은 측두두정 접합 영역의 정상적인 역할인 감각 신호들의 통합이 급작스럽게 붕괴하는 경우 일어난다고 제시하였다.[16] 특히 그는 다중 감각 통합의 두 가지 장애가 결합하여 유체이탈 경험을 야기한다고 제시하였다. 하나는 자신의 신체에 대한 자기수용 감각, 촉각, 시각적 신호가 적절하게 조화를 이루지 못한다는 것이다. 다른 하나는 자신의 개인적 공간에 대한 전정계의 준거틀이 외부 공간에 대한 시각의 기준점과 적절하게 조화를 이루지 못하고 있다는 것이다. 이런 두 가지의 불일치가 결합하여 자신의 위치와 일치하지 않는 위치에서 자신의 신체를 보는 경험을 하고, 이와 함께 공중에 떠서 상승된 시각-공간적 관점에서 보는 경험을 하게 된다.

블랑케의 견해에 의하면, 이런 감각-통합의 붕괴는 직접적인 피질자극과 같은 실험실적 조작에서 뿐만 아니라 건강한 사람에게도 자발적으로 일어날 수 있다. 또한 이런 현상들은 컴퓨터로 유도된 가상현실 기법을 통해서 건강한 사람에게 일어나게 할 수도 있다.

가상 유체이탈

2007년 비그나 렌겐하거(Bigna Lenggenhager), 올라프 블랑케, 철학자 토마스 메칭거가 이룬 로잔 팀과, 헨릭 에르손(Henrik Ehrsson)이 이끄는 스톡홀름 팀은 「사이언스」에 다음과 같은 발표를 하였다. 두 뇌과학 팀은 각기 별개로 유체이탈 경험을 유도하였는데, 그 방법은 HMD(head-mounted video displays)를 사용하여 피험자 자신의 신체를 외부의 관점에서 보게 하는 것이다.[17] 이 실험은 시각의 힘을 이용하여 다른 감각들에 영향을 미치거나 조절하는 것에 의존하고 있다.*

렌겐하거의 실험에서 피험자들은 카메라 앞에 서서, HMD를 통해서 카메라의 시점에서 제시된 자신의 등을 본다. 컴퓨터는 3차원의 '자신의 가상 신체(virtual own body)'를 만들 수 있도록 그 이미지를 증강시킨다. 피험자의 등을 펜으로 문지를 때, 동시에 가상의 등이 문질러지는 것을 보도록 하는데(그러나 문지름의 촉각과 시각이 비동시적인 것은 아니다) 피험자는 촉각이 가상의 등에 위치한 듯이 느껴진다고 보고한다.

이런 연구 결과를 해석하는 한 가지 방법은 시각과 촉각 사이(시각적 신호와 촉각적 신호)에 갈등이 생기는 경우, 시각이 지배적이라는 점이다. 시각이 촉각을 '사로잡게 되어', 촉각들은 보여진 신체에 귀속하게 된다. 이런 식으로 피험자는 보여진 가상의 신체를 자신의 몸으로 자아 동일시한다.

그러나 이 실험에는 이것 이상이 있다. 실험자가 카메라를 끄고 피험자에게 뒤로 몇 걸음 물러서라고 하면서 피험자의 눈을 가리고 원래의 위치로 돌아가라고 하였다. 그러자 피험자는 그들이 마치 자신들의 등이 문질러진 그 장소의 앞에 위치하기라도 했었던 것처럼, 자신들의 가상 신체의 위치에 가까운 곳으로 돌아갔다. 그러므로 피험자의 자아 위치 감각은 가상 신체 쪽으로 변경되거나 왜곡된 것이다.

---

* 유튜브(Youtube)에서 관련 실험을 확인할 수 있다. karolinskainstitutet, 「Illusion of out-of-body experience」, 2011.2.23., 〈https://www.youtube.com/watch?v=ee4-grU_6vs〉(2016년 12월 30일 검색).

에르손의 실험에서는 피험자를 의자에 앉히고 비디오 헤드셋을 통해서 뒤에서 자신을 보도록 하였다. 에르손은 한 손을 이용하여 피험자의 가슴을 플라스틱 막대기로 톡톡 치고, 다른 한 손으로 또 다른 플라스틱 막대기를 들고서 피험자의 바로 뒤이자 카메라 앞인 위치를 톡톡 쳤다. 그러므로 피험자는 자신의 실제 가슴에 톡톡 치는 느낌을 받지만, 그것이 보이지는 않는다. 그러나 다른 손이 카메라들의 시야 바로 아래에 있는 가상의 가슴이 위치한 곳을 치는 것을 본다. 톡톡 치는 것이 동시일 때, 즉 피험자가 실제의 가슴을 치는 느낌을 받는 것이 가상의 가슴을 치는 것을 보는 것과 동시일 때 그들은 자신이 보는 막대기가 자신의 실제 가슴을 치는 막대기이고, 그들이 자신의 실제 신체 뒤에 앉아 있다고 느낀다고 보고하였다. 가상 가슴의 시각적으로 지각된 위치를 치는 것으로 느낀다고 말함으로써 피험자들은 이런 식으로 가상 가슴을 자기 자신의 신체로 자아 동일시했다. 또한 에르손은 마치 가상의 가슴을 치는 것처럼 카메라의 앞에서 망치를 휘둘렀다. 피험자들은 망치가 아무런 위협이 되지 않는다는 것을 알지만 불안감을 느낀다고 보고하였다. 실제로 피험자의 피부 전도 반응이 변화하는 것을 보면 망치를 휘두른 것이 피험자의 생리적 각성의 정도를 증가시켰다는 것을 알 수 있다. 피험자가 자신의 느낌에 대해 기술한 것과 그들의 피부 전도 반응 이 두 가지를 보면, 피험자들은 카메라의 위치에 자신들이 위치하고 있는 것으로 경험하고 있다는 것을 알 수 있다. 자아 위치의 감각이 자신의 물리적 신체 외부에 있는 카메라의 시각-공간적 관점 쪽으로 변경되거나 왜곡된 것이다. 이것은 유체이탈 경험처럼 외부의 시점에서 보는 것이다.

이 두 가지 실험에서 피험자의 위치 감각은 촉각이 일어나는 것을 보는 장소(문지르는 막대기가 보이는 장소)로 변경되거나 왜곡되었다. 그러므로 서로 충돌하는 시각 신호와 촉각 신호가 동시에 주어지면, 시각이 지배적이고 강하게 자아 위치의 감각에 영향을 미친다.

그렇지만 이 두 실험 사이에는 차이가 있다. 첫 번째 실험에서는 피험자의 등에 주어지는 촉각을 자신의 앞에 보이는 가상 신체에 귀속되도록 한 반면, 두 번째 실험에서는 가슴의 촉각을 자신의 뒤에 있는 카메라의 시각-공간적 관점에 귀속시키도록 하였다.

이런 실험 결과를 조화시키기 위해 렌겐하거와 블랑케는 새로운 실험을 고안하였다. 그 실험에서는 동일한 신체 위치와 자아 위치의 동일한 측정들을 사용하였다.[18] 이 연구에서 피험자들은 하늘을 쳐다보는 자세로 누웠다. 그들에게도 역시 위에 있는 카메라의 관점에서 자신의 신체 이미지를 보여주는 HMD를 머리에 씌웠다. 자아 위치의 감각을 측정하기 위해서 실험자들은 피험자들에게 그들의 손에서 바닥으로 공을 떨어뜨리는 것을 상상하고, 그 떨어지는 시간을 측정하라고 요청하였다. 그리고 실험자들은 만약 피험자들이 자신을 바닥보다 높은 곳에 있는 것으로 지각하게 된다면 낙하 시간은 더 길게 측정될 것이고, 만약 자신을 바닥에 가까운 곳에 있는 것으로 지각한다면 낙하 시간은 더 짧게 측정될 것이라고 추론하였다. 또한 실험자들은 피험자들에게 등을 문지르는 것을 보여주는 것과 동시에 그들이 등을 문지르게 하면(동시 등 문지르기) 피험자들이 자신들을 가상 신체에 가깝게 '아래로' 위치지울 것이고, 반면 가슴을 문지르는 것을 보는 것과 동시에 가슴이 문질러지는 것을 느끼게 하면(동시 가슴 문지르기) 가상 신체에서 멀리 '위로' 자신을 위치지울 것이라고 예측하였다. 예측한 대로, '마음의 공 낙하' 시간 측정(자아 위치의 양적화)은 동시 가슴 문지르기보다 동시 등 문지르기에서 짧았다. 다른 말로 하면 피험자들이 등 문지름을 받았을 때 자아 위치의 감각은 아래로 향하여 가상 신체 쪽으로 변동하였고, 그 반면 가슴의 문지름을 받았을 때, 위에 있는 카메라의 시각-공간적 관점 쪽으로 위로 향하였다. 또한 피험자들은 가슴 문지르기와 위로의 변동을 하는 동안 상승과 부유의 전정 감각을 경험하였다. 이것은 마치 유체이탈 경험에서 보고된 감각과 비슷하였다.

이런 연구 결과는 유체이탈 경험이라는 것이 측두두정 접합 영역이 신체의 감각들을 통합하는 방식에 의존한다는 사실과 어떻게 연관되는가? 블랑케의 연구팀(이번에는 실비오 이온타(Silvio Ionta)가 주도하였다)은 다른 연구에서 이런 질문을 풀어나갔다. 그들은 이 연구에서 뇌영상 실험을 하였는데, 이때 수평 신체 위치와 마음의 공 낙하 과제를 채택하였다.[19]

피험자들을 자기공명영상장치(MRI) 안에 두고서, 등을 대고 눕게 하고 가상 신체를 위로 쳐다보게 하였다. 또다시 한 번 동시 문지르기를 하는 동안만 ― 피험자들이 보고 있는 가상의 등을 문지르는 것을 보여주는 것과 동시에 피험자의 등을 문지르는 것 ― 자신의 가상 신체를 자신의 신체로 느낀다고 보고하였다. 마음의 공 낙하 시간 측정 실험에서 피험자들이 동시 문지르기를 하는 동안 가상 신체 쪽으로 옮겨가는 것으로 자신의 신체를 지각하고 있다는 것을 보여주었다. 그러나 피험자들은 시각 관점의 방향에서 상당한 차이를 보여주었다. 피험자의 반 정도는 가상 신체의 아래에 있으면서 위를 쳐다보는 느낌을 받았다고 한다(위 그룹). 그리고 나머지 반은 가상 신체의 위에 있으면서 아래를 내려다보는 느낌을 받았다고 한다(아래 그룹). 달리 말하자면 위 그룹의 시각-공간적 관점은 실제 위를 보고 있는 위치와 장치 안의 일인칭 관점과 일치한 반면, 아래 그룹은 일치하지 않았다. 이 그룹은 유체이탈 경험과 같이 상승된 시각-공간적 관점과 부유감을 경험하였다.

이온타와 블랑케는 뇌의 활성을 살펴보고, 자아 위치의 변경에 대한 착오는 측두두정 접합 영역 활성의 변화와 일정하게 일치하였다는 것을 알게 되었다. 그들은 또한 위 그룹과 아래 그룹에서는 이 영역이 서로 다른 활성 패턴을 보여준다는 것도 알게 되었다. 이온타와 블랑케는 이런 차이를 다음과 같이 해석하였다. 즉, 측두두정 접합 영역의 활성화는 시각, 촉각 신호의 통합이 자아 위치 감각에 영향을 미칠뿐만 아니라 자아 위치에 대한 시각과 전정 정보의 통합과 시각-공간적 관점의 정향성이 일인칭 관점에 영향을 미친다는 것을 보여준다.

뇌영상과 신체적 자아 자각을 조절하는 가상 현실 기법이 결합된 이런 결과는 다음과 같은 생각을 지지해준다. 즉 유체이탈 경험은 측두두정 접합 영역이 자신의 신체에 대한 시각, 촉각 및 자기 수용 감각의 신호들을 어떻게 다루는가, 공간 내에서 자신의 신체적 정향성에 대한 시각적 및 전정적 신호들을 어떻게 다루는가에 달려 있다는 것이다.

보다 일반적으로 말하자면 여러 가상현실 실험이 시도한 것은 신체적 자아 자각을 체계적으로 조작하는 데 있어서 다른 감각보다 시각의 힘을 사용하는 것이었다. 이것은 우리 신체 자아감의 다양한 측면을 드러내는 것이다. 우리는 자신의 신체를 자아 동일시한다. 그러나 또한 가상의 신체를 자아 동일시하게 만들 수도 있다. 우리는 자신의 신체 안에 스스로를 위치시킨다. 그러나 우리는 우리의 신체 경계 외부의 장소에 자신을 위치시키게끔 만들 수도 있다. 우리는 자신의 신체의 시각-공간적 관점에서 세계를 경험한다. 그러나 우리는 신체 외부의 서로 다른 '위' 또는 '아래' 방향의 관점에서 세계를 경험하게 만들 수도 있다. 우리는 우리의 신체이거나 또는 신체를 소유한다고 느낀다. 그러나 우리는 시각-공간적 관점과 시각, 촉각, 자기 수용 감각의 신호들을 조작하여 인공 신체 또는 순전히 가상 신체만 소유하고 있다고 느끼게 만들 수도 있다.[20]

종합해서 말하자면 신체적 자아 자각에는 자아 동일시, 자아 위치, 일인칭 관점을 갖는 것, 신체 소유감 등이 포함된다. 이런 모든 것은 신체의 감각계와 운동계가 뇌와 대화를 나누는 방식에 달려 있다. 가상현실을 사용하여 우리는 감각적이고 운동적인 측면에서 체계적으로 이런 대화를 변경시킬 수 있고, 그리하여 신체 자아감의 이런 모든 측면들을 그에 상응하는 영역에서 변경시킬 수 있다.

아스트랄체 또는 심적 시뮬레이션?

유체이탈 경험이 명백하게 신경 상관물을 갖고 뇌의 직접적인 자극과 컴퓨터로 유도된 가상현실 환경으로 부분적으로 유도될 수 있다면, 유체이탈 경험에서 신체를 떠나서 존재한다는 아스트랄체에 대해서 어떻게 생각해야 하는가?

이런 질문에 도전하기 전에 우리는 다음과 같은 점을 먼저 알고 있어야 한다. 즉 지금까지 가상현실 실험이 유도한 어떤 유체이탈 경험도 '아스트랄 여행'의 열광자들이 경험하고 자의적으로 경험할 수 있다고 보고한 전면적인 유체이탈 경험을 유도할 수는 없었다는 점이다.[21] 이런 주관적인 경험에 속하는 것은 물리적 신체와의 분리 감각, 외부 관점에서 물리적 신체를 보는 것, 일종의 에테르로 된 두 번째 신체를 갖는 것, 에테르체의 시각-공간적 관점의 근원지에 자신을 위치시키는 것, 심적으로 원하는 공간을 향하여 에테르체로 여행할 수 있는 것, 집의 벽과 천장을 통과하는 것처럼 물리적 장애물을 통과할 수 있는 것들이다.

직접적인 뇌 자극으로 간질 환자에게 유도한 유체이탈 경험은 이런 전형적인 모습들을 갖지 않는다. 그러나 가상현실을 이용하여 건강한 사람에게 유도한 유체이탈보다는 전면적인 유체이탈의 모습에 더욱 근접하는 듯이 보인다.

그래서 우리는 앞에서 제기한 질문과 연관해서 실험적으로 유도된 유체이탈 경험을 두 가지 방향의 견해로 평가할 필요가 있다. 한 가지는 아스트랄체와 아스트랄 여행을 신봉하는 사람들은 가상현실과 직접적인 뇌 자극이 유도한 것은 아스트랄 투사 혹은 순수한 유체이탈 경험의 부분적이고 착각적인 버전에 불과하다고 주장한다는 점이다.

이런 견해는 심장학자이자 임사 체험 연구자인 핌 반 롬멜(Pim van Lommel)이 취하는 것이다.[22] 그는 블랑케의 환자들은 유체이탈 착각을 경험한 것이지만, 임사 체험의 일부로 일어나는 유체이탈 경험(환자들이 수술방에 있거나 의사와 간호사들이 심폐소생술을 하는 동안 외부의 시점에서 자신들을 본다고 말한다)은 착각이라고 할 수 없다. 왜냐하면 이런 경험을 하는 환자들은 자신과 자신을 둘러싼 환경을 정확하고 검증 가능하게 지각하기 때문이다.

또 다른 생각은 유체이탈 경험은 착각, 환각 또는 상상이 만들어낸 것이라고 믿는 사람들이 주장하는 것이다. 그들은 가상현실과 직접적인 뇌 자극이 현재까지는 전면적인 유체이탈 경험의 부분적인 것만을 유도할 수밖에 없지만, 언젠가는 과학자들이 자의적으로 이런 경험을 야기하는 방법을 개발하고 또한 이런 기법에 익숙한 사람들을 대상으로 하면 본격적인 유체이탈 경험을 유도하는 것이 가능하다고 본다.

이런 생각은 올라프 블랑케, 수잔 블랙모어, 토마스 메칭거가 주장하는 것이다. 메칭거의 말을 들어보자.

> 유체이탈 경험에 대한 맹렬하고 체계적인 연구는 내가 '초정상(超正常) 신념체계의 뇌현상학적 환원(neurophenomenological reduction of paranormal belief systems)'이라고 부르는 전략적인 연구를 지지할 것이다. … 의식하는 뇌는 '존재론적 엔진(ontology engine)'이다. 그것은 무엇이 존재하고 무엇이 존재하지 않는지에 대한 자신의 가정에 따라서 구성된 현실 모델을 창조한다. … '초정상적' 사건과 경험에 관한 많은 보고들이 특별하고 고도로 실제적인 현상학(예를 들면 신체를 떠나서 움직이는 것 등)에 대한 대단히 진지한 보고들이라는 것은 그럴 듯하게 보인다. 그러나 이것들은 이제는 더 간결한 방식으로 설명될 수 있다.[23]

나는 이런 평가에 동의하는 편이다. 그러나 한 가지 조건이 있다. 내 생각으로는 가상현실 또는 직접적인 뇌 자극으로 유도된 부분적인 유체이탈 경험과 여러 시대와 문화에서 사람들이 자신들을 훈련시켜서 배양한 자기 유도적이고 전면적인 유체이탈 경험 사이에는 중요한 현상학적인 차이가 있다.[24] 블랑케의 신경심리학적 모델, 즉 유체이탈 경험은 측두두정 접합 영역에서의 감각 통합의 혼란에 기인한다는 모델은 아직 유체이탈 경험이 자기 유도적으로 발생하고 자의적으로 조절될 수 있다는 점을 제대로 설명하고 있지 못하다. 실제로 유체이탈 경험에서는 신체 외부에서 움직이면서 세계를 생생하고 아주 구체적으로 보게 된다. 그러므로 뇌현상학적 설명은 더 많은 이론적 규명과 정교화가 필요하다.

메칭거가 자신의 책 『자아 터널(The Ego Tunnel)』[25]에서 자신의 유체이탈 경험을 서술한 것처럼, 블랙모어도 자신의 책 『신체를 넘어서』에서 자신의 경험을 언급하고 있다. 나는 이런 책에서 서술된 것과 같이 유체이탈 경험은 아스트랄체가 존재하고 그것이 물질계보다 더 미묘한 차원에서 자기 나름대로 여행을 할 수 있다고 믿곤 하였다. 그러나 점점 나는 유체이탈 경험이 아스트랄체에 대한 확실한 증거가 될 수는 없다는 생각이 들었다. 수많은 시대와 문화에서 주관적이고 대단한 유체이탈 경험에 대한 기록들이 있지만,[26] 물리적 신체를 떠나서 존재하는 아스트랄체의 존재를 증명하는 신뢰할 만한 증거는 없고, 있다고 하여도 빈약할 정도이다. 현재로서는 심리학적, 생리학적 설명이 더 간결한 상황이다.

이런 평가가 삼키기 어려운 약이 되어버린 것(적어도 그런 경험을 한 우리들에게는)은 이런 경험 자체가 너무나 실제적이고 명료하여 신체를 떠나서 자신의 신체적 모습과 그 주변 환경을 정말로 지각한다고 믿지 않을 수가 없기 때문이다. 메칭거의 말을 다시 한번 인용해보자.

> 이런 종류의 경험을 한 사람이 그 후 존재론적인 이원론자가 되지 않는 것은 거의 불가능하다. 실제적인 측면, 인지적 명료함, 전반적인 정합성이라는 측면에서 이런 현상적 경험을 한 사람은 불가피하게 의식적 경험은 사실 뇌와 신체와는 **독립적으로** 일어날 수 있다고 결론을 내릴 수밖에 없다. 그렇게 현상적으로 명료하고 생생하게 일어날 수 있는 것은 반드시 형이상학적으로 가능하거나 실제적이어야만 한다. 많은 유체이탈 경험이 그것을 겪은 사람들의 시대와 문화에 따른 형이상학적 이데올로기에 의해 윤색되어 해석되는 것이 틀림없다고 하여도, 그런 경험들은 반드시 진지하게 받아들여져야만 한다. 그들의 개념적, 존재론적인 해석이 종종 심각할 정도로 왜곡되어 있다고 하여도, 황홀 상태, 영혼 여행 및 두 번째 신체와 같은 수세기에 걸친 보고의 진실성은 거의 의심할 여지가 없다.[27]

논쟁의 이 지점에서 어떤 사람들은 어떤 유체이탈 경험에서는 적어도 어느 정도 진정한 자각이 있다고 주장할지도 모르겠다. 위에서 본 것처럼 이런 견해는 임사 체험에서 일어난 유체이탈 경험은 가상현실과 뇌 자극으로 유도된 착각적 경험과는 구별된다고 보는 반 롬멜과 같은 사고방식이다. 이런 견해는 임사 체험의 문제와 얽혀져 있기 때문에 이 책의 9장에 이르러서 논의할 생각이다. 현재 우리는 건강한 사람들에게서 일어나는 유체이탈 경험에서의 진정한 지각에 대한 증거가 존재하는가라는 질문을 던질 필요가 있다.

보고 있거나 또는 보고 있다고 생각하거나?

처음으로 유체이탈 경험을 하고 수개월 후 나는 생생하게 날아다니는 꿈을 꾸었다.

> 나는 우리 집 뒷마당 위에 있었다. 뒷마당은 커다란 푸른 헛간과 도랑의 너머에 있었고 근처에는 이웃들이 살고 있었다. 아래를 내려다보면서 그들이 우리 집 개 브래들리를 산책시키고 있는 것을 보았다. 개줄에 묶여 있는 브래들리를 보고 놀랐다. 왜냐하면 우리는 항상 개줄을 묶지 않고 자유롭게 두기 때문이었다. 일어나서 시계를 보니 아침 6시였다.

나는 로스앤젤레스에 조부모님과 함께 있었다. 나중에 그날 엄마는 이웃들에게 집으로 돌아갈 것이라는 내용의 전화를 하였다고 내게 말해주었다. 이웃들은 처음으로 발정이 난 브래들리를 집안에 두었고, 나갈 때는 개줄을 묶어서 나갔다. 브래들리를 산책시키러 나간 시간은 아침 9시경이었다. 나는 부모님에게 내 꿈에 대해 말하였고, 캘리포니아와 온타리오의 3시간의 시차를 고려하면 내가 꿈을 꾼 시각과 거의 같은 시각에 산책을 시킨 것이 틀림없다고 말하였다. 아버지는 이것이 단순한 꿈이 아니라 아스트랄 투사라고 하였다. 왜냐하면 정말로 일어난 사실을 본 것이기 때문이었다.

이후 아버지는 아버지 친구 그레고리 베이트슨(Gregory Bateson)과 논쟁하면서 내가 경험한 유체이탈 경험(우리는 그렇게 생각했다)을 언급하였다. 베이트슨은 유명한 인류학자이자 사이버네틱스 이론가이며 1970년대의 반문화 성전(聖典)인 『마음의 생태학을 위한 단계들(Steps to an Ecology of Mind)』의 저자이다.[28] 그레고리는 '초감각적 지각(extrasensory perception)'은 아무런 증거가 없다고 부정하였고, 이런 초감각적 지각이라는 개념은 얼토당토않은 것이라고 간주하였다. 아버지는 그레고리의 견해에 반대하면서, 유체이탈 경험에서의 검증 가능한 증거에 대한 찰스 타르트의 초심리학적 연구를 인용하였다.[29] 그레고리는 이것을 대수롭지 않게 여겼다. 그러자 아버지는 캘리포니아에서 온타리오까지 간 내 유체이탈 여행에 대해 말해주었다. "흐음"하고 그레고리는 코웃음을 쳤다. 그런 코웃음은 그레고리가 말을 믿지 않고 별달리 말할 게 없을 때 하는 습관이었다.

유체이탈에 관한 문헌은 내가 경험했던 것과 비슷한 이야기로 가득 차 있다. 문헌을 보면 유체이탈을 경험한 사람들은 외부에서 진정으로 실제 사건들을 지각하였다고 한다. 그것이 자신의 신체가 놓여 있는 장소이든 아니면 멀리 떨어져 있는 곳이든 상관이 없었다. 그러나 내 경험의 경우 그 꿈이 주관적으로 확실하고 내 개에 연결되어 있는 감정을 강화시켜주긴 했지만(나에게 그 꿈은 의미 있고 가치 있는 경험이었다) 그것은 반복할 수 없는 일회적인 일이었다. 다시 반복할 수 있거나 검증할 수 있는 것이 아니었다. 그때의 상황들을 생각하면 내가 브래들리 꿈을 꾼 것은 그리 이상한 것은 아니었다. 아마 나는 개를 그리워하고 있었고 개가 처음 발정기가 되었을 때 제대로 보살핌받기를 바랬고, 나를 잊지 않기를 바라였을 것이다. 브래들리가 줄에 묶여서 걸어가고 있는 꿈을 꾼 것과 거의 동시에 실제로 그 개가 줄에 묶여서 걸어갔다고 하는 이 현상을 나는 설명할 수 없다. 그러나 우연의 일치도 배제할 수 없다.

유체이탈 지각이라고 주장하는 설명을 검토해보면, 두드러진 특징들이 드러난다. 그 내용들은 항상 옳은 정보와 잘못된 정보, 정확한 지각과 지각될 만한 주변 환경에 대한 기술에 대해서는 굉장히 부정확한 지각의 혼합물인 듯하다.[30]

임사 체험 문헌에서 유명한 팸 레이놀즈(Pam Reynolds)의 경우를 보자.[31] 그녀는 동맥류의 치료를 위해 길고 복잡한 수술을 받는 도중에 유체이탈 경험을 하였다. 그녀는 두피의 머리칼을 조금 면도한 것과 전기 칫솔 같이 생긴 골 절단 톱을 정확하게 언급하였다. 그러나 골 절단 톱의 세부적인 묘사에서는 실제로 수술에 사용한 실제 모델과 일치하지 않았다. 그녀의 유체이탈 경험은 외과의의 어깨 위의 시각적 관점에서 경험되었지만, 그녀는 자신의 머리가 한쪽으로 돌려져 있고, 기계적인 머리 고정기에 매여 있는 것을 보았다고 말하지는 않았다. 그러나 그녀가 정말로 자신을 볼 수 있었다면 이런 정도의 사실은 평범하게 볼 수 있어야 하는 것이었다.[32]

또 다른 사례는 로버트 몬로(Robert Monroe)의 경우이다. 그는 대중적인 서적인 『몸을 떠난 여행(Journeys Out of the Body)』의 저자이다.

캘리포니아에 있는 찰스 타르트가 버지니아에 있는 몬로에게 정해지지 않은 시간에 유체이탈 경험의 방법으로 자신을 방문해달라고 하였다. 몬로의 유체이탈 경험 시간은 타르트와 그의 부인이 몬로가 방문하도록 집중하는 시간과 일치하는 듯이 보였다. 그러나 그가 묘사한 타르트의 집과 그들이 하고 있었다고 보고한 것은 정확하지 않았다. 그는 타르트의 방에 많은 사람들이 있는 것을 보았고, 타르트와 그의 부인이 하지 않은 일을 하고 있다고 보고하였다.[33]

이 책을 쓰고 있던 당시 잘 통제된 실험 상황(또는 환자들이 임사체험을 하는 병원)에서 유체이탈 지각을 검증하기 위한 시도를 하였지만 신뢰할 만한 결과를 얻지 못하였다. 앞으로 이런 것을 검증하는 연구 결과가 언젠가 나오기는 하겠지만, 이 주제에 관한 앞선 연구들을 보면 그럴 것 같지 않다는 생각이 들기도 한다.

내 견해로는 유체이탈을 경험하면서 무엇을 본다는 느낌을 받는 것은 꿈에서 무엇을 본다는 느낌과 유사하다고 생각된다. 두 경우 실제로 일어나는 것은 지각이 아니라 지각에 대한 심적 시뮬레이션이다. 나는 다음과 같은 블랙모어의 의견에 찬동한다.[34] 즉 유체이탈 경험에서 우리는 심적으로 삼인칭 관점에서 자신의 신체를 보는 것을 시뮬레이션 한다. 이것은 우리가 외부적 관점에서 자신을 기억하거나 꿈에서 외부적 관점에서 자신을 보는 것과 같다. 기억과 외부 세계의 배치구조에 대한 내적 '인지 지도'를 사용하여 우리는 주변 환경을 보는 것을 심적으로 시뮬레이션한다. 메칭거가 이런 견해를 지지하면서 지적한 것처럼, 유체이탈 경험에서 움직이게 되면, 그 움직임은 부드럽고 연속적인 경로를 따르는 것이 아니라 뚝뚝 끊어지는 변동 또는 '점프'식으로 움직인다. 이것은 우리가 한 장소에서 다음 장소(우리의 인지 지도에서 특정한 위치에 대응하는 장소)로 이동한 것으로 자신을 '생각하는' 것과 같다.[35] 이것은 꿈속에서 움직이는 방식이기도 하다는 점에 주목하자.

간단히 말해서 유체이탈 경험의 세계는 상상의 세계인 듯 보인다.

이런 결론에 반대된다고 생각할 수 있는 흥미로운 한 가지 방식이 있다. 우선 일상적인 지각에서도 우리는 어떤 것을 지각할 때 종종 세세한 것을 잘못 보기도 하고 어떤 것은 놓치기도 한다는 점을 고려하자. 그러니 깨어 있을 때 우리가 보는 세계도 인지적인 구성물이라는 점도 생각해보아야 한다. 그 다음 유체이탈 경험은 심적 시뮬레이션이긴 해도, 주변 환경의 어떤 측면에 대해서는 정확한 정보를 전달할 수 있다는 점을 고려하자. 결국 잠재의식적인 감각적 신호를 기반으로 하여 정확하게 자신이 침대에 누워 있는 것을 표상하고, 기억을 기반으로 하여 방의 어떤 특징들을 정확하게 표상한다. 그런 다음에 유체이탈 경험에서 얻은 몇 가지의 정보가 (알 수 없는) 어떤 초감각적 경로를 통해서 오고, 엄격하게는 지각적이라고 할 수 없지만 우리의 마음은 이런 정보들을 함입하여 지속적인 심적 시뮬레이션을 하게 된다. 그 결과는 어떤 것은 옳고 어떤 것은 틀린 그런 심적 시뮬레이션일 것이다. 그러므로 유체이탈 경험이 심적 시뮬레이션이긴 하지만, 그렇다고 그것이 단순한 환각인 것은 아니다.

블랙모어는 이런 이론을 초심리학(parapsychology)으로 분류하였다. 그녀는 이런 이론이 유체이탈 경험을 설명하기 위해 심적 시뮬레이션과 ESP(초감각적 지각, extrasensory perception)를 결합한 이론이라고 한다. 블랙모어와 마찬가지로 나는 'ESP'는 아무것도 설명할 수 없는 잡동사니 용어라고 생각한다. 나는 이런 경향에서 더 나아가서 베이트슨의 이런 개념들은 말도 안 되는 것이라는 견해에 진심으로 동의한다. 그렇지만 현재 우리가 이해하지 못하거나 어떻게 적절히 개념화할지 모르는 것을 밝힐 수 있는 '탈일상적(extraordinary)' 방법을 갖는 것도 여전히 가능한 듯이 보인다.[36] 더구나 어떤 유체이탈 경험들은 주변 환경에 대하여 믿을 만하고 진실된 정보를 제공해 주는 것으로 보인다면, '탈일상적 앎'이 심적 시뮬레이션의 과정에 들어와서 유체이탈이 형성된다고 주장하는 모델이 아스트랄 차원을 여행하는 아스트랄체의 물화(物化)에 기초한 모델보다는 더 나은 모델인 듯이 보인다.

메칭거는 어떤 과학적 연구가 이 분야에서 진전된다면, 유체이탈 경험에 대한 아주 세밀한 뇌현상학적 분석을 할 필요가 있다고 말했다. "우리가 목표로 하는 현상을 반복할 수 있을 때까지, 엄격하게 통제된 실험실 상황에서 탐구대상이 신뢰할 만하게 재생산될 수 있을 때까지 이런 추구를 해야 한다. 그렇게 될 때 우리는 유체이탈 경험 동안에 일어나는 초감각적 지각[또는 탈일상적인 앎]에 대한 주장들을 체계적인 방법으로 직접 탐구할 수 있다."[37]

나는 이런 평가에 심정적으로는 크게 공감하지만, '탈일상적인' 또는 '이례적인 앎(anomalous knowing)'이라고 알려진 여러 다른 경험들뿐만 아니라, 어떤 유체이탈이 일회적이고, 예외적인 상황에서 일어나는 아주 개별적인 경험이고, 그래서 표준적인 실험실 방법으로 반복되거나 통제될 수 없는 것인지도 의문이다. 만약 이것이 사실이라면, 우리는 그러한 것들에 대해서도 적절한 탐구 방법이 필요할 것이다. 그리고 유일하고 개인적이고 예외적인 경험이라고 해서 의미 없는 소음으로 간주되어 제거되거나, 통제로 사라지는 대신 그 현상들의 본질적인 특징으로 간주되어야 할 것이다.

유체이탈 경험은 자각몽인가?

내가 이 장에서 언급하고 싶은 마지막 논점은 유체이탈 경험이 여러 면에서 자각몽과 비슷하다는 점이다. 유체이탈 경험은 자각몽처럼 수면 중에 일어나는 경향을 보인다는 점에서 공통점이 있다. 유체이탈 경험을 할 때는 그것이 일어나고 있다는 것과 그것을 어느 정도 자의적으로 조절할 수 있다는 것을 안다. 또한 자각몽과 유체이탈 경험은 아주 현실적이거나 초현실적인 경향을 보인다. 이런 유사성은 유체이탈 경험이 자각몽의 하위 유형이거나 자각몽과 아주 밀접한 수면 현상이 아닌가 하는 생각도 들게 한다.

우리가 본 것처럼 많은 유체이탈 경험은 주로 하늘을 보고 누운 자세의 이완된 상태에서 발생한다. 또한 잠으로 들어가는 입면 상태나 꿈과 각성 사이의 출면 상태에서 시작하는 듯이 보인다. 찰스 타르트가 '미스 Z'라고 부른 경우를 생각해보자. 찰스 타르트의 연구에 의하면, 그녀는 수많은 유체이탈을 경험하였다(그녀는 타르트가 침대 위 천장에 숨겨둔 의미 없는 숫자 25132를 정확하게 맞춘 적도 있다고 한다).

> 우리 아이들을 돌보아준 젊은 여성과 여러 가지 이야기를 나누면서, 나는 그녀가 아주 어릴 적부터 일상적으로 잠을 자는 동안 심적으로 깨어나서 천장에 떠 있는 상태로 자신의 물리적 신체를 아래로 굽어보면서 여전히 침대에 잠들어 있는 자신을 보는 경험을 한다는 것을 알았다. 이런 경험은 꿈 경험과는 확실히 달랐고, 대개 단지 수 초간 지속될 뿐이었다. 그녀는 아직 어렸기 때문에 이것이 정상적인 잠의 일부라고 생각하였다. 잠에 들어 약간 꿈꾼 다음 천장 근처로 조금 떠오르고, 또다시 약간 꿈을 꾸고 깨어나 옷 입고 아침 먹고 학교에 갔다. 그녀가 십대 때 친구들에게 이런 것을 한두 번 이야기하고 나서야 이것이 '정상적'인 것이 아니라는 것을 알았다. 그리고 자신이 이상한 사람 취급을 받지 않으려면 절대로 이것에 대해 더 이상 이야기하지 말아야 한다는 것을 알았다![38]

이런 이야기를 읽으면 자각몽에 대해 나와 인터뷰한 놀랄 만한 사람이 떠오른다. 그녀는 생생한 자각몽을 꾸는 사람이었다. 그녀는 음소-색깔 공감각자(글자와 숫자를 색깔과 연관시켜 보는 능력을 지닌 사람)일뿐만 아니라 숫자, 글자, 간단한 모양들, 심지어는 가구와 같은 물체들이 풍부하고 세밀한 인격들을 갖추고 있다고 느끼는 아주 드물고 특이한 공감각자이기도 하였다. 그녀는 심리학자들의 관심을 끌었다. 심리학자들은 그녀를 연구하여 「인지 뇌과학 저널(Journal of cognitive Neuroscience)」에 논문을 발표하였는데, 그녀의 물체-인격 결합 경향은 아주 극도로 세밀하면서 시간의 흐름에도 상당히 안정적으로 유지된다고 발표하였다.[39] 그녀는 17세 고등학생 때 이 연구에 참여하였다. 우리가 대화를 나누었을 때는 대학교 3학년생이었다. 발표 논문에서 그녀는 T.E.로 불렸다. 그녀는 내게 자신의 오빠(역시 공감각자이다)가 그녀에게 자각몽을 말해주면서, 그녀도 자각몽을 꾸는지 물어봤다고 한다. 그녀는 깜짝 놀라면서 다른 종류의 꿈도 있다는 것을 알았다고 하였다. 그녀는 항상 자각몽만 꾸었다고 한다. 내 입장에서는 그녀의 자각몽에 흥미가 있었지만, 그녀 입장에서는 자각몽이 아닌 꿈이 어떤지 나에게 듣는 것에 더 흥미가 있었다.

이런 사례들은 '일상적인' 경험과 '비일상적인' 경험을 판단하는 것이 개인에 따라서 상당히 상대적이라는 것을 보여주는 것일 뿐만 아니라, 신뢰할 만하고 일정한 방식으로 의식의 여러 다양한 상태를 경험할 수 있다는 것을 보여준다. 게다가 그 꿈들을 스스로 유도하고

자의적으로 그 꿈의 내용을 조정하면서도, 그 상태가 어떤 상태인지, 그것이 의식의 전체 스펙트럼에서 어디에 속하는지를 알지 못한다는 것을 보여준다. 누워서 긴장이 풀린 상태에서 시작하여 입면 상태로 들어가서 자각적인(lucid) 유체이탈 경험을 할 수 있다. 이때는 자신이 꿈속에 있는지를 알지 못하지만(신체를 벗어나서 진정으로 여행하고 있다고 잘못 믿을 수도 있다) 유체이탈을 하고 있다는 것은 안다. 자신이 꿈을 꾸고 있다는 것을 안다면 유체이탈은 또한 자각몽일 수 있다. 또는 다른 종류의 꿈이라는 것을 모른 채로 자각몽을 꿀 수도 있다. 그 역도 마찬가지이다. 또는 자각적인 유체이탈을 경험하고 나서 깨어났다고 생각하지만, 사실은 거짓 각성의 방식으로 꿈속으로 다시 들어가는 경우 등도 있을 수 있다.

이런 실례들은 일인칭 현상학이 어떤 경험을 하였다거나 어떤 의식 상태에 있었다든지 하는 것을 말하는 데 충분하지 않다는 것을 시사한다. 우리는 뇌과학과 심리학이라는 외부의 관점도 필요로 할지 모른다. 이렇게 내적으로는 현상학의 관점에서, 외적으로는 뇌과학과 심리학의 관점에서 보면 유체이탈 경험과 자각몽은 강한 유사성을 보인다.

실반 멀둔(Sylvan Muldoon)과 히어워드 캐링톤(Hereward Carrington)이 자신들의 고전적인 1922년의 저작 『아스트랄체의 투사(The Projection of the Astral Body)』—이 책이 바로 내가 10살 때 아버지가 보여주었던 그림이 있는 책이다—에서 언급한 수많은 유체이탈은 자각몽이 일어남직한 수면 상태(입면과 출면 상태, 수면 마비의 상태 그리고 날아다니는 꿈)에서 시작된다.

나는 의도적으로 유체이탈 경험을 일으킨 적은 없지만, 이와 유사한 경험을 했던 때가 있었다. 오후에 낮잠을 자다가 나는 수면 마비 상태로 들어갔고, 꿈을 꾸고 있다는 것을 알았다. 여러 차례에 걸쳐 내 몸이 움직이는 것을 상상하여 두 번째 신체를 느끼려고 하였다. 마비를 이기고 내 실제 신체를 움직이려고 하는 대신, 나는 몸을 일으켜서 다시 내 침대로 돌아가는 것을 마음속으로 상상하려고 노력하였다. 완벽하게 성공했던 적은 없지만, 프레데릭 반 에덴이 자각몽에 대한 자신의 고전적인 논문에서 서술한 두 번째 신체의 강한 감각을 그럭저럭 만들어내었다.

> 1월 19일에서 20일로 넘어가는 밤에 나는 공부방 창문 앞의 정원에 누워 있는 꿈을 꾸었다. 그리고 유리창을 통하여 내가 키우는 개의 눈을 보았다. 나는 가슴을 엎드리고 누워 있었고, 아주 예민하게 그 개를 관찰하고 있었다. 그러나 동시에 완전히 확실하게 내가 침대에 등을 대고 누워서 꿈을 꾸고 있다는 것을 알았다. 그러고 나서 천천히 깨어나서, 주의 깊게, 가슴을 대고 누워 있는 내 감각이 등을 대고 누워 있는 감각으로 변화하는 것을 관찰하였다. 천천히 의도적으로 그렇게 하였고, 그런 전환(이전에도 여러 차례 해본 적이 있는)은 아주 훌륭하였다. 그것은 마치 한 신체가 다른 신체로 미끄러져 들어가는 느낌이었다. 거기에는

두 신체 모두에 대한 회상이 분명히 있었다. 나는 꿈에서 내가 가슴을 대고 엎드려 있던 느낌을 기억하였지만, 낮의 생활로 돌아와서는 내 물리적 신체가 내내 등을 대고 조용히 누워 있었다는 것도 기억했다. 그 이후 수차례에 걸쳐서 이런 이중 기억을 관찰하였다. 그것은 꿈-신체라는 개념을 생각하지 않을 수 없게 했다.[40]

유체이탈과 자각몽의 또 다른 경험적 유사성은 둘 다 아주 현실적, 심지어 초현실적이라는 점뿐만 아니라, 빛으로 경험 장면을 비추는 듯한 생생한 인상도 포함한다는 점이다. 캄캄한 방이라는 것을 알고 있으면서도 아래 침대에 누워서 잠들어 있는 자신을 보는 것은 놀랄 만한 일이 될 것이다.

뇌과학이라는 외부적인 관점에서 보면, 우리는 자면서 일어나는 유체이탈 경험과 자각몽 사이의 밀접한 관계에 대해 그리 많은 정보를 갖고 있지는 않다. 찰스 타르트는 미스 Z와 로버트 먼로의 뇌파를 연구하였다. 그 결과 그들의 유체이탈 경험은 주로 1단계 수면 상태에서 일어나는 듯이 보였다. 이 단계는 대개 입면 상태의 단계이다.[41] 그리고 린 레비탄(Lynne Levitan)과 스티븐 라버지는 자각몽, 렘수면, 유체이탈 경험의 연구에서, 렘수면에서 잠깐 깨어난 다음 일어난 자각몽(소위 각성 유발 자각몽)은, 렘수면이 지속되는 동안 일어나는 자각몽보다 유체이탈 경험과 상당히 더 유사하다는 것을 알았다.[42]

마지막으로 여러 꿈 변수들 중에서 자각몽은 유체이탈 경험을 예측하는 가장 일정한 요소이다.[43]

그렇다면 유체이탈 경험은 정말로 자각몽 또는 자각몽의 하위 유형인가? 나는 그렇게 생각하는 편이다. 아니면 적어도 잠자는 동안에 일어나거나 각성과 수면 사이의 경계 지대에서 발생하는 유체이탈은 자각몽의 하위 유형이라고 생각한다. 그러나 우리는 여전히 이런 상태에 대해서 충분히 알지 못한다. 확실하게 말하기 위해서는 더 많은 정보(뇌현상학적 정보)가 필요하다.

아스트랄체와 아스트랄 여행을 신봉하는 사람에게는 나의 이런 결론이 실망스러울 것이다. 그러나 나는 이런 실망에 대해 다음과 같이 대답하고자 한다. 즉, 내가 실제로 어디에 있는지 알면서 상상의 세계 안에서 '유체이탈'을 하고 있다고 여기는 것이 마음 외부의 실재로 잘못 알고 있는 아스트랄 상태에서 헤매는 것보다 더 많은 자유와 창조성을 줄 것이다.

08
수면
깊은 수면에서 우리는 의식하는가?

08

수면

깊은 수면에서 우리는 의식하는가?

나는 침대에 누워서 쉬고 있었다. 유럽에서 밤 비행기를 타고 와서 아침에 기차를 탄 터라 피곤했다. 갑자기 잠에서 깨어났는데 전화벨이 울리고 있었다. 나는 내가 어디에 있는지, 시간이 어떻게 되었는지 알 수 없었다. 아무 생각 없이 수화기를 들었다. 익숙하지만 모르는 목소리가 들렸다. "내가 깨운 거야?" "네. 그래도 괜찮아요." 스스로 말하는 소리를 듣고 있었다. 내가 누구이고 어떻게 여기에 와 있는지 아무런 기억이 나지 않았다. 그리고선 그 목소리가 프란시스코임을 깨달았다. 이런 깨달음을 계기로 해서 다른 기억들이 내 삶속으로 서서히 들어왔다.

이와 같이 꿈 없는 깊은 수면의 경험은 참으로 수수께끼 같은 것이다. 한편으로 만약 깊은 수면 동안 의식이 전혀 없다고 하면 어떻게 의식적인 삶이라는 것이 수면과 각성 사이에 존재하는 그 간극을 가로질러서 함께 묶일 수 있는가? 또 다른 한편으로 만약 깊은 수면 동안 어떤 의식이 존재한다고 하면, 어찌하여 우리는 잠들은 것을 자각하지 못하며, 깨어났을 때 깊은 수면에서 일어난 어떤 것도 기억하지 못하는가?

이런 수수께끼를 다루는 분명한 방법은 기억이라는 것을 잘 살펴보는 것이다. 깨어날 때, 우리는 잠들기 이전의 일들을 기억(항상 금방 바로 기억하는 것은 아니라고 할지라도)한다. 기억은 깊은 수면의 단절을 의식이 메우는 방식이다. 그러나 기억에 호소하는 것은 새로운 질문을 야기한다. 잠에서 깨어나면, 우리는 잠을 잤다는 것을 기억하는가? 또는 잠을 자러 침대로 갔던 기억과 깨어남의 경험 사이에 잠을 잤으리라고 추리하는 것인가? 잠을 잤다는 것을 정확히 어떻게 아는 것인가?

시간의 흐름에 대한 우리의 의식에 대해 생각해봄으로써 이런 질문을 더 예리하게 만들 수 있다. 현상학이라 불리는 서양철학운동의 창시자인 에드문트 후설(1859~1938)에 따르면, 무엇이 일어나고 있는가에 대한 의식적 자각은 그가 '파지(retention, 把持)'[1]라고 부르는 기능을 포함한다. 파지는 방금 막 지나간 것을 유지해서 지금 일어나는 것을 경험하는 것과 동시에, 과거로 멀어져가는 것도 경험하도록 한다. 그는 멜로디를 듣는 것을 예로 든다. 내가 이 책을 쓸 때 나는 사로드(sarod)*로 연주하는 라가(rāga)**인 인도의 아침이라는 곡을 듣고 있다. 나는 하나의 악구(樂句)에서 음이 일어났다 사라졌다 하는 것을 듣는 동시에 새로운 음들이 더 빠른 속도로 도달하는 것을 듣는다. 파지는 소리를 듣는 동안 과거가 되는 음과 함께 머무는 내 의식의 한 측면이다. 방금 막 지나간 음은 차츰 사라지지만, 나는 그 음들을 내가 현재 듣고 있는 악구 안에 보유한다. 그렇지만 그 음들을 현재의 것으로 보유하는 것은 아니다. 즉 나는 그 음을 합쳐서 듣는 것이 아니다. 오히려 과거가 되어가는 바로 그러한 양태로 보유하는 것이고, 그렇게 해서 그 음들은 하나의 계기적인 흐름을 구성한다. 이런 식으로 나는 흘러가는 것으로서 방금 막 지나간 음들을 지각하고 있다. 이것은 그 음들을 회상하고 있는 것이 아니다. 이후 음악이 끝나면, 그 멜로디는 내 마음에 자발적으로 돌아올 수 있거나 내가 의도적으로 다시 상기해서 마음속으로 그것을 다시 들을 수 있다. 이러한 수동적인 기억과 능동적인 상기의 경험은 본질적으로 내가 이전에 멜로디를 듣고 있었던 그 의식에 속하는 파지 기능에 의존한다. 이런 이유로 후설은 때로는 파지를 '일차적 기억(primary memory)'이라 부르고, 기억이나 회상을 '이차적 기억(secondary memory)'이라고 불렀다. 핵심은 파지, 즉 일차적 기억이 모든 의식 경험의 본질적 요소라는

* 사로드는 인도 북부의 민속 현악기 중 하나이다.

** 라가는 인도의 고전 음악을 구성하는 선율이다.

점이다. 그것은 상기, 즉 이차적 기억이 하는 방식처럼 분리된 심적 활동이 아니다.

이것은 우리가 깊은 수면에 대해 던지는 질문을 예리하게 만든다. 깨어났을 때 바로 잠을 잤다는 것을 자각하거나 잠을 자고 있었음을 기억한다면, 우리는 꿈 없는 수면이라는 어떤 경험을 한 것이 틀림없다. 특히 우리가 깨어나서 기억하기 위해서는 깊은 수면 상태에서도 흐르고 있는 어떤 종류의 파지적 의식을 가져야만 한다.

그러나 우리는 이제 수수께끼에 직면한다. 꿈 없는 깊은 수면을 하는 동안 '나'라는 감각은 사라지는 듯이 보인다. 그렇지만 파지적 의식(적어도 각성 시와 친숙한 형태로)은 최소한의 자기 자각(self-awareness)을 포함한다. 나는 라가의 음들이 내가 금방 그 음들을 들었다는 자각을 통해서 과거로 미끄러져가는 것을 자각한다. 이런 종류의 자기 자각은 반성적이거나 내성적인 것이 아니라는 것에 주목하자. 나는 내가 들은 것을 반성하고 있거나 그것에 내성적으로 주의를 기울이고 있는 것이 아니다. 나는 그냥 그 음들에 주의를 기울이고 있는 것이다. 그렇지만 나는 내 청음(聽音)의 경험을 보유함으로써 그 음들을 보유한다. 그리고 이런 나 자신의 청각 경험의 파지가 나중에 그 지나간 멜로디를 기억할 수 있게 한다. 이런 식으로 나의 의식은 반영적인(reflexive) 것이다. 그것은 흘러가면서 그 자체로 파지된다. 그리고 그것은 흘러가는 과정으로 정확하게 파지된다. 서양 현상학자들은 이런 반영성(reflexivity) 또는 최소한의 자기 자각을 '전반성적 자기 자각

(prereflective self-awareness)'이라고 부른다. 이제 질문은 다음과 같은 것이 된다. 즉 이런 종류의 최소 자기 자각이 꿈 없는 깊은 수면 동안 존재한다고 가정하는 것이 과연 타당한가 하는 점이다.

우리가 깊은 수면 동안 어떤 것도 경험하지 않는다면, 깨어날 때 우리가 금방 잠을 잤다는 것을 파지적으로 자각하지 못할 것이다. 우리는 단지 우리가 잤었다고 추론할 수 있을 것이다. 이런 견해에서는 후행적 추론(retrospective inference)이 깊은 수면이 만든 간극을 메우는 것이다.

그러나 우리는 여기서 또 다른 수수께끼에 직면한다. 이런 추론의 정확한 근거는 무엇인가? 적어도 수면에 들고 날 때 어느 정도의 자각이 증거로서 약간은 필요한 것 아닌가? 그리고 이런 것을 필요로 한다는 것은 수면이 단순한 공백이 아니라, 오히려 독특한 현상학적 성질을 갖는 부재의 느낌이라는 것을 의미하는 것은 아닌가?

수면에 대한 이런 종류의 질문이 인도 명상 철학자들, 특히 요가와 베단따 전통의 철학자들을 사로잡았다. 티베트 불교도 꿈 없는 깊은 수면에 대해 많이 논하고 있다. 이런 전통에 의하면 꿈 없는 깊은 수면은 의식의 한 양태이지, 의식이 부재하는 상태가 아니다. 이런 사유 방식은 깊은 수면에 대한 현대 서양 심리철학의 표준적 개념에 의문을 제기하고, 수면과 의식의 뇌과학에 새로운 빛을 던져준다.

살아 있음의 느낌

수면에 대한 인도의 견해를 살펴보기 전에, 꿈 없는 깊은 수면에서 깨어나는 순간을 서양에서 어떻게 다루고 있는지 보는 것이 나름대로 가치 있을 것이다. 마르셀 프루스트는 내가 좋아하는 구절들 중 하나에서 우리가 때때로 느끼는 이런 종류의 혼돈을 잘 묘사하고 있다. 그의 소설 『잃어버린 시간을 찾아서』 1권의 서두에 있는 긴 문장에서 익명의 화자는 잠에서 깨어난 순간을 다음과 같이 묘사한다.

> 잠든 인간은 시간의 실을, 세월과 삼라만상의 질서를 자기 몸 둘레에 동그라미처럼 감는다. 깨어나자 본능적으로 그것들을 찾아, 거기서 자기가 차지하고 있는 지점과 깨어날 때까지 흘러간 때를 삽시간에 읽어내는데, 종종 그것들의 열(列)은 서로 얽히고 끊어지고 한다. 잠 못 이루는 밤의 새벽녘, 평소에 잠자는 자세와 다른 자세를 취하고 독서하다가 잠들었을 때, 단지 팔의 위치가 올라가 있는 것만으로 태양의 걸음을 멈추게 하거나 뒷걸음질 치게 할 수 있으므로, 눈뜬 순간에는 이미 일어날 시간인 줄 모르고서 지금 막 잠든 줄로 여길 때도 있을 것이다. 보다 바르지 못한 어긋난 자세, 예컨대 저녁 식사 후 팔걸이의자에 앉아 옅은 잠이 들기라고 하면 무질서한 세계에 빠져 대혼란은 극에 달하고, 마법 의자에 앉아 시간과 공간 속을 전속력으로 달려, 눈꺼풀을 뜬 순간 어쩐지 딴 나라에서 몇 개월 전에 취침한 기분이 들기도 할 것이다. 그러나 나의 경우는 단지 침대에 눕고, 거기에다

> 잠이 푹 들어 정신의 긴장이 완전하게 풀리는 것만으로 족했다. 그것만으로도 나의 정신은 나의 몸이 잠들고 있는 곳을 종잡지 못한다. 그리고 오밤중에 눈 뜰 때, 내가 어디 있는지 모르기 때문에 첫 순간 내가 누군지조차 아리송할 때가 있다. 나는 동물 내부에서 꿈틀거리고 있는 것 같은 극히 단순한 원시적인 생존감을 갖고 있을 뿐, 나의 사상은 혈거인(穴居人)의 그것보다도 더 빈곤하다. 그러나 이러한 때 추억(지금 내가 있는 곳에 대한 추억이 아니고 지난날 내가 산 적이 있는 곳, 또는 가 본 적이 있는 것 같은 두세 곳의 추억)이 하늘의 구원처럼 이 몸에 하강하여, 혼자서는 빠져나올 수 없는 허무에서 이 몸을 건져 준다. 나는 삽시간에 문명의 몇 세기를 뛰어넘는다. 그리고 첫째로 석유등잔, 다음에는 깃이 접힌 셔츠 따위들이 어렴풋이 눈에 비치는 영상에 의해서, 자아의 본래 모습이 점차로 꾸며져 나간다.[2*]

프루스트는 깊은 수면에서 깨어난 순간을 삶의 기억에서 온 모든 자아감을 상실한 것으로 묘사하고 있다. 시간의 흐름에 따른 이야기를 갖는 사람으로서의 자서전적인 또는 화자적인 자아감을 갖는 대신, 여기에는 그 순간에 존재한다는 감각만이 있다. 깨어났을 때의 첫 순간을 장식하는 것은 기억하는 자아가 아니라 살아 있음의 느낌이다. 이것을 프루스트는 "동물 내부에서 꿈틀거리고 있는 것 같은 생

* 프루스트, 『잃어버린 시간을 찾아서』 1권, 김창석 역, 국일미디어, 1998, 10-11쪽.

존감"이라고 불렀다.

또한 토마스 트란스트뢰머(Tomas Tranströmer)는 자신의 시 「이름(The Name)」에서, 잠에서 깨어나는 순간 살아 있음을 느끼지만 모든 자서전적인 기억을 박탈당한 느낌을 묘사하고 있다.[3] 그는 운전 중에 졸려서 잠시 차를 세워놓고 뒷좌석에서 잠에 빠져들었다. 몇 시간이 흐른 후 갑자기 잠에서 깨어났는데, 어둠 속에서 헤매면서 자신이 어디에 있는지 자신이 누구인지를 전혀 알 수 없었다. 결국에는 자신의 삶에 대한 기억이 돌아오기는 하였다.

프루스트와 트랜스트뢰머 두 사람 모두, 기억을 외부에서, 현재의 의식과 일치하지 않는 어디에서 들어오는 것으로 표현하고 있다. 프루스트에게 기억이라는 것은 진공 속에 놓여 있는 자신을 높은 곳으로 끄집어 올려주는 귀환 같다. 트랜스트뢰머는 기억을 '하나의 천사처럼', 또는 자신을 구원해주기 위해서 '긴 계단 아래로 빠르게 빠르게 다가오는' 발자국과 같은 것으로 표현하고 있다.[4] 프루스트의 말을 빌리면 기억은 자아를 회복하는 것이라기보다는 '점차로 꾸며나가는' 것이다. 기억은 깨어나는 과정에서 자서전적 자아를 새롭게 재창조한다. 따라서 기억된 자아는 하나의 결과이지 각성의 원인이 아니다.

문학연구자인 다니엘 헬러-로아젠(Daniel Heller-Roazen)은 프랑스 시인이자 철학자인 폴 발레리(Paul Valély)를 인용하여 프루스트를 논하면서 이런 생각을 더욱 정교하게 만들었다. "내가 깨어 있다고 말해서는 안 된다. … 그러나 깨어남은 있다 — 나는 결과이자 종착점이고 궁극적인 증명 완료(Q.E.D.)의 상태이다. 즉, 발견하리라 기대한 것과 발견한 것의 일치와 중첩(congruence-superimposition)상태이다."[5]

우리가 직면한 것이 각성의 첫 순간에 주어진 것(살아 있음의 느낌)이라면, 자신이 발견할 것이라고 기대하는 것은 기억, 특히 기억된 자아가 제공한 세계이다.

그러므로 깨는 순간에 겪게 되는 자아 경험 또는 자신이 누구이고 자신이 무엇인지를 경험하는 방식에는 두 가지 종류가 있다. 현 순간에 지각하는 존재로서 살아 있음의 경험을 하는 신체적 자아 경험, 그리고 삶의 이야기를 지니고 있으며 시간 속에서 심적 여행을 하는 사고하는 존재로서의 자서전적 자아 경험이다. 깨어나서 바로 경험하는 것은 첫 번째 종류의 자기 자각이지만, 자동적으로 두 번째에 도달하면서 때로 이것을 놓치기도 한다.

이런 자아 상실(발견하리라 기대한 것을 발견하지 못하고, 있어야만 하는 기억도 부재하는 것)은 사람마다 각기 다르게 느낀다. 프루스트의 화자에게 이런 부재는 '진공'이다. 그는 거기서 스스로 빠져나올 수 없다. 트랜스트뢰머에게 그것은 '무(無)의 지옥'이다.[6] 그러나 어떤 사람은 그 상실에서 즐거움을 얻는다. 미국의 시인 제인 허쉬필드(Jane Hirshfield)는 자신의 시 「순간(Moment)」에서 트랜스트뢰머에 대응하여 이렇게 쓰고 있다.[7] 시에서 그녀는 어떤 사람은 심한 불안을 느끼고, 어떤 사람은 그 순간에 즐거움을 느낀다고 쓴다. "각기 서

로에 대해 나중에 얼마나 시샘을 하는가, 자신의 삶을 그렇게 사랑해야만 한다.'[8]

그것이 즐거움을 주는 것이든 불안을 주는 것이든 간에, 꿈 없는 수면에서 깨어날 때 느끼는 유쾌함이나 괴로움이 의미하는 바는 잠을 자는 동안에 어떤 자각이 존재하고 이 자각이 깨어나는 순간의 느낌에 기여한다는 것을 시사한다.

깊은 수면이 의식에서 간극이나 파열을 만들어 내지만, 깨어날 때 내면에서 그 간극을 느낀다는 점을 고려하자. 우리가 방금 잠들어서 몰랐다는 것을 아는 각성 감각은 외부의 지식이 아니라 내면의 지식이고 일차적인 경험이다. 우리는 의식 내부에서 의식의 간극을 자각한다. 처음 깨어났을 때 우리는 자신에 대한 많은 것(우리가 어디에 있는지, 어떻게 거기에 있는지, 심지어 자신의 이름까지도)을 망각할 수 있지만, 누가 잠들었고 알지 못하는 이가 누구인지를 의식하기 위해 노력할 필요는 없다. 이때의 '그 누구'는 현 순간의 경험 주체로서의 자신을 의미하는 것이다. 이 자아는 자서전적 기억이 심적으로 표상된 대상으로서의 자아와 대비된다. 수면에서 각성의 삶으로 이행하는 과정에서 떠오르는 이런 친밀하고 직접적인 자기 자각이 있다는 것은 일종의 깊은 수면의 자각이 있으며, 각성 시에 이런 깊은 수면 자각을 보유하고 있다는 것을 시사한다. 물론 이런 경우 상기되는 특정 기억내용은 없다. 그렇다면 깊은 수면과 같은 그 무엇이 있음이 틀림없으며, 이런 경우에 의식이 전적으로 부재하는 것은 아니다.[9] 앞으로 우리가 보게 될 이런 사유방식이 요가와 베단따 철학의 견해, 즉 꿈 없는 수면은 의식의 한 양태라는 주장의 배후에 있는 것이다.

나는 평화롭게 잤고, 아무것도 알지 못한다

『우파니샤드』 초기 경전(BCE 7세기)에서 이미 꿈 없는 수면은 자아의 주요한 상태 중 하나로 선별되었다(1장 참조). 경전에서는 여러 내용을 언급하고 있다. 어떤 경전에서는 꿈 없는 수면을 망각으로, 또 다른 경전에서는 각성 상태의 외부적인 감각 대상과 꿈 상태의 내부적인 심적 이미지를 모두 결여한 미지의, 또는 비인지적 의식으로 특징짓고 있다.[10] 이 두 번째 규정을 우리는 요가와 베단따학파의 후기 경전에서 발견할 수 있다. 또한 이들 경전에서는 꿈 없는 수면이 의식의 한 양태라는 논증의 기본 형태를 제시하고 있다. 우리는 꿈 없는 수면에서 깨어날 때 평화로운 잠을 잤다는 것을 자각한다. 논증은 우리가 이것을 추론이 아니라 직접 기억으로 안다고 말한다. 다른 말로 하면 우리는 '나는 잘 쉬었다고 느낀다. 그러므로 나는 편안한 잠을 잔 것이 틀림없다'라고 추론할 필요가 없다. 그보다 우리는 행복하게 잠을 잤다는 것을 즉각적으로 자각한다. 그러나 기억이라는 것은 이전 경험의 자취를 전제로 한다. 그래서 우리가 평화롭게 잘 잤다는 것을 기억하기 위해서는 평화롭게 잘 잤다는 느낌을 경험하지 않았으면 안 된다. 다른 식으로 표현하면 "내가 평화롭게 잤다"고 기억이 보고하는 것은 깊은 수면에서 의식이 부재했다면 가능하지 않다는 것이다. 깊은 수면에서 의식이 존재한다는 것은 바로 깊은 수면이 의식의 한 양태라는 것을 말한다.

이런 논증의 가장 초기 형태를 요가 전통에서 볼 수 있다. 특히 2-4세기경에 문서화된 빠딴잘리(Patañjali)의 『요가경(Yoga Sūtras)』에 대한 최초이자 주요한 주석가인 4세기의 비야사(Vyāsa)가 이런 논증을 펼쳤다.[11]

빠딴잘리는 요가를 의식의 '동요'를 평정 또는 억제시키는 것이라고 정의하였다(요가경 I:2). 이런 평정을 성취하면, '보는 자' 또는 '목격자'는 그 진정한 형태와 함께 있을 수 있다. 그렇지 않으면 그 보는 자는 의식의 동요(사고와 감정의 움직임)를 자신과 동일시한다(I:3-4). 빠딴잘리는 의식의 동요 또는 변화 상태를 다섯 가지 종류(정확한 인지, 오류, 상상, 수면, 기억)로 세분하였다(I:5-6). 그리고 깊은 수면을 '부재(absence)'에 기반하고 있는 하나의 의식 상태로 정의하였다(I:10).

전통적인 주석들이 보여주고 있는 것처럼, '부재'는 의식의 부재를 의미하지 않는다. 부재는 의식에 제시된 대상의 부재를 의미한다.[12] 깊은 수면은 대상 없는 의식의 한 종류이다. 우리는 깨어났을 때 외부 대상을 인지한다. 그리고 꿈을 꿀 때 심적 이미지들을 인지한다. 그러나 깊은 수면 상태에 있을 때는 어떤 것도 인지하지 못한다. 즉 거기에는 인지될 대상이 존재하지 않고, 대상을 아는 자로서의 '나'에 대한 자각도 없다. 그렇지만 요가에 의하면 우리는 잠자는 동안 이런 부재를 느끼고, 깨어났을 때 이것을 기억한다. 우리가 "나는 평화롭게 잤고, 아무것도 알지 못한다."와 같이 말하는 데서 이런 사실은 증명된다.

전통적인 주석들은 자는 동안 경험된 부재를, 의식을 완전히 압도하고 당혹스럽게 하는 일종의 '어둠'으로 묘사한다. 어둠에 대한 이런 이미지나 은유는 시사적이다. 각성 지각에서 완전한 어둠은 볼 수 있는 시각적 대상이 존재하지 않는다는 것을 의미한다. 그렇지만 어둠은 현상적 존재로서, 시각적 성질을 갖고 있다. 마찬가지로 꿈 없는 깊은 수면의 '어둠'에서는 인지되거나 알려지는 것이 아무것도 존재하지 않는다. 그렇지만 이런 부재 자체는 잠재의식적으로 경험되고 깨어나면서 기억된다. 그래서 이런 부재는 느껴진 부재이지, 단순히 비존재가 아니다.

이런 개념들을 고려해보면, 왜 요가에서는 깊은 수면을 의식의 평정 상태가 아니라 의식의 '동요'로 분류하는지 질문하게 될 것이다. 그리고 요가의 목표 중 하나가 의식을 평정하게 하는 것이라는 점을 고려하면, 왜 깊은 수면이 이런 목표를 성취하는 길이 아닌가 묻게 될 것이다.

이런 질문은 비야사의 『요가경』 주석서를 보지 않을 수 없게 한다. 비야사는 깊은 수면을 다음과 같이 의식의 동요로 분류하면서 설명한다.

> 잠에서 깨어났을 때 자신이 잤다는 것을 회상할 수 있기 때문에, 수면은 심적 변형체(mental modification)라고 불린다. "나는 잘 잤다. 기분이 거뜬하다. 내 머리가 깨끗해졌어." 또는 "나는 못 잤다. 잠이 방해를 받아서 내 마음은 편치 못해. 그리고 불안정해." 또는 "나는 정신없이 깊이 잤다. 나의 사지는 무겁고 머리는 피곤하고 지쳤어. 마치 누군가가 나를 훔쳐가서 멈추어져버린 것 같아."라고 말하는 것에서 잘 알 수 있다. 만약 잠을 자는 동안에 내적 상태에 대한 인지가 없다면, 깨어나서 그 경험을 회상하지 못할 것이다. 또한 마음이 잠들어 있는 상태를 상기하지 못할 것이다. 이로 인해 잠은 특별한 심적 상태로 간주되고, 집중 수행을 할 때 다른 인지들과 마찬가지로 차단되어야만 한다.[13]

여기에서 우리는 깊은 수면을 자각의 잠재의식적 양태로 간주하는 인도철학적 논증의 원래 모습을 보게 된다. 자각이 부재하다면 우리는 수면의 질적 특성을 회상할 수 없다. 왜냐하면 회상은 마음이 남긴 잠재의식에 기반을 둔 이전 경험을 상기하는 것이기 때문이다. 그러나 우리는 어떻게 자신이 잤는지를 기억하기 때문에 깊은 수면을 자각하고 있음이 틀림없다.

비야사는 각성 시의 기억에 따라 수면을 세 가지 종류(평화롭고 상쾌한 수면, 편치 않고 불쾌한 수면, 멍하고 무거운 수면)로 구분 짓고 있다. 이런 질적으로 서로 다른 수면이 갖는 잠재의식적 경험은 나중에 기억을 야기하게 만드는 심적 인상을 남긴다.

대상 지향적인 인지가 멈추고 깊은 수면에서 평화롭고 상쾌함을 얻지만, 깊은 수면은 의식이 요가에서 함양하고자 하는 평정함을 성취한 그런 상태는 아니다. 요가학자 에드윈 브라이안트(Edwin Bryant)의 말을 빌리면, 의식의 명상적 평정함은 "완전한 각성 상태에서 실재의 본질에 대한 완전한 자각성 속에서 성취된다. 깊은 수면에서의 자각은 단지 두텁고 움직임이 없는 어둠만을 자각할 뿐이고 … 그 어둠 속에 갇혀 있다."[14]

더구나 깊은 수면에서, 보는 자는 자신을 이 압도된 어둠과 동일시한다. 순수한 목격 자각으로 그 진정한 형태에 머무르는 것이 아니다. 이런 이유 때문에 비야사는 수면(더 정확하게 말하면 보는 자의 진정한 형태와 수면을 동일시하는 것)은 반드시 제어되어야만 하고, 평정함에 이르러야 한다고 말하고 있다.

기억 또는 추론?

우리가 깨어나서 "잘 잤지만 아무것도 몰랐어."라고 말할 때, 자는 동안 경험한 것을 진정으로 기억하고 있는 것인가? 아니면 우리는 깨어났을 때의 느낌을 바탕으로 해서 어떻게 잤는가를 추론하고 있는 것인가?

이 질문은 중요하다. 왜냐하면 만약 기억하는 것이 아니라 추론하는 것이라고 하면, 깊은 수면은 의식의 한 양태라는 전통적인 인도 요가의 주장은 통하지 않기 때문이다. 특정한 사건을 기억하는 것은 그것을 사전에 경험했다는 것을 함축하지만, 기억이 아니라 깨어났을 때의 느낌을 바탕으로 하여 어떻게 잤는가를 추론하는 것이라고 하면, 자는 동안 잠재의식적으로 의식하고 있었다는 생각의 핵심적인 이유는 상실된다. 대신에 깊은 잠을 자는 동안 의식의 '스위치가 꺼진다'고, 그리고 의식의 부재가 자신을 포함해서 어떤 것도 자각하지 못하는 이유를 설명해준다고 말하는 것은 어떤가?

인도철학의 주요한 두 힌두학파는 이런 주제에 대해 서로 상반되는 입장을 취한다. 한 학파는 니야야(Nyāya)학파이다. 이 학파는 논리와 지식 이론에 대해 잘 알려진 학파이다. 니야야 철학자(Naiyāyikas)는 "나는 평화롭게 잤고, 아무것도 알지 못한다."라는 진술은 기억이 아니라 일종의 추론이라고 주장한다. 자아는 깊은 수면에서도 지속되지만, 의식하는 속성을 상실한다. 그러므로 의식은 자아의 본질적인 속성은 아니다.

다른 학파는 베단따학파이다. 특히 그중에서도 특출난 학파는 아드와이따 베단따(Advaita Vedānta, 불이론적 베단따)학파이다. 아드와이따 베단따학파는 깊은 수면이 의식의 한 양태라는 주장을 견지함으로써 요가의 전통을 따른다. 니야야학파와 달리 아드와이따 베단따 철학자들은 "나는 평화롭게 잤고, 아무것도 알지 못한다."라는 진술은 추론이 아니라, 일종의 기억 보고이어야만 한다고 주장한다. 자아는 본질적으로 의식적인 것이고, 더 정확하게 말하면 순수한 목격 자각이다. 우리는 무지하여서 이것을 자아의 심적, 신체적 자아감 또는 '나-대상적 나-나의 것(I-Me-Mine)'과 혼동한다. 자아감은 오고가지만(각성과 꿈의 상태에서는 존재하지만 꿈 없는 수면에서는 존재하지 않는다), '목격 의식'은 각성, 꿈, 꿈 없는 수면을 통해서 항상 존재한다.

우리 앞에 놓인 주제는 깨어났을 때 우리가 잘 잤고, 아무것도 몰랐다는 것을 어떻게 아는가 하는 것이다. 제한적 아드와이따(Viśiṣṭādvaita, 制限不二論, 공인받은 불이론적 베단따학파)에 속하는 철학자인 라마누자(Rāmānuja, 약 1017-1137년)는 우리는 잠에서 깨어날 때 '이제 즐거움을 느끼고 있으므로 나는 잠을 잘 잔 것이다'라고 생각하지 않는다고 지적하였다. 그 대신 우리는 단순히 '아, 잘 잤다'라고 생각한다.[15] 다른 말로 하면 각성 시의 사고는 단순히 지나간 수면 상태를 말하는 것이지 현 순간을 말하는 것이 아니다. 이런 식으로 그 사고는 기억이지 추론이 아니라고 주장한다.

니야야 학자와 아드와이따 학자 사이의 논쟁은 깊은 수면 동안의 무지 또는 지식의 부재에 초점을 맞추고 있다. 특히 '아무것도 몰랐다'는 것을 어떻게 알고 깨어났을 때 보고하는가 하는 점이다. 그러한 모름이 깊은 수면 동안 일어나지만, 잠들어 있는 동안 우리는 그 무지를 모른다. 우리는 단지 깨어나서야 그것을 알게 된다. 우리의 무지에 대해 우리가 무지한 채로 있지 않는다면, 어떻게 알지 못함에 대한 앎이 가능한가? 니야야 학자들은 우리가 자신이 무지했다는 것을 추론한다고 주장한다. 왜냐하면 우리는 아무것도 기억하지 않기 때문이다. 그러나 아드와이따 학자들은 후행적인 망각이 이전 의식의 결여를 증명하는 것은 아니라고 주장한다. 결국 우리는 무엇인가를 경험하고, 그 후 그것을 잊어버릴 수 있다. 이런 일은 종종 꿈에서도 일어난다. 더구나 우리는 깨어날 때 잠을 잤다는 것과 아무것도 알지 못했다는 것을 느낀다. 아드와이따 학자들은 이런 느낌이 이전 경험의 자취가 가져다준 일종의 기억이라고 간주하는 편이 낫다는 주장을 편다. 그래서 어떤 의미에서는 꿈 없는 수면에서 자신이 모른다는 것(우리 마음의 아무것도 모르는 평정함)을 경험해야만 한다.

이에 대한 답변으로 니야야 학자들은 꿈 없는 수면에서는 아무런 의식을 갖지 않기 때문에 깨어났을 때 다음과 같은 식으로 추론한다고 주장한다. "내가 깊은 수면에 있을 때, 나는 아무것도 몰랐다. 왜냐하면 나는 특수한 상태(각성 상태가 아닌)에 있었고 지식에 필요한 수단들(나의 감각과 심적 기능은 차단되어 있다)을 결여하고 있었기 때문이다." 물론 그들은 꿈 없는 깊은 수면에서 깨어날 때 이런 추론을 표면적으로 명확하게 한다고 주장하는 것이 아니라, 기억처럼 보이는 것이 실제로는 이런 추론 형태를 갖고 있는 암묵적인 논증의 한 경우라고 말한다.[16]

니야야 학자들의 추론 방식을 이해하고, 왜 아드와이따 학자들이 니야야의 입장을 거부하는지 알기 위해서, 추론적 지식에 대한 니야야 이론의 중요한 부분인 표준적인 니야야 추론 논법 형태로 추론을 살펴보는 것이 도움이 될 것이다.

내가 언덕을 보고 있는데, 당신이 나에게 "언덕에 불이 났다."라고 말한다. 그러나 나는 당신이 말한 것을 의심하고, 내게 그것을 확신시키라고 한다. 당신은 언덕을 가리키면서 말한다. "언덕에 연기가 있어." 나는 그 연기를 보고 확신한다. 니야야에 따르면 당신이 옳다는 것을 나에게 확신시키기 위해 함께 사용했던 지각과 추론을 분석하고 싶다면, 다음과 같은 다섯 가지 단계를 거쳐 추론적 인지를 공식화할 필요가 있다.

1. 언덕에 불이 났다.

   [이것은 증명해야 할 명제이다. 이것은 당신이 언덕을 볼 때 당신이 생각한 것이다. 그리고 당신이 나를 확신시키고 싶어 하는 사례이다.]

2. 왜냐하면 언덕에 연기가 나기 때문이다.

   [이것은 당신이 말한 것을 지지하기 위한 이유이다.]

3. 연기가 있는 곳에 불이 있다.

   [이 단계는 연기의 존재와 불의 존재의 보편적 병존을 언급하고 있다.]

4. 부엌의 경우에서처럼.

   [이 단계는 우리 모두가 동의하는 이런 병존의 예 또는 실제적 사례를 들고 있다.]

5. 언덕에 불이 났다.

[이 단계는 결론을 언급한다. 이것은 우리가 처음 시작한 명제이지만, 이제 앞의 추론적 과정을 통해 형성되고 규명되어 기술되고 있다.]

이제 꿈 없는 수면에 이 다섯 단계 추론 논법을 적용하여 보자. 니야야의 견해는 꿈 없는 수면에서 우리가 아무것도 몰랐다는 것을 아는 우리의 지식이 다음과 같은 추론에 바탕을 두고 있다는 것이다.

1. 내가 꿈 없는 수면 중인 동안 나는 아무것도 몰랐다(나 자신은 지식의 부재 상태에 있었다).
2. 왜냐하면 (i) 나 (자신은) 특별한 상태(즉 각성되지 않은 상태) 또는 (ii) 나 (자신) 지식에 필요한 수단들이 결여되어(즉 내 감각기관과 정신적 기능들이 차단됨) 있었기 때문이다.
3. (i) 나 (자신)은 특별한 상태(내가 각성되어 있지 않을 때) 또는 (ii) 나 (자신) 지식에 필요한 수단들이 결여되어(즉 내 감각과 심적 기능들이 차단됨) 있을 때마다, 나는 아무것도 모른다(나 자신 지식의 부재 상태에 있다).
4. 졸도하거나 머리에 충격을 받은 경우에서처럼.
5. 내가 꿈 없는 수면에 있는 동안 나는 아무것도 몰랐다(나 자신은 지식의 부재 상태에 있었다).

불에 대한 앞의 추론과 꿈 없는 수면에 대한 현재의 추론 사이에 존재하는 평행적 관계에 주목하자. 앞의 경우 우리의 관심은 언덕 위의 불의 존재를 규명하는 것이었다. 현재의 경우 우리 관심은 꿈 없는 수면 동안 자아의 지식의 부재를 규명하는 것이다. 그렇지만 추론의 형태는 동일하다.

다시 한번 말하자면, 니야야 학자들은 우리가 깨어날 때 이런 추론을 단계별로 명확하게 거친다고 말하는 것이 아니다. 그러나 추론에 의해 꿈 없는 수면 동안 우리가 무지했다는 것을 알고 또한 모든 단계를 포함해서 명확하게 만들 때 추론이 옳다는 것을 보여줄 수 있다고 말한다. 그러므로 꿈 없는 수면 동안 어떤 종류의 의식이 있다고 가정할 필요가 없다.

이제 아드와이따 베단따 견해로 다시 되돌아가 보자. 아드와이따 학자들은 이런 추론이 틀렸고, 이런 추론이 깊은 수면 동안 우리가 몰랐던 것을 알게 되는 방식일 수 없다고 주장한다. 문제는 내가 아무것도 몰랐다는 것을 추론하는 이유를 알거나 규명할 어떤 방법이 필요하다는 것이다(위의 추론 형식에서 3단계). 이런 이유들이 배제하고 있는 기억에 의존하지 않고 이렇게 할 수 있는 방법이 없는 듯이 보인다.

니야야 학자들이 내가 아무것도 몰랐다는 것을 추론하면서 드는 첫 번째 이유는 내가 특별한 상태, 정상적인 각성 상태와는 다른 상태에 있었다는 것이다. 그러나 내가 이런 특별한 상태에 있었다는 것을 어떻게 아는가? 만약 내가 "나는 이런 상태에서 아무것도 몰랐기 때문"이라고 말하면, 그때는 순환 논증에 빠진다.

니야야 학자들이 내가 아무것도 몰랐다는 것을 추론하면서 드는 두 번째 이유는 지식에 필요한 수단들이 결여되어 있다는 것이다. 즉 내 감각과 심적 기능들이 차단되어 있다는 것이다. 그러나 여기서 또 물어야 하는 질문은 이런 수단들이 결여되어 있다는 것을, 내 감각과 심적 기능들이 활동하지 않았다는 것을 내가 어떻게 아는가라는 것이다.

만약 "깨어났을 때 활기를 되찾는 것을 느끼기 때문에 내 감각들이 차단되어 있었다고 추론한다."면, 동일한 기본 문제들이 반복된다. 내 감각이 활기를 되찾는 것과 이전에 활동하지 않았다는 것 사이에 성립되는 관계를 어떻게 알거나 규명하는가? 내 감각이 활기를 되찾았다는 것을 아는 경험과 함께 감각이 이전에는 작용하지 않고 있었다는 것을 아는 경험이 있어야 둘 사이의 관계가 규명되지 않겠는가? 그러나 잠들어 있는 동안 나는 내 감각이 활동하지 않는다는 것을 전혀 경험하지 않는다. 단지 깨어났을 때만 이것을 안다. 그렇다면 이런 관계를 어떻게 규명하는가? 만약 또 다른 추론에 호소한다면, 무한 퇴행에 빠지는 듯이 보인다.

더 일반적으로 말하면 깊은 수면 동안 지식에 필요한 수단들이 부재하다는 것을 알 수 있는 유일한 방법은 이런 상태에서 지식이 없다는 것을 앎으로써이다. 단지 결과(아무것도 몰랐다)를 앎으로써만 원인(지식에 필요한 수단의 부재)을 추론할 수 있다. 그러므로 추론이 규명하고자 하는 것(아무것도 몰랐다)을 미리 알지 않는 한은 그 추론이 의존하는 이유를 규명할 수 없다.

아드와이따 베단따의 결론은 우리는 추론이 아니라 기억을 바탕으로 깊은 수면에서 아무것도 몰랐다는 것을 안다는 것이다. 다른 말로 하면 아무것도 몰랐다는 것을 기억하는 것이다. 그러나 기억은 사전에 경험한 그 무엇에 대한 기억이다. 그래서 알지 못함은 반드시 경험적인 것이어야 한다.

이런 논쟁의 근저에는 자아의 본질에 대한 형이상학적 논란이 있다. 니야야 학자에게 자아는 비물리적 실체이다. 그러나 역시 자아는 비물리적 실체라고 주장하는 데카르트와 달리 니야야 학자들은 의식이 자아의 정수라고 생각하지 않는다. 대신 그들은 자아는 의식의 기층(substratum)이고, 의식은 적절한 상황이 주어질 때(즉, 감각적, 심적 기능들이 대상을 인지하고자 기능할 때) 존재하는 우발적인 성질을 갖는다고 한다. 그러나 아드와이따 학자들에게 자아는 순수 의식, 다시 말하면 어떤 변화하는 인지적 상태와는 완전히 다른 순전한 목격자각(sheer witnessing awareness)이다. 그러므로 니야야 학자와는 달리 아드와이따 학자들은 꿈 없는 수면에서 의식이 사라지는 것을 허용할 수 없다. 또한 수면, 각성, 잠자고 기억하는 자는 모두 동일한 자아이다.

그러나 베단따 형이상학에서 꿈 없는 수면에 대한 아드와이따 베단따 개념의 현상학적 핵심을 추출하는 것은 가능해 보인다. 핵심적 통찰은 우리는 꿈 없는 수면에서 깨어날 때, 꿈 없는 수면에서 바로 나왔다는 것을 알면서 말할 수 있고, 그렇게 말하는 것은 거의 틀림없이 자각의 보고이지 추론의 산물이 아니라는 것이다.[17] 이런 통찰이 의식은 꿈 없는 수면에서도 계속 이어진다는 아드와이따 베단따 견해의 기반을 이루며, 이것은 자아는 본질적으로 순수 의식이라는 베단따 믿음과 논리적으로 구별된다.

현대의 횡문화적 철학적 관점에서 보면, 우리는 이런 핵심적인 베단따 통찰에서 임마누엘 칸트(1724-1804) 이후의 서양철학자들이 '선험적 논증(transcendental argument)'이라고 불렀던 것을 볼 수 있다. 선험적 논증이 목표로 삼는 것은 우리의 경험이 가능하기 위해서 반드시 존재해야만 하는 것을 연역하는 것이다. 여기서 문제가 되는 경험은 우리가 단순히 잠만 자는 것이 아니라 잠을 잔다는 것을 아는 것이다. 이런 종류의 자기 자각에 요구되는 필요조건은 무엇인가? 이 질문을 더 현상학적 방식으로 해보면 다음과 같다. 어떻게 우리가 하나의 의식적인 주체로서 자신을 동일한 존재로, 즉 잠들고 잠드는 동안은 능동적으로 알지 못하고 잠에서 각성의 삶으로 깨어나는 그러한 동일한 존재로 경험하는 것이 가능한가? 베단따의 견해는 의식의 완전한 부재라는 간극을 가로지르는 후행적인 추론으로는 통합적 자아 경험의 가능성을 제대로 설명할 수 없다는 것이다. 오히려 의식적 존재의 한 양태인 꿈 없는 수면과 경험적 친밀성을 갖는 그 무엇인가가 있어야만 한다.

칸트와 후설의 전통 아래 있는 서양 현상학의 도움으로 우리는 우선 먼저 베단따 주장이 기억이나 상기(이차적 기억)에 대한 것이 아니라, 오히려 파지적 자각(일차적 기억)에 대한 것임을 알 수 있다. 핵심은 깨어나는 순간에 방금 자고 있었다는 것을 자각한다는 것, 즉 금방 잠을 자서 아무것도 알지 못했다는 것을 파지적 자각으로 경험한다는 것이다.[18] 아드와이따 학자들에 의하면 니야야 학자들이 보지 못한 것은 내가 잤었다는 것을 알기 위해서는, 그리고 뒤이어 일어나는 후행적 추론의 근거가 되기 위해서는 이런 파지적 자각이 필요하다는 점이다.

니야야 입장의 논리적 반박은 깊은 수면 의식에 대한 아드와이따 베단따 논증의 중요한 부분을 이루고 있다. 그러나 이것이 가장 중요한 요소는 아니다. 논증의 핵심은 직접 경험의 증거에 호소하는 것이다. 깊은 수면에서 깨어날 때, 우리는 잘 잤고 아무것도 몰랐다는 것을 자각하는 듯이 보이고, 이런 자각은 추론이 아니라 파지적 의식처럼 보인다. 니야야 견해의 논리적 근거를 배제하는 것이 이런 느낌을 정당화한다.

그렇지만 파지의 느낌을 정당화한다고 해서 파지와 이어지는 이차적 기억이 어떻게 형성되는지도 설명해주는 것은 아니다. 우리가 깊은 수면 동안 우리의 무지에 대해 어떠한 지식도 없다면, 어떻게 우리는 아무것도 몰랐다는 것을 기억할 수 있는가? 이런 질문에 답하기 위해서는 깊은 수면에 대한 베단따적 개념의 심장부로 들어가야만 한다.

알지 못함을 목격한다

아드와이따 베단따에 의하면, 깊은 수면 동안 우리는 우리가 아무것도 모른다는 것을 **모르지만** 우리의 무지를 **자각한다**. 더 정확하게 말하면 의식은 알지 못함을 목격하고, 이 목격 자각이 나중에 각성 상태에서 우리가 알지 못함을 상기하도록 한다.

깊은 수면 의식에 대한 이런 개념을 이해하기 위해 우리는 지식과 무지에 대한 베단따 개념에 조금 익숙해질 필요가 있다. 베단따 논의의 맥락에서 지식은 진정한 인지를 의미한다. 즉 진정함의 속성을 갖고, 앎의 정당한 수단, 예를 들면 지각 또는 추론에 기반을 둔 특수한 인지적 활동이다. 나는 언덕에 불이 난 것을 안다. 왜냐하면 그것을 보기 때문이다. 또는 연기가 피어오르는 것을 지각하며 불의 존재를 추론하기 때문이다. 일반적으로 말해서 앎이라는 인지적 활동은 깊은 수면에서 없다. 그래서 모른다는 것도 알 수 없다.

그러나 베단따에 의하면 무지는 단순히 지식이 존재하지 않는 것이 아니다. 그것은 사물의 본질을 '감추는' 알지 못함의 경험이다. 내가 모래사장의 조개를 동전으로 착각했다고 해보자. 여기서 내 무지는 비파악(nonapprehension) — 나는 조개를 조개로 보지 못했다 — 과 잘못된 파악(misapprehension)—나는 조개를 동전으로 보았다—을 모두 포함한다. 진정한 사물을 잘못 아는 것과 다른 것으로 보는 잘못된 지각 둘 다 있다. 베단따의 말로 하면, 알지 못함은 동전이라는 환상을 '중첩함'으로써 조개를 '감추는' 것이다. 일반적으로 베단따에 의하면 내가 사물에 대해 무지할 때, 나의 자각은 그 사물의 본질이나 존재를 감추는 어떤 겉보기를 드러낸다.

아드와이따 베단따 철학자인 가우다빠다(Gauḍapāda, 약 CE 8세기)와 샹까라(Śaṅkara, 788-820년)는 이런 무지의 개념을 꿈과 꿈 없는 수면에 다음과 같이 적용하였다.[19] 비자각몽에서 우리는 꿈을 꿈으로 보지 못한다(꿈의 비파악). 그리고 심적 이미지를 외부에 존재하는 실재하는 사물로 착각한다(꿈을 실재로 잘못 지각). 우리는 자신이 모른다는 것을 모르는 것이다. 즉, 꿈 경험이 알지 못함의 하나라는 것을 모른다. 우리는 그 꿈이 자각몽이지 않는 한, 이런 지식을 깨어났을 때에만 얻게 된다.

꿈 없는 깊은 수면에서 우리는 일종의 공백 또는 무(無)를 경험한다. 다른 말로 하면 깊은 수면은 경험의 무(無)가 아니라, 무(無)의 경험이다. 여기서 우리의 무지는 잘못된 파악이 아니라, 순수한 비파악의 경험이다. 자각의 대상이 없기 때문에 무엇인가로 착오할 것도 없다. 각성의 삶에서 완전한 암흑은 모든 것을 감추어 어떤 것을 다른 것으로 잘못 지각하는 것이 아니라 오직 못 봄(not-seeing)만 있는 것처럼, 깊은 수면에서는 오직 알지 못함만이 있다. 우리가 잠들어 있을 때는 이런 무지에 대한 지식이 없다. 그러나 비파악도 일종의 자각이고, 이것은 깨어나는 순간 보유되고, 기억의 상기를 깨우는 무지의 자각이다.

우리가 요가와 베단따에 현대 서양 심리철학의 몇 가지 용어들을 적용해본다면, 깊은 수면은 '현상적(phenomenal)' 상태 또는 '현상적 의식'의 상태(그런 상태와 같은 그 무엇이 있는 상태)로 말할 수 있다. 요가와 베단따는 이 상태를 평화롭고 분화되지 않은 자각 상태로 묘사하였다. 이 상태는 개별적 대상을 자각하는 주체의 느낌으로 나누어지지 않으며 환희에 찬 알지 못함이다. 그렇지만 깊은 수면은 보통 '접근 의식'의 상태(심적으로 접근하여 주의와 사고를 인도할 수 있는 상태)로 간주되지는 않는다. 우리는 잠들어 있는 동안 잠든 상태에 인지적으로 접근할 수 없고, 각성 상태에서 후행적으로 접근한다.

그러나 이 장의 끝에서 보게 되겠지만, 사물을 이런 식으로 서술하는 것은 마음의 명상 수행을 통해서 깊고 꿈 없는 수면에 접근할 수 있다고 하는 요가와 베단따, 인도와 티베트의 불교를 논의하기 위한 공간을 마련하기 위해 궁극적으로 수정될 필요가 있다. 이런 견해들에서는 꿈 없는 수면에서의 자각의 어떤 성질이 인지적으로 접근가능하다. 그러나 보통은 꿈 없는 수면 상태에 대한 인지적 접근이 가능하지 않다.

더구나 엄격히 말해서 아드와이따 베단따 입장에 의하면, 꿈 없는 수면에서의 자각은 '나의' 자각이 아니다. 만약 '나의'가 내 에고(ego)에 속한다는 것을 의미한다면 그렇다. 왜냐하면 자아의 심적, 신체적 감각 또는 '나-대상적 나-나의 것'은 깊은 수면에서 차단되기 때문이다. 대신 그 자각은 베단따가 '목격 의식(witness consciousness)'이라고 부르는 것이다. 목격 의식은 능동적인 인지를 하는 앎의 주체가 아니다. 그것은 수동적인 비개념적 관찰자이고, 변화하는 마음 상태와는 다른 순수한 자각이다. 순수한 자각은 수면, 꿈, 각성의 회전목마를 지켜보지만, 이런 심적 소용돌이에 개입하지 않는다.

우리는 어떤 최소한의 자기 자각이 꿈 없는 수면에 존재하는지의 여부에 대한 수수께끼에 대해 이제 아드와이따 베단따의 답을 말할 수 있다. 아드와이따 베단따의 답은 그렇다는 것이다. 그러나 이런 종류의 자기 자각은 스스로 빛나는 목격 의식(self-luminous witness consciousness)이다. 그것은 어떤 인지적이거나 신체적인 자아감 또는 '나-대상적 나-나의 것'이 아니다.

수면 중의 내적 감각

아드와이따 베단따는 깊은 수면에 대해서 요가 전통의 견해를 충실하게 따르고 있지만, 두 학파는 깊은 수면에서 마음이 어떻게 작동하는가라는 중요한 주제(이 주제는 나중에 뇌과학의 관점에서 보게 될 것이다)를 다루는 면에서 서로 다르다.

요가에 의하면 깊은 수면은 의식의 '동요' 또는 변화 상태 가운데 하나이다. 더 정확하게 말하면 그것은 '내적 감각' 상태이다. 거기에는 심적 또는 인지적 자각(감각적 자각과는 다른 것으로서)과 에고의 감각 또는 '나-대상적 나-나의 것'이 포함되어 있다. 마음은 깊은 수면에서도 계속해서 기능한다. 그러나 활동 면에서 꿈 또는 각성 상태보다는 덜하다. 그리고 꿈 없는 깊은 수면에서는 그 활동성이 완전히 휴식한다.

그러나 아드와이따 베단따에 의하면 깊은 수면은 내적 감각 상태가 아닌데, 내적 감각이 완전히 차단되기 때문이다. 다른 말로 하면 심적 또는 인지적 자각과 에고의 감각은 깊은 수면에서 기능을 멈추고 단지 목격 의식과 무지만이 존재한다.

또한 요가는 깊은 수면의 다양한 성질(평화롭거나 산만하거나 멍함)들을 기술한다. 반면 아드와이따 베단따는 평화나 환희만을 유일하게 언급하고, 그것을 내적 감각 작동의 멈춤 때문이라고 여긴다.

그러나 이제 아드와이따 베단따 견해에는 어려운 의문점이 제기된다. 내적 감각이 깊은 수면에서 기능을 멈춘다면 각성 기억, 즉 "평화롭게 잤고 아무것도 몰랐다."라는 것은 어떻게 형성되는가? 기억은 사전의 경험을 함축한다. 그러니 '나'라는 신체적, 심적 감각이 깊은 수면에 없다면, 도대체 어떻게 내가 잘 잤다는 것을 기억할 수 있는가?

아드와이따 베단따의 답은 기발하다. 깊은 수면에서 무지는 완전히 마음을 감싼다. 에고의 감각은 작동하지 않기 때문에 이런 무지를 그 자체로 내 것으로 전유할 수가 없고, 그래서 '나에게 속하는 무지의 느낌도 없다. 그러나 깨어나는 순간 자아감은 신체의 존재에 대한 느낌에 근거하여 재활성화되고 마음은 인지적 작업을 시작한다. 즉시 에고의 감각은 알지 못함의 계속 남아 있는 인상 또는 파지를 내 것으로 전유하고 이런 파지를 그 자체와 연관시키고, "나는 아무것도 알지 못했다."라는 후행적인 생각을 발생시킨다.[20]

이런 설명을 고려해보면, 아드와이따 베단따는 앞에서 인용한 폴 발레리의 언급에 동의할 수 있다. 즉 "내가 깨어 있다고 말해서는 안 된다. … 그러나 깨어남은 있다 — 나는 결과이자 종착점이고 궁극적인 증명 완료(Q.E.D.)의 상태이다. 즉, 발견하리라 기대한 것과 발견한 것의 일치와 중첩 상태이다." 만약 '나'라는 것으로 에고의 감각 또는 '나-대상적 나-나의 것'을 지칭하고 있는 것이라면, 아드와이따 베단따는 동의할 것이다. 즉 이런 '나'의 감정은 깊은 수면에서는 작동하지 않지만, 각성의 결과로 재형성된다. 그러나 이런 '나'는 진정한 자아가 아니다. 진정한 자아는 에고 없는 목격 의식이다. 그것은 각성, 꿈, 깊은 수면을 관통하여 지속되는 것이다.

아드와이따 학자들은 이런 목격 의식을 선험적인 것으로(근본적으로 체화되지 않은 것이라는 의미로) 간주하였다. 그러나 꿈 없는 수면에서 에고 없는 의식은 근본적으로 체화되어 있는 의식이라고 생각하는 오늘날의 우리에게 이것은 열려 있는 문제이다. 체화된 의식이라는 것으로 내가 의미하는 바는 의식은 뇌와 신체의 다른 기관에 의존해 있다는 것이다. 여기가 꿈 없는 수면에 대한 아드와이따 베단따 개념을 원래의 형이상학적 틀에서 떼어내어 체화된 마음이라는 현대적 개념에 이식할 수 있는 또 다른 지점이다.

동양이 서양을 만나다

이쯤에서 요약하여 보자. 우리를 이끌어가는 의문점은 어떤 종류의 의식이 깊고 꿈 없는 수면에서 존재하는가의 문제이다. 이런 의문과 관련 있는 것은 각성의 순간에 깊은 수면 상태의 기억을 갖는지, 아니면 잠들어서 알지 못하는 것을 후행적으로 추론하는 것인지의 여부이다. 또 다른 연관되어 있는 질문은 깊은 수면 중 자아에게 무슨 일이 일어나는지, 어떤 자아 경험이 있는지의 여부이다.

꿈 없는 깊은 수면에 대한 이런 질문을 다루는 인도철학의 대처는 현대 서양 심리철학이 기본적으로 무시하는 인생의 한 부분에 조심스럽게 집중하도록 해준다.[21] 심리철학자들은 꿈에 대해 저술하였지만, 꿈 없는 수면에 대해서는 거의 아무것도 언급하지 않았다. 에드문트 후설의 전통(서양적 의식 탐구의 최고봉에 서 있는 철학적 전통)에 서 있는 현상학에서조차 꿈 없는 깊은 수면에 대해서는 거의 언급하지 않고 있다. 이 점은 꿈 없는 깊은 수면에 대해 풍부하게 말하고 있는 인도철학의 논의와 대비된다.[22]

뇌과학은 어떤가? 꿈 없는 깊은 수면에 대해서 무엇을 논하고 있는가?

표준적인 뇌과학의 사유방식에 따르면 꿈 없는 깊은 수면은 의식이 서서히 사라지다가 때로는 완전히 없어지는 상태를 말한다. 정말로 뇌과학자들은 종종 깊은 수면에서 의식이 사라지는 것으로 정의하려고 시도하기도 한다. 뇌과학자인 줄리오 토노니(Giulio Tononi)와 크리스토프 코흐(Christof Koch)는 다음과 같이 쓰고 있다. "잠이 들면. … 의식의 수준은 실제로 무의식에 이르는 지점까지 하강한다. 즉 (어떤 것을) 의식하는 정도가 점차로 줄어든다."[23] 토노니는 다른 곳에서 다음과 같이 쓴다. "누구나 의식이 무엇인지를 안다. 그것은 매일 밤 꿈 없는 수면으로 떨어져 사라지고, 잠에서 깨거나 꿈을 꿀 때 다시 나타난다."[24] 철학자 존 설은 이에 동의한다. "의식은 내적인, 질적인, 주관적인 상태로 이루어져 있고, 감수능력 또는 자각의 과정이다. 말하자면 의식은 꿈 없는 수면에서 아침에 깨어나서 시작되고, 다시 잠이 들 때, 죽을 때, 코마 상태에 떨어질 때 또는 '무의식'이 될 때까지 지속하는 것으로 정의된다."[25]

그러나 인도와 티베트의 명상 관점에서 보면, 이런 서술은 정확한 것이 아니다. 대상 지향적인 의식은 각성이나 꿈에서 꿈 없는 깊은 수면으로 이행하면서 점차로 줄어들지만, 자각이나 감수능력은 지속된다. 요가와 베단따에서 꿈은 대상 지향적인 의식의 한 형태이지만 (꿈의 대상은 심적 이미지이다) 꿈 없는 수면은 대상 없는 의식의 한 양태이다. 마찬가지로 티베트 불교에 따르면 깊은 수면은 감각적, 인지적 내용이 없는 '미묘한 의식'의 상태이고, 꿈과 각성 의식이 일어나는 바탕이다.[26]

꿈 없는 깊은 수면에 대한 인도와 티베트의 개념은 의식 뇌과학에 새로운 전망을 열어준다. 특히 수면 중의 뇌활성에 대한 실험적 연구 분야에서는 더욱 그렇다. 동시에 수면 뇌과학의 연구 결과는 인도철학에서의 논쟁과 연관성을 갖는다. 특히 꿈 없는 깊은 수면의 심적 기능에 대한 요가와 베단따의 견해 차이에 대한 논쟁에서 그렇다.

당신은 무엇을 생각하고 있었는가?

뇌과학자들은 꿈 없는 깊은 수면 중에 왜 의식이 희미해지거나 사라진다고 생각하는가? 하나의 이유는 비렘수면, 특히 3단계, 4단계 수면(소위 서파 수면)의 델타 서파(0.5-4헤르츠)를 보이는 비렘수면에서 깨울 때 사람들이 말하는 보고에 기인한다. "깨기 바로 전에 마음에 떠올랐던 어떤 것이라도 보고하시오."라고 지시를 하면, 사람들은 짧고 단편적인 생각을 보고하거나 아무것도 전혀 기억이 나지 않는다고 말한다.[27] 이런 것에 바탕을 두고 과학자들은 잠을 자는 사람은 깨기 전에 아주 적게 또는 아무것도 자각하지 않고, 따라서 서파 수면은 감소된 의식 또는 의식의 부재 상태라고 결론을 내린다.

그렇지만 여기서 주의해야만 한다. 일정한 기간 동안 아무런 기억을 하지 못한다고 해서 그것이 반드시 아무런 의식도 없다는 의미는 아니다. 아마도 의식하고 있었을지 모르지만 — 질적인 상태 또는 감수능력이나 자각 과정에 있는 느낌으로 — 이런 저런 이유로 해서 나중에 다시 떠올리고 언어로 보고할 수 있는 기억을 형성하지 못하였을 수도 있다.

이런 점은 마취의 영향을 연구하는 과학자들에게는 친숙한 일이다. 어떤 마취제는 일정한 양에서 자각은 유지하지만 기억 형성을 방해하기도 한다. 뇌과학자 미카엘 알키레(Michael Alkire), 줄리오 토노니와 그의 동료들은 의식과 마취에 대한 논문에서 다음과 같이 말하고 있다.

> 무의식 역치(threshold)에 가까운 지점에 도달하는 양에서 어떤 마취제는 작업 기억을 차단한다. 그래서 환자는 바로 다음에 해야 할 일을 잊었기 때문에 잘 반응하지 못할 수도 있다. 마취제를 아주 적게 투입했을 때는 심한 기억상실을 야기한다. 마취로 인한 마비에 들어가기 전 팔을 고무줄로 묶어 그 부분만을 마취에서 고립시키는 연구(팔의 움직임은 허용되지만 나머지 신체는 마비된다)에서 전신마취환자가 때로는 수신호를 사용하여 대화가 가능하다는 것을 보여주었다. 그러나 수술 후 그때 각성되었다는 것을 부인했다. 그러므로 후행적 망각이 무의식을 증명하지는 못한다.[28]

꿈 없는 수면과 마취가 동일한 상황은 아니지만, 후행적 망각이 그 당시의 의식 상실을 증명해주지는 못한다는 일반적인 지적은 반드시 기억해 두어야 한다. 우리는 사람들이 잠에서 깨어나서 아무 것도 기억하지 못한다고 해서 깊은 수면에서는 의식이 없다고 추론하려는 유혹을 받을 때마다 이런 일반적인 지적을 반드시 떠올려야 한다.

의식이 깊은 수면에서도 지속된다면, 피험자가 잠을 깰 때 아무것도 기억하지 못한다고 보고하는 데는 다양한 이유가 있을 것이다. 요가와 티베트 불교에서 흔히 제시하는 이유 중 하나는, 의식의 보다 깊은 측면들은 일상적인 각성 자각에 친숙하지 않아서 높은 경지의 명상 수행 없이는 인지적으로 접근하여 언어로 보고할 수 없다는 것이다.

또한 우리는 수면 실험실에서 피험자들을 깨울 때 요구하는 언어적 보고의 종류에 대해서도 생각해볼 필요가 있다. '깨어나기 바로 전에 마음에 떠올랐던 어떤 것'이라도 보고하라는 지시는 자각 대상들(무엇에 대해 생각한 어떤 것)에 주의를 기울이고 기억하도록 부추긴다. 그러나 자각 그 자체의 성질을 느낀 것은 어떤가? '깨어나기 바로 전에 느끼고 있었던 어떤 것'이라도 보고하라고 좀 다르게 지시하면 잠자는 동안 느꼈던 성질에 주의를 기울이고 기억하려고 애쓸 것이다. 무언가 자각하고 있다는 느낌을 가졌거나 어떤 감수능력이 있는 상태에 있었는가? 잠은 평화롭고 맑았는가, 편치 않고 불쾌했는가, 둔했는가? 또는 아무런 느낌이나 자각적인 성질에 대한 인상도 없었는가? 핵심은 피험자들로 하여금 깊은 수면에서는 없을지도 모르는 의식의 대상에 전적으로 초점을 맞추는 것이 아니라 자각 그 자체의 성질을 느끼는 데 집중하도록 하는 것이다.

이런 점과 앞에서 언급한 명상 수행을 연결해보면, 자각몽 요가 및 수면 요가 수행을 하는 사람이 수행하지 않은 사람보다 수면 동안 자각의 성질을 더 자세하게 보고할 수 있을지도 모른다는 것을 보여준다. 이 장의 끝에서 이런 점을 다시 다룰 것이다.

서파 수면과 뇌

뇌과학자들이 깊은 수면에서 의식이 서서히 사라지거나 없어진다고 생각하는 또 다른 이유는 서파 수면에서의 뇌파 활성과 각성 의식에서의 뇌파 활성을 비교하는 데서 온다.

예를 들면 마르셀로 마시미니(Marcello Massimini), 줄리오 토노니와 그들의 메디슨 위스콘신 대학 동료들은 피험자의 정확히 선택된 작은 뇌 영역에 각성 시와 깊은 수면 시 짧은 펄스로 전기적 자극을 가하면 뇌가 어떻게 반응하는지 살펴보았다.[29] 각성 시 펄스는 약 300밀리초 동안 유지되는 지속적 뇌파 반응을 야기하였고, 그 파는 빠르게 변화하는 뇌파로 이루어져 있으면서 피질의 전 영역을 향해 특정 방향으로 퍼져가는 특성을 보였다. 그러나 깊은 수면 동안에 주어진 자극은 초기 반응은 각성 시보다 강했지만 일정 뇌 영역에 국한되었으며, 겨우 150밀리초 동안만 지속하였다. 간단히 말해서 자극에 대한 각성 뇌의 반응은 여러 상호 연결된 뇌 영역에 걸쳐서 대규모의 복합적인 뇌파 활성 패턴을 보여주는 반면, 깊이 잠든 뇌는 국한되고 짧은 뇌활성으로 반응하였다.

토노니와 그의 동료들은 이런 실험 결과를 '효율적 연결성(effective connectivity, 서로 영향을 주는 뇌 체계의 능력)'이 깊은 수면에서는 단절되는 것이라고 해석하였다. 그 결과 '대규모의 통합'이 뇌에서 일어나지 못한다. 즉, 뇌는 역동적으로 변화하는 큰 규모의 활성 패턴(예를 들면 2장에서 논했던 뉴런 동기화 패턴과 같은 것)을 발생시킬 수 없다. 이것은 각성 상태에서 순간순간의 자각의 특징을 보여주는 뇌파 패턴이다.

깊은 수면 상태에서 효율적 연결성과 대규모 통합의 결여를 야기하는 것은 무엇인가? 부분적인 답은 서파 수면의 '상향'과 '하향' 상태라고 부르는 것과 관련성이 있다. 깊은 수면 동안 실제로 모든 피질 뉴런들은 활성(상향 상태)과 완전히 비활성(하향 상태)을 교대로 반복한다. 상향 상태에서 뉴런들은 약 1초 동안 각성 상태의 비율로 발화한다. 하향 상태에서 그것들은 조용하다. 여러 뉴런 집단에서 상향 상태의 동기성 발생이 두피에서 측정한 뇌파의 큰 진폭 서파를 야기한다. 상향 상태에서 뉴런이 활성을 더 많이 할수록 더 오래 활성화될수록, 하향 상태로 떨어질 가능성이 높다. 그 후 또 다른 상향 상태로 전환한다. 전구를 생각해보면, 어떤 전구가 꺼질 가능성이 더 높은지의 여부는 전구를 더 밝게 더 오래 사용한 것에 달려 있다. 그러나 꺼진 다음에 다시 켜진다. 하나의 안정 상태를 유지하는 대신, 전구는 이중 안정 상태(bistable)를 보이고, 켜졌다 꺼졌다 한다. 마찬가지로 서파 수면 동안 피질 뉴런들의 상향 상태는 각성이나 렘수면에서처럼 안정적이지 않다. 오히려 서파 수면은 생래적으로 이중 안정 상태이다. 상향 상태는 하향 상태를 촉발시키고, 다시 상향 상태로 되돌아오는 것을 반복한다. 어떤 국재적 활성(특정 영역 뉴런의 발화)은 결국 하향 상태를 촉발하여 이 뉴런들이 다른 멀리 있는 뉴런들과 소통하지 못하게 한다. 이런 식으로 뇌 영역들 사이의 효율적 연결성은 단절되고, 선택된 영역을 가로지르는 대규모의 통합은 일어날 수 없다.

그러나 효율적 연결성과 대규모 통합의 결여로 뇌과학자들은 깊은 수면 동안 의식이 사라진다고 생각하는 것인가? 이 질문을 다른 식으로 표현하면 의식의 존재는 효율적 연결성 및 대규모 통합과 어떤 관련성이 있는가?

이 질문에 대답하기 위하여 뇌과학자들은 대개 의식의 내용은 언어로 보고될 수 있고, 언어로 보고된 내용에 선택적으로 주의를 집중하여 작업 기억에서 작동하고, 결국은 사고와 행동을 유도하는 데 이용할 수 있다는 생각에 의존하고 있다. 이런 인지적 과정(선택적 주의, 작업 기억, 연속적 사고, 행동 유도)은 뇌파 활성의 대규모 통합을 요구한다.

이런 생각들에 기반을 둔 이론들 중 하나가 줄리오 토노니가 주장한 의식의 '통합 정보 이론(integrated information theory)'이다.[30] 이 이론에 따르면 전형적인 의식 경험은 두 가지의 핵심적인 성질을 갖고 있다. 첫째로, 그것은 아주 고도로 '정보적(informative)'이다. 기술적인 의미에서 그것은 수많은 교차하는 경험을 배제한다. 예를 들면 등을 대고 누워서 전체 시야를 통해서 맑고 푸른 하늘을 쳐다보는 것 같은 아주 간단한 의식 경험도 그 순간 생길 수 있었을 수많은 다른 경험을 배제한다는 의미에서 아주 정보적이다. 하늘을 붉은 색이나 또 다른 색으로 볼 수도 있었고, 눈을 감을 수도 있었으며 한 무리의 새들이 머리 위로 날아가는 것을 경험하거나 근처의 대화에 주의 깊게 집중할 수도 있었을 것이다. 둘째로 그 경험은 아주 '통합적'이다. 이것은 경험이 부분으로 나누어질 수 없다는 것을 의미한다. 예를 들면 시야의 위와 아래 또는 하늘의 색과 공간 등으로 분리될 수 없다는 점이다.

의식의 '통합 정보' 모델을 고려하며 토노니는 다음과 같이 제안하였다. 즉 주어진 시간에 한 체계의 의식 수준은 얼마나 많은 가능한 상태(정보)가 전체로서 체계에 얼마나 이용될 수 있는가(통합)의 문제이다. 각성 상태에서 많은 가능한 상태들은 전체 체계에 이용 가능한 반면(그 체계는 통합 정보라는 점에서 풍부하다), 깊은 수면에서 이런 레파토리는 급작스럽게 단지 몇 개의 가능한 상태로 축소된다(그 체계는 통합 정보라는 점에서 빈곤하다). 이런 관점을 뇌에 옮겨보면 서파 수면에서는 통합 정보의 상당한 결여가 있다. 효율적 연결성은 단절되고, 서로 연결되지 않는 고립된 섬들만 남는다(통합 결여). 그리고 가능한 상태의 레파토리는 몇 개의 단순한 상태로 축소된다(정보 결여). 그러므로 통합 정보 모델에 의하면 깊은 수면은 의식이 아주 낮은 수준으로 줄어들거나 완전히 사라지는 상태이다.

통합 정보 이론은 정보라는 측면에서 의식의 질적인 풍부함과 정합성(coherence)에 대해 유용한 생각 방식을 제공하지만, 현상적 의식의 이론적 측면에서 보면 심각한 한계를 노출한다. 그러므로 꿈 없는 수면 동안에 존재하는 의식의 가능성을 배제하는 데 그것을 사용하는 것은 잘못된 일일 것이다. 토노니의 "의식은 다름이 아니라 통합 정보 바로 그것일 뿐이다."[31]라는 대담한 주장에도 불구하고, 통합 정보는 의식에 충분해보이지는 않는다. 컴퓨터가 고도의 통합 정보량을 가질 수는 있지만, 의식적인 것은 아니다. 더 일반적으로 말하면, 철학자 네드 블록이 지적한 것처럼, 통합 정보 이론은 정보의 여러 원천을 통합하여 복잡한 문제를 풀 수 있는 능력으로서의 지성과 감수능력 또는 자각의 느낌(현상적 의식)으로서의 의식을 구분하지 못하고 있다.[32] 통합 정보는 의식과 동일하기는 고사하고 의식을 설명하는 데 충분하지 않아 보이기 때문에, 그 정보 통합의 유무를 의식의 존재 유무를 파악하는 정의적 기준으로 삼아서는 안 된다.

우리는 또한 현상적 의식과 접근 의식의 차이를 염두에 두어야 한다. 현상적으로 의식적인 것은 자각의 느낌이 있는 상태라는 것을 의미한다. 예를 들면 당신이 꿈을 꿀 때는 현상적인 측면에서 의식적이다. 의식에 접근한다는 것은 자각의 내용물에 인지적 접근이 있는 상태라는 것을 의미한다. 대부분의 사람들은 밤에 꿈을 꾸지만 자신들의 꿈에 인지적 접근을 거의 하지 못한다. 즉 그 꿈을 기억하지 못해서 그것을 말로 보고할 수 없다. 의식에 접근한다는 것은 자각의 내용을 보고할 수 있을 정도로 기억 속에 담고 지속적으로 이어지는 생각에 그 내용을 사용할 수 있다는 것이다. 피질에서의 대규모 통합이 인지적으로 의식에 접근하는 경험에 필수적이긴 하지만, 모든 종류의 현상적 의식에 필수적인 것은 아니다. 예를 들면 요가와 베단따에서는 꿈 없는 깊은 수면에서는 대상 없는, 인지적으로 접근 불가능한 의식이 일어날 수 있다고 믿고 있다.

물론 티베트 불교뿐만 아니라 요가와 베단따도 깊은 수면 의식은 명상 수행을 통해서 인지적으로 접근 가능하다고 말한다. 우리는 곧 이 문제를 다룰 것이다.

수면 동안의 기억

요가와 베단따는 깊은 수면이 의식의 한 상태라는 점에서 일치된 견해를 보이지만, 꿈 없는 깊은 수면에서 무슨 일이 일어나는가라는 점에서는 의견이 다르다. 요가는 깊은 수면은 내적인 심적 감각의 변화 상태 중 하나이고, 그래서 인지적 활동, 특히 기억 형성이 지속된다고 한다. 그러나 베단따는 내적인 심적 감각은 깊은 수면에서는 완전히 차단되고 각성 시 다시 재활성화된다고 한다. 요가와 베단따의 이런 차이를 서양 수면 과학 관점에서 어떻게 보아야 하는가?

우리가 깊은 수면에서 의식이 존재하는가 하는 질문을 제쳐두고,

질문을 기억 처리 활동에 국한시킨다면, 과학이 주는 대답은 명백하다. 즉 기억 처리는 서파 수면에서 아주 활발하다는 것이다. 심리학과 뇌과학의 연구 결과들은 서파 수면이 깨어 있을 때 의식적으로 경험한 사건들의 안정적인 기억 형성을 촉진시킨다는 것을 보여준다.[33]

최근의 한 실험은 기억에 대한 냄새의 강력한 효과를 이용하였다. 특별한 냄새가 생생한 기억을 촉발할 수 있는데, 가장 유명한 예를 프루스트의 소설에서 볼 수 있다. 차에 적신 마들렌의 냄새와 맛이 화자가 오랫동안 잊고 지냈던 어린 시절의 세계인 콩브레라는 프랑스 마을로 삶을 되돌려 놓는다.[34] 실험에서는 피험자에게 장미 냄새에 노출시키고 관련 장소를 익히게 하여 공간기억 과제를 수행하게 하여, 장미향을 그날 밤 서파 수면에 있을 때 피험자에게 다시 노출시킨다. 자는 동안 냄새에 노출시키지 않은 대조군보다 서파 수면 동안 노출된 피험자들이 다음날의 과제에서 공간에 대한 회상이 의미 있게 향상된 것을 보여주었다. 또한 자는 동안 냄새에 노출시키는 것이 해마(경험된 사건에 대한 기억 형성과 호출에 핵심적인 뇌의 피질하 구조물)를 의미 있게 활성화시켰다.

또 다른 연구에서는 각성 시 새로운 기억을 획득할 때 활성화된 해마의 뉴런망이 동일하게 서파 수면에서 재활성화되는 것을 보여주었다. 예를 들면 쥐 실험에서 쥐들이 미로를 학습할 때 특정 장소에 반응하여 발화되는 해마 뉴런(소위 해마 위치 세포)은 이어지는 서파 수면 동안에도 동일한 순서로 발화된다. 이런 현상은 '해마 재활성

(hippocampal replay)'이라고 알려져 있다.[35] 그것은 마치 쥐들이 오프라인에서 미로를 다시 뛰는 것처럼 보였다. 더 정확하게 말하면, 쥐들이 미로를 뛰는 데 필요한 뉴런망은 각성 시의 활성 패턴을 반복하여 다음에 활용할 수 있도록 그 패턴을 강화시킨다. 해마 재활성은 인간에게서도 발견된다. 사람들이 컴퓨터 게임에서 가상 마을의 길을 배울 때 활성화되는 해마 영역은 서파 수면에서 재활성화된다. 게다가 수면 동안 해마 재활성이 강하면 강할수록 다음 날 길을 더 잘 기억하는 경향을 보인다.[36]

여러 연구들은 서파 수면이 새롭게 획득한 기억들을 강화하고 옛 기억들과 통합시킨다는 것을 보여준다. 심리학자들은 이런 과정을 '기억 강화(memory consolidation)'라고 부른다.

해마 재활성화는 기억 강화가 서파 수면에서 어떻게 일어나는가를 보여주는 주요 모델 중 핵심적인 것이다. 이 모델에 따르면 해마와 신피질(포유류 피질의 가장 바깥층)은 서로 기억을 새롭게 변형시키는 대화를 한다. 해마와 신피질은 서로 협력하여 장기 기억을 형성하고, 신피질은 그것을 담지한다(또는 다른 모델에 의하면 해마와 신피질은 서로 강화된 방식으로 협력한다고 한다).

대화 방식의 기본적인 측면을 살펴보자. 해마에서 신피질로 재활성화의 흐름이 있다. 그러나 신피질은 그 흐름을 지휘한다. 더 정확하게 말하면 해마의 재활성화는 신피질에서 비슷한 재활성화를 촉발하고, 새로운 기억 획득으로 활성화된 동일한 신피질망은 서파 수면에서 재활성화한다. 이런 식으로 해마는 신피질을 조율하고, 새로운 기억이 우선적으로 강화되어, 기존의 장기 기억망과 통합된다. 동시에 신피질은 재활성화의 흐름을 연속적인 '프레임(frame)'으로 구조화한다. 이런 프레임 형성(framing)은 피질 뉴런에서 상향 상태와 하향 상태 사이의 느린 진동을 통해서 일어난다. 상향 상태에서 뉴런들은 각성 상태에서처럼 발화하고, 하향 상태에서는 완전히 조용하다는 것을 상기하라. 신피질의 상향 상태는 해마를 상향 상태로 촉발하며, 해마의 재활성화가 일어나는 것과 보조를 맞추어서 발생하는 신피질의 재활성화의 연속적인 순간들을 결정한다.

기억 강화를 연속적인 순간 진동들로 '프레임 형성'하는 과정은 2장에서 언급한 의식적인 각성 지각의 흐름에서 보이는 연속적인 '프레임 형성'을 상기시킨다. 이런 두 경우(능동적인 지각과 지속적인 기억 형성)에서 얼른 보면 하나의 연속적인 과정으로 보이는 것들이 실제로 자세히 보면 분리되고 주기적인 구조를 갖고 있다는 것을 알 수 있다.

소위 '해마와 신피질의 대화'는 뇌과학자들이 부르는 '능동적 체계 강화(active system consolidation)'의 한 예로서, 자는 동안 재활성화함으로써 기억을 강화시키는 과정이다. 뉴런 수준에서 능동적 강화는 뉴런을 선택적으로 재활성화시키고 시냅스 연결을 강화시킨다.

요가에 의하면 깊은 수면은 미묘하고 잠재의식적인 심적 인상들과 기억이 함께 하는 상태이다. 서파 수면 동안의 능동적 기억 강화는 요가적 견해의 뇌과학적 대응물이다.

종자 수면(Seed Sleep)

우리는 또한 뇌과학에서 베단따 견해, 즉 깊은 수면은 꿈과 각성 의식의 '종자(seed)'를 담고 있다는 것의 대응물을 볼 수 있다. 아드와이따 베단따의 철학자인 가우다빠다와 샹까라는 깊은 수면을 '종자 수면'[37]으로 기술하였다. 종자 수면이라는 말로 그들이 의미하고자 하는 바는, 깊은 수면이 각성과 꿈 의식의 원인적(causal) 원천이라는 의미이다. 여기서 '원인적'이라는 말에 주목하자. 깊은 수면은 꿈 또는 각성 바로 이전의 원인적 상태이다. 그것은 꿈과 각성 경험의 발생 방식을 강하게 형태지운다. 베단따의 체계에서, 의식은 각성 상태에서는 물리적 신체와 자아를 동일시하고 꿈 상태에서는 심적인 꿈 속 신체와 자아를 동일시하는 데 반해, 꿈 없는 깊은 수면 상태에서는 미묘한 '원인적 신체'와 자아를 동일시한다.

한 측면에서 보면, 깊은 수면을 이렇게 보는 견해는 뇌과학의 견해와는 상당히 다르다. 뇌과학의 견해에서는 각성 시의 경험이 모든 의식의 기반이며, 깊은 수면에서 의식은 사라진다. 베단따에서는 각성과 꿈 의식은 깊은 수면에서 나오고, 깊은 수면에서 꿈과 각성으로 진전되어 가는 것은 의식과 체화(embodiment)가 미묘한 단계에서 거친 단계로 나아가는 것이다. 물리학적 비유를 들어보면, 베단따에서 깊은 수면은 의식의 '근원적 상태(ground state)'로서 가장 낮은 에너지 상태이며, 여기에서부터 꿈과 각성의 '흥분 상태(exciting state)'가 나오게 된다.

그러나 또 다른 측면에서 보면, 깊은 수면이 미래 경험의 기반이 된다는 생각은 뇌과학과 아주 유사하다. 수면이 능동적으로 각성 상태의 학습 능력과 새로운 기억 획득 능력을 촉진시킨다는 것은 잘 알려져 있다.[38] 게다가 서파 수면은 이어지는 렘수면에 강하게 영향을 미치는데, 이 수면은 꿈을 야기할 가능성이 많은 수면 단계이다.[39] 이런 생각에 의하면 서파 수면은 기억을 재활성화시켜서 그것을 강화할 뿐만 아니라, 이어지는 렘수면 동안의 강화를 위한 기억망을 점화시킨다. 렘수면은 항상 서파 수면을 뒤따른다. 이런 식으로 서파 수면의 기억 재활성화는 비렘수면에 대한 렘수면의 비율을 밤 동안 증가시키고 꿈의 종류도 결정짓는다.

자기-조직화하는 뇌파 활성의 연구에서 선도적인 연구자 중의 한 사람인 뇌과학자 교르기 부즈사키(György Buzsáki)는 수면을 뇌의 '디폴트 상태'(10장에서 언급하게 되는 '뇌 기능의 디폴트 양태'와 혼동해서는 안 된다)라고 불렀다.[40] 그가 여기에서 의미하고자 하는 바는 수면은 자기-조직화하는 상태(외부에서 주어지거나 명령받지 않고 자발적으로 나오는 것)라는 것이다. 뇌는 항상 이 상태로 자연스럽게 되돌아간다. 한편으로 각성 경험은 잠자고 휴식하는 데 영향을 미친다. 다른 한편으로 "그날 하루의 경험 이후에 … 뇌는 디폴트 패턴으로 돌아가서 뇌의 주인이 바로 직전 과거에 경험한 것과 서로 뒤얽힌다."[41]

부즈사키는 잠자는 동안 일어나는 자기-조직화 과정이 깨어 있을 때 뇌가 외부 세계에 반응하는 방식에 강하게 영향을 미친다고 주장하였다. 예를 들면 모든 정신병은 수면 변화와 연관되어 있다. 수면장애는 대개 각성 뇌가 겪는 환경과의 상호작용에서 나온다. 그러나 부즈사키가 지적한 것과 같이 인과관계는 다른 식으로 갈 가능성도 있다. 각성 뇌가 보여주는 증상들은 수면의 디폴트 상태의 혼란에 기인할지도 모른다.[42]

우리는 뇌과학에서의 이런 새로운 생각들에서 요가와 베단따의 오래된 견해와 유사한 점을 발견할 수 있다. 그 유사점은 깊은 수면이 각성 시 삶의 원인적 원천이며 각성시 삶이 종자를 심는 땅이라는 것이다.

명상하는 수면

깊은 수면에 대한 인도철학과 뇌과학의 개념을 비교하여 같이 보면서, 나는 이제까지 꿈 없는 수면에 대한 인도철학의 개념이 마치 비렘 서파 수면에 해당되는 것처럼 말하였다. 그러나 이런 설명은 사실 너무 단순한 것이다. 깊은 수면에 대한 인도철학 개념이 시사하는 것은 수면 상태를 더욱 세밀하게 분류(새로운 분류는 생리학적이면서 현상학적이어야 하고, 다양한 문화적 변수에도 잘 어울리면서 유연해야 하고 또한 명상 수행을 통해 훈련할 수 있는 것이어야 한다) 할 필요가 있다는 점이다.

비야사의 『요가경』 주석서에서는 수면을 세 가지(평화로운 수면, 편치 않은 수면, 무거운 수면)로 분류하였다. 요가의 우주론에 의하면 이런 세 가지 유형은 결국 물질 본성(구나(guṇas)라고 부른다)의 세 가지 '가닥(strands)' 또는 경향들 중 어느 것이 심신 복합체에서 우세를 점하는가에 의해서 결정된다. 전체적으로 둔한 성질 또는 비활성의 경향(타마스, tamas)이 일상적인 수면의 마음을 지배한다. 다른 두 가지 성질 또는 경향에 의해 변형되지 않으면 수면은 무겁거나 멍한 느낌이 든다. 흥분의 성질이나 활동 경향(라자스, rajas)이 지배적이면 수면은 편치 않고 불쾌한 느낌이 든다. 그리고 가볍거나 명료한 경향(사트와, sattva)이 지배적이면 수면은 평화롭고 상쾌한 느낌이 든다. 베단따 철학자들이 꿈 없는 깊은 수면을 환희로운 것이라고 표현하는 경우 이런 명료한 성질의 깊은 수면을 말하는 것이다.

그러나 비렘수면에서 깨어날 때, 잠을 자는 동안 내내 생각을 하고 있었다거나 종종 반복적인 사고의 순환고리를 빙빙 돌았다고 말하기도 한다. 이런 종류의 생각은 아마도 주로 비렘수면 2단계에서 일어나지만, 서파 수면에서 깨어날 때 보고하기도 한다.

철학자 오웬 플래나간(Owen Flanagan)은 자신의 책 『꿈꾸는 영혼: 수면, 꿈, 의식의 진화(Dreaming Souls: Sleep, Dreams, and Evolutions of the Conscious Mind)』에서 이런 연구 결과에 의지해서 꿈 없는 수면은 있을 수 없고, 따라서 의식을 완전히 결여한 수면은 없다고 주장한다.[43] 표준적인 뇌과학의 견해와는 달리, 플래나간은 잠들어 있을 때에도 항상 의식적이라고 생각한다. 왜냐하면 우리는 항상 꿈을 꾸기 때문이다. 그의 주장에 의하면 꿈은 단순한 감각적 심상을 포함하는 심적 활동이 아니라 잠자는 동안에 일어나는 일종의 의식적인 심적 활동이다. 만약 비렘수면에서 일어나는 반복적인 사고를 꿈이라고 한다면, 또한 만약 이런 심적 활동이 서파 수면에서 일어날 수 있다면, 우리는 모든 수면 단계에서 꿈을 꾸는 셈이 되고, 적어도 약간은 의식을 갖는 셈이 된다.

그러나 인도 요가의 관점에서 보면, 꿈 없는 수면이 존재하는지 여부와 자는 동안에 의식이 항상 존재하는지 여부를 분명히 구분할 필요가 있다. 요가와 베단따는 잠들어 있는 동안에도 의식이 항상 존재한다는 점에서는 동의한다. 그러나 '꿈꾸는 것'이 넓은 의미에서 일종의 수면 중의 사고라고 정의한다 해도, 항상 꿈을 꾸기 때문에 의식이 항상 존재한다고 말하는 것은 아니다. 이와는 달리, 요가와 베단따에서 말하는 '깊은 수면'은 아무런 감각적, 심적 대상 자각이 없는 것, 즉 아무런 이미지와 사고가 없는 것을 의미한다. 그렇지만 자각은 있어서 이것은 의식 상태이다. 따라서 이것은 대상 없는 의식 양태이다. 요가의 체계에서 깨어날 때 반복적인 사고를 보고한다는 것은 강한 흥분의 성질 또는 움직이려는 마음의 경향을 갖고 있는(라자스 수면) 더 거칠고 얕은 수면 상태를 가리키는 것이다.

수면과 꿈을 연구하는 과학자인 앨런 홉슨이 서파 수면 동안 동일하게 반복하는 사고를 각성 시에 보고하는 것의 신뢰성에 대해 의문을 제기하는 이유들을 고찰해보자.

> 깊은 수면에서 깨어난 다음, 바로 그 앞의 심적 활동에 대한 보고는 믿을 수 없다. 왜냐하면 깨어날 때 흐릿한 뇌의 상태를 거쳐야 하기 때문이다. … 심지어 때로는 실험적 보고에 의해 깊이 잠든 뇌가 낮은 수준의 사고가 가능하다고 할지라도, 깨어나서 보고할 때 완전히 각성되었다고 보기는 어렵다. 각성 과정의 혼란스러움이 보고에서 볼 수 있는 혼돈과 파편적인 언급을 자극하기도 한다. 그리고 심지어 깊은 수면에 든 사람들이 면담을 할 정도로 충분히 일어나있는 상태라고 할지라도, 그들은 여전히 뇌파에서 큰 서파를 보이고 있고, 그것은 그들이 잠들어 있거나 각성되어 있는 상태와는 아주 다른 혼미 상태(semistuporous)에 있다는 것을 보여준다. 사실 그들은 심지어 환각 상태에 있거나 불안해졌거나 마치 자신이 섬망을 겪는 것처럼 작화(confabulate, 作話)하고 있을 것이다. 이것이 바로 어린아이들의 야경증에서 일어나는 것이다.[44]

분명히 이것도 깊은 수면에 대한 인도 요가의 개념과는 상당한 거리가 있다. 반추 사고를 보고하는 것도, 각성 환각 시의 작화도 모두 요가와 베단따가 깊은 수면을 심적 활동이 없는 평화롭고 환희에 찬 상태로 묘사하며, 그런 평화로운 깊은 수면에서 깨어나면 맑고 상쾌한 기분을 느낀다고 하는 것(사트와 수면)과 전혀 일치하지 않는다.

요가의 관점에서 보면 홉슨이 말한 것은 깨어날 때 심적 흥분과 함께 둔한 성질을 갖는 그런 수면 상태를 말한다.

내가 말하고자 하는 것은 모든 수면 과학이 고대 인도의 세 가지 구나 개념을 사용하여 수면 분류를 더욱 세분하여야 한다는 것은 전혀 아니다. 결국 기존의 과학적 범주를 사용하여 꿈 없는 깊은 수면의 인도적 개념을 가늠할 수는 없다. 특히 생리학적으로 정의된 수면 단계의 분류로서는 더욱 그럴 수 없다. 심지어 과학적 관점에서 보아도 이런 단계 구분은 수면 동안 순간순간의 역동적 전기 활성을 잡아내기에는 너무나 개략적인 것으로 간주되고 있다. 그 수면 단계와 관련된 경험에 있어서는 더 말할 것도 없다.[45] 인도적 견해의 형이상학적 배경은 현대 과학의 형이상학적 배경과 다르다는 것은 말할 것도 없고, 인도적 견해는 현상학적인 것이지 생리학적인 것이 아니며, 명상적 관점에서 수면을 이해하고자 하는 규범적 틀에 놓여 있다. 수면 과학과 의식의 뇌과학을 꿈 없는 깊은 수면의 인도적 개념과 연관시키기 위해서는 수면을 명상을 통해서 훈련할 수 있는 의식의 한 양태로 볼 필요가 있다.

요가의 관점에서 보면 정기적으로 환희에 찬 깊은 수면에 들어가기 위해서는 근본 가치인 비폭력(아힘사, ahiṃsā)으로 다져진 고요하고 평화로운 삶을 살아야 한다. 매일 명상을 하고, 자고 일어나는 것 그 자체를 명상으로 보아야 한다. 즉 잠에 들어가고 나오는 마음을 관찰해야 한다. 그래야만 각성, 꿈, 깊은 수면의 변화하는 상태를 '보는 자(seer)' 또는 목격 자각의 진정한 형태와 자동적으로 동일시하는 것을 막을 수 있다. 그러므로 20세기 신(新)베단따 운동에서 발생하였지만, 그 근원은 탄트라(Tantra)로 알려진 보다 오래된 전통에 있는 요가 니드라(yoga nidrā) 또는 '요가 수면'의 현대적 수행에서 호흡법, 집중, 시각화, 신체에 대한 주의집중, 심상과 생각을 버리는 기법들을 사용한다. 이렇게 하여 각성 시의 마음은 각성과 깊은 수면의 경계에서 명료한 자각(lucid awareness)이라는 독특한 상태로 들어가게 된다.[46] 이런 수행을 오랫동안 하게 되면 깊은 수면은 평화로워지고 상쾌해진다고 한다. 부가적인 효과는 수면의 전체 과정을 명료하게 목격하고, 깨어났을 때 수면의 성질을 기억하는 능력이 더 커진다는 것이다.

밝은 빛의 수면

이 장에서 나는 불교가 아니라 요가와 베단따에 초점을 맞추었다. 왜냐하면 이 학파들에 속하는 철학자들이 인도의 불교철학자보다 깊은 수면을 의식의 한 양태로 명확하게 주장하고 있기 때문이었다. 그러나 깊은 수면을 명료하게 목격할 수 있다는 생각은 티베트 불교의 수면 요가 수행에서 핵심적인 것이다. 이런 수행 전통은 인도의 불교 스승인 빠드마삼바와(Padmasambhava, 蓮華生, 약 8세기)에 의해 수립된 것이다. 여기에서 이에 대해 언급할 필요가 있다.[47]

티베트 불교의 수면 요가 가르침에 의하면 우리가 잠에 들면 자각은 다섯 가지 감각과 여섯 번째 심적 감각에서 떨어져 나가서 결국은 텅 비어버리고 어둠으로 떨어진다. 길든 짧든지 간에 어느 정도의 시간이 흐른 후 꿈이 일어난다. 잠에 들어가는 순간과 꿈이 발생하기 전의 그 상태가 꿈 없는 깊은 수면이다.

그러나 깊은 수면은 한 가지 이상의 다양한 방식으로 일어날 수 있다. 일상적인 깊은 수면뿐만 아니라 깊고 명료한 수면(lucid deep sleep)이 있다. 일상적인 깊은 수면은 '무지의 수면'으로 불린다. 자각은 텅 비어 있고 완전한 어둠에 휩싸여 있다. 깊고 명료한 수면은 '밝은 빛의 수면'으로 불린다. 이것은 '신체는 잠들어 있지만, 수행자가 어둠이나 꿈에서 길을 잃지 않고, 순수한 자각 속에 머물 때 일어난다.'[48] 깊은 수면에서 이렇게 명료하게 자각하는 것은 꿈에서 그러는 것보다 훨씬 힘들다. 이렇게 되기 위해서는 높은 경지의 명상적 깨달음이 필요하다.

우리는 일상적으로 거친 의식(다섯 가지 감각[前五識]과 여섯 번째 심적 기관[第六意識])과 자신을 동일시하는데, 이것들은 깊은 수면 동안 차단되기 때문에 일상적인 마음이 보기에 깊은 수면은 의식이 없는 상태처럼 보인다. 그러나 감각과 심적 의식의 바탕을 이루는 '토대(substrate)' 또는 '기저 의식(base consciousness)'을 구성하는 순수 인식의 보다 미묘한 차원은 각성, 꿈, 깊은 수면 동안 순간순간 지속된다. 깊고 명료한 수면은 명료성 또는 광명이라는 기본적인 성질을 갖고 있기 때문에 직접 순수 자각(요가와 베단따에서는 환희에 찬 경험이라고 기술되고 있다)을 경험할 기회를 제공한다.

깊은 수면에 대한 티베트 불교, 요가, 베단따의 서술은 여러 가지 점에서 일치한다. 요가와 베단따에서는 깊은 수면의 공백이나 텅 빔은 감각적, 심적 자각 대상이 없기 때문이라고 한다. 그 반면 어둠은 순수 자각의 존재를 감추는 무지 때문이라고 한다. 깊은 수면을 명료하게 목격한다는 것은 감춰진 무지가 제거되고 순수 자각이 빛을 발한다는 것을 의미한다. 그것은 마치 무겁게 구름에 뒤덮인 하늘이 맑게 개면 태양이 드러나는 것과 같다. 티베트 불교의 서술도 유사하다. 현대 티베트 불교의 스승인 족첸 폰롭(Dzogchen Ponlop)의 말을 들어보자.

> 사실 깊은 수면의 본질은 위대한 광명에 있다. 그것은 마음의 진정한 본질이다. 그것은 정말 밝고 정말 생생하다. 그것은 꽉 찬 명료성이다. 명료성이 꽉 차 있기 때문에 미혹된 마음에는 아무것도 보이지 않는다. 우리가 깊은 수면의 무지를 정화하고 망상을 넘어서서 강한 명료성으로 들어가면 그때 우리 마음은 명료하고 빛나는 본질을 경험하게 된다.[49]

수면 요가의 수행에서 잠에 드는 순간은 순수 자각의 광명 또는 명료성을 자각할 수 있는 핵심적인 순간이다.

> 우리는 언제 이런 광명을 명상하는가? 무엇보다도 우리는 각성 상태가 해체되는 바로 그 순간에 마음의 진정한 본질을 직접적으로 경험할 수 있도록 노력해야만 한다. 그때 우리는 보리심[모든 중생들에게 유익하도록 깨달음을 얻고자 하는 소망]을 발생시키고, 다른 생각에 의해 끊이지 않고, 명료성의 측면을 관찰하고자 하는 의도와 함께 마음 그 자체를 마음챙기고 자각하면서 관찰하게 된다. 잠이 드는 바로 그 순간에 순수 자각이 명료하게 빛나고, 생생함과 밝음에 가득 차 있다고 가르쳐진다. 이것은 아주 짧은 순간이다. 처음 그리고 두 번째, 세 번째에도 계속해서 그것을 놓칠지라도, 우리가 이런 식으로 관찰하는 데 익숙해지면 결국 이런 광명을 보게 될 것이다. 마음챙김이 흔들리지 않게 함으로써 우리는 의식 상태에서 수면 상태로 들어가는 동안 이런 경험을 유지할 수 있다.[50]

깊고 명료한 수면에 들어가는 또 다른 방법은 자각몽에서 꿈 상태를 꿰뚫어보는 것을 훈련하는 것이다. 5장에서 언급했던 앨런 월리스가 다람살라에서 나에게 가르쳐준 꿈 요가 지침을 떠올려보자. 꿈 상태를 자각하고 그 꿈을 변형시킨 후에 완전히 꿈에 용해됨으로써 꿈을 꿰뚫어보는 시도를 할 수 있다. 우리는 심상과 사고를 놓아버리고 자각하고 있다는 바로 그 자각에 머무른다. 이런 식으로 자각하는 것은 꿈 없는 깊은 수면을 명료하게 경험하는 것이다.

잠이 드는 순간에 감각적, 심적 기능이 완전히 차단되고, 꿈이 발생하기 전에 명료하게 빛나는 순수 자각이 발생하는 것은 죽을 때 일어나는 현상과 유사하다고 한다. 이런 이유 때문에 수면 요가는 죽음이라는 불가피한 경험에도 효력을 발휘하는 수행이다.

명상 수면 과학

수면 과학의 기존 범주를 사용해서는 꿈 없는 깊은 수면에 대한 인도와 티베트 요가의 개념을 파악할 수 없다는 사실을 수면 요가는 잘 보여주고 있다. 자는 동안 의식에 어떤 일이 벌어지는가에 대한 일인칭적 관찰과 연관된 것 외에 인도와 티베트의 이런 개념들은 명상 체계 속에 녹아 있다. 이런 명상체계가 목표로 하는 것은 특정한 어떤 수면들을 발생시키고 촉진시키는 것이다. 이런 수면 상태들을 20세기 미국과 유럽의 수면 연구에 기인한 생리적 틀에 맞추지 말고, 수면 중에 마음을 이해하고 훈련시키는 명상적 방법을 포함하는 형태로 수면 과학을 확장시켜야 한다. 이런 기획을 위해서는 수면 과학자, 수면 요기들, 인도와 티베트 전통의 명상학자들이 다 함께 작업을 해서 잠자는 마음을 다시 그려내어야 한다. 간단히 말해서 우리는 새로운 종류의 수면 과학(명상적 수면 과학)이 필요하다.

예를 들어서 위에서 언급했던 꿈 상태를 꿰뚫어보는 티베트 불교의 수행을 고려해보자. 이런 수행은 자각몽을 통해서 깊고 명료한 수면 상태로 들어간다. 그러나 자각몽은 주로 '위상(phasic)' 렘수면 동안 일어나는 듯이 보인다. 그 동안에는 렘수면에서 기존의 높은 수준의 피질 활성에 짧고 빠른 증가가 있다. 게다가 자각몽은 뇌파에서 대규모의 정합적인 감마 진동과 연관성을 보인다.[51] 자각몽 상태에서 깊고 명료한 수면으로 들어갈 때 뉴런 패턴에는 어떤 일이 일어나는가? 일반적으로 명료한 수면은 이런 종류의 대규모의 감마 활성을 필요로 하는가? 이런 감마 활성은 언어로 보고 가능한 의식적 자각과 강하게 연관되어 있는 것으로 알려져 있다. 또는 이 질문을 보다 추상적으로 표현하면, 깊은 수면에 경험적으로 접근하는 데에는 정보통합이 필요한가? 이런 정보통합은 멀리 떨어져 있는 피질 간의 뉴런 시스템이 빠른 소통을 할 수 있을 때 형성되는 것이다. 만약 그렇다면 꿈 없는 명료한 수면이 어떻게 표준적인 수면 과학에서 말하는 순수한 서파 비렘 상태로 볼 수 있겠는가? 하지만 수면의 신경생리학과 의식의 뉴런상관물에 대한 제한된 지식을 고려해보면, 명료한 자각을 갖는 깊은 수면의 신경 상관물이 어떤 것인가를 어림잡기는 어렵다. 오늘날까지 (내가 알기로는) 티베트 불교와 수면 요가에 대한 과학적 연구가 발표된 것은 없다. 그러므로 자각몽과 명료한 깊은 수면 사이의 관계에 대한 이런 의문들은 완전히 미지의 영역에 놓여 있는 셈이다.

추정해서 생각해보자. 아마도 깊은 수면의 의식은 어쨌든 뉴런이 약 일초 동안 각성 시의 진동수로 발화하는 서파 수면의 상향 상태와 연관되어 있을 것이다. 단일 뉴런 수준과 더 큰 수준의 뉴런 집단 모두에서 상향 상태 역동학은 각성과 활성화된 뇌의 역동학과 아주 유사하다. 이런 이유로 뇌과학자들은 서파 수면의 상향 상태를 '깨어 있음의 단편들(fragments of wakefulness)' 또는 '미세 각성과 유사한 활성(micro-wake-like activity)'을 짧은 순간 회복한 것으로 간주한다.[52] 티베트 불교에 의하면 깊은 수면에 존재하는 토대 의식은 본질적으로 순간적이다. 즉 분절된 순간들의 연속체로 존재한다. 이런 순간적인 성질은 상향 상태의 순간적인 성질과 달라 보이지 않는다. 게다가 낮은 감마 진동(40–80헤르츠)과 높은 감마 진동(80–120헤르츠)은 많은 피질 영역에서 거의 동시에 상향 상태에서 일어난다.[53] 서파 수면의 감마 진동의 기능은 알려진 바가 없지만, 아마도 기억 강화를 지지하는 듯이 보인다. 또 다른 추정 가능한 것은 이런 감마 진동이 깊은 수면 동안의 미묘한 의식적 자각의 존재와도 연관되어 수면 요가 수행에 영향을 미친다는 것이다.

더 일반적으로 말하면, 뇌의 서로 다른 영역들이 동시에 상향 상태와 하향 상태에 있을 수 있기 때문에 — 또는 다른 식으로 말하면 서로 다른 여러 뉴런망이 동시에 '깨어 있거나' 또는 '자고 있기' 때문에[54] — 깊고 명료한 수면의 신경 상관물은 뇌의 한 영역은 '깨어 있고' 또 다른 뇌의 영역은 '잠들어 있는' 것 모두를 포함한다.

명상과 수면의 뇌과학적 연구 두 가지가 이런 점에서 시사적이다. 첫째는 줄리오 토노니와 리차드 데이비슨의 연구실에서 행한 최근의 한 연구이다.[55] 그들은 숙련된 상좌부 불교 수행자와 티베트 불교 명상 수행자에게서 서파 수면을 검사하였다. 그 결과 장기 명상자들은 비명상자들에 비해 비렘수면 동안 두정 후두 영역에서 더 높은 뇌파 감마 활성이 증가되어 있다는 것을 발견하였다. 더 높은 활성은 명상 수행 기간과 정적(正的) 상관관계를 보여주었다. 이런 연구 결과는 주목할 만하다. 왜냐하면 감마 진동 전기적 뇌활성은 의식적 인지 과정의 잘 알려진 뉴런 표식자(neural marker)이고, 렘수면에서 자각몽과 비자각몽을 구별하여 주기 때문이다.[56] 비렘수면 동안 감마 활성은 일반적으로 감소하는 경향이 있지만, 명상 수행자가 보이는 더 높은 감마 활성은 잠자는 동안 일정한 수준의 자각을 유지하는 능력을 반영하고 있다.

두 번째는 초월 명상(Transcendental Meditation, TM) 장기 수행자들의 수면에 대한 좀 더 오래된 연구이다. 그들은 자는 동안 '목격하는' 주관적 경험을 보고했다.[57] 초월 명상에서 이런 경험은 '의식의 보다 높은 경지'로 개념화되어 있다. 그 경지에서는 자는 동안은 조용하고 평화로운 자각을 느끼고, 깨어났을 때는 상쾌한 느낌을 받는다. 이 연구에서는 세 가지 그룹(장기 수행자, 단기 수행자, 초월 명상 경험이 없는 사람)을 비교하였다. 이 연구 결과 장기 수행자들은 3단계와 4단계 수면에서 세타와 알파파 활성이 나타났고, 서파 수면 동안 독특한 뇌파 패턴과 근전도(EMG)에서의 수의근의 활동이 감소한다는 것을 보여주었다. 우리는 이런 특징적인 생리적 패턴이 무엇을 의미하는지, 그런 뇌파 패턴이 초월 명상에 기인하는지, 아니면 다른 요인에 기인하는지를 명확하게 결론내릴 수 없지만, 연구자들은 이런 결과들을 수면을 목격한다고 보고하는 사람들에게는 다른 종류의 서파 수면이 존재한다는 것을 지지하는 결과라고 해석하고 있다.

또 다른 몇몇 연구들은 명상 수행이 수면 패턴의 변화와 연관성이 있는지를 조사하였다. 그들은 장기 수행자와 비수행자를 비교하였다.[58] 한 연구를 살펴보자. 이 연구는 숙련된 초월 명상 수행자와 다른 요가 명상 수행자들이 유의미하게 높은 멜라토닌 호르몬 양을 보여준다는 것을 발견하였다. 이 호르몬은 수면-각성 주기를 조절하는데, 송과선에서 분비된다. 명상을 할 때의 밤에 측정한 양이 명상을 하지 않은 때의 밤에 측정한 것에 비해서 높았다.[59] 이런 증가가 일어난 생리적 경로는 알려져 있지 않지만, 이런 명상 수행이 수면-각성 주기의 기저에 있는 기본 생리적 과정에 영향을 미칠 수 있다는 것을 시사하고 있다.

두 개의 또 다른 연구는 숙련된 상좌부 위빠사나 명상 수행자와 수다르샨 끄리야 요가(Sudarshan Kriya Yoga)라고 불리는 호흡 요가 방법에 숙련된 수행자가 대조군에 비해서 서파 수면의 양이 유의미하게 늘어나 있다는 것을 보여주고 있다. 대조군은 30대에서 60대의 동일군에서 추출한 집단이었다.[60] 서파 수면의 양이 나이가 들면서 줄어드는 것이 일반적이지만, 중년의 숙련된 수행자 그룹은 젊은 그룹의 서파 수면량과 동일하다는 것을 보여주었다. 게다가 위빠사나 수행자들은 모든 연령 그룹의 비수행자들에 비해서 수면 주기(비렘수면

1-4와 렘수면)의 횟수가 많을 뿐만 아니라 더 많은 렘수면을 유의미하게 보여주고 있다.

간단히 말해서, 요가와 위빠사나 명상 수행은 수면 생리의 많은 변화와 연관성을 보인다. 그렇기에 이런 명상 수행이 수면 연관 현상, 예를 들면 건강뿐만 아니라 학습과 기억 강화 등의 변화와 연관되어 있다고 추정하는 것은 합리적이다.

앞에서 말한 이런 세 가지 연구는 명상이 수면 생리에 미치는 잠재적 영향에 초점을 맞추고 있지만, 수면 동안의 의식과 그것의 생리적 상관물을 탐구하는 수단으로 명상 훈련을 사용하지는 않았다. 명상 수면 과학을 창출하기 위해서는 이런 많은 연구들이 필요하다. 그리고 수면을 이해하기 위해서는 서양 과학과 인도, 티베트의 명상 체계를 연결 짓는 것이 필요하다.

명상 수면 과학의 한 가지 유익한 점은 이 장을 이끌어오던 의문(꿈 없는 깊은 수면은 의식의 또 다른 한 양태라고 할 수 있는가)에 대해 새로운 접근법을 제공한다는 점이다. 다음과 같은 잠정적인 작업가설을 고려해보자. 즉, 수면 요가와 꿈 요가의 숙련된 수행자에게서 우리는 수면의 현상적인 성질에 대한 주관적인 보고와 객관적인 여러 생리적 측정들(뇌뿐만 아니라 신체 전체에 걸쳐서) 사이의 밀접한 관계를 파악해야만 한다. 만약 뛰어난 수면 요기들이 꿈 없는 깊은 수면이라고 부르는 상태의 경험에서 깨어나 그 경험을 보고할 수 있다면, 또한 만약 수면 과학자들이 이런 보고들을 수면 생리학의 아주 세밀한 연구 결과 및 의식의 신경 상관물과 연관시킬 수 있다면, (적어도 어떤 사람에게는) 꿈 없는 깊은 수면이 현상적 의식의 한 양태이며, 이런 의식의 어떤 성질들은 언어적 보고로 접근 가능하다는 것을 실험적 과학으로 입증할 수 있는 새로운 연구 결과들을 얻을 수 있을 것이다.

09

죽음

죽을 때 무슨 일이 일어나는가?

09

죽음

죽을 때 무슨 일이 일어나는가?

나는 인류학자이자 선사(禪師)인 조안 핼리팩스(Joan Halifax)가 하는 이야기를 여러 번 들었지만, 그 이야기의 힘은 결코 사라지지 않는 것 같다. 그녀의 책 『죽음과 함께 하는 삶(Being with Dying)』을 인용해 보겠다.

> 한 그룹의 사람들이 명상 집중 수행을 위해서 모이면, 한 사람의 마음과 삶에 중요한 전환이 일어날 수 있다. 나는 특히 어느 집중 수행에서 있었던 일을 가끔 떠올리곤 한다. 왜냐하면 어느 날 일어난 일이 무서울 정도로 명확하게 우리가 깃든 인간 신체의 허약함과 불교에서 말하는 '생사의 거대한 문제'가 갖는 무게

를 여실히 보여주었기 때문이었다.

그 집중 수행은 캐나다의 코르테즈 섬의 조용한 센터에서 1970년대 언제쯤 개최되었다. 장소는 당시 콜드 마운틴 인스티튜트(Cold Mountain Institute)라고 불렸다. 프로그램이 시작되는 아침이었다. 조용한 좌선 명상 첫 회를 막 끝낸 참이었다. 부드럽게 종이 울리면서 첫 회의 끝을 알렸다. 모두 다리를 펴고 경행을 하기 위해서 일어섰다. 그러나 한 사람은 그대로 앉아 있었다.

나는 그 사람을 보기 위해 몸을 돌렸을 때의 느낌을 기억한다. 그는 왜 일어나지 않았을까? 그는 결가부좌 자세로 계속 앉아 있었다. 다리는 완전히 접혀 있었고, 발은 허벅지에 올라가 있었다. 그리고 내가 너무 놀라서 보았을 때, 그의 몸은 한쪽으로 기울여졌고 꼬꾸라지면서 바닥으로 떨어졌다. 그는 그 자리에서 죽었던 것이다. 집중 수행에 참석한 몇 명의 의사와 간호사가 급히 심폐소생술을 하고 산소를 공급하였지만 너무 늦었다. 이후 우리가 좌선하고 있을 때 그의 대동맥이 파열되었다는 것을 알게 되었다.

그 사람은 너무나 건강하였고 아마도 30대 후반 정도였을 것이다. 그는 자신이 집중 수행에 왔다가 죽을 것이라고는 절대로 상상하지 못하였을 것이다. 그러나 그날 명상하려고 60명이 앉았지만, 일어선 사람은 단지 59명뿐이었다.[1]

우리 모두는 빠르든 늦든 언젠가는 죽는다. 이런 사실은 다른 것과 같지 않다. 그것은 우리 모두가 죽을 것이라는 의미가 아니다. 그것은 바로 나, 나 자신이 죽을 것이라는 사실이다. 언제 또는 어떻게 죽을지 나는 모른다. 그러나 언젠가 그것이 일어날 것이라는 점을 나는 확신할 수 있다. 그러나 이렇게 확실함에도 불구하고 내가 죽을 것이라는 사실은 파악하기 가장 어려운 사실이고, 또한 그것을 외면하기 가장 쉬운 사실이다. "이 세상에서 가장 놀라운 일은 무엇인가?"라고 죽음의 신인 야마(Yama)가 묻자, 그의 아들 유디스티라(Yudhiṣthira)가 답했다. "이 세상에서 가장 놀라운 일은 우리를 둘러싸고 있는 모든 사람은 죽을 수 있지만, 우리는 그것이 우리에게 일어나리라고는 믿지 않는다는 것입니다."[2]

인간 역사상 다른 어떠한 사회와도 달리 현대 서양 사회는 우리 자신이 죽는다는 불가피성에 대해 눈을 감도록 조장한다. 이렇게 조장하는 방식은 참으로 다양하다. 그중 하나는 죽음을 우리의 시야에서 숨기는 것이다. 이런 말을 하고 있는 내 나이가 49세이었지만, 나는 아직까지 한번도 시체를 본 적이 없다. 단지 두 번 거의 죽어가는 상태에 놓인 누군가의 곁에 있어본 적이 있다. 인간의 역사상 이렇게 오래 살면서도 이렇게 죽음을 적게 본 적은 없었을 것이다.

우리가 조상들보다 죽음을 적게 보는 이유는 생의학(biomedicine)의 발달로 더 오래 살기 때문이라고 생각할 수도 있다. 그러나 생의학은 독특하고 강력한 방식으로 죽음을 숨기기도 한다. 생의학은 주관적이고 개인적인 일이라기보다는 본질적으로 객관적이고 비개인적인 사건인 것처럼 죽음에 대해 말한다. 순수하게 생의학적인 관점에서 보면 죽음은 외적인 의식 신호의 사라짐과 함께 생체 기능의 붕괴로 이루어져 있다. 이런 관점에서는 붕괴에 대한 주관적인 경험과 자기 자신의 죽음의 불가피성이 갖는 의미를 놓치게 된다. 생의학은 죽음의 내적 경험과 죽음이 갖는 실존적 의미를 숨긴다.

유물론적인 입장을 취하는 과학자와 철학자들은 죽음의 경험에 대해 별로 말할 것이 많지 않다고 주장할 것이다. 왜냐하면 죽음은 의식의 무화(無化)이자 소멸이기 때문이다. 그러나 죽음은 모든 의식의 완전한 멈춤이라고 믿도록 과학이 정말로 충분한 설명을 줄 수 있는가라는 주제는 차치하고라도, 죽음에 대한 이런 개념은 충분하지 않다. 왜냐하면 이런 개념은 죽어감(dying)의 경험에 대해 아무것도 말해주지 않기 때문이다.

이와는 대조적으로 인도와 티베트 요가 전통은 죽어감의 과정에서 일어나는 의식의 변화에 대해 아주 자세히 설명해주고 있다. 앞의 장들에서 보았던 것처럼, 특히 티베트 불교는 죽음에 대해 풍부한 명상적 관점을 제공해준다. 여기에는 죽음을 준비하는 명상과 죽어가는 과정에서의 수행도 포함된다. 생의학적 관점은 죽어감과 죽음에 대한 이런 종류의 경험적 견해를 놓치고 있다.

그렇지만 이국적인 문화와 신념 체계에 뿌리내린 이런 요가 전통이 현대 서양의 상황에서 죽음에 대한 경험적 접근을 회복시켜 주는데 어떻게 도움이 될 것인지에 대해서 의아해할 수 있을 것이다. 또 다른 측면에서 서양 과학과 의학이 죽음에 명상적 방식으로 접근하는 것을 더 진전시키고 풍부하게 해주는 데 도움이 될 수 있는지에 대해서도 의아해할 수 있을 것이다. 이것은 뇌과학자이면서 심리학자인 레베카 토드(Rebecca Todd) — 우리는 어린 시절인 1970년대부터 알던 사이였고, 20년 이상 나는 그녀의 사랑을 소중히 여겨왔다 — 와 함께 나눈 대화에서 제기했던 몇몇 의문점들이다. 우리는 뉴멕시코 산타페의 우파야 연구소 및 선 센터에서 열린 명상적 말기 의료(end-of-life care)를 위한 '죽음과 함께 하는 삶'이라는 훈련 프로그램에 참석하기 위해 동반 여행을 하였다.

죽음과 함께 하는 삶

2011년 5월, 레베카와 나는 '죽음과 함께 하는 삶'이라는 프로그램에 전념하기 위해 우리의 일들을 뒤로 하고 선 센터를 향해 떠났다. 이 프로그램은 1994년 조안 핼리팩스(또는 조안 선사, 불교계에서 널리 알려진 인물)가 창안한 것으로 죽음의 심리적, 영적, 사회적 측면에서 의료 전문가들과 죽음에 직면한 사람들을 훈련시키기 위한 프로그램이다.[3] 프로그램은 8일 동안 지속되었고, 매일 아침 7시에 시작하여 밤 9시까지 진행되었다. 65명의 참가자들 중 지역 지도자와 몬타나의 작은 마을의 전직 시장, 그리고 우리들만이 죽음에 직면한 사람들과 그 가족들을 치료하는 의료 전문가들이 아니었다. 우리는 그 특별한 사람들과 함께하고 그들에게서 배우기를 기대하였다. 그들 중 많은 사람들은 죽어가는 사람들을 돌보는 것이 직업(완화치료 간호사와 의사, 정신과 의사와 사회복지사, 사제와 호스피스 전문가)이었다.[4] 전 세계에서 온 사람들이었다. 그들 중 많은 사람들이 지쳐 있었다. 그들이 지친 이유는 자신들이 사랑하는 임상적인 실무 때문이 아니라, 현대적 병원이 주는 스트레스와 행정적 업무와 그러한 일들이 죽음에 직면한 사람들과 그들을 돌보아주는 사람에게 미치는 영향을 다루어야만 하는 것 때문이었다.

'죽음과 함께하는 삶'이라는 훈련 프로그램은 과학과 임상 치료에 대한 강의와 명상, 요가뿐만 아니라 소그룹의 경험 학습을 결합한 것이었다. 그 훈련 프로그램의 핵심은 마음챙기는 자각과 자비심으로 죽음(자신의 죽음이든 타인의 죽음이든)에 직면하는 것을 배우기 위해 반성적이고 명상적인 수행을 하는 것이다.

첫날 아침 조안 선사는 '어떻게 죽는 것이 최악의 시나리오인가?'라는 제목에 대해 아무 거리낌 없이 5분 동안 자유롭게 써보라고 하였다. 5분이 지나자 우리가 경험하고 있는 느낌과 감정적 반응에 주목하게 되었다. 그리고서 우리는 "정말로 어떻게 죽기를 원하는가?"라는 질문에 대한 답을 다시 5분에 걸쳐서 기록하였다. 아무도 병원에서 죽기를 원하지 않았고 최악의 죽음 시나리오 중 몇몇은 병원에서 죽는 것도 포함되어 있다는 사실은 놀라운 일이었다.

둘째 날은 '아홉 관조(Nine Contemplation)'라고 부르는 명상으로 시작하였다. 이것은 11세기 인도 불교 스승인 아띠샤(Atiśa)에게서 유래된 것이다. 조안 선사는 우리 모두가 죽을 수밖에 없는 운명이라는 것을 직면하는 성찰로 명상을 시작하였다. 그녀는 우리에게 이렇게 말했다. "몸을 이완시키고 고요하게 하면서 선방의 쿠션과 의자에 몸을 안착시키세요. 눈을 감거나 약간 눈을 뜨더라도 특정한 장소에 주목하지 마세요. 마음을 편히 하세요. 호흡에 주의를 기울이세요." 아홉 관조 훈련 방법은 삶과 죽음의 본질을 떠올리게 하였다. 다음에 언급된 진리들을 숙고하여라.

첫 번째 관조
우리 모두는 빠르든 늦든 언젠가 죽을 것이다.
죽음은 불가피하다. 아무도 예외가 없다.
이런 생각을 마음에 품으면서, 나는 호흡에 머문다.

두 번째 관조
내 수명은 점차로 줄어든다.
인간의 수명은 점차 줄어든다. 매 호흡이 우리를 죽음으로 점점 더 가까이 데려간다.
이런 생각을 마음에 품으면서, 나는 더 깊이 그 진리에 천착한다.

세 번째 관조
죽음은 내가 준비되었든 아니든 온다.
죽음은 정말 올 것이다. 우리가 준비되었든 아니든.

이런 생각을 마음에 품으면서, 나는 삶의 신체 속으로 완전히 들어간다.

네 번째 관조

내 수명은 정해져 있지 않다.

인간의 삶은 불확실하다. 죽음은 언제라도 올 수 있다.

이런 생각을 마음에 품으면서, 나는 매 순간에 집중한다.

다섯 번째 관조

죽음에는 많은 원인이 있다.

죽음에는 많은 원인들(심지어 습관과 욕망도 유발요인이 될 수 있다)이 있다.

이런 생각을 마음에 품으면서, 나는 무한한 가능성을 생각한다.

여섯 번째 관조

내 신체는 허약하고 취약하다.

인간의 신체는 허약하고 취약하다. 내 삶은 호흡에 매달려 있다.

이런 생각을 마음에 품으면서, 나는 들숨과 날숨에 집중한다.

일곱 번째 관조

내 물질적 자원은 내게 아무 소용이 없다.

죽음의 순간에 물질적 자원은 아무 소용이 없다.

이런 생각을 마음에 품으면서, 나는 수행에 전적으로 헌신한다.

여덟 번째 관조

내가 사랑하는 사람은 나를 구원할 수 없다.

내가 사랑하는 사람은 나를 죽음으로부터 지켜줄 수 없다. 죽음의 도래를 연기할 수 없다.

이런 생각을 마음에 품으면서, 나는 집착하지 않는 것을 수행한다.

아홉 번째 관조

나 자신의 신체는 죽을 때 나를 도와주지 못한다.

신체는 죽음에서 우리를 도와주지 못한다. 또한 죽음의 순간에 사라진다.

이런 생각을 마음에 품으면서, 나는 내려놓는 것을 배운다.[5]

이런 관조에 대해 서로 이야기를 나누는 소그룹으로 나누어지기 전에, 조안 선사는 이런 관조가 마치 폭풍을 경고하는 일기예보와 같은 것이라고 설명하였다. 폭풍은 불가피하고, 그것이 언제 어떻게 닥쳐올지 아무도 말할 수 없다. 죽음의 진리를 받아들이는 것은 삶에 대한 자각을 불러일으키면서 함께 두려움 없이 폭풍에 대한 준비를 시작하는 것이다. 아홉 관조의 지속적인 수행은 죽음의 공포를 죽음의 수용과 삶의 축복으로 변환하는 데 도움을 준다. 그리고 그녀는 이런 종류의 개방성은 죽음에 직면한 사람과 그들의 요구사항을 보살필 때 온전히 현존하기 위해 진정으로 필요한 것이라고 말하였다.

레베카와 나에게 훈련 프로그램의 가장 중대한 문제는 마지막 날

아침 일찍 그 장소에 도착하는 일이었다. 우리가 묵고 있는 산타페의 호텔에서 우파야까지 3마일을 걸어서, 마지막 날 아침 선방에 도착해 보니 의자가 모두 없어졌다. 우리는 바닥 위 방석에 누워서 훈련에 임해야 하였다. 조안 선사는 죽어가는 과정을 마음속으로 상상하는 '신체의 해체(Dissolution of the Body)'라는 명상을 통해 우리를 지도할 예정이었다.[6] 이 명상은 고전적인 티베트 불교 명상 수행의 '죽음 후의 요소 해체(Dissolution of the Elements After Death)'라는 명상법을 현대적으로 적용한 탈종파적인 것이었다. 이것의 전통적인 사원 버전에 대해서는 2007년 '마음과 생명' 대화에서 달라이 라마가 언급하였다(3장 참조).[7]

티베트 불교 견해에서 살아 있는 신체는 미묘한 수준에서 의식과 분리할 수 없는 생명 에너지로 이루어져 있다. 이런 생명 에너지를 티베트 용어로는 룽(lüng, 風氣)이라고 하는데, 산스끄리뜨어로 번역하면 쁘라나(prāṇa)이고, 문자적인 뜻은 '바람(wind)'이다. 티베트 의학에 의하면, 신체의 내적, 외적 움직임의 모든 형태는 '바람' 또는 에너지에 의해 조절된다. 또한 이것은 우리의 감각적, 심적 의식을 지지해준다. 바람과 의식의 관계에 대한 전통적 이미지는 말과 기수의 관계와 같다.[8] 의식은 신체의 바람 또는 에너지에 올라탄다. 그리고 죽음의 과정에서 이것들이 변형되기 시작하면 의식은 급속한 변화를 겪는다. 결국 바람이 흩어지듯이 의식은 서로 떨어지고 죽음이 도래한다. 티베트 요기들은 죽음과 친숙해지고 죽음의 과정에서 일어나는 심적 상태를 조절하기 위한 하나의 방법으로 상상력을 사용하여 죽음의 전체 해체 과정을 마음속으로 상상하거나 미리 연습한다. 더구나 숙련된 요기들은 해체 과정을 단순히 마음속에 상상하는 것을 뛰어넘어 실제로 명상하는 동안 죽음의 과정을 겪는다고 한다.

조안 선사는 해체 명상을 하는 동안 전통적인 자세('잠자는 사자 자세(sleeping lion posture)'인데, 이 자세는 붓다가 죽을 때 취한 자세라고 알려져 있다)를 취하면서 누우라고 권하였다. 오른쪽으로 누워서 무릎을 약간 당기고, 오른손은 뺨 밑에 베개로 삼고, 왼팔은 신체의 왼편에 둔다. 새끼손가락으로 오른쪽 콧구멍을 살짝 눌러주게 되면 이 자세는 완전한 모습을 띈다.

우리는 문수보살이 모셔져 있는 강단을 향하여 머리를 두고 누웠다. 문수보살은 오른손으로 검을 휘두르고 있는데, 무지와 망상을 끊는 지혜를 상징하는 것이다. 그러고서 조안 선사는 머리꼭대기에 자신이 원하는 이미지(종교적인 이미지, 사랑하는 사람, 꽃, 자연 풍경 또는 깨달음과 자비를 표상하는 어떤 존재라도 상관이 없다)를 상상해도 좋다고 말하였다. 즉시 나는 마음의 눈으로 춤추는 쉬바(Śiva)의 이미지를 떠올렸다. 쉬바의 리드미컬한 움직임은 우주의 창조와 파괴를 체현한다. 내가 어릴 때 아버지는 나에게 불꽃의 고리 안에서 춤추는 쉬바와 나무 아래에서 명상하고 있는 고타마 붓다 중 누가 더 좋으냐고 물었다. 나는 도저히 고를 수가 없었다.

내 마음은 다시 선방으로 돌아왔다. 그리고 나는 눈을 떠서 이제는 긴밀한 관계가 된 수행 공동체의 사람들이 선방 바닥에 누워서 죽음 수행에 들어갈 준비를 하고 있는 것을 본다. 눈을 감고 다시 호흡 집중에 들어가면서, 나는 조안 선사가 이 수행에서는 죽을 때 마음과 몸을 구성하는 요소들이 해체되는 것처럼 그것들을 모두 내려놓는 상상을 하라고 설명하는 것을 듣는다. 전통적으로 이런 요소들은 땅[地], 물[水], 불[火], 바람[風], 허공[空]으로 명시된다. 그 과정은 하나가 해체되면 다음이 이어서 해체되는 식으로 진행된다. 명상 수행은 해체 과정을 깨닫는 것과 스스로가 자신이라고 동일시하였던 것을 무한한 공간과 광채 속으로 풀어놓는 것에 대한 명상이다. 당신은 신체[色蘊], 느낌[受蘊], 지각[想蘊], 심적 성향[行蘊] 그리고 궁극적으로는 당신의 의식[識蘊]을 놓아버린다. 이런 수행을 통해 우리는 죽음의 경험과 친밀해지고, 죽음을 깨달음과 해방의 경험으로 변형시키게끔 자신을 훈련시킨다. 그녀는 심지어 급작스러운 죽음의 경우에도 동일한 해체 과정을 통과한다고 티베트 스승들이 가르친다고 말하였다. 그러니 우리가 갑자기 죽게 된다면, 이런 죽음의 과정을 자각하고 그것을 내려놓는 마음을 훈련하는 것이 도움이 될 것이다.

명상을 시작하기 전에 조안 선사가 준 또 하나의 지침이 있다. 그녀는 잠에 빠지는 과정은 우리가 죽을 때 일어나는 과정과 아주 유사하기 때문에 해체 명상은 거의 잠에 들어갈 지점까지 갈 것이라고 했다. 그러나 잠이 들지 않도록 주의하라고 했다. 만약 옆 사람의 코고는 소리가 들리면, 슬쩍 쳐서 그를 깨우도록 해라.

그녀는 우리가 집에 있는 침대에 누워 있다 상상하라고 했다. 우리는 죽어가고 있지만, 다행히도 사랑하는 사람들에 둘러싸여있다. 아마도 불안하고 초조한 느낌이 들 것이다. 그러나 이런 마음 상태를 받아들여라. 우리의 몸은 약하고 무엇을 할 에너지가 없다. 점차로 몸은 무거워지면서 신체의 중심부 속으로 들어가게 된다. 이제는 너무 무거워서 우리와 침대 사이를 구분할 수 없다.

나는 무거움을 느낀다. 너무 무거워서 선방의 바닥이 나를 지탱할 수 없다. 마치 그 바닥을 통해서 허공 속으로 떨어진 느낌이다. 어지러움을 느껴서 눈을 떴다. 방은 불안정하게 보였고, 마치 팽이처럼 빙빙 돌아서 나를 공기 중에 내팽개칠 것 같다. 나는 앉고 싶다. 고산병을 앓고 있는 것이 아닌가 하는 생각도 들었다. 이곳은 해발 7,200피트이다. 불안이 밀려왔다.

신체가 가고 싶은 대로 두면서 나는 조안 선사가 말하는 것을 들었다. 다시 호흡으로 돌아오려고 노력하고 불안감을 주목하면서 그것을 흘려보내려고 애를 썼다. 약간은 진정이 되었지만, 그 느낌이 배경을 이루고 있었고, 마치 조그만 배를 위협하는 거친 바다처럼 오르락내리락하였다.

조안은 시야가 흐릴 것이라고 말했다. 눈을 뜨고 감는 것조차 힘들다. 세상을 감지하는 것도 흐려졌다. 신체가 빠져나가면서 외부 세상도 역시 빠져나가 버린다. 모호한 심적 상태로 깊이깊이 잠긴다. 눈에 보이는 것 모두가 푸른 신기루 같았다.

나는 다시 눈을 감아보려고 했다. 그리고 잠에 빠지기 전의 이미지들이 주의를 끌었다. 호흡을 사용하여 스스로의 자각에 에너지를 불어넣으며 조안이 말하는 것을 놓치지 않으려 했다.

이것이 그녀가 우리에게 말하고 있는 신체의 해체(무거움, 몽롱함, 아래로 내려앉는 무게감, 조절력 상실, 주위 세상을 보지 못하는 것)이다. 이러한 심신 상태에서 깨어 있어야 한다. 애쓰지 않고 현존해야 한다. 당신의 마음을 내려놓아도 마음은 여전히 고요할 수 있다. 이 신체가 죽어가고 있는 상태대로 현존하라. 이 신체는 당신이 아니다. 이것은 형태[色蘊]가 느낌[受蘊]으로 해체되어가는 땅[地] 요소의 해체이다.

수 분간의 침묵이 있은 다음, 마음속으로 상상하는 것이 다시 시작되었다. 조안은 듣는 청각이 감소하고, 희미하고 경계가 없는 마음으로 침잠하고, 콧물이 나오고 입에서 침이 흘러나온다고 말한다. 눈에서 물 같은 분비물이 나오고 소변을 참을 수 없다. 몸의 액체가 모두 말라버려 몸은 바싹 건조해진다. 아무리 물을 들이켜도 해소할 수 없을 만한 갈증에 시달린다.

이런 건조함 속에 그대로 흘러가라. 신체의 물[水] 요소를 풀어내주어라.

마음은 흐릿하고, 고통, 즐거움, 심지어 무심함도 경험할 수 없다. 눈 뒤에서 소용돌이치는 연기의 모습과 모든 차이를 없애버리는 흐릿함을 본다. 이것이 물[水] 요소의 해체이고 느낌[受蘊]을 풀어주는 것이다. 깨어 있으면서 소용돌이치는 연기 속으로 그대로 흐르는 대로 간다.

이제는 몸의 불[火] 요소가 바람[風] 속으로 해체되어 가기 시작한다. 조안은 계속해서 말한다. 몸이 차가워지는 것을 느끼고, 손발에서 열이 빠져나가 신체 중심부 속으로 들어간다. 아무 냄새도 맡을 수 없다. 마실 수도 삼킬 수도 없다. 다섯 감관을 통해서 어떤 것을 지각하는 능력도 사라져버렸다. 심적 식별 능력은 명료함과 혼돈 사이를 왔다 갔다 한다. 들숨이 짧고 약하다. 날숨은 길다. 주위의 누구도 알아보지 못하거나 사랑하는 사람의 이름도 기억하지 못한다.

명상의 이 지점에서 나는 그럭저럭 호흡이 안정되어 다소 불안함이 줄어들었다. 내 자각은 내적인 감관 위축과 외적인 명상 명령의 준수 사이에서 앞뒤로 흔들렸다. 옆 사람이 코고는 소리가 들리고 이어서 심하게 그르렁거리는 소리가 들렸다. 누군가는 잠이 들었고 옆에서 툭툭치는 소리가 들린다.

조안 선사는 명상을 계속 진행한다. 마치 공중으로 치솟아 오르는 강렬한 불로 소진되어버리는 느낌을 받을 것이다. 이 불을 그대로 놓아두어라. 반딧불처럼 반짝이는 빛을 볼지도 모른다. 깨서 이 번쩍이는 불빛을 보아라. 이것은 신체의 불[火] 요소의 해체이고 지각하는 능력[想蘊]을 풀어버리는 것이다.

그녀는 이제는 우리가 어떤 의지의 감각도 포기하고, 마음이 더 이상 외부 세계를 자각하지 못하게 된다고 말한다. 이런 목표 없음을 받아들여라.

바람[風]의 요소가 해체되어 가면서 우리는 영상을 보게 된다. 이런 영상은 우리가 누구인지, 어떻게 인생을 살아왔는지와 연관되어 있다. 우리는 평화롭게 있는 가족을 보거나 환영해주는 친구를 볼지도 모른다. 또는 과거에 맛본 즐거운 경험을 다시 겪을지도 모른다. 또는 지옥 같은 영상을 볼지도 모른다. 누군가에게 해를 입혔다면 그 사람이 당신에게 나타날지도 모른다. 인생의 괴로운 순간이 다시 나타나서 질겁하게 될지도 모른다. 심지어 공포로 울부짖을지도 모른다.

조안은 이런 영상이 아무리 아름답고 무서워도 이런 영상들을 동일시하지 않는 것이 아주 중요하다고 말한다. 그것들을 그냥 그대로 단순히 두어라. 그것들은 지나갈 것이다. 아무것도 할 것이 없다.

그녀는 우리의 몸이 이제 거의 움직이지 않는다고 말한다. 마지막 에너지는 중심부 속으로 철퇴한다. 그리고 남아 있는 열은 이제 심장 영역에만 머문다. 들숨은 거의 한줌도 되지 않는다. 날숨은 일정하지 않고 흔들린다. 눈은 허공을 보고 위로 치켜 올라간다.

우리의 마지막 날숨은 길다. 이런 마지막 호흡을 경험한다고 상상하고 그대로 내려놓으라.

우리의 몸은 다음의 들숨을 기대하면서 약간 위로 올라가지만, 다음의 들숨은 일어나지 않는다. 인지적 기능도 함께 멈추었다. 호흡은 멈추었다. 외부의 지각으로 보면 우리는 죽었다. 이런 텅 빈 상태를 알고 경험하고 그런 상태로 현존해라. 이것이 공기 또는 바람[風]의

해체이고 심적 형성력[行蘊]의 풀어헤침이다.

조안은 소위 물리적 죽음의 순간에 우리는 마치 흔들리는 촛불 같은 작은 불꽃을 본다고 말한다. 갑자기 작은 불꽃이 꺼지고 우리의 자각은 사라져버린다.

내 마음은 이 말에 주춤했다. 이제 명상은 역설적으로 보였다. 내부에서 아무런 자각이 없는 것을 내가 어떻게 상상할 수 있는가? 그것은 말이 되지 않는다. 마음속으로 상상한 것이 내부에 아무것도 남아 있지 않다. 나는 마치 죽음의 침대에 누워 있는 자신을 보는 것처럼 외부에서 나 자신을 보는 것을 상상할 수 있다. 그러나 이것은 유체이탈 경험을 마음속으로 상상하는 것이고, 거기에서는 내 자각이 항상 존재한다. 또는 그것은 나의 죽음을 목격하는 방안의 누군가를 보는 방식으로 마음속에 떠올려보는 것이다. 아니면 꿈 없는 깊은 수면과 같은 자각의 상실인가? 그러나 상실이라는 것을 알기 위해서도 블랙아웃에서 무엇인가의 깨어 있음이 있어야만 한다. 나는 개념적 마음이 줄달음질치는 것을 알아차렸다. 나는 자신의 죽음을 포착할 수 없다는 생각에 사로잡혀 있었다.

오랜 침묵이 흐른 후, 조안 선사는 머리의 정수리에서 심장으로 내려가는 작고 하얀 물방울을 상상하라고 말하였다. 내려가는 동안 분노의 에너지와 경험이 근원적인 명료함으로 변화하는 것을 상상하라. 찬란한 태양빛과 함께 티 없는 가을하늘을 경험할 것이다.

그녀는 이제 척추 하단에서 심장을 향하여 위로 올라가는 붉은 물방울을 상상하라고 말한다. 올라가는 동안 욕망은 깊은 환희로 변화할 것이다. 가을 하늘의 황혼처럼 광대하고 맑은 구릿빛 붉은 하늘을 경험할 것이다.

그녀는 계속해서 하얀 방울과 붉은 방울이 심장에서 만나 미묘한 의식을 감싼다고 말한다. 이제 개념적인 마음에서 자유롭다.

별이나 달이 없는 깊고 검은 하늘이 나타난다. 이런 아무것도 없는 무(無)에서 광명이 나타난다. 햇빛, 달빛, 어둠도 없는 맑은 아침 하늘이 우리와 하나가 된다. 우리는 환희이고 맑음이다. 현존의 밝은 빛이 해방된다. 그것은 우리 자각의 어머니 빛(mother light)이다. 그것을 마음속으로 상상하고, 함께 하고, 깨어 있으며, 그것에서 도망치지 마라.

이것이 궁극적인 위대한 완성이다. 이것이 죽음의 실제적 순간이다. 이것이 내적인 미묘한 해체이고, 의식[識蘊]이 허공[空]으로 해체되는 것이고, 허공[空] 자체는 광명으로 해체되는 것이다.

어지러움은 이제 사라졌다. 방안은 조용하다. 침묵은 선방의 바깥 산속 생활의 웅웅거림에 잡혀있다.

조안은 느낄 준비가 되어 있다면 눈을 감은 채로 등을 굴리라고 말한다. 물리적 변화가 어떻게 심적 경험을 변화시키는지 알아차려라. 수행이 끝을 치달으면서 무엇인가 심적이거나 신체적인 준거점을 찾으려는 경향을 보인다. 그러나 우리가 원하는 것은 개방, 용기, 현존을 명상 수행에서 우리 삶 전체로 옮겨놓는 것이다. 눈을 뜨고 응시하되, 준거점을 찾지 마라. 넓고 포괄적으로 주의를 기울여라. 더 위대한 신체로 변화하는 것을 알아차리면서, 몸을 옆으로 굴리면서 앉아라. 계속해서 마음을 활짝 열어놓도록 노력해라. 우리 앞에 앉아 있는 사람의 머리 너머로 시선을 올려라. 그리고 몸 전체로 깊은 숨을 쉬어라. 신체가 변하면서 마음이 어떻게 변하는지를 다시 알아차려라. 마음을 활짝 열어 놓는 것과 광명을 맛본 것을 계속 유지하도록 노력해라.

그녀는 준비가 되었다면 일어나서 천천히 선방 밖으로 걸어 나가라고 말했다. 시선을 하늘로 향해보라. 마음을 이제 하늘과 섞어라. 그 하늘은 뉴멕시코의 빛나는 하늘이었다.

행렬이 만들어졌다. 한 사람씩 선방을 떠났다. 나는 돌아서서 우파야 뒤의 산을 마주하였다. 푸른 하늘이 나의 눈을 채웠다. 그리고 머릿속에서 이런 말이 들렸다.

> 둥근 지구의 상상된 모퉁이에서, 불어라.
> 너희들의 나팔을, 천사들이여, 그리고 일어나라, 일어나라.
> 죽음으로부터, 너희들 무수한 무한한
> 영혼들이여, 그리고 너희들의 흩어진 육체로 돌아가라.
>
> —존 던(John Donne), 거룩한 시편[7*]

* 김선향 편역, 『존 던의 거룩한 시편』, 청동거울, 2001, 45쪽을 참고하되 역자가 약간 수정했다.

마음속의 죽음

유대와 기독교 전통에서 죽음에 대한 가장 오래된 생각들 중 하나는 전도서에 있다. 즉 전도서에는 "산 자들은 죽을 줄을 알되 죽은 자들은 아무것도 모르며"(전도서 9:5)라고 한다. 그리스 철학자 에피쿠로스(BCE 341-270년)도 비슷한 생각을 피력하였다. "죽음은 … 우리에게 아무것도 아니다. 왜냐하면 우리가 살아 있는 한은 죽음이 존재하지 않고, 죽은 다음에는 우리가 존재하지 않기 때문이다."(메노에세우스에게 보낸 편지 124-125) 죽음에 대한 이러한 사고방식을 고려해보았을 때, 현상학이 우리가 경험할 수 있는 것으로 제한된다면, 비록 죽어감(dying)에 대한 현상학은 있을 수 있다 해도 죽음(death)에 대한 현상학은 있을 수 없을 것이다. 왜냐하면 죽음의 순간에 경험도 멈추기 때문이다.

티베트 불교의 세계관은 다르다.[9] 티베트 불교는 죽음을 전환의 순간으로 본다. 그 전환의 순간은 존재의 순환[輪廻]을 구성하는 여섯 가지 중간 상태, 즉 바르도(bardo, 中有) 중 두 가지 사이에 있는 것이다. '현생의 바르도(bardo of this life)'는 탄생의 순간 시작하여 죽어감의 과정이 시작되면 끝난다. 현생의 바르도 안에 '꿈의 바르도', '명상의 바르도'가 있다. '꿈의 바르도'는 잠이 드는 순간에 시작되며, 꿈과 깊은 수면을 포함하고, 깰 때 끝난다. '명상의 바르도'는 마음이 명상에 몰입해 들어가 있는 시간 동안이다. '죽어감의 바르도'는 활동적인 죽어감에서 시작하여 죽음의 순간에 끝난다. 죽어감의 순간에 이어서 즉시 '밝게 빛나는 다르마타(dharmatā, 法性)의 바르도'가 온다. 그것은 순수 자각처럼 마음의 궁극적인 본질인 '밝은 빛' 또는 '근원적 광명'의 사후 경험을 포함한다(다르마타는 '현상의 궁극적 본질'을 의미한다). '생성의 바르도'는 그 순환의 마지막 기간이며, 새로운 육화를 위해 미묘한 '심적 신체'의 형태로 헤매고 다니는 사후 경험을 포함한다. 그리고 그것은 장차 미래의 어머니 자궁에 들어가면서 끝난다. 그때 전체 순환이 다시 시작된다.

우파야 선 센터에서 지도받은 명상은 죽어감의 바르도 전체 과정을 마음속으로 상상하는 것을 포함한다. 그러한 상상은 감각들과 신체 요소들이 '외부적 해체'에서부터 의식의 '내부적 해체'에 이르며, 순수 자각의 밝은 빛 또는 근원적 광명이 떠오르는 것에서 절정을 이룬다. 통상적으로 현대의학에서 죽음의 순간으로 간주하는 것(호흡 정지와 다른 활력 징후의 정지)은 티베트 불교에서 말하는 외부적 해체의 끝에 해당한다. 그 다음 이어지는 것이 내부적 해체이다. 의식의 보다 거친 수준이 떨어져 나가면서 그 후 보다 미묘한 수준의 의식이 점차로 나타나는 것으로 이루어져 있다. 죽음은 내부적 해체의 끝에서 순수 자각의 밝은 빛이 나타나기 시작할 때만 일어난다. 이때가 외부적 감각 의식과 내부적 정신 의식이 완전히 해체되어 마음의 근원적 광명 또는 궁극적인 본성으로 다시 돌아간 때이기 때문이다.

그러나 이런 순간을 자각할 수 있으려면 훈련을 통해 현생의 바르도(명상의 바르도와 꿈의 바르도를 포함하여)에서 순수 자각의 근원적 광명을 자각할 수 있어야만 한다. 더구나 죽음에서 밝은 빛이 출현하기 바로 전에 '블랙아웃'의 기간이 나타나는데, 마치 의식이 사라진 듯이 보인다.[10] 이 블랙아웃은 태양빛, 별빛, 달빛도 없는 텅 빈 하늘의 캄캄함과 같다고 기술되어 있다. 현대 티베트 불교의 스승인 족첸 폰롭은 다음과 같이 말한다.

> 우리가 수행을 통해서 마음을 훈련하지 않으면, 이 시점에서 우리는 기절하여 모든 자각을 잃어버린다. … 우리가 마음을 안정시키고 마음의 본성에 대한 통찰을 계발해왔다면, 그 다음 순간에 마음의 궁극적인 본성이 일어나는 것을 자각할 것이다. 우리는 그 텅 빈 본질, 그 여여함(suchness, 如如)을 볼 것이고, 그것은 … 근원적 광명과 다른 것이 아니다.[11]

티베트 불교에서는 죽어감의 바르도는 잠이 들 때 일어나는 현상과 밀접하게 대응된다고 말한다. 우리의 사고 과정은 점차로 수면 전(前)의 상태 동안 해체되어 간다. 잠에 딱 드는 순간 블랙아웃이 일어난다. 그 다음 즉시 순수 자각의 밝은 빛 또는 근원적 광명이 나타난다. 우리가 꿈과 수면 요가에서 마음을 훈련하지 못하면 자각할 수 없다. 이런 깊은 수면 상태에서 꿈이 일어나는데, 이것은 마음 자신의 기저 광명의 자발적인 현현 또는 출현이다. 그러므로 잠이 드는 것은 죽어감의 바르도와 유사하다. 깊은 수면에서의 밝은 빛의 나타남은 죽음에서의 밝은 빛의 도래와 유사하고 꿈은 생성의 바르도와 유사하며 꿈 신체는 새로운 육화를 위해 헤매는 사후의 심적 신체에 해당한다.

죽음과 수면 사이의 이런 비교는 이런 중간 상태에서 자각을 유지하는 것이 매우 어렵다는 것, 따라서 특히 꿈과 수면 요가의 명상 수행을 통해 마음을 훈련하는 것이 중요하다는 것을 보여주고 있다. 또 다른 현대 티베트 불교의 스승인 소걀 린포체(Sogyal Rinpoche)의 말을 들어보자.

> 우리가 잠이 들 때 의식의 변화를 자각하고 있는 사람은 얼마나 될까? 또는 꿈이 시작되기 전의 수면의 순간에 대해서는? 우리가 꿈을 꾸고 있을 때 꿈을 꾸고 있다고 자각하는 사람은 얼마나 될까? 죽음의 바르도가 혼란을 겪는 동안 그것에 대한 자각을 유지하는 것이 얼마나 어려울지를 상상하라.
>
> 수면과 꿈 상태에서 우리의 마음이 어떻게 있는가 하는 것이 그에 상응하는 바르도 상태에서 우리의 마음이 어떻게 있을지를 바로 가리킨다. 예를 들면 우리가 지금 꿈, 악몽, 어려움에 반응하는 방식이 바로 사후에 우리가 반응할 방식을 보여준다.
>
> 이것이 수면과 꿈 요가가 죽음을 준비하는 데 얼마나 중요한지를 보여주는 이유이다. 진정한 수행자가 추구하는 것은 낮이나 밤이나 마음의 본성에 대한 자각을 흔들리지 않고 끊어짐 없이

잘 간직하는 것이다. 수면과 꿈의 다양한 단계를 활용하여 죽음의 과정과 죽음 이후 바르도에 일어날 것을 자각하고 그것에 친숙해지는 것이다.[12]

수면과 죽음의 유사성(그리스 신화, 신구약성서, 메소포타미아의 『길가메쉬 서사시』(BCE 약 1800-1300년)[13]에서도 볼 수 있는 유사성)은 죽음에 대한 티베트 불교의 설명이 현상학적인 면을 포함한다는 것을 시사한다. 즉 죽음을 이해하기 위해 수면과 꿈의 현상학에서 추론하려고 시도하는 것이다.

그러나 현대의 티베트 불교 스승들과 불교도들은 죽음의 순간과 죽음 이후의 경험을 문자 그대로의 의미에서 현상학적인 것으로 종종 설명하고 있다. 나는 이런 식의 사고에 대해 회의적이라는 것을 인정하지 않을 수 없다. 주요한 이유는, 현상학은 작동 중인 인지적 능력을 가진 인간이 직접 경험한 것에 대한 일인칭 관점의 보고를 기반으로 하고 있지만, 일단 누군가가 죽음의 순간에 있거나 죽은 다음에는 그들의 보고를 들을 아무런 방법이 없기 때문이다. 그러므로 우리가 설사 죽은 다음 의식이 계속된다는 주장을 받아들인다고 하여도, 죽음의 순간, 또는 죽음 이후의 의식에 대한 설명은 직접적인 경험에 대한 보고에 기반을 둔 것이 아니고, 추론 또는 추측에 근거한 것이다.

달라이 라마는 이런 점을 인정한 듯이 보인다. 2007년 '마음과 생명'

대화에서 그는 죽음 다음에 일어나는 것은 하나의 미스터리이고, 과학적 탐구에 열려 있지 않다고 말하였다. 그러나 달라이 라마는 위대한 명상 수행자가 죽어가면서 명상을 통해 밝은 빛 상태로 들어갈 때 뇌와 신체에 무슨 일이 일어나고 있는지 과학자들이 조사해야만 한다고 제안하였다. 이런 수행자들은 호흡과 심장이 정지한 다음에도 일정 기간 동안(어떤 경우는 며칠 동안 지속되기도 한다) 밝은 빛 상태에 있다고 믿어진다. 왜냐하면 그 기간 동안 사체가 부패하지 않고 신선한 상태로 유지되는 듯이 보이기 때문이다.

달라이 라마는 1992년의 '마음과 생명' 대화에서 보다 더 철학적인 언급을 하였다.[14] 그는 티베트 불교철학은 현상을 세 종류로 구분한다고 설명했다. 첫째는 '분명한 현상'인데, 이것은 직접 지각을 통해 알 수 있는 것이다. 둘째는 '멀거나 불분명한 현상'인데, 이것은 추론을 통해 알 수 있는 것이다. 셋째는 '아주 멀거나 아주 불분명한 현상'인데, 이것은 제3자의 증언을 통해서만 알 수 있는 것이다. 죽음과 죽음 이후는 세 번째 범주에 속한다. 그러므로 죽음에 대한 티베트 불교의 설명은 직접적인 경험 또는 추론적인 확인에 근거를 두고 있지 않다. 그렇지만 달라이 라마는 이것과 모순되는 반대 증거가 없고 직접 경험과 추론을 통해 알려진 것에 대해 스스로 조사한 것과 조화를 이룬다면 우리는 이런 설명을 꽤 높게 확신할 수 있다고 계속해서 주장하였다. 특히 명상과 수면에서는 의식의 해체와 자각의 밝은 빛 본성의 출현을 직접 경험할 수 있는데, 이런 경험은 죽을 때 일어나는 유사하면서도 더욱 강력한 경험을 추론하는 바탕을 이룬다. 그리고 위대한 명상 수행자의 신체는 죽어가면서 밝은 빛 상태에 있을 때 일반적인 신체적 죽음에서처럼 부패하지 않는다는 것을 볼 수 있다. 그러므로 전통적인 티베트 불교의 죽음관을 받아들이는 데는 제3자의 증언이 필요하긴 해도, 그러한 받아들임은 맹신이 아니라 합리적인 것이 될 수 있다고 달라이 라마는 결론을 내렸다.

이런 사고방식은 티베트 불교의 죽음관을 이미 받아들인 사람에게는 안심이 될지는 몰라도, 회의적인 사람을 확신시켜주지는 못할 것 같다. 그 이유는 제3자의 증언에 호소하는 것은 문제를 다시 되돌리는 것이기 때문이다. 우리가 알고자 하는 것은 죽음의 경험 또는 사후 상태에 대해 제3자의 증언이 어떻게 있을 수 있는가 하는 점이다. 결국 우리가 어떤 것을 증언으로 받아들이는 것은 그 증언이 보고하는 사람 자신의 목격을 근거로 하고 있다고 확신할 때이다. 그러나 죽음의 경우는 이런 보고가 불가능해 보인다.

이런 점에서 많은 불교도들(힌두교도, 자이나교도, 뉴에이지의 열성 신자들을 포함해서)은 죽어감과 환생의 기억을 포함하는 윤회의 우주론과 전생의 기억 가능성에 호소할 것이다. 현시대에도 다양한 배경의 사람들이 전생에 대한 명백한 기억을 보고하고 있다.[15] 그런 전생의 기억들이 사실이라고 믿을 만한 충분한 이유가 있다면, 죽음과 환생 사이의 중간 상태[中有]에 대한 증언이 가능하다고 우리는 말할 수 있을 것이다(일부 상좌부 불교에서는 그런 중간 상태 없이 바로 다음 생으로 태어난다고 주장하고 있긴 하다).

물론 이런 논증은 다음과 같이 생각하고 있는 사람을 설득하지는 못할 것 같다. 즉, 인도와 티베트의 환생 우주론은 정말로 전생을 기억해서가 아니라, 윤리(우리는 수 겁 동안 서로 수없이 다양한 관계를 맺어왔으며, 윤회의 과정에서 한번쯤은 누구나 서로 부모 자식 관계였을 것이다), 도덕(업보가 이 생에서가 아니라면 다음 생에서 나타난다), 영적 해탈의 가능성(깨달음과 해탈을 성취하는 데 여러 생이 걸린다)에 대한 정합적인 이론 체계를 구축하기 위해 생겨난 것이라는 생각이다.[16] 이런 세계관에 젖어 있는 문화에서는 뚜렷한(전부는 아니어도[17]) 전생의 기억들이 많이 있다.

서양의 현대 불교도들과 환생을 믿는 많은 사람들은 종종 정신과 의사 이안 스티븐슨(Ian Stevenson)의 환생 연구를 인용한다. 그는 자신의 전 생애에 걸쳐서 수많은 전생 관련 기억, 특히 어린아이들의 기억을 수천 건 이상 수집하고 기록하였다.[18] 이런 사례들 중 소수는 정말로 환생을 강력하게 '시사한다'고 스티븐슨은 주장한다.

스티븐슨이 기록한 이런 사례들은 읽어볼 만한 것들이지만, 모든 사례들은 일화적인 진술들이고, 면담에서 나온 것들이다. 이런 것은 잘못된 기억일 수도 있고, 사건 후 재구성일 가능성이 높다. 면담은 처음 기억을 보고할 당시의 어린이와 직접 이루어진 것이 아니라, 일정한 시간이 흐른 다음에 이루어진 것이기 때문에 어린이가 가족들에게서 얻은 정보와 뒤섞어서, 마치 그것이 자신이 직접 경험한 것처럼 반복해서 말할 수도 있다. 때로는 어린이를 직접 면담한 것이 아니라 가족만 면담한 경우도 있다. 결국 전생에 대한 기억 보고가 우연의 확률 이상인지를 평가하기는 어렵고, 비판적인 사람들은 스티븐슨의 통계적 검증에 심각한 오류가 많이 있다고 지적한다.[19] 이런 이유로 나는 과학적 방법을 사용한 전생의 기억에 대한 조사가 원리상 불가능하지는 않은 것 같지만, 스티븐슨의 증거들이 확실하다고 생각하지는 않는다.[20]

윤회의 문제에 대해 나는 스티븐 배철러(Stephen Batchelor)의 견해에 동의한다. 그는 다음과 같이 쓰고 있다.

> 두 가지 선택의 가능성이 있는 듯하다. 즉 환생을 믿거나 믿지 않는 것이다. 그러나 세 번째의 선택지도 있다. 솔직히 말해서 **나는 모른다**는 것을 인정하는 것이다. 우리는 종교적 전통에서 제시하는 환생에 대한 문자적 설명을 채택할 필요도 없을 뿐만 아니라, 그렇다고 해서 죽음을 소멸로 받아들이는 또 하나의 극단을 채택할 필요도 없다. 우리가 무엇을 믿든 간에, 우리의 행동은 죽음을 넘어서 반향을 일으킨다. 자신의 개인적 존속이 어떠하든 간에 우리의 생각, 말, 행동들이 남긴 유산은 우리와 영향을 주고받았던 사람들에게, 또는 우리와 서로 감정을 나눈 사람들의 삶 속에 어떤 방식으로든 흔적을 남기며 계속 이어질 것이다.[21]

우리는 이 장의 끝에서 '모른다'는 태도의 중요성으로 다시 되돌아갈 것이다.

죽음에 대한 티베트 불교의 설명을 문자 그대로 현상학적 설명으로 해석할 수 없는 또 다른 이유는 그 이론들에 은유와 상징이 깊이 스며들어 있다는 점 때문이다. 예를 들면 죽음의 순간과 죽음 바로 직후에 감각적, 개념적 마음이 완전히 해체된다고 하면, 그 경험은 비감각적이고 비개념적인 것이기 때문에 말로 표현할 수 없을 것이다. 그럼에도 이 경험들은 감각적, 인지적 용어로 설명되고 있다. 그 용어들은 불교적 상징이 풍부한 언어들이다. 예를 들어, 티베트 불교는 만약 죽은 이가 '불성(佛性)' 그리고 붓다의 상상할 수도 없고, 나타나는 것도 아닌 '법신(法身)'과 동일시되는 순수 자각의 근원적 광명을 '깨닫지' 못한다면, 그때에는 '자발적으로 일어나는 광명'이 이어진다고 한다. 그러한 상태에서 죽은 이는 '사람을 현혹시키는 광경과 소리에 둘러싸인다.'[22] 이러한 '현상의 광명(luminosity of appearance)'은 미묘한 '희열의 몸' 또는 '환희의 몸'으로 나타난 붓다의 보신(報身)과 동일시된다. 이것은 100개의 존격들의 형태로 나타나는데, 그중에는 평화로운 존격들도 있고 진노한 존격들도 있다. 이들은 그 본성이 다름 아니라 자기 자신의 마음인데, 천상 세계의 다양한 붓다 종성들의 가지각색의 특징들을 나타내고 있을 뿐이다.[23]

이런 종류의 상징적이고 종교적인 심상과 언어(이런 것들은 바르도 우주론 전체에 스며들어가 있다)를 고려하면, 티베트 불교의 세계관 외부에 서 있는 우리로서는 죽음 다음의 의식이 그렇게 될 것이라는 티베트 불교의 설명을 문자 그대로 받아들이기 어렵다. 그런 의미에서 이 설명은 현상학적이라고 보이지 않는다. 대신 그것은 종교학자들이 '구원론적(구원과 관련된)'이라고 부르는 것이라고 여겨진다. 왜냐하면 그것은 해탈 또는 깨달음이라는 불교의 목표와 그 목표가 집단적인 제의와 상징의 종교적 맥락 내에서 어떻게 이해되는지와 관련되어 있기 때문이다.

그러나 죽음에 대한 티베트 불교의 설명이 문자적으로 옳다 그르다고만 생각하는 것은 실수일 것이다. 대신 죽음에 직면해서 의식이 어떻게 활동하는가를 기록한 것이라고 간주할 수 있다.[24] 이렇게 그것은 서술적이라기보다는 수행적이고 규범적이다. 외부의 시각에서 보면 죽음에 대한 티베트 불교의 설명은 내게는 '제의화된 현상학(ritualized phenomenology)'으로 여겨진다. 해체 명상은 죽음에 대한 현상학적 기술을 제시하는 것이라기보다는 죽음의 현상학을 예행 연습하고 발제하는 제의적 수행이다. 제의가 갖는 힘을 고려한다면, 제의 실천에 평생을 보내거나 제의를 끊임없이 상기시키는 문화에서 평생을 보낸 누군가가 죽음의 순간에 강력하고도 즉각적으로 상징을 경험한다는 것은 충분히 납득할 만한 일이다.

티베트 불교의 견해가 몇몇 철학자들이 주장하는 죽음의 현상학을 포함하고 있다고 하는 또 다른 중요한 관점도 있다. 현상학은 철학적인 의미에서 의식의 본질적이거나 필수적인 구조를 설명하는 것이다. 만약 죽음이 본질적으로 또는 필수적으로 의식 자체의 구조에 속하는 것이라면, 이런 사실을 드러내놓고 말하는 것은 죽음의 현상학에 기여하는 셈이 될 것이다.

내가 의미하는 바를 살펴보기 위해서, 에피쿠로스의 말을 다시 상기해보자. "죽음은 … 우리에게 아무것도 아니다. 왜냐하면 우리가 살아 있는 한은 죽음이 존재하지 않고, 죽은 다음에는 우리가 존재하지 않기 때문이다." 지금까지 나는 티베트 불교가 에피쿠로스의 후반부 언급에 얼마나 동의하지 않는지에 대해 말하였다(물론 '우리'가 우리의 일상적인 개념적 마음과 거친 감각적 의식을 의미하는 것이라면, 티베트 불교도 에피쿠로스의 언급에 동의할지 모르지만, '우리'가 의식의 보다 미묘한 수준을 포함하는 것이라면, 그들은 이런 언급에 반대할 것이다). 에피쿠로스가 말한 것의 전반부(우리가 살아 있는 한은 죽음이 존재하지 않는다)를 살펴보자. 티베트 불교는 이에 동의하지 않을 것이다. 그 이유를 알기 위해서 우리는 '바르도'가 의미하는 바에 더 깊숙이 들어갈 필요가 있다.

앞에서 언급한 것과 같이 '바르도'는 중간 상태[中有]를 의미한다. 그러므로 우리가 중간 상태에 있으면 그 크기가 어떠하든지 간에 바르도 상태에 있는 것이다. 이런 두 상태는 삶과 죽음일 수도 있고, 깨어 있음과 잠들어 있음일 수도 있다. 그러나 그것들은 또한 생각이 방금 막 사라진 순간과 이제 막 생각이 일어나려는 순간일 수도 있다. 그러므로 '바르도'는 하나의 생각 순간이 끝나고 다음 생각 순간의 일어나는 그 간극이다. 수학적인 용어를 사용하면 '바르도'는 '자기 유사(self-similar)' 현상이다. 이것은 크기와 상관없이 전체는 각 부분과 유사하다는 것이다. 예를 들면 해안선의 각 부분은 해안선 자체의 축소판이다. 왜냐하면 해안선의 어느 부분을 확대해보아도 확대시키지 않은 원래의 모습과 유사한 모습을 보이기 때문이다. 마찬가지로 존재의 순환에서 어떠한 중간 상태, 즉 바르도를 확대해도 더 큰 바르도와 유사한 해체 과정을 지닌 또 다른 바르도를 드러내게 될 것이다.

그러나 이런 자기 유사가 함축하는 것은 에피쿠로스와는 반대로 죽어감과 죽음은 항상 존재하고 현생의 바르도 끝에만 한정되지 않는다는 것이다. 달리 말하면 해체와 멈춤은 한 순간에서 다른 순간으로 이어지면서 항상 일어나고 있다. 족첸 폰롭의 말을 빌리면, "이런 관점에서 보면 죽음은 매 순간 일어나고 있다. 매 순간은 끝나고, 그것이 그 순간의 죽음이다. 또 다른 순간이 일어나고 그것이 그 순간의 탄생이다."[25] 불교의 관점에서 보면 에피쿠로스의 언급은 죽음이 항상 존재한다는 이런 측면을 놓치고 있는 셈이다.

여기서 매 순간 일어나는 죽음이 현생의 끝에 일어나는 죽음과 동일한 것이 아니라는 것은 중요하지 않다. 오히려 죽음의 실존적 의미를 적절하게 이해하기 위해서는 매 순간 생각이 해체되고 다음 생각이 일어나기 전의 간극을 살펴보아야 한다는 것이 중요하다. 우리는 이런 해체를 거의 알아차리지 못한다. 그것은 마치 잠드는 순간을 알아차리지 못하는 것과 같다. 그렇지만 티베트 불교의 관점에서 보면 각각의 생각의 해체와 다음 생각이 일어나기 전의 간극을 매번 알아차리게 되면(각성 시에든, 잠이 들 때든, 죽을 때든) 해체를 직접 경험할 기회를 갖는다. 이런 해체는 빛나는 순수 자각과 항상 함께 존재한다.

죽어가면서 명상하기

2011년 6월 19일 뉴질랜드 방송(TVNZ)은 한 티베트 승려의 죽음을 보도하였다. 이 승려는 2011년 5월 24일 의사의 사망 진단이 있었지만 거의 3주 동안 아무런 부패의 징조를 보이지 않았다. 그의 사체는 자신의 집 침대에 그대로 있었다.[26] 그 승려의 이름은 잠파 툽텐 툴쿠 린포체(Jampa Thupten Tulku Rinpoche)이고, 뉴질랜드 듀네딘에 있는 다르기에이(Dhargyey) 불교 센터의 유명한 스승이자 영적 지도자이었다. 신도들에 의하면 툽텐 린포체는 죽음의 밝은 빛에 계속 거하는 특별한 명상 상태(개념적 의식 또는 인지적 마음의 내적 해체 이후에 마음의 기본 본성 또는 근원적 광명이 나오는 중간 상태)에 들어갔다고 한다. 명상이 끝났을 때만 비로소 그는 정말로 죽고 신체는 부패하기 시작할 것이다. 툽텐 린포체는 이런 상태에서 18일 동안 있었고, 그 후 2011년 6월 13일 불교제의에 따라서 화장되었다.

티베트에서는 이런 종류의 죽음 명상 수행을 **툭담**(thukdam, thugs dam)이라고 부른다. **툭담**이라는 용어는 '명상 수행에 들어간다'는 것의 높임말이다. 그러나 이 용어는 대개 죽음에 임하여 순수 자각의 밝은 빛 또는 근원적 광명에 거하는 명상 수행을 특별히 언급하는 것이다. 티베트 불교의 관점에 의하면 모든 사람은 죽음에 임하여 의식의 조악하고 거친 수준이 '아주 미묘한 의식' 또는 근원적 광명으로 해체되어 갈 때 죽음의 밝은 빛을 경험한다고 한다. 그러나 이것이 얼마나 지속되는지는 많은 차이가 있다.[27] 대부분의 사람들에게는 이 빛이 단지 수 초 또는 수 분만 지속한다. 그러나 자신의 신체 내에서 미묘한 의식의 움직임을 제어하는 것을 배운 숙련된 명상 수행자는 죽음의 밝은 빛에 거하는 경험을 수 일 또는 수 주 동안 지속시킬 수 있다. 죽음의 밝은 빛 경험이 지속되는 한, 아주 미묘한 의식은 신체에 그대로 있지만, 그것의 에너지적인 면은 철수하고 단지 심장 주위의 온기로만 남게 된다. 소걀 린포체는 다음과 같이 쓰고 있다.

> 깨달은 수행자는 죽음의 순간에도 마음의 본성을 계속해서 인지하고, 근원적 광명이 현현할 때 그것을 바로 알아차린다. 그는 며칠 동안 그러한 상태를 유지할 수도 있다. 몇몇 수행자와 스승들은 명상 자세로 똑바르게 앉은 채 죽기도 하고 '잠자는 사자의 자세'로 죽기도 한다. 이런 완벽한 자세 말고도 그들이 근원적 광명의 상태에서 쉬고 있다는 조짐들이 있다. 이를테면 얼굴에 안색과 붉은 홍조가 여전히 남아 있고 코가 아직 속으로 가라앉지 않고 피부가 여전히 보들보들하고 유연하고 시신이 뻣뻣하지 않고 두 눈이 부드럽고 자비심이 가득한 빛을 유지하고 있으며 가

슴엔 여전히 온기가 남아 있는 등이다. 그가 이러한 명상의 상태에서 깨어날 때까지 수행자의 몸에 아무도 손대지 못하도록 하고, 주변에 침묵이 유지되도록 크게 주의를 기울여야 한다.28*

일단 밝은 빛 경험이 사라지면, 아주 미묘한 의식은 몸을 떠나고 부패가 시작된다. 티베트 불교의 전통에 의하면 이 지점에서 죽음이 일어난다고 한다.

툽텐 린포체의 경우에 대하여 뉴질랜드 방송은 법의학자 존 러더포드(John Rutherford)와 인터뷰를 하였다. 그 법의학자는 특별한 죽음 명상 수행이 사체의 부패를 막는다는 생각에 회의적인 반응을 보였다. 그는 사체가 차가운 온도, 낮은 습도, 장내 미생물의 감소 등의 적절한 환경이 주어지면 심지어 수 주 동안 일반적인 사체가 보여주는 분명한 부패를 보이지 않을 수도 있다고 하였다. 장내 미생물의 상대적인 감소는 단식이나 소모성 질환에 기인될 수도 있다. 툽텐 린포체는 소모성 질환인 암으로 죽었기 때문에 이런 상황에 잘 맞는 듯이 보였고 그의 사체는 상대적으로 차갑고 건조한 방에 있었고 옮겨지지 않았다.

최근 이와 유사한 사례들이 많이 보고되었다. 신체적으로 사망한 티베트 승려들이 호흡과 심장이 멈추었음에도 수일에서 2주 이상 아

* 소걀 린포체, 『삶과 죽음을 바라보는 티베트의 지혜』, 오진탁 역, 민음사, 2015(제3판), 439–440쪽.

무런 부패를 보이지 않았기 때문에 툭담 상태에 들어가 있는 것으로 간주되었다.

소걀 린포체는 자신의 책 『삶과 죽음을 바라보는 티베트의 지혜(The Tibetan Book of Living and Dying)』에서 고(故) 걀양 카르마파(Gyalwang Karmapa)의 사례를 소개하고 있다. 그는 티베트 불교의 네 종파 중 한 종파의 지도자였다. 1981년 미국의 한 병원에서 사망하였는데, 외과의와 간호사들이 지켜보는 가운데 사망 후 36시간 동안 부패하지 않았다. 또한 그 사체는 심장 주위에 여전히 온기를 담고 있는 듯했다.[29]

또 다른 예는 라마 풋체(Lama Putse)이다. 그는 네팔 카트만두의 교외 보드나트(Boudhanath) 근처 카-니잉 쉐드러브 링(Ka-Nying Shedrub Ling) 사원 출신이었다. 그는 1998년 3월 31일 죽었고, 1998년 4월 11일까지 11일 동안 툭담 상태에 머물렀다고 알려졌다. 4월 8일과 9일 카트만두의 CIWEC 병원의 선임 의사가 그를 검진하였고 부패의 징후를 발견할 수 없다고 하였다.[30]

초계 트리첸 린포체(Chogye Trichen Rinpoche)는 카트만두에서 2007년 1월 22일 사망하였고, 2007년 2월 6일까지 15일 동안 툭담 상태에서 똑바로 앉은 채로 있었다고 한다.[31]

카트만두 벤첸(Benchen) 사원의 캬브제 텐게 린포체(Kyabje Tenge Rinpoche)는 2012년 3월 30일 사망하여, 2012년 4월 3일까지 약 3일 반 동안 툭담 상태에 있었다고 한다. 툭담 상태에서 똑바로 앉아 있는 사진이 인터넷을 통해 널리 유포되기도 하였다.[32]

문드고드(Mundgod)의 남부 인도 마을에 있는 드레펑 로세링(Drepung Losling) 사원의 롭상 니이마(Lobsang Nyima)는 2008년 9월 14일 사망하였고, 10월 1일까지 18일 동안 툭담 상태에 있었다고 한다.[33] 이 기간 동안 어떠한 사체의 부패, 냄새, 수축도 없었다고 한다. 이 사례는 두 가지 점이 특히 눈에 띈다.

첫째로 남인도는 상대적으로 기온이 높고 습하다. 사체를 오래 유지할 수 있는 환경(차가운 기온과 낮은 습도)이 아니다. 문드고드의 해발고도는 다람살라, 네팔, 티베트 등의 해발고도에 비하면 현저하게 낮다. 해발고도가 낮은 경우 사체를 오래 보관할 수 있는 환경이 되지 못한다.

둘째로 특이한 점은 롭상 니이마가 사망한 벨가움(Belgaum)의 병원에 근무하는 의사가 롭상이 툭담 상태에 있는 동안 체온, 뇌파, 심전도를 기록했다는 것이다. 이 연구는 달라이 라마의 요청으로 이루어졌고 위스콘신 메디슨 대학의 리차드 데이비슨 연구실의 과학자들이 감독을 맡았다. 과학자들은 열 카메라와 휴대용 뇌파기/심전도기계/호흡측정기를 인도로 가져와서, 거기 있는 사람들에게 그것을 사용하는 방법을 지도하였다. 이 글을 쓸 때까지, 이 데이터와 데이비슨 팀이 인도에서 툭담에 대해 수집한 티베트 승려의 툭담 데이터들은 아직 출판되지 않았다.

과학적 관점에서 보면 이런 사례들이 제기하는 주요한 의문점은 티베트 불교에서 툭담이라고 하는 상태 및 죽음의 순간에 순수 자각의 밝은 빛에 거한다고 하는 상태가 측정 가능하고 의미 있는 생리적 인 수치를 보여주는가이다. 사체가 3주에 이르기까지 눈에 띌 정도로 부패하지 않는다면 일정한 온도, 습도, 고도 등의 상황에서 이것은 비정상적인 것인가, 또는 정상적인 것인가?

죽고 난 다음 인간의 신체는 공기 중에 노출되었을 때 네 가지 주요 단계를 거쳐서 분해된다.[34] 첫 단계는 1일부터 6일까지이다. 세포는 스스로를 용해하기 시작한다(자가용해(autolysis)라 불리는 과정). 그리고 연조직이 분해되기 시작한다. 리거 모티스(Rigor mortis), 즉 근육 강직이 24시간 후 정점에 도달하고 그 후 사라진다. 신체는 차가워지기 시작하고, 피부는 근육에서 떨어져 나가면서 탄력을 갖는다. 이것은 피부 미끄러짐으로 알려져 있는 과정이다. 두 번째 단계는 7일에서 23일까지이다. 몸 안팎의 미생물들이 사체를 먹어치우고, 여러 가스들을 만들어 사체는 부풀어 오른다. 세 번째 단계는 활발한 부패의 시기로서 24일에서 50일까지 일어난다. 이 단계에서 부패는 비누화(saponification)라고 알려진 화학적 반응을 겪는다. 그리하여 소위 사체 또는 무덤 왁스를 산출한다. 이것은 사체 지방이라고 하는 것이다. 네 번째 단계는 51일에서 64일까지인데, 나머지 조직까지 분해되고 뼈만 남는다.

티베트 불교의 **툭담**에 대한 설명은 확실히 이런 시간적 진행 과정과는 달라 보인다. 그러나 이런 시간적 진행 과정은 온도, 습도, 산소노출 정도 등 여러 중요한 요인들에 따라 다르다. 그래서 우리는 **툭담**이라고 알려진 사례에서 분해과정이 우리가 일반적으로 기대하고 있는 것과 다른지, 그리고 다르다면 어느 정도 다른지에 대해서는 사실 모른다.

또 다른 문제는 툭담에서는 근육 강직이 없다는 관찰과 관련된 것이다. 죽은 후에 정확히 어느 때에 이런 현상을 관찰할 수 있는가? 죽은 다음에 36시간 동안 근육 강직이 없다면 기이하고 이상할 것이다. 그러나 만약 사체의 관찰이 그 단계 이후에 이루어진 것이라면, 근육 강직을 관찰할 수 없었을 것이다.

내가 위스콘신 메디슨 대학의 건강한 마음 탐구 센터(Center for Investigating Healthy Minds)의 소모임에 참석했을 때 이런 주제에 대한 논의가 있었다. 그 모임은 센터장인 리차드 데이비슨이 주최한 것이었다. 모임에서 과학자들은 툭담을 조사하는 가장 좋은 방법이 무엇인지에 대해 생각하기 시작하였다. 모임에 참석한 사람들은 세포 대사와 가사 상태의 분자 생물학 전문가, 코마와 뇌사의 뇌과학 전문가, 법인류학자, 사체분해병리학자, 티베트 불교명상 전문가와 티베트 전통의학 전문가들이었다.

사체에 대한 과학적 연구 분야에서 전문가인 법병리학자 빈센트 트란치다(Vincent Tranchida)와 법인류학자 다니엘 웨스코트(Daniel Wescott)는 데이비슨 팀이 현재까지 조사한 4개의 툭담 사례들이 보이는 분명한 부패 지연 현상은 일정한 조건이 주어진다면 그렇게 기이한 것은 아니라는 의견을 피력하였다.

이 모임에서 나온 흥미로운 한 가지 가능성은 티베트 명상 전문가와 마크 로스(Mark Roth)의 대화에서 나왔다. 마크 로스는 시애틀의 프레드 허친슨 암 연구 센터에 재직 중인 가사 상태 분자생물학 전문가이다. 티베트 명상 전문가는 신체가 어떤 깊은 명상 상태에서는 호흡이 관찰되지 않는 일종의 정지 상태에 들어간다고 말하였다. 로스는 이런 수행이 산소요구량을 줄일 수 있어서, 대사 활동을 아주 느리게 하거나 심지어는 멈추게 하는 것이 아닌지 궁금해 하였다. 평생 그런 기술을 수행해온 명상가가 죽음에 임하여 신체의 대사율에 영향을 미침으로써, 통상적인 생리적 과정을 변화시킬 수 있으리라고 그는 추측하였다.

논의가 이어지면서, 이런 가능성을 검증하는 가장 좋은 방법은 살아 있는 수행자가 대사율을 지연시킬 수 있는지를 연구해보는 것임이 명백해졌다. 로스의 비유를 빌리면 불씨는 살아 있지만 화로의 불은 꺼져 있는 것이 가능한지를 보는 것이다. 그러고 나서 수행자의 죽음과 분해과정이 비수행자의 것과 다른지를 연구해보는 것이다.

툭담 동안에 의식의 존재 유무는 어떻게 되는가? 티베트 불교의 관점에서 보면 순수 자각(마음의 기본 본성을 이루는 아주 미묘한 의식)은 신체적 죽음 이후와 분해 이전 사이인 **툭담** 기간 동안 존재한다. 그러나 수행의 결과 죽음의 과정과 분해라는 생물학적 측면이 변화한다고 해서 이런 믿음이 완전히 확인된다고 보기에는 불충분할 것이다. 어떤 장기 명상 수행이 신체 부패에 영향을 미친다 하더라도, 의식은 죽을 때 없어질 수도 있다. 더 일반적으로 말해서 과거에 존재했던 의식에서 기인한 영향력이 의식이 사라진 다음에도 남아 있을 수 있다는 것이다.

그러나 이런 연구결과들은 마음이 죽어가는 신체에 영향을 미친다는 것뿐만 아니라 이를 토대로 하여 죽음에 대한 의학적 모델을 수정해야 할 강력한 필요성을 느끼게 한다. 의사들과 말기 의료 치료사들은 마음의 상태가 죽음의 과정에 강력한 영향을 미친다는 것을 이미 알고 있다. 인도와 티베트의 요가 전통에 따르면 위대한 명상가들은 이런 진실을 모범적으로 보여주었다. 그들은 죽을 때 자아감 또는 에고의 감각을 분리할 수 있다는 것을 보여준 것이었다.[35] 그들은 자각의 보다 광활한 느낌에 머물면서 '나(I)' 또는 '대상적 나(Me)'의 의식이 해체되어 가는 과정을 평온하게 지켜볼 수 있었다. 현대 생의학은 죽음에 접근하는 그런 명상 수행의 가치를 보지 못하였다. 툭담을 연구하면서 과학자와 티베트 불교의 상호 협력이 가져다주는 잠재적 이점은 과학이 다음과 같은 사실을 인식하는 데 도움을 줄 것이다. 즉 생물학적 측면에서 죽음을 완전히 이해하기 위해서는 마음과 죽음이 만나는 방식을 이해하는 것이 필요하다는 점이다.

임사 체험

임사 체험(NDE)은 마음이 죽음과 어떻게 만나는지를 이해하기 위해 과학이 직면하는 또 다른 실례이다. 임사 체험은 일반적으로 다음과 같이 정의된다. "심오하고 때로는 삶을 결정적으로 변화시키는 경험으로서, 생리학적으로 거의 죽음에 다다른 사람(예를 들면 심장 정지 또는 생명에 치명적인 상황)들이 보고한 경험이거나 심리학적으로 거의 죽음에 이른 사람(거의 자신들이 죽을 것이라고 두려워한 사고 또는 질병)들이 보고한 경험이다."[36] 또한 이런 체험은 임사가 어떤 것이라고 말해줄 수 있을 뿐만 아니라, 의식과 신체의 관계를 탐구하는 데 중요한 사례들을 제공한다.

의사인 레이먼드 무디(Raymond Moody)는 1975년에 출판된 자신의 책『사후의 삶(Life After Life)』에서 '임사 체험'이라는 용어를 처음 사용하였다.[37] 그는 150가지 사례 조사를 기반으로 이 체험이 갖는 공통점 15가지를 열거하였다. 공통점 중 몇 가지(유체이탈 경험, 검은 터널을 보는 것, 자신의 삶을 되돌이켜 보는 경험, 찬란한 빛을 보는 것)는 지금 서양 문화의 임사 체험에 중심적인 것들이다. 무디가 말하는 요소들을 모두 갖춘 임사 체험은 하나도 없다. 그리고 이들 요소가 하나도 없는 임사 체험도 없다.

무디의 책이 나오고 수 년 후, 심리학자 케네스 링(Kenneth Ring)은 임사 체험의 '깊이'를 측정하는 검사 척도를 개발하였다.[38] 그 척도는 10개의 항목 — 1) 죽었다는 자각, 2) 긍정적인 감정, 3) 유체이탈 경험, 4) 터널 통과, 5) 빛과의 대화, 6) 색채를 봄, 7) 천상 세계를 봄, 8) 죽은 사람을 만남, 9) 삶의 회고 경험, 10) 경계 또는 '돌아올 수 없는 지점의 존재' — 에 각기 다른 비중을 부여하는 방식으로 설계되었다.

각 항목에 경험한 비중에 따라서 0점에서 29점까지 점수를 매긴다. 0점부터 6점까지는 점수가 너무 낮아서 '임사 체험'이라고 말하기 어렵다. 7점부터 9점까지는 보통 정도의 깊은 임사 체험으로 간주한다. 그리고 10점부터 29점까지는 깊은 또는 아주 깊은 임사 체험으로 간주한다. 또한 링은 다섯 단계로 임사 체험을 정형화하였고 이것이 '임사 체험의 핵심'으로 여겨진다고 믿었다. 이 단계는 1) 평화로움과 행복감, 2) 유체이탈 경험, 3) 터널 같은 어두운 지역의 통과, 4) 찬란한 빛을 봄, 5) 빛을 통과해서 다른 영역으로 들어감이다.

마지막으로 정신과 의사 브루스 그레이슨(Bruce Greyson)은 네 가지 영역 16항목 — 1) 인지적 측면(시간 왜곡, 사고 가속도, 삶의 회고, 계시), 2) 정서적 측면(평화, 기쁨, 우주적 합일감, 빛과의 만남), 3) 초자연적 측면(생생한 감각적 사건들, 명확한 초감각적 지각, 예지적 환상, 유체이탈 경험), 4) 초월적 측면('다른 세상'에 있는 느낌, 신비체의 느낌, 죽은/종교적 영들의 느낌, 경계/'돌아올 수 없는 지점의 느낌') — 으로 된 새로운 검사 척도를 개발하였다.[39] 그레이슨의 '임사 체험 척도'는 최고 점수가 32점이다. 7점 이상이면 임사 체험을 가리킨다.

2003년 나는 네덜란드의 심장의이자 유명한 임사 체험 연구자인 핌 반 롬멜(Pim van Lommel)에게서 한 통의 이메일을 받았다. 그는 내가 뇌과학자 앙투안 루츠와 함께 쓴 신경현상학에 대한 논문[40]을 읽었다. 그리고 우리가 임사 체험에 더욱 관심을 기울여주기를 원하였다. 반 롬멜은 많은 심장 정지 환자들이 혈류와 호흡이 멈추고 임상적 죽음을 겪는 동안 겪었던 주관적 경험들을 보고한다고 말했다. 현재의 의식 뇌과학의 견해로는 이런 환자들의 경험은 가능하지 않아야 한다. 이런 정보는 이전에 임사 체험 문헌을 검토해보지 않았던 내 흥미를 끌었다. 반 롬멜과 그의 동료들은 최근 「랜싯(The Lancet)」이라는 유명한 의학 잡지에 임사 체험에 대한 중요한 논문을 발표하였다.[41] 그 논문은 나에게 보낸 이메일에 첨부되어 있었다. 논문을 처음 읽고, 임사 체험이 정말로 뇌를 넘어선 의식의 여러 측면을 보여줄지 모른다는 생각에 흥분하였다. 그래서 나는 임사 체험 문헌을 면밀하게 조사하는 데 몰두하였다.

심장 정지는 의학적 응급 상황이다. 심장 수축을 제대로 하지 못해 정상적인 혈류가 급정지한 것이다. 심장 정지 이후 즉시 혈압은 급격히 떨어진다. 결국 뇌의 혈류 공급은 없거나 심하게 감소한다. 뇌파는 느려지고 결국 평평해진다. 뇌의 전기적 자극이 기록되지 않는다. 임사 체험 연구자인 샘 파르니아(Sam Parnia)와 피터 펜위크(Peter Fenwick)가 지적한 것과 같이, 심장 정지는 원인이 무엇이든 죽음의 마지막 단계이고, 따라서 죽음의 과정에 가장 가까운 생리적 모델이다.[42] 이런 이유 때문에 심장 정지를 겪은 사람들은 원인에 상관없이 죽음에 수반되는 경험에 이해의 실마리를 제공해줄 가능성이 있다. 심장 정지 생존자의 대부분은 아무런 기억을 못하지만, 전향적 연구에 의하면 약 10%의 생존자들이 임사 체험을 보고하고 있다.[43]

반 롬멜과 저명한 임사 체험 연구자들은 임사 체험이 의식은 뇌에 의존한다는 현대 뇌과학의 견해에 중대한 도전장을 내밀고 있다고 주장한다.[44] 그들은 뇌과학이 두 가지 주요한 이유로 심장 정지 동안의 임사 체험을 설명할 수 없다고 믿는다. 첫째로, 환자들은 뇌 기능에 심각한 장애를 입었음에도 생생하고 분명하게 명료한 경험을 상기하고 있다는 점이다. 둘째로, 환자들은 유체이탈 경험을 상기한다. 그들은 자신을 살리려고 심폐소생술을 하고 있을 당시의 상황을 그 방의 높은 위치에서 물리적으로 정확하게 지각하고 있는 듯이 보인다. 브루스 그레이슨, 제니스 마이너 홀덴(Janice Miner Holden), 핌 반 롬멜은 최근의 서신 교환에서 다음과 같이 말하고 있다. "임사 체험에 대한 최근의 뇌생리학적 모델은 심장 정지 동안 의식 경험이 단편적이거나 없어야만 할 때 일어나는 명료한 경험을 설명하지 못한다. 그런데 심폐소생술을 받았던 환자들은 그들이 지각하는 것을 보고하고 있고, 이것은 나중에 확인되었다. 이것이 문제를 더욱 어렵게 만든다."[45]

이런 설명은 네 가지 문제점을 제기한다. 이 문제들을 자세히 살펴보기로 하자.

1. 임사 체험의 타이밍

임사 체험은 정확히 언제 발생하는가? 뇌파가 수평이 되는 동안인가? 아니면 수평이 되기 바로 직전인가? 아니면 수평이 된 바로 후인가? 아니면 이 상태에서 회복되는 때인가?

이에 대한 간단한 대답은 우리는 심장 정지동안 임사 체험이 일어나는 정확한 시간을 여전히 모른다는 것이다.

우리가 임사 체험에 대해 아는 것은 그 경험이 일어났음직한 이후의 기억 보고에 의한 것이다. 이런 보고들은 임사 체험을 하는 사람에 따라 다르다. 특히 환자가 의식을 잃고 의식을 다시 되찾는 기억과 임사 체험이 일어난 시간은 연관되어 있다. 다른 말로 하면 그런 보고들은 임사 체험이 일어나는 동안의 주관적 시간 감각에 대한 정보만을 우리에게 줄뿐이다. 그러나 그런 정보로는 임사 체험이 일어난 객관적인 시간을 확립할 수 없다.

게다가 뇌파가 수평을 이루는 바로 그 시간에 임사 체험이 일어났다는 것을 명확하게 확립해주는 기록 사례도 없다. 단지 가능성이라고 할 수 있는 것은 뇌파가 수평을 이루기 직전 또는 수평을 이룬 직후, 즉 환자가 회복되는 순간에 임사 체험이 일어날 수도 있다는 것이다. 또는 임사 체험을 구성하는 몇 가지 요소들이 수평 상태의 이전에 일어나고, 다른 요소들은 이후에 일어날 수도 있다. 그러나 기억이 그것들을 하나의 기억된 에피소드로 통합할 것이다.

임사 체험 연구자들은 이런 가능성들을 배제하려고 한다. 그 이유는 다음과 같다. 뇌파가 수평을 이루기 바로 전은 환자가 빠른 시간내에 무의식이 되어버리기 때문에 임사 체험을 할 가능성이 적다. 그리고 뇌파가 수평을 이룬 후는, 환자가 의식을 회복할 때 너무나 혼

란스럽기 때문에 임사 체험에 속한다고 보고되는 명료한 의식을 지닐 수가 없다.[46]

그러나 이런 식으로 임사 체험의 가능성들을 배제하는 것은 옳지 않다. 왜냐하면 다음의 두 가지 이유 때문이다.[47] 첫째로, 우리는 임사 체험을 어느 정도의 시간 동안 하는지 알 수 없다. 우리가 여기서 명심해야 하는 것은 주관적 체험의 시간과 객관적 측정의 시간 사이에는 중요한 차이가 있다는 점이다. 예를 들면 우리는 오후에 20분간 낮잠을 잘 때 꿈에서는 수 시간이 흐른 것같이 느끼기도 한다. 또는 명상을 하면서 앉아 있을 때 단지 수 분 정도가 흘렀다고 여겼지만, 실제로는 40분의 수행 시간이 끝났다는 벨 소리를 듣고 놀랄 수도 있다. 또한 임사 체험에서 나타나는 삶의 회고라는 요소를 살펴보자. 임사 체험의 당사자는 자신의 전 인생을 회고하지만, 그 회고는 사실 아주 짧은 시간 동안에 일어난 일일 수 있다. 여러 가지 이유로 해서 시간의 흐름에 대한 우리의 감각은 시계로 측정한 시간과는 아주 다르다. 따라서 임사 체험을 하는 사람의 내면에서는 아주 오랫동안 일어난 일이라고 여겨지는 것이 사실은 의식을 잃기 전의 아주 짧은 수초 동안 일어난 것일 수도 있다.

둘째로, 의식을 회복할 때 환자가 혼란스럽게 보이는 것은 외부 관찰자의 관점에서 그렇게 보이는 것이지, 실제로 환자의 주관적인 입장에서는 혼란스럽지 않을 수도 있다. 외부에서 보면 환자의 심적 능력이 감소되어 보이지만, 환자의 주관적인 입장에서는 아주 명료하다고 느낄 수도 있다. 이런 불일치는 저산소증 또는 산소 박탈의 경우 일어나는 것으로 알려져 있다. 이런 경우는 심장 정지에서 일어난다. 특히 기억을 바탕으로 보고하는 것이므로, 환자가 주관적으로 명료하다고 해서 그가 뇌파의 수평 상태에서 빠져 나오면서 임사 체험을 할 가능성을 배제할 수 없다.

2. 임사 체험에서 뇌의 상태

임사 체험에 연관된 특정 뇌 상태가 무엇인지에 대한 실제적인 정보는 없다.[48] 심장 정지는 의학적 응급 상황이다. 그래서 임사 체험이 일어남직한 결정적인 시간의 뇌파 정보 또는 뇌영상 데이터를 얻을 수 없다는 것은 놀라운 일이 아니다. 특히 임사 체험을 보고하는 환자와 그렇지 않은 환자를 비교할 수 있는 뇌파 또는 뇌영상 연구는 이루어지지 않았다.

심장 정지 대부분의 경우 뇌파 측정을 한 것이 없기 때문에 뇌파가 수평 상태를 이룬다는 것은 추론에 의한 것이다. 이것은 상당히 문제거리이다. 마지막 심장 박동 후 뇌파가 느려지고 약해지는 변화를 보이기 시작하는 데 걸리는 평균 시간은 10초 이상이다.[49] 뇌파가 수평을 이루는 데 시간이 얼마나 걸리는지는 여러 가지 요인에 의해 결정된다. 조직에 혈류가 전달되지 않는 경우(제로 관류) 뇌파는 약 20초 후에 수평을 이룬다.[50] 그렇지만 외부의 심장 마사지가 효과를 발휘하면 10–20초 후에 때로는 뇌파를 회복시킬 수 있다.[51] 제세동(defibrillation,

除細動, 심장의 전기적 자극)도 뇌파를 회복시킬 수 있다. 그러므로 일반적으로 성공적인 심폐소생술이 있었던 심장 정지의 경우와 특히 환자가 그때 임사 체험을 하였다고 보고하는 경우에 뇌파 기록을 확보하지 않는 한, 뇌파가 수평을 보였는지, 또는 얼마 동안 수평을 보였는지 확신을 갖고 결론을 내릴 수 없다.

뇌활성, 특히 의식과 연관된 뇌활성은 심장 정지 동안 급격하게 떨어지는 것으로 생각하였지만, 최근의 쥐 실험 결과를 보면 이것은 사실이 아니다.[52] 심장 정지 동안 쥐의 뇌는 높은 진동과 광범위한 통합 활성을 높게 보여주었다. 이런 뇌파 특성은 인간에게서는 의식과 연관되어 있다. 심장 정지 후 첫 30초 내에 그리고 뇌파가 수평을 보여주기 전에 동기화된 감마 진동의 대단한 증가가 있었다. 여기에는 뇌 앞쪽 영역 진동의 영향으로 뇌 뒤쪽 영역 진동이 강하게 증가하는 것뿐만 아니라, 빠른 감마 진동의 진폭과 보다 느린 세타와 알파파의 위상 사이에 커플링이 증가하는 현상들도 포함된다. 우리가 앞 장에서 살펴 본 것과 같이 인간에게서 이런 감마-동기화 뇌파 패턴은 의식적 지각 인식, 열린 자각 명상 상태, 자각몽 순간에 나타난다. 연구 저자들은 다음과 같이 언급하였다. "이 조사에서 포착된 의식적 뇌활성의 신경 상관물은 인간의 의식적 정보 처리과정의 특성과 강한 평행관계를 갖는다. 예상대로 이런 상관물은 전신 마취에서 저하되었다. 심장 정지 이후 의식적 뇌활성의 이런 신경 상관물이 각성 상태를 넘어선 수준으로 되돌아오는 것을 보면 임사 상태에서 고도의 인지 처리를 할 수 있을 가능성에 대한 강한 증거라고 볼 수 있다."[53]

또 하나 지적해야 할 핵심적인 사항은 뇌파의 수평이 뇌활성의 완전한 상실을 반드시 의미하는 것은 아니라는 점이다.[54] 두피의 뇌파 측정은 주로 피질의 활성을 기록한다. 뇌파는 보다 깊은 피질하(皮質下) 구조, 예를 들면 해마와 편도체의 활성을 잡아내지 못한다. 피질의 매개 없이 이러한 피질하 구조의 뉴런 방전은 간질 환자의 의미 있는 환각 발생과 연관이 있는 것으로 밝혀졌다.[55] 더구나 심지어 피질 수준에서도 뇌파는 기능성자기공명장치(fMRI, 뇌활성을 국재적으로 포착할 수 있는 뇌영상 기법)에서 보이는 간질 발작 활성도 잡아내지 못하였다.[56] 게다가 코마의 결과 뇌파가 수평을 이룬 다음에도 해마의 의사(擬似)-리듬 활성이 발생하여 피질로 전달된다는 것을 최근 연구가 밝혀내었다.[57] 그러므로 뇌파가 수평을 이루었다고 해도, 뇌활성이 없다거나 임사 체험을 포함하여 의식 활동에 필요한 뇌활성이 없다고 결론을 내려서는 안 된다.

임사 체험 연구자들은 임사 체험이 뇌활성이 없는 상태에서도 일어날 수 있다는 것을 보여주려고 하였다. 그들은 내가 유체이탈 경험을 언급했던 7장의 팸 레이놀즈의 유명한 사례를 문헌에서 인용하였다.[58] 1991년 미국의 유명한 가수인 레이놀즈는 기저 동맥(뇌에 혈류 공급을 하는 동맥 중 하나)의 거대 동맥류(動脈瘤) 진단을 받았다. 동맥류를 제거하기 위해 그녀는 '저체온 심장 정지'라고 불리는 수술을 받아야만 했다. 체온은 섭씨 15.5도(화씨 60도)까지 떨어졌고 심장은 정지되었다. 인공호흡기도 꺼졌고 호흡은 정지되었다. 그리고 뇌파도 수평을 이루었고 뇌간은 청각 자극에 아무런 반응을 보이지 않았다. 전신 마취 아래 분명히 의식이 없는 상태 동안 레이놀즈는 놀라운 유체이탈 경험과 임사 체험을 하였다. 수술에서 깨어난 다음 그녀는 수술 과정의 몇몇 사건들을 정확하게 보고할 수 있었다. 3년 후 그녀는 심장 전문의이자 임사 체험 연구자인 마이클 사봄(Michael Sabom)을 만나게 되었고, 그녀 자신의 이야기를 담은 『빛과 죽음(Light and Death)』이라는 제목의 책을 1998년 출판하였다.

그러나 자세히 살펴보면 팸 레이놀즈의 사례는 뇌활성이 완전히 사라진 동안에도 의식이 존재한다는 확증으로 삼을 수 없다는 것을 알 수 있다. 핵심적인 문제는 레이놀즈의 임사 체험이 뇌 혈류도 없고 뇌파도 수평을 이루고 뇌간 반응도 완전히 없었던 거의 35-40분 동안 일어났는가 하는 점이다.

우리는 그녀의 임사 체험 중 유체이탈은 아마도 신체 냉각 처리과정이 시작되기 전(즉, 체온과 심박동이 여전히 정상적이었을 때)에 일어난 것으로 생각한다. 왜냐하면 그녀가 보고 들었다고 보고한 사건들은 이때 일어난 것이기 때문이다. 그녀는 뼈톱을 보고, 톱에서 나오는 고음을 들었고, 그 고음이 '브르르르르' 하는 소리로 변하는 소리를 들었고, 누군가(목소리로 보아서 여자이고, 심장 전문의라고 생각되었다)가 레이놀즈의 정맥과 동맥이 아주 가늘다고 말하는 소리를 들었다. 이런 관찰 보고는 신체 냉각처리가 시작되기 전 수술의 첫 두 시간 동안에 일어난 사건과 일치하였다. 신경외과 의사는 공기압 골톱을 사용하여 두개골의 상당 부분을 제거하였고, 심장외과 여의사는 심장 우회 기계에 넣을 튜브를 확보하기 위해 팸의 오른쪽 서혜부의 혈관을 뚫으려고 하였지만, 그 혈관이 너무 가늘어서 왼쪽 서혜부 혈관으로 변경하였다.

이런 사건들을 지각한 레이놀즈의 능력에 대한 타당한 설명은 마취과 의사 제랄드 워르리(Gerald Woerlee)가 이 사례를 분석하면서 주장했던 바이다. 즉 레이놀즈가 진정 상태에 들어가고 마비되고 통증이 사라지는 동안 마취 중에 의식을 다시 회복하였다는 것이다.[59] 이런 현상을 '마취 각성 상태(anesthesia awareness)'라고 부른다. 마취과 의사들은 이런 현상을 방지하려고 노력하지만, 일부 소수의 수술에서 일어난다고 알려져 있다.[60] 많은 경우 경악스럽지만(환자는 마비되어 있지만, 완전히 의식하고 통증을 느낀다) 일부 환자들은 통증 또는 불편함을 느끼지 않는다. 유체이탈 경험 역시 마취 각성 상태 동안 발생하는 것으로 알려져 있다.[61]

레이놀즈의 눈은 테이프로 가려져 있었기 때문에 주위에서 무엇이 일어나는지를 볼 수 없었을 것이다. 귀에는 꼭 맞는 귀마개가 끼워져 있었는데, 한쪽 귀에는 40데시벨의 백색 소음이 주어졌고, 다른 귀에는 1초에 11회의 95데시벨 클릭(청각 뇌간 반응을 파악하기 위해서)이 주어졌지만, 아마 골 전도를 통해서 톱질하는 소리(머릿속으로 치과의사의 드릴 소리를 들을 때처럼)를 들을 수 있었을 것이다. 들었던 소리를 기반으로 하여 톱의 시각적 이미지를 형성하였을지도 모른다. 그녀는 톱이 전동칫솔 같다고 묘사하였다. 아마도 그녀는 의사의 설명을 통해서 수술 과정에 이미 친숙하였을 것이고, 수술 동의서를 읽고 서명하면서 수술 과정을 잘 알고 있었을 것이다. 그녀가 누워서 수술방으로 들어갔을 때는 깨어 있었기 때문에 수술방의 모습을 보았을 것이다. 그리하여 아마도 유체이탈 경험을 하는 동안 그녀 주위의 정확한 시각적 또는 인지적 지도를 창출할 충분한 지식이 있었을 것이다. 심장 외과의사가 말하는 것을 못 들었을 수도 있었을 것이다. 그러나 한쪽 귀에 들리는 백색소음 또는 다른 쪽 귀에 들리는 클릭과 다음 클릭 사이의 시간 동안 레이놀즈가 말을 알아들을 수 있는지를 파악하기 위해서 의료진들이 청각 자극 상황을 반복하려고 애쓰지 않았을 것이라는 것이 내 생각이다.

팸 레이놀즈의 수술방 유체이탈 경험이 유체이탈의 진실성을 담보하는 확실한 증거인지는 내가 이후에 짧게 다루고자 하는 하나의 주제이다. 여기서 강조하고자 하는 요점은 그녀의 임사 체험은 뇌파가 수평이 되어 뇌가 비활성화된 시간에 일어난 것이 아니라는 점이다.

레이놀즈의 임사 체험은 자신이 소용돌이로 빨려 들어가는 느낌으로 이어졌다. 엘리베이터처럼 아주 빨리 올라가는 느낌을 받았다. 그녀는 죽은 할머니가 자신을 부르는 소리를 들으면서 밝은 빛이 있는 곳을 향하여 검은 통로 아래로 내려갔다. 그 빛은 점점 더 커져갔다. 그녀는 빛으로 들어갔고, 죽은 친지들을 많이 만났다. 그들은 빛으로

싸여있거나 빛의 형태를 하고 있었다. 그녀는 빛 속으로 들어갈 수 없다는 말을 전해 들었다. 왜냐하면 그때 자신의 몸속으로 되돌아갈 수 없었기 때문이었다. 친지들이 자신을 보살펴주고 강화시켜주는 느낌을 받았다. 그녀의 삼촌이 터널로 다시 데리고 왔고, 그 끝에 도달하자 자신의 몸이 수술대 위에 있는 것을 보았다. 그녀의 몸이 그녀를 잡아당겼고 동시에 터널은 그녀를 밀어내고 있었다. 돌아온 몸은 마치 얼음 연못에 뛰어든 것처럼 아팠다. 그녀가 돌아왔을 때 이글스(Eagles)의 노래 '호텔 캘리포니아'가 수술방에서 울려 퍼지고 있었다. 들었던 가사는 "언제든지 당신이 원할 때 체크아웃 할 수 있어요, 하지만 떠날 수는 없어요."이었다. 그녀는 수술에서 깨어났을 때 인공호흡기를 달고 있었다.

이 사례를 사봄이 처음으로 발표하였을 때, 레이놀즈의 주관적인 경험의 시간 진행과 수술의 객관적인 시간 진행을 잘 맞추어 놓았었다. 그래서 소용돌이로 빨려 들어가는 경험이 마치 심박 정지, 호흡 정지, 뇌 활동 정지 상태였던 저체온 심장 정지 동안 일어난 것처럼 보이게 만들었다. 수술의 객관적인 시간 진행과 연계된 레이놀즈의 임사 체험은 임사 체험 문헌뿐만 아니라 대중매체, 특히 2002년 "내가 죽은 날(The Day I Died)"이라는 제목의 BBC 다큐멘터리로 방송되어 널리 알려졌고 무비판적으로 받아들여졌다. 이렇게 잘 맞추어진 내용은 위키피디아의 팸 레이놀즈라는 항목에서 표의 형식으로 잘 정리되어 있는 것을 볼 수 있다.[62] 그러나 이것에 대한 직접적인 증거는 없다. 사봄은 레이놀즈의 임사 체험 이야기와 외과의사와 마취과의사의 수술기록을 연결시키려 애쓰면서 그것들이 일치된다는 것(그가 양쪽의 입장을 처음으로 검토하였을 때는 이미 3년이 지난 후였다)을 분명히 추론하였을 것이다. 그러나 그 추론은 전혀 보장할 수 없다. 레이놀즈가 터널을 통하여 빛으로 나아가고, 다시 자신의 몸으로 돌아왔다고 한 그녀의 여행에 대한 설명 중 어떤 것도 저체온 심장 정지 동안 일어났다고 말할 수 있는 것은 없다. 그녀가 정확하게 사건들을 보고할 수 있는 능력을 가졌다는 전제하에 합리적으로 추론할 수 있는 것은 다음과 같은 것이다. 즉, 수술방의 유체이탈 경험은 신체 냉각이 시작되기 전에 일어났고, 이글스의 노래를 들었다는 것(그때 정말 그 노래가 틀어져 있었다)은 몸이 따뜻하게 되고 심장이 다시 뛰고 인공호흡기가 재가동되고 뇌가 다시 활동을 시작하고 난 다음에 일어났을 것이다(이때는 뇌간 반응을 더 이상 모니터할 필요가 없으므로 귀에 들려주었던 백색소음과 클릭 소리는 제거되었을 가능성이 있다). 수술방의 유체이탈 경험과 이글스의 노래를 들었던 사이에 무엇인가 다른 유체이탈 경험의 요소들이 있었겠지만, 뇌가 활동하지 않은 동안 그런 일들이 일어났다고 추측할 아무런 근거가 없다. 이와는 반대로 마취 각성 상태라는 의학적 지식을 근거로, 소용돌이 또는 터널 경험, 빛으로의 여행, 죽은 친지와의 만남 등이 신체 냉각 처리 시작 전에 또는 체온이 정상으로 회복된 다음에 일어났다고 보는 것이 훨씬 더 합리적이다. 자신의 몸으로 다시 돌아와 이글스 노래를 들은 경험은 마취하에서 의식이 되돌아왔는데, 그 후 다시 의식을 잃었고, 정신을 차려보니 중환자실이었다고 추측하는 것이 더 합리적이라고 여겨진다.[63]

요약하자면 우리는 임사 체험을 하는 동안 인간의 뇌에서 어떤 일이 벌어지는지에 대한 어떠한 직접적인 정보도 현재로서는 갖고 있지 않다. 또한 이런 체험을 하는 동안 뇌가 활동을 하지 않거나 완전히 차단되어 있다고 생각할 수 있는 확실한 증거도 갖고 있지 않다. 이런 증거의 예로 가장 널리 제시되고 있는 사례(팸 레이놀즈의 사례)도 사실은 이런 증거를 제시하지 못하고 있다. 이와는 반대로 자세히 살펴보면 이 사례는 임사 체험이 뇌에 의존하고 있다는 주장을 실제로는 뒷받침하고 있다.

3. 유체이탈 지각에 대한 증거의 진실성

팸 레이놀즈의 사례는 진정한 유체이탈의 사례로 종종 인용되고 있다. 그러나 우리가 본 것처럼 수술방에서 일어난 사건을 정확하게 보고하는 그녀의 능력은 정상적인 지각이 있는 동안에 일어난 것으로 설명이 가능하다는 것을 알 수 있다. 더구나 그녀의 보고는 부정확한 점이 있고, 정말로 그녀 자신을 보았는지 생각하기 어려운 점을 남기고 있다. 첫째로, 그녀가 언급한 골톱은 실제로 수술방에서 사용한 모델과 일치하지 않는다. 둘째로, 유체이탈의 신체가 바로 신경외과 의사의 어깨 너머로 보고 있었음에도 불구하고(“나는 의사 스피처의 어깨에 앉아 있었다."라고 그녀는 말하였다) 수술할 때 자신의 머리가 한쪽으로 돌려져 있고, 머리 고정기에 꽉 끼워져 있는 것을 보았다고 보고하지는 않았다. 셋째로, 골톱이 '돌아가는' 소리를 들었지만, 의사가 자신의 머리에 그것을 사용하는 것을 보지 않았다. 그녀가 정말로 자신을 보고 있었다면, 이런 세세한 것들을 보는 것이 그렇게 어렵지는 않았을 것이다.[64] 그러므로 팸 레이놀즈의 유체이탈 경험은 진정한 유체이탈 사례라기보다는 일상적인 감각 지각과 기억에 기반을 둔 심적 시뮬레이션을 보여주는 사례라고 설명하는 것이 나은 듯하다.

물론 레이놀즈는 하나의 특이한 사례이다. 그리고 우리가 알고자 하는 것은 일반적으로 진정한 유체이탈 지각이라고 말할 수 있는 확실한 증거가 있는가 하는 점이다.[65] 임사 체험 연구자들이 진정한, 또는 검증 가능한 임사 체험이라고 인용하는 모든 증거들은 일화적인(anecdotal) 것들이다.[66] 이런 많은 보고들은 임사 체험이 일어난 다음 잘 짜인 인터뷰에 바탕을 두고 있다. 그런 보고들은 기억의 착오와 일어난 일에 대한 사후 재해석에 노출되기 쉽다. 현재까지 발표된 다섯 개의 연구가 엄격하게 통제된 상황에서 진정한 유체이탈 지각의 증거를 발견하려고 노력하였지만 발견하지 못하였다.[67]

간단히 말해서 현재로서는 엄격하게 통제된 의료 상황에서 심장 정지 환자가 겪는 임사 체험의 진정한 유체이탈 지각이 기록된 사례가 없다.

4. 심장 정지 동안 임사 체험의 여러 구성 요소의 발생에 중요한 역할을 한다고 알려져 있는 신경생리학적 과정들이 있는가?

죽어가는 뇌 모델과 회복하는 뇌 모델은 임사 체험을 설명하는 일반적인 신경생리학적 모델이다.[68] 이 두 모델은 서로 배타적인 것이 아니라 상호 보완적이다. 죽어가는 뇌 모델이 뇌가 죽어가면서 뇌활성이 얼마나 혼란스러운지에 초점을 맞추는 것에 비해, 회복하는 뇌 모델에서는 뇌가 심하게 손상을 입은 후 정상적인 기능을 회복하기 시작할 때 뇌활성이 얼마나 혼란스러운지에 초점을 맞춘다. 이 두 모델은 같은 동전의 양면이다. 왜냐하면 이 두 모델은 심장 정지와 같은 상황에서 뇌활성이 혼란스럽고 불안정할 때 뇌에 어떤 일이 일어나는지와 임사 체험을 연결시켜주기 때문이다.

두 모델의 핵심적 주장은 다음과 같다. 생명이 위독한 상황에서 일어나는 임사 체험은 '뉴런 탈억제(neural disinhibition)'의 결과라는 것이다. 뉴런은 전기화학적 신호를 통해서 서로 흥분되거나 억제된다. 뉴런 억제는 어떤 상황에서 한꺼번에 과도하게 서로를 흥분시키는 것(이런 경우 간질 발작이 일어난다)을 방지해준다. 탈억제가 일어나면 뉴런 사이의 억제 신호가 효과적으로 작동하지 못하고, 그 결과 세포는 빠르게 발화하기 시작하고 동기화된다. 광범위한 탈억제는 뇌 전체 영역의 일탈된 흥분으로 이어진다. 뉴런 탈억제는 다양한 심리적, 신경적 원인에 의해 촉발된다. 예를 들면 감각박탈, 간질발작, 편두통, 약물 사용, 뇌 자극, 심장 정지에서 일어나는 무산소증이다.[69]

저산소증은 임사 체험의 여러 요소들을 야기하는 것으로 알려져 있다. 예를 들면 아주 빠르게 가속 비행을 하는 전투기 조종사는 뇌혈류 결핍증에 빠져서 소위 말하는 '중력에 의한 의식 상실(G-LOC)'을 경험한다. 실제 상황과 실험실 상황에서 G-LOC를 겪는 조종사들은 여러 임사 체험을 겪는 것으로 알려져 있다. 예를 들면 '터널 시야와 밝은 빛, 부유감, 자동운동, 자기상시, 유체이탈 경험, 방해받고 싶지 않음, 마비, 생생한 꿈같은 아름다운 장소의 장면들, 즐거운 감각들, 다행(多幸)감과 해리의 심리적 변환, 가족과 친구의 존재, 이전 기억과 사고의 존재. 아주 기억할 만한 경험(기억될 수 있다면), 작화증, 경험을 이해하고자 하는 강한 열망 등'[70]이다. 건강한 사람도 일시적인 저산소증과 기절을 초래하는 과호흡과 발살바 기법(Valsalva maneuvers, 입이나 코에 무엇인가 꽉 막혀있을 때 호흡을 내뿜고자 하는 시도)을 실험실에서 하였을 때 이와 동일한 경험을 보고한다.[71]

핌 반 롬멜과 동료들은 다음과 같이 주장하면서 심장 정지 동안의 임사 체험의 원인으로 무산소증을 배제하려고 시도하였다.[72] 무산소증이 임사 체험의 원인이라고 한다면 대부분의 심장 정지 생존자들은 임사 체험을 해야만 할 것이다. 왜냐하면 모든 심장 정지 환자들은 무산소증을 겪기 때문이다. 그러나 자신들의 연구에서 성공적인 심폐소생술을 통해서 살아난 환자 344명 중 단지 62명(18%)만이 임사 체험을 보고하였다(단지 12%에 해당하는 41명만이 '핵심적인' 경험을 하였다).

그러나 또 다른 과학자들은 이런 추론이 오류라고 지적하였다.[73] 첫째로, 반 롬멜과 그의 동료들은 자신들의 연구에서 무산소증의 측정치를 제시하지 않았다. 따라서 그 환자들이 어느 정도의 무산소증을 겪었는지 알 방법이 없다. 둘째로, 중요하게 고려해야 하는 것은 전반적인 무산소증의 정도가 아니라, 오히려 무산소증 변화의 속도 또는 무산소증 발생 속도이다. 만약 무산소증이 아주 빠르게 일어난다면, 환자는 의식을 잃고 블랙아웃이 된다. 무산소증 발생이 아주 느리게 일어난다면 환자는 어지러움을 느낄 것이다. 중간 정도의 수준이라면 임사 체험에서 일어나는 의식의 큰 변화가 일어날 것이다. 셋째로, 무산소증은 사람에 따라 서로 다른 영향을 미친다. 왜냐하면 사람마다 뇌의 구조와 기능이 다양하기 때문이다. 마지막으로, 사람마다 사건을 상기하는 능력이 다르므로(예를 들면 꿈을 상기하는 능력도 다르다) 기억능력의 차이로 어떤 사람은 임사 체험을 보고하고 어떤 사람은 그렇지 않은가를 설명할 수도 있다.

무산소증으로 인한 뉴런 탈억제가 심장 정지 동안의 임사 체험에 영향을 미칠 만한 생리적 변수 중 하나라고 생각된다. 그럴 만한 또 다른 변수는 신경전달물질(뉴런과 다른 뇌세포 간의 신호를 전달하는 뇌의 화학물질)의 방출이다. 예를 들면, 엔돌핀(endorphins, 엔돌핀이 방출되면 통증 완화와 다행감(多幸感)을 느낀다)은 많은 임사 체험의긍정적인 감정에 중요한 역할을 할 것이다.

또한 측두엽의 기능변화는 임사 체험을 보고하는 환자들과 직접적으로 연관되어 있다. 심리학자 윌로그비 브리톤(Willoughby Britton)과 리차드 부찐(Richard Bootzin)은 임사 체험을 보고한 사람이 대조군에 비해 왼쪽 측두엽에 간질-유사 뇌파를 더 많이 보인다는 연구 결과를 발표하였다.[74] 이런 사람들은 몽유병, 냄새에 대한 과민감각, 과다묘사증(Hypergraphia, 글을 쓰고자 하는 과도한 열망), 강하고 과도한 자기존중감, 기이한 청각 또는 시각 지각 등과 같은 측두엽 간질 증상을 보인다. 마지막으로 이런 사람들은 수면 패턴의 변화를 보인다. 이들은 대조군보다 한 시간 정도 적게 수면을 취하고, 대조군보다 렘수면에 들어가는 데 오랜 시간이 걸리고 렘수면의 주기가 적다. 이런 연구 결과를 보면 측두엽의 기능 변화가 임사 체험에 영향을 미칠 수 있다는 것, 임사 체험을 한 사람은 생리적으로 일반 사람과는 다르다는 것을 알 수 있다.

마지막으로, 인지 뇌과학자인 올라프 블랑케(유체이탈 경험에 대한 그의 연구는 7장에서 살펴보았다)와 세바스티안 디게즈(Sebastian Dieguez)는 심장 정지 때 흔히 손상된다고 알려진 특정한 뇌 영역이 임사 체험에 영향을 미친다고 하는 모델을 제안하였다.[75] 블랑케와 디게즈는 임사 체험에는 두 가지 종류가 있을 것이라고 제시하였다. 두 종류 모두 전두와 후두 영역의 기능이상 또는 탈억제 때문이다. 그러나 첫 번째 종류는 특히 우측 반구의 측두와 두정엽이 만나는 곳(우측 측두두정 접합 영역으로 유체이탈 경험에서 중요한 역할을 수행한다)의 기능 이상 때문인 반면, 두 번째 종류는 특히 동일한 영역의 좌측 반구(좌측 측두두정 접합 영역) 때문이다. 첫 번째 종류의 임사 체험을 특징짓는 양상은 유체이탈 경험과 시간 감각의 변화와 부유, 가벼움, 움직이는 시각 자극에 유도된 자기운동(self-motion) 등이다. 두 번째 종류를 특징짓는 양상은 누군가의 존재감, 영적 존재를 만나고 소통하는 것, 빛나는 신체를 보는 것, 소리와 목소리와 음악을 듣는 경험은 있지만 자기운동 감각이 없는 것이다. 긍정적인 감정과 삶의 회고는 두 종류 모두에 있는데, 블랑케와 디게즈의 이론에 의하면 이것들은 해마와 편도체의 기능 이상 때문이라고 한다. 그리고 두 종류 모두에서 볼 수 있는 빛과 터널 시야의 경험은 후두엽 피질의 기능에 변화가 생겼기 때문이라고 한다.

어떤 환자는 이런 두 종류의 임사 체험과 이후 자신이 기억한 것을 함께 뒤섞었을 가능성도 있음직하다. 예를 들면 팸 레이놀즈의 임사 체험은 이런 경우에 해당될 수 있다.

블랑케와 디게즈의 모델은 추정적이고, 그들도 이 점을 인정하고 있다. 그렇지만 그들의 모델은 인지 뇌과학적 관점에서 임사 체험에 어떻게 접근해야 하는지를 알려주고 있다. 이런 인지 뇌과학적 관점은 많은 임사 체험 연구자들이 임사 체험은 뇌과학이 넘을 수 없는 도전이라고 생각하는 것과는 대조적이다.[76]

죽음의 불가해성

임사 체험이 제기하는 진정한 문제는 그 경험이 현대의 뇌과학과 모순된다는 데 있지 않다. 오히려 임사 체험은 그것 고유의 실존적 의미와 죽음의 궁극적인 불가해성을 놓치지 않으면서 그것을 탐구하고 이해해야 할 필요성을 요청한다.[77]

임사 체험이 갖는 실존적 의미를 놓치는 한 가지 길은 바로 위에서 언급한 인지뇌과학적 관점을 기반으로 하여 이런 임사 체험은 혼란된 뇌가 만들어낸 잘못된 환각 이상은 아니라고 주장하는 것이다. 또 다른 길은 이런 경험은 진정으로 초월적, 영적인 영역을 드러내는 것이고 신체를 벗어난 의식의 사후 여행이라고 주장하는 것이다.

이런 두 가지 관점은 임사 체험이 문자 그대로 진짜 혹은 가짜이어야 한다는 사고의 덫에 걸려드는 것이다. 이런 태도는 죽음에 대한 순수한 삼인칭적 관점의 손아귀에 붙잡혀 있는 것이다. 한 경우는 임사 체험을 혼란된 뇌라는 삼인칭적 설명의 평면에 투사하는 것이고, 또 다른 경우는 임사 체험을 초월적인 영적 영역이라는 삼인칭적 설명의 평면에 투사하는 것이다. 두 관점 모두 경험 그 자체를 떠나서 임사 체험을 다른 것으로 해석하거나 어떤 객관적인 실재의 외부적 표준에 따라서 평가하고자 한다.

스스로 이런 질문을 해보자. 만약 당신이 임사 체험을 했다고 하면, 다음 중 어느 것이 더 문제가 되는가? 어떤 외부의 과학적, 종교적 기준에 따른 참 또는 거짓의 문제, 혹은 임사 체험에 직면하여 평정, 평화, 마음챙김을 할 수 있는 당신의 능력?

또 다른 질문을 해보자. 당신이 죽어가고 있을 때, 또는 죽음의 순간에, 우선성을 갖는 것은 어떤 삼인칭적 관점과 진위의 기준이 아니라 당신 자신의 경험이 아니겠는가?

실존적 입장에서 보면 죽음은 일인칭적 관점에서 이해되어야만 한다. 마르틴 하이데거의 유명한 말을 보자. "죽음은, 그것이 '있는' 한, 항상 본질적으로 나 자신의 것이다."[78] 우리는 사랑하는 사람의 죽음을 애도한다. 우리는 장례식에 간다. 죽어가는 사람들을 돌보는 데 헌신하는 치료자들은 매일 죽음을 접한다. 그러나 이런 식으로 죽음을 조우한다고 해서 자신이 갖는 죽음의 유일성을 이해한다고 할 수는 없다. 철학자 토드 메이(Todd May)의 말을 들어보자. "자신의 죽음이 타인의 죽음보다 객관적으로 더 중요하기 때문이 아니라, 자신의 죽음을 타인의 죽음을 통해 이해할 수 없기 때문이다. 타인도 그 죽음이란 경험을 겪어보지 못했기 때문에 타인을 통해서도 죽음을 이해할 수 없고, 마찬가지로 자신도 죽음이라는 경험을 겪어볼 수 없기에, 죽음의 경험은 절대 알 수 없는 것이다."[79]*

동시에 나 자신의 죽음은 이해할 수 없다. 적절한 관점, 즉 일인칭적 관점에서 심적으로 이해할 수 있는 대상으로서의 '나 자신의 죽

* 토드 메이, 『죽음이란 무엇인가』, 서동춘 역, 파이카, 2013, 21쪽.

음'은 없다. 바로 그것을 대상으로 할 수 있는 주체가 존재하지 않기 때문이다.

레오 톨스토이는 『이반 일리치의 죽음』이라는 작품에서 이런 주체-객체라는 사유의 해체를 묘사하였다. 톨스토이는 제정 러시아의 판사인 이반 일리치가 어떻게 자신의 위장 통증이 사라지지 않고 치료될 수 없으며 결국은 죽을 것이라고 마침내 깨닫게 되었는지를 서술하고 있다.

> 맹장이 회복되면서 흡수작용을 하고 있다. 그때 갑자기, 이제는 오래되어 익숙해진 통증, 묵직하면서도 찌르는 듯한 통증, 어느새 시작되어 집요하리만치 그를 괴롭히던 통증이 다시 느껴졌다. 입 안에서도 익히 알던 그 역겨운 맛이 났다. 심장이 철렁 내려앉고 정신이 아득해졌다. 입에서 탄식이 터져 나왔다. "아, 세상에. 아, 맙소사. 다시, 또다시 시작이야. 절대 멈추지 않는 거야." 그 순간 상황이 완전히 다른 관점에서 보였다. 그는 또 혼잣말을 했다. "맹장이라! 신장이라! 이건 맹장이나 신장의 문제가 아니라 삶 그리고 … 죽음의 문제야. 그래, 삶은 여기에 있다가 이제 서서히 떠나가고 있어. 그리고 난 그걸 막을 수 없는 거야. 그래, 이렇게 나 자신을 속여 봐야 뭐하겠어? 내가 죽어가고 있다는 걸 나만 빼고 다들 분명히 알고 있잖아. 문제는 몇 주 혹은 며칠이 남았느냐 인데, 어쩌면 지금 당장일 수도 있겠지. 이곳에 있던 빛은 어느새 사라지고 온통 어둠뿐이구나. 나 역시 이곳에

있지만 곧 사라지고 말겠지! 대체 어디로 말인가?" 온몸이 싸늘해지면서 숨이 쉬어지지 않았다. 두 귀에 심장 뛰는 소리만 들렸다.

"내가 없어지면 그 자리엔 뭐가 남는 거지? 아무것도 없는 건가? 내가 없어진다면, 그렇다면 난 어디에 있는 걸까? 정말 내가 죽는 걸까? 아니, 난 죽고 싶지 않아!" 그는 벌떡 일어났다. 촛불을 켜려고 떨리는 손으로 어둠 속을 더듬다가 초와 촛대를 바닥에 넘어뜨리고 말았다. 다시 베개 위에 벌렁 누웠다. "불을 켜서 뭐하게? 그렇다고 달라지는 건 없어." 그는 두 눈을 뜨고 어둠을 응시했다. "죽음이라. 그래 죽음이란 말이지."*

고통에 가득 차서 죽어가고 있는 이반 일리치는 자신에게 일어나고 있는 일이 삼인칭의 해부학적 관점에서 본 내장기관(무심한 위장과 신장)의 문제가 아니라는 것을 퍼뜩 깨닫는다. 그것은 살아감과 죽어감, 삶과 죽음의 문제이다. 무심한 위장과 신장도 영향을 미치지만, 그것은 진정한 문제의 일부일 뿐이다. 진정한 문제는 바로 이반 일리치 자신의 삶 그리고 당면한 죽음이다.[81]

우리는 어떤 임사 체험에 대해서도 이와 같은 것을 말해야만 한다. 측두엽, 측두두정 접합 영역, 혼란된 뇌는 영향을 미치지만, 그것은 진정한 문제의 일부일 뿐이다. 진정한 문제는 바로 그 경험을 하고 있는 사람의 살아감과 죽어감이다.

---

* 톨스토이, 『이반 일리치의 죽음』, 이순영 역, 문예출판사, 2016, 58-59쪽.

시간은 흐르고 이반 일리치는 절망의 나락으로 떨어진다.

> 이반 일리치는 자신이 죽어가고 있음을 알고 끊임없이 절망했다.
>
> 자신이 죽어가고 있다는 걸 마음속 깊은 곳에서는 알고 있으면서도 좀처럼 사실로 받아들일 수가 없었다. 아무리 이해하려 해도 이해할 수가 없었다.
>
> 그는 키제베터 논리학에서 배운 삼단논법, 그러니까 "율리우스 카이사르는 인간이다. 인간은 죽는다. 고로 카이사르도 죽는다."라는 논법이 카이사르에게만 해당되며 자신과는 아무 관계가 없다고 이제껏 생각해왔다. 카이사르는 인간, 보통의 인간이므로 이 논법이 정확하게 들어맞는 것이다. 하지만 그는 카이사르도 아니고 보통의 인간도 아니었다. 그는 태어나서부터 지금까지 다른 사람들과는 완전히, 완전히 다른 존재였다. …
>
> "나도 그렇고 내 친구들도 모두 그렇고, 우린 카이사르와 다르다고 생각했지. 그런데 지금 이 꼴은 대체 뭐지?" 그는 혼잣말을 했다. "이럴 수는 없어. 이럴 수는 없는 일이야. 그런데 이렇게 되었어. 어떻게 이렇게 되었을까? 이런 현실을 어떻게 받아들일 수 있을까?"*

이반 일리치는 자신에게서 일어나고 있는 죽음을 이해할 수 없다.

* 톨스토이, 『이반 일리치의 죽음』, 이순영 역, 문예출판사, 2016, 61–63쪽.

그는 삼인칭의 입장에서 본 삼단논법의 진실성을 인식할 수 있지만, 일인칭적 관점에서 그 진리를 이해할 수 없었다. 우리도 다르지 않다. 우리 모두는 카이사르이거나 인간 일반일 수 없다. 우리 모두는 이반 일리치이다.

우리가 죽음을 이해할 수 없다는 것, 이것은 혁명적인 태도 변화를 요구한다. 불교철학자 로버트 서먼의 말을 빌려보자. "이해하려는 마음은 궁극적으로 이해할 능력이 없다는 것을 이해하지 못한다. 단지 그 무능력을 용인할 수 있게 할 뿐이다."[83] 죽음을 이해할 수 없다는 것에 직면하여 우리는 확실함과 확신(그것이 과학적이든 종교적이든 간에)을 제쳐놓고, 조안 선사가 '죽음과 함께 하는 삶' 프로그램의 심장부에 두었던 것, 즉 '모르는 것' 또는 불확실성의 용인과 '경험(특히 고통의 경험)을 관찰하는 태도'를 함양해야만 한다.[84] 이런 태도가 앞에서 인용한 문장에서 스티븐 배철러가 요구한 것이고, 프란시스코 바렐라가 죽을 때 의식에 무슨 일이 일어나는가에 대해 "질문을 열어놓은 채로 있는 것"이라고 말하면서 염두에 둔 것이다(프롤로그를 보라).

우리는 이런 불확실함의 용인과 관찰하는 태도의 자세를 임사 체험 연구에 적용할 필요가 있다. 실용적인 관점에서 이것이 의미하는 바는 뇌환원주의자 또는 심령론자 입장을 정당화하는 입장에서 이런 경험을 설명하지 않고, 대신 정말로 임사 체험이 무엇인가, 즉 우리가 어떻게든 직면하게 될 일인칭적 경험의 이야기들을 진지하게 다루는 것이다.

이런 접근법은 이제까지 해온 연구보다 더 세밀한 현상학적 탐구를 필요로 한다. 임사 체험 척도처럼 항목 점수로 환자들을 인터뷰하는 대신, 사후(事後) 해석과 기억 재구성을 최소화하는 인터뷰 방식을 사용해야 한다. '명료화(explicitation) 인터뷰'라고 불리는 면담 기법은 개방적이고 비지시적인 질문을 활용하여, 대상자가 즉각적으로 인지적 접근을 할 수 없었던 경험의 묵시적 측면을 회상하도록 할 수 있다.[85] 경험을 탐구하는 이런 '이인칭적(second-person)' 방법이 이후의 해석과 평가로부터 직접 경험을 추출하는 데 도움을 준다. 이런 명료화 인터뷰 기법은 간질 발작이 시작되기 전 환자가 겪었던 미묘한 변화의 경험에 접근하는 데 도움을 주었다. 그리하여 발작의 초기 경고 징후를 포착하여 간질 발작의 발생과 진행과정을 심적으로 제어할 수 있게 해주었다.[86] 임사 체험을 보고하는 환자들의 경우 명료화 인터뷰 기법은 개인별 경험의 특수성과 개인적 경험을 가로지르는 보다 미묘한 공통적인 요소들을 드러내는 데 도움이 되었다. 이런 것들은 임사 체험 척도에서 놓칠 수 있었던 점들이었다. 이런 풍부한 정성적 정보들과 함께, 우리는 개별적인 임사 체험을 그러한 경험을 한 개인의 뇌, 신체, 문화적 배경, 생활 배경들과 더욱 정확하게 연관시킬 수 있다.

이런 뇌현상학적 접근의 장점은 임사 체험을 어떤 특정한 관점으로 환원시키지 않고 다양하게 생리학적, 심리학적, 문화적, 영적, 현상학적 관점에서 볼 수 있게 도와준다는 것이다. 또한 이런 접근법은 죽어가는 사람만이 죽음에 대해 무엇인가를 가르쳐준다는 것, 그리고 그런 경험을 목격하는 자세를 견지하는 것만이 우리가 할 일이라는 것을 상기시켜준다.

종결부

하이쿠의 위대한 시인이자 대가인 마쓰오 바쇼(松尾芭蕉, 1644-1694)는 한때 심한 질병에 시달리고 있었다. 친구들이 그에게 죽음에 대한 시 한편을 쓰라고 하였다. 그는 자신의 모든 시가 죽음의 시가 아닌 것이 없다고 하며 이 제의를 거절하였다. 그러나 다음 날 친구들을 침상 가까이 불러서, 자신이 어젯밤에 꿈을 꾸었는데 깨어나 보니 한 편의 시가 마음에 떠오른다고 하였다. 그는 이 시를 낭송하였고 4일 후에 죽었다.[87]

> 여행 때 병이 들어서
> 꿈은 풀이 마른 들판을
> 쏘다닌다.
> (旅に病んで 夢は枯野を かけ廻る。)

10

앎

자아는 환상인가?

10
앎
자아는 환상인가?

"만약 자아가 그것이 의존하고 있는 조건과 동일한 것이라면, 그 조건들이 생멸하는 것처럼 자아도 생멸할 것이다. 그러나 만약 자아가 그것이 의존하고 있는 조건들과 다르다면, 자아는 그 조건의 특성들 중 어떠한 것도 갖지 못할 것이다." 이 문장은 『중론송(中論頌)』「자아에 대한 장[觀法品]」의 첫 번째 게송과 열 번째 게송에 담긴 사상을 새롭게 쓴 것이다. 나가르주나(Nāgārjuna, 龍樹, CE 2세기)가 쓴 『중론송』은 인도 불교철학에서 가장 중요한 논서이다.[1] 이 장에서 나가르주나는 자아는 실재하는 독립적 존재라는 것과 자아는 전혀 존재하지 않는다는 것, 이 두 극단적인 견해를 비판하고 자아는 '의존적으로 일어난다[緣起]'라고 하였다.

첫 번째 극단적인 견해에 의하면, 자아는 자신의 고유성을 갖는 하나의 존재이거나 개체이다. 여기서 말하는 자아는 그 사람의 본질, 즉 그 사람이 계속 존재하기 위해 있어야 하는 것이다. 이런 견해를 고려하면서 나가르주나는 기본적으로 단지 두 가지 가능성만이 있다고 지적한다. 자아는 신체와 감정, 지각, 의식적 자각 등의 심적 상태와 동일하다는 것, 또는 자아는 신체와 그 외의 심적 상태와 다르다는 것, 이 두 가지이다. 그러나 두 가지는 다 옳지 않다.

한편으로 만약 자아가 사람을 구성하는 심신 상태와 동일하다면, 자아는 항상 변화할 것이다. 왜냐하면 이런 상태는 항상 변화하기 때문이다. 특히 심적인 상태는 오고 가고, 발생하고 소멸한다. 그러므로 만약 자아가 심적인 상태의 총합 또는 그중의 하나와 동일하다면, 자아 또한 오고 가고, 발생하고 소멸할 것이다. 다른 말로 하면 자아는 매 순간 동일하며, '나' 또는 '너'라고 할 수 있는 하나의 실재하는 존재가 아닐 것이다.

다른 한편, 만약 자아가 심신 상태와 달리 개별적이고 독립적인 존재 또는 개체라고 하면, 자아는 어떤 특성도 갖지 않을 것이다. 그러나 어떤 특성도 갖지 않는 그 무엇이 어떻게 당신일 수 있는가? 당신의 신체 또는 마음에서 일어나는 그 무엇이 어떻게 당신에게 일어나는 것과 독립되어 있을 수 있는가? 더구나 이런 종류의 자아에 대해 그 무엇을 어떻게 알 수 있겠는가? 그리고 왜 당신은 그것을 보살펴야 하는가?[2]

인도 불교는 인간을 구성하는 신체 및 심적인 상태를 설명하기 위해 '오온(五蘊)'이라고 부르는 개념을 사용하였다. 오온은 개별적인 인간을 분석하면 나오는 기본적인 구성 요소이다. 전통적으로 물질적인 형태[色蘊], 느낌[受蘊], 지각(혹은 인지)[想蘊], 성향(혹은 의지)[行蘊], 의식[識蘊]으로 열거된다. 불교학자 아날라요(Anālayo)는 다음과 같은 예를 들면서 오온을 설명하고 있다.

> 우리가 책을 읽는다고 하자. … 의식[識蘊]은 눈이라는 신체적인 감각의 문을 통해 각각의 단어들을 알아차린다. 인지[지각, 想蘊]는 각 단어의 의미를 이해하고, 느낌[受蘊]은 정서적 기분을 담당한다. 즉, 특정 정보에 대해 긍정적으로 느끼거나 부정적으로 느끼거나 중립적으로 느낀다. 의지[성향, 行蘊]는 계속 읽거나 멈추고 좀 더 깊게 문장을 생각하거나 주석을 보게 한다.[3]

오온은 경험을 서술하고 구분하는 초기 불교의 여러 분류법 중 하나이다. 색온은 신체와 감각기관의 물질, 여기에 더하여 이러한 감각기관들이 반응하는 다양한 종류의 외부 물질을 포함하는 것이다. 수온은 경험의 정서적인 측면이다. 반면 상온은 인지적인 측면이다. 여섯 감관(다섯 가지의 신체 감관[五根: 眼根, 耳根, 鼻根, 舌根, 身根]과 여섯 번째의 심적인 감관[意根]) 중 하나가 자극을 받으면, 이에 따른 느낌은 즐겁거나[樂受], 즐겁지 않거나[苦受], 또는 중립[不苦不樂受]이다.

또한 그것이 무엇인지 확인하는 것이 일어나며, 그리하여 감각의 원재료나 심적 데이터는 단지 느껴지기만 하는 것이 아니라 알아볼 수 있는 무엇인가로 분류된다. 이러한 확인 작용은 행온, 즉 어떤 식으로든 심적, 물리적으로 행동하거나 반응하려는 성향, 의도, 의지적 경향에 의해 조건지어지고, 또 그것들을 조건 짓는다. 이런 성향은 선(善), 불선(不善), 무기(無記)일 수 있다. 마지막으로 식온은 그 대상의 존재를 자각하는 것이다. 항상 주의(이 분류에서는 행온에 속한다)에 의해 조건화된 결과로서 대상을 향한다.

「자아에 대한 장」에서 나가르주나는 오온을 언급하면서 본질적으로 존재하는 자아가 있다는 견해가 갖는 딜레마를 제시한다. 다음은 첫 번째 게송에 대한 제이 가필드(Jay Garfield)의 번역이다.

만일 자아가 오온이라면
자아는 생멸하는 것이리라.
만일 자아가 오온과 다르다면
자아는 오온의 특징을 갖지 못하리라.
若我是五陰 我卽爲生滅 若我異五陰 則非五陰相[4]

본질적으로 존재하는 자아가 있다면 그것은 오온과 동일하거나 오온과 다른 것이어야 한다. 그러나 어느 것도 옳지 않다.

한편으로, 만약 자아가 오온 전부와 동일하거나 그중 하나와 동일하다면, 자아는 끊임없이 변하고 발생하고 소멸할 것이다. 색, 수, 상, 행, 식은 항상 발생하고 소멸하기 때문이다. 그러나 오온은 끊임없이 변하기 때문에, 그것들은 독립적인 존재성을 지니고 매 순간 전적으로 존재하는 자아일 수도 없고, 그런 자아를 구성할 수도 없다.

다른 한편, 만약 자아가 오온과 다른 것이라면, 자아는 오온의 특성, 즉 경험적인 색, 수, 상, 행, 식의 특성들을 전혀 갖지 못할 것이다. 그런 자아는 모든 경험에서 제거될 것이고 전적으로 불가지(不可知)의 것이다.

독립적으로 실재하는 자아를 신체와 마음, 또는 무엇인가와 동일시하는 데 따르는 어려움에 직면하게 되면, 자아의 존재를 전적으로 부정하고 싶은 유혹에 빠진다. 이런 종류의 견해에 해당하는 불교적 용어는 '단멸론(斷滅論)' 또는 '허무주의'이다. 반면 자아가 독립적으로 실재하는 존재라는 견해는 '상주론(常住論)' 또는 '물화(物化)주의(reificationism)'라고 부른다.

나가르주나는 자아에 대해 단멸론자나 허무주의자가 아니었다. 가필드가 설명하는 것과 같이, 이와는 반대로 "나가르주나가 절대로 하지 않았던 것은 어떤 의미로도 오온이 없다거나, 사람, 행위자, 주체 등이 없다고 주장하는 것이었다. 귀류법으로 논증하기 위해 가정하고 있는 것은 '나' 또는 적절한 이름으로 집단적으로 지정된 어떤 현상의 복합물 위에(또는 그 아래에) 그러한 용어로 지칭되는 단일한 실체적 개체가 있다는 것이다."[5] 다른 말로 하면 대명사 '나'는 유의미하지만, 독립적으로 실재하는 자아 또는 본질적으로 존재하는 자아를 지시하는 의미는 갖지 않는다는 것이다.

단일한 실체적 자아가 없다는 것으로부터 사람, 행위자, 주체가 없다고 추론하는 것은 허무주의자 또는 단멸론자의 함정에 빠지는 것이다. 우리는 이런 극단적인 허무주의를 오늘날의 뇌과학자와 뇌철학자에게서 발견한다. 그들은 뇌가 실체적으로 실재하는 자아에 대한 근거가 될 수 없다는 것을 알고서는 다음과 같이 결론을 내린다. 즉 어떤 것이라도 자아라고 할 만한 것은 없고 그리하여 우리가 갖는 자아감은 완전한 환상이라는 것이다. 토마스 메칭거는 자신의 저서 『자아 터널』의 서두에서 다음과 같이 말하고 있다. "자아, 그런 것은 없다. 대부분의 사람들이 믿는 것과 달리, 아무도 자아이었던 적도 없고, 아무도 자아를 가진 적도 없다. … 현재 우리가 가진 모든 지식을 동원해서 생각해보면 그런 것도 없고, 그런 분할 불가능한 개체도 없고, 그것이 우리이고, 그것은 뇌에 있지도 않고, 이 세상을 넘어선 형이상학적인 영역 어디에 있지도 않다."[6]

나는 이런 극단적인 견해를 '뇌-허무주의(neuro-nihilism)'라고 부른다. 이것은 자아에 대한 물화주의적 견해의 진실한 대안이 아니다. 그것은 단지 이런 관점의 부정 또는 그림자 버전이다. 뇌-허무주의는, 만약 자아가 존재한다면 그것은 독립적으로 실재하는 존재 또는 분할 불가능한 개체이어야만 한다고 가정한다. 문제는 그런 실재나 개체가 뇌에 존재하지 않는다는 것이다. 그러므로 우리가 독립적으로 실재하는 자아이거나 그런 것을 갖는다면, 우리가 갖는 자아감은 뇌가 만들어낸 환상이어야만 한다. 따라서 뇌-허무주의는 자아 개념의 의미에 대해서는 물화주의에 동의(두 이론 모두 자아를 독립적으로 실재하는 존재 또는 분할 불가능한 개체, 인간의 본질로 이해한다)한다. 그러나 뇌-허무주의는 이런 개념에 맞는 실재적인 그 무엇을 부정한다. 그래서 '이 세상에 자아라고 존재할 만한 것은 없다'[7]고 결론을 내린다. 이런 식으로 뇌-허무주의는 물화주의의 부정적이고 유물론자적인 버전이다.

그러나 나가르주나와 그의 저작 『중론송』에서 유래한 중관학파의 철학자들은 이런 견해, 즉 자아에 대한 우리의 통상적이고 일상적인 개념이 실체적으로 실재하는 존재 또는 개체라는 가정을 거부한다. 자아에 대한 우리의 통상적, 일상적 개념은 내적이고 실체적인 사람의 본질 개념이 아니라, 경험의 주체 및 행위자의 개념이다. 게다가 자아에 대한 통상적인 개념을 개인과 집단 경험의 세계에 적용하여 잘 살펴보았을 때, 우리는 본질적인 존재 또는 독립적인 개체를 전혀 찾을 수 없다. 우리가 발견할 수 있는 것은 서로 얽혀진 과정, 즉 신체적, 물리적인 것과 심적, 심리적인 것들이 서로 얽혀있는 과정의 집합이다. 이런 과정들은 모두 '의존적으로 함께 일어나는 것[緣起]', 즉 무수한 상호 의존적인 원인과 조건에 따라 일어나고 소멸하는 것이다. 이런 사실에서 이끌어낼 수 있는 적절한 결론은 어떠한 자아도 존재하지 않는다는 허무주의자의 결론이 아니라, 자아(일상적인 경험 주체와 행위자)는 의존적으로 일어나는 사건들의 연속이라는 것이다. 더 간단하게 말하면, 자아는 하나의 존재나 개체가 아니라 하나의 과정이다. 스티븐 배철러의 말을 들어보자.

> 인간이 된다는 것은 유전적, 심리적, 사회적, 문화적 조건들의 조합으로부터 의존적으로 발생하는 것이다. 우리는 이런 조건들 중의 하나로 환원될 수도 없고, 이런 조건들과 분리될 수도 없다. 한 인간은 DNA 코드, 심리적 프로파일, 사회적 및 문화적 배경 이상이지만, 그렇다고 해서 그런 요소와 분리되어 이해될 수도 없다. 당신이 고유한 이유는 타인과 다른 형이상학적 본질을 소유해서가 아니라, 고유하고 반복할 수 없는 조건들에서 발생하기 때문이다.[8]

그러나 중관학파, 아니 불교에 따르면 문제는 우리가 대개 자아를 이런 방식(의존적으로 일어나는 과정)으로 경험하지 않는다는 것이다. 그 대신 우리는 자아를 생각과 행동의 실천적 지배자로 기능하고 우리의 변화하는 심적, 물리적 특징과 별개로 영원한 내적 본질을 갖는 통합된 행위자인 것처럼 습관적으로 경험한다. 이렇게 우리는 자신의 본질에 대해 망상에 젖어 있다. 오류의 뿌리는 의존적이고 조건적인 것[따라서 실체성이 '비어 있는 것[空]']을 독립적으로 존재하는 것으로 착각하는 데에 있다.

나가르주나는 이런 근원적인 인지적 오류를 꿈, 신기루, 마술의 이미지에 비유하고 있다.[9] 이런 이미지들은 환상으로 존재하는 것이지만 마치 실재하는 지각 대상으로 존재하는 것처럼 보인다. 마찬가지로 자아는 의존적으로 일어나는 것인데 마치 그 자체의 내적 본질을 지니고 독립적으로 실재하는 것처럼 보인다. 이런 비유의 핵심은 자아가 전혀 존재하지 않고, 자아감은 완전히 착각이라는 것에 있지 않다. 결국 꿈은 순수한 경험적 현상으로 존재한다. 그러나 꿈은 사실 독립적인 존재성을 결여하고 있고, 우리는 꿈을 꿈이라고 깨닫기 전에는 이런 사실을 모른다. 마찬가지로 우리는 자아를 마치 독립적으로 실재하는 개체인 것처럼 습관적으로 경험한다. 그러나 사실 자아는 그런 식으로 존재하지도 않고 그런 종류의 존재성을 가지지도 않는다. 오히려 자아는 의존적으로 일어나고, 따라서 독립적 실재성이라는 점에서 보면 공한 것이다. 이런 진실을 깊고 통찰력 있게 경험적으로 깨닫는 것은 자각몽의 상태에 있거나 꿈에서 깨어나는 것과 유사하다. 즉 경험 주체는 여전히 존재하지만 자신의 본질에 대한 망상을 더 이상 갖고 있지 않다.

일상적 자아를 의존적으로 발생하는 것으로 보는 중관학파의 개념은 뇌-허무주의의 대안을 시사한다. 중관학파의 전략은 일상적 자아가 독립적 개체 또는 뇌 속의 본질에 기반하고 있다거나 존재하지 않는다고 가정하지 않는 것이다. 자아는 그런 것이 아니다. 정말로 자아는 하나의 존재이거나 개체 같은 것이 전혀 아니다. 그것은 삶의 과정에서 발제(發製)하여 발생한 것이다. 이런 대안적 사유 방식은 철학적인 것만은 아니다. 그것은 인지과학, 특히 자아의 뇌과학에도 변화를 가져온다. 이 마지막 장에서 설정한 나의 목표는 의존적으로 일어나는 것으로서의 자아 개념이 어떻게 뇌-허무주의를 벗어나 내가 자아에 대한 '발제적(enactive, 發製的)' 이해라고 부르는 것으로 나아가게 하는지를 보여주는 것이다.[10]

나-만들기

인도철학에서 '나다(I am)'라는 느낌, 특히 시간을 통하여 고유의 일인칭 관점을 가지며, 생각과 행위의 주체자로서의 한 개인이라는 감각에 해당하는 용어는 문자 그대로 '나-만들기(I-making, ahaṃkāra, 我慢)'를 의미한다. 나는 이 용어를 다양한 '나-만들기' 과정에서 발생하고 그러한 과정에 의존하고 있는 자아를 고찰하는 하나의 사유방식을 제안하기 위해 빌려오고자 한다. 다른 식으로 말하자면 내가 자아를 하나의 존재가 아니라 하나의 과정이라고 말할 때, 내가 의미하는 바는 자아가 '나-됨(I-ing)'의 과정이라는 것이다. 그 과정은 '나의 발제 과정이고, 그 가운데 '나'는 나-됨의 과정 그 자체와 다른 것이 아니다. 마치 춤추는 것은 춤을 발제하는 과정이고, 이러한 의미에서 춤은 춤추는 것과 다르지 않은 것과 같다.[11]

자아를 이해하는 방식에 대한 이런 주장을 확실히 하기 위해 나는 다양한 차원(생물학적, 심리학적, 사회적 차원)에서 나-만들기가 일어나는 여러 방식을 설명할 것이다. 나의 이론적 도구는 '자기-특정 체계(self-specifying system)'라는 개념이다. 자기-특정 체계는 상호 특정하는(specify) 과정의 집합이고, 그리하여 그 과정들은 환경과 관계 맺으면서 자기-지속 통합체(self-perpetuating whole)로서의 체계를 구성한다.[12] 예를 들면 살아 있는 세포는 서로를 생성하는 화학적 과정의 집합이고, 그리하여 그 과정들은 세포의 환경과 관계 맺으면서 자기-지속 통합체로서 세포를 구성한다. 달리 표현하면, 세포를 구성하는 화학적 과정들은 관계적 자아/비자아(nonself)의 구별을 발제하거나 발생시킨다. 그런 가운데 그 세포는 환경 또는 '자아-아닌(not-self)' 것과 관련하여 독특한 정체성 또는 '자아(self)'를 갖는다.

나는 생물적 삶의 영역의 자기-특정 체계에 대한 논의로 시작하여, 우리 스스로를 경험하면서 알게 되는 자아에 대해 설명하고자 한다. 첫째로, 자아에 대한 발제적 접근이 갖는 논리 구조를 요약하는 것이 유익하겠다.

자아에 대한 발제적 접근

개념 : 나-만들기

시간을 통하여 지속하며 사고와 행위의 주체인 '나'라는 존재감.

제안 : 자아는 나-됨의 과정이다.

'나'를 발제하는 지속적인 과정이고, 그 과정 속에서 '나'는 이런 과정 자체와 다르지 않다.

이론적 도구 : 자기-특정 체계

상호 특정하는 과정의 집합이고, 그리하여 그것들은 더 넓은 환경과 관계 맺으며 자기 지속 통합체로서의 체계를 구성한다.

적용 : 나-만들기를 구성하는 자기-특정 체계를 다양한 차원(생물학적, 심리학적, 사회적)에서 서술한다.

자기-만들기(self-making) 세포들

고속 디지털 공초점 현미경(high-speed digital confocal microscope)을 통해서 하나의 생화학 표본을 들여다본다고 상상해보자. 다양한 상호작용을 관찰할 수 있을 것이다. 자세히 살펴보면 몇몇 과정들은 상호 간에 밀접한 연관을 맺고 있다는 것을 발견할 것이다. 이런 식으로 상호 연동망을 형성하여 자기-조직, 자기-지속하게 된다. 더구나 몇몇 이러한 화학반응들은 일정한 공간의 경계를 이루어 자신만의 내부 공간을 형성한다. 그 경계는 침투 가능하지만 선택적이다. 선택적이라는 것은 주위 환경의 물질 분자들 중 어떤 것들은 들여보내지만, 어떤 것들은 들여보내지 않는다는 뜻이다. 때로는 주위 환경으로 어떤 분자들을 내보내기도 한다. 이제 내가 세포에 대해 말하고 있다는 것을 알았을 것이다. 그 세포는 살아 있는 개체이고 능동적으로 주위 환경과 관련을 맺고 있다.

복잡계 이론에서 이런 생화학적 자기-생산(self-production)을 기술하는 용어는 '자기생성(autopoiesis)'이다.[13] 신경생물학자 움베르또 마뚜라나(Humberto Maturana)와 그의 제자 프란시스코 바렐라가 1970년대 이런 개념을 창안하였다.[14] '자기생성'은 말 그대로 자기-만들기, 또는 자기-생산이라는 뜻이다(그리스어 autos는 '자기'라는 뜻이고, poiein은 '만들다', '생산한다'는 뜻이다). 자기생성적 체계는 생화학적 체계인데, 자신의 분자 구성 성분을 생산한다. 그리하여 자신의 체계 안과 밖을 구분한다. 모든 생화학적 체계가 자기생성적인 것은 아니다. 예를 들면 바이러스는 단백질 외피를 가진 경계 지어진 개체이다. 그러나 바이러스의 분자 구성 성분(핵산)은 바이러스의 내부에서 생성되지 않고 단지 외부의 숙주에서 가져온다. 또한 바이러스는 대사를 하지 않는다. 그러므로 자기생성적이라는 의미에서 자신을 생산하거나 보존하지 않는다. 이와는 달리 모든 살아 있는 세포는 자기생성적이다. 그러므로 자기생성은 세포의 삶과 다른 생화학적 체계를 구분 짓는 핵심적인 성질이다.

자기생성이라는 측면에서 보면 살아 있는 세포는 자기-특정 체계의 기본적인 최소한의 실례이다. 세포는 분자의 바다 속에서 자신이 아닌 것과 분리하는 경계를 특정하여 자신을 형성한다. 동시에 이런 경계 특정은 내적 화학적 변형을 통해서 일어나는데, 이로써 그 경계 자체를 가능하게 해준다. 경계와 내적 변형은 서로를 특정해준다. 이런 식으로 세포는 화학적 배경의 환경에서 하나의 뚜렷한 형태로 발생한다. 이런 자기-특정 과정이 무엇인가로 방해받으면, 세포 구성성분들은 점차로 분자의 바다 속으로 서서히 다시 사라져버리고, 결국 더 이상 개별적 통합체를 이루지 못한다.[15]

살아 있는 세포를 자기-특정적이지는 않지만 자기-조직적 체계를 이루는 것과 비교해보는 것도 나름 가치가 있다. 토네이도는 공기와 물 분자의 큰 덩어리들이 하나의 전체 소용돌이 패턴으로 빨려 들어가서 생긴다. 이런 소용돌이 패턴은 하나의 분자들이 어떻게 움직여야 하는지에 영향을 미친다. 이와 비슷하게 우리는 자아를, 집적된 심신 상태의 복잡하고 역동적인 행동의 전체 패턴이 발생한 것으로 생각할 수도 있다.[16] 아니면 촛불의 예를 들어보자. 이 경우 토네이도처럼 전체 덩어리 패턴을 변화시키는 분자들 대신, 초의 불꽃들은 연소 과정에 따라 계속해서 변화한다. 그렇지만 불꽃은 신선한 산소를 태우고 연소물을 버리는 하나의 공기 흐름으로 계속 지속한다. 이와 비슷하게 우리는 자아를 계속해서 변화하는 심신 과정의 거대 상태(macrostate)의 발생으로 생각할 수 있다.[17] 인도철학에서 짜르와까(Cārvāka)라고 불리는 유물론자와 불교의 독자부(Vātsīputrīya)는 자아에 대하여 이런 '토네이도' 또는 '불꽃' 이론을 견지하고 있다. 현대의 영국 철학자인 조나단 가네리(Jonardon Ganeri)는 횡문화적 철학의 기념비적인 저작 『자아(The self)』에서 이것을 언급하고 있다.[18] 가네리는 자아에 대한 견해를 피력하면서 불꽃의 이론을 차용하고 있다. 그러나 토네이도와 불꽃은 자신의 분자적 구성성분을 합성하는 화학적 내적 체계를 전혀 갖고 있지 않다. 그리고 세포처럼 대사 과정을 통해서 자신과 주위의 물질과 에너지 흐름을 조절하는 체계도 갖고 있지 않다. 토네이도 또는 불꽃과는 달리 세포는 하나의 개별 통합체로서 자신만의 분자들을 창조한다. 이런 자기-특정으로 세포는 강하게 창발적(emergent)이 된다.[19] 세포의 각 부분들은 서로를 산출하고, 전체로서의 세포는 이런 화학적 반응에 적합한 환경을 제공한다. 이런 자기-특정이 토네이도와 불꽃에는 없기 때문에 이것들은 제대로 된 개별체가 아니고, 작은 과정들이 모여 있는 단순한 거대 상태에 불과하다. 이런 이유 때문에 살아 있는 세포의 비유가 토네이도 또는 불꽃의 비유보다 창발적이고 의존하여 일어나는[緣起] 자아에 더 적절하다고 할 수 있다.

불안정한 상황에서 감각-만들기(sense-making)

자아가 있는 곳마다 그 자아가 의존하는 세계가 있다. 자아는 의미를 발견하고 창조하기 위해서 세계와 관계를 맺지 않을 수 없다. 마찬가지로 생명체가 있는 곳마다 그 생명체가 의존하는 환경이 있다. 생명체는 환경에 의존해 있고, 감각을 발견하고 창조하기 위해서 환경과 관계를 맺지 않을 수 없다. 간단히 말해서 살아 있음은 불안정

한 상황에서 감각-만들기이다.[20]

진화론적으로 가장 오래되고 구조적으로 가장 단순한 생물인 세균을 예로 들어보자. 많은 세균들은 세포막의 회전 편모로 헤엄친다. 이 세균들은 약 50가지의 화학물질을 감별할 수 있다. 세균은 당과 아미노산을 향하여 헤엄쳐 가지만 산과 중금속은 멀리한다. 세균은 회전 편모를 잘 조화시켜 프로펠러같이 앞으로 나아가지만, 만약 편모 회전 운동이 제대로 작동하지 않으면 원하는 방향으로 나아갈 수 없다. 세균은 선호물질과 혐오물질의 양을 시간에 따라 파악할 수 있다. 예를 들어 세균은 섭취하고자 하는 자당(sucrose, 蔗糖) 또는 아스파르트산(aspartate)의 농도 차이를 파악한다. 세균은 영양분 농도가 증가하는 쪽으로 방향을 돌린다. 영양분 농도가 감소하면 영양분 농도가 증가하는 방향이 감지될 때까지 이리저리 떠다닌다. 이때는 방향을 잡지 못한다. 이런 행동(조건이 좋거나 나쁘지 않은 쪽으로 헤엄치고 또한 조건이 나쁘면 새로운 방향을 모색하는 행동)을 반복하여 세균은 자신이 원하는 장소로 멀리까지 이동하게 된다.

화학물질 선호성(chemotaxis)이라고 부르는 이런 행동은 살아 있음이라는 것이 결국은 감각-만들기 과정이라는 것을 보여준다. 세균은 자신의 세포막에 일정한 수용체를 갖고 있다. 이 수용체를 통해서 어떤 물질이 유익한지 해로운지를 나름대로 감각을 형성하여 파악한다. 이런 의미부여(유익함과 해로움)는 자당(선호물질) 또는 알콜(혐오물질)과 같은 화학물질 자체 안에 있는 것이 아니다. 오히려 의미는 세균의 구조와 생존 방식이 주어졌을 때, 그런 화학물질과 세균의 관계 속에서만 나타난다. 세균의 생존 방식이 그런 화학물질에 선호, 또는 혐오물질이라는 의미를 부여하는 것이다. 이런 식으로 세균은 말 그대로 물리적 환경을 감지하여, 감각-만들기를 자신의 행동(같은 방향으로 다가가고, 피하고, 떠다니는 행동) 속으로 바로 체화하는 것이다.

그러나 이런 예가 보여주는 것과 같이, 살아 있음은 단순한 감각-만들기가 아니다. 그것은 불안정한 상황에서의 감각-만들기이다. 당신이 아주 작다고 상상해보라. 당신은 물 분자들에 흔들리고 부딪칠 것이다. 그리고 자신 속의 물 성분도 지속적으로 흔들릴 것이다. 이것이 세균의 내외적 환경이다. 분자확산과 브라운 운동(유체 내 입자의 무작위 운동)의 미시적 세계이다. 이런 내외적 상황을 조절하여 자신을 어떻게 유지할 것인가? 당신은 강하고 약한 화학적 결합에 의존하고 있다. 그렇지만 내부가 자기-특정하는 방식으로 탄탄하게 유지되고 있다. 즉 모든 부속과정들은 하나 이상의 다른 부속과정들과 서로 얽혀져서 작동시키거나 작동하고 있다. 이런 상황은 항상 불안정하다. 왜냐하면 항상 위험에 처하거나 붕괴될 수 있고, 어느 내부 과정의 하나도 내부 과정들이 함께 형성한 시스템 없이는 스스로를 오랫동안 유지할 수 없기 때문이다. 달리 말하면, 이런 과정들은 자신들이 함께 형성한 지지 집단에서 분리되면 그 기능들을 잃고 사라진다. 이런 의미에서 보면 모든 살아 있는 과정은 불안정하지 않을 수 없다.

세포가 파열되면 세포의 구성성분들은 분자의 바다로 되돌려진다. 집단에서 분리된 개미는 결국 죽는다. 관계에서 한 사람을 분리하면 그 사람은 더 이상 성장할 수 없다.

의존하여 일어남[緣起]

살아 있는 존재를 이렇게 자기-특정하고 감각-만드는 존재로 보는 견해는 불교의 '연기' 개념을 잘 보여주는 것으로 생각된다. 특히 중관학파에 대한 티베트식 해석으로 연기를 설명할 때 더욱 그렇다. 그들의 이해에 따르면 연기는 세 가지 차원에서 일어난다.[21]

연기의 첫 번째 차원은 인과적이다. 현상은 존재하기 위해서 원인과 조건(그런 원인들로 존재하게 될 뿐만 아니라 존재가 멈춰지기도 한다)에 의존한다. 세포의 경우 많은 원인과 조건들(환경적, 유전적, 대사적 원인과 조건 등등)은 세포를 존재하게도 하고 지속시키기도 하고 죽게도 한다.

연기의 두 번째 차원은 전체/부분 의존인데, 철학자들은 '부분전체론적 의존(mereological dependence)'이라고 부른다(부분전체론은 부분과 부분, 그리고 부분과 전체의 관계를 다루는 이론이다). 현상은 그 부분들에 의존하여 존재한다. 그러므로 세포는 세포막, 세포기관들, 분자적 구성물 등에 의존한다. 자기-특정 체계의 경우 네트워크로서의 전체 체계는 그 구성 과정들 사이의 상호 관계에 의존한다.

중관학파에서는 이런 연기의 두 번째 차원이 대개 한 방향(전체는 그 부분에 의존한다)으로 기술되어 있다. 그러나 그 역은 아니다. 그러나 복잡계 이론에서는 부분들이 전체에 의존한다고 설명하고 있다.[22] 자기-특정 체계에서 전체는 부분들에 의존하고, 부분들은 전체에 의존한다. 예를 들면 세포에서 일정한 대사 경로와 그 경로가 합성한 분자들은 세포 전체의 기능에 의존한다. 왜냐하면 이런 경로와 분자들은 세포막이 유지해주는 세포 내의 일정한 환경 밖에서는 오랫동안 살아남을 수 없기 때문이다. 그러므로 부분과 전체는 함께 일어나고 서로 특정한다.

연기의 세 번째 차원은 개념적 의존이다. 이 차원은 가장 미묘하다. 중관학파의 한 분파인 귀류논증학파(Prāsaṅgika Madhyamaka)에 의하면 하나의 완전체로서의 어떤 것의 정체성(identity)은 그것을 어떻게 개념화하고 어떠한 용어로 지시하는가에 의존한다. 여기에 또한 하나 더 부가할 수 있는 것은 그 정체성은 관찰 규모에 의존한다는 점이다. 그러므로 세포는 자신을 하나의 단위로 개별화시키는 개념적 틀과 관찰 규모에 상관없이 독립적인 내적 정체성을 갖지 않는다. 생물학자 네일 테이세(Neil Theise)는 2005년 「네이처」의 에세이에서 다음과 같이 지적하였다. 현미경으로 세포막이 드러난 이후 우리는 몸의 기본 구성단위로 세포를 생각하지만, 다른 개념적, 관찰적 시각에서 보면 몸은 유동적인 연속체이다.

한 차원에서 보면 세포는 더 이상 분할할 수 없는 개체이지만, 또 다른 차원에서 보면 세포는 보다 더 작은 구성성분들의 광란에 찬, 자기-조직적인 춤으로 용해된다. 신체를 이루는 실체는 자기-조직적인 유동 분자들이다. 그것들은 '세포내적인' 그리고 '세포외적인' 그런 구분된 개념을 알지 못한다. 세포가 하나의 단위로 정의되는 것은 단지 일정한 규모의 차원에서 뿐이다. 규모의 차원이 더 올라가면 세포는 명료한 관찰 대상이 되지 않는다. 더 아래로 내려오면 하나의 개체로서 세포는 사라져서 아무런 독립된 존재가 아니다. 하나의 존재로서의 세포는 관점과 규모에 의존한다. 마치 마술사가 다음과 같이 말하는 것과 같다. "이제 보입니다. 그리고 이제 보이지 않습니다."[23]

우리는 개념적 의존성이라는 연기의 세 번째 차원을 설명하기 위해서 자기-특정 체계라는 개념을 사용할 수도 있다. 하나의 자기-특정 체계로서 서로 맞물려 있는 네트워크의 정체성은 우리가 사물들을 어떻게 인지적으로 프레임 하느냐에 달려 있다. 즉, 순환적 방식으로 서로 특정하고 있는 조건적 관계의 어디에 초점을 둘지 우리가 결정하는 것에 달려 있다. 우리의 흥미와 설명 목적에 따라 다른 조건적 관계에 초점을 맞추어 다르게 프레임할 수도 있다. 하나의 체계로 구획하는 것은 우리의 인지적 지시의 프레임과 우리가 이용할 수 있는 개념에 달려 있다.

그런 개념적 의존성이 말과 개념을 떠나서는 아무것도 존재하지 않는다거나 마음이 세상을 만든다는 의미는 아니다. 이와는 반대로 하나의 세포 또는 하나의 유체, 더 일반적으로 말해서 하나의 체계로 무엇인가를 지칭하려면, 우리가 관찰하는 것 속에 그러한 지칭의 기반이 있어야만 한다. 그러나 미묘한 점은 하나의 체계로서 우리 앞에 등장하는 것은 단지 그 지칭의 기반뿐만 아니라 그 기반을 개념화하고 그것을 언급하는 언어에도 의존한다는 것이다. 이런 이유로 귀류논증학파에 의하면 개념적 의존으로서의 연기에 대한 완전한 진술은 다음과 같다. 즉 연기하는 것이 무엇이든지간에 그것은 지칭(designation)의 기반, 지칭하는 인지, 그것을 지칭하는 용어에 의존하여 존재한다.[24]

연기의 이런 공식화는 핵심적인 개념적 요소들을 제공해준다. 이런 요소들은 자기-특정 체계의 관념으로부터 완전히 갖춰진 나-만들기 체계(시간을 통하여 지속하며 사고와 행위의 주체인 '나'라는 감각을 갖는 것)를 만드는 데 필요한 것들이다. 이런 핵심적인 요소를 나는 '자기-지칭 체계(self-designating system)'라고 부를 것이다. 이 체계는 개념적으로 스스로 자아라고 지칭하는 것인데, 변화하는 심신이 그 지칭의 기반을 이룬다. 그러나 이런 이야기를 이어가기 전에 언급해 두어야 할 것이 있다. 우선 우리는 자기-특정 과정들이 어떻게 지각, 행동, 감정의 기반이 되는지, 그뿐만 아니라 인지과학의 이론이 불교의 오온 이론과 어떻게 연관되어 있는지를 살펴볼 필요가 있다.

감각운동 자아성

삶이 갖는 이런 기본적인 자아-만들기와 감각-만들기 능력에 뇌와 신경계가 더하는 것은 무엇인가?

당신이 만약 움직이는 동물이라면 헤엄칠 때, 달릴 때, 날아갈 때 세포들이 따로 따로 움직이지 않도록 통합될 필요가 있다. 이렇게 통합시키는 한 가지 방법은 특별한 세포들이 있어서 이런 세포들이 흩어져 있는 신체의 각 부분들을 긴 연장선으로 서로 묶는 것이다. 이런 역할을 하는 것이 뉴런, 즉 신경세포이다. 뉴런의 긴 섬유(axon, 축삭)와 뻗어난 가지들(dendrites, 수상돌기)은 신경세포들과 신체의 감각표면(피부, 감각기관, 신경말단)과 효과기들(근육, 샘, 기관들)을 서로 연결시킨다. 뉴런들은 또한 전기적으로 흥분될 수 있는 세포들이다. 그 결과 전기화학적 신호를 통하여 분자가 확산되는 속도보다 더 빠르게 신체 전체를 소통시킨다. 이런 이유 때문에 다세포 유기체의 삶에서 빠른 움직임이 필수적인 경우라면 어디든지 이에 상응하는 신경계의 발달이 일어난다.

모든 신경계는 기본적인 '신경기능' 패턴에 따라서 작동한다. 이 패턴은 자기생성의 '생물기능'을 지속시키고 정교하게 만든다. 신경계의 기본 논리는 지속적이고 자기-특정하는 방식으로 감각 활동과 운동 활동을 연결하는 것이다.[25] 당신이 보는 것과 당신의 눈과 머리가 어떻게 움직이는가의 관계를 생각해보라. 날아가는 새의 궤적을 따라간다고 해보자. 눈이 받는 감각 자극이 눈과 머리를 움직이게 하고, 눈과 머리의 움직임은 다시 눈이 감각자극을 받게 해준다. 이런 식으로 새의 시각 추적에는 감각운동 사이클이 모두 포함된다. 말하자면 당신이 보는 것은 어떻게 움직이는가에 직접적으로 의존하고 있고, 당신이 어떻게 움직이는가는 무엇을 보는가에 직접적으로 의존하고 있다. 신체의 감각계와 운동계를 연결하는 신경계가 있기 때문에 이런 지속적인 감각운동 사이클이 가능하다.

감각운동 사이클이 어떻게 자기-특정적인지를 이제 정확하게 볼 시점에 도달하였다. 날아가는 새를 볼 때, 관찰하는 눈의 운동에서 일어나는 감각 변화와 날아가는 새의 움직임에서 일어나는 감각 변화의 차이를 구별할 필요가 있다는 점을 고려해야 한다. 다시 말하자면, 우리가 무엇인가 행동한 결과로 일어나는 것과 우리 주위에서 무엇인가 진행된 결과로 일어나는 것을 지각적으로 구별할 필요가 있다는 것이다. 일반적인 용어로 말하면 모든 동물은 자신의 운동 활동(자아)의 결과 받아들여진 감각 자극, 그리고 환경(자아 아닌 것)의 변화 결과 받아들여진 감각 자극의 차이를 구별할 필요가 있다. 신경계는 활동(눈, 머리, 신체 운동)을 하기 위한 운동 명령(원심성 신호)을, 활동 수행(운동에 대한 감각 피드백의 흐름)에서 생긴 감각 자극(구심성 신호)과 체계적으로 연결하기 위해서 두 가지를 구분한다. 이런 과정은 감각운동 통합으로 알려져 있다. 독일의 생리학자 에리히 폰 홀스트(Erich von Holst, 1908-1962)는 이런 감각운동 통합에 대하여 선구적인 연구를 하였다. 감각운동 통합의 여러 모델에 의하면 중추신경계는 특수화된 비교 체계(specialized comparator system)를 갖고 있다. 이 체계는 운동 명령의 사본을 받아서, 이것과 운동 활동으로 생겨 유입되는 감각 신호를 비교한다. 예를 들면 손가락을 움직여 키보드를 치고 있을 때, 피질은 운동 신경의 활동을 위해 신호를 보낸다. 이 신호는 뇌간과 척수에 있는 운동 뉴런으로 보내진다. 물론 일부는 이런 신호의 사본을 소뇌로 보낸다. 그러는 동안 소뇌는 근육, 관절, 건(힘줄)에서도 감각 신호를 받는다. 이런 감각 신호들은 손가락 움직임에 대한 정보를 전달한다. 손가락 위치와 움직임에 대한 이런 감각 정보와 운동 명령에 대한 정보를 비교하여, 소뇌는 운동 활동으로 인한 감각 변화와 환경으로 인한 감각 변화를 구별하게 되고 뇌는 활동 수행이 얼마나 잘 이루어졌는지를 계속 추적할 수 있게 된다. 일반적으로 말하면 이런 비교 체계로 신경계는 원심성(운동성)과 구심성(감각성) 신호들을 통합할 수 있게 된다. 말하자면 '재구심성(reafference)'—동물 스스로의 운동 활동 결과로 생긴 감각 신호들(자아)—과 '외부구심성(exafference)'—환경 사건들의 결과로 생긴 감각 신호들(자아 아닌 것) 사이를 체계적으로 구분하게 된다. 이렇게 운동 활동으로 발생한 재구심성의 감각 정보들을 원심성 신호들과 끊임없이 재통합함으로써 감각운동 사이클은 자기-특정 과정을 구성하게 된다.[26]

여기서 지적해야만 하는 핵심적인 사항은 감각운동 사이클이 자기-특정이라고 하는 것은, 지각과 운동에서 분리되어 있는 자아를 지정한다는 의미에서가 아니라, 지각하고 운동하는 과정과 전혀 다르지 않은 자아를 발제한다는 의미에서라는 점이다. 당신이 받은 재구성성 정보는 당신에게만 특화된 것이다. 왜냐하면 그것은 당신 자신의 신체 활동에 본질적으로 관련된 것이기 때문이다(감각하는 주체와 운동하는 행위자에 특화되지 않은 재구심성 정보라는 것은 없다). 그러므로 활동을 위한 운동 신호(원심성)를 활동에서 생긴 감각 신호(재구심성)와 연결함으로써, 신경계는 지각과 활동에서 자아/자아 아닌 것을 발제하는 것이다. 한 측면에는 지각의 주체와 활동의 행위자를 구성하는 독특한 지각 운동의 관점이 있다. 또 다른 측면에는 지각과 활동의 의미 공간으로서 환경이 놓여 있다. 이런 식으로 감각운동의 나-만들기와 감각운동의 감각-만들기는 동시에 일어나고 분리될 수 없다. 그것들은 의존적으로 함께 일어난다[緣起].

자신의 방식대로 느낀다

나-만들기의 생물학을 논의하면서 느낌은 어디에서 어떻게 다루어야 하는가? 단일 세균 세포는 이 세계를 탐색하면서 무엇인가를 느끼는가? 또는 느낌은 신경계를 필요로 하는가? 감수능력, 즉 느끼는 능력은 모든 생명의 기본적인 능력인가? 또는 신경계의 진화인가?

간단히 대답하자면 이런 질문에 어떻게 답해야 할지 사실 우리는 모른다는 것이다. 현재로서는 느낌이 생물학적 과정에서 어떻게 발생할 수 있었는지, 또는 그런 과정에서 구체적으로 어떻게 드러나게 되었는지에 대해 근본적으로 또는 깊게 이해하고 있지 못하다. 이런 이해 부족을 철학자들은 생물학적 본질에 대한 과학적 이론과 의식에 대한 경험적 지식 사이에 존재하는 '설명의 간극'으로 부른다(3장 참조).

어떤 생물학자는 감수능력은 생명 그 자체와 함께 시작되었다고 말한다. 이것은 미생물학자 린 마굴리스(Lynn Margulis)와 그녀의 아들 도리언 세이건(Dorian Sagan)이 자신들의 책 『생명이란 무엇인가?(What is Life?)』에서 주장하는 견해이다. 그들의 말을 들어보자.

> 동물만 의식적인 것이 아니라, 모든 유기체들, 모든 자기생성적 세포도 의식적이다. 가장 간단한 의미에서 의식은 외부 세계에 대한 자각이다. 그리고 이 세계는 포유동물 외피 외부의 세계일 필요는 없다. 이 세계는 세포 밖의 세계일 수도 있다. 확실히 일정 수준의 자각, 그런 자각 덕분에 생긴 일정한 반응성이 모든 자기생성하는 체계에 포함되어 있다.[27]

그러나 많은 뇌과학자들은 느낌이 뇌에서 일어나는 것이라는 견해를 더 선호한다. 뇌는 유기체의 변화하는 신체 상태를 끊임없이 등록하고, 자기 보존을 촉진하는 범위 안에서 그런 상태를 유지한다.[28] 이런 견해에 의하면 느낌이 외부 상황(위험한 상황의 공포 또는 즐거운 상황의 행복감)에서 일어나든 신체의 내부 상태(배고픔 또는 피곤함)에서 일어나든 간에 느낌은 신체의 상태를 반영하고 있으며, 신체 내에서 내부 장기가 중요한 역할을 한다. 이런 시각에서 보면 감수능력은 동물 삶의 특정 형태에서 진화한 능력이다. 그런 특정 형태에서 뇌는 변화하는 내부 상태를 제어하기 위한 체계를 특화해왔다.[29]

나는 모든 세포 생명이 어느 정도의 감수능력을 갖고 있다는 생각에 공감한다. 이 생각은 다시 다룰 예정이다. 그렇지만 지금 주의를 기울이고자 하는 점은 내부 신체 상태와 그것을 등록하는 뇌 과정의 연결이 자기-특정 과정이고, 따라서 자아감의 한 원인이 된다는 것이다. 이런 경우 자기-특정 과정들은 내부감각 수용적 자아감(신체 내부의 느낌으로서 신체 내부의 감각운동 사이클을 형성한다)을 지지한다.[30]

예를 들면 호흡의 운동 제어(원심성 과정)와 호흡의 느낌(재구심성 감각과정) 사이의 왕복 사이클은 자기-특정적이고, 우리의 기본적인 신체적 자아감의 원인이 된다. 그러므로 많은 명상들이 현 순간의 우리의 체화된 존재를 자각하는 한 방법으로서 호흡에 대한 초점 주의(focused attention)로 시작하는 것은 별로 놀라운 일이 아니다.

더 일반적으로 말하면, 그런 내부감각 수용적, 원심성-재구심성 고리(efferent-reafferent loops)는 항상성(homeostasis, 생명 유지와 유익한 행동을 하기 위해 신체의 내적 환경을 일정하게 유지하는 것)에 핵심적인 것이다. 이런 목적으로 뇌는 끊임없이 신체 내부 상태(화학적 구성성분, 체온, 영향상태, 내장근 수축의 정도 등)에 대한 재구심성(감각성) 정보를 그에 상응하는 내적 원심성(운동성) 과정(신체의 내적 상태를 다양한 범위 내에서 유지한다)과 결합시킨다. 이런 자기-특정하는 내적감각 수용 체계가 외부 환경(자아 아닌 것)과 관련하여 신체 통합성(자아)을 유지하고, 내부의 신체 감각을 지속시켜서 신체적 자아감을 발제한다.

다시 오온을 생각한다

내가 언급한 생물학적 관점은 고대 불교의 개념인 오온(색, 수, 상, 행, 식)에 새로운 이해의 실마리를 줄 수 있다. 이런 관점에서 오온은 다섯 종류의 기본 정신물리적 활동으로 볼 수 있다. 이것들은 감수능력이 있는 존재(sentient being, 有情) 또는 개인을 구성하는 것이다.[31]

색온(色蘊)은 신체의 물질적 구성성분일 뿐만 아니라 살아 있고 경험하는 신체이다. 특히 색은 신체 감각계[根]와 그 감각계가 민감하게 반응하는 감각 가능한 성질[境]을 포함한다.[32] 기능적인 설명 차원에서 색은 외수용 감각 또는 내수용 감각 중 하나이고, 이것은 물리적 자극과 '접촉[觸]'하여 그것을 등록한다. 조나단 가네리에 의하면 우리는 색온을 어떤 구분 가능한 감각질을 '등록하는(registering)' 정신물리적 활동으로 생각할 수 있다.[33]

어떤 현대 뇌과학적 견해에 의하면 내외부 감각 자극에 대한 내외

감각수용의 등록은 여러 신체 변화와 반응을 야기하여, 즐겁거나 즐겁지 않거나 중립적인 느낌을 이끌어낸다고 한다.[34] 예를 들면 뱀을 보는 것은 심박수, 호흡, 호르몬 분비 변화뿐만 아니라 불쾌한 공포 느낌과 함께 회피 행동도 이끌어낸다.

마찬가지로 수온은 즐겁거나[樂] 불쾌하거나[苦] 즐겁지도 않고 불쾌하지도 않은[不苦不樂] 즉각적인 경험으로 이루어져 있다. 그러나 불교의 관점에서 보면 수온은 감각적 사건과 신체 변화와 그런 것들이 일으키는 반응에 국한되지 않는다. 왜냐하면 어떤 심적인 사건들(사고 또는 기억과 같은 것)은 즐겁거나 즐겁지 않거나 중립적인 느낌과 연관되어 있기 때문이다. 그런 느낌, 즉 수온은 즉각적이고 낮은 단계의 정서적 '평가(appraising)'로 생각될 수 있다.[35] 우리가 등록하는 것은 무엇이든지 우리는 그것을 즐겁거나 불쾌하거나 중립적인 것으로 평가한다.

느낌, 즉 정서적 평가와 밀접하게 얽혀져 있는 것이 행온(行蘊)이다. 행온은 즐겁거나 불쾌하거나 중립적인 것에 특별한 방식으로 반응하는 것이다. 예를 들면 내가 어렸을 때, 나는 물을 무서워하였다. 그래서 부모님이 수영장에 데리고 가도 물에 들어가지 않았다. 심지어 워터타운에서 매사추세츠, 케임브리지로 가는 자동차 뒷좌석에 앉아서 찰스강을 바라보는 것도 마음이 편치 않았다. 그런 습관적인 반응이 네 번째 온인 행온에 속한다. 행온은 마음과 신체의 '준비(readying)'라고 할 수 있다. 그것은 우리가 지각하고 생각하고 행동하

는 방식을 강하게 형태 짓는다.[36]

동시에 행온은 등록하고 느끼는 것을 우리가 어떻게 지각적, 인지적으로 확인하는가에 의존한다. 이러한 확인(identification)은 세 번째 온인 상온(想蘊)의 영역이다. 내가 수영장을 두렵고 피해야 하는 것으로 경험하려면 나는 그것을 물이 가득 찬 풀장으로 확인해야 한다. 상온은 지각적 범주 혹은 인지적 틀에 따라서 어떤 것이라고 확인하는 것이다. 그런 범주 혹은 틀은 우리가 미래에도 이런 저런 종류 사물을 인식하게 한다. 가네리의 용어로 말하자면 이런 활동은 일종의 '정형화(stereoptyping)'이다.[37]

마지막으로, 이런 네 가지 온(색, 수, 상, 행)에 속하는 모든 정신물리적 활동들은 내외수용 감각 또는 성찰이나 기억과 같은 심적 자각을 통해서 파악된 어떤 것의 현존에 대한 자각을 조건 짓기도 하고 그런 자각에 의해 조건 지워지기도 한다. 이런 형태의 자각이 다섯 번째 온인 식온(識蘊)에 해당된다. 이런 맥락의 '의식'은 어떤 것의 현존에 대한 자각을 의미하므로, 다른 것이 아니라 바로 그것을 향해 주의를 기울이고 있다는 최소한의 의미에서 선택적이라는 함의를 갖고 있다. 이런 이유 때문에 가네리는 식온을 '주의기울임(attending)'이라고 서술하였다(그렇지만 엄격하게 말하면 주의(attention, 作意)는 행온에 속하는 요소이다).[38]

오온에 대한 하나의 중요한 통찰은 이런 다섯 가지 유형 — 1) 색(色, 등록), 2) 수(受, 평가), 3) 상(想, 정형화), 4) 행(行, 준비), 5) 식(識,

주의기울임)—이 일상적인 일인칭 경험, 예를 들면 "나는 강을 본다." 또는 "나는 물을 무서워한다."는 차원의 경험 아래에 놓여 있으며, 합쳐져서 일상적 차원에서 이해되는 경험을 만든다는 것이다. 이런 통찰로 오온과 복잡한 인지적, 감정적 현상들을 더 세분된 구성요소로 분석하는 인지과학 사이에 다리를 놓는 것이 가능해진다.[39] 불교와 과학 사이의 다리 놓기에 대한 가네리의 설명을 들어보자.

> 해당 신경계에서 형성되는 원형적인 인지 과정과 원형적인 정서 과정이 결합하여 의식적이고 의도적인 경험을 이룬다. 이 경험이 드러내는 세계는 주의[識蘊]가 대상들에 쏠리는 세계이다. 이 대상들은 도식적인 정형화[想蘊]의 영향을 받아 지각적으로 등록된[色蘊] 것이다. 세계는 행동유도성과 장애라는 경로적(hodological) 평가[受蘊] 안에서 조직된 것, 미래의 경험을 준비함[行蘊]으로써 통시적 흐름을 형태 짓는 방식으로 조직된 것이다.[40]

가네리는 '해당 신경계'라고 표현하였지만, 불안정한 상황에서의 감각-만들기 과정이라는, 살아 있음(living)에 대한 생물학적 개념을 고려하면, 이런 과정(색, 수, 상, 행, 식)들 중 어떤 것 또는 이런 과정의 선구적 형태들이 신경계가 없는 보다 간단한 유기체에서도 존재하는지를 물어볼 수 있다.[41]

다시 진화론적으로 가장 오래되고 구조적으로 가장 단순한 생명체인 세균으로 돌아가보자. 색온은 이미 이 단순한 유기체에도 나타나 있다. 이 경우 '색'은 분자적 형태를 의미한다. 그리고 '등록(registering)'은 다른 형태의 분자들이 세균막의 적절한 화학수용체에 '접촉'하여 그것과 결합하는 것을 의미한다. 이런 식으로 단일-세포 유기체는 주위 50가지 서로 다른 화학물질들을 등록할 수 있고, 그것을 향해 움직이거나 피한다.

우리는 또한 '평가[受蘊]', '정형화[想蘊]', '준비[行蘊]'의 진화적 선구 형태를 볼 수 있다. 세균은 어떤 분자들은 선호물질로, 어떤 분자들은 혐오물질로 확인한다. 선호물질은 접근을 이끌어내고(세균은 최대분자농도영역을 향하여 헤엄친다) 혐오물질은 회피를 이끌어낸다(세균은 도망간다). 이런 종류의 행동(세균의 화학물질 선호성)은 기억의 잔존 형태에 의존한다.[42] 세균은 헤엄치면서 분자농도의 변화를 추적한다. 그리하여 세균은 최대 농도영역으로 움직이거나 피할 수 있다. 간단히 말해서 세균은 환경의 물리적으로 분리된 요소들을 구분하고 기억한다(원형적 정형화). 그리고 세균은 이런 요소들에 호의적으로, 또는 비호의적으로 반응한다(원형적 평가). 그리고 이런 요소를 향하여 나아가려 하거나 피하려는 경향을 보인다(원형적 준비).

그러나 세균의 '평가'가 어떤 종류의 느낌이라도 수반하고 있는 것인지, 아니 더 일반적으로 말해서 세균이 감수능력을 갖고 있는지 궁금할 것이다. 선호물질은 즐겁게 느껴지고, 혐오물질은 불쾌하게 느껴지는가? 세균이 선호물질을 향해서는 활발하게 나아가고 혐오물질에는 허둥지둥 도망가기는 하지만, 세균들이 정말로 어떤 경우에는 활기차게 느끼고 다른 경우에는 스트레스를 받는 것인가? 더 일반적으로 말하면 세균이 자신이 감각하는 것의 존재를 자각하는가?

이런 의문은 1987년에 달라이 라마와 함께했던 첫 번째 '마음과 생명' 대화에서 나왔다. 달라이 라마는 프란시스코 바렐라에게 아메바 또는 세균들 같은 단세포 생명들이 감수능력을 갖고 있다고 생각하는지 물었다. 과학은 아직 바렐라의 답변을 넘어설 정도로 진전되지는 않았다고 말하는 것이 옳을 것이다. 바렐라가 대답하였다.

바렐라 세균 또는 아메바의 행동은 어떤 것을 피하고 어떤 것에 다가가는 것입니다. 그것은 마치 고양이와 인간처럼 감수능력이 있는 존재(sentient being, 有情物)의 행동과 같습니다. 그러므로 그런 행동이 동일하지 않다고 말할 근거는 없습니다. 그러나 고통 또는 즐거움의 의식은 없다고 말할 수 있습니다. 아메바는 생래적으로 좋아하는 것과 좋아하지 않는 것을 분별합니다. 이런 의미에서 감수능력(sentience)이 있습니다. 나는 왜 고양이가 즐거움과 고통을 느끼고, 감수능력이 있는 존재[有情物]라고 말할까요? 내게는 고양이가 무엇을 경험하는지 알 수 있는 방법이 없습니다.

달라이 라마 예, 그렇습니다.

바렐라 정확히 동일한 주장이 아메바 또는 세균에도 적용됩니다. 나는 하나의 세균의 경험이 어떠한지를 알지 못합니다. 그러나 세균의 행동을 관찰할 때, 나는 동일한 종류의 행동을 관찰하게 됩니다. 이런 이유로 과학자인 나는 세균의 행동을 인지적 행동이라고 말할 수 있습니다. 세균은 내가 말한 감각-운동 연관[세균의 화학물질 선호성]을 통해서 분별합니다. 그 기전은 고양이의 것과 동일합니다. 내가 이렇게 말하면 심리학자들은 전율할지도 모르겠습니다. 그러나 나는 뇌과학자로서 말하고 있습니다. 가장 단순한 형태의 행동을 이해하는 방법으로서 세균의 행동을 연구해온 사람들은 … 행동, 지각, 본능이라는 용어를 사용하는 데 주저하지 않습니다. 나는 그런 학자들의 접근 방식이 옳다고 말해야만 합니다. 그러나 거기에서 자각의 일종으로서 우리가 보통 인지라고 부르는 것까지는 엄청난 도약이 있다는 것이 확실합니다. 그러나 이것이 연속적인 과정인지의 의문은 해결되지 않고 있습니다.[43]

바렐라가 "고통 또는 즐거움의 의식은 없습니다."라고 말할 때, 그는 아마도 '의식'이라는 용어로 고통 또는 즐거움이라는 질적 느낌뿐만 아니라 그 느낌을 인지하는 능력, 즉 그 상태를 자신의 것으로 심적으로 자각하는 것까지 모두 포함하였을 것이다. 현대 심리철학에 의하면, 즐거움 또는 고통에 대한 단순한 느낌은 '현상적 의식'에 해당하고, 그 느낌을 자신의 상태로 인지적으로 파악하는 것은 '접근 의식'에 해당한다. 이 용어는 바렐라가 이런 언급을 할 당시에는 아직 의식의 뇌과학에 도입되지 않았다. 마찬가지로 불교의 오온 이론에서는, 즐겁거나 불쾌한 것으로서의 감각적 자극의 단순한 느낌(수온), 그 느낌을 심적 현상으로 자각하는 능력(식온, 특히 제6의식), 느낌의 종류를 확인하거나 인식하는 능력(상온)을 구별한다. 세균이 감수능력이 있는지, 또는 현상적으로 의식하는지의 문제는 어려운 문제이다. 그러나 세균이 감수능력이 있다면, 세균은 자신의 상황을 심적으로 자각하지도 못하거나 어떤 종류의 인지적 접근도 하지 못하는 것 같다(이런 종류의 인지적 자각을 담당하는 물리적 장치도 없을 뿐만 아니라, 이런 종류의 자각의 존재를 나타내는 어떠한 행동도 보이지 않는다).

생명 속의 의식

달라이 라마의 질문에 대한 대답 말미에 바렐라는 세균의 지각과 인간의 자각 및 인지에 연속성이 있는지의 문제를 제기하였다. 세균이 감수능력이 있다면(또는 모든 세포 생명이 감수능력이 있다면) 우리는 생명의 감수능력에서부터 동물의 의식과 인간의 자아감에 이르는 길을 추적할 수 있을까?

유동하는 단세포 유기체(세균, 짚신벌레, 아메바)는 흥분하는 세포들이다. 즉, 자극을 받으면 전류를 발생시키고 소규모의 생전기장(bioelectrical field)을 형성하는 세포들이다. 이 세포들은 전하를 띤 이온에 선택적 투과성이 있는 막을 가지고 있다. 이런 선택적인 투과성이 전류를 생성하는데, 전류는 그 막을 따라서 흘러간다. 다세포 유기체에서는 세 가지 종류의 흥분성 세포들(감각세포, 근육세포, 신경세포)이 있다. 뉴런의 경우 이 세포들은 나트륨, 칼륨, 칼슘, 염소 이온에 선택적 투과성을 갖는다. 그리하여 세포들은 차별적인 전기장을 형성하고 활동전위—세포막을 둘러싸고 나트륨 이온이 넘나들면서 세포 안과 밖의 이온 농도가 역치를 넘어설 때 축삭(axon)을 따라 흐르는 전기적 활성—를 통해 다른 뉴런과 상호작용한다. 많은 뉴런들이 서로 연결되어 뉴런망 또는 뇌를 형성할 때, 이런 전기장의 합 또는 포개짐이 더 높은 수준의 복잡계에서 대규모 신경 전기장을 형성한다.[44] 우리가 앞 장에서 본 것처럼, 이런 대규모 신경 전기장은 뇌파 기계를 사용하여 각성, 꿈, 꿈 없는 깊은 수면 상태뿐만 아니라 다양한 종류의 명상까지 각기 다른 방식으로 측정할 수 있었다.

이런 생전기적 관점에서 보면 진화는 구조, 기관, 신체에서만 일어나는 것이 아니라 역동적인 전기장에서도 일어난다.[45] 일반적인 생명에서는 자기-조직적인 생전기장이 있다고 하면, 동물 진화는 자기-조직적인 신경 전기장의 창발(emergence)을 포함한다. 뇌과학자 로만 바우어(Roman Bauer)가 관찰한 것과 같이 "일반적인 생명이 분자가 세포로, 세포가 기관으로, 기관이 유기체로 자기-조직한 결과라고 볼 수 있듯이, 같은 식으로 마음과 의식은 초보적인 생전기장이 자기-조직하여 뇌 속의 거대한 신경 전기장으로 발현한 것이라고 볼 수 있다."[46]

다시 활동전위(축삭을 따라 흐르는 흥분된 전기 활성)를 살펴보자. 활동전위는 대개 세포-세포 간의 신호 전달 기전으로 설명하지만, 또한 개별적인 생화학적 사건이기도 하다. 뉴런이 외부를 향하여 문을 열면 엄청난 양의 양이온(1초에 세포막 채널당 약 1억 개의 이온)이 들어오고 나가고 한다. 이런 식으로 뉴런은 외부 환경의 즉각적인 변화를 감지하는 동안 거대한 내부 변화를 겪는다. 뇌과학자 노만 쿡(Norman Cook)은 이런 감지를 '뉴런 차원의 감수능력(neuron-level sentience)'이라고 불렀다.[47] 개별적으로 각 뉴런은 국소적인 전기화학적 상태만을 감지한다. 그러나 집단적으로 뉴런들은 자신들의 활동전위를 동기화하여 일정한 영역 또는 그 영역을 넘어선다. 그리고 거대한 수적 단위의 활동전위들이 시간적으로 동기화를 이루어 정합적이고 대규모인 전기역동적 뇌 상태를 유발하고, 이런 상태들은 여러 의식 양태와 상관관계를 보여준다. 쿡의 주장처럼, 뉴런 동기화(수많은 활동전위들의 시간적 동기화)는 인지의 기전일 뿐만 아니라, 개별적인 자기생성 뉴런들이 뇌 차원의 의식 현상으로 자기-조직하는 방식이기도 하다.

이런 사고방식에 의하면 감수능력은 근본적으로 살아 있는 흥분성 세포들의 전기화학적 과정에 의존한다. 그리고 의식은 근본적으로 뇌의 신경전기적 과정에 의존한다. 의식은 줄리오 토노니가 말한 '통합된 정보'(8장 참조)와 같은 추상적인 정보의 속성이 아니라, 구체적인 생전기적 현상이다. 철학자 존 설(John Searle)이 오랫동안 주장한 것과 같이 의식은 인공적 시스템에 제대로 된 프로그램을 입력하여 생긴 예화(instantated)일 수가 없다. 의식은 근본적으로 특수한 종류의 전기화학적 과정, 즉 특수한 종류의 생물적 하드웨어에 의존하기 때문이다.[48] 이렇게 되면 제대로 된 종류의 전기화학적 구성 성분을 지닌 인공적 체계만이 의식을 가지게 될 것이라는 결론을 예상할 수 있다.

이제 달라이 라마가 의식의 물리적 기반은 미묘한 에너지이고, 그 에너지의 존재는 신체에서 느낄 수 있다고 말했던 것을 다시 떠올려보자. 이 에너지(산스끄리뜨어로는 쁘라나(prāṇa)이고, 티베트어로는 룽(lüng, 風氣)이라고 한다)는 세포 차원을 포함하여 모든 흥분과 운동을 작동시킨다고 한다. 달라이 라마는 이 에너지를 제대로 알려면 물질에 대한 과학적 개념을 수정할 필요가 있다고 제안하였다. 그러나 나는 이 에너지가 살아 있는 세포가 형성한 전자기장으로서, 특히 뇌의 신경 전기장과 심장의 생전기장으로서 과학에 이미 알려져 있다고 생각한다. 그러나 명상 수행이 이런 생전기장의 미묘한 경험에 어떻게 민감해지게 만드는지, 이런 명상 수행이 신체의 뇌, 심장, 나머지 장기의 생전자기적 과정에 어떻게 영향을 미치는지에 대해서는 거의 탐구조차도 못하고 있다.[49]

사회적 자아-만들기

지금까지 우리는 신경계가 어떻게 자기-특정적인가(어떻게 신경계가 지각 주체와 행위자로 기능하는 독특한 감각운동 관점을 발제하는가)와, 어떻게 역동적인 신경 전기장이 의식의 주요한 토대일 수 있는지를 살펴보았다. 또한 이와 함께 이런 생물적 과정들이 세계에 대한 독특하게 체화된 관점을 유발하고, 그 세계 안에서 우리는 자신의 신체를 내적으로 느낀다는 것, 그럼으로써 나의 신체를 주위 공간의 중심으로 정의하게 된다는 것, 이런 공간 안에서 우리는 지각하고 행동한다는 것도 고찰하였다. 그러나 이런 기본적인 경험적 관점은 사고와 행위 주체로 자아가 존재한다는 느낌을 주기에는 아직 부족하다. 이런 자아감을 갖기 위해서 우리는 반드시 그런 경험에 주의를 기울이고 그런 경험의 한 주체로서 자신을 생각할 수 있어야 한다.

이런 능력들은 내가 앞에서 자기-특정 체계에서 완전히 갖춰진 나-만들기 체계로 이끄는 핵심적인 요인은 '자기-지칭' 체계라고 말했을 때 염두에 둔 능력이다. 자기-지칭 체계는 스스로를 자아로 지칭할 수 있는 체계이다. 이것은 변화하는 경험적 상태들에 주의를 기울여 스스로를 그 상태의 주체로 생각한다는 것을 의미한다.

거울로 당신의 얼굴을 인식할 때 어떤 일이 일어나는지를 살펴보자. 당신의 지각은 당신 몸이 규정한 특별한 주체적 관점에서 형성된다. 그러나 당신은 주위 공간에서 당신 앞에 위치한 시각적 이미지만을 보는 것이 아니다. 당신은 자신의 이미지(당신 자신에 귀속시키거나 자신의 이미지로 심적으로 지칭하는 것)로 인식한 하나의 이미지를 보는 것이기도 하다. 동시에 당신은 그 이미지를 보고 있는 사람으로 당신을 자각한다. 당신은 이런 식으로(거울 이미지를 보는 주체로서) 자신을 자각할 필요가 있다. 보고 있는 자인 당신의 이미지로서 그 이미지를 자각하기 위해서이다. 이전의 용어를 다시 떠올려보면, 당신의 자아 경험(self-experience)은 이 세상의 그 무엇으로 자신을 지각하는 것(대상으로서의 자아)과 경험하는 주체로서 자신을 자각하는 것(주체로서의 자아) 모두를 포함한다.

동물행동학을 통해 우리는 몇몇 동물만 거울 속의 자신을 자각할 수 있음을 알고 있다. 이런 능력을 검증하는 방법은 잠들어 있는 동물 몸에 눈에 잘 띄는 색으로 점을 찍어놓는 것이다. 그 색깔 있는 점은 거울의 도움으로만 볼 수 있는 부위에 있어야 한다. 동물이 잠에서 깨어나서 거울에서 그 이미지를 보고 그 지점을 살펴보거나 손을 댄다면, 우리는 동물이 거울 이미지를 자신의 이미지로 본다고 추론할 수 있다. 수많은 동물들을 이런 식으로 검증하였다. 그러나 인간 외에는 단지 몇몇 동물만이 자기인식의 거울 검증을 통과하였다. 현재까지 이 검증을 통과하였다고 알려진 동물은 네 종류의 유인원(보노보, 침팬지, 고릴라, 오랑우탄), 큰 돌고래, 까치이다.[50]

거울 자기-인식(self-recognition)은 여러 중요한 인지적 능력과 연관되어 있다. 인간의 어린아이가 처음으로 거울 검증을 통과하는 나이는 거의 18개월 정도이다. 그들은 다른 사람의 관점으로 세계를 보는 능력을 발휘하기 시작한다. 물론 여기에는 자신을 다른 사람의 주의의 대상으로 보는 것을 이해하는 것도 포함된다.[51] 인간 이외의 동물 종에서 거울 검증을 통과하는 종들은 거의 고도로 사회화된 동물들이다. 그리고 그들 중 일부(유인원들)는 고도의 공감 능력을 보여준다.[52] 사회적 인지, 관점 전환, 공감은 자신을 자아로 생각하는 능력, 즉 다른 사람과 구별되는 경험의 개별 주체로 생각하는 능력과 밀접하게 연관되어 있다.[53]

정말로 자신을 하나의 자아로 생각하는 능력은 자신에 대한 외부의 관점을 파악할 수 있는 심적 능력, 즉 다른 사람의 시점에서 보는 능력과 분리될 수 없는 듯이 보인다. 발달심리학의 연구들을 보면 이런 두 가지 심적 능력은 함께 발생하고, 공유 또는 공동 주의 능력 위에 형성된다. 공유 주의(joint attention)는 약 9개월 정도에 발생하는데, 세 가지 구조로 이루어져 있다. 즉 어린아이, 어른 그리고 사물(그들 둘 다 주의를 기울이고 있다는 것을 아는 것)이다. 여기에 포함되는 것은 다음과 같은 것이다. 즉 시선 따라가기(한 사람 또는 다른 사람이 보고 있는 쪽으로 확실히 시선이 따라가는 것), 공유된 물체(예를 들면 장난감들)로 함께 놀기, 모방 학습(어른이 하는 방식대로 사물을 대하거나 사용하는 어린이의 활동). 발달심리학자 미카엘 토마셀로(Michael Tomasello)는 외부 시선의 형성이 공유된 주의의 상황에서 어떻게 발생하는지를 다음과 같이 설명하고 있다.

> 9~12개월이 되면 아기는 다른 사람들이 외부에 어떻게 주의를 기울이는지를 따르고 주목한다. 때로는 아기가 관찰하고 있는 다른 사람의 시선이 자신에게 향하고 있다는 것을 알게 된다. 그리하여 아기는 이전에는 가능하지 않았던 방식으로 다른 사람의 주의를 관찰한다. 즉, 이때가 사회적-인지적 혁명이 일어나는 9개월이다. 이때부터 다른 사람과의 대면(face-to-face) 상호작용(이런 대면 상호작용은 태어나면서부터 계속되었던 것이다)은 급격하게 변화한다. 아기는 이제 자신이 자신을 지각하고 자신에게 무엇인가를 행하는 의도적인 행위자와 상호작용하는 것을 안다. … 이런 이해가 생긴 다음부터 아기는 자신을 포함한 세계에 대한 어른들의 지향적 관계를 관찰할 수 있게 된다. … 이런 유사한 과정을 통하여 이 나이의 아기는 또한 자신을 향하는 어른들의 감정적 태도(자신에 대한 다른 사람들 태도의 일종의 사회적 기준이다)를 관찰할 수 있게 된다. 다른 사람들이 나를 어떻게 느끼는가에 대한 이런 새로운 이해는 부끄러움, 자의식, 자존감의 가능성을 열어준다. … 이런 것을 잘 보여주는 증거는 사회적-인지적 혁명이 일어나고 수개월 후인 첫 돌 때 아기가 다른 사람들과 거울 앞에서 부끄러움과 수줍음의 첫 징후를 보여주기 시작한다는 것이다.[54]

이런 연구 결과를 나-만들기와 자기-특정 과정이라는 우리의 개념과 다시 연결시켜보자. 여기에서의 관심은 인지적, 정서적인 차원에서 일어나는 나-만들기이다. 즉, 다른 개인들 사이에서 '나'라는 개인이 되는 인지적, 정서적 감각의 창출이다. 여기서 자기-특정 과정들은 공유 주의 활동이다. 이것은 공동 주의(shared attention)의 초점으로서 각 주의적 행위자를 특정하는 것이다. 즉, 나는 나에게 주의를 기울이는 당신에게 주의를 기울인다. 그 역도 마찬가지이다. 이렇게 상호 특정하는 과정들은 분리된 개체로서의 당신 또는 나가 아니라, 오히려 우리가 함께 형성하는 이중체(dyad)를 발제하거나 발생시킨다.

그런 이중체에 참여할 수 있기 위해서는 자신에 대한 외부의 시점을 심적으로 파악하고, 그리하여 자신을 하나의 자아로서 생각할 수 있어야 하는 듯이 보인다. 확실히 이것은 인지발달의 중요한 측면이다. 다시 토마셀로의 말을 인용해보자.

> 아기가 외부 개체인 어른들의 주의를 관찰하기 시작하면, 그 외부 개체는 때로는 그 아기 자신이 된다. 그래서 아기가 자신에 대한 어른들의 주의를 관찰하기 시작하고, 그리하여 말하자면 외부의 시점에서 자신을 보기 시작한다. 아기는 또한 이런 동일한 외부 시점에서 어른들의 역할을 이해한다. 이것은 아기가 마치 자신이 그 장면의 한 배우인 것처럼 종합적으로 위에서 전체 장면을 보는 것과 같다. 이것은 다른 영장류와 6개월 된 아기가 사회적 상호작용을 '내면의' 관점에서 보는 것과는 반대된다. 그 경우는 다른 사람은 그 나름의 포맷(삼인칭 외부수용감각(exteroception))으로 보고, '나'는 그것과 다른 포맷(일인칭 고유감각(proprioception))으로 본다.[55]

우리가 앞의 장들에서 살펴 본 것과 같이, 자신이 위에 있는 위치에서 바라보는 것은 기억, 꿈, 유체이탈 경험과 같은 여러 상황에서 볼 수 있었다. 우리는 이제 이런 자아 경험이 근본적으로 사회적이고 상호 주관적인 나-만들기 과정에서 발생된다는 것을 잘 이해할 수 있게 되었다.

자아-투사

어제 했던 일이나 어제 일어난 일을 1분 정도 생각해보라. 이제 오늘 좀 있다가 할 일, 또는 내일 할 일을 생각해보라. 두 경우 모두 직접적 현재의 관점을 다른 관점으로, 즉 기억된 개인적 과거나 상상된 미래의 관점으로 변환해야만 한다. 심리학자들은 이런 관점 전환을 '자아-투사(self-projection)'라고 부른다.[56]

자아-투사에서 당신은 자신을 다른 상황에 있는 것으로 심적으로 투사한다. 그리고 당신에 대해 생각한 것은 무엇이든지 당신 자신과 연관 지어서 심적으로 표상한다. 더 정확하게 말하면 당신에 대해서 생각한 것은 무엇이든지 당신 자신에 대한 심적 표상과 연관시켜 표상한다. 예를 들면 당신이 과거의 장면에서 외부에서 본 것으로 자신을 상상하여 어떤 것을 기억한다면, 그것은 심적으로 표상된 삼인칭 관점에서 당신 자신을 심적으로 표상하는 것이다. 이런 경우 당신의 기억은 대상으로서의 자아(self-as-object)에 대한 심적 이미지를 포함한다. 그리고 당신 자신의 눈으로 어떤 것을 다시 보고 기억한다면, 당신은 심적으로 시뮬레이션한 일인칭 관점에서 보는 과거를 심적으로 표상하는 것이다. 이런 경우 당신의 기억은 과거의 주체로서의 자신에 대한 심적 시뮬레이션을 포함한다. 이런 두 가지 관점(일인칭, 즉 장(field)의 관점과 삼인칭, 즉 관찰자 관점)은 미래로 자신을 어떻게 투사하는가도 구조화한다. 우리는 외부적 관점으로, 또는 자신의 눈을 통해 본 것으로서 자신이 포함되어 있는 미래의 장면을 떠올릴 수 있다. 이것이 미래로 자아-투사하거나 전망하는 것을 때로는 '미래 기억'이라고 부르는 이유 중 하나이다.[57]

기억과 전망은 자신을 사고와 행위의 주체로서 시간을 통하여 지속하는 '나'로 생각하게 만드는 핵심적인 심적 능력이다. 기억과 전망은 개인적이고 역사적인 자아감을 창출한다. 왜냐하면 그것을 통해서 시간상의 독자적인 이야기를 갖는 자신을 생각할 수 있기 때문이다. 이런 종류의 자아-투사에서(심적 시간여행으로도 알려져 있다) 모든 기억 또는 예상은 보통 당신의 것으로 드러나고, 당신에게 속한다. 거기에서 당신은 자신을 이런 경험들의 주체로서 시간을 통하여 지속하는 하나의 동일한 자아인 것처럼 느낀다. 그러므로 자아-투사는 자아감을 확장한다. 그리하여 독자적인 개체적 동일성과 시간 내의 지속적인 존재를 지닌 개별적 인간으로 존재하는 느낌을 갖는다. 뇌과학자 안토니오 다마지오(Antonio Damasio)는 이것을 '자서전적 자아(autobiographical self)'라고 부르고, 현상학자들은 '서사적 자아(narrative self)'라고 부른다.[58]

자아-투사, 말하자면 자서전적 자아감 또는 서사적 자아감은 특히 인간에게 발달된 뇌 영역들의 네트워크에 의존한다.[59] 이런 뇌 영역 중 전두엽이 있는데, 이 영역은 통상적으로 계획과 연관되어 있으며, 내측 측두두정 영역은 통상적으로 기억과 연관되어 있다. 이런 자아-투사 신경망은 뇌의 소위 '디폴트 신경망'과 밀접하게 중첩된다. 디폴트 신경망은 뇌 검사기 안에 누워서 아무것도 하지 않을 때처럼 주의가 아주 낮을 때 활동하지만, 주의가 필요한 외부 지향적인 과업을 수행할 때는 활동성이 낮아지는 뇌신경망 영역을 말한다.[60] 자아-투사와 디폴트 신경망 사이의 관계는 다음과 같다. 조용히 쉬고 있거나 수동적인 상황, 즉 디폴트 신경망이 활동할 때는 자발적인 생각이 절정을 이루고, 과거에 일어난 일을 생각하거나 미래 계획을 세우거나, 몽환적인 상태에서 백일몽을 꾸거나(다른 말로 하면 자아-투사 사고들) 한다. 역으로 주의 요구 과제를 하는 동안은 자발적인 사고와 디폴트 신경망의 활동은 줄어든다.

게다가 전전두엽 피질의 중앙에 놓여 있는 뇌 영역들과 자아-투사와 디폴트 신경망에 속하는 뇌 영역들은, 무엇인가가 당신을 서술하거나 당신에게 속하는가의 여부, 예를 들면 보고 있는 신체 일부가 당신 신체에 속하는지, 어떤 단어가 당신의 이름인지, 또는 '불안하다', '낙관적이다'와 같은 말이 당신의 인격을 표현하는지 여부를 결정할 때 선택적으로 활동하는 장소들이다.[61] 심리학자들은 이런 종류의 인지를 ‘자아-연관 처리과정(self-related processing)’이라고 부른다. 왜냐하면 자신을 어떻게 지각하고 생각하는가에 연관된 무엇인가를 평가하고 판단해야 하기 때문이다.

명상 수행을 하는 동안 자아-연관 사고와 감정은 자발적으로 발생한다. 특히 마음이 안정되지 않거나 멍할 때 더욱 그렇다. 기억, 환상, 계획들이 머릿속을 달려간다. 즉 어제의 대화를 되새기고, 그때 말했어야 하는 것을 머릿속에 그리고, 다음에 해야 할 말을 계획한다. 결국 자신의 마음이 이리저리 흔들린다는 것을 알아챈다. 그 순간에 우리는 이런 생각 내용들을 자신과 동일시하는 것(특히 중심인물로 상상된 ‘나’와 심적으로 동일시하는 것)에서 멀어질 기회를 갖는다. 그리고 자신의 주의를 그냥 단순한 생각, 심적 사건에 대한 것으로 변환시킨다. 이런 심적 사건은 보다 큰 자각의 장 속에서, 또는 그 자각과 대항하여 오고가는 것들이다. 생각의 일어남이 몸의 즐겁고 불쾌한 느낌, 호흡의 변화와 어떻게 연관되어 있는지, 그리고 그런 변화가 자아-연관 사고의 발생을 어떻게 조건 짓는지에 대해 알아차리고 탐구하기 시작한다. 이렇게 반복적인 역동성(자아-연관 사고 또는 자아-투사에서 길을 잃는 것, 그리고 자신이 어디에 있고 마음이 무엇을 하고 몸의 느낌이 어떠한지 깨어 있는 것)에 의해 자발적 사고의 빈도는 줄어들고 그것이 일어날 때 더욱 재빨리 알아차리게 된다. 그리고 자아-연관적인 사고의 내용과 동일시하는 것(심적으로 표상한 것으로서의 ‘나’와 동일시하는 것)과, 일어난 하나의 생각이 사실은 더 넓은 자각의 장에서 일어난 경험이라고 확인하는 것과의 차이를 알게 된다.

자아-투사와 자아-연관 인지가 디폴트 신경망의 일부를 포함하여 일정한 신경망과 연관되어 있다는 점을 고려하면, 명상을 통한 자아 경험의 변화는 이런 신경망의 변화와 연관되어 있어야만 한다. 명상 수행과 자아-연관 신경망의 이런 관련성은 자아는 환상인가라는 이 장의 질문으로 다시 돌아가기 전에 살펴보아야 할 마지막 주제이다.

마음 산란에서 마음챙김으로

하버드 대학의 매튜 킬링스워드(Matthew Killingsworth)와 다니엘 길버트(Daniel Gilbert)가 「사이언스」에 발표한 최근 연구에 의하면, 깨어 있을 때 하는 생각의 절반 정도는 우리가 현재 하고 있는 것과는 별로 상관이 없다고 한다.[62] 일반적으로 지금 여기 존재하지 않는 것에 대해 생각할 수 있다는 것은 유용하지만, 그리고 산란한 마음이 창조적인 문제 해결을 촉진시킬 수 있다고 하지만, 또한 그것은 부정적인 감정, 불행과 연결되어 있다.[63] 심리학자 조나단 스몰우드(Jonathan Smallwood)와 그의 동료들이 보여준 것과 같이 부정적 감정은 마음을 산란하게 한다.[64] 킬링스워드와 길버트가 발견한 것과 같이 사람들은 자신들이 하고 있는 일에 집중할 때보다 마음이 산란할 때 덜 행복하다.[65] 더구나 사람들은 즐겁지 않거나 중립적인 것보다 즐거운 것에 마음이 더 산란한 경향을 보이지만, 현재의 일에 집중하고 있을 때보다 즐거운 것을 생각할 때 더 행복감을 느끼지는 않는다. 그리고 현재의 활동에 집중할 때보다 중립적인 것에 마음이 흔들릴 때 덜 행복하다. 킬링스워드와 길버트는 다음과 같이 결론을 내린다. "인간의 마음은 산란한 마음이다. 그리고 산란한 마음은 불행한 마음이다. 일어나고 있지 않은 것을 생각하는 능력은 감정적 대가를 지불한 인지의 성취물이다."[66]

마음의 산란함은 뇌의 디폴트 신경망(과업이 없고 휴식하고 있을 때 활동 증가를 보여주고, 외부를 향하여 주의요구 과업을 하는 동안 활동이 감소하는 영역)과 연관되어 있는 것으로 알려져 있다.[67] 이런 연관성을 고려하면, 초점 주의(focused attention, 止) 명상과 열린 자각(open awareness, 觀) 명상(진행 중인 심적 활동의 메타 자각을 계발하면서 자각을 안정화시키는 것)이 뇌의 디폴트 신경망에 영향을 미친다는 것은 놀랄 만한 일은 아니다.

에모리 대학의 웬디 하센캠프(Wendy Hasenkamp)와 로렌스 바르사로우(Lawrence Barsalou)는 한 연구에서 마음 산란과 주의 사이의 역동성 모델을 만들기 위해 초점 주의 명상을 사용하였고(특히 어떻게 개인이 마음 산란을 자각하고 주의를 돌려서 과업에 계속 집중하는가를 연구) 그런 심적 과정의 신경 상관물이 무엇인가를 파악하였다.[68] 그들의 모델에 의하면 마음 산란과 주의의 역동성은 순환적인 구조를 갖는다고 한다. 예를 들면 호흡처럼 한 대상에 주의를 지속해서 기울이려 애쓰면, 필연적으로 마음 산란을 경험하게 된다. 마음이 산란한 동안 어느 때인가 대상에 주의를 기울이고 있지 않다는 것을 자각하게 되고 그때 산란한 생각의 흐름에서 벗어나서 다시 그 대상에 주의를 기울이게 된다. 그리고 일정한 시간 동안 다시 집중하지만, 그 다음 다시 마음 산란을 겪게 되는 식이다.

하센캠프와 바르사로우는 다양한 방식의 불교 명상 수행을 경험한 14명의 수행 피험자들에게 fMRI를 찍는 동안 초점 주의 호흡 명상을 20분간 하도록 요청하였다. 그들에게 마음이 산란한 것을 알아차릴 때마다 단추를 누르고, 다시 호흡에 대한 주의로 되돌아가도록 하였다. 단추는 일종의 시간 표식자 역할을 하였다. 즉 마음 산란과 초점 주의의 순환적 역동성에서 추출해낸 네 가지 단계, 즉 마음의 산란, 마음 산란의 자각, 다시 호흡에 대한 주의로 되돌아감, 호흡에 대한 주의 집중을 유지하는 단계를 표시하는 역할을 하는 셈이었다. 연구자들은 마음이 산란한 동안은 디폴트 신경망 영역이 활발한 반면, 자각, 전환, 집중 동안에는 과업 지향적 주의 신경망에 속하는 영역들이 선택적으로 활성화될 것이라고 가설을 세웠다.

fMRI 결과는 이런 가설을 지지하였다. 마음이 산란한 동안, 디폴트 영역에 속하는 뇌 영역들은 활성화되었다. 두 번째 관심 영역인 배외측 전전두 피질과 하외측 두정 피질은 호흡에 대한 주의로 다시 전환하는 동안과 그 주의를 유지하는 동안 활성화되었다. 이런 영역들은 소위 '실행 신경망(executive network)'에 속하는 장소이다. 이런 영역들은 목표를 유지하는 동안 주의를 기울이게 하고 재설정하는 데 도움을 준다. 세 번째 관심 영역인 전부(前部) 섬엽의 앞쪽과 전부(前部) 대상피질의 배측 영역은 호흡으로 되돌아가기 위해 주의를 전환하기 전 마음의 산란을 자각할 때 활성화를 보였다. 이 영역은 소위 '현저성 신경망(salience network)'이라고 불리는 장소인데, 이 영역은 내적으로 신체 전체의 현 순간 느낌을 관장하고, 또한 현저한 사건들을 알아차리게 해준다. 마지막으로 수행이 깊은 피험자들은 그렇지 않은 수행자들보다 주의 전환을 할 때 실행 신경망 영역의 활성화가 보다 낮은 수준을 보여주었다. 명상을 포함하여 잘 훈련된 활동의 수행은 그렇지 않은 활동보다 뉴런 활성을 덜 요구한다는 것을 고려해보면, 이런 연구 결과는 숙련된 명상가는 마음 산란에서 빠져나오는 데 실행 영역의 신경 활성이 덜 요구된다는 것을 시사한다.[69]

예일 대학의 저드슨 브루어(Judson Brewer)와 그의 동료들이 행한 또 다른 연구에서는 숙련된 명상가의 뇌활성과 초보 수행자의 뇌활성을 비교하였다. 이들은 세 가지 종류의 서로 다른 상좌부 불교 명상[집중 명상(초점 주의 명상), 자애 명상, 선택하지 않는 자각 명상(열린 자각 명상)] 수행을 하였다.[70] 초보 수행자에 비해서 숙련된 수행자는 명상하는 동안 마음 산란이 적었다. 게다가 디폴트 신경망의 주요 중심 영역인 후부(後部) 대상 피질과 중앙 전전두 피질이 세 가지 명상 모두에서 숙련된 수행자가 덜 활성화되었다. 마지막으로, 심적 과정을 관찰하고 제어하는 데 관여하는 뇌 영역들(특히 전부(前

部) 대상 피질의 배측)이 디폴트 신경망이 활성화될 때 초보 수행자에 비해서 덜 활성화되었다. 이런 연구 결과는 명상 수행을 하는 동안 숙련된 수행자들이 비수행자들에 비해 디폴트 신경망이 활성화될 때 다른 뇌 영역들도 함께 활성화된다는 가설을 지지해주고 있다. 또한 이런 연구 결과는 디폴트 신경망이 떠받치고 있는 심적 과정들(마음 산란과 자아-연관 과정들)에 대해 숙련된 수행자들이 초보 수행자에 비해서 더 잘 관찰하고 제어할 수 있다는 것을 시사한다. 브루어와 동료들이 예상한 것과 같이 마음 산란에 대한 이런 종류의 인지 제어 능력은 결국 새로운 디폴트 뇌활성 양식을 만들어낸다. 이런 새로운 디폴트 양식은 명상을 하는 동안뿐만 아니라 수동적으로 쉬고 있는 동안에도 나타난다. 즉, 제어되지 않은 마음 산란도 적고 부정적인 감정 상태도 덜하다는 것이 나타난다.

자아에 대한 우리의 관심과 특히 연관된 또 다른 연구가 있다. 토론토 대학의 노만 파브(Norman Farb)와 아담 앤더슨(Adam Anderson)은 마음챙김 수행과 자아 경험의 두 유형(신체에 대한 현 순간의 자각과 서사적인 또는 자서전적인 자아감)의 기저에 있는 신경계 사이에 보이는 상관관계를 탐구하였다.[71] 파브와 앤더슨은 지금 여기의 체화된 존재에 대한 비판단적 자각과 자신에 대한 심적 개념과 연관된 그 무엇을 평가하는 것 사이에 있는 차이에 관심을 기울였다.

문제는 이런 두 유형의 자아 경험이 전형적으로 순간순간 뒤섞여 있다는 것이었다. 현 순간 신체에서 일어나는 느낌은 어떤 자아-연관 사고를 유발하여 마음의 산란으로 이어지고, 이것이 다시 신체의 느낌 변화로 연결된다. 현 순간의 신체 자각과 자아에 대한 서사적인 사고 사이의 재빠른 변화와 상호 영향을 고려하면, 이들 자아 경험의 신경학적 기반을 탐구하기 위해서는 이런 두 가지 유형을 서로 분리할 필요가 있다.

파브와 앤더슨은 마음챙김 기반 스트레스 감소법(Mindfulness-Based Stress Reduction, MBSR)의 8주 코스를 마친 사람을 대상으로 선택하였다. MBSR은 초점 주의 명상과 열린 자각 명상 수행법에서 몇 가지 기법들을 도입하고, 뿐만 아니라 하타요가와 같은 명상적 신체 수행에서도 여러 요소들을 도입한 방법이다.[72] 파브와 앤더슨은 MBSR을 한 사람과 그렇지 않은 사람들을 대상으로 위에서 언급한 비판단적인 '경험적 초점 맞추기(experiential focus)'와 평가적인 '서사적 초점 맞추기(narrative focus)'를 시행하였다.

이런 두 가지 초점 맞추기 유형의 차이를 제대로 이해하기 위해, 누군가가 당신이 한 것을 칭찬하면서, 당신이 얼마나 친절하고 관대한가를 말하였다고 상상해보자. 또는 누군가가 당신을 겁쟁이에 이기적이라고 비난하였다고 상상해보자. 이런 단어들—'친절하고', '관대하고', '이기적이고', '겁쟁이고'—에 직면하여 우리는 습관적으로 그 단어가 자신에게 무엇을 의미하는가에 초점을 맞추어 반응하면서, 우리 자신을 묘사한 그 단어들의 의미를 받아들이거나 거부한다. 이후 남들이 한 말을 머릿속으로 상상하고 반추한다. 그리하여 우리의 마음은 현재 하고 있는 일에서 마음이 산란해지고, 자신에 대한 어떤 긍정적이거나 부정적인 이미지에 대한 생각에 사로잡힌다. 이런 식으로 과거 또는 미래의 상상에서 만들어진 자아에 초점을 맞춘다. 우리가 행하고 들은 것을 상기하면서 과거로 심적인 여행을 하고, 다른 식으로 할 수 있었던 방법들, 또는 할 일과 다른 사람들에게서 앞으로 들을 말들을 기대하고 몽상하면서 미래를 예상한다. 다른 말로 하면 우리는 자신에 대한 이야기나 서사를 심적으로 지어낸다. 이렇게 하여 우리는 어떤 자질들은 스스로에게 귀속시키고, 어떤 자질들은 거부한다.

이런 '서사적 초점 맞추기'를 이런 종류의 심적 판단을 하지 않고 현 순간에 있는 '경험적 초점 맞추기'와 비교하여 보자. 우리는 감정에 좌우되지 않고 사고, 감정, 신체 느낌을 순간순간 일어나는 대로 관찰한다. 심적으로 이것저것 복잡하게 생각한 것에서 길을 잃지 않으려고 애를 쓸 뿐만 아니라, 어떤 것들을 억압하거나 적극적으로 방해하려고 하지도 않는다. 마음이 산란한 것을 알아차릴 때, 흔들렸다고 자신을 비하하지 않고 조용히 현재 경험하고 있는 것으로 다시 돌아온다. 이런 식으로 주의는 심적으로 이것저것 복잡하게 생각한 서사적 자아에 빠지기 보다는 지금 여기의 신체적 존재에 점차적으로 머물게 된다.

파브와 앤더슨은 경험적 초점 맞추기와 서사적 초점 맞추기에 연관된 뇌활성을 보기 위해서 fMRI를 사용하였다. 피험자들은 긍정적 또는 부정적 성격 특질을 묘사한 단어들(예를 들면, '명랑한', '분개하는', '겁 없는')을 읽는 동안 두 초점 맞추기 중 하나를 채택하였다. 서사적 초점 맞추기에서 그들은 그 단어들이 자신의 성격을 묘사하는지의 여부를 판단하려 하였고, 그 과제는 자아와 자아반추에 관한 서사적 사고를 촉발하였다. 경험적 초점 맞추기에서 그들은 그 단어들에 대한 반응을 판단 없이 알아차렸고, 자신의 마음이 산만해졌다는 것을 알아차릴 때마다 침착하게 현 순간에 주의를 되돌렸다.

MBSR 훈련을 받지 않은 피험자들은 두 과제 사이에 뇌활성 변화를 별로 보이지 않았다. 그들의 뇌활성은 주로 중앙 전전두 피질에서 일어났다. 그 영역은 디폴트 신경망에 속하고, 자신에 대한 심적 표상(자아-연관 처리과정)과 연관된 일들을 평가하는 장소이다. 그러나 MBSR 훈련을 받은 피험자들은 서사적 초점 맞추기에서 경험적 초점 맞추기로 전환할 때 의미 있는 뇌활성 변화를 보여주었다. 이 피험자들은 경험적 초점 맞추기 동안 중앙 전전두 피질의 활성이 유의미하게 저하되었다. 그리고 신체의 내적 자각과 현재중심적인 자각을 담당한다고 알려진 뇌 영역(우외측 전전두 피질, 섬엽, 이차 체성 감각 피질)의 활성이 증가하였다.

이런 연구 결과가 시사하는 것은 현재중심적인 자각을 훈련하는 마음챙김 수행을 하면 서사적 자아동일시에서 벗어나는 것이 더 쉬워진다는 것이다. 우리는 개인적 역사와 미래 계획을 가진 한 개인으로서, 또한 전통과 공동체의 구성원으로서 자신을 이해하기 위해서 서사적 사고를 필요로 하지만, 자신의 과거와 미래에 대한 걱정에 쉽게 사로잡히거나 자신에 대한 심적 표상에 집착한다. 마음챙김 훈련을 한 사람들은 경험적 초점 맞추기를 더 잘 채택하고, 서사적 초점 맞추기에 사로잡히는 것을 피한다. 다른 말로 하면 그들은 자신에 관한 서사적 사고와 현재중심적이고 체화된 자각 사이를 유연하게 이동할 수 있다. 따라서 이런 수행자들의 뇌를 영상 기법으로 연구하면 이런 두 유형의 자아 경험을 담당하는 신경 체계를 밝힐 수 있을 것이다.

자아는 하나의 환상인가?

나는 자기-특정 과정과 자기-지칭 과정에 의해 발제된 것으로서 자아를 생각하는 방식에 대해 묘사하였다. 이런 사유 방식에 의하면 자아는 독립된 것 또는 개체가 아니라 과정이다. 이 장을 끝내면서 나는 이런 견해가, 자아가 실제로는 전혀 존재하지 않는다거나 자아로 나타나는 것은 단지 환상에 불과하다고 말하는 것과 어떻게 다른지 설명하고자 한다.

가장 정교한 무아(no-self, 無我) 이론 중 하나는 인도 불교의 유식학파에서 온 것이다(2장 참조).[73] 그 기본 사상은 다음과 같다. 의식의 개별적 흐름은 심적으로 스스로를 하나의 자아에 속하는 것으로 표상하지만, 실제로 자아는 존재하지 않는다. 그래서 자아가 존재한다는 심적 인상은 하나의 환상이다. 여기서 '자아'는 독립적인 '나', 또는 전적으로 매 순간 존재하고, 의식의 흐름을 구성하는 경험을 하는 에고(ego)를 의미한다. 자아의 환상은 내가 자기-지칭 과정이라고 불렀던 것의 특별한 형태에서 나온다. 심적 흐름의 한 부분이 흐름의 다른 부분을 자아로 지칭한다. 그러나 흐름의 부분이든 흐름의 전체이든 자아는 아니므로 그 지칭은 잘못된 것이다. 이런 식으로 자기-지칭 과정의 결과는 오류이다. 즉 심적 흐름이 속하는 자아가 있다는 망상이다.

이런 오류가 어떻게 발생하는지에 대한 유식학파의 생각을 좀 더 자세히 설명해보자. 의식의 작동방식에 대한 유식학파의 모델에 의하면 하나의 개별적인 심적 흐름은 스스로를 하나의 경험 주체로서 생각할 수 있다. 이러한 생각은 스스로에 대한 심리적 정보의 잠재적 창고에서 나온 것이다. 그러는 동시에 개별적 심적 흐름은 자신의 심적 상태에 주의를 기울이고 스스로를 이미 이 주의적 활동의 의식 주체로서 전(前)주의적으로 경험한다.[74] 예를 들면 '나는 불안하다'는 생각이 심적 흐름에서 일어난다고 해보자. 어떤 상황은 불안을 야기하는 것으로 경험하고, 어떤 신체 감각은 불안으로 경험하는 묵시적이고 비자의적인 경향이 있기 때문에 그런 생각이 일어난다. 그리하여 유도된 불안의 느낌에 주의를 기울이게 된다. 이런 식으로 주의를 기울이는 전(前)주의적 자각이 있다. 유식학파는 심리적 경향들의 잠재적 창고를 '아뢰야식(store consciousness, ālayavijñāna, 藏識)'으로, 심적 상태에 대한 주의를 '제6의식(mental consciousness, manovijñāna)'으로, 그리고 전(前)주의적 자각을 '말나식(mind, manas)'으로 부른다. 나는 이것들을 순서대로 심적 창고(mental repository), 내부 심적 자각(inner mental awareness), 전(前)주의적 마음(preattentive mind)이라고 부른다. 제6의식은 심적 상태들(사고, 감정 등)을 주의의 대상으로 취하지만, 말나식은 의식적 주체라는 느낌을 준다. 제6의식이 심적 상태에 주의를 기울일 때마다 이런 느낌이 존재한다는 것을 고려하면 이 상태는 아무렇게나 떠다니는 것으로 경험되는 것이 아니라 심적 흐름에 속하는 것으로 경험된다. 우리의 예에서 보면 심적 주의가 불안감을 향할 때, 그 불안은 아무에게도 속하지 않는 것이 아니라 그 심적 주의가 속한 바로 그 동일한 심적 흐름에 속하는 것으로 여겨진다. 다른 말로 하면, 심적 흐름의 내적 관점에서 그 불안은 '나의 것(mine)'으로 나타난다. 이런 식으로 말나식은 (제6의식을 통해서) 자신의 심적 상태에 주의를 기울이고 그것을 자신의 것으로('나의 것'으로 느끼는 것) 자각하는 심적 흐름 능력의 기반이나 지지대로 기능한다.

동시에 아뢰야식, 즉 창고 의식은 말나식의 장기적 지지대로 기능한다. 아뢰야식은 한 개인의 모든 습관, 경향, 성향을 담고 있다. 전통적으로 그것은 '종자(seeds)' 또는 잠재적 기질을 담고 있다고 묘사되었다. 그 종자들은 적당한 조건이 주어지면 개인의 심적 삶에서 '발아되거나' 발현된다. 현대적인 용어로 말하면 개인의 의식 흐름에 속하는 정보 은행 또는 정보 창고, '일인칭 심적 파일'이라고 할 수 있다.[75] 이것은 일상적 의식의 간극 또는 틈을 메워줄 뿐만 아니라, '멸진정(cessations)'이라고 알려진 깊은 명상 상태에 기인한 간극 또는 틈을 넘어서는 심적 연속성을 보장해준다. 이런 멸진정 상태에서는 의식적인 주체라는 느낌은 사라지며, 때로 신체는 가사 상태에 들어간다고 한다.[76] 정말로 아뢰야식의 개념은 아마도 의식의 흐름에서 멸진정이 야기하는 간극을 넘어선 심적 연속성을 설명하기 위해 처음으로 도입되었을 것이다.[77] 전통적으로 아뢰야식은 한 생에서 다음 생으로 옮겨간다고 말하고 있지만, 오늘날 인지과학의 관점에서 보면 아뢰야식 개념은 의식의 표면 아래, 그리고 의식의 간극을 넘어서서 우리 신체와 뇌에서 일어나고 있는 엄청난 양의 인지적, 정서적 기능을 가리키고 있는 것으로 생각하는 것이 합리적이다.[78]

이제 자기-지칭 오류가 이런 맥락과 어떻게 부합되는지 살펴볼 차례가 되었다. 말나식은 아뢰야식을 자아로 잘못 지칭한다. 아뢰야식을 매 순간 전적으로 존재하고 있고, 심적 흐름을 소유하고 있는 '나' 또는 에고(ego)로 착각한다.[79] 그러나 실제로는 아뢰야식은 에고가 아니라 잠재적인 정보 은행이다. 그것은 끊임없이 변화하는 과정이지 실체적 존재가 아니다. 그러므로 자아가 있다는 것은 심적 가공물이며, 그 가공물이 표상하는 것은 존재하지 않는다. 말나식은 이런 오류를 발생시키는 원인이므로 이런 말나식을 '고통 받는 마음(kliṣṭamanas, 染汚識)'이라고도 부른다. 이런 고통 받는 마음이라는 측면에서 말나식은 단지 전(前)주의적 자기 자각의 한 양태로만 기능하는 것은 아니다. 그것은 실체적으로 실재하는 자아가 이런 자각 양태를 떠맡고 있다는 망상으로도 기능한다.

다시 '나는 불안하다'는 생각으로 돌아와 보자. 이 생각은 현재 시제의 '나-대상적 나-나의 것(I-Me-Mine)' 형태를 취한다. 그리고 이 생각은 그런 불안감을 가지고 있는 내적 자아를 지시하고 있고, 불안감이 '나의 것'처럼 느껴지는 사실을 설명해주고 있는 듯이 여겨진다. '나-대상적 나-나의 것' 사고는 자아-투사 형태도 띨 수 있다. 예를 들면 '나는 휴가를 가면 행복해질 것이다.', '나는 회의에 참석해야 하는데 잘 될 것 같지 않아.', '나는 수줍음을 많이 타고 불안한 어린아이였어.'라고 하는 것이다. 그런 생각은 과거에도 있었고, 현재에도 있고, 미래에도 있을 그런 단일하고 동일한 자아를 지시하는 듯하다. 그러나 유식학파에 의하면 이런 생각의 대명사 '나'는 자아를 지시하고 가리키는 듯이 보이지만, 전혀 그렇지 않다. 왜냐하면 지시 대상(referent)이 될 만한 자아가 존재하지 않기 때문이다. 말하자면 과거에도 존재하였고, 현재에도 정말 존재하고, 미래에도 존재할 그런 독립적인 에고는 존재하지 않는다. 그런 자아는 존재하지 않고, 존재하는 것은 변화하는 심적 상태, 물리적 상태가 겹쳐진 그런 자아의 심적 표상뿐이다. 그러므로 '나-대상적 나-나의 것'의 사고는 말 그대로 진실이 아니다. 진실이 될 만한 자아가 존재하지 않기 때문이다. 그렇지만 우리는 습관적으로, 그리고 자기도 모르게 어떤 생각을 할 때마다 자신을 자아라고 여긴다. 이런 식으로 우리는 깊고 근원적인 오류에 사로잡혀있다.

내가 제시하고 있는 자아에 대한 발제적 설명은 한편으로는 유식학파의 이론과 근접하지만, 다른 중요한 점에서 다르다. 나는 우리의 자아감 또는 '나-대상적 나-나의 것'은 심적으로 구성된 것이라는 점에서는 유식학파에 동의하지만, 자아가 없다거나 자아로 나타나는 것이 단지 환상이라고 생각하지는 않는다. 어떤 환상은 구성물이지만, 모든 구성물이 환상인 것은 아니다. 자아가 바로 그 경우에 해당된다. 자아감은 심적 구성물(또는 심적으로, 신체적으로 지속적인 구성의 과정에 놓여 있는 것)이라고 말하는 것이 논리적으로 자아가 없다거나 자아감이 하나의 환상이라는 것을 함의하지는 않는다.[80] 가네리의 지적처럼, 의식의 흐름이 말나식과 제6의식을 포함하여 아뢰야식에 의존하여 일어난다는 유식학파의 모델로부터 자아감이 오류라는 유식학파의 주장이 논리적으로 따라 나오는 것은 아니다.[81] 오히려 우리는 유식학파의 모델은, 자아(하나의 존재가 아니라 하나의 과정으로서 이해된)가 어떻게 구성되는지를 분석하는 데 기여하는 모델이라고 생각한다.

여기서 제기하는 부분적인 주제는, 일부 불교도와 서양철학자들이 주장하는 것과 같이 의식의 흐름을 '나의 것'으로 생각하는 것이 오류인지, 또는 다시 말하자면 내면에서 '나의 것'으로 의식의 흐름을 경험하는 것이 망상인지를 고찰해보는 것이다. 나는 이제 경험에 대하여 '나의 것'이라고 하는 기본적이고 자연스러운 감이 망상이 아니

라고 생각하는 이유를 설명하고자 한다.[82]

보통 우리가 사고, 감정, 지각, 감각을 자각할 때 우리는 그것을 내 자신의 것이라고 느낀다. 예를 들면 앉아서 명상을 할 때 나는 바하마의 요가 휴가에 대해 백일몽을 꾸고 있다는 것을 불현듯 알아차린다. 나는 '몽상을 하였다'고 알아차리고 다시 나의 주의를 호흡으로 돌린다. 내가 비록 비인칭적 방식으로 — '내가 몽상을 한다'는 것 대신 '몽상이 일어나고 있다'라고 생각하는 것 — 몽상하는 것을 알아차린다고 하여도, 몽상을 나의 것으로 느끼는 기본적인 방식이 있다. 내가 그 몽상에 몰입하고 그 몽상의 주요 성질과 나 자신을 동일시할 때 몽상의 내용을 나의 것이라고 느낀다고 의미하는 것은 아니다. 뿐만 아니라 '나는 명상하려고 할 때 항상 몽상을 해' 또는 '나는 뛰어난 몽상가이지 아주 좋은 명상가는 아니야'라고 생각하면서 몽상과 나를 동일시하면서 느끼는 그런 것을 의미하는 것도 아니다. 이런 생각에서는 자아-연관 과정들이 확산하지만, 명상 수행은 그런 것이 언제 어떻게 일어나는지 알아차리고 그것에서 떨어져 나가는 것을 배우는 과정이다. 내가 몽상이 나의 것이라고 말하는 의미는 그것이 나타나는 것은 나의 자각의 장이지 다른 누구의 자각의 장이 아니라는 것이다. 또한 그런 몽상, 그리고 이어지는 자기-평가에 대한 목격과 마음속으로 알아차리기 또한 그러하다. 이런 모든 심적 사건들은 여기 이런(나의 것으로 느껴지는 것) 자각의 장에서 일어난다.

이런 나의 것이라는 감각은 주의를 기울일 때 일어나는 기능이 아니다. 이것은 선택적인 주의보다 더 근원적이기 때문이다. 특히 심적 상태 또는 경험에 대한 내면적인 주의 기울임, 또는 그것을 나의 것이라고 확인하는 것에 기반을 두지 않는다. 어떤 것을 나의 것이라고 확인하기 위해서는 그것이 갖는 특징적인 어떤 속성을 인식하고, 그 속성이 내게 속함을 알고, 내가 그 속성을 확인하는 사람임을 알아야 한다. 그렇지만 나는 이런 것들을 어떻게 아는가? 특히 심적 상태를 확인하는 행위가 나의 확인 행위라는 것을 어떻게 아는가? 만약 이런 행위를 내성적으로 확인할 수 있기 때문에 이것을 안다고 하면, 무한소급에 빠져버린다. 왜냐하면 메타 확인의 두 번째 행위도 나의 것이라는 것을 다시 알아야 하기 때문이다.[83] 예를 들어서 어떤 내적 인지 과정이 있어 경험들을 자기-지시적인(self-referential) 꼬리표, 즉 '나의 것'이라는 꼬리표를 붙인다고 해보자. 그러면 나는 경험할 때마다 그 꼬리표를 내가 '읽는' 것에 의해 나의 것이라고 느낄 것이다. 이런 과정은 내가 그 꼬리표를 읽는 자라는 것을 알 때만 유효하다. 그러나 만약 우리가 그 꼬리표를 읽는 것이 나의 읽음이라는 것을 알기 위해서는 처음에 읽었던 것이 나의 읽음이었다고 알려주는 또 다른 꼬리표에 대한 나의 읽음이 있어야 한다는 식으로 말한다면, 무한소급의 악순환에 직면하게 된다. 왜냐하면 이 두 번째 꼬리표의 두 번째 읽음이 또한 나의 읽음이라는 것 등등을 알아야 하기 때문이다. 마찬가지로 내가 주의를 기울이고 있는 심적 상태가 나의 것이기 위해서는, 내가 이런 식으로 주의를 기울이고 있는 자라는 것을 자각하고 있어야만 하고, 이미 이런 자각이 나의 것임을 경험해야만 한다.

결론은 어떤 심적 상태 또는 경험이 나의 것으로 나타나게 만드는 것은 어떤 특징적 속성 또는 꼬리표를 기반으로 해서 그것에 주의를 기울이고 그것을 내 것으로 확인하는 것이라고 말하는 것은 옳지 않다는 것이다. 내가 심적 흐름을 나의 것으로 경험하는 데에는 그보다는 더 근원적인 전(前)주의적 비확인(nonidentifying)의 방식이 있어야만 한다.[84] 유식학파에서 말하는 말나식, 즉 전(前)주의적 마음이 바로 이런 역할을 한다. 이런 이유 때문에 전(前)주의적 마음이 자기-자각의 전(前)주의적 양태라고 서술될 수 있다.[8]

그러나 유식학파는 이런 전주의적 자기-자각이 자아를 잘못 지시하는 '나-대상적 나-나의 것' 사고를 발생시키게 되면, 고통 받는[染汚] 상태가 된다고 주장한다. 자기-자각의 전주의적 양태는 심적 흐름 그 자체에 대한 자각이지 자아에 대한 자각이 아니다. '나-대상적 나-나의 것' 사고는 항상 필연적으로 오류라는 이런 주장은 한 걸음 더 나아가서, 이런 '나-대상적 나-나의 것'을 옳게 해석하려면 실체적 자아를 지시하는 것으로 보아야 한다고 추정한다. 오늘날의 뇌-허무주의도 우리는 우리 자신에 대해 실체적 자아를 갖고 있거나 실체적 자아로 존재한다고 직감적으로 잘못 알고 경험한다고 동일한 추정을 하고 있다. 그리고 '나-대상적 나-나의 것' 사고가 진실이려면 이런 지시에 맞는 실체적 자아가 있어야만 한다고 추정한다.[86] 그러나 우리는 두 가지 이유에서 이런 추정을 받아들일 필요가 없다.

첫째로, '나-대상적 나-나의 것' 사고에 핵심적인 최소한의 자아 개념은 실체적으로 존재하는 에고의 개념이 아니라, 경험 주체, 행위자의 개념이다. 자신을 이런 식으로(주체와 행위자로서) 생각하게 되면 어떤 경험과 행동들은 나의 것이고 너의 것이 아니며, 어떤 경험과 행동들은 너의 것이고 나의 것이 아니라고 생각할 수 있다. 이런 식의 생각은 완전히 정당하고 가치 있는 자아 개념을 주고, 나 또는 당신을 실체적으로 존재하는 개체로 생각할 필요도 없다. 또한 자신을 비인칭적인 또는 익명적인 의식의 흐름과 동일시하지도 않고, 실체적 자아가 가질 만한 의식의 흐름과 다르지도 않은 변화하는 존재로서 자신을 경험할 수 있다.

물론 '나의 것'이라는 전주의적 감각이 완전히 사라지는 경험을 한다면(아마도 특정 명상 상태에서 일어날 것이다) 이런 경험은 전향적 또는 후행적('나의 것'이라고 지금 느껴지는 의식의 흐름이 한동안 그런 명상 상태에 있었다는 것 — 그런 명상에 들고 난 것을 기억함으로써 — 을 후행적으로 알 수 있을지 모른다. 또는 '나의 것'이라고 현재 느껴지는 의식의 흐름이 그런 명상 상태에 들어갈 것이라고 전향적으로 알 수 있을지도 모른다)이 아니고서는 '나의 것' 또는 '너의 것'이라고 특징지을 수 없다. 그런 무아(selfless, 無我)의 상태에서는 앞에서 언급한 최소한의 '나-대상적 나-나의 것'의 사고 형태도 없을 것이다(자신을 실체적 에고가 아니라 경험 주체로서 생각하는 것도 없을 것이다).

나는 그런 명상 상태의 가능성을 부정하지 않는다. 그러나 그런 명상 상태가 자아가 없다거나, 또는 '나-대상적 나-나의 것' 사고가 본질적으로 잘못되었다는 것을 보여준다는 것은 부정한다. 그런 상태가 보여주는 것은 자아감이 없는 경험이 있을 수 있다는 것이다. 그러나 자아감의 부재가 자아가 없다거나, 또는 '나-대상적 나-나의 것' 사고가 본질적으로 부정확하다는 것을 논리적으로 함축하는 것은 아니다. 이와는 반대로 자아가 구성물이라면, 자아는 해체될 수도 있다는 것을 예상해야만 한다. 즉 자아의 일부 구성 과정들(순수한 감정 또는 현상적 의식)이 존재한다고 하여도 해체될 수 있다는 것을 예상해야 한다. 다른 식으로 표현하면 자아가 실체적 존재가 아니라 과정이라면, 특정 조건에서 이런 과정은 붕괴될 수 있고 다시 시작할 수 있다는 것이다.

둘째로, 대명사 '나'는 통상적으로 무엇인가를 지시하는 방식으로 기능해서, 즉 하나의 대상을 가리키거나 지정하는 방식으로 기능하여 그 의미를 획득하는 것이 아니다. 그 대신 그 단어는 수행적(performative) 방식으로 기능한다. 즉 행동이나 활동을 수행하는 것이다. '나'를 생각하거나 말할 때, 그 사람은 자아-개별화(self-individuating) 행동(생각하는 자 또는 말하는 자로서 자신을 내세우는 행동)을 한다. 또한 그 사람은 자아-전유(self-appropriating) 행동(전유하거나 무엇인가를 자신의 것으로 만드는 행동)을 한다. '나는 행복하다.' 또는 '나는 짜증스럽다.'라고 생각하거나 말하는 것은 그 행복한 느낌 또는 짜증스러운 느낌(전(前)주의적으로 나의 것으로 제시되고, 그것을 향해서 나의 주의가 기울어진다)의 소유권을 주장하는 것이다.[87] '나-대상적 나-나의 것'의 진술은 철학자와 언어학자들이 말하는 '수행적 언설'이다. 즉 그것들은 적절한 상황에서 발설됨으로써 행동으로 수행되거나 그와 관련된 사건들을 산출한다. ("내일 밤 여기 오겠다고 약속하마."라고 말할 때 약속의 행동을 수행하는 것이다.)

'나'의 의미에 대한 이런 사유방식은 철학자 조나단 가네리에게서 온 것이다. 가네리는 6세기 불교철학자 짠드라끼르띠(Candrakīrti, 月稱)의 철학적 입장을 설명하기 위해 이것을 사용하였다. 가네리의 말을 들어보자.

> '나'라는 언설은 전유적 기능을 갖는다. 어떤 것을 자신의 것으로 취하려고 소유를 주장하는 것이다. 여기서 말하는 전유(appropriation)는 권리를 주장하는 **행동**이지, 소유권의 **단언**이 아니다. … "나는 아프다."라고 말할 때 나는 그 특정 통증 경험의 소유권을 **단언**하는 것이 아니다. 오히려 그 흐름 안에 있는 경험에 대한 권리를 주장하는 것이다. 이것이 자아라는 언어에 대한 수행주의자(performativist)의 설명이다. 거기에서 '나'의 언명은 수행주의적 언설이지 단언이 아니다. 용어 '나'의 기능은 지시하는 것이 아니다.[88]

'나'라는 용어의 기능이 지시가 아니라면, 그 단어의 지시 대상, 특히 개체 또는 실체라는 형태로 지시 대상을 찾는다는 것은 잘못된 방향으로 가는 것이다. '나'라는 단어가 하는 일은 자아를 지시하는 것인데, 자아가 없으니 그 단어가 자기 일에 실패하는 것은 아니다. 오히려 '나'라는 용어의 기능은 자아를 발제하는 것이다. '나'를 생각하거나 말하는 것은 나-만들기의 자아-개별화와 자아-전유의 형태에 참여하는 것이다. 사람은 사고, 감정, 느낌(물론 사회적 책임과 실천도 포함해서)의 소유권에 대한 권리를 주장함으로써, 경험주체와 행위자로서 자신을 개별화하고, 그렇게 해서 자아-전유 활동 자체와 다르지 않은 자아를 발제한다. 다시 말하자면 자아는 하나의 대상이나 존재가 아니다. 자아는 '나-됨' 또는 지속적인 자아-전유 활동의 과정이다.[89] 가네리가 생각하는 것은 발제적인 자아(자아는 '자아-전유 활동의 소용돌이')이다.[90]

짠드라끼르띠는 나가르주나가 세운 중관학파에 속한다. 나중에 티베트 불교철학자들은 그를 중관 귀류논증학파의 주요 주창자의 한 사람으로 간주하였다. 자아에 대한 그의 견해는 유식학파의 견해와 다르다.[91] 이 점은 특히 오늘날의 우리에게 의미 있다. 왜냐하면 뇌-허무주의를 수정할 수 있는 중요한 해결책을 제공해주기 때문이다.

짠드라끼르띠는 자신의 견해를 나가르주나의 「자아에 대한 장[觀法品]」(10장의 처음에 관련 구절을 인용하였다)을 주석하면서 전개한다. 그는 나가르주나의 기본 논증을 반복한다. 즉, 만약 자아가 독립적으로 존재한다면, 그것은 오온과 다르거나 오온과 같아야 할 것이다. 그러나 둘 다 아니기에 자아는 독립적으로 존재하지 않는다.

한편으로 자아가 정말로 오온(색, 수, 상, 행, 식)과 다르다면, 자아는 오온에 대한 지시 없이 확인되고 기술되어야 할 것이다. 그러나 그렇게 확인되고 기술될 수가 없다. 자아는 단지 오온과 연관해서 그리고 오온에 의존하여서만 생각되어지기 때문이다.

다른 한편 자아가 정말로 오온과 동일하다면, 자아와 오온은 모두 동일한 속성을 갖는 것으로 생각되어야 한다. 그러나 자아는 하나의 존재로 생각되고 경험되지만 오온은 여럿이다.

자아는 이 두 가지 방식(오온과 같거나 다르거나) 어느 쪽으로도 생각될 수 없기 때문에, 그것은 실재하는 개체일 수 없다. 그것은 독립적으로 존재하는 것이 아니다.

그러나 여기에 중요한 핵심(짠드라끼르띠는 자아가 없다고 결론을 내리지 않았다)이 있다. 자아가 없다는 것은 허무주의적 극단에 굴복하는 것이다. 자아가 독립적인 존재가 아니라면 그것은 전혀 존재하지 않는다는 것이 허무주의적 극단이다. 대신 짠드라끼르띠는 자아는 의존적으로 일어난다[緣起]고 결론 내렸다. 다른 말로 하면 자아는 원인과 조건에 의존하여 일어난다. 여기에는 특히 우리가 어떻게 심적으로 자아를 구축하고 그것에 언어로 이름을 붙이는지가 포함된다.

중관 귀류논증학파의 이론, 즉 의존적으로 일어난[緣起] 것이 무엇이든지 간에 지칭의 기반, 지칭하는 인지, 그것을 지칭하는 용어에 의존한다는 것을 다시 상기하자. 자아의 경우 오온은 지칭의 기반이고,

오온에 '자아'를 투사하는 사고는 지칭하는 인지이고, 대명사 '나'는 그것을 지칭하는 용어이다. 이런 지칭은 통상적인 지칭이 아니라 수행적인 것이다. 즉 그것은 오온이 '나(I)'로 자아-개별화하는 방식, '대상적 나(Me)'와 '나의 것'으로 자아-전유하는 방식이다.

자아는 오온에 심적 투사가 이루어져서 일어나므로, 오온(각각 독립적으로 존재한다는 의미에서)과 다르지 않다. 자아는 그 기반인 오온에 의존하고 있다. 그렇지만 자아는 오온과 동일한 것은 아니다. 왜냐하면 자아는 투사하는 인지와 연관해서만 존재하고, 그 인지가 투사하는 것은 하나의 전체적이고 통합된 자아라는 관념이지, 비인칭적인 심신 과정의 복합체는 아니기 때문이다. 자아는 거울에 비친 이미지와 같다. 이미지는 거울에 의존해서 존재하지만(거울은 이미지의 기반이다) 이미지가 거울과 동일한 것은 아니다. 또한 이미지는 거울과 동일한 재료로 이루어진 것도 아니다. 왜냐하면 이미지는 관찰자와 연관해서만 존재하기 때문이다. 거울 이미지는 관찰자에 의존적이지만, 주관적인 환상은 아니라는 것에 주목하자. 이와 마찬가지로 자아는 마음에 의존적이지만 주관적인 환상은 아니다.

그렇지만 자아가 나타나는 방식은 환상을 포함하고 있다. 설사 자아가 없다는 것과 자아의 나타남이 환상에 불과하다는 것이 사실이 아니라 하더라도 그렇다. 그 환상(또는 망상)은 마치 거울 속의 이미지를 실제로 거울 속에 있는 것으로 여기는 것처럼 자아를 독립적인 존재로 여긴다. 그런 이미지 자체가 환상은 아니라는 것에 주목하자.

마찬가지로 자아의 나타남 자체는 환상이 아니다. 자아를 독립적으로 존재한다고 여기는 것이 환상이다.[92]

뇌-허무주의와는 대조적으로, 이 환상은 자아가 자아-실체(self-substance)로 나타나는 것이 아니라는 점에도 주목하자. 자아를 이렇게 보는 견해는 이론적인 것이고, 우리의 경험을 정확히 서술하는 것은 아니다. 실체로서의 자아 개념은 인지적 환상이 아니다. 그것은 철학에서 유래된 잘못된 신념이다(서양의 데카르트와 인도의 니야야학파). 그것은 일상 경험에서 유래된 것이 아니다. 뇌-허무주의는 특정 철학적 자아 개념을 사용하여 우리의 자아 경험을 잘못 분석했고, 그렇게 해서 경험을 과도하게 지적인 것으로 만들어버렸다.

그러나 짠드라끼르띠에 의하면, 근본적인 환상은 자아의 존재가 실제로는 의존적인데도, 스스로 존재하는 것으로, 또는 자체적으로 존재한다고 여기는 것이다. 그런 환상은 인지적이고 실존적이다.

또 다른 중요한 점은 이런 환상을 폐기하는 것(예리한 분석적 통찰과 함께 고도로 숙련된 명상 집중을 통하여)이 독립적인 것으로 자아가 나타나는 것을 파괴한다는 의미는 아니라는 점이다. 즉, 환상을 폐기한다는 것은 겉으로 나타난 것에 속아서 자아가 독립적이라고 믿지는 않는다는 의미이다. 자아의 나타남 자체가 아니라, 이런 어리석고 깊게 뿌리내린 신념이 습관적으로 우리를 현혹하여 마치 자아가 독립적으로 존재하는 것처럼 우리가 생각하고 느끼고 행동하게 만든다.[93]

내 생각으로는 독립적인 것으로 자아가 나타나는 것은 전적으로 자연스러운 일이다. 우리가 내적이든 외적이든 심신의 흐름을 지각할 때마다, 자아 관념(경험의 주체와 행위의 행위자)은 자연스럽게 일어난다. 그리고 이런 일이 일어날 때마다 자아는 그런 흐름과 별개의 그 무엇으로 나타나야만 한다. 왜냐하면 그것이 바로 자아(의존적으로 일어나고[緣起] 구성에 의해 경험과 행위의 독립적인 주체로 나타남)이기 때문이다.

나는 이런 관점(여기에 나 자신의 견해를 밝혔지만, 다른 인도 요가철학자들이 동의할 것이라고 생각하지는 않는다)에서 '깨달음' 또는 '해탈'(적어도 어떤 의미에서 내가 인정하고 싶은)은 특정 명상 상태에서 일어날 수 있는 구성된 자아감의 해체를 의미한다고 생각하지는 않는다. 그보다 '깨달음' 또는 '해탈'의 지혜에는 겉보기에 자아로 나타나는 것은 여전히 있고, 이것이 중요한 나-만들기 기능을 수행하지만, 그렇게 겉보기로 나타난 자아가 독립적인 존재라고 속지는 않는 것이 포함되어 있다고 생각한다. 또한 '깨달음' 또는 '해탈'은 나-만들기 또는 '나-됨'(모든 자아-개별화와 자아-전유 활동)을 여하튼 포기하는 것도 아니며, 그러면서도 활동을 주관하고, 일상적인 사건들을 조절하는 독립적 자아가 있는 듯한 겉보기에 속지 않고, 일상적인 활동 속에서 살아가는 방식을 아는 것도 포함한다. 우리는 지혜가 꿈에서 깨어나는 것이 아니라, 독립적인 존재라는 꿈에서 깨어나는 것이라고 말할 수 있다.

종결부

붓다가 더 이상 나타나지 않고
그 제자들이 사라졌을 때
깨어남의 지혜는
그 자체로 튀어나올 것이다.[94]

감사의 글

이 책을 쓰는 데 여러 가지로 도움을 준 세 사람에게 특별한 감사를 드리고 싶다.

먼저 레베카 토드(Rebecca Todd)에게 감사드린다. 레베카는 이 책에 나오는 모든 단어를 비판적인 눈과 귀로 검토해주었다. 첫 초고 때부터 그녀는 내가 적절한 표현을 찾을 수 있게 도와주었다. 그리고 한 장 한 장 수정해나갈 때마다 계속해서 다시 검토하면서 글이 가능한 한 설득력 있고 명료해질 수 있도록 도와주었다. 일류 인지 신경과학자이자 전직 예술가인 레베카는 내 인생의 사랑이기도 하다. 우리가 처음 만났을 때 나는 13살이었고 그녀는 12살이었다. 우리 모두 1970년대 반문화시대의 환경에서 자라났기에, 그녀는 나를 정확히 꿰뚫고 있었다. 그녀가 없었다면 나는 이 책을 쓰지 못했을 것이다.

다음으로 에이전트인 안나 고쉬(Anna Ghosh)에게 감사드린다. 안나는 내가 이 책에서 무엇을 말하려 하는지 금방 이해했고, 그 목적에 적합한 방법을 찾도록 도와주었다. 처음 계획안을 건넸을 때부터 이 책을 믿어주었던 것에 대해 특히 고맙게 생각한다.

마지막으로 콜롬비아 대학 출판사의 편집자인 웬디 로흐너(Wendy Lochner)에게 감사드린다. 웬디도 이 책의 내용을 열정적으로 믿어주었으며, 책이 상당히 향상될 수 있도록 적절한 방법으로 도와주었다.

이 세 사람 외에도 많은 사람들이 각 장의 초고들을 읽고 유익한 비평을 해주었다. 너무나 감사하게도 추천사까지 써준 스티븐 배철러(Stephen Batchelor)와 제이크 데이비스(Jake Davis), 조르쥬 드레퓌스(Georges Dreyfus), 매튜 매캔지(Matthew Mackenzie), 로버트 샤프(Robert Sharf), 윌리엄 어윈 톰슨(William Irwin Thompson), 제니퍼 미셸 윈트(Jennifer Michelle Windt)가 그들이다.

게일 톰슨(Gail Thompson), 가레스 토드 톰슨(Gareth Todd Thompson), 힐러리 톰슨(Hilary Thompson)의 격려와 지지에도 특별한 감사를 드린다.

그밖에도 많은 사람이 이 책을 쓰기 위한 연구와 집필 과정에 도움을 주었다. 특히 다음에 열거한 사람들에게 감사드리고 싶다. 리사 아담스(Lisa Adams), 미리 알바하리(Miri Albahari), 아날라요 스님(Bhikkhu Anālayo), 제임스 오스틴(James Austin), 미셸 빗볼(Michel Bitbol), 저드슨 브루어(Judson Brewer), 윌러비 브리튼(Willoughby Britton), 히더 채핀(Heather Chapin), 칼리나 크리스토프(Kalina Christoff), 크리스챤 코세루(Christian Coseru), 디에고 코스멜리(Diego Cosmelli), 리차드 데이비슨(Richard Davidson), 아테나 데메르치(Athena Demertzi), 에제키엘 디 파올로(Ezequiel Di Paolo), 마틴 드레슬러(Martin Dresler), 크리스틴 던바(Christine Dunbar), 카테린 둔칸손(Katherine Duncanson), 존 듀네(John

Dunne), 테일러 이턴(Tayler Eaton), 멜리사 엘라밀(Melissa Ellamil), 아담 앵글(Adam Engle), 노먼 파브(Norman Farb), 볼프강 패싱(Wolfgang Fasching), 오웬 플래나간(Owen Flanagan), 케이란 폭스(Keiran Fox), 조나단 가네리(Jonardon Ganeri), 샨티 가네쉬(Shanti Ganesh), 데이비드 가드너(David Gardiner), 제이 가필드(Jay Garfield), 브루스 그레이슨(Bruce Greyson), 조안 핼리팩스(Joan Halifax), 애론 헨리(Aaron Henry), 제인 허쉬필드(Jane Hirshfield), 아미쉬 자(Amishi Jha), 툽텐 진파(Thupten Jinpa), 알 카즈니야크(Al Kaszniak), 에드워드 켈리(Edward Kelly), 베리 커진(Dr. Barry Kerzin), 알란 킨들러(Dr. Alan Kindler), 벨린다 콩(Belinda Kong), 라나 쿨레(Lana Kuhle), 장 필립 라쇼(Jean-Philippe Lachaux), 도로테 레그란드(Dorothee Legrand), 마크 루이스(Marc Lewis), 미카엘 리푸쉬츠(Michael Lifschitz), 앙투안 루츠(Antoine Lutz), 알리사 만드리진(Alisa Mandrigin), 토마스 메칭거(Thomas Metzinger), 나타샤 마이어스(Natasha Myers), 알바 노에(Alva Noë), 데이비드 펄먼(David Perlman), 루이즈 페소아(Luiz Pessoa), 조안나 폴리(Joanna Polley), 아드리안 프리티만(Adrienne Prettyman), 차크라바르티 람 프라사드(Chakravarthi Ram-Prasad), 마티유 리카르(Matthieu Ricard), 앤드리아느 로스토르프(Andreas Roepstorff), 해롤드 로스(Harold Roth), 도리언 세이건(Dorion Sagan), 샤론 샐즈버그(Sharon Salzberg), 클리포드 새론(Clifford Saron), 에릭 슈비체벨(Eric Schwitzgebel), 마크 시더리츠(Mark Siderits), 헬린 슬랙터(Heleen Slagter), 신 마이클 스미스(Sean Michael Smith), 네일 테이세(Neil Theise), 아미

코헨 바렐라(Amy Cohen Varela), 존 베르베키(John Vervaeke), 카산드라 비텐(Cassandra Vieten), 앨런 윌리스(B. Alan Wallace), 제프 워렌(Jeff Warren), 크리스틴 윌슨(Kristin Wilson), 단 자하비(Dan Zahavi), 아서 자이언스(Arthur Zajonc), 필립 데이비드 질라조(Philip David Zelazo).

이 책이 나오는 데 중요한 역할을 한 여러 기관들이 있다. 마음과 생명 협회(Mind and Life Institute)와 설립자이자 전 회장인 아담 앵글(Adam Engle)이 없었다면 나는 이 책을 쓰지 못했을 것이다. 우파야 선 센터(Upaya Institute and Zen Center)와 설립자인 조안 핼리팩스-로쉬(Joan Halifax-Roshi)는 특히 우리의 젠 브레인(Zen Brain) 연례 모임과 명상 수행의 진행에 도움을 주는 등 필수적인 지원을 해주었다. 린디스환 협회(Lindisfarne Association)와 설립자인 윌리엄 어윈 톰슨(William Irwin Thompson)도 이 책이 나오는 데 없어서는 안 될 존재들이었다. 그밖에 코펜하겐 대학의 주관성 연구 센터(Center for Subjectivity Research at the University of Copenhagen), 콜롬비아 대학 비교철학 학회(Columbia University Society for Comparative Philosophy), 개리슨 연구소(Garrison Institute), 통찰 명상 모임(Insight Meditation Society), 남걀(Namgyal) 사원, 바하마의 시바난다 아쉬람(Sivananda Ashram Bahamas), 토론토의 시바난다 요가 베단따 센터(Sivananda Yoga Vedanta Toronto)에도 감사드린다.

이 책의 집필은 캐나다의 사회과학과 인문학 연구 협회 표준 연구 교부금(2008-2012)과 토론토 잭맨 인문학 연구소 연구비(2010-2011)의 지원을 받았다. 이들의 지원에 감사드린다.

마지막으로 토론토 대학교 철학과의 옛 동료들이 보내준 지지와 격려에 감사드린다. 그리고 나와 이 연구를 환영해준 브리티시 콜롬비아 대학교의 새로운 동료들에도 감사드린다.

옮긴이의 글

학문 영역은 자연에 본래 있는 것이 아니라, 사람이 임의로 경계를 그어 나눈 것이다. 그런데 임의로 그은 경계선이 점점 넘기 어려운 벽이 된 것 같다. 각 학문 영역의 연구자들에게 경계선 너머는 다루기 어려울 뿐만 아니라 함부로 침범해서도 안 되는 영역이 되어버렸다. 그러나 과학자든 철학자든 종교 수행자든 학문과 수행에 몸담으면서 애초에 품었던 질문은 단지 '나는 누구인가', '의식은 무엇인가'와 같은 형태의 질문이 아니었을까? 예컨대 과학자라 하더라도 단지 과학적 관점에서의 '나'만 이해하고 싶었던 것은 아니고, 철학자라 하더라도 단지 철학적 관점에서의 '나'만 이해하고 싶었던 것은 아닐 것이다.

물론 우리는 엄정하고 치밀한 탐구를 위해 영역별, 즉 각 학문별 연구를 포기할 수는 없다. 그러나 각자의 영역에 충실한 연구를 진행하는 한편, 경계를 넘어서는 질문과 논의, 소통을 위한 노력을 하지 않는다면, 우리는 각자 장님 코끼리 만지는 신세를 면하기 어려울 것이다. 그러한 면에서 최근 학문 세계에서 '융합 연구'에 대한 요청이 많은 것은, 비유하자면 내가 만진 코끼리 일부만이 아니라 남이 만진 코끼리 일부에 대해서도 들어보자는, 그렇게 해서 코끼리 전체를 알아보자는 목소리로 들린다. 사실 '통섭', '학제 간 연구' 등의 이름으로 학문 간 교류와 소통이 시도되거나 장려되던 경향은 제법 오래되었다. 그러나 아직까지 뚜렷한 성과를 확인할 수 없는 것은 각 영역의 연구에 매진하는 데 익숙해온 연구자들로서는 '융합 연구'의 방향에 동의한다하여도 구체적으로 무엇을 어떻게 해야 할지 막막하기 때문일 것이다.

이러한 상황에서 에반 톰슨의『각성, 꿈 그리고 존재』는 융합 연구의 한 사례이자 좋은 결실로 보인다. 에반 톰슨은 이 책을 의식에 대한 질문에서 시작하여 자아에 대한 질문으로 마무리 짓고 있다. 그런데 그가 다루는 학문 영역, 내용 범위, 연구 방식의 다양성이 범상치 않다. 굳이 따지자면 톰슨은 철학의 영역에 속한 학자이지만, 그는 자연스럽게 경계선을 넘어 과학(뇌과학, 인지과학)과 불교 및 인도 사상, 심리학의 영역으로 간다. 뿐만 아니라 기존에 비학문적으로 치부되거나 학문적 연구 대상으로 삼기 어려웠던 영역에까지 발을 들인다.

그리고 의식을 논하면서 저자는 기존 연구가 잘 다루지 않는 의식의 측면까지 적극적으로 다룬다. 즉, 각성, 꿈뿐만 아니라 꿈 없는 깊은 수면과 순수 자각까지도 의식의 양태들로 보아 논하고 있다. 의식은 뇌와 신체에 의존하고 있는지, 그렇지 않은 의식도 있는지, 모든 의식의 근본 바탕인 순수 자각으로서의 의식이 있으며 그것이 죽음의 순간에 경험될 수 있는지 저자는 논한다.

논의를 펼치면서 톰슨이 재료로 삼는 경험의 범위도 다채롭다. 과학자나 철학자들에 의해 신비적이거나 미신적인 것으로, 합리적인 논의가 불가능한 것으로 치부되어 외면되어왔던 경험들을 그는 주저 없이 연구 대상으로 삼고 있다. 자각몽, 유체이탈 경험, 임사 체험, 명상이 그러한 것들이다. 이 경험들을 다룬다 해서, 그가 무조건적으로 그러한 경험들을 믿거나 옹호하는 자세를 취하는 것은 아니다. 그러나 반대로 이것들을 단지 비합리적인 것, 경험자의 착각이나 환상에 불과한 것으로 치부하지도 않는다. 이 점에서 그는 무조건적인 믿음도, 무조건적인 거부도 아닌 중도적 자세를 취하고 있다 할 수 있다.

저자 자신의 경험을 비롯하여 개인적인 경험 보고 사례들, 문학 작품의 구절들이 종종 등장하는 것도 이 책의 내용을 더욱 독특하면서도 풍요롭게 만든다. 그러나 사례와 문학 작품의 인용은 단지 흥미를 끌기 위한 것이 아니다. 의식과 자아 연구를 위해서는 삼인칭 관점의 객관적 연구뿐만 아니라 일인칭 관점의 직접적인 경험 보고에 대한 연구도 필요하다는 것이 의식 연구에 임하는 저자의 기본 관점이다.

우리의 삶에 인공지능(AI)이 점점 깊숙이 들어오고 있다. 알파고가 이세돌을 이긴 것은 인공지능이 인간의 인지와 계산 능력을 상당히 따라잡고 있다는, 어떤 면에서는 넘어서고 있다는 것을 보여준다. 그렇다면 인공지능과 구분되는 인간 마음의 특징은 무엇일까? 인공지능을 가진 로봇이 등장할 미래에 우리는 자아를 어떻게 규정하고 이해해야 할까? 톰슨은 1장을 인도의 고전 『우파니샤드』에 나오는 의식에 대한 논의로 시작한다. 의식이 무엇인지에 대한 인류의 질문은 이토록 그 역사가 길며 아직까지도 분명한 답이 안 내려지고 있다. 그리고 과학과 기술의 발달로 인공지능이 출현한 현재, 질문은 더욱 절박한 것이 되어가고 있다.

이 책의 번역을 마무리할 무렵, 2018년 카이스트에 '명상과학연구소'가 설립된다는 소식을 들었다. 불교 수행과 명상의 전통이 수많은 승려와 수행자들에 의해 이어지고 있다는 점에서 우리나라는 마음을 연구하기에 좋은 조건을 갖추고 있다. 톰슨의 이 책이 '명상과학연구소' 및 융합 연구의 필요성을 인식하고 연구 방법을 모색하는 많은 사람들에게 훌륭한 길잡이 역할을 할 것이다.

마지막으로 이 책이 나오기까지 도와주신 몇몇 분들께 감사드리고 싶다. 우선 추천의 글을 써 주신 앨버니아 대학교 철학과 석봉래 교수님께 특별한 감사를 드린다. 석봉래 교수님은 에반 톰슨이 프란시스코 바렐라, 엘리노어 로쉬와 함께 쓴 『몸의 인지과학(The Embodied Mind)』을 번역하여 국내에 소개하신 분이기도 하다. 초고 번역을 읽고 수정에 도움을 주신 경희대학교 철학과 허우성 교수님께도 감사드린다. 다양한 학술서적 출판으로 학계에 크게 기여하고 있는 도서출판 씨아이알과 박영지 편집장님, 최장미 선생님에게 감사드린다.

이성동, 이은영

미 주

프롤로그: 마음에 대한 달라이 라마의 견해

1. 내 기조연설을 포함한 회의(제11차 '마음과 생명' 마음의 탐구: 마음의 작동방식에 대한 불교와 생명-행동과학 사이의 대화) 전체는 마음과 생명 협회 사이트(www.mindandlife.org)에서 네 개의 비디오 동영상들로 볼 수 있다. 회의 내용은 다음의 책으로도 출간되었다. *The Dalai Lama at MIT*, edited by Anne Harrington and Arthur Zajonc (Cambridge, MA: Harvard University Press, 2006)
2. Evan Thompson, "Neurophenomenology and Francisco Varela," *The Dalai Lama at MIT*, 19-24 참고.
3. Eugenio Rodriguez et al., "Perception's Shadow: Long-Distance Synchronization of Human Brain Activity," *Nature* 397 (1999): 430-433; Francisco J. Varela et al., "The Brainweb: Phase Synchronization and Large-Scale Integration," *Nature Reviews Neuroscience* 2 (2001): 229-239 참고.
4. Francisco J. Varela, "Neurophenomenology: A Methodological Remedy for the Hard Problem," *Journal of Consciousness Studies* 3 (1996): 330-350; Antoine Lutz and Evan Thompson, "Neurophenomenology: Integrating Subjective Experience and Brain Dynamics in the Neuroscience of Consciousness," *Journal of Consciousness Studies* 10 (2003): 31-52 참고.

5. Antoine Lutz et al., "Guiding the Study of Brain Dynamics by Using First-Person Data: Synchrony Patterns Correlate with Ongoing Conscious States During a Simple Visual Task," *Proceedings of the National Academy of Sciences USA* 99 (2002): 1586-1591 참고.
6. Francisco Varela, Evan Thompson, and Eleanor Rosch, *The Embodied Mind: Cognitive Science and Human Experience* (Cambridge, MA: MIT Press, 1991; expanded edition, 2015); Franciso J. Varela and Jonathan Shear, eds., *The View from Within: First-Person Approaches to the Study of Consciousness* (Thorverton: Imprint Academic, 1991) 참고.
7. Evan Thompson and Francisco J. Varela, "Radical Embodiment: Neural Dynamics and Consciousness," *Trends in Cognitive Sciences* 5 (2001): 418-425.
8. *The Dalai Lama at MIT*, 95-96 참고.
9. Dalai Lama, *The Universe in a Single Atom: The Convergence of Science and Spirituality* (New York: Morgan Road Books, 2005), 125.
10. 프란쯔 라이흘(Franz Reichle)의 다큐멘터리 『몬테그란데: 생명이란 무엇인가?(*Montegrande: What Is Life?*)』 참고. www.montegrande.ch/eng/home.php와 마음과 생명 협회 사이트(www.mindandlife.org)에서 볼 수 있다.

서 론

1. 이 책에서 나는 '요가 전통들'과 '요가 철학들'이라는 용어를 불교를 포함한 넓은 의미로 사용하고 있다. 이러한 용법의 정당성에 대해서는 다음의 책 참고. Stephen Phillips, *Yoga, Karma, and Rebirth: A Brief History and Philosophy* (New York: Columbia University Press,

2009), 4-5.

2. Patrick Olivelle, *Upaniṣads* (Oxford: Oxford University Press, 1996); Valerie J. Roebuck, *The Upaniṣads* (London: Penguin, 2003)
3. Antoine Lutz et al., "Attention Regulation and Monitoring in Meditation," *Trends in Cognitive Sciences* 12 (2008): 163-169 참고.
4. Antoine Lutz et al., "Meditation and the Neuroscience of Consciousness: An Introduction," Philip David Zelazo et al., eds., *The Cambridge Handbook of Consciousness* (Cambridge: Cambridge University Press, 2007), 499-553; James H. Austin, *Zen and the Brain: Toward an Understanding of Meditation and Consciousness* (Cambridge, MA: MIT Press, 1999); James H. Austin, *Selfless Insight: Zen and the Meditative Transformations of Consciousness* (Cambridge, MA: MIT Press, 2009) 참고.
5. Pierre Hadot, *Philosophy as a Way of Life: Spiritual Exercises from Socrates to Foucault*, ed. and with an introduction by Arnold Davidson (Malden, MA: Blackwell Publishing, 1995). 특히 "2부 영적 수행들 (Spiritual Exercises)" 참고.

1장 봄: 의식이란 무엇인가?

1. Valerie J. Roebuck, *The Upaniṣads* (London: Penguin, 2003) 번역본을 인용했으며, Patrick Olivelle, *Upaniṣads* (Oxford: Oxford University Press, 1996) 번역본도 참고했다. 브리하드아란야까 우파니샤드(Bṛhadāraṇyaka Upaniṣad, "위대한 숲의 가르침")에 있는 야갸발꺄(Yājñavalkya)와 자나까(Janaka)왕 사이의 대화는 로벅(Roebuck)의 번역본에서는 66-76쪽, 올리베(Olivelle) 번역본에서는 58-68쪽에 있다. 이 대화에 대한 설명

은 다음의 책들에 근거했다. Ben-Ami Scharfstein, *A Comparative History of World Philosophy: From the Upanishads to Kant* (Albany, NY: State University of New York Press, 1998), 62-65; Bina Gupta, *Cit: Consciousness* (New Delhi: Oxford University Press, 2003), 2장; Bina Gupta, *The Disinterested Witness: A Fragment of Advaita Vedānta Phenomenology* (Evanston, IL: Northwestern University Press, 1998), 18-27.

2. Roebuck, *The Upaniṣads*, 67.
3. 같은 책, 68-69.
4. 같은 책, 69.
5. 같은 책, 69.10.
6. David J. Chalmers, "Facing Up to the Problem of Consciousness," *Journal of Consciousness Studies* 2 (1995): 200-219. 인용 부분은 203.
7. Roebuck, *The Upaniṣads*, 345-348; Olivelle, *Upaniṣads*, 288-290 참고.
8. Roebuck, *The Upaniṣads*, 347.
9. Andrew Fort, *The Self and Its States: A States of Consciousness Doctrine in Advaita Vedānta* (Delhi: Motilal Banarsidass, 1990) 참고.
10. 같은 책.
11. Fort, *The Self and Its States*, 39. 만두끄야 우파니샤드(*Māṇḍūkya Upaniṣads*)에 대한 샹까라(Śaṅkara)의 주석은 다음 책 참고. Swami Gambhirananda, trans., *Eight Upaniṣads, Volume Two* (Kolkata, India: Advaita Ashrama, 1958), 167-405.
12. Roebuck, *The Upaniṣads*, 72.
13. 같은 책, 같은 쪽.
14. 같은 책, 73.
15. 같은 책, 76.

16. Evan Thompson, *Colour Vision: A Study in Cognitive Science and the Philosophy of Perception* (London: Routledge, 1995) 참고.
17. Arvind Sharma, *Sleep as a State of Consciousness in Advaita Vedānta*(Albany, NY: State University of New York Press, 2004); Gupta, *The Disinterested Witness,* 79-80, 84-90; Fort, *The Self and Its States; Eliot Deutsch, Advaita Vedānta: A Philosophical Reconstruction* (Honolulu: University Press of Hawaii, 1969), 61-65 참고.
18. Sharma, *Sleep as a State of Consciousness in Advaita Vedānta*, 45-48과 4장; Fort, *The Self and Its States* 참고.
19. Mark Siderits et al., eds., *Self, No Self? Perspectives from Analytical, Phenomenological, and Indian Traditions* (Clarendon: Oxford University Press, 2010); Chakravarthi Ram-Prasad, *Indian Philosophy and the Consequences of Knowledge: Themes in Ethics, Metaphysics, and Soteriology* (Hampshire, England and Burlington, VT: Ashgate, 2007), 2장 참고.
20. Matthew D. Mackenzie, "The Illumination of Consciousness: Approaches to Self-Awareness in the Indian and Western Traditions," *Philosophy East and West* 57: 40-62 참고.
21. William Irwin Thompson, *Coming Into Being: Artifacts and Texts in the Evolution of Consciousness* (New York: St. Martin's Press, 1996, 1998), 236.

2장 각성: 우리는 어떻게 지각하는가?

1. *Bṛhadāraṇyaka Upaniṣad* I.4.7. Valerie J. Roebuck, *The Upaniṣads* (London: Penguin, 2003), 20; Patrick Olivelle, *Upaniṣads* (Oxford: Oxford

University Press, 1996), 14 참고.

2. Richard Gombrich, *What the Buddha Thought* (London and Oakville, CT: Equinox, 2009) 참고.
3. Bhikkhu Ñaṇamoli and Bhikkhu Bodhi, *The Middle Length Discourses of the Buddha: A Translation of the Majjhima Nikāya* (Sommerville, MA: Wisdom, 1995), 350-351.
4. Bhikkhu Bodhi, *In the Buddha's Words: An Anthology of Discourses from the Pāli Canon* (Somerville, MA: Wisdom, 2005), 67-68.
5. Anālayo, "*Nāma-rūpa,*" in A. Sharma, ed., *Encyclopedia of Indian Religions*(Berlin: Springer Science+Business Media, 2015).
6. 같은 책.
7. Bhikkhu Bodhi, *The Connected Discourses of the Buddha: A New Translation of the Saṃyutta Nikāya* (Somerville, MA: Wisdom, 2002), 608-609.
8. Anālayo, "*Nāma-rūpa*"
9. Christof Koch, *The Quest for Consciousness: A Neurobiological Approach*(Greenwood Village, CO: Roberts & Company, 2007) 참고.
10. Nikos K. Logothetis, "Single Units and Conscious Vision," *Philosophical Transactions of the Royal Society of London B* 353 (1998): 1801-1818 참고.
11. Randolph Blake and Nikos K. Logothetis, "Visual Competition," *Nature Reviews Neuroscience* 3 (2002): 13-21 참고.
12. Nikos K. Logothetis, "Vision: A Window on Consciousness," *Scientific American* 281 (1999): 68-75, 74.
13. Diego Cosmelli et al., "Waves of Consciousness: Ongoing Cortical Patterns

During Binocular Rivalry," *Neuroimage* 23 (2004): 128-140; Diego Cosmelli and Evan Thompson, "Mountains and Valleys: Binocular Rivalry and the Flow of Experience," *Consciousness and Cognition* 16 (2007): 623-641 참고.

14. Eugenio Rodriguez et al., "Perception's Shadow: Long-Distance Synchronization of Human Brain Activity," *Nature* 397 (1999): 430-433.
15. Lucia Melloni et al., "Synchronization of Neural Activity Across Cortical Areas Correlates with Conscious Perception," *Journal of Neuroscience* 27 (2007): 2858-2865.
16. Satu Palva et al., "Early Neural Correlates of Conscious Somatosensory Perception," *Journal of Neuroscience* 25 (2005): 5248-5258; Raphael Gaillard et al., "Converging Intracranial Markers of Conscious Access," *PloS Biology* 7 (3) (2009): e1000061. doi:10.1371/journal.pbio.1000061.
17. Sam M. Doesburg et al., "Rhythms of Consciousness: Binocular Rivalry Reveals Large-Scale Oscillatory Network Dynamics Mediating Visual Perception," *PLoS ONE* 4 (7) (2009): e6142. doi:10.1371/journal.pone.0006142.
18. William James, *The Principles of Psychology* (Cambridge, MA: Harvard University Press, 1982), 233.
19. Louis de la Vallée Poussin, "Notes sur le moment ou ksnana des bouddhistes," in H. S. Prasad, ed., *Essays on Time in Buddhism* (Delhi: Sri Satguru, 1991). Georges Dreyfus and Evan Thompson, "Asian Perspectives: Indian Theories of Mind," in Philip David Zelazo et al., eds., *The Cambridge Handbook of Consciousness* (New York and Cambridge: Cambridge University Press, 2007), 89-114, 95쪽에서 Georges Dreyfus의 번역으로 재인용.
20. 개론적인 논의에 대해서는 Dreyfus and Thompson, "Asian Perspectives:

Indian Theories of Mind," and Rupert Gethin, *The Foundations of Buddhism* (Oxford and New York: Oxford University Press, 1998) 참고. 철학적인 논의에 대해서는 Mark Siderits, *Buddhism as Philosophy* (Indianapolis, IN: Hackett, 2007) 참고. 와수반두(Vasubandhu)의 논서는 *Abhidharmakośabhāṣyam*, by Louis de la Vallée Poussin. Vols. 1-4, trans. Leo M. Pruden (Berkeley, CA: Asian Humanities Press, 1991) 참고. 빨리 상좌부 아비담마(Pāli Theravada Ahbidhamma)에 대해서는 Bhikkhu Bodhi, ed., *A Comprehensive Manual of Abhidhamma* (Onalaska, WA: Buddhist Publication Society, 1993, 1999) 참고.

21. *Abhidharmakośabhāṣyam* I: 16, 74 참고.
22. Geshe Rabten, *The Mind and Its Functions*, trans. Stephen Batchelor (Mt. Pelerin, Switzerland: Tharpa Choeling, 1981), 52.
23. Bhikkhu Bodhi, *A Comprehensive Manual of Abhidharma*, 78.
24. Bhikkhu Bodhi, *A Comprehensive Manual of Abhidhamma*, 81.
25. J. Kevin O'Regan and Alva Noë, "A Sensorimotor Account of Vision and Visual Consciousness," *Behavioral and Brain Sciences* 24 (2001): 939-1031 참고.
26. Edward Conze, *Buddhist Thought in India* (Ann Arbor: University of Michigan Press, 1962), 134-137, 282; Gethin, *The Foundations of Buddhism*, 221-222; de la Vallée Poussin, "Notes sur le moment ou ksnana des bouddhistes." 참고.
27. *Abhidharmakośabhāṣyam* III: 85, II: 475.
28. Bhikkhu Bodhi, *A Comprehensive Manual of Abhidhamma*, 156.
29. Francisco J. Varela et al., "Perceptual Framing and Cortical Alpha Rhythm," *Neuropsychologia* 19 (1981): 675-686.

30. Francisco J. Varela, Evan Thompson, and Eleanor Rosch, *The Embodied Mind: Cognitive Science and Human Experience* (Cambridge, MA: MIT Press, 1991; expanded ed., 2014), 75.

31. Michel Gho and Francisco J. Varela, "A Quantitative Assessment of the Dependency of the Visual Temporal Frame Upon the Cortical Alpha Rhythm," *Journal of Physiology-Paris* 83 (1988-1989): 95-101. Ruffin Van Rullen and Christof Koch, "Is Perception Discrete or Continuous?" *Trends in Cognitive Sciences* 7 (2003): 207-213; Ruffin Van Rullen et al., "Ongoing EEG Phase as a Trial-by-Trial Predictor of Perceptual and Attentional Variability," *Frontiers in Psychology* 2 (2011): 1-9 참고.

32. Van Rullen and Koch, "Is Perception Discrete or Continuous?"; Van Rullen, "Ongoing EEG Phase as a Trial-by-Trial Predictor of Perceptual and Attentional Variability." 참고.

33. Niko A. Busch et al., "The Phase of Ongoing EEG Oscillations Predicts Visual Perception," *Journal of Neuroscience* 29 (2009): 7869-7876; Kyle E. Mathewson et al., "To See or Not to See: Prestimulus α Phase Predicts Visual Awareness," *Journal of Neuroscience* 29 (2009): 2725-2732.

34. Jin Fan et al., "The Relation of Brain Oscillations to Attentional Networks," *Journal of Neuroscience* 27 (2007): 6197-6206 참고.

35. Ruffin Van Rullen et al., "The Blinking Spotlight of Attention," *Proceedings of the National Academy of Sciences U.S.A.* 104 (2007): 19204-19209; Niko A. Busch and Ruffin Van Rullen, "Spontaneous EEG Oscillations Reveal Periodic Sampling of Visual Attention," *Proceedings of the National Academy of Sciences* 107 (2010): 16048-16053; Timothy J. Buschman and Earl K. Miller, "Shifting the Spotlight of Attention: Evidence for Discrete

Computations in Cognition," *Frontiers in Human Neuroscience* 4 (2010): 1-9 참고.

36. Busch and Van Rullen, "Spontaneous EEG Oscillations Reveal Periodic Sampling of Visual Attention."
37. Antoine Lutz et al., "Guiding the Study of Brain Dynamics by Using First-Person Data: Synchrony Patterns Correlate with Ongoing Conscious States During a Simple Visual Task," *Proceedings of the National Academy of Sciences USA* 99 (2002): 1586-1591 참고.
38. Remigiusz Szczepanowski and Luiz Pessoa, "Fear Perception: Can Objective andSubjective Awareness Measures Be Dissociated?" *Journal of Vision* 7 (2007): 1-17.
39. Luiz Pessoa et al., "Target Visibility and Visual Awareness Modulate Amygdala Responses to Fearful Faces," *Cerebral Cortex* 16 (2006): 366-375; Szczepanowski and Pessoa, "Fear Perception: Can Objective and Subjective Awareness Measures Be Dissociated?" 참고.
40. Szczepanowski and Pessoa, "Fear Perception: Can Objective and Subjective Awareness Measures Be Dissociated?"
41. James, *Principles of Psychology*, 380-381.
42. 같은 책, 949n31.
43. Heleen Slagter et al., "Mental Training Affects Distribution of Limited BrainResources," *PLoS Biology* 5 (6) (2007): e138. doi:10.1371/journal.pbio.0050138.
44. Antoine Lutz et al., "Attention Regulation and Monitoring in Meditation," *Trends in Cognitive Sciences* 12 (2008): 163-169 참고.
45. Heleen Slagter et al., "Theta Phase Synchrony and Conscious Target Perception: Impact of Intensive Mental Training," *Journal of Cognitive*

Neuroscience 21 (2009): 1536-1549.

46 Antoine Lutz et al., "Mental Training Enhances Attentional Stability: Neural and Behavioral Evidence," *Journal of Neuroscience* 29 (2009): 13418-13427.

47. 주 43번, 45번, 46번에서 언급한 연구 외에도 다음과 같은 주목할 연구들이 있다. Julie A. Brefczynski-Lewis et al., "Neural Correlates of Attentional Expertise in Long-Term Meditation Practitioners," *Proceedings of the National Academy of Sciences U.S.A.* 104 (2007): 11483-11488; Amishi P. Jha et al., "Mindfulness Training Modifies Subsystems of Attention," *Cognitive, Affective, and Behavioral Neuroscience* 7 (2007): 109-119; Katherine A. Maclean et al., "Intensive Meditation Training Improves Perceptual Discrimination and Sustained Attention," *Psychological Science* 21 (2010): 829-839; Yi-Yuan Tang et al., "Short-Term Meditation Training Improves Attention and Self-Regulation," *Proceedings of the National Academy of Sciences U.S.A.* 104 (2007): 17152-17156; Yi-Yuan Tang et al., "Central and Autonomic Nervous System Interaction Is Altered by Short-Term Meditation," *Proceedings of the National Academy of Sciences U.S.A.* 106 (2009): 8865-8870.

48. Olivia Carter et al., "Meditation Alters Perceptual Rivalry in Tibetan Buddhist Monks," *Current Biology* 15 (2005): R412-R413.

49. 같은 책, R413.

50. 같은 책, 같은 쪽.

51. Daniel C. Dennett, *Consciousness Explained* (Boston: Little, Brown, 1991), 356.

52. William S. Waldron, *The Buddhist Unconscious: The Ālayavijnāna in*

the Context of Indian Buddhist Thought (London and New York: RoutledgeCurzon, 2003), 55-67.

53. Bhikkhu Bodhi, *A Comprehensive Manual of Abhidharma*, 123.
54. Gethin, *The Foundations of Buddhism*, 215 참고.
55. Steven Colins, *Selfless Persons: Imagery and Thought in Theravāda Buddhism* (Cambridge: Cambridge University Press, 1982), 245; Waldron, *The Buddhist Unconscious*, 82 참고.
56. Waldron, *The Buddhist Unconscious* 참고.
57. 베트남 선사 틱낫한(Thich Nhat Hanh)은 '인상(impression)'이라는 단어 대신에 '현현(manifestation)'이라는 단어를 사용하는데, '현현(manifestation)'이 산스끄리뜨어 *vijñapti*의 일반적인 번역어이다. 유가행파(Yogācāra, 瑜伽行)를 유식학파(唯識學派, *Vijñaptimātra*), 즉 "오직(mātra, 唯) 인상(Vijñapti, 識)만 있다"고 하는 학파라고도 한다. Thich Nhat Hanh, *Understanding Our Mind* (Berkeley, CA: Parallax Press, 2006) 참고. 틱낫한이 '현현(manifestation)'이라는 용어를 사용한 것은 중국 유식학의 영향을 받은 것인데, 이는 후설 현상학의 일부 주제와 유식학파를 연결 짓게 하였다(틱낫한의 책 97쪽 참고). 유식학파와 현상학의 관계에 대한 더 많은 논의는 다음 책을 참고. Dan Lusthaus, *Buddhist Phenomenology: A Philosophical Investigation of Yogācāra Buddhism and the Ch'eng Wei-shih lun* (London and New York: RoutledgeCurzon, 2002).
58. Georges Dreyfus, "Self and Subjectivity: A Middle Way Approach," in Mark Siderits et al., eds., *Self, No Self? Perspectives from Analytical, Phenomenological, and Indian Traditions* (Clarendon: Oxford University Press, 2010), 114-156 참고.

59. Tim Bayne, "Conscious States and Conscious Creatures: Explanation in the Scientific Study of Consciousness," *Philosophical Perspectives* 21 (2007): 1-22 참고.
60. John Searle, "Consciousness," *Annual Review of Neuroscience* 23 (2000): 557-578 참고.
61. 같은 책, 572.
62. 같은 책, 같은 쪽.

3장 존재: 순수 자각이란 무엇인가?

1. Anne Harrington and Arthur Zajonc, eds., *The Dalai Lama at MIT* (Cambridge, MA: Harvard University Press, 2006), 95-96.
2. Dalai Lama, *The Universe in a Single Atom: The Convergence of Science and Spirituality* (New York: Morgan Road Books, 2005).
3. 같은 책, 29-31.
4. Jeremy W. Hayward and Francisco J. Varela, eds., *Gentle Bridges: Conversations with the Dalai Lama on the Sciences of Mind* (Boston: Shambhala Press, 1992) 참고.
5. Daniel Goleman, *Destructive Emotions: A Scientific Dialogue with the Dalai Lama* (New York: Bantam, 2003) 참고.
6. 같은 책, 305-333. Eugenio Rodriguez et al., "Perception's Shadow: Long-Distance Synchronization of Human Brain Activity," *Nature* 397 (1999): 430-433 참고.
7. Antoine Lutz et al., "Long-Term Meditators Self-Induce High Amplitude Gamma Synchrony During Mental Practice," *Proceedings of the National Academy of Sciences* 101 (2004): 16369-16373.

8. Francisco J. Varela et al., "The Brainweb: Phase Synchronization and Large-Scale Integration," *Nature Reviews Neuroscience* 2 (2001): 229-239 참고.
9. Antoine Lutz et al., "Meditation and the Neuroscience of Consciousness: An Introduction," in Philip David Zelazo et al., eds., *The Cambridge Handbook of Consciousness* (Cambridge: Cambridge University Press, 2007), 499-553; Juergen Fell et al., "From Alpha to Gamma: Electrophysiological Correlates of Meditation-Related States of Consciousness," *Medical Hypotheses* 75 (2010): 218-224 참고. 위빠사나(Vipassanā) 명상에서의 감마 활성에 대해서는 다음 논문 참고. B. Rael Cahn et al., "Occipital Gamma Activation During Vipassana Meditation," *Cognitive Processing* 11 (2010): 39-56.
10. Antoine Lutz et al., "Changes in the Tonic High-Amplitude Gamma Oscillations During Meditation Correlate with Long-Term Practitioners' Verbal Reports," Association for the Scientific Study of Consciousness Annual Meeting, Poster Presentation, 2006.
11. Dalai Lama, *The Universe in a Single Atom*, 90.
12. Dalai Lama, "On the Luminosity of Being," *New Scientist* (May 24, 2003): 42.
13. Georges Dreyfus, *The Sound of Two Hands Clapping: The Education of a Tibetan Buddhist Monk* (Berkeley: University of California Press, 2003); Georges Dreyfus, Recognizing Reality: *Dharmakīrti's Philosophy and Its Tibetan Interpretations* (Albany: State University of New York Press, 1997); John D. Dunne, *Foundations of Dharmakīrti''s Philosophy* (Somerville, MA: Wisdom, 2004) 참고.
14. Dan Arnold, "Dharmakīrti's Dualism: Critical Reflections on a Buddhist Proof

of Rebirth," *Philosophy Compass* 3 (2008): 1079-109; Richard Hayes, "Dharmakīrti on Punarbhava," in Egaku Mayeda, ed., *Studies in Original Buddhism and Mahayana Buddhism. Volume* 1 (Kyoto: Nagata Bunshodo, 1993), 111-129 참고.

15. Dalai Lama, *The Universe in a Single Atom*, 147-148 참고. 이 논증에 대한 달라이 라마 버전의 토론에 대해서는 다음을 참고. Owen Flanagan, *The Bodhisattva's Brain: Buddhism Naturalized* (Cambridge, MA: MIT Press, 2011), 85-86.
16. Dalai Lama, *The Universe in a Single Atom*, 131-132; Dalai Lama, *Sleeping, Dreaming, and Dying: An Exploration of Consciousness with the Dalai Lama* (Boston: Wisdom, 1996), 119-120; Hayward and Varela, eds., *Gentle Bridges*, 153-154 참고.
17. Dalai Lama, *The Universe in a Single Atom*, 110.
18. Lati Rinpoche and Jeffrey Hopkins, *Death, Intermediate State and Rebirth in Tibetan Buddhism* (Ithaca, NY: Snow Lion, 1981), 42.
19. Hayward and Varela, eds., *Gentle Bridges*, 159-162; Dalai Lama, *Sleeping, Dreaming, and Dying,* 118-126, 164-171 참고.
20. Dalai Lama, *Sleeping, Dreaming, and Dying*, 229.
21. Hayward and Varela, eds., *Gentle Bridges,* 161.
22. Dalai Lama, *Sleeping, Dreaming, and Dying,* 127-130.
23. 해석이 경험을 형태 짓는다는 '구성주의자(constructivist)' 입장에 대해서는 다음 책들을 참고. Robert H. Sharf, "Buddhist Modernism and the Rhetoric of Meditative Experience," *Numen* 42 (1995): 228-283; Robert H. Sharf, "The Rhetoric of Experience and the Study of Religion," *Journal of Consciousness Studies* 7 (2000): 267-287. 명상 체험이 의식의 보편적

측면을 다룬다는 견해에 대해서는 다음 책 참고. B. Alan Wallace, *The Taboo of Subjectivity: Toward a New Science of Consciousness* (New York: Oxford University Press, 2000).

24. 불교와 현대성의 조우에 대한 고찰은 다음 책들 참고. Donald Lopez, Jr., *Buddhism and Science: A Guide for the Perplexed* (Chicago: University of Chicago Press, 2008); David L. McMahan, *The Making of Buddhist Modernism* (New York: Oxford University Press, 2008).
25. Lopez, *Buddhism and Science;* David L. McMahan, *The Making of Buddhist Modernism.* 특히 4장 참고. Jose Ignacio Cabezon, "Buddhism and Science: On the Nature of the Dialogue," in B. Alan Wallace, ed., *Buddhism and Science: Breaking New Ground* (New York: Columbia University Press, 2003), 35-68 참고. 불교가 독특한 '마음 과학'이라는 것은 앨런 월리스 저작의 주요 주제이다. 이에 대해서는 그의 다음 책을 참고. Alan Wallace, *Contemplative Science: Where Buddhism and Neuroscience Converge* (New York: Columbia University Press, 2007).
26. Dalai Lama, *Dzogchen: The Heart Essence of the Great Perfection*, trans. ThuptenJinpa and Richard Barron (Chökyi Nyima) (Ithaca, NY: Snow Lion, 2000), 168.
27. Dalai Lama, *The Universe in a Single Atom*, 2-3.
28. Thupten Jinpa, "Science as an Ally or a Rival Philosophy? Tibetan Buddhist Thinkers' Enagement with Modern Science," in B. Alan Wallace, ed., *Buddhism and Science,* 71-85, 77-78.
29. Dalai Lama, *Sleeping, Dreaming, and Dying,* 94.
30. David J. Chalmers, "On the Search for a Neural Correlate of Consciousnes,"

in Stuart R. Hameroff et al., eds., *Toward a Science of Consciousness* II (Cambridge, MA: MIT Press, 1998), 219-229, 220.

31. Adrian M. Owen and Martin R. Coleman, "Functional Neuroimaging of the Vegetative State," *Nature Reviews Neuroscience* 9 (2008): 235-243; Damian Cruse et al., "Bedside Detection of Awareness in the Vegetative State: A Cohort Study," *The Lancet* 378 (2011): 2088-2094 참고.
32. Ned Block and Cynthia MacDonald, "Consciousness and Cognitive Access," *Proceedings of the Aristotelian Society* CVIII, Part 3 (2008): 289-316. Ned Block, "Consciousness, Accessibility, and the Mesh Between Psychology and Neuroscience," *Behavioral and Brain Sciences* 30 (2007): 481-548 참고.
33. Evan Thompson, *Mind in Life: Biology, Phenomenology, and the Sciences of Mind* (Cambridge, MA: Harvard University Press, 2007), 13장 참고.
34. 여기, 그리고 이어지는 논의는 다음 논문들에 의존했다. Michel Bitbol, "Is Consciousness Primary?" *NeuroQuantology* 6 (2008): 53-71; Michel Bitbol and Pier-Luigi Luisi, "Science and the Self-Referentiality of Consciousness," *Journal of Cosmology* 14 (2011): 207-223. 다음 논문도 참고. Piet Hut and Roger Shepard, "Turning the 'Hard Problem' Upside Down and Sidways," *Journal of Consciousness Studies* 3 (1996): 313-329.
35. Michel Bitbol, "Is Consciousness Primary?" 이러한 과학 개념은 다음 책에서 유래한 것이다. Edmund Husserl, *The Crisis of European Sciences and Transcendental Phenomenology,* trans. David Carr (Evanston, IL: Northwestern University Press, 1970) 참고.

36. '뇌물리주의(neurophysicalism)'라는 용어는 다음 책에서 유래한다. Owen Flanagan, *The Bodhisattva's Brain.* 이러한 입장을 지칭하는 다른 용어들은 '환원적 유물론(reductive materialism)', '심신 동일론(mind-brain identity theory)', '정신-뇌 동일론(psychoneural identity theory)'이다.

37. 이러한 생각은 프란시스코 바렐라, 엘리노어 로쉬와 함께 저술했던 내 첫 번째 책 『몸의 인지과학: 인지과학과 인간의 경험(*The Embodied Mind: Cognitive Science and Human Experience*)』의 중심 주제이다. Francisco Varela, Evan Thompson, and Eleanor Rosch, *The Embodied Mind: Cognitive Science and Human Experience* (Cambridge, MA: MIT Press, 1991; expanded edition, 2014). 『생명 속의 마음(*Mind in Life*)』도 참고. 더 최근의 논의는 다음 책과 논문 참고. Diego Cosmelli and Evan Thompson, "Envatment Versus Embodiment: Reflections on the Bodily Basis of Consciousness," in John Stewart et al., eds., *Enaction: Towards a New Paradigm for Cognitive Science* (Cambridge, MA: MIT Press, 2010), 361-386; Evan Thompson and Diego Cosmelli, "Brain in a Vat or Body in a World? Brainbound Versus Enactive Views of Experience," *Philosophical Topics* 39 (2011): 163-180.

38. Bhikkhu Bodhi, *The Connected Discourses of the Buddha: A New Translation of the Saṃyutta Nikāya* (Somerville, MA: Wisdom, 2002), 608-609.

39. 창발론(emergentism)에 대한 논의는 내 책 『생명 속의 마음(*Mind in Life*)』 3장과 부록 B 참고.

40. Colin McGinn, *The Mysterious Flame: Conscious Minds in a Material World* (New York: Basic Books, 2000) 참고.

41. Galen Strawson, "Realistic Monism: Why Physicalism Entails Panpsychism,"

Journal of Consciousness Studies 13 (2006): 3-31, revised and reprinted in Galen Strawson, *Real Materialism and Other Essays* (Oxford: Clarendon Press, 2008), 53-74.

42. Hut and Shepard, "Turning the 'Hard Problem' Upside Down and Sidways." 참고.
43. Francisco J. Varela, "Neurophenomenology: A Methodological Remedy for the Hard Problem," *Journal of Consciousness Studies* 3 (1996): 330-349.

4장 꿈: 나는 누구인가?

1. Jean-Paul Sartre, *The Imaginary: A Phenomenological Psychology of the Imagination*, trans. Jonathan Webber (London: Routledge, 2004), 37-49.
2. 제12차 마음과 생명 회의(신경가소성: 학습과 변화의 신경적 기반 Neuroplasticity: The Neuronal Substrates of Learning and Transformation)는 2004년 10월 18일부터 22일까지 개최되었다. 다음 책이 이 회의에 대해 쓰고 있다. Sharon Begley, *Train Your Mind, Change Your Brain* (New York: Ballantine, 2007).
3. 신경가소성(neuroplasticity)에 대해 더 알려면 다음 책을 참고. Norman Doidge, *The Brain That Changes Itself: Stories of Personal Triumph from the Frontiers of Brain Science* (New York: Penguin, 2007).
4. 하향식 인과관계(downward causation)에 대해 더 알려면 다음 책 참고. Nancey Murphy et al., eds., *Downward Causation and the Neurobiology of Free Will* (Berlin: Springer Verlag, 2009).
5. Shanti Ganesh et al., "How the Human Brain Goes Virtual: Distinct Cortical Regions of the Person-Processing Network Are Involved in Self-Identification with Virtual Agents," *Cerebral Cortex* 22 (2012): 1577-1585 참고. Jayne

Gackenbach and Matthew Rosie, "Presence in Video Game Play and Nighttime Dreams: An Empirical Inquiry," *International Journal of Dream Research* 4 (2011): 98-109 참고.

6. Alfred Maury, "Des hallucinations hypnagogiques ou des erreurs des sens dans l'etat intermédiare entre la veille et le sommeil" [Hypnagogic hallucinations or sensory errors in the intermediate state between wakefulness and sleep], *Annales Medico-Psychologiques du systeme nerveux* 11 (1848): 26-40.
7. Frederick H.M. Myers, Human *Personality and Its Survival of Bodily Death* (London: Longmans, Green, 1903).
8. Robert Frost, *The Poetry of Robert Frost: The Collected Poems, Complete and Unabridged* (New York: Henry Holt, 1969), 68.
9. Andrew Marvell, "The Garden": In M. H. Abrams et al., eds., *The Norton Anthology of English Literature*, Volume I, 6th ed. (New York and London: Norton, 1993), 1428-1429.
10. 입면 상태(hypnagogic state)에 대한 뛰어난 논의는 다음 책 참고. Jeff Warren, *Head Trip: Adventures on the Wheel of Consciousness* (Toronto: Random House Canada, 2007), 1장.
11. Marcel Proust, *The Way by Swann's,* trans. Lydia Davis (London: Penguin, 2003), 7.
12. 같은 책, 같은 쪽.
13. 요하네스 뮐러(Johannes Müller)의 입면 상태에 대한 기술은 그의 다음 책에 나온다. Johannes Müller, *Ueber die phantastischen Gesichtserscheinungen. Eine physiologische Untersuchung* [On the fantastic phenomena of vision]. 다음 논문에서 인용. Jiri Wackermann et al., "Brain Electrical Activity and Subjective Experience During Altered States of Consciousness:

Ganzfeld and Hypnagogic States," *International Journal of Psychophysiology* 46 (2002): 123-146, 123-124.

14. Robert Stickgold et al., "Replaying the Game: Hypnagogic Images in Normals and Amnesics," *Science* 290 (2000): 350-353.
15. Phileppe Stenstrom et al., "Mentation During Sleep Onset Theta Bursts in a Trained Participant: A Role for NREM Stage 1 Sleep in Memory Processing?" *International Journal of Dream Research* 5 (2012): 37-46 참고.
16. 닐슨의 자기 관찰 방법에 대해서는 다음 논문 참고. Tore A. Nielsen, "Describing and Modeling Hypnagogic Imagery Using a Systematic Self-Observation Procedure," *Dreaming* 5 (1995): 75-94. 닐슨의 입면 이미지와 연관된 전기적 뇌활성을 측정하는 실험에 대해서는 다음 논문 참고. Anne Germain and Tore A. Nielsen, "EEG Power Associated with Early Sleep Onset Images Differing in Sensory Content," *Sleep Research Online* 4 (2001): 83-90.
17. Charles Tart, ed., *Altered States of Consciousness* (New York: Anchor Books, Doubleday, 1972), 75 참고.
18. 이에 대한 설명과 훈련에 대해서는 다음 책 참고. Rubin R. Naiman, *Healing Night: The Science and Spirit of Sleeping, Dreaming, and Awakening* (Minneapolis: Syren Book Company, 2006).
19. 이 사례들은 다음의 책에서 인용했다. Andreas Mavromatis, *Hypnagogia: The Unique State of Consciousness Between Wakefulness and Sleep* (London and New York: Routledge and Kegan Paul, 1987), 97. 헤르베르트(Herbert)의 원 논문은 다음과 같다. Silberer Herbert, "Report on a Method of Eliciting and Observing Certain Symbolic Hallucination Phenomena," reprinted in D. Rapaport, ed., *Organization and Pathology of Thought*

(New York: Columbia University Press, 1951). 이에 대한 논의는 다음 논문을 참고. Daniel L. Schacter, "The Hypnagogic State: A Critical Review of the Literature," *Psychological Bulletin* 83 (1976): 452-481.

20. David W. Foulkes, "Dream Reports from Different Stages of Sleep," *Journal of Abnormal and Social Psychology* 65 (1962): 14-25; David W. Foulkes and Gerald Vogel, "Mental Activity at Sleep Onset," *Journal of Abnormal Psychology* 70 (1965): 231-243 참고.
21. 수면과학에 대해 쉽게 개관한 것으로는 다음 책들이 있다. J. Allan Hobson, *Dreaming: An Introduction to the Science of Sleep* (Oxford: Oxford University Press, 2002); Jim Horne, *Sleepfaring: A Journey Through the Science of Sleep* (Oxford: Oxford University Press, 2006).
22. 이러한 논쟁에 대해 쉽게 개관한 것으로는 다음 책이 있다. Andrea Rock, *The Mind at Night: The New Science of How and Why We Dream* (New York: Basic Books, 2004), 3장. 관련된 과학적 리뷰는 다음 논문 참고. J. Allan Hob-son et al., "Dreaming and the Brain: Toward a Cognitive Neuroscience of Conscious States," *Behavioral and Brain Sciences* 23 (2000); 793-842; Mark Solms, "Dreaming and REM Sleep Are Controlled by Different Brain Mechanisms," *Behavioral and Brain Sciences* 23 (2000): 843-850; Tore A. Nielsen, "A Review of Mentation in REM and NREM Sleep: 'Covert' REM Sleep as a Possible Reconciliation of Two Opposing Models," *Behavioral and Brain Sciences* 23 (2000): 851-866. 다음 책에서의 논의도 참고할 것. J. F. Pagel, *The Limits of Dream: A Scientific Exploration of the Mind-Brain Interface* (Oxford: Elsevier/Academic Press, 2008).
23. Yuval Nir and Guilio Tononi, "Dreaming and the Brain: From Phenomenology

to Neurophysiology," *Trends in Cognitive Sciences* 14 (2009): 88-100, 95 쪽 참고.

24. Mavromatis, *Hypnagogia*, 79 참고.
25. Tadao Hori et al., "Topographical EEG Changes and the Hypnagogic Experience," in *Anonymous Sleep Onset: Normal and Abnormal Processes* (Washington, D.C.: American Psychological Association, 1994), 237-253; Hideki Tanaka et al., "Topographical Characteristics and Principal Component Structure of the Hypnagogic EEG," *Sleep* 20 (1997): 523-534 참고.
26. Germain and Nielsen, "EEG Power Associated with Early Sleep Onset Images Differing in Sensory Content."
27. Mavromatis, *Hypnagogia*, chapter 5, and James Austin, *Zen and the Brain* (Cambridge, MA: MIT Press, 1999), 379-386 참고.
28. Antoine Lutz et al., "Meditation and the Neuroscience of Consciousness: An Introduction," in Philip David Zelazo et al., eds., *The Cambridge Handbook of Consciousness* (Cambridge: Cambridge University Press, 2007), 499-553 참고.
29. Austin, *Zen and the Brain*, 383.
30. Vladimir Nabokov, *Speak, Memory: An Autobiography Revisted* (New York: Vintage International, 1989), 33-34.
31. Austin, Zen and the Brain, 43-47.
32. Jennifer M. Windt, "The Immersive Spatiotemporal HallucinationModel of Dreaming," *Phenomenology and the Cognitive Sciences* 9 (2010): 295-316 참고.
33. Tomas Transtromer, "Dream Seminar," in *Selected Poems* 1954-1986 (Hopewell, NJ: Ecco Press, 1987), 171-172.

34. Mavromatis, *Hypnagogia*, 193 재인용.

35. Gerald Vogel et al., "Ego Functions and Dreaming During Sleep Onset," in Tart, ed., *Altered States of Consciousness,* 77-94 참고. 이에 대한 비판적인 논의는 다음 논문 참고. Schacter, "The Hypnagogic State: A Critical Review of the Literature," 476-477.

36. Mavromatis, *Hypnagogia*, 12, 68-71, 168-172, 267-270.

37. 같은 책, 12.

38. Joseph Goldstein, *The Experience of Insight* (Boston: Shambhala, 1976), 105-106 참고.

39. Austin, *Zen and the Brain*, 373.376, and Philip Kapleau Roshi, *The Three Pillars of Zen* (New York: Anchor Books, Doubleday, 1989), 41-44.

40. Sartre, *The Imaginary*, 43.

41. 나는 이 문구를 다음 책에서 빌려왔다. Robert Sokolowski, *An Introduction to Phenomenology*(New York: Cambridge University Press, 2000), 67.

42. Sartre, *The Imaginary*, 44.

43. In Abrams et al., eds., T*he Norton Anthology of English Literature*, 1357.

44. Windt, "The Immersive Spatiotemporal Hallucination Model of Dreaming." 참고.

45. David Foulkes, *Children's Dreaming and the Development of Consciousness*(Cambridge, MA: Harvard University Press, 2002) 참고.

46. Sartre, *The Imaginary*, 165-166.

47. Homer, *The Iliad*, trans. Robert Fitzgerald (London: Everyman's Library, 1992), 521.

48. Daniel Schacter, *Searching for Memory: The Brain, the Mind, and the Past*(New York: Basic Books, 1996), 18-22 참고.

49. William Irwin Thompson, *Nightwatch and Dayshift* (Princeton, NJ: Wild River Review Books, 2014).

50. Evan Thompson, *Mind in Life: Biology, Phenomenology, and the Sciences of Mind* (Cambridge, MA: Harvard University Press, 2007), 13장 참고.

51. Patrick McNamara et al., "'Theory of Mind' in REM and NREM Dreams," in Patrick McNamara and Deirdre Barrett, eds., *The New Science of Dreaming, Volume II: Content, Recall, and Personality Correlates* (Westport, CT: Praeger, 2007), 201-220 참고.

52. Georgia Nigro and Ulric Neisser, "Point of View in Personal Memories," *Cognitive Psychology* 15 (1983): 467-482; Heather K. McIsaac and Eric Eich, "Vantage Point in Episodic Memory," *Psychological Science* 9 (2002): 146-150 참고.

53. Eric Eich et al., "Neural Systems Mediating Field and Observer Memories," *Neuropsychologia* 47 (2009): 2239-2251 참고.

54. Jennifer Michelle Windt and Thomas Metzinger, "The Philosophy of Dreaming and Self-Consciousness: What Happens to the Experiential Subject During the Dream State?" in Patrick McNamara and Deirdre Barrett, eds., *The New Science of Dreaming, Volume III: Cultural and Theoretical Perspectives on Dreaming* (Westport, CT: Praeger, 2007), 193-247, 205 참고. 사르트르도 『상상계(*The Imaginary*)』 160쪽에서 비슷한 지적을 했다.

55. Jorge Luis Borges, *Everything and Nothing* (New York: New Directions, 1989), 79-81.

56. Dorothée Legrand, "Pre-reflective Self-as-Subject from Experiential and

Empirical Perspectives," *Consciousness and Cognition* 16 (2007): 583-599.

57. Windt and Metzinger, "The Philosophy of Dreaming and Self-Consciousness."
58. Thien Thanh Dang-Vu et al., "Neuroimaging of REM Sleep and Dreaming," in Patrick McNamara and Deirdre Barrett, eds., *The New Science of Dreaming, Volume I: The Biology of Dreaming* (Westport, CT: Praeger, 2007), 95-113; Pierre Maquet et al., "Human Cognition During REM Sleep and the Cortical Activity Profile Within Frontal and Parietal Cortices: A Reappraisal of Functional Neuroimaging Data," *Progress in Brain Research* 150 (2005): 219-227; Sophie Schwartz and Pierre Maquet, "Sleep Imaging and the Neuropsychological Assessment of Dreams," *Trends in Cognitive Sciences* 6 (2002): 23-30 참고.
59. Amir Muzur et al., "The Prefrontal Cortex in Sleep," *Trends in Cognitive Sciences* 6 (2002): 475-481; Edward F. Pace-Schott, "The Frontal Lobes and Dreaming," in Patrick McNamara and Deirdre Barrett, eds., *The New Science of Dreaming, Volume I: The Biology of Dreaming* (Westport, CT: Praeger, 2007), 115-154 참고.

5장 목격: 이것은 꿈인가?

1. 여기서의 내 견해는 자각몽 연구자 스티븐 라버지(Stephen LaBerge)의 견해와는 다르다. 그는 하워드 라인골드(Howard Rheingold)와 함께 쓴 자신의 책 『자각몽의 세계 탐험(*Exploring the World of Lucid Dreaming*)』(New York: Ballantine, 1980) 31쪽에서 다음과 같이 쓰고 있다. "우리가 꿈속에서 체험하는 사람, 혹은 꿈 에고(dream ego)는 깨어 있는 의식 상태에서의 그것과 동일하다. 그것은 깨어 있을 때와 마

찬가지로 지속적으로 기대나 편견을 통해 꿈속에서의 사건에 영향을 미친다. 자각몽에서의 본질적인 차이점은 그 에고가 체험이 꿈이라는 것을 안다는 점이다." 나는 그 사람이 기대나 편견을 통해 꿈의 사건에 영향을 미친다는 것에 동의한다. 그러나 나는 꿈속에서의 에고와 꿈꾸는 자로서의 자아(self) 사이에는 중요한 개념적, 현상학적 차이가 있다고 생각한다.

2. Tadas Stumbrys et al., "Induction of Lucid Dreams: A Systematic Review of the Evidence," *Consciousness and Cognition* 21 (2012): 1456-1475 참고.
3. 첫 번째 판의 원문에 대한 번역으로는 다음 책 참고. Sigmund Freud, *The Interpretation of Dreams*, trans. Joyce Crick (New York: Oxford University Press, 1999). 프로이트가 이후에 추가한 것을 포함한 것에 대한 번역으로는 다음 책 참고. Sigmund Freud, *The Interpretation of Dreams*, trans. and ed. James Strachey (New York: Basic Books, 1955).
4. Freud, *The Interpretation of Dreams*, James Strachey translation, 571 참고.
5. Frederik Van Eeden, "A Study of Dreams," reprinted in Charles Tart, ed., *Altered States of Consciousness* (New York: Anchor Books, 1969), 147-160. 이 글은 'The Lucidity Institute' 홈페이지에서도 볼 수 있다 (http://www.lucidity.com/vanEeden.html). 프로이트와 프레데릭 반 에덴 (Frederik van Eeden)의 만남과 서신 교환에 대한 논의는 다음 참고. Bob Rooksby and Sybe Terwee, "Freud, Van Eeden and Lucid Dreaming,"http://www.spiritwatch.ca/LL%209(2)%20web/Rooksby_Terwee%20paper.htm.
6. Freud, *The Interpretation of Dreams*, James Strachey translation, 353, 493-494, 570-571. 이어지는 인용은 353.
7. Marcel Proust, *The Way by Swann's*, trans. Lydia Davis (London: Penguin,

2003), 31.

8. Freud, *The Interpretation of Dreams*, James Strachey translation, 253.
9. 같은 책, 570.
10. Friedrich Nietzsche, *The Birth of Tragedy and Other Writings*, ed. Raymond Geuss and Ronald Speirs (Cambridge: Cambridge University Press, 1999), 15-16.
11. 같은 책, 같은 쪽.
12. Freud, *The Interpretation of Dreams*, James Strachey translation, 493-494.
13. Nietzsche, *The Birth of Tragedy*, 25.
14. Freud, *The Interpretation of Dreams*, James Strachey translation, 571 참고.
15. Marquis d'Hervey de Saint-Denys, *Dreams and How to Guide Them* (London: Duckworth, 1982).
16. Freud, *The Interpretation of Dreams*, James Strachey translation, 571.
17. Daniel C. Dennett, "The Onus Re Experiences: A Reply to Emmett," *Philosophical Studies* 35 (1979): 315-318; 인용 부분은 316. 이 논문은 데닛의 논문 (Daniel C. Dennett, "Are Dreams Experiences?", *Brainstorms: Philosophical Essays on Mind and Psychology* (Cambridge, MA: MIT Press/A Bradford Book, 1981), 129-148.)에 대한 캐슬린 에밋(Kathleen Emmett)의 비판적인 논문(Kathleen Emmett, "Oneiric Experiences," *Philosophical Studies* 34 (1978): 445-450)에 답한 것이다.
18. 『꿈과 꿈을 안내하는 방법(*Dreams and How to Guide Them*)』 (London: Duckworth, 1982)에 나오는 이 글귀는 다음 책에서 인용했다. Andreas Mavromatis, *Hypnagogia*: *The Unique State of Consciousness Between Wakefulness and Sleep* (London and New York: Routledge and Kegan Paul, 1987), 91-92.

19. LaBerge and Rheingold, *Exploring the World of Lucid Dreaming*, 99. Paul Tholey, "Techniques for Inducing and Manipulating Lucid Dreams," *Perceptual and Motor Skills* 57 (1983): 79-90 참고.
20. LaBerge and Rheingold, *Exploring the World of Lucid Dreaming*, 96-98 참고.
21. Venerable Gyatrul Rinpoche, *Meditation, Transformation, and Dream Yoga*, trans. B. Alan Wallace and Sangye Khandro (Ithaca, NY: Snow Lion, 1993 and 2002), 109. 이 글귀는 17세기 문헌에 대한 갸툴 린포체(Gyatrul Rinpoche)의 주석이다. 81쪽 참고.
22. Mavromatis, *Hypnagogia*, 106. 자각몽과 꿈을 꾸고 있다고 꿈꾸고 있는 것의 차이에 대한 뛰어난 논의로는 다음 책을 참고. Janice E. Brooks and Jay A. Vogelsong, *The Conscious Exploration of Dreaming: Discovering How We Create and Control Our Dreams* (Bloomington, IN: The International Online Library, 2000), 25-35.
23. Oliver Fox, Astral Projection (New Hyde Park, NY: University Books, 1962), 32-33. LaBerge and Rheingold, *Exploring the World of Lucid Dreaming*, 40-41에서 인용.
24. "Dreamtigers," in Jorge Luis Borges, Selected Poems, ed. Alexander Coleman (New York: Penguin, 1999), 75.
25. Jennifer Michelle Windt and Thomas Metzinger, "The Philosophy of Dreaming and Self-Consciousness: What Happens to the Experiential Subject During the Dream State?" in Patrick McNamara and Deirdre Barrett, eds., *The New Science of Dreaming, Volume III: Cultural and Theoretical Perspectives on Dreaming* (Westport, CT: Praeger, 2007), 193-247, 212-213.
26. William C. Dement and Nathaniel Kleitman, "The Relation of Eye Movements

During Sleep to Dream Activity: An Objective Method for the Study of Dreaming," *Journal of Experimental Psychology* 53 (1957): 89-97.

27. Keith M. T. Hearne, Lucid Dreams: *An Electrophysiological and Psychological Study*, Ph.D. diss., University of Liverpool, 1978; Stephen LaBerge et al., "Lucid Dreaming Verified by Volitional Communication During REM Sleep," *Perceptual and Motor Skills* 52 (1981): 727-731; Stephen LaBerge et al., "Psychophysiological Correlates of the Initiation of Lucid Dreaming," Sleep Research 10 (1981): 149. 이러한 연구에 대한 설명과 후속 연구는 다음 책 참고. Stephen LaBerge, "Lucid Dreaming," in Patrick McNamara and Deirdre Barrett, eds., *The New Science of Dreaming, Volume II: Content, Recall, and Personality Correlates of Dreams* (Westport, CT: Praeger, 2007), 307-328.
28. LaBerge, "Lucid Dreaming."
29. 같은 책.
30. Daniel Erlacher and Michael Schredl, "Time Required for Motor Activities in Lucid Dreams," *Perceptual and Motor Skills* 99 (2004): 1239-1242.
31. Martin Dresler et al., "Dreamed Movement Elicits Activation in the Sensorimotor Cortex," *Current Biology* 21 (2011): 1-5.
32. LaBerge, "Lucid Dreaming."
33. 이에 대한 스트레런(J. Strelen)의 미출간 연구가 다음 책에서 기술되고 있다. Daniel Erlacher and MichaelSchredl, "Do REM (Lucid) Dreamed and Executed Actions Share the Same Neural Substrate?" *International Journal of Dream Research* 1 (2008): 7-14.
34. Daniel Erlacher and Heather Chapin, "Lucid Dreaming: Neural Virtual Reality as a Mechanism for Performance Enhancement," *International Journal of*

Dream Research 3 (2010): 7-10, 9.

35. Ursula Voss et al., "Lucid Dreaming: A State of Consciousness with Features of Both Waking Consciousness and Non-Lucid Dreaming," *Sleep* 32 (2009): 1191-1200.

36. J. Allan Hobson, *Consciousness* (New York: Scientific American Library, 1999), 22; J. Allan Hobson et al., "Dreaming and the Brain: Toward a Cognitive Neuroscience of Conscious States," *Behavioral and Brain Sciences* 23 (2000); 793-842, 834 참고.

37. Martin Dresler et al., "Neural Correlates of Dream Lucidity Obtained from Contrasting Lucid Versus Non-lucid REM Sleep: A Combined EEG/fMRI Study," *Sleep* 35 (2012): 1017-1020.

38. Justin L. Vincent et al., "Evidence for a Frontoparietal Control System Revealed by Intrinsic Connectivity," *Journal of Neurophysiology* 100 (2008): 3328-3342.

39. Van Eeden, "A Study of Dreams," 149-150.

40. Voss et al., "Lucid Dreaming." See also Allan Hobson, "The Neurobiology of Consciousness: Lucid Dreaming Wakes Up," *International Journal of Dream Research* 2 (2009): 41-44; J. Allan Hobson, "REM Sleep and Dreaming: Towards a Theory of Protoconsciousness," *Nature Review Neuroscience* 10 (2009): 803-813 참고.

41. Aristotle, "De Somniis (On Dreams)," in Richard McKeon, ed., *The Basic Works of Aristotle* (New York: Random House, 1941), 618-625. 인용 부분은 624.

42. Stephen LaBerge, "Signal-Verified Lucid Dreaming Proves That REM Sleep Can Support Reflective Consciousness," *International Journal of Dream*

Research 3 (2010): 26-27.

43. Philip M. Bromberg, *Awakening the Dreamer: Clinical Journeys* (Mahwah, NJ: The Analytic Press, 2006), 2.
44. 같은 책, 40-41.
45. LaBerge and Rheingold, *Exploring the World of Lucid Dreaming*, 1-2.
46. Celia Green and Charles McCreery, *Lucid Dreaming: The Paradox of Consciousness During Sleep* (London: Routledge Press, 1994), 30-31 참고.
47. Venerable Gyatrul Rinpoche, *Meditation, Transformation, and Dream Yoga* 참고. 다음 책들도 참고. *Chogyal Namkhai Norbu, Dream Yoga and the Practice of the Natural Light* (Ithaca, NY: Snow Lion, 1992); Dzogchen Ponlop, Mind Beyond Death (Ithaca, NY: Snow Lion, 2006); Tenzin Wangyal Rinpoche, *The Tibetan Yogas of Dream and Sleep* (Ithaca, NY: Snow Lion, 1998).
48. Stephen LaBerge, "Lucid Dreaming and the Yoga of the Dream State: A Psychophysiological Perspective," in B. Alan Wallace, ed., *Buddhism and Science: Breaking New Ground* (New York: Columbia University Press, 2003), 233-258 참고.

6장 상상: 우리는 실재하는가?

1. Venerable Gyatrul Rinpoche, *Meditation, Transformation, and Dream Yoga*, trans. B. Alan Wallace and Sangye Khandro (Ithaca, NY: Snow Lion, 1993 and 2002), 77.
2. Stephen LaBerge, "Lucid Dreaming and the Yoga of the Dream State: A Psychophysiological Perspective," in B. Alan Wallace, ed., *Buddhism and Science: Breaking New Ground* (New York: Columbia University Press,

2003), 233-258 참고.

3. Lynne Levitan and Stephen LaBerge, "Testing the Limits of Dream Control: The Light and Mirror Experiment," *Nightlight* 5 (2) (Summer 1993), http://www.lucidity.com/NL52.LightandMirror.html.
4. Jan Westerhoff, *Twelve Examples of Illusion* (New York: Oxford University Press, 2010), 69-82 참고.
5. B. Alan Wallace and Brian Hodel, *Dreaming Yourself Awake: Lucid Dreaming and Tibetan Dream Yoga for Insight and Transformation* (Boston: Shambhala, 2012)참고. B. Alan Wallace, *Genuine Happiness: Meditation as a Path to Fulfillment* (Hoboken, NJ: Wiley, 2005), 183-195 참고.
6. 유식학파와 족첸 학파 간의 이해 차이를 포함해서 토대 의식의 본질에 대한 월리스(Wallace)의 견해는 다음 책 참고. Alan Wallace, *Contemplative Science: Where Buddhism and Neuroscience Converge*(New York: Columbia University Press, 2007), 14-24.
7. Evan Thompson, *Mind in Life: Biology, Phenomenology, and the Sciences of Mind* (Cambridge, MA: Harvard University Press, 2007), 417-441; Nancey Murphy et al., eds., *Downward Causation and the Neurobiology of Free Will* (Berlin: Springer, 2009) 참고.
8. H. Spitzer et al., "Increased Attention Enhances Both Behavioral and Neuronal Performance," *Science* 15 (1988): 338-340.
9. R. Christopher deCharms et al., "Control Over Brain Activation and Pain Learned by Using Real-Time Functional MRI," *Proceedings of the National Academy of Sciences USA* 102 (2005): 18626-18631 참고.
10. Stephen LaBerge and Howard Rheingold, *Exploring the World of Lucid*

Dreaming (New York: Ballantine, 1990), 146-147; Paul Tholey, "Techniques for Inducing and Manipulating Lucid Dreams," *Perceptual and Motor Skills* 57 (1983): 79-90 참고.

11. LaBerge and Rheingold, *Exploring the World of Lucid Dreaming*, 140-144.
12. Daniel Erlacher and Michael Schredl, "Do REM (Lucid) Dreamed and Executed Actions Share the Same Neural Substrate?" *International Journal of Dream Research* 1 (2008): 7-14; Daniel Erlacher and Michael Schredl, "Cardiovascular Responses to Dreamed Physical Exercise During REM Lucid Dreaming," *Dreaming* 18 (2008): 112-121 참고.
13. Stephen LaBerge, "Lucid Dreaming," in Patrick McNamara and DeirdreBarrett, eds., *The New Science of Dreaming, Volume II: Content, Recall, and Personality Correlates of Dreams* (Westport, CT: Praeger, 2007), 307-328, 인용 부분은 323.
14. J. Allan Hobson et al., "Dreaming and the Brain: Toward a Cognitive Neuroscience of Conscious States," *Behavioral and Brain Sciences* 23 (2000): 793-842 참고. 활성-종합 모델의 원래 형태에 대해서는 다음 논문 참고. J. Allan Hobson and Robert McCarley, "The Brain as a Dream State Generator: An Activation-Synthesis Hypothesis of the Dream Process," *American Journal of Psychiatry* 134 (1977): 1335.1348. 전전두피질(prefrontal cortex)의 역할에 대해서는 다음 논문 참고. Amir Muzur et al., "The Prefrontal Cortex in Sleep," *Trends in Cognitive Sciences* 6 (2002): 475-481.
15. J. Allan Hobson, *13 Dreams Freud Never Had: The New Mind Science* (New York: Pi Press, 2005) 참고.

16. Owen Flanagan, *Dreaming Souls: Sleep, Dreams, and the Evolution of the Conscious Mind* (New York: Oxford University Press, 2000) 참고.
17. J. Allan Hobson, *Dreaming: An Introduction to the Science of Sleep* (Oxford: Oxford University Press, 2002), 64.
18. 개괄적인 내용은 다음 책 참고. Andrea Rock, *The Mind at Night* (New York: Basic Books, 2004), 1-60. 과학적 논쟁에 대해서는 다음 책에 실린 논문과 주석들 참고. Hobson et al., "Dreaming and the Brain." See also Mark Solms and Oliver Turnbull, *The Brain and the Inner World: An Introduction to the Neuroscience of Subjective Experience* (New York: Other Press, 2002), 6장; J. F. Pagel, *The Limits of Dream: A Scientific Exploration of the Mind/Brain Interface* (Oxford: Elsevier/Academic Press, 2008).
19. Chögyal Namkhai Norbu, *Dream Yoga and the Practice of the Natural Light*(Ithaca, NY: Snow Lion, 1992), 47.
20. Thomas Metzinger, *The Ego Tunnel: The Science of the Mind and the Myth of the Self* (New York: Basic Books, 2009), 156-157 참고.
21. Mark Solms, "Dreaming and REM Sleep Are Controlled by Different Brain Mechanisms," *Behavioral and Brain Sciences* 23 (2000): 843-850; Solms and Turnbull, *The Brain and the Inner World.*
22. Solms, "Dreaming and REM Sleep Are Controlled by Different Brain Mechanisms," 849, 주석 1.
23. Hobson et al., "Dreaming and the Brain," 799.
24. 나는 '상상(imagination)'이라는 용어를 연속을 이루는 지각, 상상, 환각, 꿈을 포함하는 넓은 의미로 사용하고 있다. Nigel J. T. Thomas, "The Multidimensional Spectrum of Imagination: Images, Dreams, Hallucinations, and

Active, Imaginative Perception," http://www.imagery-imagination.com/Spectrum.pdf 참고. 보다 좁은 꿈 개념의 철학적 원천은 사르트르의(Jean-Paul Sartre) 『상상계(*The Imaginary*)』이다. Jean-Paul Sartre, *The Imaginary: A Phenomenological Psychology of the Imagination*, trans. Jonathan Webber (London and New York: Routledge, 2004), 159-175. 상상 개념을 발전시킨 최근의 철학적 논의는 다음 책 참고. Colin McGinn, *Mindsight: Image, Dream, Meaning* (Cambridge, MA: Harvard University Press, 2004); Ernest Sosa, "Dreams and Philosophy," *Proceedings and Addresses of the American Philosophical Association* 79 (2) (2005): 7-18; Jonathan Ichikawa, "Dreaming and Imagination," *Mind and Language* 24 (2009): 103-121. 상상으로서의 꿈이라는 내 개념은 이들 저작들에서 얻은 것이긴 하지만 여러 면에서 다른 점이 있고 제니퍼 윈트(Jennifer Windt)의 '몰두하는 시공간적 환각(immersive spatiotemporal hallucination)'으로서의 꿈이라는 최근의 모델 양상을 포함한다. Jennifer M. Windt, "The Immersive Spatiotemporal Hallucination Model of Dreaming," *Phenomenology and the Cognitive Sciences* 9 (2010): 295-316 참고.

25. Hobson, *Dreaming*, 107-108.
26. McGinn, *Mindsight*, 26-29, 92 참고.
27. 같은 책, 92.
28. 내가 인용한 증거에 대해서는 다음 책들 참고. Solms and Turnbull, *The Brain and the Inner World*, 208-211; Yuval Nir and Guilio Tononi, "Dreaming and the Brain: From Phenomenology to Neurophysiology," *Trends in Cognitive Sciences* 14 (2009): 88-100, 96-97.
29. David Foulkes, *Children's Dreaming and the Development of Consciousness* (Cambridge, MA: Harvard University Press, 1999) 참고.

30. Erlacher and Schredl, "Do REM (Lucid) Dreamed and Executed Actions Share the Same Neural Substrate?" 참고.
31. Martin Dresler et al., "Dreamed Movement Elicits Activation in the Sensorimotor Cortex," *Current Biology* 21 (2011): 1-5.
32. Daniel L. Schacter et al., "Remembering the Past to Imagine the Future: The Prospective Brain," *Nature Reviews Neuroscience* 8 (2007): 657-661 참고.
33. Rodolfo R. Llinas and Urs Ribary, "Perception as an Oneiric-Like State Modulated by the Senses," in Christof Koch and Joel L. Davis, eds., *Large-Scale Neuronal Theories of the Brain* (Cambridge, MA: MIT Press, 1994), 111-124 참고. Rodolfo Llinás and Urs Ribary, "Coherent 40-Hz Oscillation Characterizes Dream State in Humans," *Proceedings of the National Academy of Sciences* USA 90 (1993): 2078-2081 참고.
34. Antti Revonsuo, *Inner Presence: Consciousness as a Biological Phenomenon* (Cambridge, MA: MIT Press, 2006); Metzinger, *The Ego Tunnel* 참고.
35. Rodolfo Llinas, *I of the Vortex: From Neurons to Self* (Cambridge, MA: MIT Press, 2002), 94.
36. Thomas Metzinger, *Being No One: The Self-Model Theory of Subjectivity* (Cambridge, MA: MIT Press/A Bradford Book, 2003), 52.
37. Descartes, *Meditations on First Philosophy in The Philosophical Writings of Descartes, Volume* 2, trans. John Cottingham, Robert Stoothoff, and Dugald Murdoch (Cambridge: Cambridge University Press, 1985), 13.
38. Flanagan, *Dreaming Souls*, 163-174 참고. Sartre, *The Imaginary*, 159-162.
39. Jennifer Windt and Thomas Metzinger, "The Philosophy of Dreaming and

Self-Consciousness: What Happens to the Experiential Subject During the Dream State?" in Patrick McNamara and Deirdre Barrett, eds., *The New Science of Dreaming, Volume III: Cultural and Theoretical Perspectives on Dreaming* (Westport, CT: Praeger, 2007), 193-247, 관련 내용은 232-237.

40. Frederik van Eeden, "On the Study of Dreams," in Charles Tart, ed., *Altered States of Consciousness* (New York: Anchor, 1969), 147-160, 인용 부분은 155.
41. Windt and Metzinger, "The Philosophy of Dreaming and Self-Consciousness," 235.
42. Wendy Doniger O'Flaherty, *Dreams, Illusion and Other Realities* (Chicago: University of Chicago Press, 1984), 37-52, 175-205.
43. 수카사 시아단(Sukasah Syadan)의 시 「꿈(Dream)」은 그의 블로그 "Tjipoetat Quill"에서 볼 수 있다. http://tjipoetatquill.blogspot.com/search?q=dream.
44. 샹까라(Śaṅkara)와 그의 스승격인 가우다빠다(Gauḍapāda)의 원문 발췌는 다음 책 참고. Eliot Deutsch and Rohit Dalvi, eds., *The Essential Vedānta: A New Source Book of Advaita Vedānta* (Bloomington, IN: World Wisdom, 2004). 철학적 논의에 대해서는 다음 책 참고. Eliot Deutsch, *Advaita Vedānta: A Philosophical Reconstruction* (Honolulu: University Press of Hawaii, 1969). Andrew Fort, "Dreaming in Advaita Vedānta," *Philosophy East and West* 35 (1985): 377-386도 참고.
45. Chakravarthi Ram Prasad, "Dreams and Reality: The Śaṅkarite Critique of Vijñānavāda," *Philosophy East and West* 43 (1993): 405-455 참고.
46. "나비의 꿈(호접몽)"은 다음 번역본에서 인용. Hans-Georg Moeller, *Daoism Explained: From the Dream of the Butterfly to the Fishnet*

Allegory (Chicago and LaSalle, IL: Open Court, 2004), 48. 이 우화에 대한 내 독해는 묄러(Moeller)의 것을 많이 따른 것이다. 다수의 중국 주석을 포함한 장자 완역은 다음 책 참고. *Zhuangzi: The Essential Writings,* trans. Brook Ziporyn (Indianapolis, IN: Hackett, 2009).

47. Moeller, *Daoism Explained,* 48.
48. Zhuangzi, 163.
49. 같은 책, 같은 쪽.
50. 어떤 번역들은 장주가 깨어나서 그가 나비였던 꿈을 꾸었던 것을 모르는 것인지, 혹은 그가 지금 나비인데 장주였던 꿈을 꾸었던 것을 모르는 것인지에 대한 질문을 빠뜨린다. 이러한 번역들은 깨어난 장주가 꿈을 기억하고 있음을 함축한다. 이러한 독해는 적어도 전통적이고 영향력이 큰 곽상(郭象)의 해석에 의하면 우화의 핵심인 장주와 나비의 상호 무지에는 맞지 않는다. 여기서 나는 묄러(Moeller)의 『도가 해설(*Daoism Explained*)』의 독해를 따랐다.
51. *Zhuangzi*, 162 참고. Moeller, *Daoism Explained* 참고.

7장 부유: 나는 어디에 있는가?

1. Olaf Blanke and Christine Mohr, "Out-of-Body Experience, Heautoscopy, and Autoscopic Hallucination of Neurological Origin: Implications for Neurocognitive Mechanisms of Corporeal Awareness and Self-Consciousness," *Brain Research Reviews* 50 (2005): 184-199 참고.
2. Michael N. Marsh, *Out-of-Body and Near-Death Experiences: Brain-State Phenomena or Glimpses of Immortality*? (Oxford: Oxford University Press, 2010), 6장, 7장 참고.
3. Susan J. Blackmore, *Beyond the Body: An Investigation of*

Out-of-the-Body Experiences (Chicago: Academy Chicago, 1982, 1992), 5.

4. 같은 책, 1-5.
5. 신체 상태와 동작의 중요성에 대해서는 다음 책 참고. Blackmore, *Beyond the Body*, 61-63. 유체이탈 경험을 유도하는 방법에 대해서는 10장 참고.
6. Olaf Blanke and Shahar Arzy, "The Out-of-Body Experience: Disturbed Self-Processing at the Temporo-Parietal Junction," *The Neuroscientist* 11 (2005): 16-24, 인용 부분은 18.
7. 같은 논문, 22.
8. Thomas Metzinger, "Out-of-Body Experiences as the Origin of the Concept of a 'Soul,'" *Mind & Matter* 3 (2005): 57-84, 인용 부분은 68.
9. 나는 여기서 다음 책을 따르고 있다. Dorothée Legrand, "Myself with No Body? Body, Bodily-Consciousness, and Self-Consciousness," in Daniel Schmicking and Shaun Gallagher, eds., *Handbook of Phenomenology and Cognitive Science* (New York, Heidelberg, London: Springer, 2010), 181-200.
10. Metzinger, "Out-of-Body Experiences as the Origin of the Concept of a 'Soul,'" 70.
11. Olaf Blanke, "Multisensory Brain Mechanisms of Bodily Self-Consciousness," *Nature Reviews Neuroscience* 13 (2012): 556-571 참고.
12. Olaf Blanke et al., "Stimulating Illusory Own-Body Perceptions," *Nature* 419 (2002): 269-270.
13. Olaf Blanke et al., "Out-of-Body Experience and Autoscopy of Neurological Origin," *Brain* 127 (2004): 243-258, 인용 부분은 247.
14. Olaf Blanke et al., "Linking Out-of-Body Experience and Self-Processing to

Mental Own-Body Imagery at the Temporoparietal Junction," *Journal of Neuroscience* 25 (2005): 550-557.

15. Shahar Arzy et al., "Neural Basis of Embodiment: Distinct Contributions of Temporoparietal Junction and Extrastriate Body Area," *Journal of Neuroscience* 26 (2006): 8074-8081.
16. Blanke and Arzy, "The Out-of-Body Experience."
17. Bigna Lenggenhager et al., "Video Ergo Sum: Manipulating Bodily Self-Consciousness," *Science* 317 (2007): 1096-1099; H. Henrik Ehrsson, "The Experimental Induction of Out-of-Body Experiences," *Science* 317 (2007): 1048.
18. Bigna Lenggenhager et al., "Spatial Aspects of Bodily Self-Consciousness," *Consciousness and Cognition* 18 (2009): 110-117.
19. Silvio Ionta et al., "Multisensory Mechanisms in Temporo-Parietal Cortex Support Self-Location and First-Person Perspective," *Neuron* 70 (2011): 363-374.
20. Valeria I. Petkova and H. Henrik Ehrsson, "If I Were You: Perceptual Illusion of Body Swapping," *PLoS ONE* 3 (12) (2008): e3832. doi:10.1371/journal.pone.0003832; Mel Slater et al., "First Person Experience of Body Transfer in Virtual Reality," *PLoS ONE* 5(5) (2010): e10564. doi:10.1371/journal.pone.0010564 참고.
21. 이 분야의 고전은 다음 책이다. Sylvan Muldoon and Hereward Carrington, *The Projection of the Astral Body* (New York: Samuel Weiser, 1969). 이 저작은 1929년에 처음 출판되었다. 다음 책도 참고. Robert Monroe, *Journeys Out of the Body* (New York: Doubleday, 1971). 이 두 저작에 대한 논의는 다음 책을 참고. Blackmore, *Beyond the Body.*

22. Pim van Lommel, *Consciousness Beyond Life: The Science of Near-Death Experience* (New York: Harper One, 2010), 121-122.
23. Thomas Metzinger, "Why Are Out-of-Body Experiences Interesting for Philosophers? The Theoretical Relevance of OBE Research," *Cortex* 45 (2009): 256-258, 257.
24. Blackmore, *Beyond the Body*, 8장 참고.
25. Thomas Metzinger, *The Ego Tunnel: The Science of the Mind and the Myth of the Soul* (New York: Basic Books, 2009), 82-89.
26. Blackmore, *Beyond the Body* 참고.
27. Metzinger, "Out-of-Body Experiences as the Origin of the Concept of a 'Soul,'" 78.
28. Gregory Bateson, *Steps to an Ecology of Mind* (New York: Ballantine, 1972).
29. 이러한 연구에서의 자전적 기술에 대해 원 출판물은 다음 책 참고. Charles Tart, *The End of Materialism: How Evidence of the Paranormal Is Bringing Science and Spirit Together* (Oakland, CA: New Harbinger Publications, 2009), 12장. 블랙모어(Blackmore)는 『신체를 넘어서(*Beyond the Body*)』 18장에서 이 연구를 논했다.
30. Blackmore, *Beyond the Body*, 41-42 참고.
31. Michael Sabom, *Light and Death* (Grand Rapids, MI: Zondervan, 1998), 37-51 참고.
32. Marsh, *Out-of-Body and Near-Death Experiences*, 19-27 참고.
33. Tart, *The End of Materialism*, 215-217, Blackmore, *Beyond the Body*, 41-42 참고.
34. Blackmore, *Beyond the Body*, 16장, 22장.

35. Metzinger, *The Ego Tunnel,* 87-89.
36. Elizabeth Lloyd Mayer, *Extraordinary Knowing: Science, Skepticism, and the Inexplicable Powers of the Human Mind* (New York: Bantam, 2007) 참고.
37. Metzinger, "Out-of-Body Experiences as the Origin of the Concept of a 'Soul,'" 78.
38. Tart, *The End of Materialism*, 199.
39. Daniel Smilek et al., "When '3' is a Jerk and 'E' is a King: Personifying Inanimate Objects in Synesthesia," *Journal of Cognitive Neuroscience* 19 (2007): 981-992.
40. Frederik Van Eeden, "A Study of Dreams," reprinted in Charles Tart, ed., *Altered States of Consciousness* (New York: Anchor Books, 1969), 147-160, 인용 부분은 153. 또한 The Lucidity Institute의 홈페이지에서 볼 수 있다(http://www.lucidity.com/vanEeden.html).
41. Tart, *The End of Materialism*, 12장.
42. Lynne Levitan et al., "Out-of-Body Experiences, Dreams, and REM Sleep," *Sleep and Hypnosis* 1 (1999): 186-196.
43. Metzinger, "Out-of-Body Experiences as the Origin of the Concept of a'Soul,'" 68.

8장 수면: 깊은 수면에서 우리는 의식하는가?

1. Edmund Husserl, *On the Phenomenology of the Consciousness of Internal Time*(1893-1917), trans. John Brough (Dordrecht: Kluwer Academic Publishers, 1991). 시간 의식에 대한 후설 현상학의 입문서는 다음 책 참고. Shaun Gallagher and Dan Zahavi, *The Phenomenological Mind*,

2nd ed. (London and New York: Routledge, 2012), 4장.

2. Marcel Proust, *The Way by Swann's*, trans. Lydia Davis (London: Penguin, 2003), 9.
3. Tomas Tranströmer, "The Name," in *Selected Poems 1954-1986* (Hopewell, NJ: Ecco Press, 1987), 93.
4. 같은 책, 같은 쪽.
5. Daniel Heller-Roazen, *The Inner Touch: Archaeology of a Sensation* (New York: Zone Books, 2007), 76.
6. 같은 책, 같은 쪽.
7. Jane Hirshfield, "Moment," in Given Sugar, *Given Salt* (New York: Harper Perennial, 2002), 59.
8. 같은 책, 같은 쪽.
9. Ramesh Kumar Sharma, "Dreamless Sleep and Some Related Philosophical Issues," *Philosophy East and West* 51 (2001): 210-231 참고.
10. Daniel Raveh, "Ayam aham asm.ti: Self-Consciousness and Identity in the Eighth Chapter of the Chāndogya Upaniṣad vs Śankara's Bhāṣya," *Journal of Indian Philosophy* 36 (2008): 319-333 참고.
11. 비야사(Vyāsa)의 주석이 달린 『요가 수트라(*Yoga Sūtra*)』의 번역은 다음 책 참고. Sāṃkhyayogāchāra Swāmi Hariharānanda Āraṇya, *Yoga Philosophy of Patañjali,* rendered into English by P. N. Mukerji (Albany: State University of New York Press, 1983). 다른 유용한 번역들은 다음 책들에서 볼 수 있다. Pandit Usharbudh Arya, *Yoga-Sūtras of Patañjali with the Exposition of Vyāsa. Volume I: Samādhipāda.* (Honesdale, PA: The Himalayan International Institute, 1989); Edwin F. Bryant, *The Yoga Sūtras of Patañjali* (New York: North Point Press, 2009);

Christopher Key Chapple, *Yoga and the Luminous: Patañjali's Spiritual Path to Freedom* (Albany: State University of New York Press, 2008); B.K.S. Iyengar, *Light on the Yoga Sūtras of Patañjali* (London: Thorsons, 1996); Stephen Phillips, *Yoga, Karma, and Rebirth: A Brief History and Philosophy* (New York: Columbia University Press, 2009).

12. Arya, *Yoga-Sūtras of Patañjali* with the Exposition of Vyāsa, 178-184; Bryant, *The Yoga Sūtras of Patañjali,* 41-43; Iyengar, *Light on the Yoga Sūtras of Patañjali,* 59-60 참고.
13. Sāṃkhyayogāchāra Swāmi Hariharānanda Āraṇya, *Yoga Philosophy of Patañjali,* 30. Arya, Yoga-*Sūtras of Patañjali* with the Exposition of Vyāsa, 178 참고.
14. Bryant, The Yoga *Sūtras of Patañjali,* 42.
15. Rāmānuja, *The Vedānta-Sūtras with the Commentary by Rāmānuja. Sacred Books of the East, Volume* 48, trans. George Thibaut, 1904. 온라인으로 볼 수 있다(http://www.sacred-texts.com/hin/sbe48/index.htm). 인용 부분은 "깊은 수면 중 의식적 주체의 지속(The conscious subject persists in deep sleep)" 절이다. 깊은 수면에 대한 아드와이따(Advaita)와 제한적 아드와이따Viśiṣṭādvaita)의 차이에 대한 논의는 다음 논문 참고. Michael Comans, "The Self in Deep Sleep According to Advaita and Viśiṣṭādvaita," *Journal of Indian Philosophy* 18 (1990): 1-28.
16. 니야야(Nyāya) 입장과 아드와이따 베단따(Advaita Vedānta)의 반박에 대한 내 설명은 비나 굽타(Bina Gupta)의 다음 두 책에 많이 의지했다. Bina Gupta, *Perceiving in Advaita Vedānta: An Epistemological Analysis and Interpretation* (Calcutta: Motilal Banarsidass, 1995), 56-66, 99 주석 51; *The Disinterested Witness: A Fragment of Advaita*

Vedānta Phenomenology (Evanston, IL: Northwestern University Press, 1998), 84-86. 내 설명은 이 논쟁과 관련된 양측의 많고 복잡한 논의를 간소화한 것이다.

17. Ian Kesarcordi-Watson, "An Ancient Indian Argument for What I Am," *Journal of Indian Philosophy* 9 (1981): 259-272 참고.
18. 같은 논문.
19. Arvind Sharma, *Sleep as a State of Consciousness in Advaita Vedānta*(Albany: State University of New York Press, 2004), 44 참고.
20. Surendranath Dasgupta, *A History of Indian Philosophy. Volume I* (Cambridge: Cambridge University Press, 1922), 460-461 참고.
21. 꿈 없는 수면에 관한 오래된 서양철학의 논의를 개관한 것은 다음 논문 참고. James Hill, "The Philosophy of Sleep: The Views of Descartes, Locke, and Leibniz," *Richmond Journal of Philosophy* 6 (2004): 1-7.
22. 최근의 두 가지 예외에 대해서는 다음 논문들 참고. Corey Anton, "Dreamless Sleep and the Whole of Human Life: An Ontological Exposition," *Human Studies* 29 (2006): 181-202; Nicolas de Warren, "The Inner Night: Towards a Phenomenology of (Dreamless) Sleep," in Dieter Lohmar, ed., *On Time: New Contributions to the Husserlian Problem of Time-Consciousness* (Dordrecht: Springer Verlag, 2010).
23. Giulio Tononi and Christof Koch, "The Neural Correlates of Consciousness: An Update," *Annals of the New York Academy of Sciences* 1124 (2008): 239-261, 인용 부분은 242.
24. Giulio Tononi, "Consciousness as Integrated Information: A Provisional Manifesto," *Biological Bulletin* 215 (2008): 216-242, 인용 부분은 216.
25. John R. Searle, "Consciousness," *Annual Review of Neuroscience* 23

(2000): 557-578, 인용 부분은 559.

26. Dzogchen Ponlop, *Mind Beyond Death* (Ithaca, NY: Snow Lion, 2006), 86; Dalai Lama, *Sleeping, Dreaming, and Dying: An Exploration of Consciousness with the Dalai Lama* (Boston: Wisdom, 1996), 40.
27. Tononi and Koch, "The Neural Correlates of Consciousness," 243. Tore A. Nielsen, "A Review of Mentation in REM an NREM Sleep: 'Covert' REM Sleep as a Possible Reconciliation of Two Opposing Models," *Behavioral and Brain Sciences* 23 (2000): 851-866 참고.
28. Michael T. Alkire et al., "Consciousness and Anesthesia," *Science* 322 (2008): 876-880, 인용 부분은 876.
29. Marcello Massimini et al., "Breakdown of Cortical Effective Connectivity During Sleep," *Science* 309 (2005): 2228-2232. Giulio Tononi and Marcello Massimini, "Why Does Consciousness Fade in Early Sleep?" *Annals of the New York Academy of Sciences* 1129 (2008): 330-334 참고.
30. Tononi, "Consciousness as Integrated Information."
31. 같은 책, 232.
32. Ned Block, "Comparing the Major Theories of Consciousness," in Michael Gazzaniga, ed., *The Cognitive Neurosciences IV* (Cambridge, MA: MIT Press, 2009), 1111-1122.
33. Susanne Diekelmann and Jan Born, "The Memory Function of Sleep," *Nature Reviews Neuroscience* 11 (2010): 114-126; Matthew P. Walker, "The Role of Sleep in Cognition and Emotion," *Annals of the New York Academy of Sciences* 1156 (2009): 168-197 참고.
34. Björn Rasch et al., "Odor Cues During Slow-Wave Sleep Prompt Declarative Memory Consolidation," *Science* 315 (2007): 1426-1429. 프루스트에 대한

부분은 다음 참고. *The Way by Swann's*, 47-50.

35. Matthew A. Wilson and Bruce L. McNaughton, "Reactivation of Hippocampal Ensemble Memories During Sleep," Science 265 (1994): 676-679; Daoyun Jun and Matthew A. Wilson, "Coordinated Memory Replay in theVisual Cortex and Hippocampus During Sleep," *Nature Neuroscience* 10 (2007): 100-107.
36. Philippe Peigneux et al., "Are Spatial Memories Strengthened in the Human Hippocampus During Slow-Wave Sleep?" *Neuron* 44 (2004): 535-545.
37. 스와미 감비라난다(Swami Gambhirananda)가 번역한 『여덟 개의 우파니샤드(*Eight Upanisads*)』, 2권(Kolkata, India: Advaita Ashrama, 1958) 209쪽의 만두끄야 우파니샤드(Māṇḍūkya Upaniṣad)에 대한 가우다빠다(Gauḍapāda)의 주석과 가우다빠다에 대한 샹까라(Śaṅkara)의 주석. "수면 종자(seed sleep)"에 대한 논의는 다음 책 참고. Gupta, *The Disinterested Witness*, 29-30; Sharma, *Sleep as a State of Consciousness in Advaita Vedānta,* 75, 91; Andrew Fort, The Self and Its States: A States of Consciousness Doctrine in Advaita Vedānta (Delhi: Motilal Banarsidass, 1990), 5장.
38. Walker, "The Role of Sleep in Cognition and Emotion," 170-175 참고.
39. Diekelmann and Born, "The Memory Function of Sleep," 118, 123-124 참고.
40. György Buzsáki, Rhythms of the Brain (Oxford: Oxford University Press, 2006), 173-205.
41. 같은 책, 208.
42. Dalena van der Kloet et al., "Fragmented Sleep, Fragmented Mind: The Role of Sleep in Dissociative Symptoms," *Perspectives on Psychological Science* 7 (2012): 159-175 참고.
43. Owen Flanagan, *Dreaming Souls: Sleep, Dreams, and the Evolution*

of the Conscious Mind (New York: Oxford University Press, 2000), 2장.

44. J. Allan Hobson, *Consciousness* (New York: Scientific American Library, 1999), 142-143.
45. Yuval Nir and Guilio Tononi, "Dreaming and the Brain: From Phenomenology to Neurophysiology," *Trends in Cognitive Sciences* 14 (2009): 88-100, 특히 95쪽 참고.
46. Swami Satyananda Saraswati, *Yoga Nidra* (Munger, Bihar, India: Yoga Publications Trust, 6th ed., 1998) 참고. 요가 니드라(yoga nidrā)라는 용어에 대한 역사적 조사는 다음 논문을 참고. André Couture, "The Problem of the Meaning of Yoganidrā's Name," *Journal of Indian Philosophy* 27 (1999): 35-47.
47. Padmasambhava, *Natural Liberation: Padmasambhava's Teachings on the Six Bardos*, trans. B. Alan Wallace (Boston: Wisdom, 1998) 참고. 수면 요가에 대한 현대 티베트의 설명은 다음 책 참고. Chogyal Namkhai Norbu, *Dream Yoga and the Practice of the Natural Light* (Ithaca, NY: Snow Lion, 1992), 51-71; Dzogchen Ponlop, *Mind Beyond Death* (Ithaca, NY: Snow Lion, 2006), 65, 86-87; Tenzin Wangyal Rinpoche, *The Tibetan Yogas of Dream and Sleep*(Ithaca, NY: Snow Lion, 1998), 143-184.
48. Tenzin Wangyal Rinpoche, *The Tibetan Yogas of Dream and Sleep*, 146.
49. Dzogchen Ponlop, *Mind Beyond Death*, 86.
50. 같은 책, 86-87.
51. Ursula Voss et al., "Lucid Dreaming: A State of Consciousness with Features of Both Waking Consciousness and Non-lucid Dreaming," *Sleep* 32 (2009):

1191-1200; 이 연구에 대한 내 논의는 4장에서 했다.

52. Alain Destexhe et al., "Are Corticothalamic 'Up' States Fragments of Wakefulness?" *Trends in Neurosciences* 30 (2007): 334-342.
53. Michel Le Van Quyen et al., "Large-Scale Microelectrode Recordings of High-Frequency Gamma Oscillations in Human Cortex During Sleep," *Journal of Neuroscience* 30 (2010): 7770-7782.
54. James M. Krueger et al., "Sleep as a Fundamental Property of Neuronal Assemblies," *Nature Reviews Neuroscience* 9 (2008): 910-919 참고.
55. Fabio Ferrarelli et al., "Experienced Mindfulness Meditators Exhibit Higher Parietal-Occipital EEG Gamma Activity During NREM Sleep," *PLoS ONE* 8 (8): e73417. doi:10.1371/journal.pone.0073417.
56. Ursula Voss et al., "Lucid Dreaming: A State of Consciousness with Featuresof Both Waking Consciousness and Non-lucid Dreaming," *Sleep* 32 (2009): 1191-1200.
57. L. I. Mason et al., "Electrophysiological Correlates of Higher States of Consciousness During Sleep in Long-Term Practitioners of the Transcendental Meditation Program," *Sleep* 20 (1997): 102-110.
58. Ravindra P. Nagendra et al., "Meditation and Its Regulatory Role on Sleep," Frontiers in *Neurology* 3 (2012) Article 54: 1-3 참고.
59. Gregory A. Tooley et al., "Acute Increases in Night-Time Plasma Melatonin Levels Following a Period of Meditation," *Biological Psychology* 53 (2000): 69-78.
60. Sathiamma Sulekha et al., "Evaluation of Sleep Architecture in Practitioners ofSadarshan Kriya Yoga and Vipassana Meditation," *Sleep and Biological Rhythms* 4 (2006): 207-214; Ravindra Pattanashetty et al., "Practitioners of

Vipassana Meditation Exhibit Enhanced Slow Wave Sleep and REM Sleep States Across Different Age Groups," *Sleep and Biological Rhythms* 8 (2010): 34-41.

9장 죽음: 죽을 때 무슨 일이 일어나는가?

1. Joan Halifax, *Being with Dying: Cultivating Compassion and Fearlessness in the Presence of Death* (Boston: Shambhala, 2008), xvi-xvii.
2. 인도의 서사시 「마하바라타(*Mahābhārata*)」. 핼리팩스(Halifax)의 『죽음과 함께하는 삶(*Being with Dying*)』 6쪽에서 재인용.
3. 이 프로그램에 대한 설명은 다음의 웹페이지에서 볼 수 있다. http://www.upaya.org/bwd/index.php. 다음 논문도 참고. Cynda Hylton Rushton et al., "Impact of a Contemplative End-of-Life Training Program: Being with Dying," *Palliative and Supportive Care* 7 (2009): 405-414.
4. 동료 참여자 중 한 명이었던 의사 고든 기딩스(Gordon Giddings)는 자신의 『죽음과 함께하는 삶 훈련』 체험을 책으로 썼다. Gordon Giddings, *Dying in the Land of Enchantment: A Doctor's Journey* (Big Pine, CA: Lost Borders Press, 2012).
5. Halifax, *Being with Dying,* 55-59.
6. 같은 책, 172-177.
7. 두 명의 현대 티베트 불교 스승들이 전하는 전통적인 티베트 수행과 우주론에 대한 논의는 다음 책 참고. Dzogchen Ponlop, *Mind Beyond Death* (Ithaca, NY: Snow Lion, 2006), 5장과 부록 5; Sogyal Rinpoche, *The Tibetan Book of Living and Dying* (San Francisco: HarperSan-Francisco, 1993), 15장.

8. Dzogchen Ponlop, *Mind Beyond Death*, 48.
9. Dzogchen Ponlop, *Mind Beyond Deat*h, and Sogyal Rinpoche, *The Tibetan Book of Living and Dying*. 죽음에 관한 티베트의 고전적인 문헌에 대해서는 다음 책 참고. Graham Coleman and Thupten Jinpa, eds., *The Tibetan Book of the Dead* (London: Penguin, 2007) 참고.
10. Dalai Lama, *Sleeping, Dreaming, and Dying: An Exploration of Consciousness with the Dalai Lama* (Boston: Wisdom, 1996), 163 참고. 다음 책들도 참고. Dzogchen Ponlop, *Mind Beyond Death*, 139; Sogyal Rinpoche, *The Tibetan Book of Living and Dying*, 254.
11. Dzogchen Ponlop, *Mind Beyond Death,* 139.
12. Sogyal Rinpoche, *The Tibetan Book of Living and Dying*, 108.
13. 그리스 신화에서 수면(Hypnos)과 죽음(Thanatos)은 밤의 여신(Nyx)에게서 태어난 쌍둥이 형제들이다. 구약성서에서 다윗은 신에게 구하기를, "여호와 내 하나님이여 나를 생각하사 응답하시고 나의 눈을 밝히소서. 두렵건대 내가 사망의 잠을 잘까 하오며(시편 13장 3절)" 라고 한다. 신약성서에서 예수와 그의 제자는 다음과 같은 말을 주고받는다. "이 말씀을 하신 후에 또 이르시되, '우리 친구 나사로가 잠들었도다. 그러나 내가 깨우러 가노라.' 제자들이 이르되, '주여 잠들었으면 낫겠나이다.' 하더라. 예수는 그의 죽음을 가리켜 말씀하신 것이나 그들은 잠들어 쉬는 것을 가리켜 말씀하심인줄 생각하는지라. 이에 예수께서 밝히 이르시되, '나사로가 죽었느니라.' (요한복음 11장 11절-14절)" 『길가메쉬 서사시(*The Epic of Gilgamesh*)』에서의 수면과 죽음의 연결에 대해서는 다음 책 참고. N. K. Sandars, trans., *The Epic of Gilgamesh* (London: Penguin, 1972), 107, 114-115.
14. Dalai Lama, *Sleeping, Dreaming, and Dying*, 169-170.

15. Ian Stevenson, *Children Who Remember Previous Lives: A Question of Reincarnation*, rev. ed. (Jefferson, NC and London: McFarland and Company, 2000) 참고.
16. Gananath Obeyesekere, *Imagining Karma: Ethical Transformation in Amerindian, Buddhist, and Greek Rebirth* (Berkeley: University of California Press, 2002) 참고. 다음 책도 참고. Owen Flanagan, *The Really Hard Problem: Meaning in a Material World* (Cambridge, MA: MIT Press, 2007), 94-99; Owen Flanagan, *The Bodhisattva's Brain: Buddhism Naturalized* (Cambridge, MA: MIT Press, 2011), 222-225.
17. Ian Stevenson, *European Cases of the Reincarnation Type* (Jefferson, NC and London: McFarland and Company, 2003) 참고.
18. Ian Stevenson, *Twenty Cases Suggestive of Reincarnation,* 2nd ed. (Charlottesville, VA and London: University of Virginia Press, 1974). 다음 책도 참고. Martin Willson, *Rebirth and the Western Buddhist* (London: Wisdom, 1987).
19. Leonard Angel, "Reincarnation All Over Again: Evidence for Reincarnation Rests on Backward Reasoning," *The Skeptic* [USA] 9 (2002): 87-90 참고.
20. Jonathan Edelmann and William Bernet, "Setting Criteria for Ideal Reincarnation Research," *Journal of Consciousness Studies* 14 (2007): 92-101 참고.
21. Stephen Batchelor, *Buddhism Without Beliefs: A Contemporary Guide to Awakening* (New York: Riverhead, 1997), 37-38.
22. Dzogchen Ponlop, *Mind Beyond Death*, 174.
23. 같은 책, 173-197.
24. 여기서 나는 다음 논문의 영향을 받았다. Robert H Sharf, "Buddhist

Modernism and the Rhetoric of Meditative Experience," *Numen* 42 (1995): 228-283: "에틱적(etic) 용어로, 불교 명상은 체험의 제의화로 보인다. 그것은 특정한 경험적 상태를 야기시킨다기보다는 그것을 공연한다. 이런 점에서 불교의 수도(mārga)에 관한 논서는 내적 심리 공간의 약도라기보다는 뛰어난 대중 종교극 공연의 각본이다(269쪽).

25. 같은 논문, 16.

26. 보도는 http://tvnz.co.nz/sunday-news/coming-upjune-19.4231582에서 볼 수 있다. 유튜브에서도 볼 수 있다. http://www.youtube.com/watch?v=xRAfGkqw_cU&feature=youtu.be와 http://www.youtube.com/watch?v=6ndLv8VkUjo

27. Dalai Lama, *Sleeping, Dreaming, and Dying*, 163-164 참고.

28. Sogyal Rinpoche, *The Tibetan Book of Living and Dying,* 266.

29. 같은 책, 266-267.

30. "Lama Putse's Passing," http://www.rangjung.com/authors/Lama_Putse's_passing.htm. 참고.

31. "Chogye Trichen Rinpoche's Passing," http://blazing-splendor.blogspot.ca/2007/02/chogye-trichen-rinpoches-passing.html.

32. "The Passing of Tenga Rinpoche," http://www.benchen.org/en/tengarinpoche/news/231-the-passing-of.html; "Kyabje Tenga Rinpoche's Tukdam has ended," http://www.benchen.org/en/tenga-rinpoche/parinirvana/239simply-amazing.html. 참고.

33. "Former Ganden Tripa Stays on 'Thukdam' for 18 Days," http://www.phayul.com/news/article.aspx?id=22935. 참고.

34. Arpad A. Vass et al., "Beyond the Grave: Understanding Human Decomposition," *Microbiology Today* 28 (2001): 190-192; Arpad A. Vass, "Dust to Dust:

The Brief, Eventful Afterlife of a Human Corpse," *Scientific American* (September 2010): 56-58 참고.

35. Sushila Blackman, *Graceful Exits: How Great Beings Die. Death Stories of indu, Tibetan Buddhist, and Zen Masters* (Boston: Shambhala, 1997) 참고.
36. Bruce Greyson, "Near-Death Experiences," in V. S. Ramachandran, ed., *The Encyclopedia of Human Behavior, Second Edition,* vol. 2 (Academic Press, 2012), 669-676.
37. Raymond A. Moody, Jr., *Life After Life: The Investigation of a Phenomenon. Survival of Bodily Death* (San Francisco: Harper, 1975, 2001).
38. Kenneth Ring, *Life at Death: A Scientific Investigation of Near-Death Experience*(New York: Conward, McCann & Geoghegan, 1980).
39. Bruce Greyson, "The Near-Death Experience Scale: Construction, Reliability, and Validity," *Journal of Nervous and Mental Disease* 171 (1983): 369-375.
40. Antoine Lutz and Evan Thompson, "Neurophenomenology: Integrating Subjective Experience and Brain Dynamics in the Neuroscience of Consciousness," *Journal of Consciousness Studies* 10 (2003): 31-52.
41. Pim van Lommel et al., "Near-Death Experience in Survivors of Cardiac Arrest:A Prospective Study in the Netherlands," *The Lancet* 358 (2001): 2039-2045.
42. Sam Parnia and Peter Fenwick, "Near Death Experiences in Cardiac Arrest: Visions of a Dying Brain or Visions of a New Science of Consciousness," *Resuscitation* 52 (2002): 5-11.

43. Van Lommel et al., "Near-Death Experience in Survivors of Cardiac Arrest,"; Bruce Greyson, "Incidence and Correlates of Near-Death Experiences in a Cardiac Care Unit," *General Hospital Psychiatry* 25 (2003): 269-276.

44. Pim van Lommel, *Consciousness Beyond Life: The Science of Near-Death Experience* (New York: Harper One, 2010); Greyson, "Near-Death Experiences."

45. Bruce Greyson et al., "'There Is Nothing Paranormal About Near-Death Experiences' Revisited: Comment on Mobbs and Watt," *Trends in Cognitive Sciences 16* (2012): 446. 그레이슨(Greyson) 등은 다음 논문에 답하고 있는 것이다. Dean Mobbs and Caroline Watt, "There Is Nothing Paranormal About Near-Death Experiences: How Neuroscience Can Explain Seeing Bright Lights, Meeting the Dead, or Being Convinced You are One of Them," *Trends in Cognitive Sciences* 15 (2011): 447-449.

46. Parnia and Fenwick, "Near Death Experiences in Cardiac Arrest." 참고.

47. Christopher C. French, "Near-Death Experiences in Cardiac Arrest," *Progress in Brain Research* 150 (2005): 351-367; Christopher C. French, "Near-Death Experiences and the Brain," in Craig D. Murray, ed., *Psychological Scientific Perspectives on Out of Body and Near Death Experiences* (Hauppauge, NY: Nova Science Publishers, 2009), 187-204 참고.

48. Olaf Blanke and Sebastian Dieguez, "Leaving Body and Life Behind: Out-of-Body and Near-Death Experience," in Steven Laureys and Giulio Tononi, eds., *The Neurology of Consciousness* (London: Academic Publishers, 2009), 303-325; Audrey Vanhaudenhuyse, Marie Thonnard, and Steven Laureys, "Towards a Neuro-Scientific Explanation of Near-Death Experiences?" in

Jean-Louis Vincent, ed., *Yearbook of Intensive Care and Emergency Medicine*(Berlin: Springer-Verlag, 2009), 961-968 참고.

49. Holly L. Clute and Warren J. Levy, "Electroencephalographic Changes During Brief Cardiac Arrest in Humans," *Anesthesiology* 73 (1990): 821-825. 프랜치(French)가 "임사체험과 뇌(Near-Death Experiences and the Brain)"에서 보고했다.
50. Mark Crislip, "Near Death Experiences and the Medical Literature," *The Skeptic* [USA] 14 (2008): 14-15.
51. G. M. Woerlee, "Setting the Record Straight. Commentary on an Article by Pim van Lommel," http://www.neardeath.woerlee.org/setting-the-recordstraight.php.
52. Jimo Borjigin et al., "Surge of Neurophysiological Coherence and Connectivity in the Dying Brain," *Proceedings of the National Academy of Sciences USA* 110 (2013): 14432-14437.
53. 같은 논문, 14435.
54. Jason J. Braithwaite, "Towards a Cognitive Neuroscience of the Dying Brain," *The Skeptic* [UK] 21 (2008): 8-15; French, "Near-Death Experiences and the Brain." 참고.
55. Pierre Gloor, "Role of the Limbic System in Perception, Memory, and Affect: Lessons from Temporal Lobe Epilepsy," in Benjamin K. Doane and Kenneth E. Livingstone, eds., *The Limbic System: Functional Organization and Clinical Disorders* (New York: Raven Press), 159-169. 프랜치(French)가 "임사체험과 뇌(Near-Death Experiences and the Brain)"에서 보고했다.
56. Eliane Koyabashi et al., "Widespread and Intense BOLD Changes During Brief Focal Electrographic Seizures," *Neurology* 66 (2006): 1049-1055. 브레이스웨이트(Braithwaite)가 "죽어가는 뇌의 인지 신경과학에 대하여

(Towards a Cognitive Neuroscience of the Dying Brain)"에서 보고했고, 프렌치(French)는 "임사체험과 뇌(Near-Death Experiences and the Brain)"에서 보고했다.

57. Daniel Kroeger et al., "Human Brain Activity Patterns Beyond the Isoelectric Line of Extreme Deep Coma," *PLoS ONE* 8(9): e75257. doi:10.1371/journal.pone.0075257.

58. Michael Sabom, *Light and Death* (Grand Rapids, MI: Zondervan, 1998), 37-51 참고. 다음 논문도 참고. Pim van Lommel's discussion of this case in *Consciousness Beyond Life*, 169-176

59. G. M. Woerlee, "Pam Reynolds Near Death Experience," http://www.neardeath.woerlee.org/pam-reynolds-near-death-experience.php 참고. 다음 논문들도 참고. G. M. Woerlee, "An Anaesthesiologist Examines the Pam Reynolds Story, Part I: Background Considerations," *The Skeptic* [UK] 18 (1) (2005): 14-17; G. M. Woerlee, "An Anaesthesiologist Examines the Pam Reynolds Story. Part Two: The Experience," *The Skeptic* [UK] 18 (2) (2005): 16-20.

60. Peter S. Sebel et al., "The Incidence of Awareness During Anesthesia: A Multicenter United States Study," *Anesthesia and Analgesia* 99 (2004): 833-839 참고.

61. 같은 논문, 835.

62. http://en.wikipedia.org/wiki/Pam_Reynolds_case. 특히 타임라인이 존재하는 곳은 http://en.wikipedia.org/wiki/Pam_Reynolds_case#Timeline.

63. Woerlee, "Pam Reynolds Near-Death Experience." 다음 책도 참고. Michael N. Marsh's discussion of this case in his *Out-of-Body and Near-Death Experiences: Brain-State Phenomena or Glimpses of Immortality?*

(Oxford: Oxford University Press, 2010), 19-27 참고.

64. Marsh, *Out-of-Body and Near-Death Experiences,* 19-27 참고.

65. 다른 유명한 케이스는 다음 논문에서 보고한 "틀니를 낀 남자(the man with the dentures)"이다. Pim van Lommel et al., "Near-Death Experience in Survivors of Cardiac Arrest: A Prospective Study in the Netherlands," 2041. 이 케이스에 대한 비판적 고찰은 다음 글 참고. G. M. Woerlee, "The Man with the Dentures," http://www.neardeath.woerlee.org/man-with-the-dentures.php

66. 다음 책에서 수집한 증거들 참고. Janice Minder Holden, "Veridical Perception in Near-Death Experiences," in Janice Minder Holden et al., eds., *The Handbook of Near-Death Experiences: Thirty Years of Investigation* (Santa Barbara, CA: ABC-Clio, 2009), 185-211.

67. 같은 책, 205-209.

68. 죽어가는 뇌 모델에 대해서는 다음 책 참고. Susan Blackmore, *Dying to Live: Near-Death Experiences* (Buffalo, NY: Prometheus Books, 1993); G. M. Woerlee, *Mortal Minds: The Biology of Near-Death Experiences* (Amherst, NY: Prometheus Books, 2003); Braithwaite, "Towards a Cognitive Neuroscience of the Dying Brain." 회복하는 뇌 모델에 대해서는 다음 책 참고. Marsh, *Out-of-Body and Near-Death Experiences*. 마쉬(Marsh)의 책은 임사 체험에 대한 신경심리학적 설명과 육신의 일반 부활을 믿는 기독교 이론적 관점에서의 영적 진실성에 대한 평가를 결합하고 있다. 마쉬의 견해는 임사 체험이 뇌상태 현상이며, 불멸성은 말할 것도 없고 탈신체화된 의식을 잠깐 경험하는 것도 아니라는 것이다. 나는 마쉬의 신경심리학적 케이스가 흥미롭긴 하지만, 그의 이론적 입장에 전적으로 설득된 것은 아니다.

69. Braithwaite, "Towards a Cognitive Neuroscience of the Dying Brain."

70. James E. Whinnery, "Psychophysiologic Correlates of Unconsciousness and Near-Death Experiences," *Journal of Near-Death Studies* 15 (1997): 231-258, 인용 부분은 245. 프랜치(French)가 "임사체험과 뇌(Near-Death Experiences and the Brain)"에서 인용. 다음 책도 참고. Marsh, *Out-of-Body and Near-Death Experiences,* 76-79.

71. Thomas Lempert et al., "Syncope and Near-Death Experience," The Lancet 334 (1994): 829-830.

72. Van Lommel et al., "Near-Death Experience in Survivors of Cardiac Arrest," 2043.

73. Braithwaite, "Towards a Cognitive Neuroscience of the Dying Brain," Crislip, "Near Death Experiences and the Medical Literature," French, "Near-Death Experiences and the Brain,"; Blanke and Diguez, "Leaving Body and Life Behind," 315-317 참고.

74. Willoughby B. Britton and Richard R. Bootzin, "Near-Death Experiences and the Temporal Lobe," *Psychological Science* 15 (2004): 254-258.

75. Blanke and Diguez, "Leaving Body and Life Behind," 320-321.

76. Borjigin et al., "Surge of Neurophysiological Coherence and Connectivity in the Dying Brain." 참고.

77. 이 절에서의 내 생각은 미셸 빗볼의 미출간 논문인 "일인칭 관점에서의 죽음(Death from the First-Person Standpoint)"에 의존하고 있다.

78. Martin Heidegger, *Being and Time*, trans. Joan Stambaugh (Albany: State University of New York Press, 1996), 223.

79. Todd May, Death (Stocksfield: Acumen Publishing, 2009), 9. 이 주제에 관한 상세한 철학적 논의는 다음 책 참고. J. J. Val-berg, *Dream, Death, and the Self* (Princeton, NJ: Princeton University Press, 2007)

80. Leo Tolstoy, *The Death of Ivan Ilyich,* trans. Anthony Briggs (London: Penguin, 2006), 56-57.

81. Valberg, *Dream, Death, and the Self*, 170 참고.

82. 같은 책, 61-62.

83. Robert Thurman, trans., *The Holy Teaching of Vimalakīrti: A Mahāyāna Scripture* (University Park and London: The Pennsylvania State University Press, 1976), 161.

84. Halifax, *Being with Dying*, xvii-xviii.

85. Claire Petitmengin, "Describing One's Subjective Experience in the Second Person: An Interview Method for the Science of Consciousness," *Phenomenology and the Cognitive Sciences* 5 (2009) 229-269 참고. 다음 책에서 모은 논문들도 참고. Claire Petitmengin, ed., *Ten Years of Viewing from Within: The Legacy of F. J. Varela,* special issue of the *Journal of Consciousness* 16 (10-12) (October.December 2009).

86. Claire Petitmengin et al., "Seizure Anticipation: Are Neurophenomenological Approaches Able to Detect Preictal Symptoms?" *Epilepsy and Behavior* 9 (2006): 298-306; Claire Petitmengin et al., "Anticipating Seizure: Pre-Reflective Experience at the Center of Neuro-Phenomenology," *Consciousness and Cognition* 16 (2007): 746-764 참고.

87. Yoel Hoffman, *Japanese Death Poems: Written by Zen Monks and Haiku Poets on the Verge of Death* (North Clarendon, VT: Charles E. Tuttle, 1986), 144. 시에 동반된 이야기는 다음 책에 근거한다. Lucien Stryk et al., *Zen Poems of China and Japan* (New York: Grove Press, 1973), xxxiv.

10장 앎: 자아는 환상인가?

1. 내 의역은 나가르주나의 『중론송』을 스티븐 배철러(Stephen Batchelor)가 다음의 책에서 시적으로 번역한 것에 영감을 받은 것이다. *Verses from the Center: A Buddhist Vision of the Sublime* (New York: Riverhead, 2000), 115-116. 나가르주나의 산스끄리뜨 원문에 대한 최근의 학술적 번역으로, 철학적 주석이 포함된 것은 다음 책 참고. Mark Siderits and Shōryū. Katsura, *Nāgārjuna's Middle Way: Mūlamadhyamakakārikā* (Somerville, MA: Wisdom, 2013). 티베트어로부터의 번역은 다음 책 참고. Jay L. Garfield, *The Fundamental Wisdom of the Middle Way: Nāgārjuna's Mūlamadhyamakakārikā* (New York and Oxford: Oxford University Press, 1995) 이 책은 가필드(Garfield)의 해박한 철학적 주석도 포함하고 있다. 좀 더 오래되었지만 여전히 가치 있는 산스끄리뜨로부터의 번역은 다음 책 참고. Kenneth K. Inada, *Nāgārjuna: A Translation of His Mūlamadhyamakakārikā with an Introductory Essay* (Tokyo: The Hokuseido Press, 1970). 철학적 연구는 다음 책 참고. Jan Westerhoff, *Nāgārjuna's Madhyamaka: A Philosophical Introduction* (New York and Oxford: Oxford University Press, 2009).
2. 앞의 두 개의 구절로 압축된 나가르주나의 추론에 대한 상세한 설명은 다음 책들 참고. Westerhoff, *Nāgārjuna's Madhyamaka,* 154-158; Garfield, *The Fundamental Wisdom of the Middle Way,* 245-247; Siderits and Katsura, *Nāgārjuna's Middle Way,* 195-196.
3. Anālayo, *Satīpaṭṭāna: The Direct Path to Realization* (Cambridge, England: Windhorse Publications, 2003), 206.
4. Garfield, *The Fundamental Wisdom of the Middle Way*, 245.
5. 같은 책, 246.

6. Thomas Metzinger, *The Ego Tunnel: The Science of the Mind and the Myth of the Self* (New York: Basic Books, 2009), 1.
7. Thomas Metzinger, *Being No One: The Self-Model Theory of Subjectivity*(Cambridge, MA: MIT Press/A Bradford Book, 2003), 1.
8. Batchelor, *Verses from the Center,* 69.
9. *Fundamental Stanzas on the Middle Way* 7:34, 17:31-32. Garfield, *The Fundamental Wisdom of the Middle Way,* 176-177, 243-244; Westerhoff, *Nāgārjuna's Madhyamaka,* 163-164 참고.
10. 여기서 나는 내가 이전에 제시했던 자아에 대한 발제적 접근을 기반으로 하고 있다. 다음 책 참고. Francisco Varela, Evan Thompson, and Eleanor Rosch, *The Embodied Mind: Cognitive Science and Human Experience* (Cambridge, MA: MIT Press, 1991; expanded edition 2015); Evan Thompson, *Mind in Life: Biology, Phenomenology, and the Sciences of Mind* (Cambridge, MA: Harvard University Press, 2007). 다음 책도 참고. Matthew MacKenzie, "Enacting the Self: Buddhist and Enactivist Approaches to the Emergence of Self," in Mark Siderits et al., eds., *Self, No Self? Perspectives from Analytical, Phenomenological, and Indian Traditions* (Oxford: Oxford University Press, 2011), 239-273.
11. 나는 '나-만들기'라는 생각을 중관 철학자 짠드라끼르띠(600년 경)에 대한 조나단 가네리의 논의에서 가져왔다. Jonardon Ganeri, *The Concealed Art of the Soul: Theories of Self and Practices of Truth in Indian Ethics and Epistemology* (Oxford: Oxford University Press, 2007), 201 참고.
12. Thompson, *Mind in Life,* 3장.
13. 자기생성(autopoiesis)에 대한 개관적인 내용은 다음 책 참고. Thompson,

Mind in Life, 5장.

14. Humberto R. Maturana and Francisco J. Varela, *Autopoiesis and Cognition: The Realization of the Living*, Boston Studies in the Philosophy of Science, vol. 42 (Dordrecht: D. Reidel, 1980).
15. Francisco J. Varela, "The Creative Circle: Sketches on the Natural History of Circularity," in Paul Watzlavick, ed., *The Invented Reality: How Do We Know What We Believe We Know?* (New York: Norton, 1984), 309-323; Thompson, Mind in Life, 46, 99 참고.
16. Jonardon Ganeri, *The Self: Naturalism, Consciousness, and the First-Person Stance* (Oxford: Oxford University Press, 2012), 43-48, 69-97; Jonardon Ganeri, "Emergentisms: Ancient and Modern," *Mind* 120 (2011): 671-703 참고.
17. Ganeri, "Emergentisms."
18. Ganeri, *The Self.*
19. Thompson, *Mind in Life,* 64-65, 75, 부록 B 참고.
20. Evan Thompson, "Living Ways of Sense-Making," *Philosophy Today SPEP Supplement* 2011: 114-123; Ezequiel Di Paolo, "Extended Life," Topoi 28 (2009): 9-21 참고.
21. Jeffrey Hopkins, Meditations on Emptiness (London: Wisdom, 1983), 167-168; Westerhoff, *Nāgārjuna's Madhyamaka,* 27 참고.
22. Thompson, *Mind in Life,* 38, 65, 431 참고.
23. Neil Theise, "Now You See It, Now You Don't," *Nature* 435 (2005): 1165.
24. Hopkins, *Meditations on Emptiness,* 168.
25. Humberto R. Maturana and Francisco J. Varela, *The Tree of Knowledge: The Biological Roots of Human Understanding* (Boston: Shambhala

/New Science Library, 1987), 142-176.

26. Dorothée Legrand and Perrine Ruby, "What Is Self-Specific? A Theoretical Investigation and Critical Review of Neuroimaging Results," *Psychological Review* 116 (2009): 252-282; Kalina Christoff et al., "Specifying the Self for Cognitive Neuroscience," *Trends in Cognitive Sciences* 15 (2011): 104-112 참고.
27. Lynn Margulis and Dorion Sagan, *What Is Life*? (New York: Simon and Schuster, 1995), 122.
28. Antonio Damasio and Gil B. Carvalho, "The Nature of Feelings: Evolutionary and Neurobiological Origins," *Nature Reviews Neuroscience* 14 (2013): 143-152.
29. 같은 논문.
30. A. D. Craig, "How Do You Feel? Interoception: The Sense of the Physiological Condition of the Body," *Nature Reviews Neuroscience* 3 (2002): 655-666; A. D. Craig, "How Do You Feel—Now? The Anterior Insula and Human Awareness," *Nature Reviews Neuroscience* 10 (2009): 59-70 참고.
31. Jake H. Davis and Evan Thompson, "From the Five Aggregates to Phenomenal Consciousness: Towards a Cross-Cultural Cognitive Science," in Steven Emmanuel, ed., *A Companion to Buddhist Philosophy* (Hoboken, NJ: Wiley-Blackwell, 2013), 585-598 참고. Ganeri, *The Self*, 127-138도 참고.
32. Sue Hamilton, *Early Buddhism: A New Approach. The Eye of the Beholder*(Richmond, Surrey: Curzon Press, 2000), 29 참고.
33. Ganeri, *The Self*, 127-138.
34. Damasio and Carvalho, "The Nature of Feelings."

35. Ganeri, *The Self,* 127-138.
36. 네 번째 온에 대해 '준비'라는 용어를 쓴 것은 다음 책에서이다. Ganeri, *The Self,* 127-138.
37. 같은 책, 같은 쪽.
38. 같은 책, 같은 쪽.
39. Varela, Thompson, and Rosch, *The Embodied Mind*; Davis and Thompson, "From the Five Aggregates to Phenomenal Consciousness." 참고.
40. Ganeri, *The Self,* 130.
41. 5온을 미생물학과 의식의 진화에 연관시키는 논의는 다음 책 참고. William Irwin Thompson, *Coming Into Being: Artifacts and Texts in the Evolution of Consciousness* (New York: St. Martin's Press, 1996), 2장.
42. Nikita Vladimirov and Victor Sourjik, "Chemotaxis: How Bacteria Use Memory," *Biological Chemistry* 390 (2009): 1097-1104.
43. Jeremy W. Hayward and Francisco J. Varela, eds., *Gentle Bridges: Conversations with the Dalai Lama on the Sciences of Mind* (Boston: Shambhala, 1992), 67-68.
44. Roman Bauer, "In Search of a Neural Signature of Consciousness—Facts, Hypotheses, and Proposals," *Synthese* 141 (2004): 233-245 참고.
45. 같은 책, 237.
46. 같은 책, 237-238.
47. N. D. Cook, "The Neuron Level Phenomena Underlying Cognition and Consciousness: Synaptic Activity and the Action Potential," *Neuroscience* 153 (2008): 556-570.
48. John R. Searle, *Minds, Brains and Science* (Cambridge, MA: Harvard University Press, 1986); John R. Searle, *The Mystery of Consciousness*

(New York: The New York Review of Books, 1990); John R. Searle, *Mind: A Brief Introduction* (New York: Oxford University Press, 2005) 참고.

49. 티베트 불교 툼모(tummo: 내적 불) 명상 수행이 심부체온과 뇌파 리듬에 미치는 영향에 대한 최근 연구는 다음 논문 참고. Maria Kozhevnikov et al., "Neurocognitive and Somatic Components of Temperature Increases During g-Tummo Meditation: Legend and Reality," *PLoS ONE* 8 (3): e58244. doi:10.1371/journal.pone.0058244.
50. Frans B. M. de Waal, "The Thief in the Mirror," *PLoS Biology* 6 (8): e201. doi:10.1371/journal.pbio.0060201.
51. Michael Tomasello, *The Cultural Origins of Human Cognition* (Cambridge, MA: Harvard University Press, 1999), 89-90.
52. Frans B. M. de Waal, "Putting the Altruism Back Into Altruism: The Evolution of Empathy," *Annual Review of Psychology* 59 (2008): 279-300.
53. Thompson, *Mind in Life*, 13장.
54. Tomasello, T*he Cultural Origins of Human Cognition,* 89-90.
55. 같은 책, 99-100.
56. Randy L. Buckner and Daniel C. Carrol, "Self-Projection and the Brain," *Trends in Cognitive Sciences* 11 (2007): 49-57.
57. David H. Ingvar, "'Memory of the Future': An Essay on the Temporal Organization of Conscious Awareness," *Human Neurobiology* 3 (1985): 126-136. Daniel L. Schacter et al., "Remembering the Past to Imagine the Future: The Prospective Brain," *Nature Reviews Neuroscience* 8 (2007): 657-661 참고.
58. Antonio Damasio, *The Feeling of What Happens: Body and Emotion*

in the Making of Consciousness (New York: Harcourt Brace, 1999); Shaun Gallagher and Dan Zahavi, T*he Phenomenological Mind,* 2nd ed. (London: Routledge, 2012).

59. Buckner and Carrol, "Self-Projection and the Brain."
60. Randy L. Buckner et al., "The Brain's Default Network: Anatomy, Function, and Relevance to Disease," *Annals of the New York Academy of Sciences* 1124 (2008): 1-38.
61. Legrand and Ruby, "What Is Self-Specific?"; Christoff et al., "Specifying the Self for Cognitive Neuroscience."
62. Matthew A. Killingsworth and Daniel T. Gilbert, "A Wandering Mind Is an Unhappy Mind," *Science* 330 (2010): 932.
63. Benjamin Baird et al., "Inspired by Distraction: Mind Wandering Facilitates Creative Incubation," *Psychological Science* 23 (2012): 1117-1122; Jonathan Smallwood et al., "Shifting Moods, Wandering Minds: Negative Moods Lead the Mind to Wander," *Emotion* 9 (2009): 271-276; Killingsworth and Gilbert, "A Wandering Mind Is an Unhappy Mind." 참고.
64. Smallwood et al., "Shifting Moods, Wandering Minds."
65. Killingsworth and Gilbert, "A Wandering Mind Is an Unhappy Mind."
66. 같은 논문, 932.
67. Malia F. Mason et al., "Wandering Minds: The Default Network and Stimulus Independent Thoughts," *Science* 315 (2007): 393-395; Kalina Christoff et al., "Experience Sampling During fMRI Reveals Default Network and Executive Systems Contributions to Mind Wandering," *Proceedings of the National Academy of Sciences USA* 106 (2009): 8179-8724.
68. Wendy Hasenkamp et al., "Mind Wandering and Attention During Focused

Meditation: A Fine-Grained Temporal Analysis of Fluctuating Cognitive States," *Neuroimage* 59 (2012): 750-760.

69. Julie A. Brefczynski-Lewis et al., "Neural Correlates of Attentional Expertise in Long-Term Meditation Practitioners," *Proceedings of the National Academy of Sciences U.S.A.* 104 (2007): 11483-11488; Wendy Hasenkamp and Lawrence Barsalou, "Effects of Meditation Experience on Functional Connectivity of Distributed Brain Networks," *Frontiers in Human Neuroscience* 6 (2012): 1-13 참고.

70. Judson A. Brewer et al., "Meditation Experience Is Associated with Differences in Default Mode Network Activity and Connectivity," *Proceedings of the National Academy of Sciences USA 108* (2011): 20254-20259.

71. Norman A.S. Farb et al., "Attending to the Present: Mindfulness Meditation Reveals Distinct Neural Modes of Self-Reference," *Social Cognitive Affective Neuroscience* 2 (2007): 313-322.

72. Jon Kabat-Zinn, *Wherever You Go, There You Are* (New York: Hyperion, 2004) 참고.

73. 유식학파 견해를 현대 철학적으로 복원한 것은 다음 책들 참고. Georges Dreyfus, "Self and Subjectivity: A Middle Way Approach," in Mark Siderits et al., eds., *Self, No Self? Perspectives from Analytical, Phenomenological, and Indian Traditions,* 114-156 (Clarendon: Oxford University Press, 2010); Ganeri, *The Self,* 8장.

74. Ganeri, *The Self,* 146-152 참고.

75. 같은 책, 148-152.

76. Paul J. Griffiths, *On Being Mindless: Buddhist Meditation and the*

Mind-Body Problem (LaSalle, IL: Open Court, 1986) 참고.

77. Lambert Schmithausen, Ālayavijñāna: *On the Origin and Early Development of a Central Concept of Yogācāra Philosophy* (Tokyo: International Institute for Buddhist Studies, 1987); William S. Waldron, *The Buddhist Unconscious: The Ālayavijñāna in the Context of Indian Buddhist Thought* (London and New York: RoutledgeCurzon, 2003) 참고.
78. William S. Waldron, "Buddhist Steps to an Ecology of Mind: Thinking About 'Thoughts Without a Thinker,'" *Eastern Buddhist* 34 (2002): 1-52 참고.
79. Dan Lusthaus, B*uddhist Phenomenology: A Philosophical Investigation of Yogācāra Buddhism and the Ch'eng Wei-shih lun* (London and New York: RoutledgeCurzon 2002), 273-359 참고.
80. Dan Zahavi, "The Experiential Self: Objections and Clarifications," in Mark Siderits et al., eds., *Self, No Self? Perspectives from Analytical, Phenomenological, and Indian Traditions,* 56-78 (Clarendon: Oxford University Press, 2010) 참고.
81. Ganeri, *The Self*, 8장 참고.
82. 이 주제에 대한 논의를 더 보려면 다음 책 참고. Miri Albahari, *Analytical Buddhism: The Two-Tiered Illusion of Self* (New York: Palgrave Macmillan, 2006). 알바하리(Albahari)의 견해에 대한 비판적인 평가는 다음 책 참고. Aaron Henry and Evan Thompson, "Witnessing from Here: Self-Awareness from a Bodily Versus Embodied Perspective," in Shaun Gallagher, ed., *The Oxford Handbook of the Self* (Oxford and New York: Oxford University Press, 2011), 228-249.
83. Shoemaker, Sidney. "Self-Reference and Self-Awareness." In *Identity, Cause, and Mind: Philosophical Essays,* 6-18. Cambridge: Cambridge

University Press, 1984, 6-18 참고.

84. 논의를 더 보려면 다음 책 참고. Dan Zahavi, *Subjectivity and Selfhood: Investigating the First-Person Perspective* (Cambridge, MA: MIT Press, 2005).

85. Ganeri, *The Self,* 8장.

86. Metzinger, Being No One and The Ego Tunnel 참고. 다음 책도 참고. Thomas Metzinger, "The No-Self Alternative," in Shaun Gallagher, ed., *The Oxford Handbook of the Self,* 297-315 (New York and Oxford: Oxford University Press, 2011).

87. Ganeri, *The Concealed Art of the Soul,* 200-203; The Self, 157, 161.

88. Ganeri, *The Concealed Art of the Soul,* 202.

89. MacKenzie, "Enacting the Self."

90. Ganeri, *The Concealed Art of the Soul,* 204.

91. 자아에 대한 짠드라끼르띠의 견해에 대해서는 다음 논문과 책 참고. James Duerlinger, "Candrakīrti's Denial of the Self," *Philosophy East and West* 34 (1984): 261-272; James Duerlinger, *The Refutation of Self in Indian Buddhism: Candrakīrti on the Selflessness of Persons* (London: Routledge, 2012); Ganeri, *The Concealed Art of the Soul,* 7장.

92. Duerlinger, "Candrakīrti's Denial of the Self," 263.

93. 같은 책, 같은 쪽.

94. Batchelor, *Verses from the Center,* 115-116. 이것은 배철러(Batchelor)가 나가르주나의 자아에 대한 장을 번역한 것의 마지막 연이다.

참고문헌

Abrams, M. H., et al., eds. *The Norton Anthology of English Literature, Volume I,* Sixth Edition. New York and London: Norton, 1993.

Albahari, Miri. *Analytical Buddhism: The Two-Tiered Illusion of Self.* New York: Palgrave Macmillan, 2006.

Alkire, Michael T., et al. "Consciousness and Anesthesia." *Science* 322 (2008): 876-880.

Anālayo. "*Nāma-rūpa*" In A. Sharma, ed., *Encyclopedia of Indian Religions*. Berlin: Springer Science+Business Media, 2015.

______. *Satīpaṭṭāna: The Direct Path to Realization.* Cambridge, England: Windhorse, 2003.

Angel, Leonard. "Reincarnation All Over Again: Evidence for Reincarnation Rests on Backward Reasoning." *The Skeptic* [USA] 9 (2002): 87-90.

Anton, Corey. "Dreamless Sleep and the Whole of Human Life: An Ontological Exposition." *Human Studies* 29 (2006): 181-202.

Āraṇya, Sāṃkhyayogāchāra Swāmi Hariharānanda. *Yoga Philosophy of Patañjali.* Rendered into English by P. N. Mukerji. Albany: State University of New York Press, 1983.

Aristotle. "De Somniis (On Dreams)." In Richard McKeon, ed., The Basic Works of Aristotle, 618-625. New York: Random House, 1941.

Arnold, Dan. "Dharmakīrti''s Dualism: Critical Reflections on a Buddhist Proof of Rebirth." *Philosophy Compass* 3 (2008): 1079-1096.

Arya, Pandit Usharbudh. *Yoga-Sūtras of Patañjali with the Exposition of Vyāsa. Volume I: Samādhi-pāda.* Honesdale, PA: The Himalayan International Institute, 1989.

Arzy, Shahar, et al. "Neural Basis of Embodiment: Distinct Contributions of Temporoparietal Junction and Extrastriate Body Area." *Journal of Neuroscience* 26 (2006): 8074-8081.

Aspell, Jane, and Olaf Blanke. "Understanding the Out-of-Body Experience from a Neuroscientific Perspective." In Craig D. Murray, ed., *Psychological Scientific Perspectives on Out of Body and Near Death Experiences,* 73-88. Hauppauge, NY: Nova Science Publishers, 2009.

Austin, James H. *Selfless Insight: Zen and the Meditative Transformations of Consciousness.* Cambridge, MA: MIT Press, 2009.

______. Zen and the Brain: *Toward an Understanding of Meditation and Consciousness.* Cambridge, MA: MIT Press, 1999.

Baird, Benjamin, et al. "Inspired by Distraction: Mind Wandering Facilitates Creative Incubation." *Psychological Science* 23 (2012): 1117-1122.

Batchelor, Stephen. *Buddhism Without Beliefs: A Contemporary Guide to Awakening.* New York: Riverhead, 1997.

______. *Verses from the Center: A Buddhist Vision of the Sublime.* New York: Riverhead, 2000.

Bateson, Gregory. *Steps to an Ecology of Mind.* New York: Ballantine, 1972.

Bauer, Roman. "In Search of a Neural Signature of Consciousness--Facts, Hypotheses, and Proposals." *Synthese* 141 (2004): 233-245.

Bayne, Tim. "Conscious States and Conscious Creatures: Explanation in the Scientific Study of Consciousness." *Philosophical Perspectives* 21 (2007): 1-22.

Begley, Sharon. *Train Your Mind, Change Your Brain.* New York: Ballantine, 2007.

Blackman, Sushila. *Graceful Exits: How Great Beings Die. Death Stories of Hindu, Tibetan Buddhist, and Zen Masters.* Boston: Shambhala, 1997.

Bitbol, Michel. "Death from the First-Person Standpoint." Unpublished article.

______. "Is Consciousness Primary?" *NeuroQuantology* 6 (2008): 53-71.

Bitbol, Michel, and Pier-Luigi Luisi. "Science and the Self-Referentiality of Consciousness." *Journal of Cosmology* 14 (2011): 207-223.

Blackmore, Susan J. *Beyond the Body: An Investigation of Out-of-the-Body Experiences.* Chicago: Academy Chicago, 1982, 1992.

Blake, Randolph and Nikos K. Logothetis. "Visual Competition." N*ature Reviews Neuroscience* 3 (2002): 13-21.

Blanke, Olaf. "Multisensory Brain Mechanisms of Bodily Self-Consciousness." *Nature Reviews Neuroscience* 13 (2012): 556-571.

Blanke, Olaf, and Shahar Arzy. "The Out-of-Body Experience: Disturbed Self-Processing at the Temporo-Parietal Junction." *The Neuroscientist* 11 (2005): 16-24.

Blanke, Olaf, and Sebastian Dieguez. "Leaving Body and Life Behind: Out-of-Body and Near-Death Experience." In Steven Laureys and Giulio Tononi, eds., *The Neurology of Consciousness*, 303-325. London: Academic Publishers, 2009.

Blanke, Olaf, and Christine Mohr. "Out-of-Body Experience, Heautoscopy, and Autoscopic Hallucination of Neurological Origin: Implications for Neurocognitive Mechanisms of Corporeal Awareness and Self-Consciousness." *Brain Research Reviews* 50 (2005): 184-199.

Blanke, Olaf, et al. "Linking Out-of-Body Experience and Self-Processing to Mental Own-Body Imagery at the Temporoparietal Junction." *Journal of Neuroscience* 25 (2005): 550-557.

______. "Out-of-Body Experience and Autoscopy of Neurological Origin." *Brain* 127 (2004): 243-258.

______. "Stimulating Illusory Own-Body Perceptions." *Nature* 419 (2002): 269-270.

Block, Ned. "Comparing the Major Theories of Consciousness." In Michael Gazzaniga, ed., *The Cognitive Neurosciences IV*, 1111-1122. Cambridge, MA: MIT Press, 2009.

______. "Consciousness, Accessibility, and the Mesh Between Psychology and Neuroscience." *Behavioral and Brain Sciences* 30 (2007): 481-548.

Block, Ned, and Cynthia MacDonald. "Consciousness and Cognitive Access." *Proceedings of the Aristotelian Society CVIII*, Part 3 (2008): 289-316.

Bodhi, Bhikkhu. *A Comprehensive Manual of Abhidhamma.* Onalaska, WA: Buddhist Publication Society, 1993, 1999.

______. *The Connected Discourses of the Buddha: A New Translation of the SaṃyuttaNikāya.* Somerville, MA: Wisdom, 2002.

______. *In the Buddha's Words: An Anthology of Discourses from the Pāli Canon.* Somerville, MA: Wisdom, 2005.

Borges, Jorge Luis. *Everything and Nothing.* Trans. Donald A. Yates, James E. Irby, John M. Fein, and Eliot Weinberger. New York: New Directions, 1999.

______. *Selected Poems.* Ed. Alexander Coleman. New York: Penguin, 1999.

Borjigin, Jimo, et al. "Surge of Neurophysiological Coherence and Connectivity in the Dying Brain." *Proceedings of the National Academy of Sciences U.S.A.* 110 (2013): 14432-14437.

Braithwaite, Jason J. "Towards a Cognitive Neuroscience of the Dying Brain." *The Skeptic* 21 (2008): 8-15.

Brefczynski-Lewis, Julie A., et al. "Neural Correlates of Attentional Expertise in Long-Term Meditation Practitioners." *Proceedings of the National Academy of Sciences U.S.A.* 104 (2007): 11483-11488.

Brewer, Judson A., et al. "Meditation Experience Is Associated with Differences in Default Mode Network Activity and Connectivity." *Proceedings of the National Academy of Sciences U.S.A.* 108 (2011): 20254-20259.

Britton, Willoughby B., and Richard R. Bootzin. "Near-Death Experiences and the Temporal Lobe." *Psychological Science* 15 (2004): 254-258.

Bromberg, Philip M. *Awakening the Dreamer: Clinical Journeys.* Mahwah, NJ: Analytic Press, 2006.

Brooks, Janice E., and Jay A. Vogelsong. *The Conscious Exploration of Dreaming:Discovering How We Create and Control Our Dreams.*

Bloomington, IN: 1st Books Library, 2000.

Bryant, Edwin F. *The Yoga Sutras of Patañjali.* New York: North Point Press, 2009.

Buckner, Randy L., and Daniel C. Carrol. "Self-Projection and the Brain." *Trends in Cognitive Sciences* 11 (2007): 49-57.

Buckner, Randy L., et al.. "The Brain's Default Network: Anatomy, Function, and Relevance to Disease." *Annals of the New York Academy of Sciences* 1124 (2008): 1-38.

Busch, Niko A., and Ruffin VanRullen. "Spontaneous EEG Oscillations Reveal Periodic Sampling of Visual Attention." *Proceedings of the National Academy of Sciences* 107 (2010): 16048-16053.

Busch, Niko A., et al. "The Phase of Ongoing EEG Oscillations Predicts Visual Perception." *Journal of Neuroscience* 29 (2009): 7869-7876.

Buschman, Timothy J. and Earl K. Miller. "Shifting the Spotlight of Attention: Evidence for Discrete Computations in Cognition." *Frontiers in Human Neuroscience* 4 (2010): 1-9.

Buzsaki, Gyorgy. *Rhythms of the Brain.* Oxford: Oxford University Press, 2006.

Cabezon, Jose Ignacio. "Buddhism and Science: On the Nature of the Dialogue." In B. Alan Wallace, ed., *Buddhism and Science: Breaking New Ground,* 35.68. New York: Columbia University Press, 2003.

Cahn, B. Rael, et al. "Occipital Gamma Activation During Vipassana Meditation." *Cognitive Processing* 11 (2010): 39-56.

Carter, Olivia, et al. "Meditation Alters Perceptual Rivalry in Tibetan Buddhist

Monks." *Current Biology* 15 (2005): R412-R413.

Chalmers, David J. "Facing Up to the Problem of Consciousness." *Journal of Consciousness Studies* 2 (1995): 200-219.

______. "On the Search for a Neural Correlate of Consciousness." In Stuart R. Hameroff et al., eds., *Toward a Science of Consciousness II,* 219-229. Cambridge, MA: MIT Press, 1998.

Chapple, Christopher Key. *Yoga and the Luminous: Patanjali's Spiritual Path to Freedom*. Albany: State University of New York Press, 2008.

Christoff, Kalina, et al. "Experience Sampling During fMRI Reveals Default Network and Executive Systems Contributions to Mind Wandering." *Proceedings of the National Academy of Sciences U.S.A.* 106 (2009): 8179-8724.

______. "Specifying the Self for Cognitive Neuroscience." *Trends in Cognitive Sciences* 15 (2011): 104-112.

Clute, Holly L., and Warren J. Levy. "Electroencephalographic Changes During Brief Cardiac Arrest in Humans." *Anesthesiology* 73 (1990): 821-825.

Coleman, Graham, and Thupten Jinpa, eds. *The Tibetan Book of the Dead.* London: Penguin, 2007.

Colins, Steven. *Selfless Persons: Imagery and Thought in Theravāda Buddhism.* Cambridge: Cambridge University Press, 1982.

Comans, Michael. "The Self in Deep Sleep According to Advaita and Viśiṣṭādvaita." *Journal of Indian Philosophy* 18 (1990): 1-28.

Conze, Edward. *Buddhist Thought in India.* Ann Arbor: University of Michigan Press, 1962.

Cook, N. D. "The Neuron-Level Phenomena Underlying Cognition and Consciousness: Synaptic Activity and the Action Potential." *Neuroscience* 153 (2008): 556-570.

Cosmelli, Diego, et al. "Waves of Consciousness: Ongoing Cortical Patterns During Binocular Rivalry." *Neuroimage* 23 (2004): 128-140.

Cosmelli, Diego, and Evan Thompson. "Envatment Versus Embodiment: Reflections on the Bodily Basis of Consciousness." In John Stewart et al., eds., *Enaction: Towards A New Paradigm for Cognitive Science,* 361.386, Cambridge, MA: MIT Press, 2010.

______. "Mountains and Valleys: Binocular Rivalry and the Flow of Experience." *Consciousness and Cognition* 16 (2007): 623-641.

Couture, Andre. "The Problem of the Meaning of Yoganidr.'s Name." *Journal of Indian Philosophy* 27 (1999): 35-47.

Craig, A. D. "How Do You Feel? Interoception: The Sense of the Physiological Condition of the Body." *Nature Reviews Neuroscience* 3 (2002): 655-666.

______. "How Do You Feel.Now? The Anterior Insula and Human Awareness." *Nature Reviews Neuroscience* 10 (2009): 59-70.

Crislip, Mark. "Near Death Experiences and the Medical Literature." *The Skeptic* [USA] 14 (2008): 14-15.

Cruse, Damian, et al. "Bedside Detection of Awareness in the Vegetative State: A Cohort Study." *The Lancet* 378 (2011): 2088-2094.

Dalai Lama. *Dzogchen: The Heart Essence of the Great Perfection.* Trans. Thupten Jinpa and Richard Barron (Chokyi Nyima). Ithaca, NY: Snow Lion, 2000.

______. "On the Luminosity of Being." *New Scientist* (May 24, 2003): 42.

______. *Sleeping, Dreaming, and Dying:* An Exploration of Consciousness with the Dalai Lama. Boston: Wisdom, 1996.

______. *The Universe in a Single Atom: The Convergence of Science and Spirituality.* New York: Morgan Road, 2005.

Damasio, Antonio. *The Feeling of What Happens: Body and Emotion in the Making of Consciousness.* New York: Harcourt Brace, 1999.

Damasio, Antonio, and Gil B. Carvalho. "The Nature of Feelings: Evolutionary and Neurobiological Origins." *Nature Reviews Neuroscience* 14 (2013): 143-152.

Dang-Vu, Thien Thanh, et al. "Neuroimaging of REM Sleep and Dreaming." In Patrick McNamara and Deirdre Barrett, eds., *The New Science of Dreaming, Volume I: The Biology of Dreaming*, 95.113. Westport, CT: Praeger, 2007.

Dasgupta, Surendranath. *A History of Indian Philosophy. Volume I.* Cambridge: Cambridge University Press, 1922.

Davis, Jake H., and Evan Thompson. "From the Five Aggregates to Phenomenal Consciousness: Towards a Cross-Cultural Cognitive Science." In Steven Emmanuel, ed., *A Companion to Buddhist Philosophy,* 585-598. Hoboken, NJ: Wiley-Blackwell, 2013.

deCharms, R. Christopher, et al. "Control Over Brain Activation and Pain Learned by Using Real-Time Functional MRI." *Proceedings of the National Academy of Sciences U.S.A.* 102 (2005): 18626-18631.

Dement, William C., and Nathaniel Kleitman. "The Relation of Eye Movements

During Sleep to Dream Activity: An Objective Method for the Study of Dreaming." *Journal of Experimental Psychology* 53 (1957): 89-97.

Dennett, Daniel C. "Are Dreams Experiences?" Reprinted in Daniel C. Dennett, *Brainstorms: Philosophical Essays on Mind and Psychology*, 129-148. Cambridge, MA: MIT Press/A Bradford Book, 1981.

______. *Consciousness Explained.* Boston: Little Brown, 1991.

______. "The Onus Re Experiences: A Reply to Emmett." *Philosophical Studies* 35 (1979): 315-318.

Descartes, René. *The Philosophical Writings of Descartes,* Volume 2. Trans. John Cottingham, Robert Stoothoff, and Dugald Murdoch. Cambridge: Cambridge University Press, 1985.

Destexhe, Alain, et al. "Are Corticothalamic 'Up' States Fragments of Wakefulness?" *Trends in Neurosciences* 30 (2007): 334-342.

Deutsch, Eliot. Advaita Vedānta. *A Philosophical Reconstruction.* Honolulu: UniversityPress of Hawaii, 1969.

Deutsch, Eliot and Rohit Dalvi, eds. *The Essential Vedānta.* A New Source Book of Advaita Vedānta. Bloomington, IN: World Wisdom, 2004.

de Waal, Frans B. M. "Putting the Altruism Back Into Altruism: The Evolution of Empathy." *Annual Review of Psychology* 59 (2008): 279-300.

______. "The Thief in the Mirror." *PLoS Biology* 6(8): e201. doi:10.1371/journal.pbio.0060201

de Warren, Nicolas. "The Inner Night: Towards a Phenomenology of (Dreamless) Sleep." In Dieter Lohmar, ed., *On Time: New Contributions to the Husserlian Problem of Time-Consciousness.* Dordrecht: Springer

Verlag, 2010.

Diekelmann, Susanne and Jan Born. "The Memory Function of Sleep." *Nature Reviews Neuroscience* 11 (2010): 114-126.

Di Paolo, Ezequiel. "Extended Life." *Topoi* 28 (2009): 9-21.

Doesburg, Sam M., et al. "Rhythms of Consciousness: Binocular Rivalry Reveals Large-Scale Oscillatory Network Dynamics Mediating Visual Perception." *PLoS ONE* 4 (7) (2009): e6142. doi:10.1371/journal.pone.0006142.

Doidge, Norman. *The Brain That Changes Itself. Stories of Personal Triumph from the Frontiers of Brain Science.* New York: Penguin, 2007.

Dresler, Martin, et al. "Dreamed Movement Elicits Activation in the Sensorimotor Cortex." *Current Biology* 21 (2011): 1-5.

______. "Neural Correlates of Dream Lucidity Obtained from Contrasting Lucid Versus Non-lucid REM Sleep: A Combined EEG/fMRI Study." *Sleep* 35 (2012): 1017-1020.

Dreyfus, Georges. Recognizing Reality: *Dharmakīrti's Philosophy and Its Tibetan Interpretations.* Albany: State University of New York Press, 1997.

______. "Self and Subjectivity: A Middle Way Approach." In Mark Siderits et al., eds., *Self, No Self? Perspectives from Analytical, Phenomenological, and Indian Traditions*, 114.156. Clarendon: Oxford University Press, 2010.

______. *The Sound of Two Hands Clapping: The Education of a Tibetan Buddhist Monk.* Berkeley: University of California Press, 2003.

Dreyfus, George and Evan Thompson. "Asian Perspectives: Indian Theories of

Mind." In Philip David Zelazo et al., eds., *The Cambridge Handbook of Consciousness,* 89-114. New York and Cambridge: Cambridge University Press, 2007.

Duerlinger, James. "Candrak.rti's Denial of the Self." *Philosophy East and West* 34 (1984): 261-272

______. *The Refutation of Self in Indian Buddhism: Candrakīrti on the Selflessness of Persons.* London: Routledge, 2012.

Dunne, John D. *Foundations of Dharmakīrti's Philosophy.* Somerville, MA: Wisdom, 2004.

Edelmann, Jonathan, and William Bernet. "Setting Criteria for Ideal Reincarnation Research." *Journal of Consciousness Studies* 14 (2007): 92-101.

Ehrsson, Henrik H. "The Experimental Induction of Out-of-Body Experiences." *Science* 317 (2007): 1048.

Eich, Eric, et al. "Neural Systems Mediating Field and Observer Memories." *Neuropsychologia* 47 (2009): 2239-2251.

Emmett, Kathleen. "Oneiric Experiences." *Philosophical Studies* 34 (1978): 445-450.

Erlacher, Daniel, and Heather Chapin. "Lucid Dreaming: Neural Virtual Reality as a Mechanism for Performance Enhancement." *International Journal of Dream Research* 3 (2010): 7-10.

Erlacher, Daniel, and Michael Schredl. "Cardiovascular Responses to Dreamed Physical Exercise During REM Lucid Dreaming." *Dreaming* 18 (2008): 112-121.

______. "Do REM (Lucid) Dreamed and Executed Actions Share the Same

Neural Substrate?" *International Journal of Dream Research* 1 (2008): 7-14.

______. "Time Required for Motor Activities in Lucid Dreams." *Perceptual and Motor Skills* 99 (2004): 1239-1242.

Fan, Jin, et al. "The Relation of Brain Oscillations to Attentional Networks." *Journal of Neuroscience* 27 (2007): 6197-6206.

Farb, Norman A. S., et al. "Attending to the Present: Mindfulness Meditation Reveals Distinct Neural Modes of Self-Reference." *Social Cognitive Affective Neuroscience* 2 (2007): 313-322.

Fell, Juergen et al. "From Alpha to Gamma: Electrophysiological Correlates of Meditation-Related States of Consciousness." *Medical Hypotheses* 75 (2010): 218-224.

Ferrarelli, Fabio, et al. "Experienced Mindfulness Meditators Exhibit Higher Parietal-Occipital EEG Gamma Activity During NREM Sleep." *PLoS ONE* 8 (8):e73417. doi:10.1371/journal.pone.0073417.

Flanagan, Owen. *The Bodhisattva's Brain: Buddhism Naturalized.* Cambridge, MA: MIT Press, 2011.

______. *Dreaming Souls: Sleep, Dreams, and the Evolution of the Conscious Mind.* New York: Oxford University Press, 2000.

______. *The Really Hard Problem: Meaning in a Material World.* Cambridge, MA: MIT Press, 2007.

Fort, Andrew. "Dreaming in Advaita Vedānta." *Philosophy East and West* 35 (1985): 377.386.

______. *The Self and Its States: A States of Consciousness Doctrine in*

Advaita Vedānta. Delhi: Motilal Banarsidass, 1990.

Foulkes, David. *Children's Dreaming and the Development of Consciousness.* Cambridge, MA: Harvard University Press, 2002.

______. "Dream Reports from Different Stages of Sleep." *Journal of Abnormal and Social Psychology* 65 (1962): 14-25.

Foulkes, David W., and Gerald Vogel. "Mental Activity at Sleep Onset." *Journal of Abnormal Psychology* 70 (1965): 231-243.

Fox, Oliver. *Astral Projection.* New Hyde Park, NY: University Books, 1962.

French, Christopher C. "Near-Death Experiences in Cardiac Arrest." *Progress in Brain Research* 150 (2005): 351-367.

______. "Near-Death Experiences and the Brain." In Craig D. Murray, ed., *Psychological Scientific Perspectives on Out of Body and Near Death Experiences,* 187.204. Hauppauge, NY: Nova Science Publishers, 2009.

Freud, Sigmund. The Intrepretation of Dreams. Trans. Joyce Crick. New York: Oxford University Press, 1999.

______. *The Interpretation of Dreams.* Trans. James Strachey. New York: Basic Books, 1955.

Frost, Robert. *The Poetry of Robert Frost: The Collected Poems, Complete and Unabridged.* New York: Henry Holt, 1969.

Gackenbach, Jayne, and Matthew Rosie. "Presence in Video Game Play and Nighttime Dreams: An Empirical Inquiry." *International Journal of Dream Research* 4 (2011): 98-109.

Gaillard, Raphael, et al. "Converging Intracranial Markers of Conscious Access."

PloS Biology 7 (3) (2009): e1000061. doi:10.1371/journal.pbio.1000061.

Gallagher, Shaun, and Dan Zahavi. *The Phenomenological Mind*, 2nd ed. London and New York: Routledge, 2012.

Gambhirananda, Swami, trans. *Eight Upanisads, Volume Two.* Kolkata, India: Advaita Ashrama, 1958.

Ganeri, Jonardon. *The Concealed Art of the Soul: Theories of Self and Practices of Truth in Indian Ethics and Epistemology.* Oxford: Oxford University Press, 2007.

______. "Emergentisms: Ancient and Modern." *Mind* 120 (2011): 671-703.

______. *The Self: Naturalism, Consciousness, and the First-Person Stance.* Oxford: Oxford University Press, 2012.

Ganesh, Shanti, et al. "How the Human Brain Goes Virtual: Distinct Cortical Regions of the Person-Processing Network Are Involved in Self-Identification with Virtual Agents." *Cerebral Cortex* 22 (2012): 1577-1585.

Garfield, Jay L. *The Fundamental Wisdom of the Middle Way: Nagarjuna's Mulamadhyamakakarika.* New York and Oxford: Oxford University Press, 1995.

Germain, Anne, and Tore A. Nielsen. "EEG Power Associated with Early Sleep OnsetImages Differing in Sensory Content." *Sleep Research Online* 4 (2001): 83-90.

Gethin, Rupert. *The Foundations of Buddhism.* Oxford and New York: Oxford University Press, 1998.

Gho, Michel, and Francisco J. Varela. "A Quantitative Assessment of the Dependency of the Visual Temporal Frame Upon the Cortical Alpha Rhythm."

Journal of Physiology-Paris 83 (1988-1989): 95-101.

Giddings, Gordon. *Dying in the Land of Enchantment: A Doctor's Journey*. Big Pine, CA: Lost Borders Press, 2012.

Gloor, Pierre. "Role of the Limbic System in Perception, Memory, and Affect: Lessons from Temporal Lobe Epilepsy." In Benjamin K. Doane and Kenneth E. Livingstone, eds., *The Limbic System: Functional Organization and Clinical Disorders,* 159.169. New York: Raven Press.

Goldstein, Joseph. *The Experience of Insight*. Boston: Shambhala, 1976.

Goleman, Daniel. *Destructive Emotions: A Scientific Dialogue with the Dalai Lama.* New York: Bantam, 2003.

Gombrich, Richard. *What the Buddha Thought.* London and Oakville, CT: Equinox, 2009.

Green, Celia, and Charles McCreery. *Lucid Dreaming: The Paradox of Consciousness During Sleep.* London: Routledge, 1994.

Greyson, Bruce. "Incidence and Correlates of Near-Death Experiences in a Cardiac Care Unit." *General Hospital Psychiatry* 25 (2003): 269-276.

______. "The Near-Death Experience Scale: Construction, Reliability, and Validity." *Journal of Nervous and Mental Disease* 171 (1983): 369-375.

______. "Near-Death Experiences." In V. S. Ramachandran, ed., The Encyclopedia of Human Behavior, Second Edition, vol. 2, 669-676. *Academic Press*, 2012.

Greyson, Bruce, et al. "'There Is Nothing Paranormal About Near-Death Experiences' Revisited: Comment on Mobbs and Watt." *Trends in Cognitive Sciences* 16 (2012): 446.

Griffiths, Paul J. *On Being Mindless: Buddhist Meditation and the Mind-Body Problem.* LaSalle, IL: Open Court, 1986.

Gupta, Bina. *Cit: Consciousness.* New Delhi: Oxford University Press, 2003.

______. *The Disinterested Witness: A Fragment of Advaita Vedānta Phenomenology.* Evanston, IL: Northwestern University Press, 1998.

Gyatrul Rinpoche. *Meditation, Transformation, and Dream Yoga.* Trans. B. Alan Wallace and Sangye Khandro. Ithaca, NY: Snow Lion, 1993 and 2002.

Hadot, Pierre. *Philosophy as a Way of Life: Spiritual Exercises from Socrates to Foucault.* Ed. and with an introduction by Arnold Davidson. Malden, MA: Blackwell, 1995.

Halifax, Joan. *Being with Dying: Cultivating Compassion and Fearlessness in the Presence of Death.* Boston: Shambhala Publications, 2008.

Hamilton, Sue. *Early Buddhism: A New Approach. The Eye of the Beholder.* Richmond, Surrey: Curzon Press, 2000.

Hanh, Thich Nhat. *Understanding Our Mind.* Berkeley, CA: Parallax Press, 2006.

Harrington, Anne, and Arthur Zajonc, eds. *The Dalai Lama at MIT.* Cambridge, MA: Harvard University Press, 2006.

Hasenkamp, Wendy, et al. "Mind Wandering and Attention During Focused Meditation: A Fine-Grained Temporal Analysis of Fluctuating Cognitive States." Neuroimage 59 (2012): 750-760.

Hayes, Richard. "Dharmakīrti' on Punarbhava." In Egaku Mayeda, ed., *Studies in Original Buddhism and Mahayana Buddhism.* Volume 1, 111-129. Kyoto: Nagata Bunshodo, 1993.

Hayward, Jeremy W., and Francisco J. Varela, eds. *Gentle Bridges: Conversations with the Dalai Lama on the Sciences of Mind.* Boston: Shambhala Press, 1992.

Hearne, Keith M.T. "Lucid Dreams: An Electrophysiological and Psychological Study." Ph.D. diss. University of Liverpool, 1978.

Heidegger, Martin. *Being and Time.* Rrans. Joan Stambaugh. Albany: State University of New York Press, 1996.

Heller-Roazen, Daniel. *The Inner Touch: Archaeology of a Sensation.* New York: Zone Books, 2007.

Henry, Aaron, and Evan Thompson. "Witnessing from Here: Self-Awareness from a Bodily Versus Embodied Perspective." In Shaun Gallagher, ed., *The Oxford Handbook of the Self,* 228-249. Oxford and New York: Oxford University Press, 2011.

Hill, James. "The Philosophy of Sleep: The Views of Descartes, Locke, and Leibniz." *Richmond Journal of Philosophy* 6 (2004): 1-7.

Hirshfield, Jane. *Given Sugar, Given Salt.* New York: Harper Perennial, 2002.

Hobson, J. Allan. *Consciousness.* New York: Scientific American Library, 1999.

______. *Dreaming: An Introduction to the Science of Sleep.* Oxford: Oxford University Press, 2002.

______. "The Neurobiology of Consciousness: Lucid Dreaming Wakes Up." *International Journal of Dream Research* 2 (2009): 41-44.

______. "REM Sleep and Dreaming: Toward a Theory of Protoconsciousness." *Nature Reviews Neuroscience* 10 (2009): 803-813.

______. 13 *Dreams Freud Never Had: The New Mind Science.* New

York: Pi Press, 2005.

Hobson, J. Allan, and Robert McCarley. "The Brain as a Dream State Generator: An Activation-Synthesis Hypothesis of the Dream Process." *American Journal of Psychiatry* 134 (1977): 1335-1348.

Hobson, J. Allan, et al. "Dreaming and the Brain: Toward a Cognitive Neuroscience of Conscious States." *Behavioral and Brain Sciences* 23 (2000): 793-842.

Hoffman, Yoel. *Japanese Death Poems: Written by Zen Monks and Haiku Poets on the Verge of Death.* North Clarendon, VT: Charles E. Tuttle, 1986.

Holden, Janice Minder. "Veridical Perception in Near-Death Experiences." In Janice Minder Holden et al., eds., *The Handbook of Near-Death Experiences: Thirty Years of Investigation*, 185-211. Santa Barbara, CA: ABC-Clio, 2009.

Homer, *The Iliad.* Trans. Robert Fitzgerald. London: Everyman's Library, 1992.

Hopkins, Jeffrey. *Meditations on Emptiness.* London: Wisdom, 1983.

Hori, Tadao, et al. "Topographical EEG Changes and the Hypnagogic Experience." In *Anonymous Sleep Onset: Normal and Abnormal Processes*, 237-253. Washington, D.C.: American Psychological Association, 1994.

Horne, Jim. *Sleepfaring: A Journey Through the Science of Sleep.* Oxford: Oxford University Press, 2006.

Husserl, Edmund. T*he Crisis of European Sciences and Transcendental Phenomenology.* Trans. David Carr. Evanston, IL: Northwestern University Press, 1970.

______. *On the Phenomenology of the Consciousness of Internal Time (1893-1917)*. Trans. John Brough. Dordrecht: Kluwer Academic Publishers, 1991.

Hut, Piet, and Roger Shepard. "Turning the 'Hard Problem' Upside Down and Sideways." *Journal of Consciousness Studies* 3 (1996): 313-329.

Ichikawa, Jonathan. "Dreaming and Imagination." *Mind and Language* 24 (2009): 103-121.

Inada, Kenneth K. *Nagarjuna: A Translation of his Mulamadhyamakakarika with an Introductory Essay*. Tokyo: The Hokuseido Press, 1970.

Ingvar, David H. "'Memory of the Future': An Essay on the Temporal Organization of Conscious Awareness." *Human Neurobiology* 3 (1985): 126-136.

Iyengar, B.K.S. *Light on the Yoga Sutras of Patañjali*. London: Thorsons, 1996.

James, William. *The Principles of Psychology*. Cambridge, MA: Harvard University Press, 1981.

Jha, Amishi P., et al. "Mindfulness Training Modifies Subsystems of Attention." *Cognitive, Affective, and Behavioral Neuroscience* 7 (2007): 109-119.

Jinpa, Thupten. "Science as an Ally or a Rival Philosophy? Tibetan Buddhist Thinkers' Enagement with Modern Science." In B. Alan Wallace, ed., *Buddhism and Science: Breaking New Ground,* 71-85. New York: Columbia University Press, 2003.

Jun, Daoyun, and Matthew A. Wilson. "Coordinated Memory Replay in the Visual Cortex and Hippocampus During Sleep." *Nature Neuroscience* 10 (2007): 100-107.

Kabat-Zinn, Jon. *Wherever You Go, There You Are.* New York: Hyperion, 2004.

Kapleau, Philip Roshi. *The Three Pillars of Zen.* New York: Anchor Books, Doubleday, 1989.

Kelen, Betty. *Gautama Buddha in Life and Legend.* New York: Avon Books, 1967.

Kesarcordi-Watson, Ian. "An Ancient Indian Argument for What I Am." *Journal of Indian Philosophy* 9 (1981): 259-272.

Killingsworth, Matthew A., and Daniel T. Gilbert. "A Wandering Mind Is an Unhappy Mind." *Science* 330 (2010): 932.

Koch, Christof. *The Quest for Consciousness: A Neurobiological Approach. Greenwood Village,* CO: Roberts & Company, 2007.

Koyabashi, Eliane, et al. "Widespread and Intense BOLD Changes During Brief Focal Electrographic Seizures." *Neurology* 66 (2006): 1049-1055.

Kozhevnikov, Maria, et al., "Neurocognitive and Somatic Components of Temperature Increases During g-Tummo Meditation: Legend and Reality." *PLoS ONE* 8 (3): e58244. doi:10.1371/journal.pone.0058244.

Kroeger, Daniel, et al. "Human Brain Activity Patterns Beyond the IsoelectricLine of Extreme Deep Coma." *PLoS ONE* 8 (9): e75257. doi:10.1371/journal.pone.0075257.

Krueger, James M., et al. "Sleep as a Fundamental Property of Neuronal Assemblies." *Nature Reviews Neuroscience* 9 (2008): 910-919.

LaBerge, Stephen. "Lucid Dreaming." In Patrick McNamara and Deirdre Barrett, eds., *The New Science of Dreaming, Volume II: Content, Recall,*

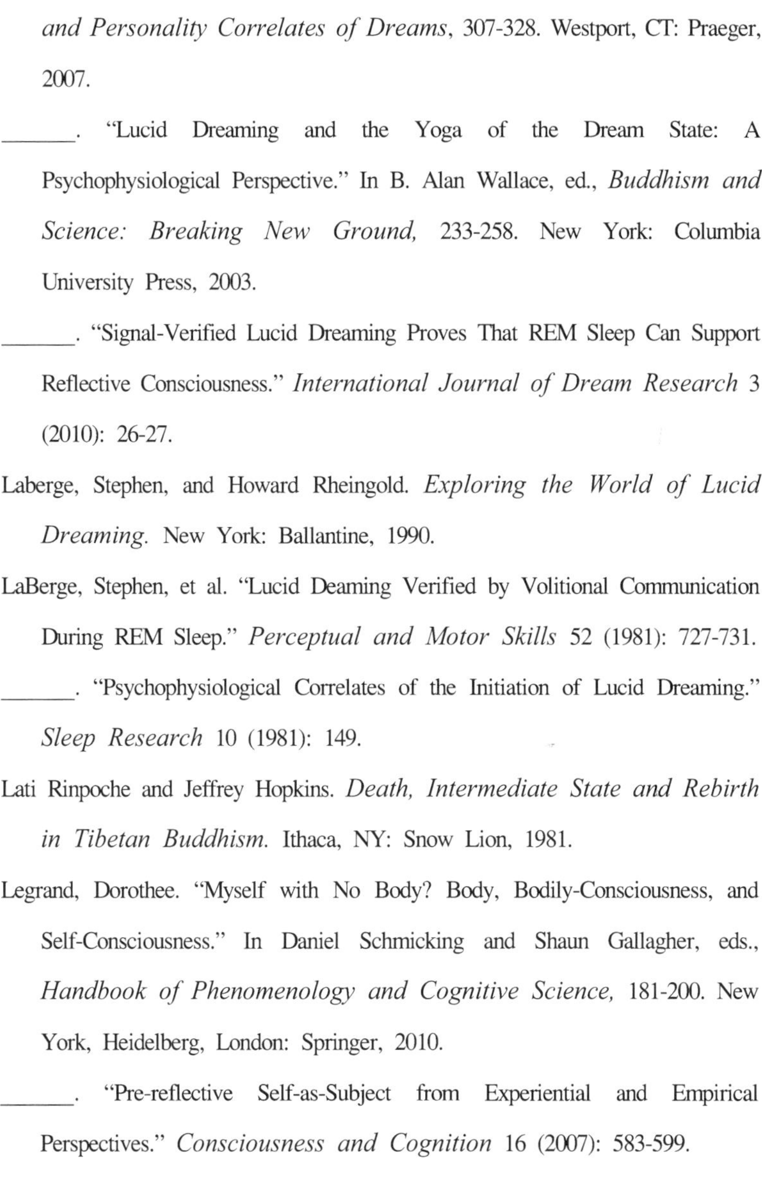

and Personality Correlates of Dreams, 307-328. Westport, CT: Praeger, 2007.

______. "Lucid Dreaming and the Yoga of the Dream State: A Psychophysiological Perspective." In B. Alan Wallace, ed., *Buddhism and Science: Breaking New Ground,* 233-258. New York: Columbia University Press, 2003.

______. "Signal-Verified Lucid Dreaming Proves That REM Sleep Can Support Reflective Consciousness." *International Journal of Dream Research* 3 (2010): 26-27.

Laberge, Stephen, and Howard Rheingold. *Exploring the World of Lucid Dreaming.* New York: Ballantine, 1990.

LaBerge, Stephen, et al. "Lucid Deaming Verified by Volitional Communication During REM Sleep." *Perceptual and Motor Skills* 52 (1981): 727-731.

______. "Psychophysiological Correlates of the Initiation of Lucid Dreaming." *Sleep Research* 10 (1981): 149.

Lati Rinpoche and Jeffrey Hopkins. *Death, Intermediate State and Rebirth in Tibetan Buddhism.* Ithaca, NY: Snow Lion, 1981.

Legrand, Dorothee. "Myself with No Body? Body, Bodily-Consciousness, and Self-Consciousness." In Daniel Schmicking and Shaun Gallagher, eds., *Handbook of Phenomenology and Cognitive Science,* 181-200. New York, Heidelberg, London: Springer, 2010.

______. "Pre-reflective Self-as-Subject from Experiential and Empirical Perspectives." *Consciousness and Cognition* 16 (2007): 583-599.

Legrand, Dorothee, and Perrine Ruby. "What Is Self-Specific? A Theoretical

Investigation and Critical Review of Neuroimaging Results." *Psychological Review* 116 (2009): 252-282.

Lempert, Thomas, et al. "Syncope and Near-Death Experience." *The Lancet* 334 (1994): 829-830.

Lenggenhager, Bigna, et al. "Spatial Aspects of Bodily Self-Consciousness." *Consciousness and Cognition* 18 (2009): 110-117.

______. "Video Ergo Sum: Manipulating Bodily Self-Consciousness." *Science* 317 (2007): 1096-1099.

Le Van Quyen, Michel, et al. "Large-Scale Microelectrode Recordings of High-Frequency Gamma Oscillations in Human Cortex During Sleep." *Journal of Neuroscience* 30 (2010): 7770-7782.

Levitan, Lynne, and Stephen LaBerge. "Testing the Limits of Dream Control: The Light and Mirror Experiment." *Nightlight* 5 (2) (Summer 1993). http://www.lucidity.com/NL52.LightandMirror.html.

Levitan, Lynne, et al. "Out-of-Body Experiences, Dreams, and REM Sleep." *Sleep and Hypnosis* 1 (1999): 186-196.

Llinas, Rodolfo. *The I of the Vortex: From Neurons to Self.* Cambridge, MA: MIT Press, 2002.

Llinás, Rodolfo, and Urs Ribary. "Coherent 40-Hz Oscillation Characterizes Dream State in Humans." *Proceedings of the National Academy of Sciences U.S.A.* 90 (1993): 2078-2081.

______. "Perception as an Oneiric-Like State Modulated by the Senses." In Christof Koch and Joel L. Davis, eds., *Large-Scale Neuronal Theories of the Brain,* 111-124. Cambridge, MA: MIT Press, 1994.

Llinás, Rodolfo, et al. "The Neuronal Basis for Consciousness." *Philosophical Transactions of the Royal Society of London. Series B: Biological Sciences* 353 (1998): 1841-1849.

Logothetis, Nikos K. "Single Units and Conscious Vision." *Philosophical Transactions of the Royal Society of London B* 353 (1998): 1801-1818.

______. "Vision: A Window on Consciousness." *Scientific American* 281 (1999): 68-75.

Lopez, Donald, Jr. *Buddhism and Science: A Guide for the Perplexed.* Chicago: University of Chicago Press, 2008.

Lusthaus, Dan. *Buddhist Phenomenology: A Philosophical Investigation of Yog.c.ra Buddhism and the Ch'eng Wei-shih lun.* London and New York: RoutledgeCurzon, 2002.

Lutz, Antoine, and Evan Thompson. "Neurophenomenology: Integrating Subjective Experience and Brain Dynamics in the Neuroscience of Consciousness." *Journal of Consciousness Studies* 10 (2003): 31-52.

Lutz, Antoine, et al. "Attention Regulation and Monitoring in Meditation." *Trends in Cognitive Sciences* 12 (2008): 163-169.

______. "Changes in the Tonic High-Amplitude Gamma Oscillations During Meditation Correlate with Long-Term Practitioners' Verbal Reports." Association for the Scientific Study of Consciousness Annual Meeting, Poster Presentation, 2006.

______. "Guiding the Study of Brain Dynamics by Using First-Person Data: Synchrony Patterns Correlate with Ongoing Conscious States During a Simple Visual Task." *Proceedings of the National Academy of Sciences*

U.S.A. 99 (2002): 1586-1591.

______. "Long-Term Meditators Self-Induce High Amplitude Gamma Synchrony During Mental Practice," *Proceedings of the National Academy of Sciences* 101 (2004): 16369-16373.

______. "Meditation and the Neuroscience of Consciousness: An Introduction." In Philip David Zelazo et al., eds., *The Cambridge Handbook of Consciousness,* 499-553. Cambridge: Cambridge University Press, 2007.

______. "Mental Training Enhances Attentional Stability: Neural and Behavioral Evidence." *Journal of Neuroscience* 29 (2009): 13418-13427.

MacKenzie, Matthew. "Enacting the Self: Buddhist and Enactivist Approaches to the Emergence of Self." In Mark Siderits et al., eds., *Self, No Self? Perspectives from Analytical, Phenomenological, and Indian Traditions,* 239-273. Oxford: Oxford University Press, 2011.

______. "The Illumination of Consciousness: Approaches to Self-Awareness in the Indian and Western Traditions." *Philosophy East and West* 57: 40-62.

Maclean, Katherine A., et al. "Intensive Meditation Training Improves Perceptual Discrimination and Sustained Attention." *Psychological Science* 21 (2010): 829-839.

Mair, Victor H. *Wandering on the Way: Early Taoist Tales and Parables of Chuang Tzu.* Honolulu: University of Hawaii Press, 1998.

Maquet, Pierre et al. "Human Cognition During REM Sleep and the Cortical Activity Profile within Frontal and Parietal Cortices: A Reappraisal of Functional Neuroimaging Data." Progress in Brain Research 150 (2005): 219-227.

Margulis, Lynn, and Dorion Sagan. *What is Life?* New York: Simon and Schuster, 1995.

Marsh, Michael N. *Out-of-Body and Near-Death Experiences: Brain-State Phenomena or Glimpses of Immortality?* Oxford: Oxford University Press, 2010.

Mason, L. I., et al. "Electrophysiological Correlates of Higher States of Consciousness During Sleep in Long-Term Practitioners of the Transcendental Meditation Program." *Sleep* 20 (1997): 102-110.

Mason, Malia F., et al. "Wandering Minds: The Default Network and Stimulus Independent Thoughts." Science 315 (2007): 393-395.

Massimini, Marcello, et al. "Breakdown of Cortical Effective Connectivity During Sleep." *Science* 309 (2005): 2228-2232.

Mathewson, Kyle E., et al. "To See or Not to See: Prestimulus α Phase Predicts Visual Awareness." *Journal of Neuroscience* 29 (2009): 2725-2732.

Maturana, Humberto R., and Francisco J. Varela. *Autopoiesis and Cognition: The Realization of the Living.* Boston Studies in the Philosophy of Science, vol. 42. Dordrecht: D. Reidel, 1980.

______. *The Tree of Knowledge: The Biological Roots of Human Understanding.* Boston: Shambhala/New Science Library, 1987.

Maury, Alfred. "Des hallucinations hypnagogiques ou des erreurs des sens dans l'etat intermédiare entre la veille et le sommeil" [Hypnagogic hallucinations or sensory errors in the intermediate state between wakefulness and sleep]. *Annales Medico-Psychologiques du systeme nerveux* 11 (1848): 26-40.

Mavromatis, Andreas. *Hypnagogia: The Unique State of Consciousness*

Between Wakefulness and Sleep. London and New York: Routledge and Kegan Paul, 1987.

May, Todd. *Death*. Stocksfield: Acumen Publishing, 2009.

Mayer, Elizabeth Lloyd. *Extraordinary Knowing: Science, Skepticism, and the Inexplicable Powers of the Human Mind*. New York: Bantam, 2007.

McGinn, Colin. *Mindsight: Image, Dream, Meaning*. Cambridge, MA: Harvard University Press, 2004.

______. *The Mysterious Flame: Conscious Minds in a Material World*. New York: Basic Books, 2000.

McIsaac, Heather K., and Eric Eich. "Vantage Point in Episodic Memory." *Psychological Science* 9 (2002): 146-150.

McMahan, David L. *The Making of Buddhist Modernism*. New York: Oxford University Press, 2008.

McNamara, Patrick, et al. "'Theory of Mind' in REM and NREM Dreams." In Patrick McNamara and Deirdre Barrett, eds., *The New Science of Dreaming, Volume II: Content, Recall, and Personality Correlates*, 201-220. Westport, CT: Praeger, 2007.

Melloni, Lucia, et al. "Synchronization of Neural Activity Across Cortical Areas Correlates with Conscious Perception." *Journal of Neuroscience* 27 (2007): 2858-2865.

Metzinger, Thomas. *Being No One: The Self-Model Theory of Subjectivity*. Cambridge, MA: MIT Press/A Bradford Book, 2003.

______. *The Ego Tunnel: The Science of the Mind and the Myth of the*

Self. New York: Basic Books, 2009.

______. "The No-Self Alternative." In Shaun Gallagher, ed., *The Oxford Handbook of the Self,* 297-315. New York and Oxford: Oxford University Press, 2011.

______. "Out-of-Body Experiences as the Origin of the Concept of a 'Soul.'" *Mind & Matter* 3 (2005): 57-84.

Mobbs, Dean, and Caroline Watt. "There Is Nothing Paranormal About Near-Death Experiences: How Neuroscience Can Explain Seeing Bright Lights, Meeting the Dead, or Being Convinced You are One of Them." *Trends in Cognitive Sciences* 15 (2011): 447-449.

Moeller, Hans-Georg. *Daoism Explained: From the Dream of the Butterfly to the Fishnet Allegory.* Chicago and LaSalle, IL: Open Court, 2004.

Monroe, Robert. Journeys Out of the Body. New York: Doubleday, 1971.

Moody, Raymond A., Jr. *Life After Life: The Investigation of a Phenomenon.Survival of Bodily Death.* San Francisco: Harper, 1975, 2001.

Muldoon, Sylvan, and Hereward Carrington. *The Projection of the Astral Body.* New York: Samuel Weiser, 1969.

Murphy, Nancey, et al., eds. *Downward Causation and the Neurobiology of Free Will.* Berlin: Springer, 2009.

Muzur, Amir, et al. "The Prefrontal Cortex in Sleep." *Trends in Cognitive Sciences* 6 (2002): 475-481.

Myers, Frederick H.M. *Human Personality and Its Survival of Bodily Death.* London: Longmans, Green, 1903.

Nabokov, Vladimir. *Speak, Memory. An Autobiography Revisited.* New

York: Vintage International, 1989.

Nagendra, Ravindra P., et al. "Meditation and Its Regulatory Role on Sleep." *Frontiers in Neurology* 3 (2012) Article 54: 1-3.

Naiman, Rubin R. *Healing Night: The Science and Spirit of Sleeping, Dreaming, and Awakening.* Minneapolis: Syren Book Company, 2006.

Ñaṇamoli, Bhikkhu, and Bodhi, Bhikkku, trans. *The Middle Length Discourses ofthe Buddha. A Translation of the Majjhima Nikāya.* Somerville, MA: Wisdom, 1995.

Nielsen, Tore A. "Describing and Modeling Hypnagogic Imagery Using a Systematic Self-Observation Procedure." *Dreaming* 5 (1995): 75-94.

______. "A Review of Mentation in REM and NREM Sleep: 'Covert' REM Sleep as a Possible Reconciliation of Two Opposing Models." *Behavioral and Brain Sciences* 23 (2000): 851-866.

Nietzsche, Friedrich. *The Birth of Tragedy and Other Writings.* Ed. Raymond Geuss and Ronald Speirs. Cambridge: Cambridge University Presss, 1999.

Nigro, Georgia, and Ulric Neisser. "Point of View in Personal Memories." *Cognitive Psychology* 15 (1983): 467-482.

Nir, Yuval, and Guilio Tononi. "Dreaming and the Brain: From Phenomenology to Neurophysiology." *Trends in Cognitive Sciences* 14 (2009): 88-100.

Norbu, Chogyal Namkhai. *Dream Yoga and the Practice of the Natural Light.* Ithaca, NY: Snow Lion, 1992.

Obeyesekere, Gananath. *Imagining Karma: Ethical Transformation in Amerindian, Buddhist, and Greek Rebirth.* Berkeley: University of

California Press, 2002.

O'Flaherty, Wendy Doniger. *Dreams, Illusion and Other Realities.* Chicago: University of Chicago Press, 1984.

Olivelle, Patrick, trans. Upanisads. Oxford: Oxford University Press, 1996.

Owen, Adrian M., and Martin R. Coleman. "Functional Neuroimaging of the Vegetative State." *Nature Reviews Neuroscience* 9 (2008): 235-243.

Pace-Schott, Edward F. "The Frontal Lobes and Dreaming." In Patrick McNamara and Deirdre Barrett, eds., *The New Science of Dreaming, Volume I: The Biology of Dreaming,* 115-154. Westport, CT: Praeger, 2007.

Padmasambhava. *Natural Liberation: Padmasambhava's Teachings on the Six Bardos.* Trans. B. Alan Wallace. Boston: Wisdom, 1998.

Pagel, J. F. *The Limits of Dream. A Scientific Exploration of the Mind/Brain Interface.* Oxford: Elsevier/Academic Press, 2008.

Palva, Satu, et al. "Early Neural Correlates of Conscious Somatosensory Perception." *Journal of Neuroscience* 25 (2005): 5248-5258.

Parnia, Sam, and Peter Fenwick. "Near Death Experiences in Cardiac Arrest: Visions of a Dying Brain or Visions of a New Science of Consciousness." *Resuscitation* 52 (2002): 5-11.

Peigneux, Philippe, et al. "Are Spatial Memories Strengthened in the Human Hippocampus During Slow-Wave Sleep?" *Neuron* 44 (2004): 535-545.

Pessoa, Luiz, et al. "Target Visibility and Visual Awareness Modulate Amygdala Responses to Fearful Faces." *Cerebral Cortex* 16 (2006): 366-375.

Petitmengin, Claire. "Describing One's Subjective Experience in the Second Person: An Interview Method for the Science of Consciousness."

Phenomenology and the Cognitive Sciences 5 (2009): 229-269.

Petitmengin, Claire, ed. *Ten Years of Viewing from Within: The Legacy of F. J. Varela.* Special issue of the Journal of Consciousness 16 (10.12) (October-December 2009).

Petitmengin, Claire, et al. "Anticipating Seizure: Pre-Reflective Experience at the Center of Neuro-Phenomenology." *Consciousness and Cognition* 16 (2007): 746-764.

______. "Seizure Anticipation: Are Neurophenomenological Approaches Able to Detect Preictal Symptoms?" *Epilepsy and Behavior* 9 (2006): 298-306.

Petkova, Valeria I., and H. Henrik Ehrsson. "If I Were You: Perceptual Illusion of Body Swapping." *PLoS ONE* 3 (12) (2008): e3832. doi:10.1371/journal.pone.0003832.

Phillips, Stephen. *Yoga, Karma, and Rebirth: A Brief History and Philosophy.* New York: Columbia University Press, 2009.

Ponlop, Dzogchen. *Mind Beyond Death.* Ithaca, NY: Snow Lion, 2006.

Proust, Marcel. *The Way by Swann's.* Trans. Lydia Davis. London: Penguin, 2003.

Pruden, Leo M., trans. *Abhidharmakosabhasyam, by Louis de la Vallée Poussin. Vols* 1-4. Berkeley, CA: Asian Humanities Press, 1991.

Rabten, Geshe. *The Mind and Its Functions.* Rrans. Stephen Batchelor. Mt. Pelerin, Switzerland: Tharpa Choeling, 1981.

R.m.nuja. *The Vedānta-Sūtras with the Commentary by Rāmānuja. Sacred Books of the East,* Volume 48. Trans. George Thibaut, 1904. http://www.sacred-texts.com/hin/sbe48/index.htm.

Ram-Prasad, Chakravarthi. "Dreams and Reality: The Śaṅkarite Critique of Vijn.nav.da." *Philosophy East and West* 43 (1993): 405-455.

______. *Indian Philosophy and the Consequences of Knowledge: Themes in Ethics, Metaphysics, and Soteriology.* Hampshire, England and Burlington, VT: Ashgate, 2007.

Rasch, Björn, et al. "Odor Cues During Slow-Wave Sleep Prompt Declarative Memory Consolidation." *Science* 315 (2007): 1426-1429.

Raveh, Daniel. "Ayam aham asm.ti: Self-Consciousness and Identity in the Eighth Chapter of the *Chāndogya Upaniṣad vs Śankara's Bhāṣya.*" *Journal of Indian Philosophy* 36 (2008): 319-333.

Revonsuo, Antti. *Inner Presence: Consciousness as a Biological Phenomenon.* Cambridge, MA: MIT Press, 2006.

Ring, Kenneth. *Life at Death: A Scientific Investigation of Near-Death Experience.* New York: Conward, McCann & Geoghegan, 1980.

Rock, Andrea. *The Mind at Night: The New Science of How and Why We Dream.* New York: Basic Books, 2004.

Rodriguez, Eugenio, et al. "Perception's Shadow: Long-Distance Synchronization of Human Brain Activity." *Nature* 397 (1999): 430-433.

Roebuck, Valerie J., trans. *The Upanisads.* London: Penguin, 2003.

Rooksby, Bob, and Sybe Terwee. "Freud, Van Eeden and Lucid Dreaming." http://www.spiritwatch.ca/LL%209(2)%20web/Rooksby_Terwee%20paper.htm.

Rushton, Cynda Hylton, et al. "Impact of a Contemplative *End-of-Life Training Program: Being with Dying." Palliative and Supportive Care* 7 (2009): 405-414.

Sabom, Michael. Light and Death. Grand Rapids, MI: Zondervan, 1998.

Saint-Denys, *d'Hervey de. Dreams and How to Guide Them.* London: Duckworth, 1982.

Sandars, N. K., trans. *The Epic of Gilgamesh.* London: Penguin, 1972.

Saraswati, Swami Satyananda. *Yoga Nidra.* 6th ed. Munger, Bihar, India: Yoga Publications Trust, 1998.

Sartre, Jean-Paul. *The Imaginary: A Phenomenological Psychology of the Imagination.* Trans. Jonathan Webber. London and New York: Routledge, 2004.

Schacter, Daniel L. "The Hypnagogic State: A Critical Review of the Literature." *Psychological Bulletin* 83 (1976): 452-481.

______. *Searching for Memory: The Brain, the Mind, and the Past.* New York: Basic Books, 1996.

Schacter, Daniel L., et al. "Remembering the Past to Imagine the Future: The Prospective Brain." *Nature Reviews Neuroscience* 8 (2007): 657-661.

Scharfstein, Ben-Ami. *A Comparative History of World Philosophy: From the Upanishads to Kant.* Albany: State University of New York Press, 1998.

Schmithausen, Lambert. *Ālayavijñāna: On the Origin and Early Development of a Central Concept of Yogācāra Philosophy.* Tokyo: International Institute for Buddhist Studies, 1987.

Schwartz, Sophie, and Pierre Maquet. "Sleep Imaging and the Neuropsychological Assessment of Dreams." *Trends in Cognitive Sciences* 6 (2002): 23-30.

Searle, John R. "Consciousness." *Annual Review of Neuroscience* 23 (2000):

557-578.

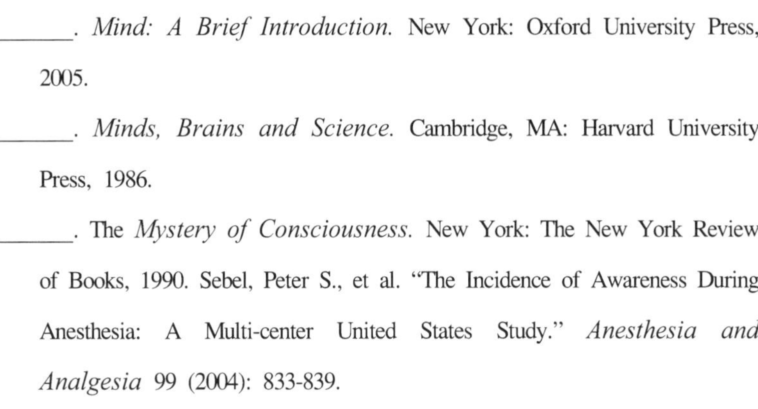

______. *Mind: A Brief Introduction.* New York: Oxford University Press, 2005.

______. *Minds, Brains and Science.* Cambridge, MA: Harvard University Press, 1986.

______. The *Mystery of Consciousness.* New York: The New York Review of Books, 1990. Sebel, Peter S., et al. "The Incidence of Awareness During Anesthesia: A Multi-center United States Study." *Anesthesia and Analgesia* 99 (2004): 833-839.

Sharf, Robert H. "Buddhist Modernism and the Rhetoric of Meditative Experience." *Numen* 42 (1995): 228-283.

______. "The Rhetoric of Experience and the Study of Religion." *Journal of Consciousness Studies* 7 (2000): 267-287.

Sharma, Arvind. *Sleep as a State of Consciousness in Advaita Vedānta.* Albany: State University of New York Press, 2004.

Sharma, Ramesh Kumar. "Dreamless Sleep and Some Related Philosophical Issues." *Philosophy East and West* 51 (2001): 210-231.

Shoemaker, Sidney. "Self-Reference and Self-Awareness." In *Identity, Cause, and Mind: Philosophical Essays*, 6-18. Cambridge: Cambridge University Press, 1984.

Siderits, Mark. *Buddhism as Philosophy.* Indianaoplis, IN: Hackett, 2007.

Siderits, Mark, and ShōryūKatsura. *Nāgārjuna's Middle Way: Mūlamadhyamakakārikā.* Somerville, MA: Wisdom, 2013.

Siderits, Mark, et al., eds. *Self, No Self? Perspectives from Analytical,*

Phenomenological, and Indian Traditions. Clarendon: Oxford University Press, 2010.

Silberer, Herbert. "Report on a Method of Eliciting and Observing Certain Symbolic Hallucination Phenomena." In D. Rapaport, ed., *Organization and Pathology of Thought.* New York: Columbia University Press, 1951.

Slagter, Heleen, et al. "Mental Training Affects Distribution of Limited Brain Resources," *PLoS Biology* 5 (6) (2007): e138. doi:10.1371/journal.pbio.0050138.

______. "Theta Phase Synchrony and Conscious Target Perception: Impact of Intensive Mental Training." *Journal of Cognitive Neuroscience* 21 (2009): 1536-1549.

Slater, Mel, et al. "First Person Experience of Body Transfer in Virtual Reality." PLoS ONE 5 (5) (2010): e10564. doi:10.1371/journal.pone.0010564.

Smallwood, Jonathan, et al. "Shifting Moods, Wandering Minds: Negative Moods Lead the Mind to Wander." *Emotion* 9 (2009): 271-276.

Smilek, Daniel, et al. "When '3' is a Jerk and 'E' is a King: Personifying Inanimate Objects in Synesthesia." *Journal of Cognitive Neuroscience* 19 (2007): 981-992.

Sogyal Rinpoche. *The Tibetan Book of Living and Dying.* San Francisco: HarperSan-Francisco, 1993.

Sokolowski, Robert. *An Introduction to Phenomenology.* New York: Cambridge University Press, 2000.

Solms, Mark. "Dreaming and REM Sleep Are Controlled by Different Brain Mechanisms." *Behavioral and Brain Sciences* 23 (2000): 843-850.

Solms, Mark, and Oliver Turnbull. *The Brain and the Inner World: An*

Introduction to the Neuroscience of Subjective Experience. New York: Other Press, 2002.

Sosa, Ernest. "Dreams and Philosophy." *Proceedings and Addresses of the American Philosophical Association* 79 (2) (2005): 7-18.

Spitzer, H., et al. "Increased Attention Enhances Both Behavioral and Neuronal Performance." *Science* 15 (1988): 338-340.

Stenstrom, Philippe, et al. "Mentation During Sleep Onset Theta Bursts in a Trained Participant: A Role for NREM Stage 1 Sleep in Memory Processing?" *International Journal of Dream Research* 5 (2012): 37-46.

Stevenson, Ian. *Children Who Remember Previous Lives: A Question of Reincarnation,* rev. ed. Jefferson, NC and London: McFarland and Company, 2000.

______. *European Cases of the Reincarnation Type.* Jefferson, NC and London: McFarland and Company, 2003.

Stickgold, Robert, et al. "Replaying the Game: Hypnagogic Images in Normals and Amnesics." *Science* 290 (2000): 350-353.

Strawson, Galen. *Real Materialism and Other Essays.* Oxford: Clarendon Press, 2008.

______. "Realistic Monism: Why Physicalism Entails Panpsychism." *Journal of Consciousness Studies* 13 (2006): 3-31.

Stryk, Lucien, et al. *Zen Poems of China and Japan.* New York: Grove Press, 1973.

Stumbrys, Tadas, et al. "Induction of Lucid Dreams: A Systematic Review of the Evidence." *Consciousness and Cognition* 21 (2012): 1456-1475.

Szczepanowski, Remigiusz, and Luiz Pessoa. "Fear Perception: Can Objective and Subjective Awarenes Measures Be Dissociated?" *Journal of Vision* 7 (2007): 1-17.

Tanaka, Hideki, et al. "Topographical Characteristics and Principal Component Structure of the Hypnagogic EEG." *Sleep* 20 (1997): 523-534.

Tang, Yi-Yuan, et al. "Central and Autonomic Nervous System Interaction Is Altered by Short-Term Meditation." *Proceedings of the National Academy of Sciences U.S.A.* 106 (2009): 8865-8870.

______. "Short-Term Meditation Training Improves Attention and Self-Regulation." *Proceedings of the National Academy of Sciences U.S.A.* 104 (2007): 17152-17156.

Tart, Charles. *The End of Materialism: How Evidence of the Paranormal Is Bringing Science and Spirit Together.* Oakland, CA: New Harbinger Publications, 2009.

Tart, Charles, ed. *Altered States of Consciousness.* New York: Anchor Books, Doubleday, 1972.

Theise, Neil. "Now You See It, Now You Don't." *Nature* 435 (2005): 1165.

Tholey, Paul. "Techniques for Inducing and Manipulating Lucid Dreams." *Perceptual and Motor Skills* 57 (1983): 79-90.

Thompson, Evan. *Colour Vision: A Study in Cognitive Science and the Philosophy of Perception.* London: Routledge, 1995.

______. "Living Ways of Sense-Making." *Philosophy Today* SPEP Supplement 2011: 114-123.

______. *Mind in Life: Biology, Phenomenology, and the Sciences of*

Mind. Cambridge, MA: Harvard University Press, 2007.

______. "Neurophenomenology and Francisco Varela." In Anne Harrington and Arthur Zajonc, eds., *The Dalai Lama at MIT,* 19.24. Cambridge, MA: Harvard University Press, 2003, 2006.

Thompson, Evan, and Diego Cosmelli. "Brain in a Vat or Body in a World? Brain-bound Versus Enactive Views of Experience/" *Philosophical Topics* 39 (2011): 163-180.

Thompson, Evan, and Francisco J. Varela. "Radical Embodiment: Neural Dynamics and Consciousness." *Trends in Cognitive Sciences* 5 (2001): 418-425.

Thompson, William Irwin. *Coming Into Being: Artifacts and Texts in the Evolution of Consciousness.* New York: St. Martin's Press, 1996, 1998.

______. Nightwatch and Dayshift. Princeton, NJ: Wild River Review Books, 2014.

Tomasello, Michael. *The Cultural Origins of Human Cognition.* Cambridge, MA: Harvard University Press, 1999.

Tononi, Giulio. "Consciousness as Integrated Information: A Provisional Manifesto." *Biological Bulletin* 215 (2008): 216-242.

Tononi, Giulio, and Christof Koch. "The Neural Correlates of Consciousness: An Update." *Annals of the New York Academy of Sciences* 1124 (2008): 239-261.

Tononi, Giulio, and Marcello Massimini. "Why Does Consciousness Fade in Early Sleep?" *Annals of the New York Academy of Sciences* 1129 (2008): 330-334.

Tranströmer, Tomas. *Selected Poems* 1954-1986. Hopewell, NJ: Ecco Press,

1987.

Valberg, J. J. Dream, *Death, and the Self.* Princeton, NJ: Princeton University Press, 2007.

van der Kloet, Dalena, et al. "Fragmented Sleep, Fragmented Mind: The Role of Sleep in Dissociative Symptoms." *Perspectives on Psychological Science* 7 (2012): 159-175.

Van Eeden, Frederik. "A Study of Dreams." In Charles Tart, ed., *Altered States of Consciousness,* 147-160. New York: Anchor Books, 1969. Also available at: http://www.lucidity.com/vanEeden.html.

Vanhaudenhuyse, Audrey, Marie Thonnard, and Steven Laureys. "Towards a Neuro-Scientific Explanation of Near-Death Experiences?" In Jean-Louis Vincent, ed., *Yearbook of Intensive Care and Emergency Medicine,* 961-968. Berlin: Springer-Verlag, 2009.

van Lommel, Pim. *Consciousness Beyond Life: The Science of Near-Death Experience.* New York: Harper One, 2010.

van Lommel, Pim, et al. "Near-Death Experience in Survivors of Cardiac Arrest: A Prospective Study in the Netherlands." *The Lancet* 358 (2001): 2039-2045.

VanRullen, Ruffin, and Christof Koch. "Is Perception Discrete or Continuous?" *Trends in Cognitive Sciences* 7 (2003): 207-213.

VanRullen, Ruffin, et al. "The Blinking Spotlight of Attention." *Proceedings of the National Academy of Sciences U.S.A.* 104 (2007): 19204-19209.

______. "Ongoing EEG Phase as a Trial-by-Trial Predictor of Perceptual and Attentional Variability." *Frontiers in Psychology* 2 (2011): 1-9.

Vass, Arpad A. "Dust to Dust: The Brief, Eventful Afterlife of a Human Corpse."

Scientific American (September 2010): 56-58.

Vass, Arpad A., et al. "Beyond the Grave: Understanding Human Decomposition." *Microbiology Today* 28 (2001): 190-192.

Varela, Francisco J. "The Creative Circle: Sketches on the Natural History of Circularity." In Paul Watzlavick, ed., *The Invented Reality: How Do We Know What We Believe We Know?,* 309-323. New York: Norton, 1984.

______. "Neurophenomenology: A Methodological Remedy for the Hard Problem." *Journal of Consciousness Studies* 3 (1996): 330-350.

Varela, Francisco J., and Jonathan Shear, eds. *The View from Within: First-Person Approaches to the Study of Consciousness.* Thorverton: Imprint Academic, 1991.

Varela, Francisco J., et al. "The Brainweb: Phase Synchronization and Large-Scale Integration." *Nature Reviews Neuroscience* 2 (2001): 229-239.

______. *The Embodied Mind: Cognitive Science and Human Experience.* Cambridge, MA: MIT Press, 1991; expanded ed., 2015.

______. "Perceptual Framing and Cortical Alpha Rhythm." *Neuropsychologia* 19 (1981): 675-686.

Vincent, Justin L., et al., "Evidence for a Frontoparietal Control System Revealed by Intrinsic Connectivity." *Journal of Neurophysiology* 100 (2008): 3328-3342.

Vladimirov, Nikita, and Victor Sourjik. "Chemotaxis: How Bacteria Use Memory." *Biological Chemistry* 390 (2009): 1097-1104.

Vogel, Gerald, et al. "Ego Functions and Dreaming During Sleep Onset." In Charles

Tart, ed., *Altered States of Consciousness,* 77-94. New York: Anchor Books, Doubleday, 1972.

Voss, Ursula, et al. "Lucid Dreaming: A State of Consciousness with Features of Both Waking Consciousness and Non-lucid Dreaming." *Sleep* 32 (2009): 1191-1200.

Wackerman, Jiri, et al. "Brain Electrical Activity and Subjective Experience During Altered States of Consciousness: Ganzfeld and Hypnagogic States." *International Journal of Psychophysiology* 46 (2002): 123-146.

Waldron, William S. "Buddhist Steps to an Ecology of Mind: Thinking About 'Thoughts Without a Thinker.'" *Eastern Buddhist* 34 (2002): 1-52.

______. *The Buddhist Unconscious: The Ālayavijnāna in the Context of Indian Buddhist Thought.* London and New York: RoutledgeCurzon, 2003.

Walker, Matthew P. "The Role of Sleep in Cognition and Emotion." *Annals of the New York Academy of Sciences* 1156 (2009): 168-197.

Wallace, B. Alan. *Contemplative Science: Where Buddhism and Neuroscience Converge.* New York: Columbia University Press, 2007.

______. *Genuine Happiness: Meditation as a Path to Fulfillment.* Hoboken, NJ: Wiley, 2005.

______. *The Taboo of Subjectivity: Toward a New Science of Consciousness.* New York: Oxford University Press, 2000.

Wallace, B. Alan, and Brian Hodel. *Dreaming Yourself Awake: Lucid Dreaming and Tibetan Dream Yoga for Insight and Transformation.* Boston: Shambhala, 2012.

Wangyal, Tenzin Rinpoche. *The Tibetan Yogas of Dream and Sleep.* Ithaca,

NY: Snow Lion, 1998.

Warren, Jeff. *Head Trip: Adventures on the Wheel of Consciousness.* Toronto: Random House Canada, 2007.

Westerhoff, Jan. *Nagarjuna's Madhyamaka: A Philosophical Introduction.* New York and Oxford: Oxford University Press, 2009.

______. *Twelve Examples of Illusion.* New York: Oxford University Press, 2010.

Willson, Martin. *Rebirth and the Western Buddhist.* London: Wisdom, 1987.

Wilson, Matthew A., and Bruce L. McNaughton. "Reactivation of Hippocampal Ensemble Memories During Sleep." *Science* 265 (1994): 676-679.

Windt, Jennifer M. "The Immersive Spatiotemporal Hallucination Model of Dreaming." *Phenomenology and the Cognitive Sciences* 9 (2010): 295-316.

Windt, Jennifer Michelle, and Thomas Metzinger. "The Philosophy of Dreaming and Self-Consciousness: What Happens to the Experiential Subject During the Dream State?" In Patrick McNamara and Deirdre Barrett, eds., *The New Science of Dreaming, Volume III: Cultural and Theoretical Perspectives on Dreaming,* 193-247. Westport, CT: Praeger, 2007.

Woerlee, G. M. "An Anaesthesiologist Examines the Pam Reynolds Story, Part I: Background Considerations." *The Skeptic* [UK] 18 (1) (2005): 14-17.

______. "An Anaesthesiologist Examines the Pam Reynolds Story. Part II: The Experience." *The Skeptic* [UK] 18 (2) (2005): 16-20.

______. "The Man with the Dentures." http://www.neardeath.woerlee.org/manwith-the-dentures.php.

______. *Mortal Minds: The Biology of Near-Death Experiences.* Amherst, NY: Prometheus Books, 2003.

______. "Pam Reynolds Near Death Experience," http://www.neardeath.woerlee.org/pam-reynolds-near-death-experience.php.

______. "Setting the Record Straight. Commentary on an Article by Pim van Lommel,"http://www.neardeath.woerlee.org/setting-the-record-straight.php.

Yogananda, Paramhansa. *Autobiography of a Yogi.* Reprint of the Philosophical Library 1946 First Edition. Nevada City, CA: Crystal Clarity Publishers, 2005.

Zahavi, Dan. "The Experiential Self: Objections and Clarifications." in Mark Sider-its et al., eds., *Self, No Self? Perspectives from Analytical, Phenomenological, and Indian Traditions,* 56-78. Clarendon: Oxford University Press, 2010.

______. *Subjectivity and Selfhood: Investigating the First-Person Perspective.* Cambridge, MA: MIT Press, 2005.

Zhuangzi. *Zhuangzi: The Essential Writings.* Trans. Brook Ziporyn. Indianapolis, IN: Hackett, 2009.

찾아보기

ㄴ

ㄷ

ㄹ

ㅁ

ㅂ

ㅅ

ㅇ

ㅈ

ㅋ

ㅌ

ㅍ

ㅎ

기타

저자 소개

에반 톰슨(Evan Thompson)

토론토 대학에서 철학박사학위를 받았다. 현재 캐나다 밴쿠버에 있는 브리티시 콜롬비아 대학의 교수이다. 주로 철학, 인지과학, 불교 관련 연구를 하고 있다. 주요 저작으로는 『몸의 인지과학(The Embodied Mind)』(프란시스코 바렐라, 에반 톰슨, 엘리노어 로쉬 공저), 『생명 속의 마음(Mind in Life)』 등이 있다.

역자 소개

이성동

정신과 전문의로 명일엠의원 원장이다. 역서로 『선과 뇌의 향연』, 『선과 뇌』, 『트라우마 사용설명서』, 『붓다와 아인슈타인』, 『불교와 과학, 진리를 논하다』, 『달라이 라마, 마음이 뇌에게 묻다』, 『스타벅스로 간 은둔형 외톨이』, 『정신분열병의 인지-행동 치료』, 『정신분열병을 어떻게 극복할 것인가?』, 『카렌 호나이』, 『육체의 문화사』, 『호흡이 주는 선물』, 『공감하는 뇌-거울뉴런과 철학』, 『마인드풀니스』, 『연민과 공』이 있다.

이은영

경희대학교 철학과를 졸업하고, 동 대학원에서 불교철학 전공으로 석사, 박사학위를 받았다. 현재 경희대학교와 서울과학기술대학교에서 강의하고 있다. 역서로 『분노』, 『마인드풀니스』가 있다.

각성, 꿈 그리고 존재

초판발행 2017년 12월 29일
초판2쇄 2019년 8월 16일

저 자 에반 톰슨(Evan Thompson)
역 자 이성동, 이은영
펴 낸 이 김성배
펴 낸 곳 도서출판 씨아이알

책임편집 박영지, 최장미
디 자 인 김진희, 윤미경
제작책임 김문갑

등록번호 제2-3285호
등 록 일 2001년 3월 19일
주 소 (04626) 서울특별시 중구 필동로8길 43(예장동 1-151)
전화번호 02-2275-8603(대표)
팩스번호 02-2265-9394
홈페이지 www.circom.co.kr

I S B N 979-11-5610-349-3 93220
정 가 38,000원